Administração da Produção e de Operações

F. Robert Jacobs PhD em Administração da Produção pela Ohio State University, é Professor Assistente de Administração da Produção na Kelley School of Business, Indiana University. Publicou sete livros e mais de 50 artigos de pesquisa sobre temas que abrangem planejamento de recursos empresariais, controle de estoques, projeto de instalações de produção, fabricação de celulares e programação de operações de produção. É membro e ex-presidente do Decision Sciences Institute e atua no Conselho de Diretores da APICS E&R Foundation.

Richard B. Chase PhD em Administração da Produção pela UCLA, é professor titular da Cadeira Justin R. Dart, de Administração da Produção, na Marshall School of Business, University of Southern California. Sua pesquisa examina projeto de processos de serviços e estratégia de atendimento. É membro da Academy of Management, Production Operations Management Society e do Decision Sciences Institute. Participou da Banca Examinadora do Malcolm Baldrige National Quality Award. Ministra palestras e consultorias sobre atendimento e excelência em organizações como Cisco Systems, Four Seasons Resorts, General Electric e Gartner Group.

J17a	Jacobs, F. Robert.
	    Administração da produção e de operações : o essencial / F. Robert Jacobs, Richard B. Chase ; tradução Teresa Cristina Felix de Souza. – Porto Alegre : Bookman, 2009.
	    424 p. ; 28 cm.
	
	    ISBN 978-85-7780-401-6
	
	    1. Administração e controle da produção. 2. Administração de operações. I. Chase, Richard B. II. Título.
	
	                                                                                  CDU 658.5

Catalogação na publicação: Renata de Souza Borges CRB-10/Prov-021/08

F. Robert Jacobs
Indiana University

Richard B. Chase
University of Southern California

Administração da Produção e de Operações
O Essencial

Tradução:
Teresa Cristina Felix de Souza

Consultoria, supervisão e revisão técnica desta edição:
Rogério Garcia Bañolas
Mestre em Engenharia de Produção pela UFRGS
Sócio-consultor da ProLean Logística Enxuta

2009

Obra originalmente publicada sob o título *Operations and Supply Management: The Core, 1st Edition*
ISBN 0-07-3294-73-X

Copyright © 2008, The McGraw-Hill Companies, Inc.
All rights reserved.
Portuguese - translation copyright © 2009, Bookman Companhia Editora Ltda, a division of Artmed Editora. All rights reserved.

Capa: *Rogério Grilho, arte sobre capa original*

Leitura final: *Monica Steffani*

Supervisão editorial: *Denise Weber Nowaczyk*

Editoração eletrônica: *Techbooks*

Reservados todos os direitos de publicação, em língua portuguesa, à
ARTMED® EDITORA S.A.
(BOOKMAN® COMPANHIA EDITORA é uma divisão da ARTMED® EDITORA S. A.)
Av. Jerônimo de Ornelas, 670 – Santana
90040-340 – Porto Alegre – RS
Fone: (51) 3027-7000 Fax: (51) 3027-7070

É proibida a duplicação ou reprodução deste volume, no todo ou em parte, sob quaisquer
formas ou por quaisquer meios (eletrônico, mecânico, gravação, fotocópia, distribuição na Web
e outros), sem permissão expressa da Editora.

SÃO PAULO
Av. Angélica, 1.091 – Higienópolis
01227-100 – São Paulo – SP
Fone: (11) 3665-1100 Fax: (11) 3667-1333

SAC 0800 703-3444

IMPRESSO NO BRASIL
PRINTED IN BRAZIL

Às nossas esposas,
Jeanne, Harriet,
e a nossos filhos,
Jennifer e Suzy
Laurie, Andy, Glenn, Rob, Christine e Batsheva

Apresentação à Edição Brasileira

Dominar os conhecimentos básicos de operações é primordial para os profissionais dessa área. Este livro cumpre muito bem esse propósito, justamente no momento em que as empresas têm necessidade crescente de melhorias na eficiência, na qualidade e nos custos. Essas deveriam ser as metas de empresas de produção, de serviços ou de logística, caso queiram alcançar um nível de competitividade e lucratividade sustentável.

No Brasil, espera-se que a qualificação, as oportunidades – e a remuneração – dos profissionais de operações aumentem nos próximos anos, a exemplo do que acontece em outros países.

Discorrer sobre tópicos variados em linguagem acessível talvez seja a maior qualidade deste livro, pois os conhecimentos básicos sobre operações não deveriam limitar-se àqueles que trabalham ou que ingressam em funções diretamente relacionadas a produção, serviços ou logística. Para aproveitar o potencial das operações é importante que outras funções da organização, tais como Marketing, Recursos Humanos e Finanças, detenham conhecimento genérico sobre as operações. Dessa forma, a importância das melhorias nos processos será entendida por todas as áreas da empresa e a chance de sucesso será maior.

Este livro é recomendável para gerentes e executivos de operações, principalmente para aqueles que têm experiência específica e centrada numa das áreas da organização. Para estudantes ou iniciantes que querem se aprofundar no tema, o texto se baseia em boas referências bibliográficas e oferece recursos importantes, tais como estudos de caso, planilhas de cálculo e exercícios resolvidos.

Boa leitura!

Rogério Bañolas
Sócio-Consultor da ProLean Logística Enxuta
Mestre em Engenharia de Produção pela UFRGS

Prefácio

O objetivo deste livro é fornecer as informações básicas que todo gerente precisa saber sobre as atividades relacionadas à produção e suprimentos, em uma empresa. Nos últimos anos, tudo mudou muito. Hoje em dia, as estruturas organizacionais estão mais simples e, em vez de serem organizadas em termos funcionais, geralmente o são por grupos de cliente e de produtos. O gerente atual não pode ignorar o modo como é realizado o trabalho real da organização. Este livro está focado em como executar esse trabalho de modo eficiente. Faz pouca diferença se você está alocado em finanças, marketing, contabilidade ou produção: é necessário concluir o esforço de agregação de valor, o processo de criação de entrega de produtos, de modo que ambos propiciem alta qualidade e eficiência máxima. Boa parte do que você faz ou fará em seu trabalho são atividades repetitivas, algumas delas consideradas as mais criativas e sofisticadas. Considere este livro como uma preparação para que você obtenha uma produtividade excepcional e uma contribuição para que você ajude sua empresa a se tornar a mais produtiva possível.

É possível classificar a importância do material contido neste livro sob alguns níveis, mas vamos nos focar em três. Primeiro, examine sua função como um gerente de unidade organizacional, com pessoas sob sua supervisão. Ou é provável que você, com o passar do tempo, tenha aspirações a se tornar um executivo sênior, responsável por vários negócios ou produtos. Os conceitos apresentados neste livro serão críticos para seu sucesso nessa função. Finalmente, você poderá decidir se especializar em *administração da produção* e de suprimentos como uma carreira duradoura.

Em sua função de gerente, com pessoas trabalhando sob a sua supervisão, uma de suas principais obrigações é organizar o modo como o trabalho será realizado. Deverá existir uma estrutura para o processo operacional – por exemplo, o modo como as informações são obtidas e analisadas, assim como o modo como as decisões são tomadas, as mudanças e melhorias são implementadas. Sem uma abordagem lógica ou esquematizada, até mesmo um pequeno grupo estará sujeito a erros, ineficiências e ao caos.

A elaboração de fluxos de processos eficientes é um componente importante para que um grupo trabalhe em conjunto. Se seu grupo lida com atividades criativas, como *design* de carros, construção de prédios ou até carteiras de ações, ainda será necessária uma estrutura para o modo de realização do trabalho, quem será responsável pelo quê, e como o andamento será informado. Neste livro, os conceitos de gerenciamento de projetos, elaboração de processos de produção e serviços, análise de capacidades e qualidade estão relacionados com o conhecimento necessário para ser um excelente supervisor em sua organização e fazer com que seu grupo trabalhe de modo produtivo e eficiente conduzirá ao sucesso, gerando mais responsabilidade.

Em seguida, pense em se tornar um executivo sênior. Fazer aquisições, planejar fusões, e comprar e vender divisões lançará seu nome e sua foto nas revistas de negócios. As negociações são facilmente explicadas para os comitês, acionistas e para as mídias. Elas devem ser divulgadas e oferecem a possibilidade de uma compensação praticamente imediata, e ser um negociador condiz com a imagem do executivo moderno, como alguém focado na estratégia maior e que delega os detalhes das operações para outros profissionais. Infelizmente, a maioria das negociações não é bem-sucedida. O componente crítico do sucesso, inclusive nas maiores negociações, ainda costuma residir nos detalhes operacionais.

O verdadeiro sucesso acontece quando os processos operacionais podem ser aprimorados. Aumentos de produtividade em atividades como compartilhar processos de atendimento ao cliente, sistemas de compras, sistemas de produção e distribuição e outros processos podem levar a excelentes sinergias e ao sucesso. As operações são responsáveis por 60 a 80% dos custos diretos que restringem o lucro da maioria das empresas. Sem essas sinergias operacionais, elaboradas e implementadas por executivos com uma percepção clara dos conceitos aqui apresentados, as empresas geralmente afundam em um poço de dívidas, clientes e acionistas decepcionados, pressões sobre os resultados financeiros – os lucros.

Finalmente, é possível que você se interesse em uma carreira no setor de produção. Bem, você não é o único. Organizações profissionais como a Association for Operations Management (Associação para Administração da Produção), o Institute for Supply Management (Instituto para

Administração da Produção), e o Council for Supply Chain Management Professionals (Conselho de Profissionais da Administração da Cadeia de Suprimentos) têm mais de 200.000 membros que participam em reuniões mensais, conferências anuais e programas de certificação. Cargos de nível básico podem ser estrategistas de previsão, gerente de projetos, gerente de controle de estoque, supervisor de produção, gerente de compras, gerente de logística ou especialista em depósitos. Além disso, os estudantes de operações sofisticadas podem obter suas primeiras posições junto a empresas de consultoria, trabalhando como analistas de processos empresariais e especialistas em elaboração de sistemas.

Um estudo recente sobre padrões de carreiras em logística, realizado por pesquisadores na Ohio State University, detectou que 40% dos executivos em posições profissionais de administração da produção e de suprimentos eram formados em administração de empresas. O salário médio de gerentes era de $97.000; de diretores, $141.000; e de vice-presidentes, $231.000. Nossa experiência com estudantes nos indica que os especialistas em produção geralmente têm as mais altas ofertas salariais iniciais, superando contabilidade, finanças e marketing. Há excelentes oportunidades para estudantes que se especializam nessa área.

Recomendamos que você converse com seu professor sobre o que deseja obter no curso. Quais são suas aspirações profissionais e de que modo estão relacionadas com o conteúdo deste livro? Envie ao seu instrutor uma mensagem de e-mail resumida descrevendo o que você deseja fazer no futuro – essa informação é muito importante para adaptar o material do curso às suas necessidades. Ao examinar o conteúdo do livro e do DVD, compartilhe suas experiências e conclusões com a turma. Ser um estudante atuante é uma garantia de tornar sua experiência mais valiosa e interessante.

Agradecimentos

Agradecimentos especiais a Rex Cutshall, da Indiana University, pelas inúmeras contribuições para a criação desse texto, assim como pela autoria dos slides de apresentação em Power Point e os tutoriais em ScreenCam; Marilyn Helms, da Dalton State University, pela preparação do Guia de Estudo; William Berry, da Queens College, pela preparação do Banco de Testes; e Jeffrey Hummel, da University of Connecticut, pela verificação da precisão da prova de páginas e por preparar o Solutions Manual (Manual de Soluções).

Gostaríamos também de agradecer aos seguintes revisores, grupo de discussão e participantes de pesquisa, pelas sugestões detalhadas para esse texto:

Revisores

Stephan Vachon, *Clarkson University*
Seong Jong Joo, *Central Washington University*
Ednilson Bernardes, *Georgia Southern University*
Terry Harrison, *Penn State University*
Alan Cannon, *University of Texas at Arlington*
Anita Lee-Post, *University of Kentucky*
Eric Svaan, *University of Michigan, Ann Arbor*
Jayanta Bandyopadhyay, *Central Michigan University*
Ajay Das, *Baruch College*
Uttarayan Bagchi, *University of Texas, Austin*
Eng Gee, *Ngee Am Poly-Singapore*

Grupo de discussão

Alan Cannon, *University of Texas-Arlington*
Renato De Matta, *University of Iowa-Iowa City*
Barbara Downey, *University of Missouri*
Karen Eboch, *Bowling Green State University*
Rick Franza, *Kennesaw State University*
Marijane Hancock, *University of Nebraska*

Lori Koste, *Grand Valley State University*
Tomislav Mandakovic, *Florida International University-Miami*
Ann Marucheck, *University of North Carolina-Chapel Hill*
Timothy McClurg, *University of Wisconsin*
Cesar Rego, *University of Mississippi*
Kimberlee Snyder, *Winona State University*
Fathi Sokkar, *Eastern Michigan University*
Robert Szymanski, *University of Central Florida*
Kevin Watson, *University of New Orleans*
Theresa Wells, *University of Wisconsin-Eau Claire*
Mustafa Yilmaz, *Northeastern University*
Rhonda Lummus, *Iowa State University*

Participantes de Pesquisa

Terry Harrison, *Penn State University*
Ajay Das, *Baruch College*
Jonatan Jelen, *Baruch College*
Mark Barrat, *Arizona State University-Tempe*
Johnny Rungtusanatham, *University of Minnesota*
William Verdini, *Arizona State University-Tempe*
Antonio Arrela-Risa, *Texas A&M University*
Matt Keblis, *Texas A&M University*
Drew Stapleton, *University of Wisconsin-Lacrosse*
David Lewis, *Brigham Young University*
Kathy Dhanda, *DePaul University*
Daniel R. Heiser, *DePaul University*
Ann Marucheck, *University of North Carolina – Chapel Hill*
Eric Svaan, *University of Michigan – Ann Arbor*
Amer Qureshi, *Columbus State University*
Mark Ippolito, *Indiana University, Purdue University – Indianapolis*
Jayanta Bandyopadhyay, *Central Michigan University*
Rohit Verma, *Cornell University*

Agradeço à equipe de marketing e produção da McGraw-Hill/Irwin, que tornou essa obra possível – Sankha Basu, gerente de marketing; Stewart Mattson, diretor editorial; James Labeots, gerente de projeto; Gina Hangos, supervisor de produção; Artemio Ortiz, designer; Lori Kramer, coordenador de pesquisa de fotos; Cathy Tepper, gerente de projeto de mídia; Victor Chiu, produtor de mídia; e Ira Roberts, produtor de suplementos.

Agradecimentos especiais à nossa excelente equipe editorial. Christina Sanders, nossa incrível editora de desenvolvimentos, tornou-se uma parceira apaixonada pelo desenvolvimento deste livro. Agradecemos seu entusiasmo, aptidões organizacionais e paciência. Adoramos trabalhar com você.

Agradecemos a nosso diretor executivo, Dick Hercher. Sua orientação brilhante e dedicação inabalável para com nosso trabalho é um motivador constante. Sua liderança propiciou uma base sólida a partir da qual se formou a equipe inteira associada a esse livro. É uma honra ter outro livro publicado ao lado de Dick Hercher.

Por último, mas não menos importante, agradecemos às nossas famílias. Nós lhes tiramos horas incontáveis – um tempo que, de outra forma, teríamos passado juntos. Agradecemos, de coração, o apoio de vocês.

F. Robert Jacobs
Richard B. Chase

Sumário Resumido

Seção 1
Estratégia
1. Estratégia de produção e de suprimentos 18
2. Gerenciamento de projetos 34

Seção 2
Processos
3. Gerenciamento estratégico da capacidade 65
4. Processos de produção 94
5. Processos de serviços 120
6. Qualidade Seis Sigma 148

Seção 3
Cadeias de Suprimentos
7. Abastecimento estratégico 194
8. Logística 214
9. Produção enxuta 235

Seção 4
Estoque
10. Gestão e previsão da demanda 261
11. Planejamento agregado de vendas e de produção 295
12. Controle de estoque 320
13. Planejamento da necessidade de materiais 360

Apêndices
A. Respostas para os problemas selecionados 385
B. Tabelas de curva de aprendizagem 387
C. Tabelas de valores presentes 389
D. Distribuição exponencial negativa: Valores de e^{-x1} 390
E. Áreas da distribuição normal padrão acumulada 391
F. Programação linear com o Solver do Microsoft Excel 392

CRÉDITOS DAS FOTOS 414

ÍNDICE DE NOMES 415

ÍNDICE 417

Sumário

Seção 1
Estratégia

Administração da produção e de suprimentos no século 21 16

1 Estratégia de produção e de suprimentos 18
Como a IKEA calcula seus preços atraentes 19
Administração da produção e de suprimentos: uma responsabilidade crítica de todo gerente 20
  Caso: Progressive Insurance 21
  Eficiência, eficácia e valor 22
O que é a administração da produção e de suprimentos? 23
O que é a estratégia de operações e de suprimentos? 24
  Dimensões competitivas 25
  A noção de trade-offs 27
  Ganhadores e qualificadores de pedidos: o elo Marketing-Operações 28
Adequação estratégica: adequando as atividades operacionais à estratégia 28
Estrutura para a estratégia de operações e de suprimentos 30
Como Wall Street avalia o desempenho das operações? 31

Resumo 32   Termos-chave 32   Questões para revisão e discussão 33   Exercício na Internet: Motocicletas Harley-Davidson 33   Bibliografia selecionada 33

2 Gerenciamento de projetos 34
O iPod da Apple dispõe de uma equipe própria de desenvolvimento de produtos 35
O que é gerenciamento de projetos? 36
Estruturando projetos 37
  Projeto puro 37
  Projeto funcional 38
  Projeto matricial 39
Estrutura de divisão do trabalho 40
Gráficos de controle do projeto 42
Modelos de redes de planejamento 42
Método do Caminho Crítico (CPM – Critical Path Method) 44
Modelos de tempo-custo 48
Gerenciando recursos 53
Rastreando o progresso 54

Resumo 54   Termos-chave 54   Problemas resolvidos 55   Questões para revisão e discussão 57   Problemas 57   Problema avançado 61   Caso: Projeto de design de celular 62   Bibliografia selecionada 63

Seção 2
Processos

Processos 64

3 Gerenciamento estratégico da capacidade 65
Shouldice Hospital: inovação em cirurgia de hérnia 66
Gerenciamento da capacidade na produção 67
Conceitos de planejamento da capacidade 68
  Economias e deseconomias de escala 69
  Foco na capacidade 69
  Flexibilidade de capacidade 70
Curva de aprendizagem 70
  Desenhando curvas de aprendizagem 72
  Análise logarítmica 74
  Tabelas das curvas de aprendizagem 74
Planejamento da capacidade 75
  Considerações ao aumentar a capacidade 75
  Determinação das necessidades de capacidade ADE 77
  Árvores de decisão para avaliar alternativas de capacidade 78
Planejando a capacidade dos serviços 82
  Planejamento da capacidade dos serviços versus manufatura 82
  Utilização da capacidade e qualidade do serviço 83

Resumo 84   Termos-chave 84   Revisão de fórmula 84   Problemas resolvidos 84   Questões para revisão e discussão 87   Problemas 87   Caso: Shouldice Hospital – um corte acima 91   Bibliografia selecionada 93

4 Processos de produção 94
Toshiba: fabricante do primeiro *notebook* 95
Como os processos de produção são organizados 96
Análise de *trade-off* 97
Projetando um sistema de produção 99
  Layout de projeto 99
  Centros de trabalho 99
  Célula de produção 100
  Layouts de linha de montagem e de processos contínuos 100
Estrutura da linha de montagem 102
  Divisão de tarefas 107
  Layouts com linhas flexíveis e em "U" 107
  Balanceando a linha com modelos mistos 107

Resumo 110   Termos-chave 110   Problemas solucionados 110   Questões para revisão e discussão 113   Problemas 114   Problema avançado 116   Caso: Elaboração da linha de notebooks da Toshiba 117   Bibliografia selecionada 119

5 Processos de serviços 120
Serviços da cadeia de suprimentos na DHL 121
Classificação operacional dos serviços 122
Projetando organizações de serviços 123
Estruturando o encontro de serviços: matriz de projeto do sistema de serviços 123
Economia do problema das filas de espera 125
O ponto de vista prático das filas de espera 125
O sistema de filas 126
As chegadas dos clientes 127
Distribuição de chegadas 128
O sistema de filas: fatores 131
Saindo do sistema de filas 134
Modelos de filas de espera 134
Simulação computacional das filas de espera 141
Resumo 141   Termos-chave 141   Revisão de fórmulas 142   Problemas resolvidos 142   Questões para revisão e discussão 143   Problemas 144   Caso: Sala de cirurgia noturna de hospital de comunidade 147   Bibliografia selecionada 147

6 Qualidade Seis Sigma 148
Processos Seis Sigma da cadeia de suprimentos da GE 149
Gerenciamento da qualidade total 150
Especificação da qualidade e custos da qualidade 152
Desenvolvendo especificações de qualidade 152
Custo da qualidade 154
ISO 9000 155
Qualidade Seis Sigma 157
Metodologia do Seis Sigma 158
Ferramentas analíticas para o Seis Sigma e a melhoria contínua 158
Controle estatístico da qualidade 162
Variação ao nosso redor 163
Capabilidade do processo 165
Procedimentos para o controle do processo 170
Controle do processo com medições por atributos: usando gráficos p 171
Controle do processo com medições variáveis: usando os gráficos $\bar{X}$ e R 173
Como construir os gráficos $\bar{X}$ e R 175
Amostragem de aceitação 178
Projeto de um plano de amostragem única para os atributos 178
Curvas características de operação 180
Resumo 181   Termos-chave 182   Revisão de fórmulas 182   Problemas resolvidos 183   Questões para revisão e discussão 185   Problemas 185   Problema avançado 189   Caso: Hank Kolb, Qualidade 189   Notas 191   Bibliografia selecionada 191

Seção 3
Cadeias de suprimentos

Por que uma cadeia de suprimentos eficiente é importante 192

7 Abastecimento estratégico 194
O mundo é nivelado 195
Efeito nivelador 5: Terceirização 195
Efeito nivelador 6: Offshoring 195
Abastecimento estratégico 196
Terceirização 200
Avaliação do desempenho do abastecimento 204
Abastecimento global 206
Customização em massa 207
Resumo 209   Termos-chave 210   Revisão de fórmula 210   Questões para revisão e discussão 210   Problemas 211   Caso: Pepe Jeans 211   Notas 213   Bibliografia selecionada 213

8 Logística 214
FedEx: uma empresa global líder em logística 215
Logística 216
Decisões relacionadas à logística 216
Considerações sobre a localização das instalações 218
Métodos para a localização de fábricas 221
Sistemas de classificação de fatores 221
Método do transporte de programação linear 222
Método centróide 225
Localização de instalações de serviço 227
Resumo 229   Termos-chave 230   Revisão de fórmulas 230   Problemas resolvidos 230   Questões para revisão e discussão 231   Problemas 232   Caso: Applichem – o problema do transporte 233   Nota 234   Bibliografia selecionada 234

9 Produção enxuta 235
Lean Seis Sigma na Solectron 236
Lógica *JIT* 237
Sistema Toyota de produção 238
Eliminação das perdas 238
Respeito pelas pessoas 245
Requisitos para a implementação do Lean 246
Layouts enxutos e fluxos do projeto 247
Aplicações enxutas para os fluxos em linha 247
Aplicações enxutas para Job Shops 248
Qualidade Seis Sigma 249
Programação estável 249
Trabalhando com fornecedores 250
Serviços enxutos 251

Resumo 253   Termos-chave 253   Revisão de fórmulas 253   Problema solucionado 254   Questões para revisão e discussão 254   Problemas 255   Caso: Quality Parts Company 255   Caso: Proposta de mapeamento da cadeia de valor 257   Notas 258   Bibliografia selecionada 259

Seção 4

Estoque

No gerenciamento de um negócio, os computadores pode fazer mais do que somente processar textos e enviar e-mails 260

10 Gestão e previsão da demanda 261
Banco de dados da Wal-Mart 262
Gestão da demanda 263
Tipos de previsão 264
Componentes da demanda 264
Técnicas qualitativas na previsão 266
  Pesquisa de mercado 266
  Consenso através de painel 267
  Analogia histórica 267
  Método Delphi 267
Análise de séries temporais 268
  Média móvel simples 269
  Média móvel ponderada 270
  Suavização exponencial 271
  Erros de previsão 275
  Fonte de erros 275
  Medição do erro 276
  Análise de regressão linear 277
Previsão com base na Web: Planejamento, Previsão e Reabastecimento Colaborativos (PCPR)[5] 282

Resumo 284   Termos-chave 285   Revisão de fórmulas 285   Problemas resolvidos 286   Questões para revisão e discussão 288   Problemas 288   Caso: Altavox Electronics 293   Notas 294   Bibliografia selecionada 294

11 Planejamento agregado de vendas e de produção 295
O que é o planejamento de vendas e de produção? 297
Visão geral das atividades do planejamento de vendas e de produção 297
Plano agregado de produção 299
  Ambiente de planejamento da produção 300
  Custos relevantes 302
Técnicas de planejamento agregado 304
  Exemplo da abordagem por tentativa e erro: JC company 304

  Programação nivelada 308
Gerenciamento da oferta 310

Resumo 311   Termos-chave 312   Problema resolvido 312   Questões para revisão e discussão 315   Problemas 315   Caso: Bradford manufacturing – planejando a produção da fábrica 318   Notas 319   Bibliografia selecionada 319

12 Controle de estoque 320
Hospitais esperam economizar com a gestão de suprimentos 321
Definição de estoque 324
Objetivo do estoque 324
Custos de estoque 325
Demanda independente *versus* demanda dependente 326
Sistemas de estoque 327
  Modelo de estoque de um período único 327
  Sistemas de estoque de vários períodos 330
Modelos de quantidades fixas de pedidos 332
  Estabelecendo níveis do estoque de segurança 335
  Modelo de quantidade fixa de pedido com estoque de segurança 336
Modelos de período fixo 339
  Modelo de período fixo com estoque de segurança 340
Controle de estoque e administração da cadeia de suprimentos 341
Planejamento do estoque ABC 343
Acuracidade do estoque e contagem cíclica 345

Resumo 347   Termos-chave 347   Revisão de fórmulas 348   Problemas resolvidos 349   Questões para revisão e discussão 351   Problemas 351   Caso: Hewlett-Packard – suprindo a demanda por impressoras Deskjet na Europa 357   Notas 359
Bibliografia selecionada 359

13 Planejamento da necessidade de materiais 360
Do empurrar para o puxar 361
Onde o MRP pode ser utilizado 362
Estrutura do sistema de planejamento da necessidade de materiais 363
  Demanda dos produtos 364
  Lista de materiais 364
  Registros de estoque 366
  Programa computacional MRP 368
Um exemplo usando o MRP 368
  Previsão da demanda 369
  Desenvolvendo um programa mestre de produção 369
  Lista de materiais (estrutura do produto) 370
  Registro de estoques 370
  Efetuando os cálculos do MRP (lógica do programa computacional MRP) 371

Dimensionamento de lotes nos sistemas MRP 373
    Lote por lote 373
    Quantidade econômica do pedido 374
    Menor custo total 375
    Menor custo por unidade 376
    Escolhendo o melhor tamanho de lote 377

Resumo 377   Termos-chave 377   Problemas solucionados 378   Questões para revisão e discussão 379   Problemas 379   Caso: Brunswick Motors, Inc. – caso de apresentação do MRP 383   Bibliografia selecionada 384

APÊNDICES

A RESPOSTAS PARA OS PROBLEMAS SELECIONADOS 385

B TABELAS DE CURVA DE APRENDIZAGEM 387

C TABELAS DE VALORES PRESENTES 389

D DISTRIBUIÇÃO EXPONENCIAL NEGATIVA: VALORES DE e^{-x} 390

E ÁREAS DA DISTRIBUIÇÃO NORMAL PADRÃO ACUMULADA 391

F PROGRAMAÇÃO LINEAR COM O SOLVER DO MICROSOFT EXCEL 392

CRÉDITOS DAS FOTOS 414

ÍNDICE DE NOMES 415

ÍNDICE 417

Seção 1
ESTRATÉGIA

1. Estratégia de Produção e de Suprimentos
2. Gerenciamento de Projetos

ADMINISTRAÇÃO DA PRODUÇÃO E DE SUPRIMENTOS NO SÉCULO 21

O gerenciamento de uma cadeia de suprimentos moderna exige especialistas em produção, compra e distribuição, evidentemente. Entretanto, hoje em dia, isso também é fundamental para o trabalho de diretores executivos de finanças, diretores executivos de informática, executivos de operações e atendimento ao cliente e executivos em geral. As mudanças ocorridas na Administração da Produção e de Suprimentos têm sido realmente revolucionárias e o ritmo do progresso não mostra sinais de moderação. Na economia global cada vez mais interligada e independente, o processo de entrega de suprimentos e produtos finais de um lugar para outro é realizado por meio de uma inovação tecnológica surpreendente, novas aplicações inteligentes de velhas idéias, uma matemática supostamente mágica, software poderoso, e uma base, rigidez e músculos ultrapassados.

Na primeira seção deste livro, sedimentamos o alicerce para o entendimento do campo dinâmico da Administração da Produção e de Suprimentos. Este livro discorre sobre como elaborar e trabalhar com processos que entregam produtos e serviços de uma empresa, de modo a atender às expectativas dos clientes. As empresas realmente bem-sucedidas têm uma idéia muito clara de como pretendem fazer dinheiro. Sejam produtos sofisticados, ou serviços adaptados às necessidades de um único cliente, sejam mercadorias genéricas e de baixo custo, geralmente compradas com base no preço, é um grande desafio produzir e distribuir esses produtos de modo competitivo. No Capítulo 1, *Estratégia de Produção e de Suprimentos*, mostramos o elo crítico existente entre os processos utilizados para a entrega de produtos e serviços, e para satisfazer às expectativas dos clientes. Os clientes escolhem entre diversos fornecedores, com base nos principais atributos do produto ou serviço. O alinhamento dos processos utilizados para fornecer o produto ou serviço é importante para o sucesso. Por exemplo, se o custo for o principal atributo prioritário do pedido do cliente, a empresa deverá fazer tudo o que estiver a seu alcance para elaborar os

processos mais eficazes. Concorrer apenas com base no custo pode ser uma maneira brutal de fazer negócios e atualmente muitas empresas migram para outros segmentos de mercado, oferecendo produtos com características inovadoras de atendimento e recursos, que atraem seguidores fiéis.

Por exemplo, examine o caso da Harley-Davidson, fabricante norte-americano de motocicletas. Os clientes pagam um preço mais alto por uma moto clássica e única, que pode ser personalizada para cada cliente ao escolher as opções instaladas pela revenda. Além disso, a empresa desenvolveu uma linha altamente lucrativa de roupas, lembrancinhas e outros acessórios para fechar o pacote do conceito Harley-Davidson. Os processos necessários para apoiar esse conceito certamente devem ser eficientes, mas um aspecto muito mais importante é a disponibilidade imediata das opções e dos acessórios geralmente comprados por impulso e para presentear.

Hoje em dia, o modo de fazer negócios muda constantemente. Por exemplo, a Harley-Davidson não pode continuar sendo bem-sucedida se não aprimorar suas motos e oferecer novos acessórios inovadores, anualmente. No Capítulo 2, *Gerenciamento de Projetos*, são discutidas as técnicas para gerenciar projetos de duração mais longa. O tema é adequado, uma vez que (1) é provável que muitos estudantes no curso participem constantemente de projetos em seus empregos e (2) os conceitos de gerenciamento de projetos são transferíveis diretamente para a elaboração de processos repetitivos, um tema discutido na segunda seção do livro. A coordenação bem-sucedida de atividades, como lançamentos de novos produtos, construção de novas fábricas e depósitos, e formação de novos locais do varejo, é importante para o crescimento de uma empresa no ambiente comercial dinâmico da atualidade.

Internet

Capítulo 1
ESTRATÉGIA DE PRODUÇÃO E DE SUPRIMENTOS

Após ler o capítulo, você:

1. Saberá por que é importante estudar a Administração da Produção e de Suprimentos.
2. Entenderá o significado de operações eficientes e eficazes.
3. Constatará como a estratégia de produção e de suprimentos se relaciona com marketing e finanças.
4. Perceberá as dimensões competitivas da estratégia de produção e de suprimentos.
5. Saberá o que são ganhadores e qualificadores de pedidos.
6. Conhecerá as medidas utilizadas pelos analistas de Wall Street para avaliar as operações.

19 Como a IKEA calcula seus preços atraentes

20 Administração da produção e de suprimentos: uma responsabilidade crítica de todo gerente
- Caso: Progressive Insurance
- Eficiência, eficácia e valor
  - *Definição de eficiência*
  - *Definição de eficácia*
  - *Definição de valor*

23 O que é a administração da produção e de suprimentos?
- *Definição de Administração da Produção e de Suprimentos*

24 O que é a estratégia de operações e de suprimentos?
- Dimensões competitivas
- A noção de *trade-offs*
- Ganhadores e qualificadores de pedidos: o elo *Marketing*-Operações
  - *Definição de estratégia de operações e de suprimentos*
  - *Definição de straddling*
  - *Definição de ganhador de pedido*
  - *Definição de qualificador de pedido*

28 Adequação estratégica: adequando as atividades operacionais à estratégia
- *Definição de mapas do sistema de atividades*

30 Estrutura para a estratégia de operações e de suprimentos
- *Definição de competências essenciais*

31 Como Wall Street avalia o desempenho das operações?

32 Resumo

33 Exercício na internet: Motocicletas Harley-Davidson

COMO A IKEA CALCULA SEUS PREÇOS ATRAENTES

A estratégia de competitividade tem tudo a ver com ser diferente. Significa escolher deliberadamente um conjunto diferente de atividades para oferecer um *mix* único de valor. IKEA (Ingvar Kamprad Elmtaryd Agunnaryd), varejista sueco de produtos domésticos, domina mercados em 43 países, e está pronto para conquistar a América do Norte.

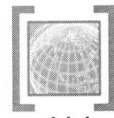
Global

Acima de tudo, um único fator é responsável pelo sucesso da IKEA: boa qualidade a um preço baixo. A IKEA vende itens domésticos baratos mas não inferiores, com preços geralmente em torno de 30 a 50% abaixo dos praticados pela concorrência. Enquanto o preço dos produtos de outras empresas apresenta uma tendência de elevação com o passar do tempo, a IKEA afirma que reduziu seus preços do varejo em um total de aproximadamente 20% nos últimos quatro anos. Na IKEA, o processo de redução de custos começa no exato momento em que um novo item é concebido e entra diretamente no processo de produção.

Imagine a caneca de maior sucesso da IKEA, recriada três vezes até então, só para maximizar o número de canecas que podem ser acomodadas em um palete. No início, só couberam 864 canecas. Um *redesign* acrescentou uma borda, como a encontrada em um vaso de planta, para que cada palete pudesse acomodar 1.280 canecas. No ano anterior, outro *redesign* criou uma caneca mais curta com uma nova alça, permitindo encaixar 2.024 unidades em um palete. Embora o preço de venda das canecas tenha se mantido em 50 centavos, o custo do frete foi reduzido em 60%, o que representa uma economia significativa, considerando que a IKEA vende cerca de 25 milhões de canecas anualmente.

ADMINISTRAÇÃO DA PRODUÇÃO E DE SUPRIMENTOS: UMA RESPONSABILIDADE CRÍTICA DE TODO GERENTE

Cadeia de suprimento

Se você tiver algum interesse em se tornar um excelente gerente, os temas deste livro são importantes para você atingir esse objetivo. Quer a economia esteja no auge, quer esteja em uma fase de recessão, fornecer os produtos e serviços de uma empresa com eficiência máxima é crítico para a sobrevivência dessa empresa. E se você acha que o conteúdo deste livro versa apenas sobre produção e que é relevante apenas para as pessoas que trabalham em uma fábrica, você se surpreenderá com essa fascinante área de atuação.

No nível mais básico, a administração da produção e de suprimentos tem a ver com finalizar o trabalho de modo rápido, eficiente, sem erros e a um custo baixo. No contexto deste livro, os termos "operação" e "suprimento" têm uma acepção especial. "Operações" está relacionado aos processos utilizados para transformar os recursos empregados por uma empresa em produtos e serviços necessários aos clientes. "Suprimento" refere-se ao modo como os materiais e serviços são deslocados para e dos processos de transformação da empresa. Imagine uma simples fábrica de bolas de golfe. A fábrica usa borracha, cortiça e outros materiais dos fornecedores e, através de uma seqüência de processos de transformação, fabrica as bolas de golfe. Essas bolas são vendidas para os clientes após passar por um sistema de distribuição criado para abastecer os pontos de varejo com bolas de golfe. Sendo assim, quando o termo "administração da produção e de suprimentos" for utilizado, estará relacionado a esse sistema integrado que, por um lado, coordena a compra de material dos fornecedores, e, por outro, fornece bolas de golfe aos pontos de varejo onde podem ser adquiridas pelos clientes.

Todos os gerentes precisam conhecer os temas deste livro, considerados fundamentais ou "básicos". Muitos outros temas poderiam ser incluídos, mas esses são os mais importantes. Todos os gerentes devem saber os princípios básicos que norteiam a elaboração dos processos de transformação. Isso inclui o conhecimento sobre o modo como os diversos tipos de processos são organizados, como determinar a capacidade de um processo, calcular o tempo necessário para que um processo fabrique uma unidade e como monitorar a qualidade de um processo. As refinarias de petróleo, as fábricas de automóveis, os fabricantes de computadores e os produtos alimentícios usam tipos diferentes de processos de fabricação. De modo semelhante, serviços como os oferecidos por seguradoras, restaurantes de *fast-food* e centrais de informações são organizados de modo único. Além de entender como são organizados os processos dessas operações, outro grupo importante de temas abrange o modo como as operações são supridas. Peças e outras matérias-primas devem ser incluídas e retiradas dessas operações. Sob o prisma da entrada, é necessária a coordenação dos fornecedores para que as quantidades adequadas de material e outros itens sejam disponibilizados. Além disso, pelo prisma da saída ou do cliente, os produtos finais são geralmente distribuídos através de uma complexa rede de centros de distribuição e varejistas. Os tópicos sobre suprimento englobam onde localizar as instalações, fornecimento e terceirização estratégicos de materiais e serviços, e gerenciamento dos estoques de suprimentos.

As empresas já descobriram que a administração da produção e de suprimentos é fundamental para o seu sucesso. Economizar um dólar ou um euro no modo como um produto é fabricado ou distribuído resulta em imediatamente um dólar ou um euro a mais de lucro. Que outra área de atuação pode reivindicar esse aspecto? Se o marketing vende um dólar ou um euro a mais de um produto, o lucro é apenas uma pequena porcentagem disso. Se a área de finanças detectar um modo de obter 0,5% a mais sobre um investimento, pouco restará da apuração do lucro adicional no momento em que o custo extra de adquirir o investimento, gerenciar a transação e contabilizar o investimento for incluído nos cálculos. A administração da produção e de suprimentos está voltada para as ações de fornecer serviços e produtos. Fazer isso a um custo baixo e a um nível de atendimento que atenda às expectativas dos clientes é fundamental para o sucesso comercial.

Neste capítulo, estudamos as empresas que obtiveram muito êxito, atrelado principalmente a uma excelente administração da produção e de suprimentos. A IKEA, o varejista sueco de produtos domésticos, descrito na vinheta de abertura e mais adiante, neste capítulo, é um modelo de eficiência de operações e de suprimentos. Os produtos são elaborados, de modo que possam ser produzidos, vendidos no mercado varejista em suas megalojas e entregues pelo cliente, de modo rápido e a um custo muito baixo. Na seção a seguir, a Progressive Insurance, um empresa de prestação de serviços, é descrita. Seu uso inovador da Internet e os inspetores volantes de ocorrências de sinistro concederam à empresa uma vantagem competitiva importante através da administração da produção e de suprimentos.

Caso: Progressive Insurance

Consideremos a Progressive Insurance, uma seguradora de automóveis estabelecida em Mayfield Village, Ohio. Em 1991, a empresa tinha aproximadamente $1,3 bilhão em vendas. Até 2006, esse montante tinha aumentado para $14,5 bilhões. Que estratégias modernas a Progressive empregou para alcançar um crescimento 11 vezes maior em apenas uma década? A empresa estava posicionada em um setor de alto crescimento? Ela lançou um novo produto de seguro? Ela se diversificou em novas empresas? Ela abriu seu capital? Ela contratou uma nova equipe de vendas agressiva? Ela cresceu através de aquisições ou de esquemas de marketing inteligentes? Nada disso foi feito. Durante anos, a Progressive fez pouca publicidade e algumas de suas campanhas não obtiveram êxito. Ela não lançou uma série de novos produtos, nem cresceu às custas de suas margens de lucro, até mesmo quando estipulou preços baixos.

Serviço

Uma medida importante que explica o que a Progressive fez é a relação combinada (despesas mais pagamentos de indenizações, dividido pelos prêmios do seguro), a avaliação do desempenho financeiro no setor de seguros. A maioria das seguradoras de automóveis tem uma relação combinada que oscila em torno de 102%; ou seja, elas administram uma perda de 2% sobre suas atividades subscritas e recuperam essa perda com os ganhos do investimento. Ao contrário, a relação combinada da Progressive flutua em torno de 96%. A empresa não somente constatou um crescimento enorme, como também é a terceira maior seguradora de automóveis do país – além de ser lucrativa.

O segredo do sucesso da Progressive é simples: ela superou a concorrência. Ao oferecer preços mais baixos e serviços de qualidade superior à dos concorrentes, ela simplesmente afastou os clientes da concorrência. O que permitiu que a Progressive tivesse preços e serviços melhores foram as inovações nas operações e métodos novos e mais eficientes de executar o trabalho cotidiano de oferecer seguro de automóveis.

A Progressive percebeu que, possivelmente, a única maneira de concorrer com as empresas muito maiores era efetivamente mudar as regras do jogo da proteção por seguro. A empresa lançou o que ela denomina tratamento de ocorrências de reclamações com Resposta Imediata (*Immediate Response*): um reclamante pode contatar um representante da Progressive, por telefone, 24 horas por dia, e esse representante agenda um horário para que um vistoriador inspecione o veículo. Os vistoriadores não trabalham mais nos escritórios, das 9 às 17 h, mas sim, em VANs itinerantes de sinistros. Em vez de levar 7 a 10 dias para um vistoriador verificar o veículo, o objetivo da Progressive é fazer isso em apenas 9 horas. O vistoriador não somente examina o veículo, como também prepara uma estimativa local dos danos e, se possível, emite um cheque na hora.

Essa abordagem tem alguns benefícios. Os reclamantes obtêm um serviço mais ágil, com menos problemas, o que significa que estão menos propensos a abandonar a Progressive por causa de uma experiência associada a reclamações insatisfeitas. O tempo de ciclo mais curto reduziu muito os custos para a Progressive. O custo de guardar um veículo avariado ou alugar um carro de reposição por um dia, em torno de $28, é praticamente igual ao lucro de subscrição esperado em uma apólice de seis meses. Não é difícil calcular a economia propiciada a uma empresa que lida com mais de 10.000 reclamações por dia. Outros benefícios para a Progressive abrangem o aumento da possibilidade de detecção de fraude (porque é mais fácil realizar uma investigação de acidente antes que as marcas de derrapagem desapareçam e as testemunhas saiam de cena), redução dos custos operacionais (porque há menos pessoas participando no gerenciamento das reclamações), e uma redução nos pagamentos de indenizações (porque os reclamantes geralmente aceitam menos dinheiro, se receberem mais rapidamente e com menos complicações).

Entretanto, nenhuma inovação isolada transmite uma vantagem duradoura. Além da Resposta Imediata (*Immediate Response*), a Progressive lançou um sistema que permite que os clientes liguem para um número 0800 ou visitem seu site e, após fornecer algumas informações, comparem as taxas de Serviço da Progressive com as de três concorrentes. Como o setor de seguros é regulamentado, as taxas são registradas junto aos comissários de seguro estaduais. A empresa também vislumbrou métodos ainda mais eficientes de avaliar o perfil de risco de um requerente para calcular a taxa certa a ser cobrada. Quando a Progressive percebeu que a avaliação dos créditos do requerente era uma boa indicação de um comportamento responsável na direção, ela mudou seu processo de requisição (candidatura). Atualmente, seus sistemas de computador entram automaticamente em contato com uma agência de financiamento, e a pontuação do crédito do requerente é considerada no cálculo do preço. Uma determinação de preço mais exata se traduz em um aumento do lucro de subscrição. Junte todos esses aprimoramentos e o notável crescimento da Progressive será esclarecido.

Eficiência, eficácia e valor

Em relação à maioria dos outros métodos pelos quais os gerentes tentam estimular o crescimento – investimentos em tecnologia, aquisições e grandes campanhas de marketing, por exemplo – as inovações nas operações são relativamente confiáveis e de baixo custo. Como um estudante de administração de empresas, você está no lugar certo para sugerir idéias inovadoras relacionadas às operações. Você conhece o cenário de todos os processos que geram os custos e respaldam o fluxo de caixa fundamental para a viabilidade de longo prazo da empresa.

Através deste livro, você conhecerá os conceitos e as ferramentas atualmente utilizados pelas empresas no mundo inteiro, ao elaborarem operações eficientes e eficazes. Eficiência significa fazer algo ao custo mais baixo possível. Mais adiante neste livro, definiremos esse termo com mais detalhes, mas, de modo geral, o objetivo do processo eficiente é gerar ou fornecer um bom serviço, com o mínimo de recursos possível. Eficácia significa fazer a coisa certa para agregar o máximo de

Eficiência

Eficácia

Idéias Inovadoras

Eficiência: o mais importante está nos detalhes

Embarcar passageiros em um avião rapidamente pode afetar significamente os custos nas linhas aéreas. A Southwest afirma que se seu tempo de embarque aumentasse 10 minutos por vôo, seriam necessários mais 40 aviões, a um custo de $40 milhões cada um, para concluir o mesmo número de vôos administrados atualmente.

Nem toda inovação no setor de linhas aéreas procede da Southwest. A America West, ao trabalhar com pesquisadores na Arizona State University, desenvolveu um sistema de embarque inovador chamado "reverse pyramid" (pirâmide invertida). Os primeiros passageiros da classe econômica a embarcarem no avião são aqueles com lugares na janela, no meio e na parte traseira do avião. Sendo assim, a America West preenche gradativamente o avião, priorizando aqueles com lugares na janela ou na parte traseira, e embarca, por último, aqueles passageiros com assentos nos corredores, na parte frontal. Essa abordagem é exatamente o contrário da utilizada por diversas linhas aéreas, que ocupam as poltronas de trás para frente no avião.

O tempo necessário para o embarque dos passageiros mais que dobrou desde 1970, segundo um levantamento realizado pela Boeing Co. Um estudo feito em meados dos anos 1960 detectou que 20 passageiros embarcavam no avião por minuto. Atualmente, essa quantidade foi reduzida para nove passageiros por minuto, uma vez que eles levam a bordo um número maior de bagagens de mão. Tanto a Boeing quanto a Airbus, os dois maiores fabricantes de aeronaves comerciais, estão se esforçando para agilizar o tempo de embarque como um aspecto comercial a favor das linhas aéreas.

Gerando a ordem de embarque

O sistema de pirâmide invertida embarca primeiramente os passageiros da classe econômica nas poltronas em janelas das últimas fileiras.

Ordem de embarque

Primeira   Última

Fonte: Interfaces. Maio/Junho de 2005, pág. 194.

valor à empresa. Freqüentemente, maximizar a eficácia e a eficiência simultaneamente gera conflitos entre os dois objetivos. Nós nos deparamos com essa contrapartida em todos os dias de nossas vidas. No balcão de atendimento ao cliente de uma loja ou banco local, ser eficiente significa usar o mínimo de pessoas possível no balcão. Ser eficaz, contudo, significa minimizar o tempo de espera dos clientes na fila. Relacionado à eficiência e à eficácia encontra-se o conceito de valor, que pode ser definido em termos metafóricos como a qualidade dividida pelo preço. Se você pode oferecer ao cliente um carro melhor, sem alterar o preço, o valor sobe. Se você pode oferecer ao cliente um carro melhor a um preço *menor*, o valor dispara. Um dos objetivos deste livro é demonstrar como o gerenciamento inteligente pode alcançar altos níveis de valor.

Valor

Além de sua importância para a competitividade corporativa, há outros motivos para estudar a administração da produção e de suprimentos, a saber:

1. **A formação empresarial estará incompleta sem o conhecimento das abordagens modernas para o gerenciamento de operações.** Toda organização produz algum produto ou serviço, de modo que os estudantes podem ser expostos a propostas modernas para fazer isso de modo eficiente. Além disso, as organizações de recrutamento e contratação já esperam que os formados em administração de empresas defendam de modo abalizado vários assuntos nessa área de atuação. Embora esse aspecto tenha se concretizado por muito tempo na produção, está se tornando igualmente importante nos serviços públicos e privados. Por exemplo, a "reinvenção de iniciativas governamentais" depende muito da gestão da cadeia de suprimentos, do gerenciamento da qualidade total, da reengenharia de processos empresariais e dos conceitos de entrega JIT (just-in-time), todos respaldados pela Administração da Produção e de Suprimentos.

2. **A Administração da Produção e de Suprimentos é um método sistemático de vislumbrar os processos organizacionais.** A APS usa o raciocínio analítico para lidar com os problemas do mundo real. Ela aguça nosso conhecimento sobre o mundo ao nosso redor, quer conversemos sobre a expansão global ou sobre quantas filas devem existir no guichê de um caixa bancário.

3. **A Administração da Produção e de Suprimentos apresenta oportunidades de carreira interessantes.** Essas oportunidades podem surgir na supervisão direta de operações ou em posições administrativas em especialidades da APS, como gestão da cadeia de suprimentos, compras e da qualidade assegurada. Além disso, as empresas de consultoria recrutam periodicamente profissionais com fortes capacidades de APS para trabalhar em áreas como reengenharia de processos e sistemas de planejamento de recursos empresariais.

4. **Os conceitos e as ferramentas da APS são amplamente aplicados no gerenciamento de outras funções de uma empresa.** Todos os gerentes devem planejar o trabalho, controlar a qualidade e garantir a produtividade dos profissionais sob sua supervisão. Os outros empregados devem conhecer como funcionam as operações, para desempenhar suas funções de modo eficaz.

O QUE É A ADMINISTRAÇÃO DA PRODUÇÃO E DE SUPRIMENTOS?

A Administração da Produção e de Suprimentos (APS) é definida como a elaboração, a operação e o aprimoramento dos sistemas que geram e distribuem os principais produtos e serviços da empresa. Como o marketing e finanças, a APS é um campo funcional da empresa, com responsabilidades bem definidas de gerenciamento hierárquico. Esse aspecto é importante porque a administração da produção e de suprimentos é freqüentemente confundida com a pesquisa operacional e ciência de administração *(OR/MS)* e com a engenharia industrial (IE). A diferença básica é que a APS é um campo de gerenciamento, enquanto a *OR/MS* é a aplicação de métodos quantitativos para a tomada de decisões em todos os campos, e a IE é uma disciplina da engenharia. Portanto, enquanto os gerentes da produção e de suprimentos usam as ferramentas de tomada de decisões da *OR/MS* (como a

Administração da Produção e de Suprimentos (APS)

Quadro 1.1 — Cadeia de suprimentos de um fabricante de equipamentos originais

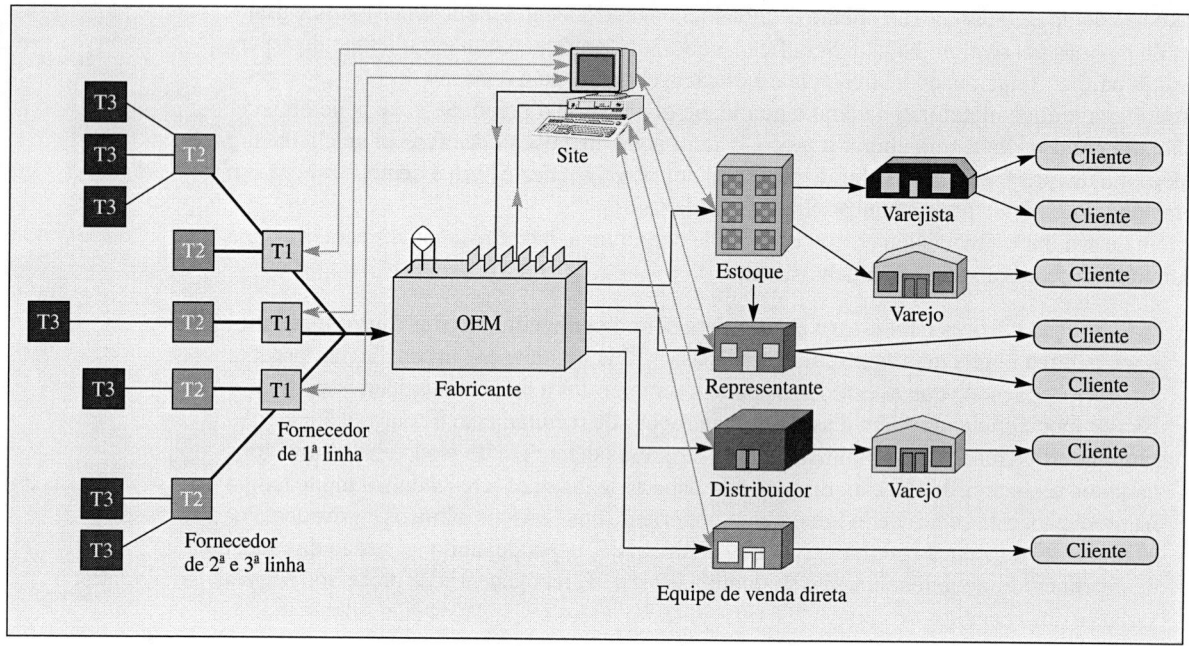

Como esse esquema indica, uma cadeia de valor não é uma simples seqüência linear de conexões. Geralmente, ela abrange uma seqüência complexa de interações e configurações de canais. A Web é uma tecnologia importante para permitir a comunicação eficiente ao longo de toda a cadeia.

Global

programação de caminhos críticos) e se preocupam com várias questões da IE (como a automatização das fábricas), a função administrativa da APS a distingue dessas outras disciplinas.

Como demonstra o Quadro 1.1, a APS abrange o sistema inteiro que produz uma mercadoria ou entrega um produto. Para se fabricar um produto (como um celular) ou fornecer um serviço (como uma conta de celular), é necessária uma seqüência complexa de processos de transformação. O Quadro 1.1 é uma rede de abastecimento de um fabricante de equipamentos originais (OEM), como a Nokia, fabricante finlandês de celulares. Para efetivamente produzir os aparelhos telefônicos e distribuí-los ao consumidor, muitas transformações devem ocorrer. Por exemplo, os fornecedores compram as matérias-primas e fabricam as peças do telefone. A fábrica da Nokia usa essas peças e monta os diversos modelos de celulares populares. São recebidos pela Internet os pedidos de telefones de todos os sites de distribuidores, revendas e depósitos, no mundo inteiro. Os varejistas locais trabalham diretamente com os clientes na configuração e no gerenciamento das contas dos celulares. A APS se encarrega do gerenciamento de todos esses processos individuais da forma mais eficiente possível.

O QUE É A ESTRATÉGIA DE OPERAÇÕES E DE SUPRIMENTOS?

Estratégia de operações e de suprimentos

A estratégia de operações e de suprimentos abrange a definição de políticas abrangentes e planos de uso dos recursos de uma empresa, para respaldar da forma mais eficaz possível sua estratégia competitiva de longo prazo. A estratégia de operações e de suprimentos de uma empresa estará completa através de sua interação com a estratégia corporativa. A estratégia abrange um processo de longo prazo que deve incentivar a mudança inevitável. Uma estratégia de operações e de suprimentos engloba decisões relacionadas à elaboração de um processo e a infra-estrutura necessária para respaldar o processo. A elaboração desse processo abrange a seleção da tecnologia adequada, o dimensionamento do processo no decorrer do tempo, a função do estoque no processo, e a localização do processo. As decisões da infra-estrutura envolvem a lógica associada aos sistemas de planejamento e controle, propostas de garantia e controle da qualidade, estruturas de pagamento de serviços e organização da função das operações.

A estratégia de produção e de suprimentos pode ser considerada parte de um processo de planejamento que coordena as metas operacionais com as da organização maior. Como os objetivos da organização maior mudam com o passar do tempo, a estratégia de operações deve ser elaborada de modo a prever as necessidades futuras. As capacidades operacionais de uma empresa podem ser vislumbradas como um portfólio mais adequado para se adaptar às necessidades móveis de produtos e/ou serviços dos clientes da empresa.

Dimensões competitivas

Diante das opções enfrentadas pelos clientes todos os dias, como eles decidem qual produto ou serviço deve ser comprado? Os diferentes clientes são atraídos por características distintas. Alguns estão interessados basicamente no preço de um produto ou serviço e, de modo correspondente, algumas empresas tentam se posicionar para oferecer os preços mais baixos. As principais dimensões competitivas que formam a posição competitiva de uma empresa são:

Custo ou preço: "Barateie o produto ou a prestação do serviço" Dentro de cada setor, geralmente existe um segmento do mercado que compra unicamente com base no preço baixo. Para concorrer com êxito nesse nicho, uma empresa deve ser o produtor de preços baixos, mas nem sempre essa linha de ação pode garantir a lucratividade e o sucesso. Os produtos e serviços vendidos estritamente com base no preço são geralmente do tipo *commodities*; em outras palavras, os clientes não podem distinguir o produto ou serviço das diversas empresas. Esse segmento do mercado é freqüentemente muito grande, e muitas empresas são atraídas pela possibilidade de lucros altos, que elas associam aos grandes volumes de itens unitários. Conseqüentemente, a concorrência nesse segmento é muito alta – assim como a taxa de fracassos. Além disso, pode existir um único produtor de preços baixos que geralmente define o preço de venda no mercado.

Entretanto, o preço não é a única base pela qual uma empresa pode concorrer (embora muitos economistas defendam essa tese!). Outras empresas, como a BMW, procuram atrair aqueles que almejam *qualidade superior* – em termos de desempenho, aparência ou recursos – do que a disponível nos produtos e serviços concorrentes, mesmo que acompanhada de um preço mais alto.

Qualidade: "Fabrique um excelente produto ou forneça um excelente serviço" Há duas características de um produto ou serviço que definem a qualidade: a qualidade do projeto e a qualidade do processo. A qualidade do projeto está relacionada ao conjunto de recursos que o produto ou serviço contém. Isso está diretamente ligado à estrutura do produto ou serviço. É evidente que a primeira bicicleta de duas rodas de uma criança tem uma qualidade diferente do que a bicicleta de um ciclista internacional. O uso de ligas de alumínio especiais e de rodas dentadas leves e correias especiais é importante para as necessidades de desempenho do ciclista avançado. Esses dois tipos de bicicleta são projetados para atender às necessidades dos diferentes clientes. O produto de qualidade superior do ciclista aciona um preço mais alto no mercado, devido a seus recursos especiais. Ao estabelecer o nível adequado da qualidade do projeto, o objetivo é focar nas necessidades do cliente. Os produtos e serviços super-elaborados com recursos excessivos ou inadequados são considerados proibitivamente caros. Em comparação, os produtos e serviços de estrutura inferior perderão clientes para os produtos que custam um pouco mais, mas são vistos pelos clientes como agregando mais valor.

A qualidade do processo, a segunda característica da qualidade, é crítica porque está diretamente relacionada à confiabilidade do produto ou serviço. Independentemente de o produto ser a primeira bicicleta de duas rodas de uma criança ou a bicicleta de um ciclista internacional, os clientes desejam produtos sem defeitos. Portanto, o objetivo da qualidade do processo é produzir produtos e serviços sem defeitos. As especificações do produto ou serviço, considerando as tolerâncias dimensionais e/ou as taxas de erros de serviço, definem o modo como o produto ou serviço deve ser fabricado. Seguir essas especificações é crítico para garantir a confiabilidade desse produto ou serviço definida por seu uso pretendido.

Velocidade da entrega: "Fabrique o produto ou forneça o serviço rapidamente" Em alguns mercados, é crítica a capacidade de uma empresa fornecer de modo mais rápido do que seus concorrentes. Uma empresa que pode oferecer um serviço de reparo local em apenas 1 ou 2 horas tem uma vantagem significativa sobre uma concorrente que assegura o serviço somente no prazo de 24 horas. A Progressive Insurance, abordada anteriormente, é um exemplo de empresa que aumentou a velocidade.

Confiabilidade na entrega: "Entregue na data prometida" Essa dimensão está relacionada à capacidade de uma empresa fornecer o produto ou serviço na data de entrega prometida ou antes dessa data. Para um fabricante de automóvel, é muito importante que seu fornecedor de pneus entregue a quantidade e os tipos necessários à produção dos carros de cada dia. Se os pneus necessários a determinado carro não estiverem disponíveis quando esse carro atingir o ponto na linha de montagem em que os pneus são instalados, provavelmente a linha de montagem precisará ser paralisada até a chegada dos pneus. Para uma empresa de serviços, como a Federal Express, a confiabilidade na entrega é a base de sua estratégia.

Enfrentando mudanças na demanda: "Mude seu volume" Em diversos mercados, a capacidade de uma empresa reagir aos aumentos e às diminuições na demanda é importante para sua capacidade de competir. Já é do conhecimento de todos que uma empresa com demanda crescente dificilmente se dará mal. Quando a demanda é forte e crescente, os custos são reduzidos continuamente, devido às economias de escala, e os investimentos em novas tecnologias podem ser facilmente justificados. Mas moderar quando a demanda diminui talvez exija algumas decisões difíceis, como a demissão de empregados e as reduções associadas aos ativos. A capacidade de lidar com a demanda de mercado dinâmica, de modo eficiente, no longo prazo é um componente fundamental da estratégia de operações.

Flexibilidade e velocidade de lançamento de novos produtos: "Mude isso" Sob um prisma estratégico, a flexibilidade está relacionada à capacidade de uma empresa disponibilizar uma grande variedade de produtos para seus clientes. Um elemento importante dessa capacidade é o tempo necessário para uma empresa desenvolver um novo produto e converter seus processos para oferecer esse novo produto.

As dimensões competitivas da Dell lançam a mais recente tecnologia relevante muito mais rapidamente do que as empresas com canais de distribuição indiretos, girando o estoque em menos de cinco dias, em média. Praticamente um em cada cinco sistemas de computadores vendidos no mundo hoje é um Dell.

Outros critérios específicos do produto: "Ofereça suporte!" As dimensões competitivas recém-descritas são certamente as mais comuns. Contudo, outras dimensões freqüentemente se relacionam a produtos ou situações específicas. Convém observar que a maioria das dimensões listadas a seguir tem uma natureza basicamente de serviço. Geralmente, são oferecidos serviços especiais para aumentar as vendas de produtos manufaturados.

1. **Assistência técnica e garantia** – Presume-se que um fornecedor ofereça assistência técnica para o desenvolvimento de produtos, principalmente nos estágios iniciais da criação e produção.
2. **Cumprir a data de lançamento** – Uma empresa pode ser obrigada a se coordenar com outras empresas em um projeto complexo. Nesses casos, é possível que o processo de produção ocorra enquanto o trabalho de desenvolvimento estiver em fase de conclusão. Coordenar o trabalho entre empresas e trabalhar simultaneamente em um projeto reduzirá o tempo total necessário à conclusão do projeto.
3. **Suporte pós-venda do fornecedor** – Uma dimensão competitiva importante pode ser a capacidade de uma empresa oferecer suporte pós-venda para seus produtos. Isso exige disponibilidade de peças de reposição e, possivelmente, transformação dos produtos mais antigos ainda existentes para novos níveis de desempenho. A velocidade na resposta a essas necessidades pós-venda também é um aspecto relevante.
4. **Outras dimensões** – Em geral, essas dimensões englobam fatores, como cores disponíveis, tamanho, peso, localização da fábrica, customização e opções de *mix* de produtos.

A noção de *trade-offs*

É de suma importância para o conceito da estratégia de operações e de suprimentos a noção de foco das operações e *trade-offs*. Segundo sua lógica básica, uma operação não pode demonstrar excelência em todas as dimensões competitivas simultaneamente. Conseqüentemente, a diretoria deverá determinar os parâmetros de desempenho críticos para o sucesso da empresa e, a partir de então, concentrar seus recursos nessas características específicas.

Por exemplo, se uma empresa almeja focar a velocidade da entrega, não poderá ser muito flexível na possibilidade de oferta de uma grande variedade de produtos. De modo semelhante, uma estratégia de baixo custo não é compatível com a velocidade de entrega nem com a flexibilidade. A alta qualidade também é considerada um *trade-off* para o baixo custo.

Uma posição estratégica não será sustentável caso existam comprometimentos com outras posições. Ocorrem *trade-offs* quando as atividades são compatíveis, de modo que mais de uma coisa necessita menos de outra. Uma linha aérea pode optar por servir refeições – aumentando os custos e atrasando o tempo de parada programada no portão de embarque – ou pode não servir refeições, mas a empresa não pode fazer as duas coisas sem enfrentar graves ineficiências.

Straddling ocorre quando uma empresa procura corresponder aos benefícios de uma posição bem-sucedida, mas mantendo, ao mesmo tempo, sua posição atual. Ela acrescenta novos recursos, serviços ou tecnologias às atividades já executadas. A natureza arriscada dessa estratégia é demonstrada pela tentativa fracassada da Continental Airlines para competir com a Southwest Airlines. Ao manter sua posição como uma linha aérea completa, a Continental deu um jeito de se equiparar à Southwest em diversas rotas ponto-a-ponto. A empresa apelidou o novo serviço de Continental Lite. Ela cortou refeições e o serviço de primeira classe, aumentou a freqüência de partidas, reduziu as tarifas e encurtou o tempo de parada programada no portão de embarque. Por ser uma linha aérea completa em outras rotas, a Continental continuava usando agentes de viagem e sua frota mista de aviões, e fornecendo verificação de bagagem e atribuição de assentos.

Straddling

Em última análise, os *trade-offs* enterraram a Continental Lite. A linha aérea perdeu centenas de milhares de dólares e seu diretor executivo perdeu o emprego. Seus aviões se atrasavam, deixando congestionados centenas de eixos urbanos, ou se atrasavam no portão de chegada devido às transferências de bagagens. Vôos atrasados e cancelamentos geravam milhares de reclamações por dia. A Continental Lite não era competitiva em termos de preço, além de pagar as comissões padrão dos agentes de viagem, mas ela não poderia seguir em frente sem os agentes em seu ramo de serviços completos. A linha se comprometeu ao cortar comissões de todos os vôos da Continental. De modo semelhante, não conseguiu oferecer os mesmos benefícios dos viajantes freqüentes aos passageiros que pagavam bilhetes com preços inferiores pelo serviço Lite. Ela se comprometeu novamente, reduzindo as recompensas do programa completo de viajantes freqüentes da Continental. Resultado: agentes de viagens e clientes dos serviços completos irados. A Continental tentou competir de duas maneiras, de uma só vez, e pagou um preço alto por sua indecisão.

Multifuncional

Ganhador de pedido

Qualificador de pedido

Ganhadores e qualificadores de pedidos: o elo Marketing-Operações

É necessária uma interface entre o marketing e as operações para que uma empresa conheça seus mercados sob dois prismas. Terry Hill, um professor da Oxford University, consagrou os termos *ganhador de pedido* e *qualificador de pedido* para descrever as dimensões orientadas pelo marketing, que são fundamentais para o sucesso competitivo. Um ganhador de pedido é um critério que diferencia os produtos ou serviços de duas empresas. Dependendo da situação, o critério ganhador do pedido pode ser o custo do produto (preço), a qualidade e a confiabilidade do produto, ou qualquer uma das outras dimensões descritas anteriormente. Um qualificador de pedido é um critério de avaliação, que permite que os produtos de uma empresa sejam considerados como possíveis candidatos à compra. O Professor Hill afirma que uma empresa deve "requalificar os qualificadores de pedido" todos os dias de sua existência.

Global

Convém lembrar que os critérios ganhadores e qualificadores do pedido podem mudar com o passar do tempo. Por exemplo, quando as empresas japonesas entraram nos mercados mundiais de automóveis, nos anos 1970, elas mudaram o modo como esses produtos ganhavam pedidos, do predominantemente preço para a qualidade e confiabilidade do produto. Os fabricantes de automóveis americanos estavam perdendo pedidos, devido à qualidade, para as empresas japonesas. No final dos anos 1980, a qualidade do produto foi elevada pela Ford, General Motors e Chrysler (hoje DaimlerChrysler); atualmente, elas estão "qualificadas" para estar no mercado. Grupos de consumidores monitoram continuamente os critérios da qualidade e confiabilidade, requalificando, assim, as empresas de mais alto desempenho. Hoje, os ganhadores de pedidos de automóveis variam muito, de acordo com o modelo. Os clientes sabem as características que almejam (como confiabilidade, design e consumo de combustível) e querem comprar uma combinação exata a um preço baixo, maximizando o valor.

ADEQUAÇÃO ESTRATÉGICA: ADEQUANDO AS ATIVIDADES OPERACIONAIS À ESTRATÉGIA

Todas as atividades que integram a operação de uma empresa se relacionam entre si. Para torná-las eficientes, a empresa precisa minimizar seu custo total sem comprometer as necessidades dos clientes. A IKEA almeja os compradores jovens de móveis, que buscam estilo a um preço baixo. A IKEA decidiu executar atividades de modo diferente de seus rivais.

Imagine a loja de móveis comum, onde os *showrooms* exibem amostras das mercadorias. Uma área pode conter diversos sofás, outra área mostra as mesas de jantar, e há muitas outras áreas focadas em tipos específicos de mobília. Dezenas de livros apresentando amostras de tecido ou de madeira ou estilos alternativos oferecem aos clientes milhares de opções de produtos para serem escolhidos. Os vendedores acompanham os clientes dentro da loja, respondendo às perguntas e os ajudando a percorrer o labirinto de opções. Assim que um cliente toma uma decisão, o pedido é retransmitido para um fabricante terceirizado. Com sorte, a mobília será entregue na residência do cliente no prazo de seis a oito semanas. Essa é uma cadeia de suprimentos que maximiza a customização e o serviço, mas a um preço alto.

Em contrapartida, a IKEA atende a clientes que ficam satisfeitos ao negociar serviço em troca de preço. Em vez de usar parceiros comerciais, a IKEA aplica um modelo de auto-serviço, no qual

Mapeamento de sistemas de atividades

Quadro 1.2

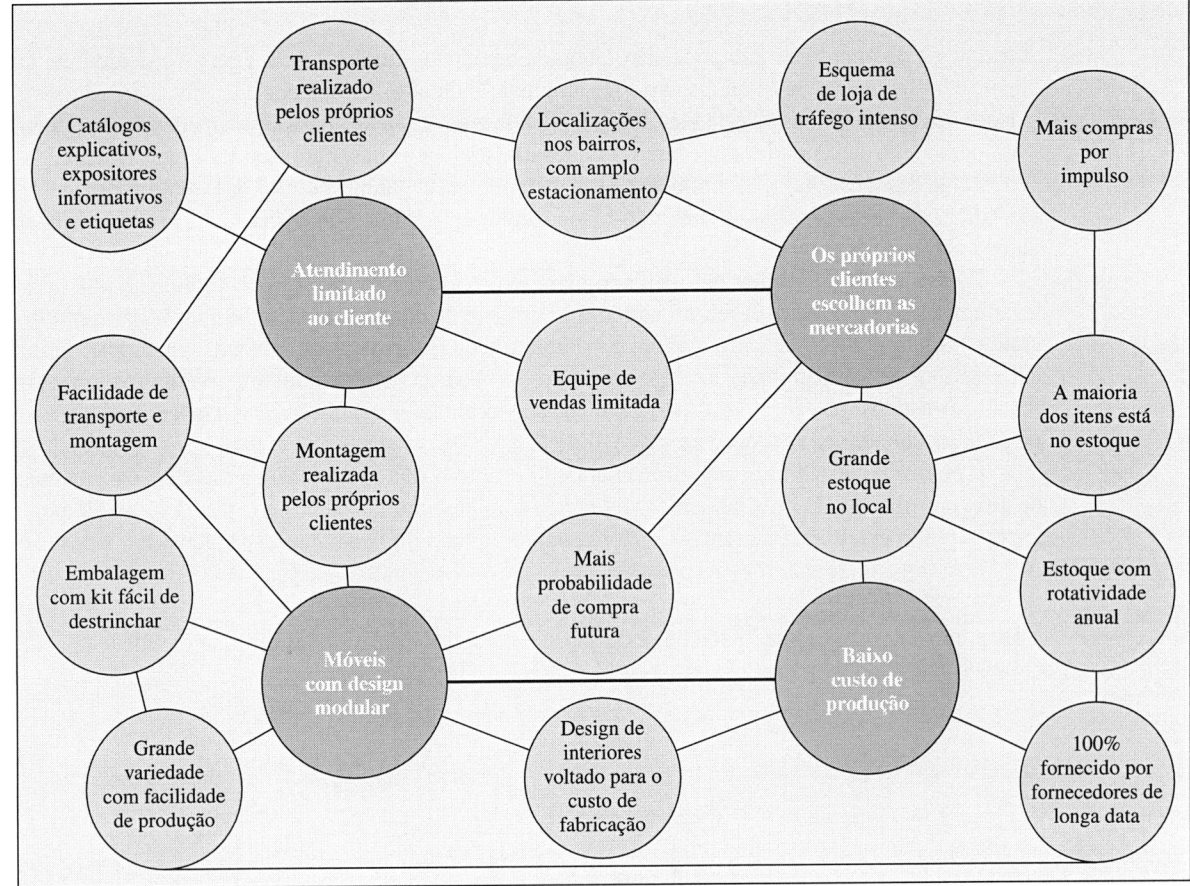

Mapas de sistema de atividades, como o da IKEA, demonstram como a posição estratégica de uma empresa está contida em um conjunto de atividades adaptadas, elaboradas para atendê-la. Nas empresas com uma posição estratégica clara, alguns temas estratégicos de ordem superior (nos círculos em laranja escuro) podem ser identificados e implementados através de grupos de atividades intimamente ligadas (nos círculos mais claros).

Fonte: M. E. Porter, *On Competition*, Boston: HBS, 1998, p. 50.

os móveis são expostos tal qual em uma residência. Em vez de depender de fabricantes terceirizados, a IKEA projeta a própria mobília pronta para montar e de baixo custo. Na loja, há um depósito com os produtos encaixotados, para pronta-entrega. Os próprios clientes escolhem no estoque e carregam suas mercadorias. Grande parte de sua operação de baixo custo é viabilizada porque os clientes atendem a si mesmos, mesmo que a IKEA ofereça serviços extras, como tomar conta de crianças no interior da loja e horário prolongado. Esses serviços atendem muito bem às necessidades dos clientes, que são jovens, não são ricos, têm filhos e precisam fazer compras em horários especiais.

O Quadro 1.2 mostra como a estratégia da IKEA é implementada através de um conjunto de atividades. Os mapas de sistemas de atividades, como o da IKEA, demonstram como a estratégia de uma empresa é implantada por meio de um grupo de atividades adaptadas. Nas empresas com uma estratégia clara, alguns temas estratégicos de ordem superior (em laranja mais escuro) podem ser identificados e implementados através de grupos de atividades intimamente relacionadas. Esse tipo de mapa pode ser útil para conhecer a eficiência da adequação entre o sistema de atividades e a estratégia da empresa. A vantagem competitiva surge do modo como as atividades de uma empresa se adequam e apóiam umas às outras.

Mapas do sistema de atividades

ESTRUTURA PARA A ESTRATÉGIA DE OPERAÇÕES E DE SUPRIMENTOS

A estratégia de operações não pode ser elaborada no vácuo. Ela deve estar ligada verticalmente ao cliente e horizontalmente às outras partes da empresa. O Quadro 1.3 apresenta os elos entre as necessidades dos clientes, suas prioridades de desempenho e os requisitos para as operações da produção, e as operações e capacidades de recursos empresariais relacionadas, para atender àquelas necessidades. Acima dessa estrutura, encontra-se a visão estratégica da gerência sênior da empresa. Essa visão identifica, em termos gerais, o mercado-alvo, a linha de produtos da empresa e suas capacidades corporativas e operacionais básicas.

Pode ser difícil escolher um mercado-alvo, mas é necessário fazê-lo. Na realidade, isso pode levar à rejeição de negócios – eliminando um segmento de clientes que simplesmente não seria lucrativo ou muito difícil de ser atendido, considerando os recursos da empresa. Um exemplo, nesse caso, seriam os fabricantes de roupas deixando de fabricar os tamanhos intermediários em suas linhas de vestidos. As competências essenciais são as aptidões que diferenciam o serviço ou a empresa fabricante de seus concorrentes.

Competências essenciais

É possível que a atitude mais árdua para uma empresa seja romper com a tradição. Os gerentes de nível superior geralmente deixam a sua marca, com base em inovações criadas há 15 ou 20 anos. Esses gerentes geralmente se sentem muito à vontade apenas implementando pequenas mudanças no

Quadro 1.3 Estrutura da estratégia de operações e de suprimentos: das necessidades dos clientes até o atendimento dos pedidos

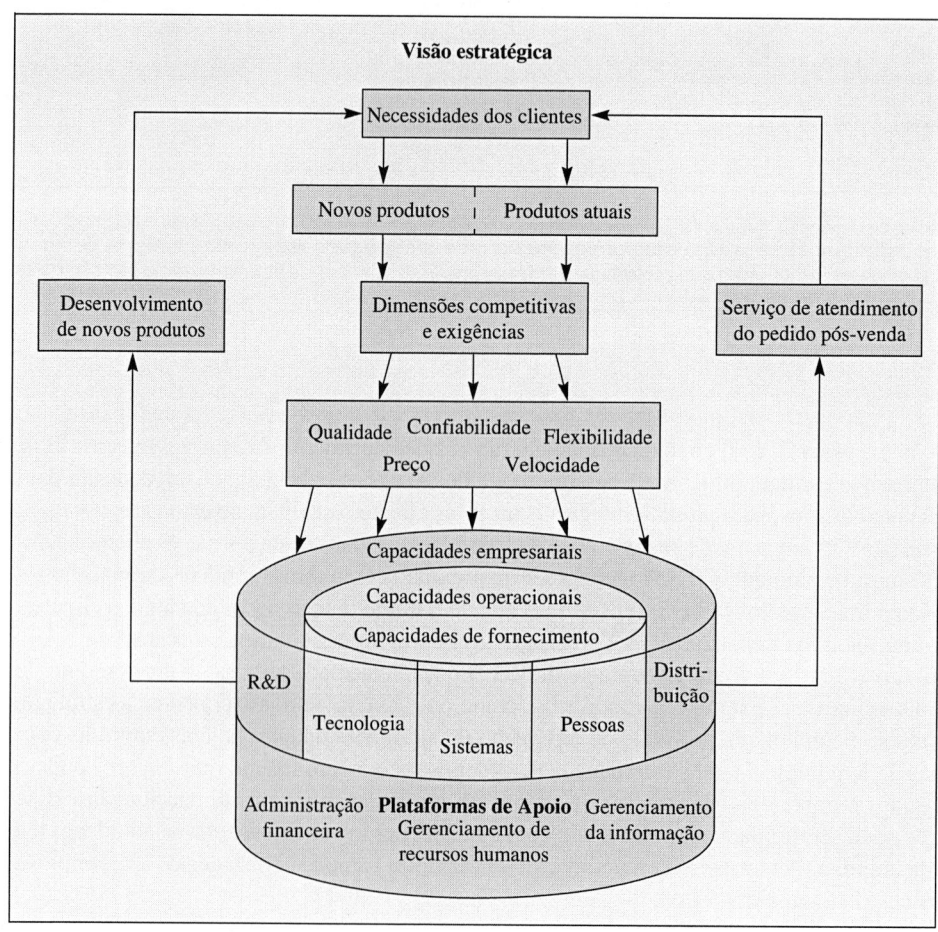

sistema atual. Todas as novas tecnologias avançadas se apresentam como correções rápidas. É fácil implantar essas tecnologias no sistema atual. Embora essa tarefa seja interessante para os gerentes e engenheiros na empresa, eles não estarão criando uma competência essencial diferencial – uma competência que ganhe clientes no futuro. Nesse mundo de intensa concorrência global, as empresas não precisam de mais técnicas, mas sim, de uma maneira de estruturar um sistema de concepção de produtos totalmente novo, de modo diferente e mais eficiente do que qualquer concorrente o faria.

COMO WALL STREET AVALIA O DESEMPENHO DAS OPERAÇÕES?

Comparar empresas sob uma perspectiva operacional é importante para os investidores, uma vez que o custo relativo de fornecer um produto ou serviço é essencial para obter altos ganhos. Se você pensar bem, o aumento dos ganhos depende muito da lucratividade da empresa. Por meio do aumento das vendas e/ou redução dos custos, pode-se aumentar o lucro. Geralmente as empresas de alta eficiência brilham quando a demanda cai nos períodos de recessão, porque podem continuar lucrando devido à sua estrutura de baixo custo. As empresas com praticidade nas operações podem até considerar a recessão uma oportunidade de ganhar fatia de mercado, enquanto seus concorrentes menos eficazes lutam para permanecer no mercado.

Examine o setor automobilístico, onde a eficiência tem sido um fator extremamente importante. O Quadro 1.4 apresenta uma comparação de algumas das principais empresas. Como é possível constatar, a Toyota domina o grupo. A renda líquida por empregado na Toyota é cinco vezes maior do que a da Ford e DaimlerChrysler, uma conquista realmente incrível. A Toyota também se destaca no giro das contas a receber, no giro de estoque e de ativos. A Ford e a General Motors têm se esforçado para implementar uma filosofia de gestão de estoque lançada pela primeira vez pela Toyota no Japão. A verdadeira eficiência ultrapassa a gestão do estoque e exige um sistema integrado de desenvolvimento, venda, produção e fornecimento de produtos. A Toyota tem muita experiência em sua abordagem nessas atividades, e isso se reflete claramente em seus resultados financeiros.

Nos Estados Unidos, em todo verão, o jornal *USA Today* publica relatórios anuais de ganhos de produtividade nas grandes empresas norte-americanas. A produtividade está em ascensão nos últimos anos, o que é muito bom para a economia. A produtividade geralmente aumenta nos períodos de recessão; quando há demissões de empregados, os que permanecem precisam trabalhar muito mais. Os aumentos também estão associados aos avanços tecnológicos. Imagine a contribuição de um trator para a produtividade da fazenda.

Ao avaliar os vencedores de mais alta produtividade e os perdedores, é importante procurar as explicações incomuns. Por exemplo, as empresas de energia elétrica têm desfrutado de altos ganhos de produtividade, resultantes quase exclusivamente dos preços mais altos do petróleo, que disparou

Quadro 1.4

Medidas de eficiência utilizadas por Wall Street

	UMA COMPARAÇÃO ENTRE FABRICANTES DE AUTOMÓVEIS				
MEDIDA DA EFICÁCIA ADMINISTRATIVA	TOYOTA	FORD	GENERAL MOTORS	DAIMLERCHRYSLER	SETOR
Rendimento por empregado	$40.000	$8.000	$10.000	$8.000	$15.000
Receita por empregado	$663.000	$535.000	$597.000	$510.000	$568.000
Giro de contas a receber	4,0	1,5	1,0	2,2	2,1
Giro de estoque	12,0	11,5	11,7	5,9	11,0
Giro de ativos	0,8	0,6	0,4	0,8	0,8

a receita das empresas sem lhes obrigar a aumentar o número de funcionários. Empresas de produtos farmacêuticos, como a Merck e a Pfizer, não têm se saído muito bem recentemente. As quedas repentinas na produtividade dessas empresas devem-se principalmente a eventos ocasionais – na Merck, porque ela desmembrou uma empresa, e na Pfizer, por ter comprado uma empresa. Essas reviravoltas ocasionais fazem muito barulho para quem quer apenas conhecer a eficácia administrativa das empresas. O melhor a fazer é examinar os padrões de produtividade de vários anos.

RESUMO

Neste capítulo, destacamos a importância da ligação entre a administração da produção e de suprimentos e o sucesso competitivo da empresa. Os temas deste livro abrangem aqueles que todos os gerentes já devem conhecer. As atividades de operações e de suprimentos da empresa precisam apoiar estrategicamente as prioridades da empresa. Incluímos exemplos de três grandes empresas que possuem uma excelente adequação estratégica operacional.

O processo integrado completo da IKEA, inclusive a elaboração dos produtos, design da embalagem, produção, distribuição e pontos de venda do varejo, é direcionado para o fornecimento de produtos inovadores em termos funcionais, ao menor preço possível. A Progressive Insurance usa a Internet e a rede inovadora de representantes móveis para reduzir o custo de entrega ao cliente, além de efetivamente vencer a concorrência com serviço. Finalmente, a Harley-Davidson consegue tirar proveito da predisposição de seus clientes de ter uma moto exclusiva, oferecendo várias opções. Em vez de ficar sobrecarregada com o alto estoque associado às bicicletas pré-configuradas, a empresa consegue instalar as opções posteriormente, no processo das centrais de atendimento de suas revendas, permitindo que os clientes obtenham o que desejam, e aumentando o valor e a lucratividade de seu negócio.

Neste capítulo, demonstramos como a estratégia geral da empresa pode estar atrelada à estratégia de operações e de suprimentos da empresa. Conceitos importantes são as dimensões competitivas operacionais, ganhadores e qualificadores de pedidos e adequação estratégica. As concepções são aplicadas a praticamente qualquer negócio e são críticas para a capacidade de a empresa sustentar uma vantagem competitiva. Para uma empresa permanecer competitiva, todas as atividades operacionais devem reforçar a sua estratégia. Os analistas de Wall Street monitoram constantemente a eficácia das empresas sob o prisma operacional. As empresas fortes em termos operacionais conseguem gerar mais lucro para cada dólar vendido, o que as torna investimentos atrativos.

Termos-chave

Eficiência Fazer alguma coisa pelo menor preço possível.

Eficácia Fazer o que é certo para agregar o valor máximo à empresa.

Valor Relação entre a qualidade e o preço pago. A "satisfação" competitiva consegue melhorar a qualidade e reduzir o preço, além de manter ou aumentar as margens de lucro. (Dessa forma, as operações podem favorecer diretamente a retenção dos clientes e ganhar fatia de mercado.)

Administração da Produção e de Suprimentos (APS) Elaboração, funcionamento e melhoria dos sistemas que geram e fornecem os principais produtos e serviços de uma empresa.

Estratégia de operações e de suprimentos Definição de políticas abrangentes e planos para usar os recursos de uma empresa, com a finalidade de respaldar de modo mais eficiente a estratégia competitiva de longo prazo de uma empresa.

Straddling Ocorre quando uma empresa procurar se equiparar ao que um concorrente está fazendo, acrescentando novos recursos, serviços ou tecnologias às atividades existentes. Isso geralmente cria problemas se for necessário fazer determinados *trade-offs*.

Ganhador do pedido Dimensão que diferencia os produtos ou serviços de duas empresas.

Qualificador do pedido Dimensão utilizada para classificar um produto ou serviço como um candidato à compra.

Mapa do sistema de atividades Diagrama que demonstra como a estratégia de uma empresa é implantada, através de um conjunto de atividades de apoio.

Competências essenciais Habilidades que diferenciam uma empresa fabricante ou prestadora de serviços de seus concorrentes.

Questões para revisão e discussão

1. Examine os anúncios de classificados do *The Wall Street Journal* e avalie as oportunidades existentes para um diretor de APS com vários anos de experiência.
2. Que fatores são responsáveis pelo atual ressurgimento do interesse pela APS?
3. Uma fábrica pode ser ágil, confiável e flexível; fabricar produtos de alta qualidade; e oferecer um atendimento sofrível sob o prisma do cliente?
4. Quais são as principais prioridades associadas à estratégia de operações e de suprimentos? Em sua opinião, como a relação mútua entre elas tem mudado no decorrer do tempo? Seria melhor pensar sobre isso em relação a um setor específico. Por exemplo, computadores pessoais seria um setor adequado.
5. Por que a estratégia de operações e de suprimentos "adequada" continua mudando para as empresas que são concorrentes internacionais?
6. O que significam as expressões *ganhadores de pedidos* e *qualificadores de pedidos*? Qual foi o ganhador do pedido de sua última compra relevante de um produto ou serviço?

Exercício na Internet: Motocicletas Harley-Davidson

A Harley-Davidson desenvolveu um site na Web que permite que os clientes potenciais personalizem suas novas motos. Partindo de um modelo "básico", o cliente pode escolher dentre uma variedade de sacolas, revestimentos cromados, esquemas de cores, saídas de escape, controles para pés, espelhos e outros acessórios. O aplicativo baseado na Web é configurado de modo que o cliente possa não somente escolher a partir de uma longa lista de acessórios, como também ver como a moto ficará. Esses designs exclusivos podem ser compartilhados com amigos e familiares, imprimindo a imagem final ou a transferindo via e-mail. Que jeito engenhoso de vender motos!

Acesse o site da Harley-Davidson (HD) na Web (www.Harley-Davidson.com). Nesse site, selecione "Customize Your Harley". Depois, selecione "The Customizer". Você entrará no aplicativo.

Internet

1. Em sua opinião, quantas configurações diferentes de motos são possíveis? Cada cliente poderia ter uma moto diferente? Para simplificar, e se a HD tivesse apenas dois tipos de motos, três opções de barra de direção, quatro combinações de bolsas de selim (para motos) e dois tipos de cano de escape? Quantas combinações seriam possíveis nesse caso?
2. Para manter tudo muito simples, a HD instrui a revenda a instalar praticamente todas essas opções. Qual seria o *trade-off* em questão se a HD instalasse essas opções na fábrica e não na revenda?
3. Qual é a importância dessa customização para a estratégia de marketing da HD? Quais são o ganhador e os qualificadores do pedido da HD? Descreva de modo conciso a estratégia de operações e de suprimentos da HD.

Bibliografia selecionada

Hayes, Robert; Gary Pisano; David Upton e Steven Wheelwright. *Operations, Strategy, and Technology: Pursuing the Competitive Edge.* New York: John Wiley & Sons, 2004.*

Slack, N., e M. Lewis. *Operations Strategy.* Harlow, England e New York: Prentice Hall, 2002.

Hill, T. J. *Manufacturing Strategy-Text and Cases.* Burr Ridge; IL: Irwin/McGraw-Hill, 2000.

Sower, Victor E.; Jaideep Motwani e Michael J. Savoie. "Classics in production and operations management," *International Journal of Operations & Production Management,* Vol. 17, nº 1 (1997), pp. 15-28.

---

* Publicado pela Bookman Editora sob o título *Produção, Estratégia e Tecnologia: Em Busca da Vantagem Competitiva.*

Capítulo 2
GERENCIAMENTO DE PROJETOS

Após ler o capítulo, você saberá:

1. O que é o gerenciamento de projetos e por que ele é importante.
2. Os diversos modos de estruturação de projeto.
3. Como os projetos são organizados em subprojetos relevantes.
4. O que significa um marco de projeto.
5. Determinar o "caminho crítico" de um projeto.
6. Como "comprimir" ou reduzir a duração de um projeto.

35 O iPod da Apple dispõe de uma equipe própria de desenvolvimento de produtos

36 O que é gerenciamento de projetos?
　　　　Definição de projeto
　　　　Definição de gerenciamento de projetos

37 Estruturando projetos
　　Projeto puro　　　　　　　　　Definição de projeto puro
　　Projeto funcional　　　　　　Definição de projeto funcional
　　Projeto matricial　　　　　　Definição de projeto matricial

40 Estrutura de divisão do trabalho
　　　　Definição de marcos do projeto
　　　　Definição de estrutura de divisão do trabalho
　　　　Definição de atividades

42 Gráficos de controle do projeto
　　　　Definição de gráfico de Gantt

42 Modelos de redes de planejamento
　　Método do Caminho Crítico (CPM)　　Definição de caminho crítico
　　Modelos de tempo-custo　　　　　　Definição de predecessores imediatos
　　　　　　Definição de tempo de folga
　　　　　　Definição de programação de início mais cedo
　　　　　　Definição de programação de início mais tarde
　　　　　　Definição de modelos de tempo-custo

53 Gerenciando recursos
　　Rastreando o progresso

54 Resumo

62 Caso: Projeto de *design* de celular

O IPOD DA APPLE DISPÕE DE UMA EQUIPE PRÓPRIA DE DESENVOLVIMENTO DE PRODUTOS

Como a Apple desenvolve os produtos inovadores que ela vende? A Apple tem duas equipes distintas de desenvolvimento de produtos: uma organizada em função do computador Macintosh e a outra focada no tocador iPod. Organizando-se dessa maneira, a Apple pode focar com precisão recursos para seus produtos incrivelmente bem-sucedidos. O iPod revigorou a Apple e seus resultados financeiros nos últimos dois anos.

Grande parte da estrutura básica do iPod foi elaborada por empresas externas. Os equipamentos eletrônicos representam uma área que muda rapidamente, e ao utilizar especialistas estabelecidos e reunidos em uma cadeia de design, a Apple conseguiu colocar rapidamente o iPod no mercado. Ela desenvolveu um projeto em camadas, que conta com uma plataforma criada por terceiros, a PortalPlayer, de Santa Clara, Califórnia. A PortalPlayer tinha desenvolvido uma plataforma básica para diversos sistemas de áudio, incluindo dispositivos portáteis de música digital, sistemas de áudio geral e receptores de *streaming* de áudio.

A Apple começou com uma visão do que deveria ser o tocador e de como seria sua aparência física. Os parâmetros de design subseqüentes foram determinados por sua aparência e por seu formato (fator de forma). Essa perspectiva de fora para dentro ajudou a definir o número de componentes, inclusive a bateria de lítio achatada, da Sony, e o disco rígido de 1,8 polegadas, da Toshiba. As unidades básicas — bateria, disco rígido e placa de circuito — são dispostas em camadas, cada uma posicionada sobre a seguinte. O restante do dispositivo usa um decodificador MP3 dedicado e um chip controlador, da PortalPlayer, um conversor digital-analógico da Wolfson Microelectronics Ltd. Stereo, um chip de memória flash, da Sharp Electronics Corp., uma controladora de interface de firewire 1394, da Texas Instruments, e um circuito integrado de carregamento de bateria e gerenciamento de energia, da Linear Technologies, Inc.

Trabalhando com esses parceiros, o projeto do design do iPod foi concluído em alguns meses de enlaces iterativos. O gerenciamento das atividades entre os diversos parceiros foi extremamente difícil, porque a Apple precisava garantir que as programações de desenvolvimento de seus fornecedores atendessem à programação de lançamento do produto. Certamente, as versões posteriores do iPod dependerão dessa cadeia dinâmica de design, à medida que forem descobertos diferentes componentes e otimizações. O produto iPod da Apple tem obtido muito êxito devido, em grande parte, aos esforços bem-sucedidos do gerenciamento de projetos, tema deste capítulo.

> *"O projeto de alto impacto é a pedra preciosa... a pepita fundamental... a partícula atômica fundamental a partir da qual o novo mundo técnico e sofisticado será construído e/ou reconstruído. Os projetos devem ser dignos de um UAU!"*
> —Tom Peters

Mesmo que a maior parte do conteúdo deste capítulo esteja concentrada nos aspectos técnicos do gerenciamento de projetos (estruturar redes de projetos e calcular o caminho crítico), como vimos na vinheta de abertura, com certeza os aspectos administrativos são igualmente importantes. O êxito no gerenciamento de projetos está associado ao controle cuidadoso dos recursos críticos. Neste livro, passamos boa parte do tempo concentrados no gerenciamento dos recursos não-humanos, como máquinas e materiais; entretanto, para os projetos, o principal recurso é geralmente o tempo de nossos empregados. Os recursos humanos são freqüentemente os mais dispendiosos e as pessoas envolvidas nos projetos críticos para o sucesso da empresa costumam ser os gerentes, consultores e engenheiros mais importantes.

Nos níveis mais altos de uma organização, o gerenciamento freqüentemente lida com um portfólio de projetos. Há vários tipos de projetos, desde o desenvolvimento de produtos totalmente novos, revisões de produtos antigos, novos planos de marketing e uma grande variedade de projetos para atender melhor aos clientes e reduzir custos.

A maioria das empresas lida com os projetos individualmente – empurrando-os pelo canal o mais rapidamente e menos dispendiosamente possível. Algumas dessas mesmas empresas aplicam com excelência as técnicas aqui descritas, de modo a executar as diversas tarefas com perfeição, mas os projetos simplesmente não atingem os resultados esperados. Pior ainda, geralmente os projetos consomem a maioria dos recursos e mantêm um vínculo muito distante com a estratégia da empresa.

A decisão primordial e de visão abrangente é que o *mix* de projetos é o melhor para a organização. Uma empresa deve ter o *mix* certo de projetos, para respaldar a sua estratégia com o máximo de eficácia. Os projetos devem ser escolhidos com base nos seguintes tipos: derivativos (mudanças incrementais, como nova embalagem ou versões básicas de um produto), revolucionários (grandes mudanças que geram mercados totalmente novos), de plataforma (melhorias fundamentais implementadas em produtos já existentes). Os projetos podem ser classificados em quatro áreas importantes: mudança de produto, mudança de processo, pesquisa e desenvolvimento, e aliança e parceria (veja o Quadro 2.1).

Neste capítulo, apenas tangenciamos o tema do gerenciamento de projetos. Gerentes de projetos profissionais são pessoas capacitadas não somente quanto aos aspectos técnicos no cálculo de detalhes, como o tempo de início e de término mais cedo, mas também quanto às habilidades relacionadas à motivação. Além disso, a capacidade de resolver conflitos, por ocasião de tomadas de decisões críticas no projeto, é uma habilidade importantíssima. Certamente, ter sucesso na liderança de projetos é a melhor maneira de provar para as pessoas que tomam decisões a favor de promoções que você pode ser promovido. Praticamente todo o esforço do projeto é um trabalho em equipe e, para liderar um projeto, é necessário liderar uma equipe. Seu êxito na liderança de um projeto será rapidamente divulgado pelos integrantes da equipe. À medida que as organizações se nivelam (através da reengenharia, redução do quadro funcional, terceirização), mais dependem de projetos e líderes de projetos para que o trabalho seja executado, um trabalho que, anteriormente, era feito dentro dos departamentos.

O QUE É GERENCIAMENTO DE PROJETOS?

Projeto

Gerenciamento de projetos

Um projeto pode ser definido por uma série de serviços relacionados, normalmente voltados para algum resultado importante e que necessita de um período considerável de tempo para a sua execução. O gerenciamento de projetos pode ser definido como o planejamento, a administração e o controle de recursos (pessoas, equipamentos, materiais) para atender às restrições técnicas, de custo e de tempo do projeto.

Embora freqüentemente os projetos sejam interpretados como ocorrências únicas, o fato é que muitos projetos podem ser repetidos ou transferidos para outros ambientes ou produtos. O resultado

Quadro 2.1

Tipos de projetos de desenvolvimento

	Mais ←——— Mudança ———→ Menos		
	Projetos revolucionários	Projetos de plataforma	Projetos derivativos
Mudança de produto	Novo produto básico	Acréscimo à família de produtos	Aprimoramento de produto
Mudança de processo	Novo processo básico	Atualização de processo	Mudança incremental
Pesquisa & Desenvolvimento	Nova tecnologia básica	Atualização de tecnologia	Mudança incremental
Aliança & Parceria	Terceirização da maioria das atividades	Seleciona novo parceiro	Mudança incremental

será a produção de outro projeto. Um empreiteiro que constrói casas ou uma empresa que fabrica produtos de baixo volume, como supercomputadores, locomotivas ou aceleradores lineares, podem considerá-los projetos.

ESTRUTURANDO PROJETOS

Antes do início do projeto, a gerência sênior deve determinar qual das três estruturas organizacionais será usada para amarrar o projeto à empresa matriz (controladora): projeto puro, projeto funcional ou projeto matricial. Examinaremos, a seguir, os pontos fortes e fracos dessas três modalidades.

Projeto puro

Tom Peters prevê que a maior parte do trabalho no mundo será de caráter "intelectual", realizado em redes semipermanentes de pequenas equipes dedicadas ao projeto, cada uma sendo um centro empreendedor e autônomo de oportunidades, onde a necessidade por velocidade e flexibilidade condena as estruturas hierárquicas da administração com as quais convivemos desde o início. Assim, das três estruturas organizacionais básicas do projeto, Peters prefere o projeto puro (apelidado de *projetos de ponta*), em que uma equipe auto-suficiente trabalha sobre o projeto em tempo integral.

Multifuncional

Projeto puro

VANTAGENS
- O gerente de projeto tem autoridade total sobre o projeto.
- Os membros da equipe são subordinados a um único chefe. Eles não precisam se preocupar em dividir a lealdade com um gerente de uma área funcional.
- As linhas de comunicação são encurtadas. As decisões são tomadas rapidamente.
- O orgulho, a motivação e o compromisso da equipe são grandes.

DESVANTAGENS
- Duplicação de recursos. Os equipamentos e as pessoas não são compartilhados entre projetos.
- As metas e políticas organizacionais são ignoradas, já que, muitas vezes, os membros das equipes são removidos física e psicologicamente da matriz.

- A organização fica desatualizada em seu conhecimento sobre novas tecnologias por causa do enfraquecimento de divisões funcionais.
- Como os membros de equipes não têm um "lar" funcional, eles se preocupam com a vida depois que o projeto acabar, e o término do projeto é atrasado.

O celular RAZR da Motorola foi desenvolvido por uma equipe de projeto puro (consulte a seção Idéias Inovadoras).

Projeto funcional

No outro lado do espectro da organização do projeto encontra-se o projeto funcional, que acomoda o projeto dentro de uma divisão funcional.

Idéias Inovadoras

O Celular RAZR da Motorola

O incomum processo de *design* que a equipe da Motorola usou para o novo produto de sucesso.

O novo RAZR da Motorola foi incubado e "concebido" em cubículos incolores, em Libertyville, um subúrbio ao norte de Chicago. Era um projeto especialíssimo, cuja equipe muito unida desobedeceu, várias vezes, às normas da própria Motorola, especificadas para o desenvolvimento de novos produtos. O projeto foi mantido como ultra-secreto, até mesmo para os próprios colegas. Foram utilizados materiais e técnicas jamais experimentados pela Motorola. Após intensas batalhas internas, a equipe se livrou dos modelos pré-concebidos de aparência e funcionamento de um celular. Em resumo, a equipe que criou o RAZR foi inovadora e, ao longo do processo, deu vida nova à empresa.

Para criar o visual e a configuração interna de um telefone, é necessário um time de especialistas – no caso do RAZR, cerca de 20 pessoas. A equipe completa se reunia diariamente às 4 da tarde em uma sala de conferências, em Libertyville, para verificar o andamento do dia anterior, examinando uma lista de verificação de componentes: antena, alto-falante, teclado, câmera e visor, fonte de iluminação, bateria, entrada do carregador e outros. Programadas para durarem uma hora, as reuniões geralmente passavam das 7 da noite. O projeto "concha fina" tornou-se um reduto rebelde. Não havia restrições quando a dinheiro, mas somente quanto à velocidade e confidencialidade. A equipe proibia fotos digitais do projeto para que nada fosse divulgado inadvertidamente por e-mail. Os modelos do telefone só poderiam deixar as instalações se fossem portados fisicamente ou acompanhados por um membro da equipe.

Havia duas grandes inovações que permitiram que a equipe desse saltos quânticos em termos de espessura, um dos principais recursos do *design* ao qual se dedicavam. A primeira inovação foi o posicionamento da antena na parte da boca do celular, e não na parte superior. Além de ainda não ter sido implementado em celulares, isso era um desafio técnico. O segundo *brainstorm* foi a reorganização dos componentes internos do telefone, principalmente posicionando a bateria ao lado da placa de circuito ou computador interno, e não abaixo desses componentes. Entretanto, essa solução gerou um novo problema: a largura. Os especialistas em "fatores humanos" da Motorola concluíram que um telefone com mais de 49 mm não se acomodaria bem na mão de uma pessoa. O *design lado a lado* resultou um aparelho telefônico de 53 mm de largura. Mas a equipe do RAZR não aceitou a pesquisa da empresa como definitiva. A equipe criou um modelo próprio para saber como seria um telefone de 53 mm e, depois de tudo isso, os membros da equipe descobriram por conta própria que a empresa estava errada e que seriam aceitáveis 4 mm a mais.

A empresa vendeu seu quinquagésimo milionésimo RAZR em junho de 2006! A Motorola venderá mais RAZRs este ano do que a Apple com seus iPods. Alguns parceiros importantes da equipe de desenvolvimento do RAZR foram solicitados a comparecer a uma reunião com os principais executivos da matriz. Não sabiam o motivo da reunião. Então, à medida que os membros da equipe chegavam para a reunião, a diretoria da Motorola os recebia com aplausos, ovacionando-os em pé. Os membros da equipe também receberam a notícia de que seriam premiados com um bônus significativo de opções de ações.

Adaptado de "RAZR'S edge", *Fortune Magazine*, 1º de junho de 2006.

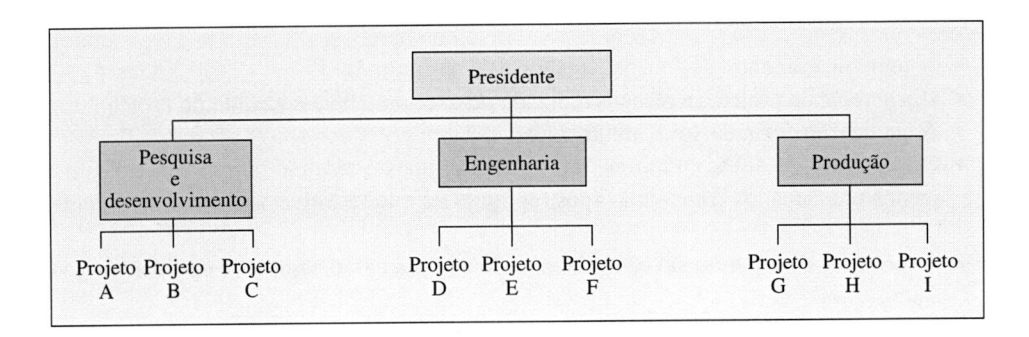

```
                          Presidente
         ┌───────────────────┼───────────────────┐
    Pesquisa            Engenharia            Produção
       e
  desenvolvimento
   ┌───┼───┐          ┌───┼───┐           ┌───┼───┐
Projeto Projeto Projeto  Projeto Projeto Projeto  Projeto Projeto Projeto
  A     B     C          D     E     F          G     H     I
```

Vantagens
- Um membro da equipe pode trabalhar em vários projetos.
- A perícia técnica é mantida dentro de uma área funcional, mesmo se os indivíduos deixarem o projeto ou a organização.
- A área funcional se torna um lar após o término do projeto. Os especialistas funcionais podem evoluir verticalmente.
- Uma massa crítica de peritos especializados nas áreas funcionais cria soluções sinérgicas para os problemas técnicos de um projeto.

Desvantagens
- Os aspectos do projeto que não estão diretamente relacionados à área funcional não recebem a devida atenção.
- A motivação dos membros da equipe costuma ser fraca.
- As necessidades do cliente são secundárias e a reação a elas é lenta.

Projeto matricial

A forma clássica organizacional especializada, o "projeto matricial", tenta mesclar características das estruturas dos projetos funcional e puro. Cada projeto utiliza pessoas de diferentes áreas funcionais. O gerente de projetos (GP) decide quais tarefas serão desempenhadas e quando, mas os gerentes funcionais controlam quais pessoas e tecnologias serão empregadas. Se for escolhida a forma matricial, projetos diferentes (linhas da matriz) tomam emprestado recursos de áreas funcionais (colunas). A gerência sênior precisa decidir se uma forma fraca, equilibrada ou forte de matriz será empregada. Isso determina se os gerentes de projetos têm pouca, igual ou mais autoridade do que os gerentes funcionais com os quais eles negociam recursos.

Projeto matricial

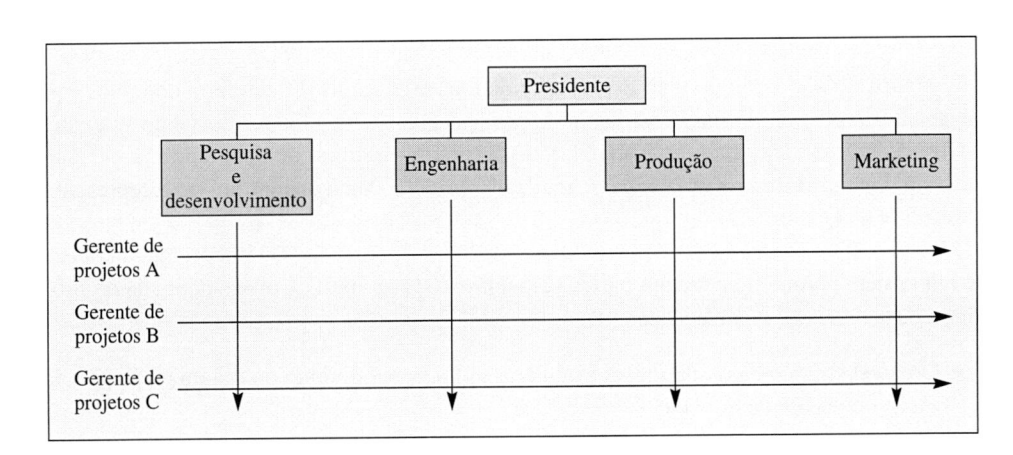

```
                              Presidente
              ┌──────────────────┼──────────────┬─────────────┐
         Pesquisa           Engenharia      Produção      Marketing
            e
       desenvolvimento
              │                  │              │              │
Gerente de ───┼──────────────────┼──────────────┼──────────────┼──→
projetos A    │                  │              │              │
Gerente de ───┼──────────────────┼──────────────┼──────────────┼──→
projetos B    │                  │              │              │
Gerente de ───┼──────────────────┼──────────────┼──────────────┼──→
projetos C    ▼                  ▼              ▼              ▼
```

Vantagens

- A comunicação entre as divisões funcionais é aprimorada.
- Um gerente de projetos é responsabilizado pelo término bem-sucedido do projeto.
- A duplicação dos recursos é minimizada.
- Os membros da equipe têm um "lar" funcional após o término do projeto, e assim estão menos preocupados com a vida após o projeto do que se estivessem em uma organização de projeto puro.
- As políticas da organização controladora são seguidas. Isso aumenta o apoio ao projeto.

Desvantagens

- Existem dois chefes. Muitas vezes, o gerente funcional será ouvido antes do gerente de projetos. Afinal, qual deles pode promover você ou lhe conceder um aumento?
- Ele está predestinado ao fracasso, a menos que o GP tenha fortes habilidades de negociação.
- A subotimização é um perigo, já que os GP's reservam os recursos para seus próprios projetos, prejudicando, assim, os outros projetos.

Convém observar que, a despeito de qual das três modalidades organizacionais tenha sido empregada, o gerente de projetos é o contato principal com o cliente. A comunicação e a flexibilidade são aprimoradas, pois uma pessoa é responsável pelo término bem-sucedido do projeto.

ESTRUTURA DE DIVISÃO DO TRABALHO

Um projeto começa com o *escopo do trabalho* (SOW – *Statement of Work*). Esse SOW pode ser uma descrição dos objetivos com uma breve declaração do trabalho a ser realizado e uma proposta de datas de início e término. Também pode conter indicadores de desempenho em termos de orçamento e etapas finalizadas (marcos) e os relatórios escritos a serem fornecidos.

Uma *tarefa* é uma subdivisão adicional do projeto. A sua duração geralmente não passa de alguns meses e ela é desempenhada por um grupo ou uma organização. Uma *subtarefa* pode ser utilizada, se for necessário subdividir ainda mais o projeto em partes mais significativas.

Um *pacote de trabalho* é um grupo de atividades combinadas, atribuídas a uma única unidade organizacional. Ainda se encaixa no formato de gerenciamento de projetos; o pacote apresenta uma descrição do que deve ser feito, quando deve ser iniciado e concluído, o orçamento, indicadores de desempenho e os eventos específicos que devem ser alcançados em momentos específicos. Esses eventos específicos são chamados de marcos do projeto. Marcos comuns podem ser a conclusão de um projeto, a fabricação de um protótipo, o teste completo do protótipo e a aprovação de uma série piloto.

Marcos do projeto

A estrutura de divisão do trabalho (EDT) define a hierarquia das tarefas, subtarefas e pacotes de trabalho do projeto. A conclusão de um ou mais pacotes de trabalho resulta no término de uma subtarefa; a conclusão de uma ou mais subtarefas resulta no término de uma tarefa; e por último, é necessário concluir todas as tarefas para finalizar o projeto. Você encontrará uma representação dessa estrutura no Quadro 2.2.

Estrutura de divisão do trabalho

O Quadro 2.3 mostra a EDT para um projeto de leitor ótico. A EDT é importante na organização de um projeto porque o divide em partes gerenciáveis. O número de níveis depende do projeto. O número de detalhes ou de níveis depende:

- Do nível em que é possível responsabilizar um único indivíduo ou organização pela realização do pacote de trabalho.
- Do nível no qual os dados sobre o orçamento e os custos serão coletados durante o projeto.

Quadro 2.2

Exemplo de estrutura de divisão do trabalho

Nível				
	Programa			
1	Projeto 1	Projeto 2		
2		Tarefa 1.1	Tarefa 1.2	
3			Subtarefa 1.1.1	Subtarefa 1.1.2
4			Pacote de trabalho 1.1.1.1	Pacote de trabalho 1.1.1.2

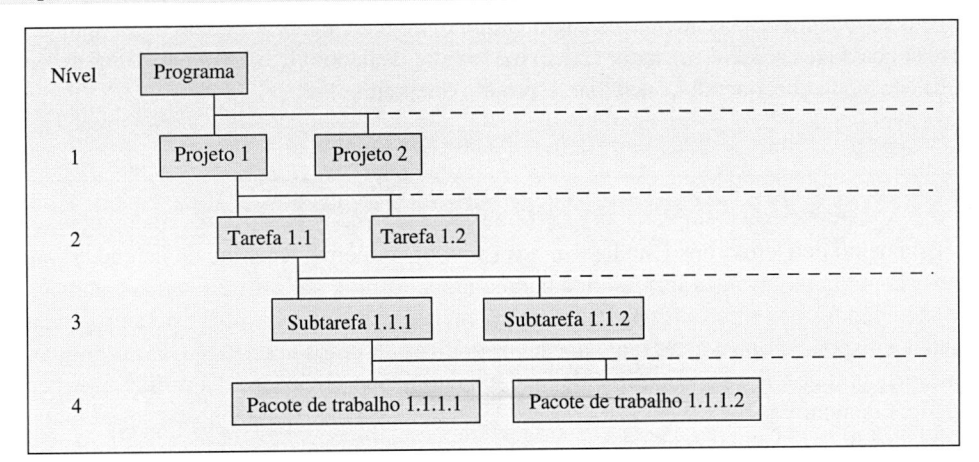

Quadro 2.3

Estrutura de divisão do trabalho, grande projeto de leitor ótico

Nível 1	2	3	4		
x				1	Projeto do simulador ótico
	x			1.1	Projeto do leitor ótico
		x		1.1.1	Projeto/fabricação do telescópio
		x		1.1.2	Interface ótica do telescópio/simulador
		x		1.1.3	Projeto do sistema de *zoom* do simulador
		x		1.1.4	Especificação do componente ótico do simulador auxiliar
	x			1.2	Análise do desempenho do sistema
		x		1.2.1	Controle do firmware e software do sistema geral
			x	1.2.1.1	Construção e análise do diagrama de fluxo lógico
			x	1.2.1.2	Projeto do algoritmo básico de controle
		x		1.2.2	Analisador do feixe de distância
		x		1.2.3	Projeto do método de intra/interalinhamento do sistema
		x		1.2.4	Requisitos de redução e registro de dados
	x			1.3	Integração do sistema
	x			1.4	Análise de custos
		x		1.4.1	Análise da programação de custos/sistema
		x		1.4.2	Análise do desempenho de custos/sistema
	x			1.5	Administração
		x		1.5.1	Gestão de engenharia/projeto do sistema
		x		1.5.2	Gerenciamento de programas
	x			1.6	Compras de longo prazo
		x		1.6.1	Leitores óticos grandes
		x		1.6.2	Componentes-alvo
		x		1.6.3	Detetores

Não existe uma única EDT correta para um projeto, e duas equipes diferentes de projeto podem desenvolver EDTs distintas para o mesmo projeto. Alguns especialistas citam o gerenciamento de projetos como uma arte e não como uma ciência, porque há várias maneiras diferentes de abordar um projeto. A organização correta de um projeto depende da experiência com uma tarefa específica.

As **atividades** são definidas dentro do contexto da estrutura de divisão do trabalho e são partes do trabalho que consomem tempo. As atividades não exigem necessariamente esforços por parte das

Atividades

pessoas, no que pese que freqüentemente elas se empenhem. Por exemplo, esperar a tinta secar pode ser uma atividade em um projeto. As atividades são identificadas como parte da EDT. No exemplo de projeto no Quadro 2.3, as atividades englobariam o projeto e a fabricação do telescópio (1.1.1), interface ótica do telescópio/simulador (1.1.2) e o registro de dados (1.2.4). As atividades devem ser definidas de modo que, quando concluídas, o projeto esteja finalizado.

GRÁFICOS DE CONTROLE DO PROJETO

O Departamento de Defesa dos Estados Unidos (um dos primeiros usuários do gerenciamento de projetos) já publicou diversos formulários padrão úteis. Muitos são utilizados imediatamente ou foram modificados por empresas engajadas no gerenciamento de projetos. Existem programas de computador disponíveis para gerar rapidamente os gráficos descritos nesta seção. Esses gráficos são interessantes porque sua apresentação é de fácil entendimento. O Quadro 2.4 mostra um exemplo dos gráficos disponíveis.

Gráfico de Gantt

O Quadro 2.4A é um exemplo de Gráfico de Gantt, citado às vezes como *gráficos de barras,* que mostra o tempo pertinente e a possível seqüência de execução das atividades. O nome do gráfico é uma homenagem a Henry L. Gantt, que ganhou uma menção presidencial por sua aplicação desse tipo de gráfico à engenharia naval durante a 1ª Guerra Mundial. No exemplo do Quadro 2.4A, "compras de longo prazo" e "programações de produção" são atividades independentes e podem ocorrer simultaneamente. Todas as demais atividades devem ser realizadas na seqüência descendente. O Quadro 2.4B representa graficamente a quantia gasta em mão-de-obra, material e custos indiretos (*overhead*). Seu valor está na identificação clara das fontes e dos custos.

O Quadro 2.4C mostra a porcentagem de mão-de-obra do projeto procedente de diversas áreas da produção, finanças e outras. Essas horas de mão-de-obra estão atreladas à proporção do custo total de mão-de-obra do projeto. Por exemplo, a produção é responsável por 50% da mão-de-obra do projeto, mas esses 50% representam apenas 40% da quantia total gasta com mão-de-obra.

A metade superior do Quadro 2.4D mostra o grau de conclusão desse projeto. A linha pontilhada vertical significa o dia de hoje. Portanto, o projeto 1 já está atrasado porque ainda há trabalho a ser feito. O projeto 2 está temporariamente parado e, portanto, há espaço antes do trabalho projetado. O projeto 3 continua sendo executado sem interrupção. A parte inferior do Quadro 2.4D compara os custos totais reais com os custos projetados. Como é possível constatar, ocorreram dois *overruns* (sobrecustos) e os custos cumulativos atuais estão acima dos custos cumulativos projetados.

O Quadro 2.4E é um gráfico de marcos. Os três marcos assinalam pontos específicos no projeto, onde podem ser feitas verificações para confirmar se o projeto está em dia e onde deveria estar. O melhor local para definir marcos é na conclusão das principais atividades. Nesse quadro, as principais atividades concluídas foram "emissão de pedido", "recebimento da fatura" e "recebimento de material".

É possível utilizar outros relatórios padrão para se obter uma apresentação mais detalhada comparando os custos com o andamento (como o relatório de *status* de custo programado – CSSR – Cost Schedule Status Report) ou relatórios que propiciam a base para pagamento parcial (como o relatório do valor faturado).

MODELOS DE REDES DE PLANEJAMENTO

Administração de operações interativas

Os dois modelos mais conhecidos de redes de planejamento foram desenvolvidos nos anos 1950. O Método do Caminho Crítico (CPM – *Critical Path Method*) foi desenvolvido para a programação de paradas de fábrica para manutenção em fábricas de processamento de produtos químicos, pertencentes à Du Pont. Como os projetos de manutenção são freqüentes nessa indústria, há estimativas de tempo razoavelmente precisas para as atividades. O CPM baseia-se nas premissas de que os tempos para as atividades do projeto podem ser previstos com exatidão e que não sofrem variações. Foi desenvolvida a Técnica de Análise e Avaliação do Projeto (PERT – *Program Evaluation and Review*

Exemplo de relatórios de projeto gráfico

Quadro 2.4

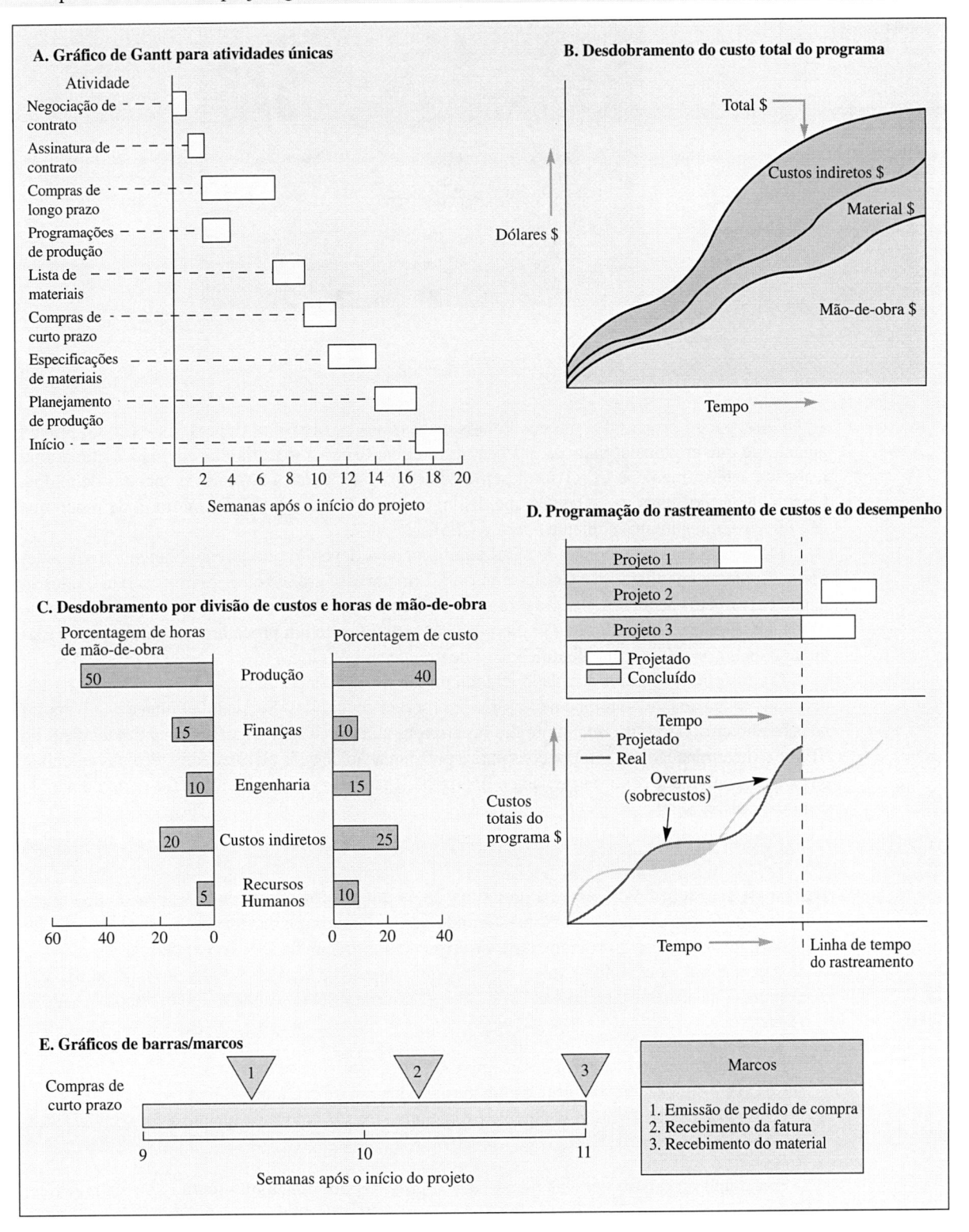

A. Gráfico de Gantt para atividades únicas

Atividade	
Negociação de contrato	
Assinatura de contrato	
Compras de longo prazo	
Programações de produção	
Lista de materiais	
Compras de curto prazo	
Especificações de materiais	
Planejamento de produção	
Início	

Semanas após o início do projeto: 2 4 6 8 10 12 14 16 18 20

B. Desdobramento do custo total do programa

Dólares $ — Total $, Custos indiretos $, Material $, Mão-de-obra $ vs. Tempo

C. Desdobramento por divisão de custos e horas de mão-de-obra

Porcentagem de horas de mão-de-obra		Porcentagem de custo
50	Produção	40
15	Finanças	10
10	Engenharia	15
20	Custos indiretos	25
5	Recursos Humanos	10

D. Programação do rastreamento de custos e do desempenho

Projeto 1, Projeto 2, Projeto 3 — Projetado / Concluído

Custos totais do programa $ — Projetado / Real / Overruns (sobrecustos) vs. Tempo — Linha de tempo do rastreamento

E. Gráficos de barras/marcos

Compras de curto prazo — marcos 1, 2, 3 entre as semanas 9, 10 e 11

Semanas após o início do projeto

Marcos
1. Emissão de pedido de compra
2. Recebimento da fatura
3. Recebimento do material

O Projeto de Centrais de Energia Eólica de Te Apiti, Nova Zelândia, construiu a maior Central Eólica do hemisfério sul, no prazo de um ano, do comissionamento à conclusão, em tempo hábil e dentro do orçamento. Usando um gerenciamento de projetos eficiente e as ferramentas e técnicas adequadas, a MERIDIAN ENERGY COMPANY propiciou uma opção viável de energia renovável na Nova Zelândia, e serve de referência para os futuros projetos de Centrais de Energia Eólica.

Technique) para o projeto dos mísseis Polaris da Marinha dos Estados Unidos. Esse foi um projeto gigantesco que englobava mais de 3.000 empreiteiros. Como a maioria das atividades nunca fora realizada anteriormente, a PERT foi desenvolvida para lidar com as estimativas incertas de tempo. Com o passar dos anos, os aspectos que distinguiam o CPM da PERT diminuíram, de modo que neste livro empregaremos somente o termo CPM.

De certa forma, as técnicas de CPM aqui ilustradas devem o seu desenvolvimento a seu antecessor amplamente utilizado, o Gráfico de Gantt. Embora esse gráfico consiga associar atividades ao tempo em projetos pequenos, em projetos com mais de 25 atividades o inter-relacionamento torna-se difícil de visualizar. Além disso, o gráfico de Gantt não oferece um procedimento direto para determinar o caminho crítico, cuja identificação é de grande valor prático.

Caminho crítico

O caminho crítico das atividades em um projeto é a seqüência de atividades, que formam a cadeia mais longa quanto ao tempo necessário para serem concluídas. Se qualquer uma das atividades no caminho crítico for atrasada, o projeto inteiro será atrasado. O principal objetivo das técnicas de CPM é a determinação das informações para a programação de cada atividade. As técnicas calculam quando uma atividade deve ser iniciada e finalizada, e também se essa atividade faz parte ou não do caminho crítico.

Método do Caminho Crítico (CPM – Critical Path Method)

Trata-se de um procedimento para a programação de um projeto. Nesse caso, utiliza-se uma única estimativa de tempo porque estamos presumindo que os tempos das atividades são conhecidos. Um projeto muito simples será programado, a título de demonstração da abordagem básica.

Suponha que você tenha uma tarefa em grupo que exige uma decisão de investir ou não em uma empresa. O professor sugeriu que você fizesse uma análise aplicando as quatro etapas a seguir:

A Escolha uma empresa.
B Obtenha o relatório anual dessa empresa e faça uma análise de quocientes.
C Colete dados técnicos sobre os preços das ações e crie gráficos.
D Analise os dados individualmente e tome uma decisão em grupo quanto a comprar as ações ou não.

Seu grupo de quatro pessoas decide que o projeto pode ser dividido em quatro atividades, como sugere o professor. Você decide que todos os membros da equipe devem participar na seleção da empresa e que deve levar uma semana para concluir essa atividade. O grupo se reunirá no final da semana para decidir qual empresa será considerada. Nessa reunião, o grupo será dividido: duas pessoas ficarão responsáveis pelo relatório anual e pela análise de quocientes, e as outras duas coletarão os dados técnicos e criarão os gráficos. O grupo acredita que serão necessárias duas semanas para obter o relatório anual e fazer a análise de quocientes, e uma semana para coletar os dados dos preços das ações e gerar os gráficos. Todos concordam que os dois grupos podem trabalhar separadamente. Finalmente, também concordam que todos devem se reunir como uma equipe para tomar a decisão sobre a compra. Antes de se reunirem, o grupo prefere conceder uma semana a cada membro da equipe para a análise de todos os dados.

Este é um projeto simples, mas servirá para demonstrar a abordagem. A seguir, estão as etapas adequadas.

1. **Identifique cada atividade a ser executada no projeto e faça uma estimativa do tempo necessário para concluí-la.** Essa operação é simples, dadas as informações de seu professor. As atividades são identificadas assim: A(1), B(2), C(1), D(1). O número é a duração prevista da atividade.
2. **Determine a seqüência necessária das atividades e construa uma rede refletindo os relacionamentos de precedência.** Para facilitar essa tarefa, identifique primeiramente os predecessores imediatos associados a uma atividade. Predecessores imediatos são aquelas atividades que devem ser finalizadas imediatamente antes de determinada atividade. A atividade A deve ser concluída antes do início das atividades B e C. As atividades B e C precisam ser finalizadas antes do início da atividade D. A tabela a seguir contém o que sabemos até agora:

Predecessores imediatos

Atividade	Designação	Predecessores imediatos	Tempo (semanas)
Escolher a empresa	A	nenhum	1
Obter o relatório anual e fazer uma análise de quocientes	B	A	2
Coletar dados sobre os preços das ações e fazer uma análise técnica	C	A	1
Analisar os dados e tomar uma decisão	D	B e C	1

Veja a seguir um diagrama que ilustra esses relacionamentos de precedência:

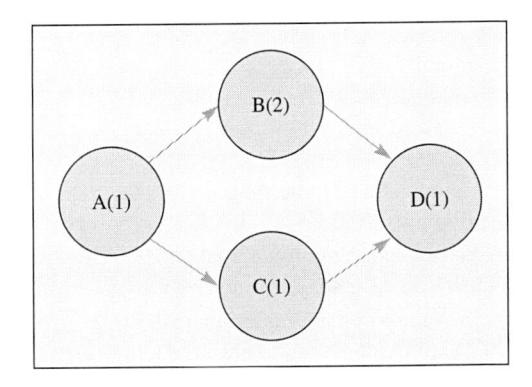

3. **Determine o caminho crítico** – Considere cada seqüência de atividades que vai do início ao fim do projeto. Para nosso projeto existem dois caminhos: A-B-D e A-C-D. O caminho crítico é aquele cuja soma dos tempos para as atividades é a mais longa. A-B-D tem uma duração de 4 semanas e A-C-D dura 3 semanas. Portanto, o caminho crítico é A-B-D. Se alguma atividade ao longo do caminho crítico for atrasada, o projeto inteiro será atrasado.
4. **Determine a programação do início/término mais cedo e do início/término mais tarde** – Para programar o projeto, descubra quando cada atividade deve começar e terminar. Para algumas atividades em um projeto, pode haver uma margem de início e fim. É o chamado tempo de folga de uma atividade. Para cada atividade no projeto, calculamos quatro pontos no tempo: o início mais cedo, o término mais cedo, o início mais tarde e o término mais tarde. O início mais cedo e o término mais cedo são os tempos mais cedo para uma atividade começar e terminar. Da mesma forma, o início mais tarde e o término mais tarde são os tempos mais tardios para o início e término de uma atividade. A diferença entre o tempo de início mais tarde e o tempo de início mais cedo é o tempo de folga. Para manter tudo isso sem complicação, esses números foram posicionados em locais especiais, em torno dos nós que representam cada atividade no diagrama de nossa rede, como você verá a seguir.

Tempo de folga

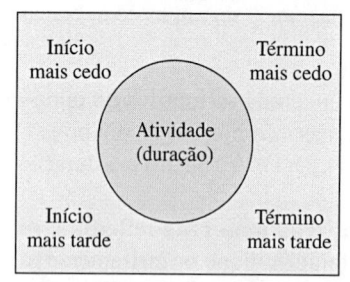

Para calcular os números, comece do início da rede e trabalhe até o seu final, calculando os números do início mais cedo e do término mais cedo. Comece a contagem com o período atual, designado como o período 0. A atividade A tem um início mais cedo de 0 e um término mais tarde de 1. O início mais cedo da atividade B é o término mais cedo de A ou 1. De modo semelhante, o início mais cedo de C é 1. O término mais cedo de B é 3 e o término mais cedo de C é 2. Consideremos agora a atividade D. A atividade D não pode iniciar antes da conclusão das atividades B e C. Como a atividade B não pode ser concluída até 3, a atividade D não pode ser iniciada até aquele momento. O início mais cedo de D, portanto, é 3, e o término mais cedo é 4. Nosso diagrama fica assim:

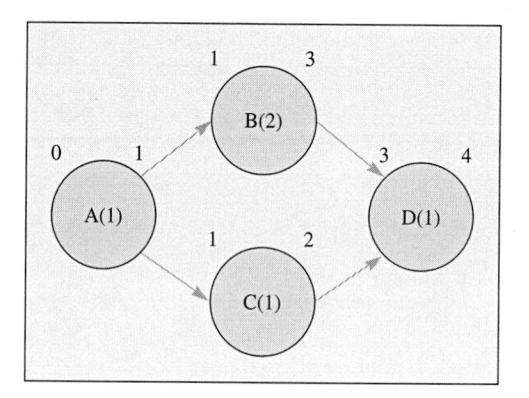

Para calcular os tempos de término mais cedo e de início mais tarde, comece a partir do fim da rede e trabalhe no sentido contrário, para o começo. Consideremos a atividade D. O mais cedo que ela pode ser concluída é no tempo 4; e para não atrasar o término do projeto, o término mais tarde deve ser definido em 4. Com uma duração de 1, o início mais tarde da atividade D é 3. Vamos considerar agora a atividade C, que deve ser finalizada até 3 para permitir o início da atividade D; sendo assim, o tempo de término mais tarde de C é 3 e seu tempo de início mais tarde é 2. Observe a diferença entre os tempos de início e término mais cedo e mais tarde: essa atividade tem uma semana de tempo de folga. A atividade B deve ser concluída até o tempo 3 para permitir o início da atividade D; portanto, seu tempo de término mais tarde é 3 e o tempo de início mais tarde é 1. Não há tempo de folga em B. Finalmente, a atividade A deve ser finalizada para permitir o início das atividades B e C. Como a atividade B deve iniciar antes de C, e a atividade A em tempo para o início de B, o tempo de término mais tarde da atividade A é 1. Finalmente, o tempo de início mais tarde de A é 0. Observe que não há folga nas atividades A, B e D. A rede final ficará semelhante à mostrada a seguir. (Espera-se que as ações escolhidas por sua equipe de investimento sejam vencedoras!)

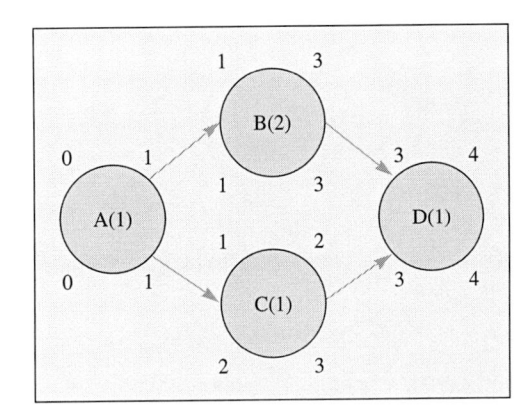

Exemplo 2.1: Método do caminho crítico

Muitas empresas que tentaram entrar no mercado de *notebooks* fracassaram. Suponha que sua empresa acredita na existência de uma grande demanda nesse mercado porque os produtos existentes não estão sendo projetados corretamente. Eles são muito pesados, muito grandes ou muito pequenos para acomodar um teclado de tamanho padrão. O computador que você pretende fabricar será suficientemente pequeno para ser carregado dentro do bolso de uma jaqueta, se necessário. O tamanho ideal não deverá passar de 12,7 cm × 24 cm × 2,5 cm com um teclado dobrável. Ele não deverá pesar mais do que 425 g, e deverá ter uma tela de LCD, uma unidade de disquete e uma conexão sem fio. Esse produto deverá ser muito atraente para executivos, mas pode atrair um mercado muito mais abrangente, como o dos estudantes. Seu preço deve ficar na faixa de $175 e $200.

Por conseguinte, o projeto abrange a criação, o desenvolvimento e a produção de um protótipo desse computador pequeno. No setor da computação, onde as mudanças ocorrem muito rapidamente, é fundamental lançar um produto desse tipo no mercado em menos de um ano. Sendo assim, a equipe de projeto recebeu um prazo de aproximadamente oito meses (35 semanas) para produzir o protótipo.

SOLUÇÃO

A primeira atribuição da equipe de projeto é desenvolver um gráfico da rede do projeto e estimar a probabilidade de concluir o protótipo do computador no prazo de 35 semanas. Vamos seguir as etapas no desenvolvimento da rede.

1. **Identificação das atividades** – A equipe de projeto decide que as seguintes atividades são os principais componentes do projeto: projeto do computador, construção do protótipo, teste do protótipo, especificação dos métodos (resumidos em um relatório), estudos de avaliação do equipamento de montagem automática, um relatório sobre o estudo do equipamento de montagem e um relatório final resumindo todos os aspectos atrelados ao projeto, equipamento e métodos.
2. **Seqüência das atividades e construção da rede** – Com base em uma discussão com seu pessoal, o gerente de projeto desenvolveu uma tabela de precedências e a rede da seqüência de atividades apresentada no Quadro 2.5. Ao construir uma rede, certifique-se de que as atividades estejam na ordem correta e que a lógica de seus relacionamentos seja preservada. Por exemplo, seria ilógico ter uma situação em que o evento A precede o evento B, B precede C, e C precede A.

Quadro 2.5 — Rede CPM para o projeto de desenvolvimento do computador

DESIGNAÇÕES E ESTIMATIVAS DE TEMPO DE ATIVIDADES CPM

ATIVIDADE	DESIGNAÇÃO	PREDECESSORES IMEDIATOS	TEMPO (SEMANAS)
Projeto	A	—	21
Construir o protótipo	B	A	5
Avaliar os equipamentos	C	A	7
Testar o protótipo	D	B	2
Redigir o relatório do equipamento	E	C, D	5
Redigir o relatório dos métodos	F	C, D	8
Redigir o relatório final	G	E, F	2

Rede: A(21) → C(7), B(5); C(7) → F(8); B(5) → D(2); D(2) → F(8), E(5); C(7) → E(5); F(8) → G(2); E(5) → G(2).

3. **Determine o caminho crítico** – O caminho crítico é a seqüência mais longa de atividades ligadas através da rede e é definido como sendo o caminho com tempo de folga zero. Essa rede tem quatro caminhos: A-C-F-G, A-C-E-G, A-B-D-F-G e A-B-D-E-G. As durações desses caminhos são de 38, 35, 38 e 35 semanas. Note que esse projeto tem dois caminhos críticos distintos; isso poderia indicar um projeto cujo gerenciamento é relativamente difícil. Se você calcular as programações do início mais cedo e do início mais tarde, conhecerá melhor a complexidade desse projeto para ser concluído dentro do prazo. ●

Programação de início mais cedo

Programações de início mais cedo e de início mais tarde Uma programação de início mais cedo é aquela que lista todas as atividades de acordo com os respectivos tempos de início mais cedo. Para as atividades não incluídas no caminho crítico, há um tempo de folga entre a conclusão de cada atividade e o início da atividade seguinte. A programação de início mais cedo completa o projeto e todas as suas atividades o mais rapidamente possível.

Programação de início mais tarde

Uma programação de início mais tarde lista as atividades para iniciar o mais tardiamente possível, sem atrasar a data de conclusão do projeto. Uma motivação para o uso de uma programação de início mais tarde é a economia obtida ao postergar as compras de materiais, o uso de mão-de-obra e de outros custos, até que estes sejam necessários. Esses cálculos constam no Quadro 2.6. Nesse quadro, é possível constatar que a única atividade com tempo de folga é a atividade E. Certamente, esse seria um projeto de relativa complexidade para ser concluído em tempo hábil.

Modelos de tempo-custo

Modelos de tempo-custo

Na prática, os gerentes de projeto se preocupam igualmente com os custos para concluir um projeto e com o prazo para finalizá-lo. Por esse motivo, foram vislumbrados os modelos de tempo-custo. Esses modelos – extensões do método básico do caminho crítico – tentam desenvolver uma programação de custos mínimos para um projeto a fim de controlar as despesas durante sua execução.

Rede de CPM para o projeto do computador

Quadro 2.6

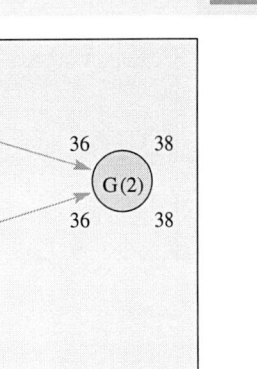

Cálculos das folgas e determinações dos caminhos críticos

Atividade	Início mais tarde– Início mais cedo	Folga	No caminho crítico
A	0–0	0	✓
B	21–21	0	✓
C	21–21	0	✓
D	26–26	0	✓
E	31–28	3	
F	28–28	0	✓
G	36–36	0	✓

Programação de custos mínimos (*trade-off* de tempo-custo) Na programação de custos mínimos, a suposição básica é a existência de um relacionamento entre o tempo para conclusão da atividade e o custo de um projeto. Por um lado, a aceleração de uma atividade tem seu preço; por outro lado, sustentar (ou estender) o projeto também custa dinheiro. Os custos associados à aceleração das atividades são chamados de *custos diretos das atividades* e acrescentam custos diretos ao projeto. Alguns desses custos podem estar relacionados com os funcionários, como os custos com horas extras, a contratação de mais funcionários e a transferência de funcionários de outras áreas; outros custos são associados aos recursos, como a compra ou aluguel de equipamentos adicionais ou mais eficazes e a utilização de instalações de apoio adicionais.

Os custos associados à manutenção do projeto são denominados *custos indiretos do projeto:* custos com despesas gerais, instalações e de oportunidade de recursos e, sob certas condições contratuais, os custos com multas ou perda de incentivos. Como os *custos indiretos da atividade* e os *custos indiretos do projeto* são custos contrapostos e dependentes do tempo, o problema da programação reside basicamente em descobrir a duração do projeto que minimizará a sua soma ou, em outras palavras, encontrar o tempo ótimo em um *trade-off* de tempo-custo.

Para descobrir esse ponto, o procedimento consiste nas cinco etapas citadas a seguir. Ele é explicado com o uso de uma rede simples de quatro atividades, apresentada no Quadro 2.7. Suponha que os custos indiretos permanecem constantes durante oito dias e depois crescem à taxa de $5 por dia.

1. **Prepare um diagrama de rede do tipo CPM.** Para cada atividade, esse diagrama deve listar:
    a. Custo Normal (CN): os mais baixos custos previstos para a atividade. (São os menores custos que aparecem abaixo de cada nó no Quadro 2.7.)
    b. Tempo Normal (TN): o tempo associado a cada custo normal.
    c. Tempo de Aceleração (TA): o menor tempo possível para a atividade.
    d. Custo de Aceleração (CA): o custo associado a cada tempo de aceleração.
2. **Determine o custo por unidade de tempo (por exemplo, dias) para acelerar cada atividade.** O relacionamento entre o tempo e o custo da atividade pode ser representado grafica-

Quadro 2.7

Exemplo de procedimento de *trade-off* entre tempo-custo

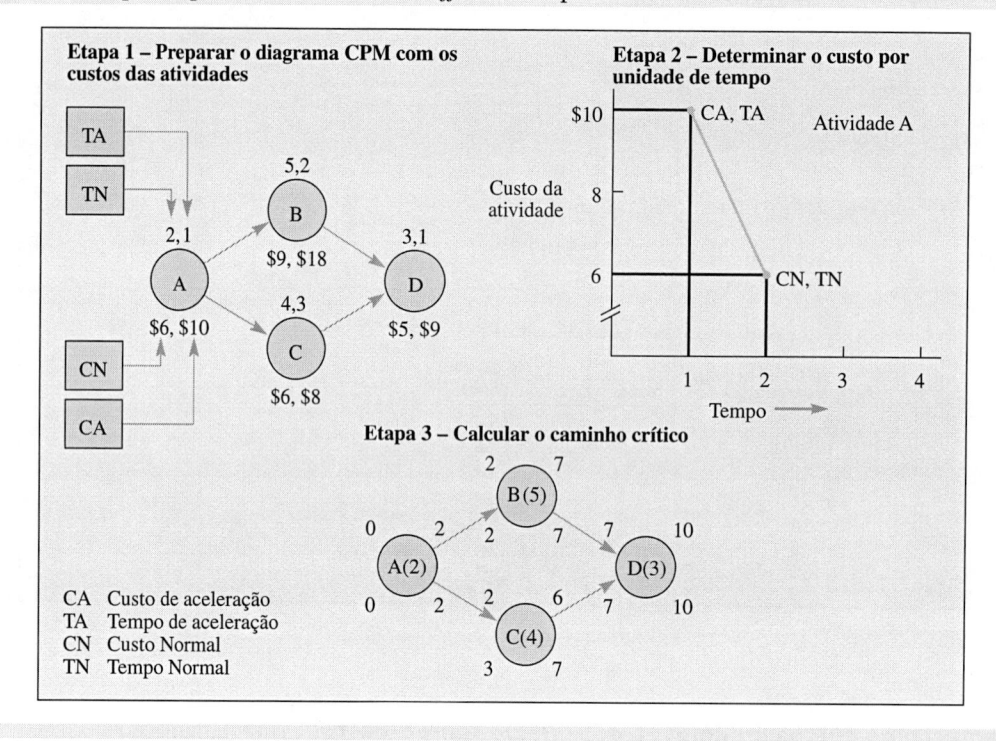

Gerenciamento de projetos

Etapa 1 – Preparar o diagrama CPM com os custos das atividades

TA
TN

B 5,2
$9, $18

A 2,1
$6, $10

D 3,1
$5, $9

C 4,3
$6, $8

CN
CA

Etapa 2 – Determinar o custo por unidade de tempo

Custo da atividade

$10 — CA, TA
8
6 — CN, TN

Tempo: 1, 2, 3, 4

Atividade A

Etapa 3 – Calcular o caminho crítico

A(2): 0, 2 / 0, 2
B(5): 2, 7 / 2, 7
C(4): 2, 6 / 3, 7
D(3): 7, 10 / 7, 10

CA Custo de aceleração
TA Tempo de aceleração
CN Custo Normal
TN Tempo Normal

---

mente ao plotar as coordenadas para CA e TA e ligá-las às coordenadas CN e TN por meio de uma figura côncava, convexa ou linha reta – ou outra forma, dependendo da estrutura real de custos do desempenho da atividade, como mostra o Quadro 2.7. Para a atividade A, suponhamos um relacionamento linear entre tempo e custo. Essa suposição costuma acontecer na prática e permite calcular o custo por dia para acelerar a atividade, uma vez que esse valor pode ser encontrado diretamente, a partir da inclinação da linha, por meio da fórmula: Inclinação = (CA − CN) ÷ (TN − TA). (Quando a premissa da linearidade não for possível, é necessário calcular graficamente o custo da aceleração da atividade para cada dia em que essa atividade pode ser encurtada.)

Os cálculos para obter o custo da aceleração das atividades remanescentes constam no Quadro 2.8.

3. **Calcule o caminho crítico**. Para essa rede simples que estamos usando, a programação levaria 10 dias. O caminho crítico é A-B-D.
4. **Encurte o caminho crítico ao menor custo**. A maneira mais fácil é começar com a programação normal, encontrar o caminho crítico e reduzir o tempo do caminho em um dia, usando a atividade de custo mais baixo. Depois, recalcule, descubra o novo caminho crítico e reduza-o em um dia também. Repita esse procedimento até que o tempo de conclusão seja satisfatório ou até que não seja mais possível a redução no tempo de conclusão do projeto. O Quadro 2.9 apresenta a redução na rede, em um dia de cada vez.

Inicialmente, trabalhar no Quadro 2.9 pode parecer difícil. Na primeira linha, todas as atividades estão com os respectivos tempos normais e os custos estão em seus valores mais baixos. O caminho crítico é A-B-D, o custo para concluir o projeto é $26 e o tempo para conclusão do projeto é de 10 dias.

Quadro 2.8
Cálculo do custo por dia para acelerar cada atividade

Atividade	CA − CN	TN − TA	$\dfrac{CA-CN}{TN-TA}$	Custo por dia para acelerar	Nº de dias em que a atividade pode ser encurtada
A	$10 − $6	2 − 1	$\dfrac{\$10-\$6}{2-1}$	$4	1
B	$18 − $9	5 − 2	$\dfrac{\$18-\$9}{5-2}$	$3	3
C	$8 − $6	4 − 3	$\dfrac{\$8-\$6}{4-3}$	$2	1
D	$9 − $5	3 − 1	$\dfrac{\$9-\$5}{3-1}$	$2	2

Quadro 2.9
Reduzindo o tempo de conclusão do projeto, em um dia de cada vez

Caminho crítico atual	Nº de dias restantes em que a atividade pode ser encurtada	Custo por dia para acelerar cada atividade	Atividade de menor custo a ser acelerada	Custo total de todas as atividades na rede	Tempo de conclusão do projeto
ABD	Todos os tempos e custos da atividade são normais.			$26	10
ABD	A-1, B-3, D-2	A-4, B-3, D-2	D	28	9
ABD	A-1, B-3, D-1	A-4, B-3, D-2	D	30	8
ABD	A-1, B-3	A-4, B-3	B	33	7
ABCD	A-1, B-2, C-1	A-4, B-3, C-2	A*	37	6
ABCD	B-2, C-1	B-3, C-2	B&C+	42	5
ABCD	B-1	B-3	B+	45	5

* Para reduzir o caminho crítico em 1 dia, reduza somente A, ou B, e C conjuntamente, ao mesmo tempo (a redução de somente B ou C modifica apenas o caminho crítico, sem encurtá-lo).

+ B&C devem ser aceleradas conjuntamente, para reduzir o caminho em 1 dia.

+ A aceleração da atividade B não reduz a duração do projeto, de modo que esse custo adicional não incidiria.

O objetivo na linha 2 é reduzir o tempo de conclusão do projeto em 1 dia. Sabemos que é necessário reduzir o tempo de uma ou mais atividades no caminho crítico. Observamos na segunda coluna que é possível reduzir a atividade A em 1 dia (de 2 para 1 dia), a atividade B em 3 dias (de 5 para 2 dias), e a atividade D em 2 dias (de 3 para 1 dia). A coluna seguinte rastreia o custo para encurtar cada atividade em 1 dia. Por exemplo, para a atividade A, a conclusão em 2 dias geralmente custa $6. Ela poderia ser concluída em 1 dia por $10, um aumento de $4. Sendo assim, indicamos que o custo para acelerar a atividade A em 1 dia seja de $4. Para a atividade B, a conclusão em 5 dias normalmente custa $9. Ela poderia ser finalizada em 2 dias ao custo de $18. O custo para encurtar a atividade B em 3 dias é de $9, ou $3 por dia. Para a atividade C, a conclusão em 3 dias custaria normalmente

$5. Poderia ser concluída em 1 dia ao custo de $9; uma redução de 2 dias custaria $4 ($2 por dia). A alternativa menos dispendiosa para uma redução de 1 dia no tempo é acelerar a atividade D a um custo de $2. O custo total da rede de atividade sobe para $28 e o tempo de conclusão do projeto é encurtado em 9 dias.

A próxima iteração inicia na linha 3, onde o objetivo é reduzir o tempo de conclusão do projeto para 8 dias. O caminho crítico de 9 dias é A-B-D. Poderíamos encurtar a atividade A em 1 dia, a atividade B em 3 dias, e a atividade D em 1 dia (observe que a atividade D já foi encurtada de 3 para 2 dias). O custo para encurtar cada atividade em 1 dia é idêntico ao da linha 2. Mais uma vez, a atividade menos dispendiosa a ser encurtada é a D. Encurtar a atividade D de 2 para 1 dia resulta no aumento do custo total de todas as atividades na rede para $30 e na diminuição do tempo de conclusão do projeto para 8 dias.

A linha 4 é semelhante à 3, só que agora somente as atividades A e B estão no caminho crítico e podem ser encurtadas. A atividade B é encurtada, o que eleva o custo em $3, passando para $33, e reduz o tempo de conclusão do projeto para 7 dias.

Na linha 5 (na realidade, a quinta iteração na solução do problema), as atividades A, B, C e D são críticas. A atividade D não pode ser encurtada, de modo que as únicas opções são as atividades A, B e C. Note que as atividades B e C estão em paralelo, de modo que não adianta encurtar a atividade B sem encurtar a atividade C. As opções são encurtar apenas a atividade A, a um custo de $4, ou as atividades B e C juntas a um custo de $5 ($3 para B e $2 para C); portanto, encurtamos a atividade A nessa iteração.

Na linha 6, utilizamos a opção das atividades B e C (considerada na linha 5). Finalmente, na linha 7, a única opção é encurtar a atividade B. Como as atividades B e C estão em paralelo e não podemos encurtar a atividade C, não compensa encurtar apenas a atividade B. Não é possível reduzir mais o tempo de conclusão do projeto.

5. **Plote as curvas de custos diretos, indiretos e totais do projeto e encontre a programação do custo mínimo**. O Quadro 2.10 apresenta o custo indireto plotado como uma constante de $10 até o oitavo dia, e aumentando $5 por dia, a partir de então. Os custos diretos estão plotados no Quadro 2.9, e o custo total do projeto consta como o total dos dois custos.

A soma dos valores dos custos diretos e indiretos de cada dia resulta na curva do custo total do projeto. Como é possível constatar, essa curva possui seu valor mínimo com uma programação de 8 dias, que custa $40 ($30 diretos + $10 indiretos).

Quadro 2.10 Gráfico de custos e programação do custo mínimo

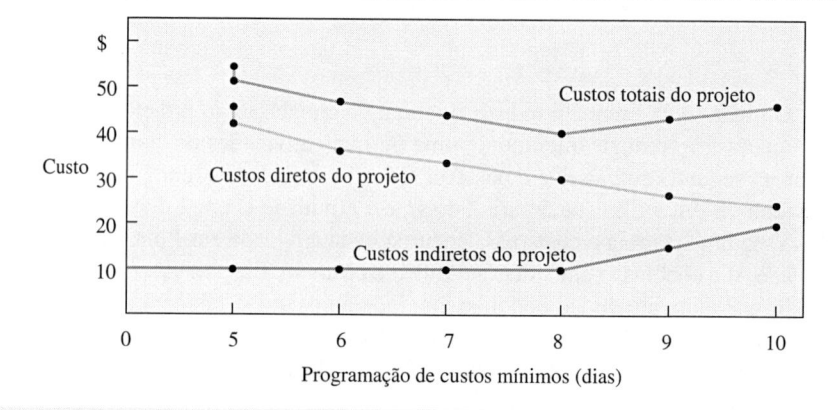

GERENCIANDO RECURSOS

Além de programar cada tarefa, é necessário atribuir os recursos. Existem *softwares* modernos que destacam rapidamente as alocações em excesso – situações em que as alocações excedem os recursos.

Para solucionar essas alocações em excesso manualmente, é possível adicionar recursos ou reprogramar. O deslocamento de uma tarefa dentro de seu tempo de folga libera recursos.

Idéias Inovadoras

Sistemas de informação para gerenciamento de projetos

Nos últimos 10 anos, ocorreu uma explosão quanto ao interesse nas técnicas e nos conceitos do gerenciamento de projetos, paralelamente a um aumento nas ofertas de *software*. Hoje, existem mais de 100 empresas oferecendo *software* de gerenciamento de projetos. Para obter as informações mais atualizadas sobre os *softwares* disponíveis, visite o site do Project Management Institute (www.pmi.org). Duas das empresas mais importantes são a Microsoft, com o Microsoft Project, e a Primavera, com o Primavera Project Planner. Você encontrará a seguir uma análise resumida desses dois programas:

O programa Microsoft Project vem com um excelente tutorial *on-line*, o que é um dos motivos da enorme popularidade junto aos gerentes de projeto encarregados de projetos de porte médio. Esse pacote é compatível com o Microsoft Office Suite, que abre todas as comunicações e recursos de integração com a Internet que a Microsoft oferece. O programa dispõe de recursos para agendamento, alocação e nivelamento, assim como controle de custos e criação de gráficos e relatórios com qualidade de apresentação.

Finalmente, para gerenciar projetos muito grandes ou programas com vários projetos, o Primavera Project Planner costuma ser a melhor escolha. A Primavera foi o primeiro fornecedor importante desse tipo de *software* e, possivelmente, tem a capacidade mais sofisticada.

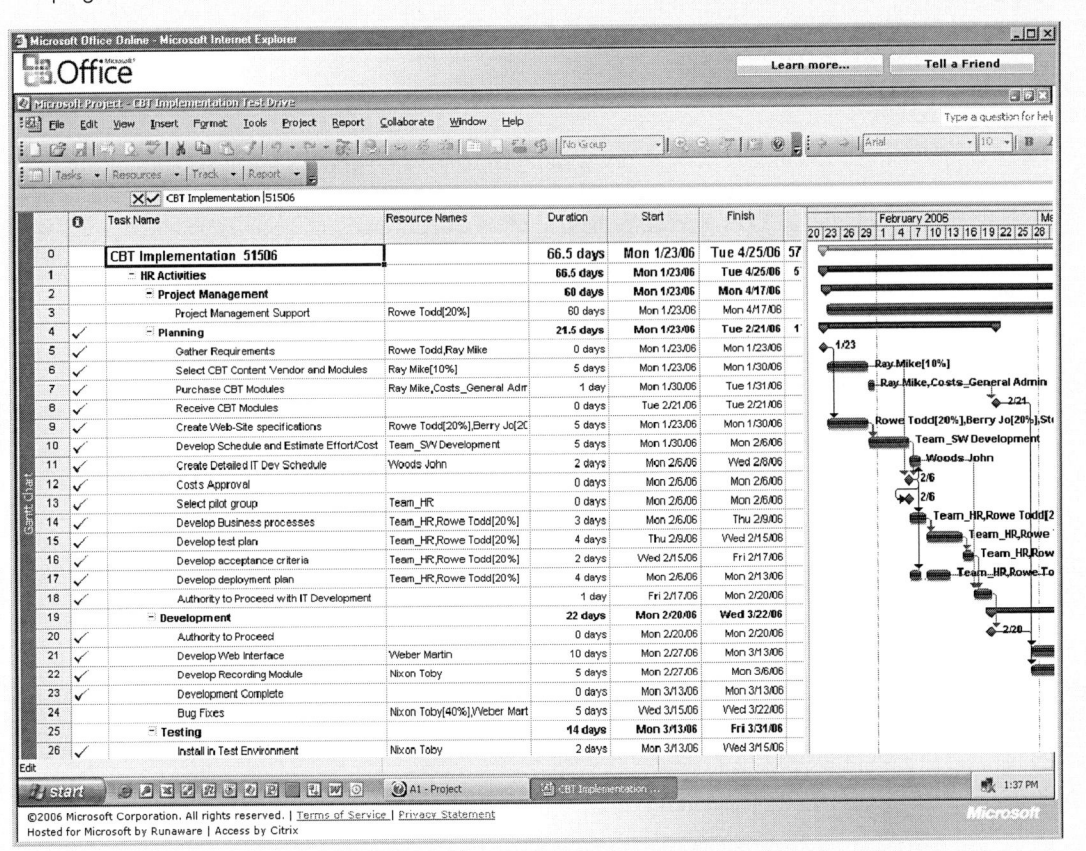

Os *softwares* de sistemas de informação para gerenciamento de projetos de níveis médio a alto (PMIS – Project Management Information Systems) podem resolver alocações em excesso por meio do recurso de "nivelamento". É possível aplicar diversas regras empíricas. Você pode especificar que as tarefas de baixa prioridade devem ser atrasadas até que as de prioridade mais alta sejam concluídas, ou que o projeto deva terminar antes ou após a data original de conclusão.

Rastreando o progresso

A verdadeira ação começa depois que o projeto é iniciado. O andamento real será diferente do seu andamento originalmente planejado, ou a base. O software utilizado pode manter vários planos-base diferentes, e assim será possível comparar momentos mensais.

Um *Gráfico Gantt* sobrepõe a programação atual sobre a programação base para facilitar a visualização dos desvios. Se preferir, é possível gerar uma visualização no formato de planilha com as mesmas informações. Os desvios entre início/término planejados e início/término recém-programados também aparecem, e pode ser aplicado um "filtro" para destacar ou mostrar somente as tarefas programadas para término em uma data posterior àquela do plano-base.

Os gerenciamento por exceção também pode ser aplicado para detectar desvios entre os custos orçados e os custos reais. (Consulte a seção Idéias Inovadoras, intitulada "Sistemas de Informação para Gerenciamento de Projetos".)

A Paramount investiu mais de $17 milhões de dólares nesse projeto, em Great America, Santa Clara. O projeto abrangia o uso exclusivo dos computadores para *layout*, *design* e simulação, para atender aos rigorosos padrões de segurança para as primeiras montanhas-russas do mundo.

RESUMO

Este capítulo apresenta uma descrição dos princípios básicos do gerenciamento de projetos. O capítulo descreve primeiramente como as pessoas relacionadas a um projeto são organizadas, sob o prisma do gerenciamento. O escopo do projeto ajudará a definir a organização, que abrange desde o uso de uma equipe dedicada até uma estrutura matricial amplamente não-dedicada. Em seguida, o capítulo analisa como as atividades do projeto são organizadas em subprojetos, por meio da estrutura de divisão do trabalho. Depois, são discutidos os detalhes técnicos para calcular o tempo mais curto necessário para concluir um projeto. Por último, o capítulo examina como é possível encurtar os projetos, através do uso de conceitos de "aceleração".

Termos-chave

Projeto Série de trabalhos relacionados, geralmente voltados para algum resultado importante, e que exige um período de tempo considerável para ser realizado.

Gerenciamento de projetos Planejamento, direcionamento e controle de recursos (pessoas, equipamentos, materiais) para atender às restrições técnicas, de custos e de tempo de um projeto.

Projeto puro Estrutura para organizar um projeto, onde uma equipe auto-suficiente trabalha no projeto, em tempo integral.

Projeto funcional Estrutura em que os membros da equipe são designados a partir das unidades funcionais da organização. Os membros da equipe continuam fazendo parte de suas unidades funcionais e, geralmente, não são dedicados integralmente ao projeto.

Projeto matricial Estrutura que mescla as estruturas dos projetos puros e funcionais. Cada projeto usa pessoas de diferentes áreas funcionais. Um gerente de projetos dedicado decide quais tarefas devem ser executadas e quando, mas os gerentes funcionais controlam quais pessoas serão utilizadas.

Marco do projeto Evento específico em um projeto.

Estrutura de divisão do trabalho Hierarquia das tarefas, subtarefas e pacotes de trabalho do projeto.

Atividades Partes do trabalho pertencentes a um projeto que consomem tempo. O término de todas as atividades de um projeto marca o final do projeto.

Gráfico de Gantt Representação gráfica do tempo e da seqüência de execução das atividades. Chamado freqüentemente de *gráfico de barras*.

Caminho crítico Seqüência de atividades em um projeto que forma a cadeia mais longa de tempo de conclusão. Esse caminho não tem tempo de folga. As técnicas aplicadas para encontrar o caminho crítico são chamadas de CPM ou Método do Caminho Crítico (*Critical Path Method*).

Predecessora imediata Atividade que deve ser concluída imediatamente antes de outra.

Tempo de folga Tempo pelo qual uma atividade pode ser atrasada; a diferença entre os tempos de início mais tarde e mais cedo de uma atividade.

Programação de início mais cedo Programação de um projeto que lista todas as atividades, de acordo com seus tempos de início mais cedo.

Programação de início mais tarde Programação de um projeto que lista todas as atividades, de acordo com seus tempos de início mais tarde. Essa programação pode propiciar economia, prorrogando as compras de material e outros custos associados ao projeto.

Modelos de compensação tempo-custo A extensão dos modelos do caminho crítico, que considera o *trade-off* entre o tempo necessário para concluir uma atividade e o custo. Freqüentemente chamada de "aceleração" do projeto.

Problemas resolvidos

PROBLEMA RESOLVIDO 1

Foi definido um projeto de modo a conter a seguinte lista de atividades, juntamente com os respectivos prazos de conclusão necessários:

ATIVIDADE	PRAZO (DIAS)	PREDECESSORAS IMEDIATAS
A	1	—
B	4	A
C	3	A
D	7	A
E	6	B
F	2	C, D
G	7	E, F
H	9	D
I	4	G, H

a. Desenhe o diagrama do caminho crítico.
b. Mostre os tempos de início mais cedo, o término mais cedo, o início mais tarde e o término mais tarde.
c. Mostre o caminho crítico.
d. O que aconteceria se a atividade F fosse revisada, de modo a levar 4 dias em vez de 2?

Solução

As respostas para *a, b* e *c* estão no diagrama a seguir.

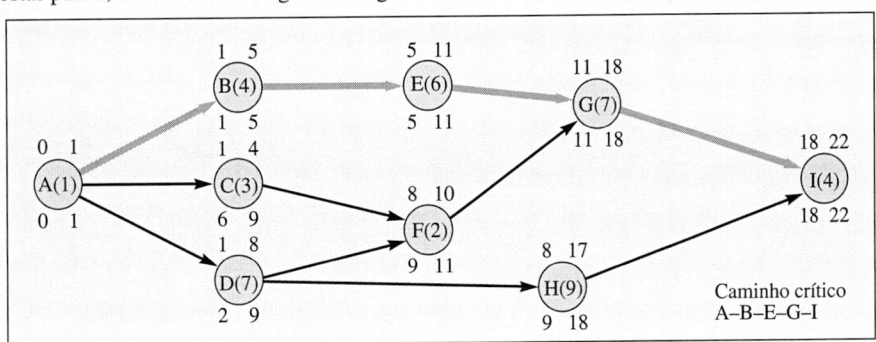

d. Novo caminho crítico: A-D-F-G-I. O tempo de conclusão é de 23 dias.

PROBLEMA RESOLVIDO 2

A seguir, são mostrados os requisitos de precedência, os tempos de atividade normal e acelerado, e os custos de atividade normal e de aceleração para um projeto de construção:

ATIVIDADE	ATIVIDADES PRECEDENTES	TEMPO NECESSÁRIO (SEMANAS)		CUSTO	
		NORMAL	ACELERADO	NORMAL	ACELERAÇÃO
A	—	4	2	$10.000	$11.000
B	A	3	2	6.000	9.000
C	A	2	1	4.000	6.000
D	B	5	3	14.000	18.000
E	B, C	1	1	9.000	9.000
F	C	3	2	7.000	8.000
G	E, F	4	2	13.000	25.000
H	D, E	4	1	11.000	18.000
I	H, G	6	5	20.000	29.000

a. Quais são os caminhos críticos e o tempo estimado de conclusão?
b. Para encurtar o projeto em três semanas, quais tarefas devem ser encurtadas e qual seria o custo total final do projeto?

Solução

A rede do projeto de construção é apresentada a seguir:

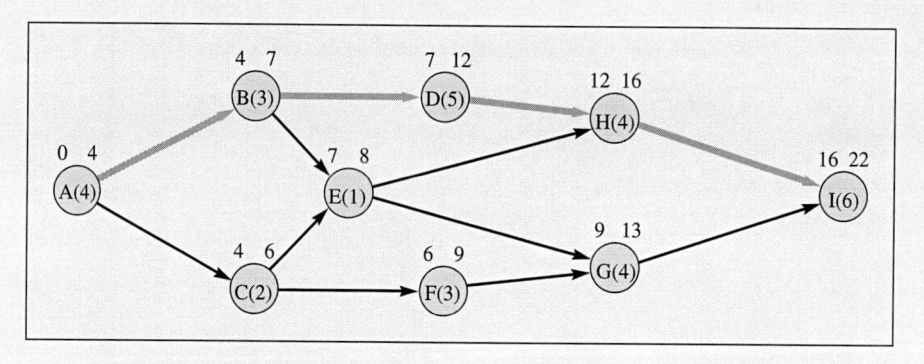

a. Caminho crítico A-B-D-H-I.
   O tempo normal para conclusão é de 22 semanas.
b.

ATIVIDADE	CUSTO DE ACELERAÇÃO	CUSTO NORMAL	TEMPO NORMAL	TEMPO ACELERADO	CUSTO POR SEMANA	SEMANAS
A	$11.000	$10.000	4	2	$ 500	2
B	9.000	6.000	3	2	3.000	1
C	6.000	4.000	2	1	2.000	1
D	18.000	14.000	5	3	2.000	2
E	9.000	9.000	1	1		0
F	8.000	7.000	3	2	1.000	1
G	25.000	13.000	4	2	6.000	2
H	18.000	11.000	4	1	2.333	3
I	29.000	20.000	6	5	9.000	1

(1) 1ª semana: CC = A-B-D-H-I. O menor custo é A, a $500. O caminho crítico permanece igual.
(2) 2ª semana: A continua com o menor custo a $500. O caminho crítico permanece igual.

(3) 3ª semana: Como A não está mais disponível, as escolhas são B (a $3.000), D (a $2.000), H (a $2.333) ou I (a $9.000). Portanto, a escolha é D a $2.000.

O custo total do projeto encurtado em três semanas é

A	$11.000
B	6.000
C	4.000
D	16.000
E	9.000
F	7.000
G	13.000
H	11.000
I	20.000
	97.000

Questões para revisão e discussão

1. Qual foi o projeto mais complexo com o qual você se envolveu? Dê exemplos dos seguintes itens, por pertencerem ao projeto: a estrutura de divisão do trabalho, as tarefas, as subtarefas e o pacote de trabalho. Você estava no caminho crítico? O projeto tinha um bom gerente de projeto?
2. Quais são alguns motivos para a programação do projeto não ser elaborada?
3. Discuta as apresentações gráficas no Quadro 2.4. Existem alguns outros resultados gráficos que você gostaria de ver se você fosse o gerente de projeto?
4. Quais são as características necessárias para que a programação do caminho crítico seja aplicável? Quais são os tipos de projeto já submetidos à análise do caminho crítico?
5. Quais são as premissas básicas da programação do custo mínimo? Elas são igualmente realistas?
6. "O controle do projeto deve focar sempre o caminho crítico". Comente.
7. Por que os empreiteiros de um projeto do governo prefeririam suas atividades no caminho crítico? Sob quais condições eles tentariam evitar estar no caminho crítico?

Problemas

1. As seguintes atividades fazem parte de um projeto a ser programado utilizando o CPM:

Atividade	Predecessora imediata	Tempo (semanas)
A	—	6
B	A	3
C	A	7
D	C	2
E	B, D	4
F	D	3
G	E, F	7

a. Desenhe a rede.
b. Qual é o caminho crítico?
c. Quantas semanas serão necessárias para concluir o projeto?
d. Qual é a folga da atividade B?

2. Programe as seguintes atividades utilizando o CPM:

Atividade	Predecessora imediata	Tempo (semanas)
A	—	1
B	A	4
C	A	3
D	B	2
E	C, D	5
F	D	2
G	F	2
H	E, G	3

  a. Desenhe a rede.
  b. Qual é o caminho crítico?
  c. Quantas semanas serão necessárias para concluir o projeto?
  d. Quais são as atividades com folga e qual é a folga de cada uma?

3. O departamento de P&D planeja apostar em um projeto grande para o desenvolvimento de um novo sistema de comunicação para aviões comerciais. A tabela a seguir mostra as atividades, os tempos e as seqüências necessárias:

Atividade	Predecessora imediata	Tempo (semanas)
A	—	3
B	A	2
C	A	4
D	A	4
E	B	6
F	C, D	6
G	D, F	2
H	D	3
I	E, G, H	3

  a. Desenhe o diagrama da rede.
  b. Qual é o caminho crítico?
  c. Suponha que você queira encurtar o máximo possível o tempo necessário para concluir o projeto e que você tem a opção de encurtar B, C, D e G em uma semana. Qual você encurtaria?
  d. Qual é o novo caminho crítico e qual o tempo mais cedo de conclusão?

4. Um projeto para construção é desmembrado nas 10 atividades seguintes:

Atividade	Predecessora imediata	Tempo (semanas)
1	—	4
2	1	2
3	1	4
4	1	3
5	2, 3	5
6	3	6
7	4	2
8	5	3
9	6, 7	5
10	8, 9	7

a. Desenhe o diagrama da rede.
b. Encontre o caminho crítico.
c. Caso as atividades 1 e 10 não possam ser encurtadas, mas as atividades 2 à 9 aceitem ser encurtadas para o mínimo de uma semana cada, a um custo de $10.000 por semana, quais atividades você encurtaria para reduzir o projeto em quatro semanas?

5. A seguir, é mostrada uma rede de CPM com os tempos das atividades em semanas:

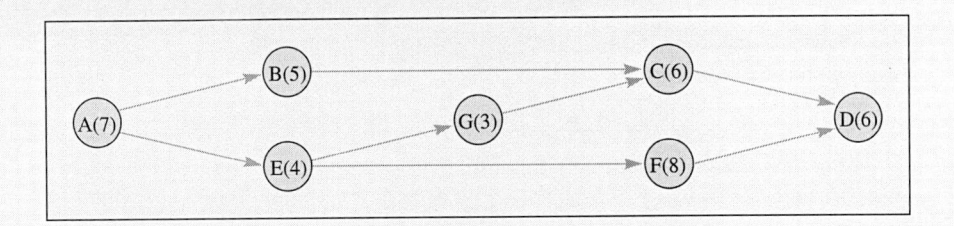

a. Determine o caminho crítico.
b. Quantas semanas serão necessárias para a conclusão do projeto?
c. Suponha que F possa ser encurtada em duas semanas, e B, em uma semana. Como isso afetaria a data programada para a conclusão do projeto?

6. A seguir, é mostrada uma rede com os tempos das atividades expressos em dias:

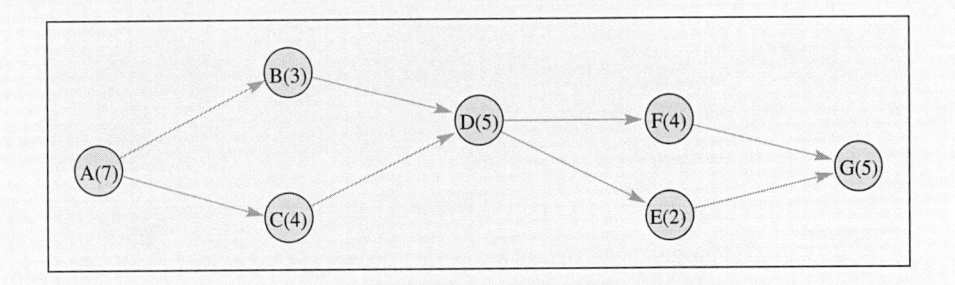

a. Encontre o caminho crítico.
b. A tabela a seguir mostra os tempos normais e os tempos acelerados, juntamente com os custos associados para cada atividade.

Atividade	Tempo normal	Tempo acelerado	Custo normal	Custo acelerado
A	7	6	$7.000	$8.000
B	3	2	5.000	7.000
C	4	3	9.000	10.200
D	5	4	3.000	4.500
E	2	1	2.000	3.000
F	4	2	4.000	7.000
G	5	4	5.000	8.000

Se o projeto for encurtado em quatro dias, mostre quais atividades, em ordem de redução, seriam encurtadas, e o custo resultante.

7. O departamento de cobrança de um escritório central de uma cadeia de lojas de departamentos prepara relatórios mensais do inventário para serem utilizados pelos agentes de compras das lojas. Com as informações a seguir, use o método do caminho crítico para determinar:

a. Quanto tempo o processo todo levará.
b. Quais serviços podem ser atrasados, sem atrasar o início mais cedo de qualquer atividade subseqüente.

	Serviço e descrição	Predecessoras imediatas	Tempo (horas)
a	Início	—	0
b	Pegar cópias impressas das compras dos clientes	a	10
c	Pegar os relatórios de estoque do mês	a	20
d	Reconciliar as cópias impressas das compras com os relatórios de estoque	b, c	30
e	Total dos relatórios de estoque por departamento	b, c	20
f	Determinar as quantidades dos pedidos para o próximo período	e	40
g	Preparar os relatórios de estoque para os agentes de compras	d, f	20
h	Fim	g	0

8. Para a rede apresentada abaixo:

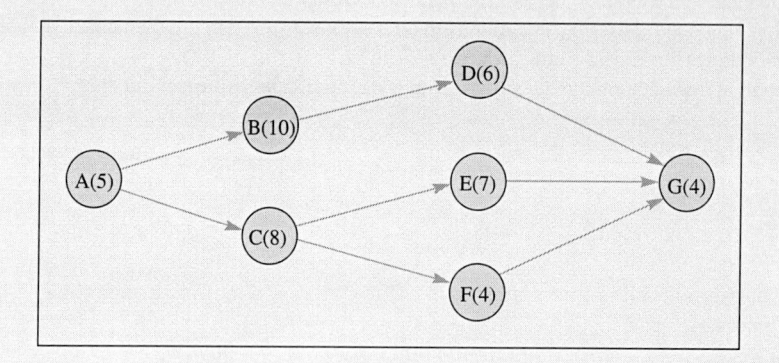

a. Determine o caminho crítico e o tempo mais cedo para concluir o projeto.
b. Para os dados mostrados, reduza o tempo de conclusão do projeto em três semanas. Suponha um custo linear por semana encurtada, e mostre, passo a passo, como você chegou à sua programação.

Atividade	Tempo Normal	Custo Normal	Tempo Acelerado	Custo Acelerado
A	5	$ 7.000	3	$ 13.000
B	10	12.000	7	18.000
C	8	5.000	7	7.000
D	6	4.000	5	5.000
E	7	3.000	6	6.000
F	4	6.000	3	7.000
G	4	7.000	3	9.000

9. A rede CPM a seguir mostra as estimativas do tempo normal em semanas, listadas para as atividades:

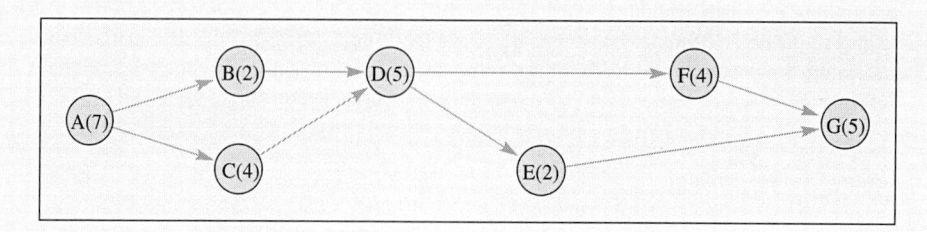

a. Identifique o caminho crítico.
b. Quanto tempo é necessário para concluir o projeto?
c. Quais atividades têm folga, e de quanto?
d. A seguir, você encontrará uma tabela com os tempos e os custos normais e acelerados. Quais atividades você encurtaria para reduzir duas semanas da programação, de modo lógico? Qual seria o custo incremental? O caminho crítico foi alterado?

Atividade	Tempo Normal	Tempo Acelerado	Custo Normal	Custo Acelerado
A	7	6	$ 7.000	$ 8.000
B	2	1	5.000	7.000
C	4	3	9.000	10.200
D	5	4	3.000	4.500
E	2	1	2.000	3.000
F	4	2	4.000	7.000
G	5	4	5.000	8.000

10. A Bragg's Bakery está construindo uma nova padaria automatizada no centro da cidade de Sandusky. Veja a seguir as atividades que devem ser concluídas para construir a nova padaria e instalar os equipamentos.

Atividade	Predecessora	Tempo Normal (semanas)	Tempo Acelerado (semanas)	Custo de Aceleração/ Semana
A	—	9	6	$ 3.000
B	A	8	5	3.500
C	A	15	10	4.000
D	B, C	5	3	2.000
E	C	10	6	2.500
F	D, E	2	1	5.000

a. Desenhe o diagrama da rede.
b. Qual é a duração normal do projeto?
c. Qual é a duração do projeto se todas as atividades forem aceleradas para os respectivos mínimos?
d. A Bragg's perde $3.500 de lucros por semana, em cada semana em que a padaria não está concluída. Quantas semanas o projeto durará se estivermos predispostos a pagar custos de aceleração, desde que sejam inferiores a $3.500?

Problema avançado

11. Considere a rede e os dados a seguir:

Atividade	Tempo Normal (semanas)	Custo Normal	Tempo Acelerado (semanas)	Custo Acelerado	Predecessoras Imediatas
A	2	$50	1	$70	—
B	4	80	2	160	A
C	8	70	4	110	A
D	6	60	5	80	A
E	7	100	6	130	B
F	4	40	3	100	D
G	5	100	4	150	C, E, F

a. Construa o diagrama da rede.
b. Indique o caminho crítico quando forem usados tempos normais de atividades.
c. Calcule o custo direto total mínimo para a duração de cada projeto, com base no custo atrelado a cada atividade. Considere as durações de 13, 14, 15, 16, 17 e 18 semanas.
d. Se os custos indiretos da duração de cada projeto forem $400 (18 semanas), $350 (17 semanas), $300 (16 semanas), $250 (15 semanas), $200 (14 semanas) e $150 (13 semanas), qual é o custo total do projeto para cada duração? Indique a duração para o custo mínimo total do projeto.

CASO Projeto de *design* de celular

Você trabalha no grupo de celulares globais da Motorola. Você se tornou um gerente de projetos para desenvolver o *design* de um novo modelo de celular. Seus supervisores já têm o escopo do projeto, de modo que você já dispõe de uma lista com a estrutura de divisão do trabalho, incluindo as principais atividades do projeto. Você deve planejar a programação do projeto e calcular sua duração e os custos. Seu chefe espera que essa programação e os custos estejam prontos sobre a mesa dele, na manhã seguinte!

Você recebeu as informações contidas no Quadro 2.11, que abrangem todas as atividades necessárias no projeto, e a duração de cada uma. Além disso, as dependências entre as atividades foram identificadas. Lembre-se de que a atividade precedente deve estar totalmente concluída para permitir o início do trabalho da atividade seguinte.

Seu projeto está dividido em cinco tarefas principais. A Tarefa "P" engloba o desenvolvimento das especificações do novo celular. Devem ser tomadas aqui as decisões relacionadas a aspectos como autonomia da bateria, tamanho e recursos do aparelho. Esses detalhes são baseados no modo como o cliente utiliza o celular. Essas especificações do usuário são redefinidas de modo a terem um significado para os subcontratados que efetivamente fabricarão o novo celular, na Tarefa "S" de especificações do

Quadro 2.11 — Estrutura de divisão do trabalho e atividades para o projeto do *design* do celular

Principais tarefas/atividades do projeto	Identificação das atividades	Dependência	Duração (semanas)
Especificações do produto (P)			
Especificações gerais do produto	P1	—	4
Especificações do hardware	P2	P1	5
Especificações do software	P3	P1	5
Pesquisa de mercado	P4	P2, P3	2
Especificações do fornecedor (S)			
Hardware	S3	P2	5
Software	S2	P3	6
Pesquisa de mercado	S2	P4	1
***Design* do produto (D)**			
Circuitos	D1	S1, D7	3
Bateria	D2	S1	1
Visor	D3	S1	2
Capa externa	D4	S3	4
Interface do usuário	D5	S2	4
Câmera	D6	S1, S2, S3	1
Funcionalidade	D7	D5, D6	4
Integração do produto (I)			
Hardware	I1	D1, D2, D3, D4, D6	3
Software	I2	D7	5
Teste do protótipo	I3	I1, I2	5
Subcontratação (V)			
Seleção de fornecedores	V1	D7	10
Negociação de contratos	V2	I3, V1	2

Excel: Cell_Phone Design.xls

fornecedor. Essas tarefas abrangem detalhes de engenharia sobre o desempenho do produto. Os componentes individuais que integram o produto são o foco da Tarefa "D". A Tarefa "I" reúne todos os componentes e um protótipo funcional é criado e testado. Por último, na Tarefa "V", os fornecedores são escolhidos e os contratos são negociados.

1. Desenhe uma rede de projeto que contenha todas as atividades.
2. Calcule os tempos de início e término de cada atividade e determine a quantidade mínima de semanas para a conclusão do projeto. Encontre o conjunto crítico de atividades do projeto.
3. Identifique a folga nas atividades não pertencentes ao caminho crítico do projeto.
4. Seu chefe gostaria que você sugerisse mudanças que pudessem ser implementadas no projeto, para encurtá-lo significativamente. O que você sugeriria?

Bibliografia selecionada

Gray, C. *Agile Project Management: How to Succeed in the Face of Changing Project Requirements.* New York: American Management Association, 2004.

Gray, C. F. and E. W. Larson. *Project Management: The Managerial Process.* New York: Irwin / McGraw-Hill, 2002.

Kerzner, H. *Project Management: A Systems Approach to Planning, Scheduling, and Controlling.* 8th ed. New York: Wiley, 2002.

Lewis, James P. *The Project Manager's Desk Reference.* New York: McGraw-Hill Professional Publishing, 1999.

Seção 2
PROCESSOS

3. Gerenciamento Estratégico da Capacidade
4. Processos de Produção
5. Processos de Serviços
6. Qualidade Seis Sigma

Processos

A segunda seção deste livro está concentrada na elaboração e análise dos processos empresariais. Talvez o seu sonho não seja exatamente se tornar um *expert* em eficiência, mas é muito importante conhecer os princípios fundamentais. Você já se perguntou por que você tem que esperar na fila de uma loja, enquanto outra loja consegue controlar as multidões? O segredo para atender bem os clientes, seja com produtos ou com serviços, é ter um excelente processo.

Utilizamos processos para fazer quase tudo. Provavelmente, você usa um processo regularmente todas as manhãs. Quais são as tarefas associadas a seu processo? Você escova os dentes, toma um banho, se veste, prepara o café e lê o jornal? Você já pensou na seqüência das tarefas e na melhor maneira de executar cada uma delas? Ao tomar essas decisões, você está alocando a própria capacidade pessoal.*

Esta seção discorre sobre a elaboração de processos eficientes e alocação da capacidade para todos os tipos de negócios. As empresas também precisam desenvolver uma filosofia de qualidade e integrá-la a seus processos. Na verdade, a qualidade e eficiência dos processos estão intimamente ligadas. Já lhe aconteceu de fazer alguma coisa e ter que repeti-la porque ela não foi executada corretamente na primeira vez? Esta seção aborda esses temas sob o prisma da produção e de serviços.

---

* A versão original do filme "Cheaper by the Dozen" (Papai Batuta) produzida nos anos 1950 era baseada na vida de Frank Gilbreth, inventor do estudo do movimento no século XX. Gilbreth estava tão preocupado com a eficiência pessoal, que elaborou um estudo para analisar se seria mais rápido e mais preciso abotoar um traje de sete botões de baixo para cima ou de cima para baixo. (Resposta: de baixo para cima!)

Capítulo 3
GERENCIAMENTO ESTRATÉGICO DA CAPACIDADE

Após ler o capítulo, você:

1. Conhecerá o conceito de capacidade e a importância de seu "gerenciamento" no decorrer do tempo.
2. Entenderá o impacto das economias de escala sobre a capacidade de uma empresa.
3. Saberá o que é uma curva de aprendizagem e como analisá-la.
4. Aprenderá a utilizar uma árvore de decisões para analisar alternativas ao se deparar com o problema do aumento de capacidade.
5. Saberá as diferenças na capacidade de planejamento entre as empresas manufatureiras e as prestadoras de serviços.

66 Shouldice Hospital: inovação em cirurgia de hérnia

67 Gerenciamento da capacidade na produção
    Definição de capacidade
    Definição de planejamento estratégico da capacidade

68 Conceitos de planejamento da capacidade
    Economias e deseconomias de escala   *Definição do melhor nível operacional*
    Foco na capacidade   *Definição de índice de utilização da capacidade*
    Flexibilidade da capacidade   *Definição de foco na capacidade*
    Definição de economias de escopo

70 Curva de aprendizagem
    Desenhando curvas de aprendizagem   *Definição de curva de aprendizagem*
    Análise logarítmica
    Tabelas das curvas de aprendizagem

75 Planejamento da capacidade
    Considerações ao aumentar a capacidade   *Definição de reserva de capacidade*
    Determinação das necessidades de capacidade
    Árvores de decisão para avaliar alternativas de capacidade

82 Planejando a capacidade dos serviços
    Planejamento da capacidade dos serviços *versus* manufatura
    Utilização da capacidade e qualidade do serviço

84 Resumo

91 Caso: Shouldice Hospital – um corte acima

SHOULDICE HOSPITAL: INOVAÇÃO EM CIRURGIA DE HÉRNIA

Durante a Segunda Guerra Mundial, Dr. Edward Earle Shouldice, major do exército, descobriu que muitos jovens dispostos a servir ao seu país eram considerados fisicamente incapazes para o treinamento militar porque tinham problemas de hérnias. Em 1940, espaço e médicos em hospitais eram escassos, principalmente para cirurgias não-emergenciais que geralmente exigiam três semanas de internação. Assim, Dr. Shouldice decidiu se empenhar ao máximo para aliviar o problema. Oferecendo seus serviços voluntariamente, ele aplicou um método inovador de cirurgia em 70 desses jovens, agilizando sua entrada para o exército.

Os recrutas contaram suas histórias de sucesso, e até o fim da guerra, mais de 200 civis já tinham entrado em contato com o médico e aguardavam a cirurgia. Entretanto, a disponibilidade limitada de leitos nos hospitais gerava um grande problema. Só havia uma solução: Dr. Shouldice decidiu abrir seu próprio hospital.

Em julho de 1945, o Shouldice Hospital, com uma equipe formada por uma enfermeira, uma secretária e uma cozinheira, abriu suas portas para seus pacientes na fila de espera. Em uma única sala de cirurgia, Dr. Shouldice corrigia duas hérnias por dia. Com o aumento da necessidade dessa cirurgia, Dr. Shouldice ampliou as instalações, localizadas em Church Street, Toronto, comprando na ocasião três prédios adjacentes e, consequentemente, aumentando a equipe. Em 1953, ele comprou uma propriedade rural em Thornhill, onde foi estabelecido um novo hospital.

Atualmente, todas as cirurgias são realizadas em Thornhill. A nova implantação culminou nas atuais instalações com 90 leitos. O Shouldice Hospital tem se dedicado à correção cirúrgica de hérnias por mais de 55 anos, por meio da "Técnica de Shouldice". Mesmo não sendo um segredo, a "fórmula" vai muito além da habilidade dos cirurgiões e de sua possibilidade de atender aos padrões do Shouldice. O Shouldice Hospital é um ambiente completo. Há um estudo sobre os problemas de capacidade nesse tipo especial de hospital, no caso apresentado no final deste capítulo.

Fonte: resumo feito a partir de www.shouldice.com.

As decisões relacionadas à capacidade de produção e de serviços podem ser muito complexas. Examine algumas das seguintes questões que precisam ser solucionadas:

- Quanto tempo será necessário para apresentar uma nova capacidade? O que isso tem a ver com o tempo necessário para desenvolver novos produtos?
- Qual será o impacto da falta de capacidade suficiente na cadeia de suprimentos para um produto promissor?
- A empresa deve usar fabricantes com contratos terceirizados? Quanto a mais o fabricante contratado cobrará pela flexibilidade no volume da produção?

Neste capítulo, examinaremos essas árduas decisões estratégicas relacionadas à capacidade. Começaremos com a discussão da natureza da capacidade sob o prisma da gestão da produção.

GERENCIAMENTO DA CAPACIDADE NA PRODUÇÃO

Uma das definições de capacidade no dicionário é "a habilidade de manter, receber, armazenar ou acomodar". No âmbito comercial, a capacidade é considerada com mais freqüência como o resultado que um sistema pode obter em um período de tempo específico. No cenário de serviços, poderia ser o número de clientes atendidos entre meio-dia e uma da tarde. No âmbito da produção, poderia ser o número de automóveis produzidos em um único turno.

Ao examinarem a capacidade, os gerentes de produção precisam analisar as entradas de recursos *e* as saídas de produtos. Deve ser assim porque, para fins de planejamento, a capacidade real (ou efetiva) depende do que será produzido. Por exemplo, uma empresa que fabrica diversos produtos pode inevitavelmente produzir mais de um tipo de produto do que de outro com um dado nível de entradas de recursos. Assim, enquanto os gerentes de uma fábrica de automóveis podem dizer que suas instalações têm 6.000 horas de produção disponíveis por ano, também estão pensando que essas horas de produção podem ser utilizadas para fabricar 150.000 modelos de duas portas ou 120.000 modelos de quatro portas (ou alguma combinação de modelos de duas e quatro portas). Isso reflete o conhecimento que eles têm sobre o que a tecnologia atual e as entradas atuais de mão-de-obra conseguem produzir e o *mix* de produtos que deve ser exigido desses recursos.

Sob o prisma da Administração da Produção, também é enfatizada a dimensão do tempo da capacidade. Ou seja, a capacidade também precisa ser declarada em relação a um período de tempo. Isso é evidenciado na distinção comum existente entre o planejamento de capacidade a longo prazo, médio prazo e a curto prazo. Geralmente, o planejamento da capacidade é percebido de acordo com três durações de tempo:

Longo prazo – mais de um ano. Onde os recursos produtivos (como prédios, equipamentos ou instalações) demoram muito tempo para ser adquiridos ou eliminados, o planejamento da capacidade de longo prazo requer a participação e aprovação da gerência sênior.

Médio prazo – planos mensais ou trimestrais para os próximos 6 a 18 meses. Nesse caso, a capacidade pode ser variada por alternativas, como contratações, dimensões, ferramentas novas, compras de equipamentos menores e terceirização.

Curto prazo – menos de um mês. Isso está ligado ao processo de programação diária ou semanal, e requer ajustes para eliminar a variação entre o resultado planejado e o real. Isso abrange alternativas, como horas extras, remanejamentos de pessoal e roteiros alternativos de produção.

Embora não exista uma única pessoa com o título de "gerente de capacidade", há diversos cargos gerenciais responsáveis pelo uso eficaz da capacidade. *Capacidade* é um termo relativo; no contexto da Administração da Produção, ela pode ser definida como a *quantidade de entradas de recursos disponíveis em relação aos requisitos de saída, em um período de tempo específico*. Observe que essa definição não faz distinção entre o uso eficiente ou ineficiente da capacidade. Nisso, ela está

A Jelly Belly Candy Company, com sede em Fairfield, Califórnia, produz 100.000 Libras (mais de 45 toneladas) de jujubas Jelly Belly por dia, aproximadamente 347 jujubas por segundo. São necessários 7 a 21 dias de cura nessas bandejas para fabricar uma jujuba Jelly Belly.

consistente com o modo como o *Federal Bureau of Economics Analysis* (Escritório de Análise Econômica Federal) define a *máxima capacidade prática* utilizada em suas pesquisas: "aquele resultado obtido dentro da programação normal de produção dos turnos por dia e dias por semana, inclusive o uso de instalações ineficientes de alto custo".

Planejamento estratégico da capacidade

O objetivo do planejamento estratégico da capacidade é proporcionar uma abordagem para determinar o nível total de capacidade de recursos intensivos em capital – instalações, equipamentos e o tamanho total da força de mão-de-obra – que melhor apóia a estratégia competitiva de longo prazo da empresa. O nível escolhido de capacidade tem um impacto crítico sobre o índice de resposta da empresa, a sua estrutura de custos, as políticas de estoque e os requisitos administrativos e do quadro de pessoal para apoio. Se a capacidade não for adequada, a empresa pode perder clientes mediante um serviço lento ou permitir a penetração dos concorrentes no mercado. Se a capacidade for excessiva, talvez a empresa precise reduzir os preços para estimular a demanda; subutilizar a força de trabalho; manter um estoque excedente ou buscar produtos adicionais e menos rentáveis para se manter.

CONCEITOS DE PLANEJAMENTO DA CAPACIDADE

O termo *capacidade* implica um índice atingível de saída, por exemplo, 480 carros por dia, mas nada diz sobre seu tempo de sustentabilidade. Assim, não sabemos se a produção desses 480 carros por dia é um pico de um único dia ou uma média sobre seis meses. Para evitar esse problema, utiliza-se o conceito de melhor nível operacional. Trata-se do nível de capacidade para o qual o processo foi projetado e, portanto, é o volume de saída em que o custo médio por unidade é minimizado. É difícil calcular esse mínimo porque isso abrange uma troca complexa entre a alocação de custos fixos de despesas gerais e o custo de horas extras, desgastes dos equipamentos, índices de defeitos e outros custos.

Melhor nível operacional

Índice de utilização da capacidade

Uma medida importante é o índice de utilização da capacidade, que revela quão próxima uma empresa se encontra de seu melhor nível operacional:

$$\text{Índice de utilização da capacidade} = \frac{\text{Capacidade utilizada}}{\text{Melhor nível operacional}}$$

Por exemplo, *se o melhor índice operacional* de nossa fábrica fosse representado por 500 carros por dia e a fábrica estivesse produzindo atualmente 480 carros por dia, o *índice de utilização da capacidade* seria de 96%.

$$\text{Índice de utilização da capacidade} = \frac{480}{500} = 0{,}96 \text{ ou } 96\%$$

O índice de utilização da capacidade é expresso como uma porcentagem e exige que o numerador e o denominador sejam medidos usando as mesmas unidades e períodos de tempo (como horas-máquina/dia, barris de petróleo/dia, dólares de saída/dia).

Economias e deseconomias de escala

A idéia básica de economias de escala está associada ao fato de que, com uma fábrica crescendo e o volume aumentando, o custo médio por unidade de saída tende a cair. Isso se deve, em parte, ao custo operacional e de capital mais baixos, porque um equipamento com o dobro da capacidade de outro geralmente não custa duas vezes mais para ser comprado ou operado. As fábricas também têm ganhos de eficiência quando se tornam suficientemente grandes para utilizar plenamente os recursos dedicados (pessoas e equipamentos) à tecnologia da informação, manuseio de materiais e apoio administrativo.

Em algum momento, o tamanho de uma fábrica se torna muito grande e as deseconomias de escala viram um problema. Essas deseconomias podem vir à tona de várias maneiras. Por exemplo, sustentar a demanda necessária para manter uma instalação ocupada pode exigir um desconto significativo do produto. Nos Estados Unidos, os fabricantes de automóveis enfrentam esse problema continuamente. Outro exemplo típico abrange a utilização de equipamentos de grande capacidade. Minimizar o tempo de parada do equipamento é fundamental nesse tipo de operação. Por exemplo, a M&M Mars tem equipamentos altamente automatizados de alto volume para fazer os M&Ms. Uma única linha de embalagem move 2,6 milhões de M&Ms por hora. Mesmo que a mão-de-obra direta para lidar com os equipamentos seja muito baixa, a mão-de-obra necessária para mantê-los é alta.

Em muitos casos, o tamanho da fábrica pode ser influenciado por outros fatores além dos equipamentos internos, da mão-de-obra e de outras despesas de capital. Um dos principais fatores pode ser o custo do transporte da matéria-prima e do produto final para a fábrica. Por exemplo, uma fábrica de concreto teria dificuldades para atender clientes localizados a mais de algumas horas de sua fábrica. De modo semelhante, empresas automobilísticas, como Ford, Honda, Nissan e Toyota, descobriram a vantagem de localizar fábricas dentro de mercados internacionais específicos. O tamanho previsto desses mercados almejados determinará, em grande parte, o tamanho e a capacidade da fábrica.

A Jaguar, fabricante de automóveis de luxo, descobriu recentemente que possuía um número excessivo de fábricas. A Jaguar estava empregando 8.560 operários em três fábricas que produziam 126.122 carros, cerca de 14 carros por empregado. Em termos comparativos, a fábrica da Volvo em Torslanda, Suécia, produzia mais que o dobro, montando 158.466 carros com 5.472 operários, ou 29 carros por empregado. Em contraste, a miniunidade da BMW AG fabricou 174.000 veículos em uma única fábrica britânica com apenas 4.500 operários (39 carros por empregado).

Foco na capacidade

O conceito de fábrica focada considera que uma instalação de produção funciona melhor quando se concentra em um conjunto relativamente limitado de objetivos de produção. Por exemplo, isso significa que uma empresa não deve esperar dominar todos os aspectos do desempenho da produção: custo, qualidade, velocidade na entrega e confiabilidade, mudanças na demanda e flexibilidade para adaptar-se a novos produtos. Em vez disso, a empresa deve escolher um conjunto limitado de tarefas que mais contribuem para os objetivos corporativos. Entretanto, diante das inovações na tecnologia de produção, há uma evolução nos objetivos das fábricas no sentido de tentar fazer tudo muito bem. Como lidar com essas aparentes contradições? Uma maneira é dizer que, se a empresa não tiver a tecnologia para dominar vários objetivos, um foco mais restrito seria a escolha lógica. Outra maneira é reconhecer a realidade prática de que nem todas as empresas estão em segmentos industriais que exigem o uso de todas as suas diversas capacidades para competir.

O conceito de foco na capacidade também pode ser operacionalizado por meio do mecanismo de fábricas dentro de fábricas – ou *PWP (Plants Within Plants)*. Uma fábrica focada pode ter várias PWPs, cada uma das quais com suborganizações autônomas, equipamentos e políticas de processos, políticas de gestão da mão-de-obra, métodos de controle da produção e assim por diante, para produtos diferentes – mesmo que sejam fabricados sob o mesmo teto. Na prática, isso permite encontrar o melhor nível operacional para cada departamento da organização e, dessa forma, migrar o conceito de foco para o nível da produção.

A fábrica focada da Xerox cria um ambiente de trabalho flexível e eficiente, onde as equipes de funcionários são responsáveis pela manufatura ponta a ponta de produtos específicos. A fábrica foi projetada com sugestões da equipe industrial trabalhando em conjunto com os engenheiros e a administração.

Flexibilidade de capacidade

Flexibilidade de capacidade significa ter a possibilidade de aumentar ou diminuir rapidamente os níveis da produção, ou mudar rapidamente a capacidade da produção de um produto ou serviço para outro. Essa flexibilidade é alcançada com fábricas, processos e operários flexíveis, assim como através de estratégias que usam a capacidade de outras organizações. As empresas estão considerando cada vez mais a idéia da flexibilidade ao elaborarem suas cadeias de suprimentos. Ao trabalhar com fornecedores, elas podem integrar a capacidade a todos os seus sistemas.

Fábricas flexíveis   Talvez o máximo em flexibilidade de fábricas seja a fábrica com *tempo zero de troca do processo de produção da linha* (*changeover*). Usando equipamento móvel, paredes removíveis e utilidades facilmente acessíveis e que podem ser redirecionadas, uma fábrica assim consegue se adaptar rapidamente às mudanças. Uma analogia a um negócio familiar de serviços capta muito bem a idéia: uma fábrica com equipamento "fácil de instalar, desmontar e mover – como o circo de lona antigo".

Processos flexíveis   Entre os exemplos de processos flexíveis, encontram-se os sistemas flexíveis de manufatura, de um lado, e os equipamentos simples e de fácil montagem, de outro. Essas duas abordagens tecnológicas propiciam mudanças rápidas e de custo baixo de uma linha de produtos para outra, permitindo as chamadas economias de escopo. (Por definição, as economias de escopo existem quando é possível produzir vários produtos a um custo mais baixo, do que quando produzidos separadamente.)

Economias de escopo

Trabalhadores flexíveis   Os trabalhadores flexíveis têm várias habilidades e conseguem mudar facilmente de uma tarefa para outra. Eles precisam de treinamento mais abrangente do que os trabalhadores especializados, e de gerentes e de um quadro de apoio que possam facilitar mudanças rápidas nas respectivas atribuições profissionais.

CURVA DE APRENDIZAGEM

Curva de aprendizagem

Um conceito muito conhecido é o de curva de aprendizagem. Trata-se de uma linha que exibe as relações entre a produção de unidades e o número acumulado de unidades produzidas. À medida que produzem mais, as fábricas ganham experiência nos melhores métodos de produção, o que reduz seus custos de produção de modo previsível. Sempre que a produção acumulada de uma fábrica dobra, seus custos de produção caem de acordo com uma porcentagem específica, dependendo da

Quadro 3.1
Curva de aprendizagem

a. Os custos por unidade produzida caem a uma porcentagem específica, sempre que a produção acumulada dobra. Esse relacionamento pode ser expresso numa escala linear como mostra esse gráfico de uma curva de aprendizagem de 90%:

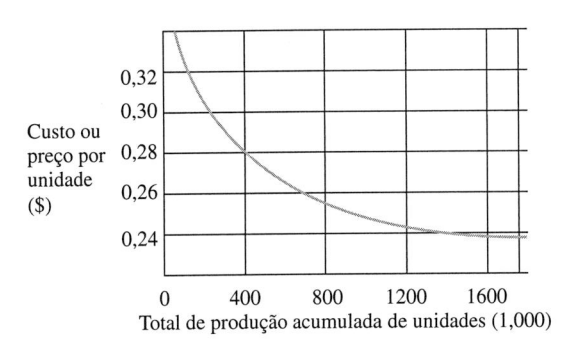

b. Também pode ser expresso de forma logarítmica:

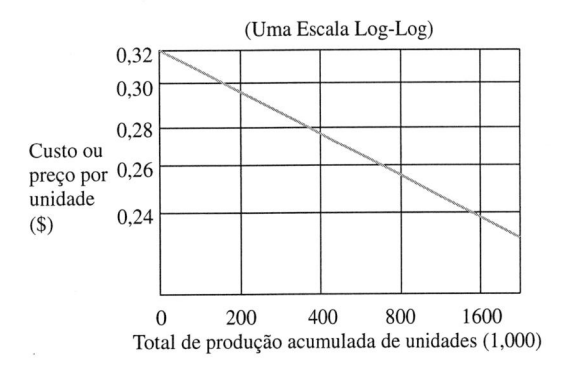

natureza do negócio. O Quadro 3.1 demonstra o efeito de uma curva de aprendizagem sobre os custos de produção de hambúrgueres.

A porcentagem da curva de aprendizagem varia entre os setores industriais. Para aplicar esse conceito ao setor de restaurantes, considere uma cadeia hipotética de *fast-food* que tenha produzido 5 milhões de hambúrgueres. Dado um custo variável atual de $0,55 por hambúrguer, de quanto será o custo por unidade do produto quando a produção acumulada atingir 10 milhões de hambúrgueres? Se a empresa tiver uma curva de aprendizagem de 90%, os custos cairão para 90% de $0,55, ou $0,495, quando a produção acumulada alcançar aquele patamar. Ao atingir 1 bilhão de hambúrgueres, o custo variável cai para menos de $0,25.

Observe que o volume de vendas se torna uma questão importante para obter economia de custos. Se a empresa A servir diariamente o dobro da quantidade de hambúrgueres que a empresa B, ela acumulará "experiência" a uma velocidade duas vezes maior.

A teoria da curva de aprendizagem se baseia em três premissas:

1. O tempo necessário para concluir determinada tarefa ou unidade de um produto será cada vez menor, sempre que a tarefa for empreendida.
2. O tempo da unidade diminuirá a uma taxa decrescente.
3. A redução no tempo seguirá um padrão previsível.

Cada uma dessas premissas foi confirmada no setor industrial das aeronaves, onde as curvas de aprendizagem foram aplicadas pela primeira vez. Foi possível observar nessa aplicação que, à medida que a produção dobrava, ocorria uma redução de 20% na produção direta trabalhador-horas por unidade entre unidades dobradas. Assim, se fossem necessárias 100.000 horas para o Avião 1, seriam necessárias 80.000 horas para o Avião 2, 64.000 horas para o Avião 4, e assim por diante. Como a redução de 20% significava que, por exemplo, a Unidade 4 consumiu apenas 80% do tempo de produção necessário à Unidade 2, a linha de ligação das coordenadas de produção e tempo foi denominada como uma "curva de aprendizagem de 80%." (Por convenção, a taxa de aprendizagem percentual é usada para destacar qualquer curva específica de aprendizagem exponencial.)

É possível desenvolver uma curva de aprendizagem a partir de uma tabela aritmética, por logaritmos ou por algum método de ajuste de curvas, dependendo do volume e da forma dos dados disponíveis.

Quadro 3.2 — Curvas de aprendizagem (tempos × n° de unidades)

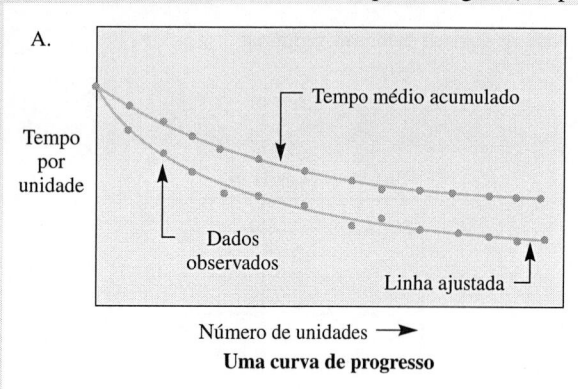

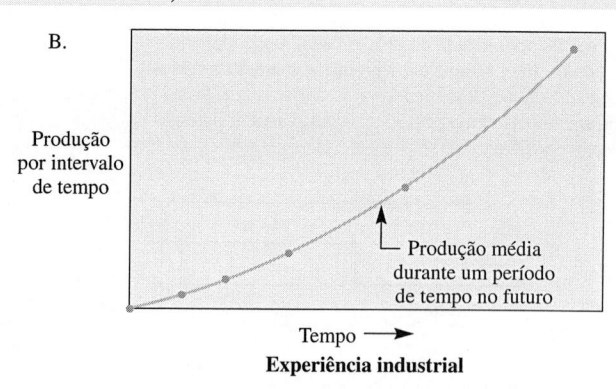

A. Uma curva de progresso (Tempo por unidade × Número de unidades): mostra Dados observados e Linha ajustada, com Tempo médio acumulado.

B. Experiência industrial (Produção por intervalo de tempo × Tempo): Produção média durante um período de tempo no futuro.

Administração de operações interativas

Há duas maneiras de analisar o desempenho aprimorado proveniente das curvas de aprendizagem: tempo por unidade (como no Quadro 3.2A) ou unidades de produção por período de tempo (Quadro 3.2B). O *Tempo por unidade* indica a redução no tempo necessário para cada unidade sucessiva. O *Tempo médio acumulado* indica os tempos de desempenho médio acumulados à medida que aumenta o número total de unidades. Tempo por unidade e tempos médios acumulados também são chamados de *curvas de progresso* ou *experiência com o produto*, e são úteis para produtos complexos ou produtos com um tempo de ciclo maior. O parâmetro *Unidades de produção por período de tempo* também é denominado *experiência no setor* e geralmente aplicado à produção em alta escala (tempo de ciclo curto).

Observe que, no Quadro 3.2A, a curva média acumulada não diminui com a mesma velocidade do tempo por unidade, porque esse tempo está sendo acumulado. Por exemplo, se os tempos para as Unidades 1, 2, 3 e 4 fossem 100, 80, 70 e 64, seriam plotados dessa maneira no gráfico do tempo por unidade, mas seriam representados graficamente como 100, 90, 83,3 e 78,5 no gráfico do tempo médio acumulado.

Desenhando curvas de aprendizagem

É possível analisar de várias maneiras os dados anteriores para termos uma linha de tendência útil. Usaremos a curva exponencial simples, primeiro como um procedimento aritmético e, depois, através de uma análise logarítmica. Em uma abordagem de tabela aritmética, é criada uma coluna para as unidades, duplicando as quantidades a cada linha, como 1, 2, 4, 8, 16... O tempo da primeira unidade é multiplicado pela porcentagem de aprendizagem, para obter o tempo da segunda unidade. A segunda unidade é multiplicada pela porcentagem de aprendizagem da quarta unidade, e assim por diante. Por conseguinte, ao desenvolvermos uma curva de aprendizagem de 80%, atingiríamos os valores listados na coluna 2 do Quadro 3.3. Como também é conveniente, para fins de planejamento, conhecer as horas de mão-de-obra direta acumuladas, também é fornecida a coluna 4, que contém essas informações. O cálculo desses valores é simples; por exemplo, para a unidade 4, as horas de mão-de-obra direta médias acumuladas seriam obtidas, dividindo as horas de mão-de-obra direta acumuladas por 4, resultando o valor incluído na coluna 4.

O Quadro 3.4A apresenta três curvas com taxas de aprendizagem diferentes: 90%, 80% e 70%. Observe que se o custo da primeira unidade fosse $100, a 30ª unidade custaria $59,63 à taxa de 90% e $17,37 à taxa de 70%. As diferenças nas taxas de aprendizagem podem surtir efeitos drásticos.

Na prática, as curvas de aprendizagem são representadas por um gráfico com escalas logarítmicas. As curvas da unidade tornam-se lineares em toda a sua faixa e a curva acumulada torna-se linear após algumas das primeiras unidades. A propriedade *linearidade* é conveniente porque facilita

Quadro 3.3

Mão-de-obra direta por unidade, cumulativa e média cumulativa por trabalhador – horas necessárias para uma curva de aprendizagem de 80%

(1) NÚMERO DE UNIDADES	(2) MÃO-DE-OBRA DIRETA POR UNIDADE	(3) HORAS CUMULATIVAS DE MÃO-DE-OBRA DIRETA	(4) MÉDIA CUMULATIVA DE MÃO-DE-OBRA DIRETA
1	100.000	100.000	100.000
2	80.000	180.000	90.000
4	64.000	314.210	78.553
8	51.200	534.591	66.824
16	40.960	892.014	55.751
32	32.768	1.467.862	45.781
64	26.214	2.392.453	37.382
128	20.972	3.874.395	30.269
256	16.777	6.247.318	24.404

Excel: Curvas de aprendizagem

a extrapolação e permite uma leitura mais precisa da curva acumulada. Esse tipo de escala é uma opção no Microsoft Excel. Basta gerar um gráfico de dispersão comum em sua planilha e depois selecionar cada eixo e formatar o eixo com a opção logarítmica. O Quadro 3.4B mostra uma curva do custo unitário de 80% e a curva do custo médio em uma escala logarítmica. Convém observar que o custo médio acumulado é basicamente linear após a oitava unidade.

Embora a abordagem da tabulação aritmética seja útil, a análise logarítmica direta do problema da curva de aprendizagem é geralmente mais eficaz porque não requer uma enumeração completa de combinações sucessivas de tempo-produção. Além disso, onde esses dados não estão disponíveis, um modelo analítico que usa logaritmos pode ser a maneira mais conveniente para obter as estimativas de produção.

Quadro 3.4

3.4A – Gráfico aritmético de curvas de aprendizagem de 70, 80 e 90%
3.4B – Gráfico logarítmico de uma curva de aprendizagem de 80%

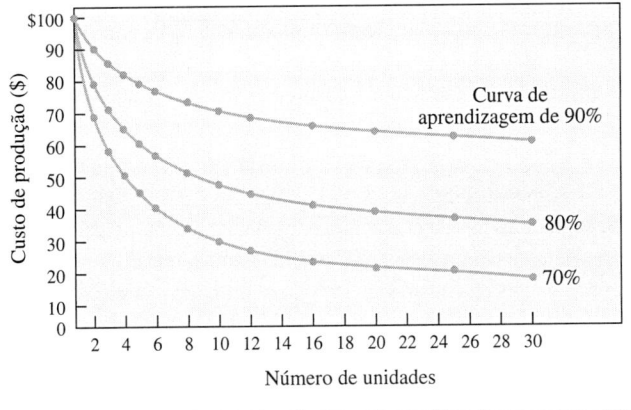

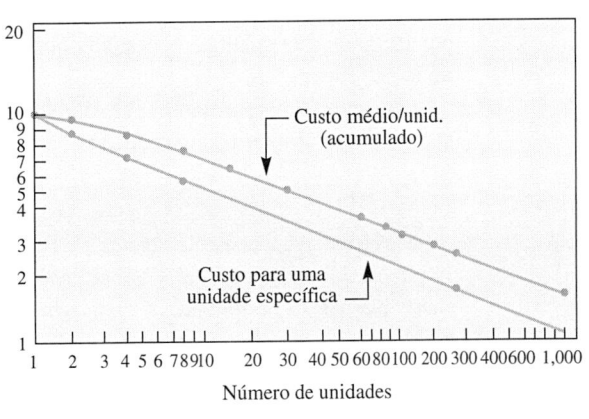

Excel: Curvas de aprendizagem

Análise logarítmica

A forma normal da equação da curva de aprendizagem é

[3.1] $$Y_x = K x^n$$

onde

x = Número da unidade
Y_x = Número de horas de mão-de-obra direta necessário para produzir a x-ésima unidade
K = Número de horas de mão-de-obra direta necessário para produzir a primeira unidade
$n = \log b/\log 2$ onde b = porcentagem de aprendizado

Pode-se resolvê-lo matematicamente ou usando uma tabela, como mostraremos na próxima seção. Matematicamente, para encontrar a necessidade de mão-de-obra-hora para a oitava unidade no nosso exemplo (Quadro 3.3), substituiremos da seguinte maneira:

$$Y_8 = (100.000)(8)^n$$

Usando logaritmos:

$$Y_8 = 100.000(8)^{\log 0{,}8/\log 2}$$
$$= 100.000(8)^{-0{,}322} = \frac{100.000}{(8)^{0{,}322}}$$
$$= \frac{100.000}{1{,}9535} = 51.192$$

Portanto, seriam necessárias 51.192 horas para produzir a oitava unidade. (Consulte a planilha "Curvas de Aprendizagem".)

Tabelas das curvas de aprendizagem

Excel: Curvas de aprendizagem

Quando a porcentagem de aprendizado é conhecida, as tabelas do Anexo B podem ser facilmente calculadas estimando as horas de mão-de-obra para uma unidade específica ou para um grupo de unidades acumuladas. Precisamos apenas multiplicar o número inicial de horas de mão-de-obra por unidade pelo valor apropriado na tabela.

Para ilustrar, suponha que queiramos checar novamente os números no Quadro 3.3 por unidade e por horas acumuladas de mão-de-obra para a unidade 16. Do Quadro B.I do Anexo, o fator de melhoria para a unidade 16 a 80% é 0,4096. Este, multiplicado por 100.000 (as horas para a unidade 1) resulta em 40.960, o mesmo que no Quadro 3.3. Do Quadro B.2 do Anexo, o fator de melhoria cumulativa para as horas cumulativas para as primeiras 16 unidades é 8,920. Quando multiplicado por 100.000, este resulta em 892.000, que é razoavelmente próximo do valor exato de 892.014, mostrado no Quadro 3.3.

A seguir é apresentado um exemplo mais explicativo da aplicação de uma curva de aprendizagem para um problema de produção.

Exemplo 3.1: Exemplo de problema com curva de aprendizagem

Capitão Nemo, proprietário da Empresa de Barcos Subaquáticos (SUB) está confuso. Ele tem um contrato para 11 barcos e já completou 4 deles. Ele percebeu que seu gerente de produção, o jovem Sr. Overick, tem encaminhado mais e mais pessoas para a montagem do torpedo depois da construção dos quatro primeiros barcos. O primeiro barco, por exemplo, precisou de 225 trabalhadores, cada um deles trabalhando 40 horas por semana, ao passo que para o segundo barco foram necessários 45 trabalhadores a menos. Overick lhes disse que "isto é apenas o começo" e que ele completará o último barco com apenas 100 trabalhadores! Sr. Overick está contando com a curva de aprendizagem, mas será que ele exagerou?

SOLUÇÃO

Como o segundo barco precisou de 180 trabalhadores, uma curva exponencial simples mostra que a porcentagem de aprendizado é de 80% (180 ÷ 225). Para descobrir quantos trabalhadores serão necessários para o 11º barco, analisa-se no Quadro B.1 do Anexo, 11 unidades para um índice de 80% de melhoria e se multiplica este valor pelo número necessário para o primeiro barco. Ao interpolar entre 10 unidades e 12 unidades, descobre-se que o índice de melhoria é igual a 0,4629. Este resulta em 104,15 trabalhadores (0,4269 interpolado da tabela × 225). Assim, a estimativa do Sr. Overick estava errada em apenas quatro pessoas. ●

Exemplo 3.2: Estimativa do custo usando curvas de aprendizagem

A SUB produziu a primeira unidade de uma nova linha de minisubmarinos a um custo de $500.000: $200.000 para os materiais e $300.000 para a mão-de-obra. Ela concordou em aceitar um lucro de 10%, baseado no custo, e está disposta a contratar com base numa curva de aprendizagem de 70%. Qual será o preço do contrato para esses três minisubmarinos?

SOLUÇÃO

Custo do 1º submarino		$ 500.000
Custo do 2º submarino		
Materiais	$ 200.000	
Mão-de-obra: $300.000 × 0,70	210.000	410.000
Custo do 3º submarino		
Materiais	200.000	
Mão-de-obra: $300.000 × 0,5682	170.460	370.460
Custo total		1.280.460
Mark up: $1.280.460 × 0,10		128.046
Preço de venda		$1.408.506

Se a operação for interrompida, alguma reaprendizagem será necessária. Em alguns casos é possível estimar o quanto retroceder na curva de aprendizagem. ●

PLANEJAMENTO DA CAPACIDADE

Considerações ao aumentar a capacidade

Muitas questões precisam ser consideradas quando se aumenta a capacidade. As três das mais importantes são a manutenção do equilíbrio do sistema, a freqüência dos aumentos de capacidade e o uso de capacidade externa.

Manutenção do equilíbrio do sistema Em uma fábrica perfeitamente equilibrada, a saída do estágio 1 proporciona a necessidade exata de entrada para o estágio 2. A saída do estágio 2 fornece a necessidade exata de entrada para o estágio 3, e assim por diante. No entanto, na prática, obter um projeto "perfeito" desse tipo é normalmente impossível e indesejável. Uma razão para isso é que os melhores níveis operacionais para cada estágio normalmente diferem. Por exemplo, o departamento pode operar, com máxima eficiência, com 90 a 110 unidades por mês, enquanto o departamento 2, o próximo estágio do processo, é mais eficiente com 75 a 85 unidades por mês, e o departamento

Cadeia de suprimento

3 trabalha melhor com 150 a 200 unidades por mês. Outra razão é que a variabilidade na demanda do produto e nos processos em si geralmente leva a um desequilíbrio, exceto em linhas de produção automatizadas, as quais, em essência, são representadas apenas por uma grande máquina.

Existem várias maneiras de lidar com o desequilíbrio. Uma é aumentando a capacidade dos estágios que são gargalos. Isso pode ser realizado mediante ações temporárias, como a programação de horas extras, o arrendamento de equipamentos ou a compra de capacidade adicional através da terceirização. Uma segunda maneira é através do emprego de estoques de segurança na frente do estágio do gargalo para assegurar que sempre haja trabalho. Uma terceira abordagem envolve a duplicação das instalações de um departamento do qual outro seja dependente. Todas essas abordagens são cada vez mais aplicadas na estrutura da cadeia de suprimentos. Esse planejamento de suprimentos ajuda a reduzir os desequilíbrios para os parceiros fornecedores e para os clientes.

Freqüência do aumento da capacidade Existem dois tipos de custo que devem ser considerados ao se adicionar capacidade: o custo da atualização excessivamente freqüente e o custo da atualização excessivamente esporádica. A atualização excessivamente freqüente de capacidade é cara. Os custos diretos incluem a remoção e a substituição de equipamento velho e o treinamento de funcionários no equipamento novo. Além disso, o equipamento precisa ser comprado muitas vezes a um preço consideravelmente mais alto do que o preço de venda do equipamento velho. Finalmente, há o custo de oportunidade ao se deixar a fábrica ou o local do serviço ocioso durante esse período de troca e preparação da linha de produção.

Por outro lado, a atualização excessivamente esporádica também é cara. A expansão esporádica significa que a capacidade é comprada em quantidades maiores. Qualquer capacidade excessiva que é comprada incorre em despesas gerais até ser utilizada. (O Quadro 3.5 ilustra a expansão freqüente *versus* esporádica da capacidade.)

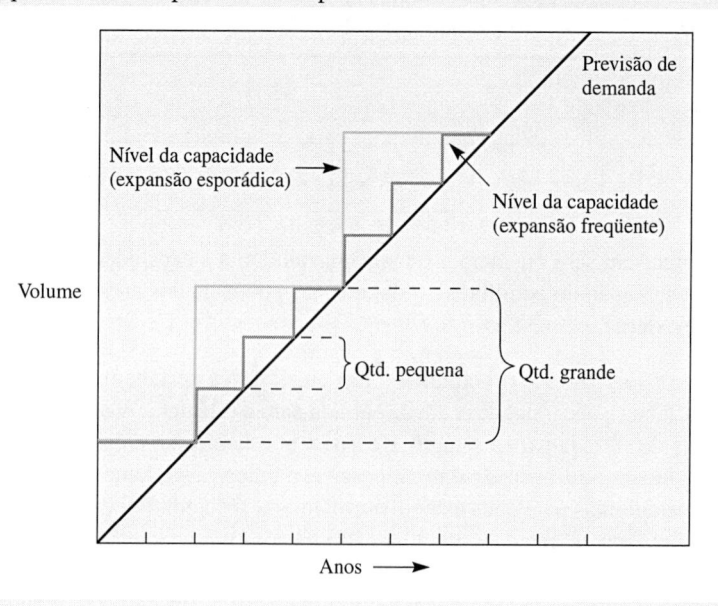

Fontes externas de capacidade operacional e de abastecimento Em alguns casos, pode ser mais barato não adicionar capacidade alguma, e sim utilizar alguma fonte externa existente de capacidade. Duas estratégias comuns empregadas pelas organizações são a terceirização e o compartilhamento de capacidade. Um exemplo de terceirização são os bancos japoneses na Califórnia terceirizando as operações de compensação de cheques. Um exemplo do compartilhamento da capa-

Quadro 3.5 Expansão freqüente versus esporádica da capacidade

cidade são duas linhas aéreas domésticas fazendo rotas diferentes com demandas sazonais diferentes e trocando de aeronaves (devidamente repintadas) quando as rotas de uma são muito usadas e as rotas da outra não. Uma nova abordagem apresenta as linhas aéreas compartilhando rotas – usando o mesmo número de vôo, embora a companhia aérea possa mudar ao longo da rota. A terceirização é examinada em mais detalhes no Capítulo 7.

Determinação das necessidades de capacidade

Ao determinar as necessidades de capacidade, é necessário tratar as demandas por linhas de produtos individuais, capacidades de fábricas individuais e a alocação da produção em toda a rede da fábrica. Isso geralmente acontece de acordo com as seguintes etapas:

1. Use técnicas de previsão de demanda (consulte o Capítulo 10) para prever as vendas de produtos individuais dentro de cada linha de produto.
2. Calcule as necessidades de equipamentos e mão-de-obra para atender às previsões das linhas de produtos.
3. Projete as disponibilidades de mão-de-obra e de equipamentos no horizonte de planejamento.

Muitas vezes, a empresa decide sobre alguma reserva de capacidade que será mantida entre as necessidades projetadas e a capacidade atual. A reserva de capacidade é uma quantidade de capacidade que excede a demanda prevista. Por exemplo, se a demanda anual esperada em uma instalação for de $10 milhões em produtos por ano e a capacidade do projeto for de $12 milhões por ano, esta tem uma reserva de capacidade de 20%. Uma reserva de capacidade de 20% equivale a um índice de utilização de 83% (100% / 120%).

Quando a capacidade do projeto de uma empresa está abaixo da capacidade necessária para atender à respectiva demanda, diz-se que esta tem uma reserva negativa de capacidade. Por exemplo, se uma empresa tiver uma demanda de $12 milhões em produtos por ano, mas só consegue produzir $10 milhões por ano, tem uma reserva negativa de capacidade de 16,7%.

A seguir, aplicaremos essas três etapas a um exemplo.

Reserva de capacidade

Exemplo 3.3: Determinação das necessidades de capacidade

A Companhia Stewart produz dois sabores de molhos para saladas: o Paul e o Newman. Cada um está disponível em frascos e em sachês plásticos com uma porção individual. A administração gostaria de determinar as necessidades de equipamento e mão-de-obra para os próximos cinco anos.

SOLUÇÃO

Etapa 1. Use técnicas de previsão de demanda para prever as vendas de produtos individuais dentro de cada linha de produto.

O departamento de *marketing*, que nesse momento está lançando uma campanha promocional para o molho Newman, forneceu os seguintes valores para a demanda prevista (em milhares) para os próximos cinco anos. A campanha deve continuar nos próximos dois anos.

Multifuncional

	\multicolumn{5}{c}{Ano}
	1	2	3	4	5
Paul					
Frascos (000s)	60	100	150	200	250
Sachês (000s)	100	200	300	400	500
Newman					
Frascos (000s)	75	85	95	97	98
Sachês (000s)	200	400	600	650	680

Etapa 2. Calcule as necessidades de equipamentos e mão-de-obra para atender às previsões das linhas de produtos. Atualmente, estão disponíveis três máquinas que conseguem embalar até 150.000 frascos por ano. Cada máquina precisa de dois operadores e consegue produzir frascos dos molhos Paul e Newman. Estão disponíveis seis operadores das máquinas dos frascos. Além disso, há cinco máquinas que conseguem embalar até 250.000 sachês por ano. Três operadores são necessários para cada máquina, que consegue produzir sachês dos molhos Paul e Newman. Atualmente estão disponíveis 20 operadores das máquinas de sachês.

As previsões totais para as linhas de produtos podem ser calculadas a partir da tabela anterior ao adicionar a demanda anual por frascos e por sachês da seguinte maneira:

Excel: Capacidade

	\multicolumn{5}{c}{Ano}
	1	2	3	4	5
Frascos	135	185	245	297	348
Sachês	300	600	900	1050	1180

Agora, é possível calcular as necessidades de equipamentos e mão-de-obra para o ano atual (ano 1). Como a capacidade total disponível para a embalagem de frascos é de 450.000/ano (3 máquinas × 150.000 cada), está-se usando 135/450 = 0,3 da capacidade disponível para o ano atual, ou 0,3 × 3 = 0,9 máquina. Da mesma forma, precisa-se de 300/1250 = 0,24 da capacidade disponível para os sachês para o ano atual, ou 0,24 × 5 = 1,2 máquina. O número de operários necessários para suprir a demanda prevista para o primeiro ano consistirá nos operários necessários para as máquinas de frascos e sachês.

As necessidades de mão-de-obra para a operação de frascos no ano 1 são:

$$0,9 \text{ máquina de frascos} \times 2 \text{ operadores} = 1,8 \text{ operadores}$$

$$1,2 \text{ máquina de sachês} \times 3 \text{ operadores} = 3,6 \text{ operadores}$$

Etapa 3. Projete as disponibilidades de mão-de-obra e de equipamentos pelo horizonte de planejamento. Os cálculos anteriores são repetidos para os outros anos:

	Ano				
	1	2	3	4	5
OPERAÇÃO COM SACHÊS PLÁSTICOS					
Capacidade percentual utilizada	24	48	72	84	94
Necessidade de máquinas	1,2	2,4	3,6	4,2	4,7
Necessidade de mão-de-obra	3,6	7,2	10,8	12,6	14,1
OPERAÇÃO COM FRASCOS					
Capacidade percentual utilizada	30	41	54	66	77
Necessidade de máquinas	0,9	1,23	1,62	1,98	2,31
Necessidade de mão-de-obra	1,8	2,46	3,24	3,96	4,62

Há uma reserva positiva de capacidade para os cinco anos porque a capacidade disponível para ambas as operações sempre excede a demanda esperada. A Companhia Stewart pode agora começar a desenvolver o plano de médio prazo ou de vendas e produção para as duas linhas de produção. (Consulte o Capítulo 11 para obter uma discussão sobre o planejamento de vendas e produção.) ●

Árvores de decisão para avaliar alternativas de capacidade

Uma maneira conveniente de projetar as etapas de um problema de capacidade é por meio de árvores de decisão. O formato da árvore ajuda não apenas a compreender o problema, como também a descobrir uma solução. A *árvore de decisão* é um modelo esquemático da seqüência de etapas em um problema e as condições e as conseqüências de cada etapa. Nos últimos anos, foram elaborados alguns pacotes de *softwares* comerciais para ajudar na construção e análise de árvores de decisão, agilizando e facilitando o processo.

As árvores de decisão são formadas por nós de decisão com ramificações a partir de e para esses nós. Os quadrados normalmente representam pontos de decisão, e os círculos representam eventos possíveis. Os ramos de pontos de decisão mostram as escolhas disponíveis ao tomador de decisões; os ramos de eventos possíveis mostram as probabilidades de sua ocorrência.

Ao resolvermos problemas de árvores de decisão, trabalhamos da ponta da árvore para o seu início. Ao retrocedermos, calculamos os valores esperados em cada etapa. No cálculo do valor esperado, o valor de tempo do dinheiro é importante se o horizonte de planejamento for longo.

Após efetuar os cálculos, podamos a árvore, eliminando de cada ponto de decisão todos os ramos, exceto aquele com o maior retorno. Esse processo continua até o primeiro ponto de decisão, e assim o problema de decisão é resolvido.

Demonstramos, então, uma aplicação do planejamento da capacidade para a Hackers Computer Store.

Exemplo 3.4: Árvores de decisão

O dono da Hackers Computer Store está considerando o que fazer com o seu negócio nos próximos cinco anos. O crescimento em vendas nos últimos anos tem sido bom, mas as vendas poderiam crescer consideravelmente se uma grande empresa de eletrônica fosse construída na área, conforme proposto. O dono da Hackers analisa três opções. A primeira é expandir a loja atual, a segunda é mudar para um novo local e a terceira é simplesmente esperar e nada fazer. A decisão de expandir ou mudar levaria pouco tempo e, portanto, a loja não perderia receita. Se nada fosse feito no primeiro ano e o forte crescimento acontecesse, a decisão de expandir seria reconsiderada. Esperar mais de um ano permitiria que a concorrência entrasse, e isso faria com que a expansão não fosse mais viável.

As suposições e as condições são apresentadas a seguir:

1. O forte crescimento como resultado do aumento na população de fanáticos por computadores da empresa de eletrônica tem uma probabilidade de 55%.
2. O forte crescimento com um novo local resultaria em retornos anuais de $195.000. Um crescimento fraco com um novo local significaria retornos anuais de $115.000.
3. O forte crescimento com uma expansão resultaria em retornos anuais de $190.000. Um crescimento fraco com uma expansão significaria retornos anuais de $100.000.
4. Na loja existente, sem mudanças, haveria retornos de $170.000 por ano se houvesse um forte crescimento e de $105.000 por ano se o crescimento fosse fraco.
5. A expansão no local atual custaria $87.000.
6. Uma mudança para um novo local custaria $210.000.
7. Se o crescimento fosse forte e o local existente fosse expandido ao longo do segundo ano, o custo ainda seria de $87.000.
8. Os custos operacionais para todas as opções são iguais.

SOLUÇÃO

Foi construída uma árvore de decisão para aconselhar o dono da Hackers sobre a melhor ação. O Quadro 3.6 mostra a árvore de decisão para esse problema. Existem dois pontos de decisão (indicados com nós quadrados) e três ocorrências possíveis (nós redondos).

Quadro 3.6 — Árvore de decisão para o problema da Hackers Computer Store

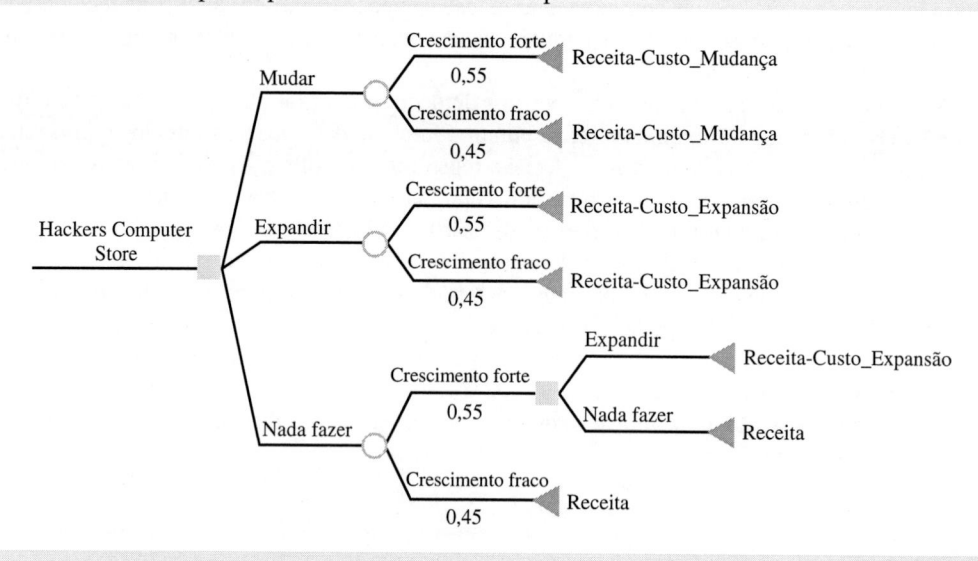

Hackers Computer Store
- Mudar
  - Crescimento forte (0,55) → Receita−Custo_Mudança
  - Crescimento fraco (0,45) → Receita−Custo_Mudança
- Expandir
  - Crescimento forte (0,55) → Receita−Custo_Expansão
  - Crescimento fraco (0,45) → Receita−Custo_Expansão
- Nada fazer
  - Crescimento forte (0,55)
    - Expandir → Receita−Custo_Expansão
    - Nada fazer → Receita
  - Crescimento fraco (0,45) → Receita

Excel: Capacidade

Excel: Árvores de decisão

Os valores para cada resultado alternativo mostrado no lado direito do diagrama no Quadro 3.7 são calculados da seguinte forma:

Alternativa	Receita	Custo	Valor
Mudar para novo local, crescimento forte	$195.000 × 5 anos	$210.000	$765.000
Mudar para novo local, crescimento fraco	$115.000 × 5 anos	$210.000	$365.000
Expandir loja, crescimento forte	$190.000 × 5 anos	$87.000	$863.000
Expandir loja, crescimento fraco	$100.000 × 5 anos	$87.000	$413.000
Nada fazer agora, crescimento forte, expandir no ano seguinte	$170.000 × 1 ano + $190.000 × 4 anos	$87.000	$843.000
Nada fazer agora, crescimento forte, não expandir no ano seguinte	$170.000 × 5 anos	$0	$850.000
Nada fazer agora, crescimento fraco	$105.000 × 5 anos	$0	$525.000

Trabalhando com as alternativas mais à direita, associadas à decisão de expandir ou não, constatamos que a alternativa de nada fazer tem um valor mais alto do que a alternativa de expandir. Portanto, elimina-se a expansão nas alternativas para o segundo ano. Isso significa que, se nada for feito no primeiro ano, e ocorrer um forte crescimento, então no segundo ano não fará sentido expandir.

Agora, é possível calcular os valores esperados associados com as nossas alternativas atuais de decisão. Basta multiplicar o valor da alternativa por sua probabilidade e somar os valores. O valor esperado para a alternativa de mudar agora é de $585.000. A alternativa de expandir tem um valor esperado de $660.500, e de nada fazer tem um valor esperado de $703.750. A análise indica que a melhor decisão é nada fazer (tanto agora quanto no ano seguinte)!

Devido ao horizonte de tempo de cinco anos, pode ser útil considerar o valor de tempo das fontes de receitas e custos quando da resolução do problema. Por exemplo, supondo uma taxa de juros de 16%, o primeiro resultado alternativo (mudar agora, forte crescimento) tem uma receita descontada valorizada em $428.487 (195.000 × 3,274293654) menos o custo de $210.000 para mudar imediatamente. O Quadro 3.8 mostra a análise considerando os fluxos descontados. Os detalhes dos cálculos são mostrados a seguir. A Tabela de Valor

Análise da árvore de decisão

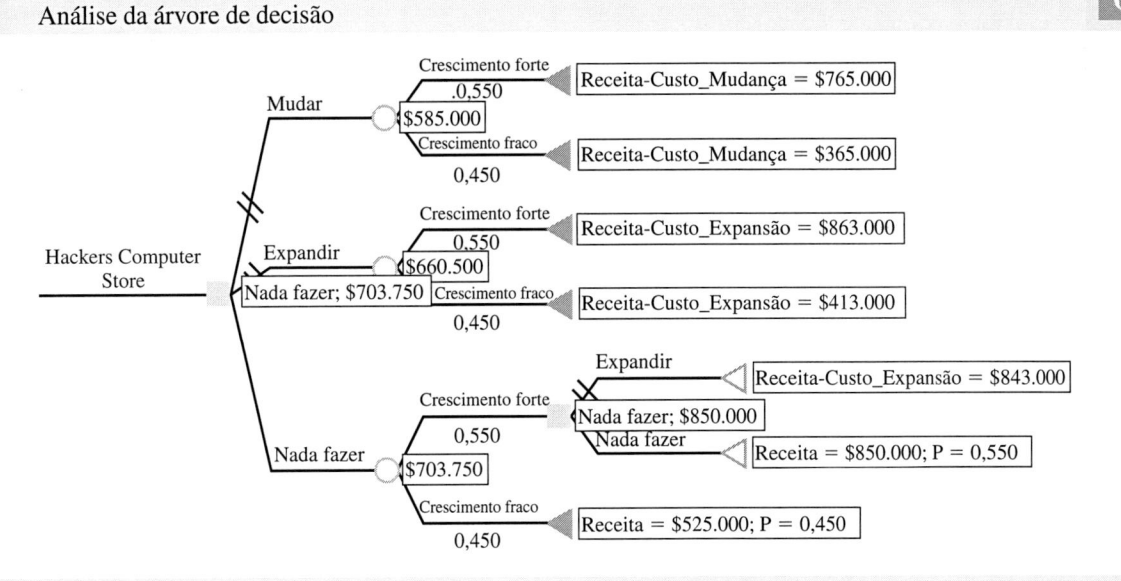

Quadro 3.7

Hackers Computer Store
- Mudar → $585.000
  - Crescimento forte 0,550 → Receita-Custo_Mudança = $765.000
  - Crescimento fraco 0,450 → Receita-Custo_Mudança = $365.000
- Expandir → $660.500
  - Crescimento forte 0,550 → Receita-Custo_Expansão = $863.000
  - Crescimento fraco 0,450 → Receita-Custo_Expansão = $413.000
- Nada fazer; $703.750
  - Crescimento forte 0,550 → $703.750
    - Expandir → Receita-Custo_Expansão = $843.000
    - Nada fazer; $850.000
    - Nada fazer → Receita = $850.000; P = 0,550
  - Crescimento fraco 0,450 → Receita = $525.000; P = 0,450

Análise da árvore de decisão usando cálculos do valor presente líquido

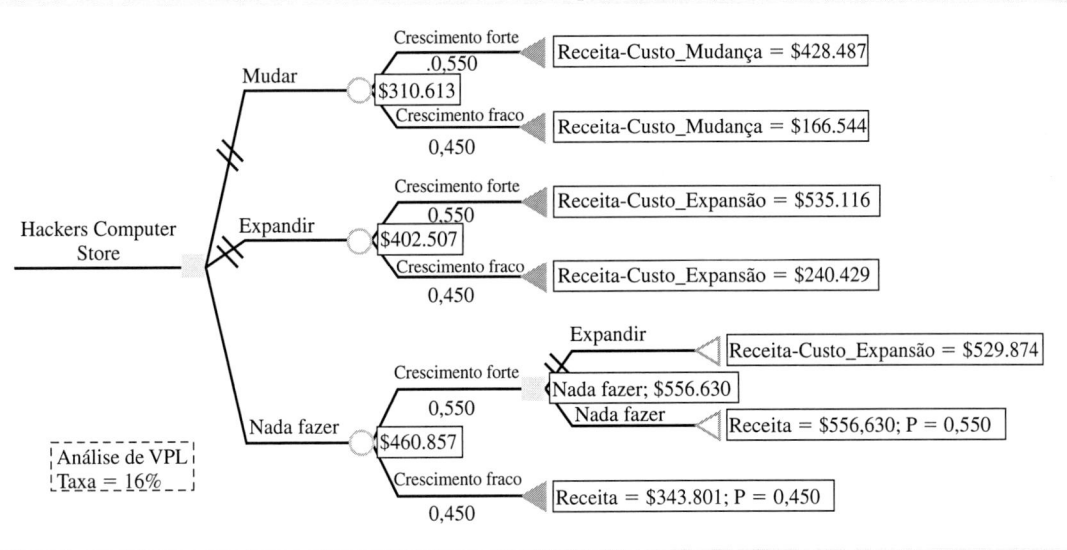

Quadro 3.8

Hackers Computer Store
(Análise de VPL; Taxa = 16%)
- Mudar → $310.613
  - Crescimento forte 0,550 → Receita-Custo_Mudança = $428.487
  - Crescimento fraco 0,450 → Receita-Custo_Mudança = $166.544
- Expandir → $402.507
  - Crescimento forte 0,550 → Receita-Custo_Expansão = $535.116
  - Crescimento fraco 0,450 → Receita-Custo_Expansão = $240.429
- Nada fazer → $460.857
  - Crescimento forte 0,550
    - Expandir → Receita-Custo_Expansão = $529.874
    - Nada fazer; $556.630
    - Nada fazer → Receita = $556.630; P = 0,550
  - Crescimento fraco 0,450 → Receita = $343.801; P = 0,450

Presente no Apêndice C pode ser usada para encontrar os fatores de desconto. Para fazer com que os nossos cálculos correspondam àqueles calculados pelo programa de computador, utilizam-se fatores de desconto que são calculados até 10 dígitos de precisão. O único cálculo que é um pouco traiçoeiro é aquele para as receitas quando nada é feito agora e se expande no começo do ano que vem. Nesse caso, tem-se uma fonte de receitas de $170.000 no primeiro ano, seguido por quatro anos a $190.000. A primeira parte do cálculo (170.000 × 0,862068966) transporta a receita do primeiro ano para o presente. A próxima parte (190.000 × 2,798180638) transporta os próximos quatro anos para o começo do ano dois. Depois, transporta-se essa fonte de quatro anos para o valor presente.

Excel: Árvores de decisão

Alternativa	Receita	Custo	Valor
Mudar para novo local, crescimento forte	$195.000 × 3,274293654	$210.000	$428.487
Mudar para novo local, crescimento fraco	$115.000 × 3,274293654	$210.000	$166.544
Expandir loja, crescimento forte	$190.000 × 3,274293654	$87.000	$535.116
Expandir loja, crescimento fraco	$100.000 × 3,274293654	$87.000	$240.429
Nada fazer agora, crescimento forte, expandir no ano seguinte	$170.000 × 0,862068966 + $190.000 × 2,798180638 × 0,862068966	$87.000 × 0,862068966	$529.874
Nada fazer agora, crescimento forte, não expandir no ano seguinte	$170.000 × 3,274293654	$0	$556.630
Nada fazer agora, crescimento fraco	$105.000 × 3,274293654	$0	$343.801 ●

PLANEJANDO A CAPACIDADE DOS SERVIÇOS

Planejamento da capacidade dos serviços *versus* manufatura

Serviço

Embora o planejamento da capacidade para serviços esteja sujeito a muitas das mesmas questões que o planejamento da capacidade para a manufatura, e encontrar o tamanho adequado para a instalação possa ser feito basicamente da mesma maneira, ainda existem várias diferenças importantes. A capacidade de serviços depende mais do tempo e da localização e está sujeita a flutuações mais voláteis de demanda, e a utilização tem um impacto direto sobre a qualidade do serviço.

Tempo Diferentemente dos bens, os serviços não podem ser armazenados para uso posterior. A capacidade precisa estar disponível para produzir/prestar um serviço quando necessário. Por exemplo, o cliente não pode ser alocado em um assento que estava desocupado em um vôo anterior de uma linha aérea, se o vôo atual estiver lotado. O cliente também não poderia comprar um assento em um vôo de um dia específico e levá-lo para casa para ser usado em uma data posterior.

Localização No ambiente face a face, a capacidade do serviço precisa estar localizada próxima ao cliente. Na manufatura, ocorre a produção e depois os bens são distribuídos para o cliente. Com os serviços, no entanto, o oposto é verdadeiro. A capacidade de entregar um serviço primeiro precisa ser distribuída até o cliente (fisicamente ou mediante algum meio de comunicação, como o telefone); a partir de então, o serviço pode ser produzido. Um quarto de hotel ou o aluguel de um carro que está disponível em outra cidade não é de muita utilidade para o cliente – o serviço precisa estar onde o cliente está quando esse cliente precisar do serviço.

Volatilidade da demanda A volatilidade da demanda em um sistema de entrega de serviço é muito mais alta do que aquela em um sistema de produção de manufatura por três motivos. Primeiro, como acabamos de mencionar, os serviços não podem ser armazenados. Isso significa que o estoque não consegue estabilizar a demanda, como na manufatura. O segundo motivo é que os clientes interagem diretamente com o sistema de produção – e esses clientes muitas vezes têm necessidades diferentes, apresentarão níveis diferentes de experiência com o processo e podem exigir números diferentes de transações. Isso contribui para uma maior variabilidade no tempo de processamento necessário para cada cliente e, portanto, maior variabilidade na capacidade mínima necessária. O terceiro motivo para a maior volatilidade na demanda do serviço consiste no fato de que esta é diretamente afetada pelo comportamento do consumidor. Influências no comportamento do consumidor, que vão do tempo (situação climática) a um grande evento, podem afetar diretamente a demanda por serviços diferentes. Vá até qualquer restaurante perto de seu *campus* durante as férias e, provavelmente, ele estará quase vazio. Esse efeito comportamental pode ser constatado em períodos ainda mais curtos de tempo, como quando estamos na fila do banco na hora do almoço. Por causa dessa volatilidade, a capacidade do serviço é muitas vezes planejada em incrementos muito curtos, como 10 a 30 minutos, em comparação aos incrementos de uma semana, que são mais comuns na manufatura.

Utilização da capacidade e qualidade do serviço

Os níveis de planejamento da capacidade para os serviços devem considerar o relacionamento do dia-a-dia entre a utilização do serviço e a qualidade do serviço. O Quadro 3.9 apresenta uma situação de serviço reproduzida em termos de filas de espera (taxas de chegada e taxas de serviço). O melhor ponto operacional está perto de 70% da capacidade máxima. Isso é o suficiente para manter os servidores ocupados, mas permite tempo bastante para atender os clientes individualmente e ter uma reserva de capacidade grande o suficiente para não criar muitas dores de cabeça administrativas. Na zona crítica, os clientes são processados pelo sistema, mas a qualidade do serviço decresce. Acima da zona crítica, a fila aumenta, e é provável que muitos clientes nunca sejam atendidos.

A taxa ótima de utilização é muito específica ao contexto. As taxas baixas são adequadas quando tanto o grau de incerteza quanto os riscos são altos. Por exemplo, as emergências nos hospitais e departamentos de bombeiros devem ter como objetivo a baixa utilização por causa do alto nível de incerteza e a natureza de vida ou morte de suas atividades. Serviços relativamente previsíveis, como os de passageiros do metrô, ou instalações de serviço onde não há contato com os clientes, como nas operações de separação postal, podem planejar uma operação com uma utilização muito mais próxima dos 100%. É interessante saber que há um terceiro grupo para o qual a alta utilização é desejável. Todas as equipes desportivas adoram quando os ingressos se esgotam, não apenas por causa da margem de contribuição, de praticamente 100%, proveniente de cada cliente, mas porque uma casa cheia cria uma atmosfera que agrada os clientes, motiva o time da casa a ter um desempenho melhor e aumenta as vendas de ingressos futuros. Espetáculos de teatro e bares compartilham esse fenômeno. Por outro lado, muitos passageiros de linhas aéreas sentem que um vôo está muito cheio quando o assento do lado deles estiver ocupado. As linhas aéreas tiram proveito dessa resposta para vender mais assentos na classe executiva.

Quadro 3.9

Relacionamento entre a taxa de utilização do serviço (ρ) e a qualidade do serviço

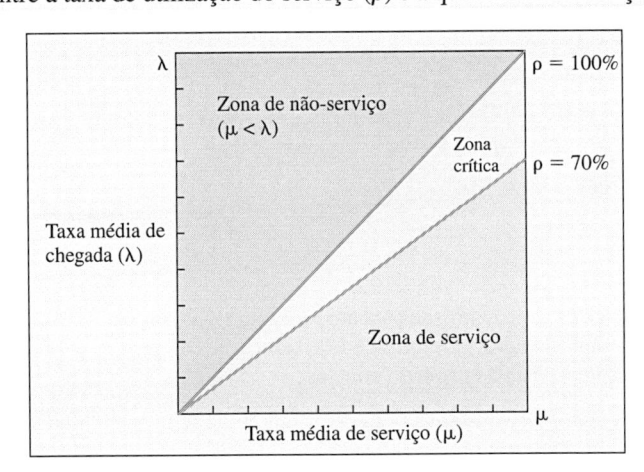

Fonte: J. Haywood-Farmer e J. Nollet, *Services Plus: Effective Service Management* (Boucherville, Quebec, Canadá: G. Morin Publisher Ltd., 1991). p. 59.

RESUMO

O planejamento estratégico da capacidade abrange uma decisão de investimento que precisa combinar as capacidades de recursos com uma previsão de demanda de longo prazo. Como discutido nesse capítulo, os fatores a serem considerados na seleção dos aumentos de capacidade, tanto para manufatura quanto para serviços, incluem:

- Os prováveis efeitos das economias de escala.
- Os efeitos das curvas de aprendizagem e como analisá-los.
- O impacto de mudar o foco da instalação e o equilíbrio entre os estágios de produção.
- O grau de flexibilidade das instalações e a mão-de-obra na produção e no respectivo sistema de abastecimento.

Para os serviços especificamente, uma consideração fundamental consiste no efeito de mudanças de capacidade sobre a qualidade do serviço oferecido.

Serviço

Termos-chave

Capacidade Quantidade de saída que um sistema é capaz de atingir em um período específico de tempo.

Planejamento estratégico da capacidade Determinação do nível de capacidade total de recursos de capital intensivo que melhor apóia a estratégia competitiva da empresa no longo prazo.

Melhor nível operacional Nível de capacidade para o qual o processo foi projetado e o volume em que o custo médio por unidade é minimizado.

Taxa de utilização da capacidade Mede quão próxima uma empresa está do seu melhor nível operacional.

Foco na capacidade Pode ser operacionalizado mediante o conceito de minifábricas semi-autônomas, segundo o qual uma fábrica tem várias suborganizações especializadas para diferentes produtos embora estejam sob o mesmo teto. Isso permite encontrar o melhor nível operacional para cada suborganização.

Economias de escopo Surgem quando vários produtos podem ser produzidos em conjunto a um custo inferior do que quando produzidos separadamente.

Curva de aprendizagem Linha mostrando o relacionamento existente entre o tempo de produção de unidade e o número acumulado de unidades produzidas.

Reserva de capacidade Capacidade acima da demanda esperada.

Revisão de fórmulas

Curva logarítmica:

[3.1] $$Y_x = K x^n$$

Problemas resolvidos

PROBLEMA RESOLVIDO 1

Um candidato a um emprego está sendo testado para um cargo em uma linha de montagem. Para a diretoria, os tempos de estabilização foram atingidos após cerca de 1.000 execuções. Espera-se que os trabalhadores da linha de montagem normal executem a tarefa em quatro minutos.

a. Se o candidato ao emprego executasse a primeira operação do teste em 10 minutos, e a segunda, em 9 minutos, ele deveria ser contratado?
b. Em quanto tempo espera-se que o candidato ao emprego finalize a décima unidade?
c. Qual é a limitação significativa dessa análise?

Solução

a. Taxa de aprendizagem = 9 minutos/10 minutos = 90%
No Quadro B.1 do Apêndice, o tempo para a milésima unidade é de 0,3499 × 10 minutos = 3.499 minutos. Sim, contrate a pessoa.
b. No Quadro B.1 do Apêndice, a unidade 10 a 90% é 0,7047. Portanto, o tempo para a décima unidade = 0,7047 × 10 = 7,047 minutos.
c. Extrapolar com base nas duas primeiras unidades não é realista. É necessário obter mais dados para avaliar o desempenho do candidato ao emprego.

PROBLEMA RESOLVIDO 2

A Boeing Aircraft obteve os seguintes dados de custos sobre as oito primeiras unidades de seu novo jato comercial

Nº da Unidade	Custo ($ milhões)	Nº da Unidade	Custo ($ milhões)
1	100	5	60
2	83	6	57
3	73	7	53
4	62	8	51

a. Faça uma estimativa da curva de aprendizagem para o novo jato comercial.
b. Faça uma estimativa do custo médio das 1.000 primeiras unidades do jato.
c. Faça uma estimativa do custo para produzir o milésimo jato.

Solução

a. Primeiro, projete a taxa da curva de aprendizagem, calculando a taxa média de aprendizagem sempre que a produção dobrar.

$$\text{Unidades 1 a 2} = 83/100 = 83\%$$
$$\text{Unidades 2 a 4} = 62/83 = 74,7\%$$
$$\text{Unidades 4 a 8} = 51/62 = 82,26\%$$
$$\text{Média} = (83 + 74,4 + 82,6)/3 = 80\%$$

b. O custo médio das primeiras 1.000 unidades pode ser estimado usando o Quadro B.2 do Apêndice. O fator de melhoria acumulada para a milésima unidade a uma aprendizagem de 80% é de 158,7. O custo para produzir as primeiras 1.000 unidades é

$$\$100M \times 158,7 = \$15.870M$$

O custo médio de cada uma das primeiras 1.000 unidades é

$$\$15.870M/1.000 = \$15,9M$$

c. Para estimar o custo de produção da milésima unidade, use o Quadro B.1 do Apêndice. O fator de melhoria de unidade para a milésima unidade a 80% é de 0,1082. O custo de produção da milésima unidade é

$$\$100M \times 0,1082 = \$10,82M$$

PROBLEMA RESOLVIDO 3

A *e*-Education é uma nova empresa que elabora e comercializa cursos de MBA oferecidos pela Internet. A empresa está atualmente localizada em Chicago e emprega 150 pessoas. Devido ao forte crescimento, ela necessita de espaço adicional no escritório. A empresa tem a opção de arrendar um espaço adicional na sua localização atual em Chicago para os próximos dois anos, mas depois disso terá que se mudar para um prédio novo. Outra opção que a empresa está considerando é mudar imediatamente toda a operação para uma cidade pequena no Meio-Oeste. Uma terceira opção é a empresa arrendar imediatamente um prédio novo em Chicago. Se escolher a primeira opção e arrendar um espaço novo no seu local atual, no final de dois anos a empresa poderá arrendar um prédio novo em Chicago ou mudar para a pequena cidade no Meio-Oeste.

**Excel:
Curvas de aprendizagem**

A seguir estão alguns fatos adicionais sobre as alternativas e a situação atual:

1. A empresa tem uma chance de 75% de sobreviver nos próximos dois anos.
2. Arrendar o espaço novo por dois anos no local atual em Chicago custaria $750.000 por ano.
3. Mudar toda a operação para uma pequena cidade no Meio-Oeste custaria $1 milhão. Arrendar espaço custaria somente $500.000 por ano.
4. Mudar para um prédio novo em Chicago custaria $200.000 e arrendar o espaço no prédio novo custaria $650.000 por ano.
5. A empresa pode cancelar o contrato de aluguel a qualquer momento.
6. Se sobreviver, a empresa construirá um prédio próprio em cinco anos.
7. Suponha que todos os outros custos e receitas sejam os mesmos, não importa onde esteja a empresa.

O que a *e*-Education deveria fazer?

Solução

Etapa 1: construa uma árvore de decisão que considera todas as alternativas da *e*-Education. O gráfico a seguir apresenta a árvore que tem três pontos de decisão (com os nós quadrados) seguidos de eventos possíveis (nós redondos). No caso do primeiro ponto de decisão, se a empresa sobreviver, dois pontos adicionais precisam ser considerados.

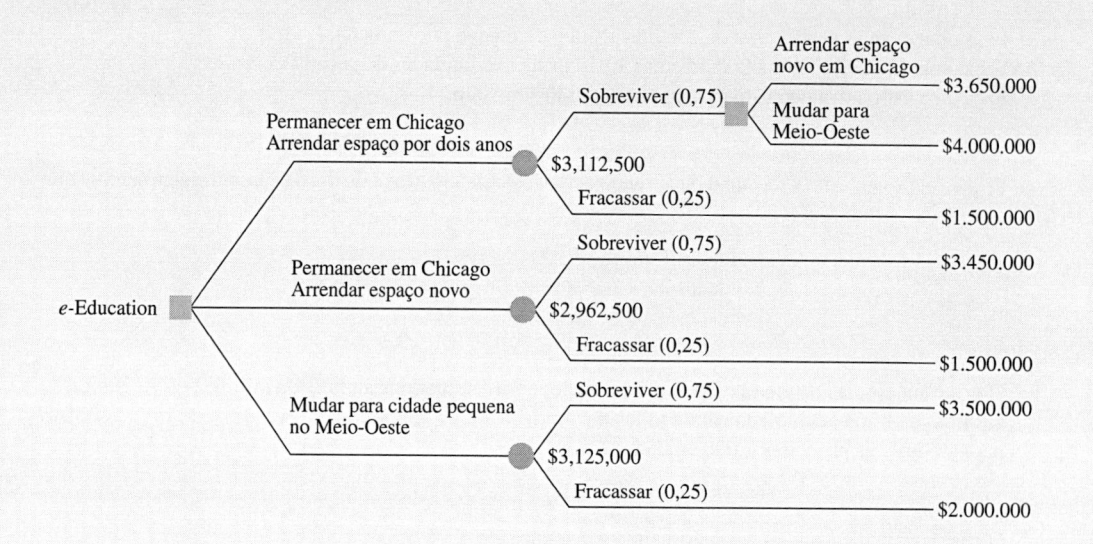

Etapa 2: calcule os valores de cada alternativa da seguinte maneira:

Alternativa	Cálculo	Valor
Permanecer em Chicago, arrendar espaço por dois anos, sobreviver, arrendar novo prédio em Chicago	(750.000) × 2 + 200.000 + (650.000) × 3 =	$3.650.000
Permanecer em Chicago, arrendar espaço por dois anos, sobreviver, mudar para o Meio-Oeste	(750.000) × 2 + 1.000.000 + (500.000) × 3 =	$4.000.000
Permanecer em Chicago, arrendar espaço por dois anos, fracassar	(750.000) × 2 =	$1.500.000
Permanecer em Chicago, alugar novo prédio em Chicago, sobreviver	200.000 + (650.000) × 5 =	$3.340.000
Permanecer em Chicago, alugar novo prédio em Chicago, fracassar	200.000 + (650.000) × 2 =	$1.500.00
Mudar para o Meio-Oeste, sobreviver	1.000.000 + (500.000) × 5 =	$3.500.000
Mudar para o Meio-Oeste, fracassar	1.000.000 + (500.000) × 2 =	$2.000.000

Trabalhando a partir das alternativas à direita, as duas primeiras terminam em nós de decisão. Como a primeira opção (ficar em Chicago e arrendar espaço por dois anos) é o custo mais baixo, é isso o que seria feito se a decisão fosse ficar em Chicago pelos primeiros dois anos. Caso ocorra um fracasso após os primeiros dois anos, representado pela terceira alternativa, o custo é de apenas $1.500.000. O valor esperado da primeira opção de ficar em Chicago e arrendar espaço durante os primeiros dois anos é de 0,75 × 3.650.000 + 0,25 × 1.500.000 = $3.112.500.

A segunda opção (ficar em Chicago e arrendar um prédio novo) agora tem um valor esperado de 0,75 × 3.450.000 + 0,25 × 1.500.000 = $2.962.500.

Finalmente, a terceira opção (mudar imediatamente para o Meio-Oeste) tem um valor esperado de 0,75 × 3.500.000 + 0,25 × 2.000.000 = $3.125.500.

Parece que a melhor alternativa é permanecer em Chicago e arrendar um prédio novo imediatamente.

Questões para revisão e discussão

1. Quais são os problemas de capacidade enfrentados quando um novo remédio é lançado no mercado?
2. Liste alguns limites práticos para as economias de escala; ou seja, quando uma fábrica deveria parar de crescer?
3. Quais são alguns problemas de equilíbrio da capacidade enfrentados pelas seguintes organizações ou instalações?
   a. Um terminal de uma linha aérea.
   b. Um centro de computação de uma universidade.
   c. Um fabricante de roupas.
4. Quais são algumas das principais considerações de capacidade em um hospital? Como estas diferem daquelas de uma fábrica?
5. A gerência pode escolher aumentar a capacidade para antecipar a demanda ou em resposta ao aumento na demanda. Cite as vantagens e as desvantagens das duas abordagens.
6. O que é equilíbrio de capacidade? Por que ele é difícil de ser obtido? Quais métodos são utilizados para lidar com desequilíbrios de capacidades?
7. Que motivos levam uma fábrica a manter uma reserva de capacidade? E quanto a uma reserva negativa de capacidade?
8. À primeira vista, pode parecer que os conceitos de fábrica focada e de flexibilidade da capacidade contradizem um ao outro. Dê a sua opinião.

Problemas

1. Foi estabelecido um padrão de tempo como 0,20 hora por unidade, com base na 50ª unidade produzida. Se a tarefa tivesse uma curva de aprendizagem de 90%, qual seria o tempo esperado da 100ª, 200ª e 400ª unidades?
2. Você acabou de receber 10 unidades de um subconjunto especial de um fabricante de componentes eletrônicos ao preço de $250/unidade. Também acabou de chegar um novo pedido de um produto de sua empresa, que usa esses subconjuntos e você deseja comprar mais 40, para serem despachados em lotes de 10 unidades cada. (Os subconjuntos são volumosos e você só precisa de 10/mês para preencher um novo pedido.)
   a. Pressupondo uma curva de aprendizagem de 70% por parte de seu fornecedor em um produto semelhante no ano anterior, quanto você pagaria por cada lote? Suponha que a taxa de aprendizagem de 70% se aplica a cada lote de 10 unidades, e não a cada unidade.
   b. Suponha que você é o fornecedor e pode produzir atualmente 20 unidades, mas não pode iniciar a produção das outras 20 unidades por dois meses. Que preço você tentaria negociar para as últimas 20 unidades?
3. A Johnson Industries recebeu um contrato para desenvolver e produzir quatro receptores/transmissores de longa distância e alta intensidade para telefones celulares. O primeiro consumiu 2.000 horas de mão-de-obra e $39.000 de peças compradas e fabricadas; o segundo, 1.500 horas de mão-de-obra e $37.050 em peças; o terceiro, 1.450 horas de mão-de-obra e $31.000 em peças; e o quarto, 1.275 horas e $31.492.

A Johnson foi solicitada a apresentar uma proposta para um contrato de continuidade para outra dúzia de unidades de receptores/transmissores. Ignorando quaisquer efeitos de fatores de esquecimento, qual seria a estimativa de tempo e custos de peças apresentada pela Johnson para as 12 unidades? (Dica: há duas curvas de aprendizagem – uma para a mão-de-obra e outra para as peças.)

4. A Lambda Computer Products entrou na concorrência e ganhou um contrato para produzir duas unidades de protótipo de um novo tipo de computador, baseado em ótica a laser e não em bits binários eletrônicos. A primeira unidade produzida pela Lambda consumiu 5.000 horas e $250.000 de material, uso de equipamento e suprimentos. A segunda unidade precisou de 3.500 horas e $200.000 de materiais, uso de equipamento e suprimentos. A mão-de-obra custa $30/h.
   a. A Lambda foi solicitada a apresentar uma licitação para 10 unidades adicionais assim que a segunda unidade fosse concluída. A produção deveria iniciar imediatamente. Qual seria o teor dessa licitação?
   b. Suponha que ocorresse um atraso significativo entre os contratos. Durante esse tempo, o pessoal e os equipamentos seriam remanejados a outros projetos. Explique como isso afetaria a licitação subseqüente.

5. Você acabou de concluir uma produção preliminar de 10 unidades de um produto importante e detectou que o tempo de processamento de cada unidade era o seguinte:

Nº da Unidade	Tempo (horas)
1	970
2	640
3	420
4	380
5	320
6	250
7	220
8	207
9	190
10	190

   a. De acordo com a produção preliminar, qual seria a taxa de aprendizagem estimada?
   b. Com base na resposta à pergunta do item *a*, quanto tempo seria necessário para a produção das 190 unidades seguintes, presumindo-se a ausência de perda de aprendizagem?
   c. Quanto tempo levaria para se produzir a milésima unidade?

6. A Lazer Technologies Inc. (LTI) produziu um total de 20 sistemas a laser de alta potência que poderiam ser usados para destruir qualquer míssel ou aeronave inimiga que estivesse se aproximando. As 20 unidades foram produzidas, em parte, como pesquisa privada dentro da divisão de pesquisa e desenvolvimento da LTI, mas a maior parte dos recursos foi oriunda de um contrato com o Departamento de Defesa dos Estados Unidos (DDEU).

   O teste das unidades a laser demonstrou que são armas de defesa eficazes e com uma nova estruturação para acrescentar portabilidade e facilitar a manutenção externa (foi possível montá-las em caminhões).

   O Departamento de Defesa solicitou à LTI o envio de uma licitação para 100 unidades.

   As 20 unidades construídas pela LTI até então custaram os seguintes valores e estão listadas pela seqüência de produção:

Nº da unidade	Custo (milhões)	Nº da unidade	Custo (milhões)
1	12	11	3,9
2	10	12	3,5
3	6	13	3,0
4	6,5	14	2,8
5	5,8	15	2,7
6	6	16	2,7
7	5	17	2,3
8	3,6	18	3,0
9	3,6	19	2,9
10	4,1	20	2,6

a. Com base na experiência anterior, qual é a taxa de aprendizagem?
b. Que proposta a LTI deve enviar para o pedido total de 100 unidades, presumindo-se a continuidade da aprendizagem?
c. Qual é o custo previsto para a última unidade com a taxa de aprendizagem prevista?

7. Jack Simpson, negociador de contratos na Nebula Airframe Company, participa atualmente em uma licitação para um contrato de continuidade junto ao governo. Ao obter os dados de custo das três primeiras unidades, que a Nebula produziu sob o contrato de pesquisa e desenvolvimento, ele detectou que a primeira unidade consumiu 2.000 horas de mão-de-obra, a segunda precisou de 1.800 horas de mão-de-obra e a terceira exigiu 1.692 horas.

Em um contrato para a produção de mais três unidades, quantas horas de mão-de-obra Simpson deve prever?

8. A Honda Motor Company detectou um problema no sistema de exaustão de uma de suas linhas de automóveis e concordou voluntariamente em fazer as modificações necessárias para atender às exigências de segurança estipuladas pelo governo. Segundo o procedimento padrão, a empresa deve pagar uma taxa unificada às revendas por cada modificação concluída.

A Honda está tentando estabelecer um valor justo de compensação a ser pago às revendas e decidiu escolher alguns mecânicos selecionados aleatoriamente e observar os respectivos desempenho e taxa de aprendizagem. A análise demonstrou que a taxa média de aprendizagem foi de 90% e a Honda decidiu pagar uma taxa de $60 por cada reparo (3 horas × $20 por hora da taxa unificada).

A Southwest Honda, Inc. reclamou quanto a essa taxa junto à Honda Motor Company. Seis mecânicos trabalhando de modo autônomo concluíram duas modificações (cada um deles). Todos demoraram uma média de 9 horas para fazer a primeira unidade e 6,3 horas na segunda. A Southwest se recusou a fazer mais, a menos que a Honda concedesse, no mínimo, 4,5 horas. A revenda espera executar a modificação em aproximadamente 300 veículos.

Qual é a sua opinião sobre a taxa concedida pela Honda e o desempenho dos mecânicos?

9. A United Research Associates (URA) foi agraciada com um contrato para produzir duas unidades de um novo controle de direcionamento de trajeto de mísseis. A primeira unidade levou 4.000 horas para ser concluída e custou $30.000 em materiais e uso de equipamentos. A segunda unidade precisou de 3.200 horas e custou $21.000 em materiais e uso de equipamentos. O custo de mão-de-obra é de $18 por hora.

O contratante principal procurou a URA e solicitou uma proposta para produzir mais 20 controles de direcionamento.
a. Qual será o custo da última unidade a ser construída?
b. Qual será o tempo médio para os 20 controles de direcionamento de trajeto de mísseis?
c. Qual será o custo médio do controle de direcionamento das 20 unidades no contrato?

10. A empresa AlwaysRain Irrigation gostaria de determinar as necessidades de capacidade para os próximos quatro anos. Atualmente, há duas linhas de produção já montadas para irrigadores de bronze e plástico. Existem três modelos de irrigadores para cada um desses: irrigadores com bocais de 90°, irrigadores com bocais de 180° e irrigadores com bocais de 360°. A gerência prevê uma demanda sobre os próximos quatro anos como a seguir:

	Demanda anual (em milhares)			
	1	2	3	4
Plástico 90	32	44	55	56
Plástico 180	15	16	17	18
Plástico 360	50	55	64	67
Bronze 90	7	8	9	10
Bronze 180	3	4	5	6
Bronze 360	11	12	15	18

Ambas as linhas de produção conseguem produzir todos os tipos de bocal. Cada máquina de bronze precisa de dois operadores e consegue produzir até 12.000 irrigadores. A máquina de molde de injeção de plástico necessita de quatro operadores e ela consegue produzir até 200.000 irrigadores. Três máquinas de bronze e apenas uma máquina de molde para injeção estão disponíveis. Quais são os requisitos de capacidade para os próximos quatro anos? (Pressuponha a inexistência de aprendizagem.)

11. Suponha que o departamento de *marketing* da AlwaysRain Irrigation iniciará uma campanha publicitária intensiva para os irrigadores de bronze, que são mais caros, mas também são mais duráveis do que os de plástico. A demanda prevista para os próximos quatro anos é de:

	Demanda anual (em milhares)			
	1	2	3	4
Plástico 90	32	44	55	56
Plástico 180	15	16	17	18
Plástico 360	50	55	64	67
Bronze 90	11	15	18	23
Bronze 180	6	5	6	9
Bronze 360	15	16	17	20

Quais são as implicações da campanha de *marketing* sobre a capacidade?

12. Em antecipação à campanha publicitária, a AlwaysRain comprou uma máquina adicional para irrigadores de bronze. Isso será o bastante para garantir que haverá capacidade disponível suficiente?

13. Suponha que os operadores têm treinamento suficiente para operar as máquinas de bronze e de injeção de plástico para os devidos irrigadores. Atualmente, a AlwaysRain tem 10 desses funcionários. Em antecipação à campanha publicitária descrita no Problema 11, a gerência aprovou a compra de mais duas máquinas para os irrigadores de bronze. Quais são as implicações nas necessidades de mão-de-obra?

14. A Expando, Ltda. está considerando a possibilidade de construir uma fábrica adicional que aumentaria sua linha de produtos. A empresa está atualmente considerando duas opções. A primeira é uma pequena instalação que poderia construir a um custo de $6 milhões. Se a demanda por novos produtos for baixa, a empresa espera receber $10 milhões em receitas atualizadas (valor presente de receitas futuras) com a instalação pequena. Por outro lado, se a demanda for alta, espera receber $12 milhões em receitas atualizadas usando a instalação pequena. A segunda opção é a construção de uma fábrica grande a um custo de $9 milhões. Se a demanda for baixa, a empresa espera $10 milhões em receitas atualizadas usando a fábrica grande. Se a demanda for alta, a empresa estima que as receitas atualizadas sejam de $14 milhões. Em ambos os casos, a probabilidade de a demanda ser alta é de 0,40 e a probabilidade de a demanda ser baixa é de 0,60. A não-construção de uma nova fábrica resultaria em nenhuma receita adicional sendo gerada porque a fábrica atual não consegue produzir esses novos produtos. Construa uma árvore de decisão para auxiliar a Expando a tomar a melhor decisão.

15. Uma construtora localizou uma propriedade que gostaria de comprar para fins de construção. O zoneamento atual do terreno permite a construção de quatro casas por acre, mas a empresa pedirá a sua revisão. Os planos da empresa dependem da aprovação das solicitações de zoneamento e da sua análise do problema para aconselhá-la. Com as informações da empresa e a sua ajuda, o processo de decisão foi reduzido para as seguintes questões de custos, alternativas e probabilidades:

Custo do terreno: $2 milhões
Probabilidade de novo zoneamento: 0,60
Se houver um novo zoneamento, haverá custos adicionais para ruas, iluminação, e assim por diante, de $1 milhão.

Se o novo zoneamento for aprovado, o empreiteiro precisa decidir se vai construir um *shopping center* ou 1.500 apartamentos que o plano experimental mostra ser possível. Se construir um *shopping center*, há 70% de chance de que ele consiga vender o *shopping* para uma grande rede de lojas de departamentos por $4 milhões sobre o custo de construção, o que exclui o terreno; e há uma chance de 30% de que ele consiga vendê-lo para uma companhia de seguros por $5 milhões sobre o custo de construção (também excluindo o terreno). Se, em vez disso, ele decidir construir os 1.500 apartamentos, as probabilidades de lucro são as seguintes: há uma chance de 60% de que consiga vender os apartamentos para uma corporação de investimentos imobiliários por $3.000 cada sobre o custo de construção; há uma chance de 40% de que ele consiga somente $2.000 sobre o custo de construção. (Ambos excluem o custo do terreno.)

Se o novo zoneamento não for aprovado, a empresa obedecerá às restrições existentes e simplesmente construirá 600 casas, esperando ganhar $4.000 sobre o custo de construção de cada uma (excluindo o custo do terreno).

Faça uma árvore de decisão do problema e determine a melhor solução e o lucro líquido esperado.

CASO Shouldice Hospital – um corte acima

"Shouldice Hospital, a casa para tratamento de hérnias, é um casarão convertido que dá ao hospital um toque de 'clube de campo'".
Uma citação do *American Medical News*

O Shouldice Hospital no Canadá é muito conhecido por uma coisa – o tratamento de hérnias! Na verdade, é a única cirurgia que realiza. Nos últimos 20 anos, esse pequeno hospital com 90 leitos tem realizado uma média de 7.000 cirurgias por ano. No ano passado, quase 7.500 cirurgias foram realizadas (um recorde). A relação dos pacientes com o Shouldice não termina quando eles saem do hospital. Todos os anos o jantar de gala do Encontro dos Herniados (com uma inspeção gratuita da hérnia) atrai mais de 1.000 ex-pacientes, alguns participando há mais de 30 anos.

Vários aspectos notáveis do sistema de entrega de serviço do Shouldice contribuem para o seu sucesso. (1) O Shouldice aceita somente os pacientes com as hérnias externas não-complicadas e utiliza uma técnica desenvolvida pelo Dr. Shouldice durante a Segunda Guerra Mundial. (2) Os pacientes estão sujeitos a uma ambulação precoce, que promove a cicatrização. (Os pacientes literalmente saem andando da mesa de cirurgia e iniciam exercícios leves durante a internação, a qual dura somente três dias.) (3) O seu ambiente de clube de campo, o quadro gregário de enfermagem e a socialização fazem de um problema médico inerentemente desagradável uma experiência surpreendentemente agradável. Existem horários estabelecidos para chá, bolachas e vida social. Todos os pacientes são combinados com um companheiro de quarto com históricos e interesses similares.

O sistema de produção

As instalações médicas no Shouldice consistem em cinco salas de cirurgia, uma sala de recuperação do paciente, um laboratório e seis salas de exame. O Shouldice realiza, em média, 150 cirurgias por semana, com os pacientes geralmente permanecendo no hospital por três dias. Embora as cirurgias sejam realizadas somente cinco dias da semana, o restante do hospital está em funcionamento contínuo para os pacientes em recuperação.

Uma cirurgia é realizada no Shouldice Hospital por um dos 12 cirurgiões de tempo integral, auxiliado por um dos sete cirurgiões assistentes de meio período. Os cirurgiões geralmente levam em torno de uma hora para se preparar e desempenhar cada cirurgia de hérnia, e operam quatro pacientes por dia. O dia dos cirurgiões termina às 16 horas, embora devam estar de plantão a cada 14ª noite e a cada 10º final de semana.

A experiência Shouldice

Cada paciente passa por um exame de triagem antes de marcar uma data para a cirurgia. Os pacientes na área de Toronto são incentivados a vir pessoalmente para o diagnóstico. Exames são realizados entre as 9h e às 15 h e 30 min, de segunda a sexta, e entre as 10 h e às 14 h nos sábados. Pacientes de fora da cidade recebem um questionário médico pelo correio (também disponível na Internet), que é usado para o diagnóstico. Uma pequena porcentagem dos pacientes obesos ou que, de outra forma, representam um risco médico indevido, é recusada para tratamento. Os pacientes remanescentes recebem cartões de confirmação com as datas marcadas para as cirurgias. Uma pasta do paciente é transferida para o balcão de recepção, uma vez confirmada uma data de chegada.

Os pacientes chegam à clínica entre as 13h e as 15h do dia anterior à cirurgia. Após uma curta espera, recebem um breve exame pré-cirúrgico. Depois, são encaminhados até a assistente de admissões para completar toda a documentação necessária. A seguir, os pacientes são encaminhados até uma de duas estações de enfermagens para exames de sangue e urina, e depois são mostrados os seus quartos. Eles passam o restante do tempo antes da orientação se preparando e conhecendo os colegas de quarto.

A orientação começa às 17 horas, e depois vem um jantar na sala de jantar. Mais tarde na mesma noite, às 21 horas, os pacientes se reúnem na área de recepção para o chá com bolachas. Então, os pacientes novos podem conversar com aqueles pacientes que já foram operados. A hora de dormir é entre 21 h e 30 min e 22 h. No dia da cirurgia, os pacientes com as primeiras cirurgias são acordados às 5 h e 30 min para a sedação pré-cirúrgica. As primeiras cirurgias começam às 7 h e 30 min. Um pouco antes de começar uma cirurgia, o paciente recebe uma anestesia local, deixando-o totalmente alerta e plenamente ciente dos procedimentos. Na conclusão da cirurgia, o paciente é convidado a andar da mesa de cirurgia até uma cadeira de rodas próxima dali, que levará o paciente de volta para o seu quarto. Após um período curto de descanso, o paciente é incentivado a levantar e começar a se exercitar.

Até as 21 h daquele dia, ele estará na recepção comendo bolachas e tomando chá, conversando com os novos pacientes que estão chegando.

Os "grampos" cirúrgicos que seguram a incisão são afrouxados, e alguns são removidos no dia seguinte. O restante é removido pela manhã do outro dia, logo antes de o paciente receber alta.

Quando o Shouldice Hospital começou, a internação média no hospital para uma cirurgia de hérnia era de três semanas. Atualmente, muitas instituições apóiam a idéia de "cirurgias no mesmo dia" por diversos motivos. O Shouldice Hospital acredita piamente que isso não é do interesse dos pacientes, e está comprometido com o seu processo de três dias. O programa de reabilitação pós-operatório do Shouldice é projetado para permitir que o paciente volte às suas atividades normais com um mínimo de interrupção e desconforto. Os pacientes do Shouldice freqüentemente voltam ao trabalho em poucos dias, com o tempo médio da licença médica sendo de oito dias.

"É interessante observar que aproximadamente 1 de cada 100 pacientes do Shouldice é médico."

Planos futuros

A administração do Shouldice está pensando em expandir a capacidade do hospital para servir uma demanda considerável que não está sendo satisfeita. Com isso em mente, o vice-presidente está considerando duas opções. A primeira envolve alocar mais um dia de cirurgias (sábado) à programação atual de cinco dias, o que aumentaria a capacidade em 20%. A segunda opção é construir outro andar de quartos no hospital, aumentando o número de leitos em 50%. Isso exigia uma programação mais intensa das salas de cirurgia.

No entanto, o administrador do hospital está preocupado em manter o controle sobre a qualidade do serviço. Ele acredita que a instalação já está conseguindo uma utilização muito boa. Os médicos e os funcionários estão felizes com os empregos que têm, e os pacientes estão satisfeitos com o serviço. Segundo ele, uma expansão adicional da capacidade pode dificultar a manutenção do mesmo tipo de relacionamentos e atitudes de trabalho.

Questões

O Quadro 3.10 é uma tabela de ocupação de quartos para o sistema existente. Cada linha na tabela segue o paciente que foi admitido em um determinado dia. As colunas indicam o número de pacientes no hospital em um determinado dia. Por exemplo, a primeira linha da tabela mostra que 30 pessoas foram admitidas na segunda e que ficaram no hospital durante a segunda, terça e quarta-feira. Ao somar as colunas da tabela para a quarta, observa-se que há 90 pacientes no hospital naquele dia.

1. Como está sendo a utilização dos leitos do hospital atualmente?
2. Elabore uma tabela parecida para mostrar os efeitos de alocar cirurgias para o sábado. (Suponha que ainda seriam realizadas 30 por dia.) Como isso afetaria a utilização da capacidade de leitos? Essa capacidade é o suficiente para os pacientes adicionais?
3. Agora, olhe o efeito de aumentar o número de leitos em 50%. Quantas cirurgias o hospital poderia realizar por dia antes de acabar a capacidade dos leitos? (Suponha que as cirurgias ainda sejam realizadas cinco dias da semana, com o mesmo número sendo realizado cada dia.) Como seria a utilização dos novos recursos em relação à operação atual? O hospital poderia realmente realizar essa quantidade de cirurgias? Por quê? (Dica:

Quadro 3.10 Cirurgias com 90 leitos (30 pacientes por dia)

	LEITOS NECESSÁRIOS						
DIA DE ADMISSÃO	SEGUNDA	TERÇA	QUARTA	QUINTA	SEXTA	SÁBADO	DOMINGO
Segunda	30	30	30				
Terça		30	30	30			
Quarta			30	30	30		
Quinta				30	30	30	
Sexta							
Sábado							
Domingo	30	30					30
Total	60	90	90	90	60	30	30

observe a capacidade dos 12 cirurgiões e das cinco salas de cirurgia.)

4. Embora os dados financeiros não sejam muito claros, a estimativa de uma construtora indica que a construção dos novos leitos custaria em torno de $100.000 por leito. Além disso, a taxa cobrada pela cirurgia de hérnia varia entre $900 e $2.000, com uma taxa média de $1.300 por cirurgia. Aos cirurgiões são pagos $600 por cirurgia. Devido a todas as incertezas na legislação sobre cuidados médicos do governo, o Shouldice gostaria de justificar qualquer expansão dentro de um período de cinco anos.

Bibliografia selecionada

Wright, T. P. "Factors Affecting the Cost of Airplanes." *Journal of Aeronautical Sciences,* fevereiro de 1936, pp. 122-128.

Yu-Lee, R. T. *Essentials of Capacity Management.* New York: Wiley, 2002.

Capítulo 4
PROCESSOS DE PRODUÇÃO

Após ler este capítulo, você:

1. Saberá como os processos de produção são organizados.
2. Conhecerá os *trade-offs* que devem ser considerados ao elaborar um processo de produção.
3. Aprenderá o que é matriz produto-processo.
4. Entenderá por que a análise do ponto de equilíbrio é tão importante para a cadeia de suprimentos e operações quanto para as outras áreas.
5. Aprenderá a elaborar uma linha de montagem.

95 Toshiba: fabricante do primeiro *notebook*

96 Como os processos de produção são organizados
- *Definição de layout de projeto*
- *Definição de centro de trabalho*
- *Definição de célula de produção*
- *Definição de linha de montagem*
- *Definição de processo contínuo*
- *Definição de matriz produto-processo*

97 Análise de *trade-off*

99 Projetando um sistema de produção
- *Layout* de projeto
- Centros de trabalho
- Célula de produção
- *Layouts* de linha de montagem e de processos contínuos

102 Estrutura da linha de montagem
- Divisão de tarefas
- *Layouts* com linhas flexíveis e em "U"
- Balanceando linha com modelos mistos
- *Definição de tempo de ciclo da estação de trabalho*
- *Definição de balanceamento da linha de montagem*
- *Definição de relacionamento de precedência*

110 Resumo

117 Caso: Elaboração da linha de *notebooks* da Toshiba

TOSHIBA: FABRICANTE DO PRIMEIRO NOTEBOOK

A Tokyo Shibaura Denki (Tokyo Shibaura Electric Co. Ltd) foi formada em 1939 por uma fusão de duas empresas japonesas altamente inovadoras: a Shibaura Seisaku-sho (Shibaura Engineering Works), que fabricava transformadores, motores elétricos, geradores hidrelétricos e tubos de raios X, e a Tokyo Electric Company, que produzia lâmpadas, receptores de rádio e tubos de raios catódicos. Logo em seguida, a empresa ficou conhecida como "Toshiba", tornando-se seu nome oficial em 1978. A Toshiba tornou-se a primeira empresa no Japão a fabricar lâmpadas fluorescentes (1940), radares (1942), equipamentos de difusão (1952) e computadores digitais (1954). A Toshiba também se tornou a primeira empresa mundial a produzir o poderoso chip DRAM de 1 megabit e o primeiro *laptop*, o T3100, ambos em 1985.

A Toshiba tornou-se uma empresa sólida no mercado de PCs *notebook*, batendo seus concorrentes com produtos de tecnologia inovadora e preços agressivos. A concorrência no mercado de *notebooks* é acirrada e a Toshiba só pode manter sua posição como líder nesse mercado aprimorando seus processos de produção e reduzindo seus custos, sempre.

A Dell Computer é um concorrente excepcional e procura minimizar os custos, montando sob encomenda e vendendo diretamente para os clientes. A Toshiba conta com algumas vantagens significativas em relação à Dell, oriundas em grande parte dos altíssimos investimentos em tecnologias, como os vídeos a cores TFT (TFT – Thin-Film Transistor), unidades de disco rígido, baterias de íons de lítio e unidades de DVD. Além disso, ao formar parcerias e *joint ventures* com outros gigantes do setor, a Toshiba pode dividir o risco de desenvolver novas tecnologias caras.

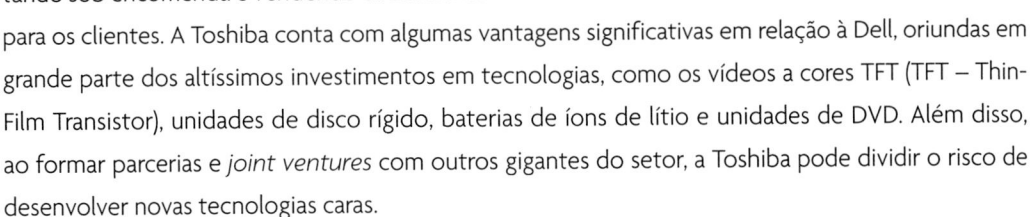

Coloque-se na posição de Toshihiro Nakamura, o supervisor de produção na Ome Works da Toshiba. A produção do mais recente computador *subnotebook* da Toshiba está prevista para iniciar em apenas 10 dias. Ao percorrer lentamente o labirinto de mesas, na direção do chão de fábrica, ele se pergunta se é realmente viável projetar a linha em tempo hábil.

Leia os detalhes relacionados à elaboração da nova linha de montagem no caso apresentado no final deste capítulo, intitulado "Elaboração da Linha de *Notebooks* da Toshiba".

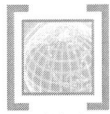

Global

Adaptação de: *Toshiba: Ome Works*, Harvard Business School (9-696-059) e www.toshiba.co.jp/worldwide/about/history.html.

COMO OS PROCESSOS DE PRODUÇÃO SÃO ORGANIZADOS

A *seleção do processo* está relacionada à decisão estratégica de escolher que tipo de processo de produção deve ser utilizado para produzir um produto ou fornecer um serviço. Por exemplo, no que diz respeito aos *notebooks* Toshiba, se o volume for muito baixo, um operário poderá montar manualmente cada computador. Ao contrário, se o volume for mais alto, será conveniente estruturar uma linha de montagem.

Os formatos segundo os quais uma instalação é organizada são definidos pelo padrão geral do fluxo de trabalho; há cinco estruturas básicas (projeto, centro de trabalho, célula de produção, linha de montagem e processo contínuo).

Layout de projeto

Em um *layout de projeto*, o produto (devido a seu volume ou peso) permanece em um local fixo. Os equipamentos de produção são deslocados até o produto e não o contrário. Locais de construção (casas e estradas) e *sets* de filmagens são exemplos desse formato. Os itens produzidos com esse tipo de *layout* geralmente são gerenciados por meio das técnicas de gerenciamento de projetos descritas no Capítulo 2. Áreas no local serão destinadas a diversas finalidades, como preparação de material, construção de submontagem, acesso local a equipamentos pesados e uma área administrativa.

Centro de trabalho

Um centro de trabalho é o local em que são agrupados equipamentos e funções semelhantes, como todas as furadeiras em uma única área, e todas as marcas de estampar, em outra. Uma peça sendo trabalhada vai, de acordo com a seqüência estabelecida de operações, de um centro de trabalho para outro, onde estão localizadas as máquinas adequadas a cada operação. Esse tipo de *layout* é citado ocasionalmente como oficina de trabalho.*

Célula de produção

Uma célula de produção é uma área dedicada em que são fabricados os produtos semelhantes quanto aos requisitos de processamento. Essas células são projetadas para executar um conjunto específico de processos e são dedicadas a um grupo restrito de produtos. Uma empresa pode ter várias células diferentes em uma área de produção, cada qual configurada para produzir um único produto ou um grupo de produtos semelhantes, de modo eficiente. Geralmente, essas células são programadas para produzir "conforme a necessidade" em resposta à demanda atual dos clientes.

Linha de montagem

Uma linha de montagem é onde os processos de trabalho são ordenados, de acordo com as etapas progressivas segundo as quais o produto é fabricado. Na realidade, o trajeto de cada peça é uma linha reta. As peças discretas são fabricadas, passando de uma estação de trabalho para outra a uma velocidade controlada, obedecendo à seqüência necessária à construção do produto. Exemplos são a montagem de brinquedos, utilidades domésticas e automóveis.

Processo contínuo

Um processo contínuo é parecido com uma linha de montagem no sentido de que a produção obedece a uma seqüência predefinida de etapas, mas o fluxo é contínuo e não-discreto. Em geral, essas estruturas são altamente automatizadas e, na verdade, constituem uma única "máquina" integrada que pode funcionar 24 horas por dia, para evitar paralisações e acionamentos dispendiosos. A conversão e o processamento de materiais não-diferenciados, como petróleo, produtos químicos e medicamentos, são bons exemplos.

Matriz produto-processo

O relacionamento entre as estruturas de *layout* é representado freqüentemente como uma matriz produto-processo semelhante à mostrada no Quadro 4.1, onde constam duas dimensões. A primeira está relacionada ao volume do produto produzido. Trata-se do volume de um produto específico ou de um grupo de produtos padronizados. A padronização aparece no eixo vertical e tem a ver com as variações ocorridas no produto em questão. Essas variações são medidas em termos de diferenças geométricas, diferenças materiais e outros aspectos. Os produtos padronizados são muito semelhantes sob o prisma do processamento da produção, enquanto os produtos de baixa padronização exigem processos distintos.

O Quadro 4.1 mostra os processos dispostos quase em diagonal. Em geral, questiona-se se é conveniente elaborar as instalações ao longo de uma diagonal. Por exemplo, se produzirmos um

---

* N. do R. T.: Em inglês, Job Shop.

Quadro 4.1

Matriz produto-processo: estrutura descrevendo as estratégias de *layout*

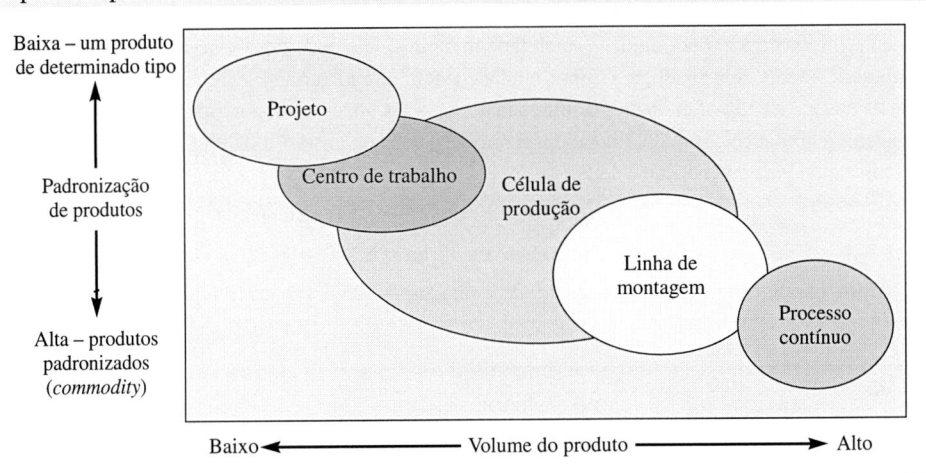

- Baixa – um produto de determinado tipo
- Padronização de produtos
- Alta – produtos padronizados (*commodity*)

Eixo horizontal: Volume do produto (Baixo → Alto)

Regiões: Projeto, Centro de trabalho, Célula de produção, Linha de montagem, Processo contínuo

---

volume relativamente baixo de produtos não-padronizados, deverão ser utilizados os centros de trabalho. Um alto volume de um produto altamente padronizado (*commodity*) deve ser produzido em uma linha de montagem ou em um processo contínuo, se possível. Como conseqüência da tecnologia de produção avançada atualmente disponível, constatamos que algumas estruturas de *layout* ocupam áreas relativamente grandes da matriz de produto-processo. Por exemplo, é possível utilizar células de produção em uma grande variedade de aplicações, e essa estrutura de *layout* foi consagrada pelo uso freqüente por engenheiros de produção.

ANÁLISE DE *TRADE-OFF*

A escolha de equipamentos específicos a serem utilizados em um processo pode se basear na análise de *trade-off* dos custos. Na matriz de produto-processo (Quadro 4.1), existe sempre um *trade-off* entre os equipamentos mais e menos especializados. Os equipamentos menos especializados, citados como equipamentos para propósitos gerais, podem ser facilmente usados, de várias maneiras diferentes, se configurados corretamente. Os equipamentos mais especializados, citados como equipamentos para propósitos especiais, estão freqüentemente disponíveis como uma alternativa para uma máquina de propósito geral. Por exemplo, se precisarmos perfurar orifícios em uma peça de metal, a opção de propósito geral pode ser o uso de uma furadeira manual. Uma furadeira alternativa de propósito especial seria uma puncionadeira. Após a preparação adequada, essa prensa poderá perfurar orifícios muito mais rapidamente do que uma furadeira manual. Os *trade-offs* residem no custo dos equipamentos (a furadeira manual é barata e a puncionadeira é cara), no tempo de preparação (a furadeira manual é rapidamente configurada, enquanto a prensa exige algum tempo), e no tempo por unidade (a furadeira manual é lenta, enquanto a prensa é veloz).

Uma abordagem-padrão para se escolher entre processos ou equipamentos alternativos consiste na *análise de trade-off*. Um diagrama do ponto de equilíbrio apresenta visualmente os lucros e os prejuízos alternativos que resultam do número de unidades produzidas ou vendidas. Obviamente, a escolha depende da demanda antecipada. Esse método é mais adequado quando os processos e os equipamentos acarretam grande investimento inicial e custo fixo, e quando os custos variáveis são razoavelmente proporcionais ao número de unidades produzidas.

Administração da produção interativa

Tutorial: Análise de trade-off

Exemplo 4.1: Análise de *trade-off*

Suponha que um fabricante tenha identificado as seguintes opções para obter uma peça usinada: ele pode comprar a peça ao preço de $200 por unidade (incluindo materiais); ele pode fazer a peça em um torno semi-automático numericamente controlado, a $75 por unidade (incluindo materiais); ou ele pode fazer a peça em um centro de usinagem, a $15 por unidade (incluindo materiais). Há um custo fixo irrisório se o item for comprado; um torno semi-automático custa $80.000; e um centro de usinagem custa $200.000.

O custo total para cada opção é de:

$$\text{Custo de compra} = \$200 \times \text{Demanda}$$
$$\text{Custo para produzir usando um torno} = \$80.000 + \$75 \times \text{Demanda}$$
$$\text{Custo para produzir usando um centro de usinagem} = \$200.000 + \$15 \times \text{Demanda}$$

SOLUÇÃO

Se abordarmos a solução para esse problema como sendo de minimização de custo ou como maximização de lucro, realmente não faz diferença, contanto que os relacionamentos permaneçam lineares: ou seja, os custos variáveis e a receita são iguais para cada unidade incremental. O Quadro 4.2 retrata o ponto de equilíbrio para cada processo. Se a demanda for acima de 2000 unidades (ponto A), o centro de usinagem será a melhor escolha porque isso resultaria no menor custo total. Se a demanda for entre 640 (ponto B) e 2000 unidades, o torno semi-automático será a opção mais barata. Se a demanda for abaixo de 640 (entre 0 e o ponto B), o método mais econômico será comprar o produto.

O cálculo para o ponto de equilíbrio A é

$$\$80.000 + \$75 \times \text{Demanda} = \$200.000 + \$15 \times \text{Demanda}$$
$$\text{Demanda (ponto A)} = 120.000/60 = 2000 \text{ unidades}$$

Quadro 4.2 Gráfico do ponto de equilíbrio para processos alternativos

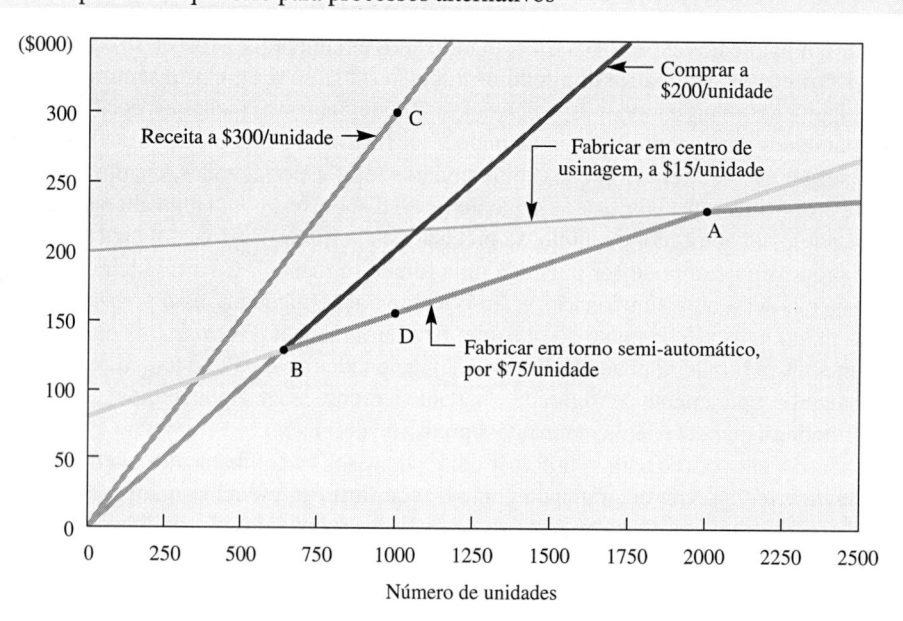

Excel: Análise do ponto de equilíbrio

O cálculo para o ponto de equilíbrio B é

$$\$200 \times \text{Demanda} = \$80.000 + \$75 \times \text{Demanda}$$
$$\text{Demanda (ponto B)} = 80.000/125 = 640 \text{ unidades}$$

Considere o efeito da receita, supondo que a peça seja vendida por $300 cada. Como mostra o Quadro 4.2, o lucro (ou o prejuízo) é a distância entre a linha de receita e o custo do processo alternativo. Por exemplo, para 1000 unidades o lucro máximo é a diferença entre a receita de $300.000 (ponto C) e o custo do torno semi-automático de $155.000 (ponto D). Para esta quantidade, o torno semi-automático é a alternativa mais barata disponível. As escolhas ótimas, tanto para minimizar o custo quanto para maximizar o lucro, são os segmentos mais inferiores das linhas: origem para B, para A e para o lado direito do Quadro 4.2 como indicado em cinza claro. ●

PROJETANDO UM SISTEMA DE PRODUÇÃO

Há várias técnicas disponíveis para determinar os *layouts* reais do processo de produção. Esta seção apresenta uma visão geral resumida de como os problemas são solucionados. Para cada tipo de *layout*, foram incluídas descrições de como os *layouts* são representados e os principais critérios aplicados. A próxima seção faz uma análise detalhada do problema do balanceamento da linha de montagem.

Layout de projeto

Ao desenvolver um *layout* de projeto, visualize o produto como o centro de uma roda, com os materiais e equipamentos organizados de modo concêntrico em torno do ponto de produção, na ordem de dificuldade de uso e de movimentação. Por conseguinte, ao construir iates personalizados, por exemplo, os rebites utilizados na construção inteira seriam colocados perto de ou no casco; as partes pesadas do motor, que devem se deslocar até o casco somente uma vez, seriam posicionadas em um local mais distante; e os guindastes seriam instalados perto do casco porque são freqüentemente utilizados.

Em um *layout* de projeto, é comum um alto nível de seqüenciamento de tarefas, e até onde essa precedência determinar os estágios da produção, um *layout* de projeto pode ser desenvolvido ordenando os materiais de acordo com a respectiva prioridade tecnológica. Esse procedimento seria esperado ao criar um *layout* para uma grande máquina-ferramenta, como uma máquina de estampar, onde o fabricante obedece a uma seqüência rígida; a montagem acontece de baixo para cima, com as partes sendo acrescentadas à base, quase ao estilo dos blocos de construção.

Centros de trabalho

A abordagem mais comum para desenvolver esse tipo de *layout* é organizar os centros de trabalho de modo a otimizar a movimentação de material. Ocasionalmente, um centro de trabalho é citado como um departamento e é focado em um tipo específico de operação. Exemplos são um centro de trabalho para perfurar orifícios, para operações de esmerilhamento e uma área de tratamento térmico.

Layout de projeto

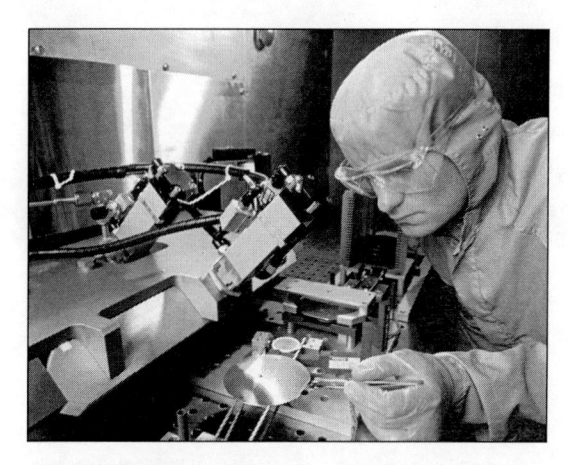

Centro de trabalho

Célula de produção

Em uma fábrica de brinquedos de baixo volume de produção, os centros de trabalho poderiam consistir em expedição e entrada, moldagem em plástico e estamparia, conformação, costura e pintura. As partes dos brinquedos são fabricadas nesses centros de trabalho e, posteriormente, enviadas para o centro de trabalho de montagem, onde são encaixadas. Em muitas instalações, a colocação ideal freqüentemente significa posicionar os centros de trabalho com tráfego intenso interdepartamental adjacentes entre si.

Célula de produção

Uma célula de produção é formada ao alocar máquinas diferentes para células projetadas para trabalhar com produtos de formas e requisitos de processamento semelhantes. As células de produção são muito usadas na fabricação de metal, *chip* de computador e trabalho de montagem.

O processo para desenvolver uma célula de produção é ilustrado no Quadro 4.3, e pode ser dividido em três etapas:

1. Agrupe as peças em famílias que obedecem a uma seqüência comum de etapas. Isso exige classificar as peças, usando alguma modalidade de sistema de codificação. Na prática, isso pode ser muito complexo e exigir um sistema computadorizado. Para a finalidade do exemplo apresentado no Quadro 4.3A, quatro "famílias de peças" já foram definidas e são identificadas por desenhos de linhas exclusivas. Essa parte do Quadro mostra a trajetória das peças quando é utilizado um *layout* baseado em um centro de trabalho convencional. Aqui, as peças são direcionadas através dos centros de trabalho individuais para serem produzidas.
2. Em seguida, são identificados os padrões de fluxos dominantes para cada família de peças. Esse aspecto será aplicado como base para reatribuir equipamentos às células de produção (consulte o Quadro 4.3B).
3. Por último, as máquinas e os processos associados são reagrupados fisicamente nas células (consulte o Quadro 4.3C). É comum existir peças que não podem ser associadas a uma família, e maquinário especializado que não pode ser colocado em uma célula específica devido a seu uso genérico. Essas peças e o maquinário desgarrados são colocados em uma "célula morta".

Layouts de linha de montagem e de processos contínuos

Uma linha de montagem é uma estrutura de *layout* para o propósito especial de construir um produto através de um conjunto progressivo de etapas. As etapas da montagem são executadas em áreas denominadas "estações", que geralmente são vinculadas por alguma forma de dispositivo de manuseio de material. Além disso, costuma haver uma espécie de ritmo através do qual é gerenciado o tempo concedido a cada estação. Em vez de desenvolver o processo de elaboração da montagem agora, dedicaremos a próxima seção deste capítulo ao tema da estrutura da linha de montagem, uma vez que essas estruturas são muito utilizadas pelas empresas de manufatura espalhadas pelo mundo. Um processo contínuo ou de fluxo é parecido com uma linha de montagem, exceto pelo fato de que o produto se desloca continuamente através do processo.

Capítulo 4   Processos de Produção   101

Quadro 4.3

Desenvolvimento da célula de produção

A. *Layout* do centro de trabalho original

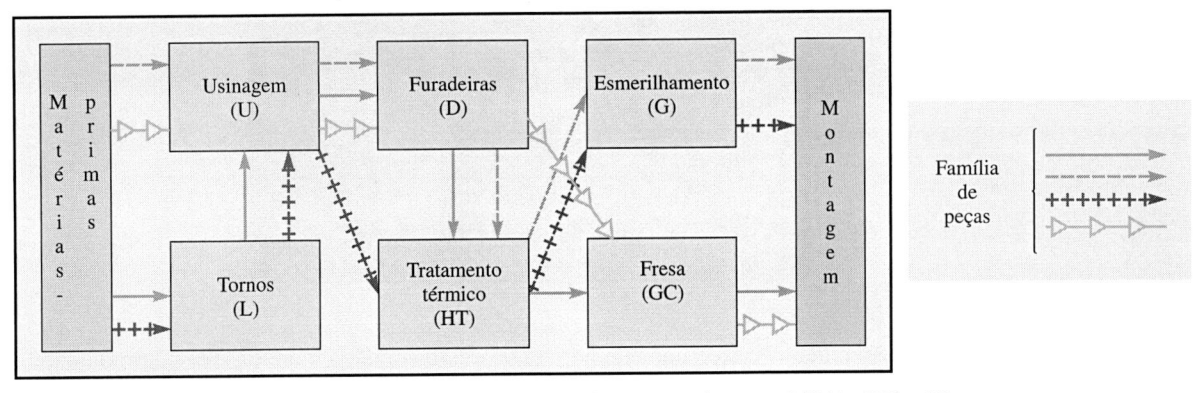

[Diagrama do layout original mostrando fluxo de Matérias-primas através de Usinagem (U), Furadeiras (D), Esmerilhamento (G), Tornos (L), Tratamento térmico (HT), Fresa (GC) até Montagem, com legenda de Família de peças]

Adaptado de D. Fogarty e T. Hoffman, *Production and Inventory Management* (Cincinnati: South-Western Publishing, 1983), p. 472.

B. Matriz de trajeto baseada no fluxo das peças

Matérias-primas	Família de peças	Tornos	Usinagem	Furadeiras	Tratamento térmico	Esmeris	Fresa	Para	Montagem
	--→		X	X	X	X		--→	
	▷▷▷		X	X			X	▷▷▷	
	→	X	X	X	X		X	→	
	+++▶	X	X		X	X		+++▶	

C. Realocação de máquinas para formar células, de acordo com os requisitos de processamento da família de peças

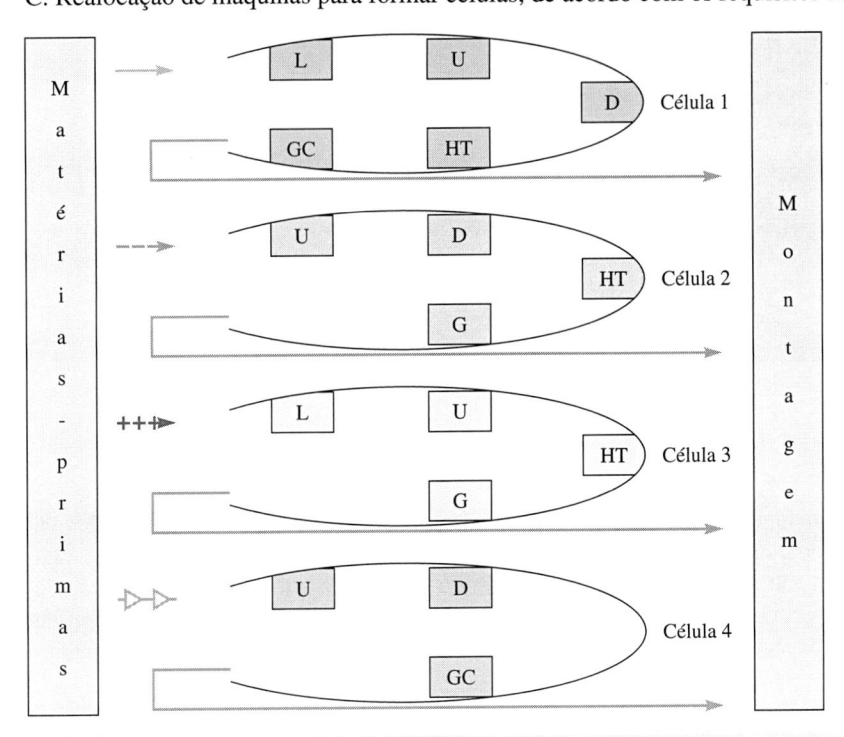

[Diagrama mostrando 4 células:
- Célula 1: L, U, D, GC, HT
- Célula 2: U, D, HT, G
- Célula 3: L, U, HT, G
- Célula 4: U, D, GC
Com fluxo de Matérias-primas à esquerda para Montagem à direita]

Linha de montagem

Geralmente, o item sendo produzido por um processo contínuo é um líquido ou produto químico que realmente "flui" através do sistema; essa é a origem do termo. Uma refinaria é um bom exemplo de processo de fluxos.

Processo contínuo

ESTRUTURA DA LINHA DE MONTAGEM

Tempo de ciclo da estação de trabalho

A linha de montagem mais comum é uma esteira móvel que passa por uma série de estações de trabalho em um intervalo de tempo uniforme denominado tempo de ciclo da estação de trabalho (que também é o tempo entre as unidades sucessivas saindo do final da linha). Em cada estação de trabalho, o trabalho é executado sobre um produto, acrescentando peças ou finalizando operações de montagem. O trabalho executado em cada estação é formado por várias seções de trabalho, chamadas de *tarefas*.

Como é trabalhar em uma linha de montagem?

Ben Hamper, o infame "Rebiteiro" que trabalha na General Motors, descreve o seu novo emprego na linha de montagem do Chevrolet Suburban da seguinte maneira:

> O sinal soou e a Linha de Rebites começou a engatinhar. Peguei um lugar na bancada de trabalho e observei o cara que eu iria substituir enquanto ele fazia seus deveres. Ele pegava uma ponta de uma barra longa, e com a ajuda do trabalhador mais à frente na linha, virava a barra e a martelava. Depois, ele corria de volta para a bancada e pegava um molde de mola para tração nas quatro rodas e uma barra de suspensão para o silencioso. Ele afixaria as peças na barra maior com rebites. Ao terminar, virava a barra de volta para a sua posição correta e pegava uma barra transversal da linha de alimentação suspensa que girava sobre a bancada. Estendendo o seu braço, ele pegava a outra pistola de rebites enquanto se empenhava em fixar a barra transversal firmemente para que ela se alinhasse com o conjunto apropriado de furos. Aí, inseria os rebites e começava a apertar a barra no seu lugar. Simplesmente observar esse cara trabalhar já doía a minha cabeça.
>
> "Não quer tentar?" ele me perguntou depois de um tempo. "Você não vai conseguir entender esse trabalho simplesmente sentado aí!"
>
> Educadamente, recusei. Eu não queria aprender esse quebra-cabeça até ser absolutamente necessário. Assim que o chefe acreditasse que tinha domínio razoável da situação, ele me deixaria por conta própria. Eu precisava ganhar o máximo de tempo para o Art conseguir me levar de volta para a Oficina da Cabine.
>
> "Bom, você tem três dias. Depois disso, a criança é toda sua", o cara respondeu.

Extraído de B. Hamper's *Rivethead: Tales from the Assembly Line* (New York: Warner Books, 1992), p. 90.

O trabalho total a ser desempenhado em uma estação de trabalho é igual à soma das tarefas atribuídas àquela estação. O problema em *balancear a linha de montagem* está em atribuir todas as tarefas para uma série de estações de trabalho, para que cada estação tenha exatamente a quantidade de trabalho que pode ser desempenhado durante o seu tempo de ciclo, assim minimizando o tempo não atribuído (ou seja, ocioso) em todas as estações. O problema é complicado pelos relacionamentos entre as tarefas impostos pelo projeto do produto e pelas tecnologias do processo. Isso é chamado de *relacionamento de precedência*, que especifica a seqüência de execução das tarefas no processo de montagem.

As etapas no balanceamento de uma linha de montagem são diretas:

1. Especifique os relacionamentos seqüenciais entre as tarefas usando um diagrama de precedência. O diagrama consiste em círculos e setas. Os círculos representam as tarefas individuais; as setas indicam a seqüência de desempenho das tarefas.
2. Determine o tempo necessário do ciclo da estação de trabalho (C), usando a seguinte fórmula:

$$C = \frac{\text{Tempo de produção por dia}}{\text{Produção necessária por dia (em unidades)}}$$

3. Determine o número mínimo teórico de estações de trabalho (N_t) necessário para satisfazer a limitação do tempo de ciclo da estação de trabalho, utilizando a seguinte fórmula (observe que é necessário arredondar para cima até o próximo número inteiro).

$$N_t = \frac{\text{Soma dos tempos das tarefas } (T)}{\text{Tempo de ciclo } (C)}$$

4. Selecione uma regra primária pela qual as tarefas devem ser atribuídas para as estações de trabalho, e uma regra secundária para lidar com empates.

5. Aloque as tarefas, uma por vez, para a primeira estação de trabalho até que a soma dos tempos das tarefas seja igual ao tempo de ciclo da estação de trabalho, ou até que nenhuma outra tarefa seja viável devido às restrições de tempo ou de seqüência. Repita esse processo para a Estação de Trabalho 2, Estação de Trabalho 3, e assim por diante, até que todas as tarefas sejam alocadas.
6. Avalie a eficiência do balanceamento derivado, utilizando a seguinte fórmula:

$$\text{Eficiência} = \frac{\text{Soma dos tempos das tarefas }(T)}{\text{Número real de estações de trabalho }(N_a) \times \text{Tempo de ciclo da estação de trabalho }(C)}$$

7. Se a eficiência não for satisfatória, tente novamente o balanceamento usando uma regra diferente de decisão.

Tutorial: Balanceamento de linha

Exemplo 4.2: Balanceando a linha de montagem

A Perua Modelo J deve ser montada em uma esteira. É necessário produzir 500 peruas por dia. O tempo de produção por dia é de 420 minutos, e as etapas e os tempos de montagem para a perua são mostrados no Quadro 4.4. Tarefa: ache o balanceamento que irá minimizar o número de estações de trabalho, sujeito ao tempo de ciclo e às limitações de precedência.

SOLUÇÃO

1. Faça um diagrama de precedência. O Quadro 4.5 ilustra os relacionamentos seqüenciais identificados no Quadro 4.4. (O comprimento das setas não tem importância.)

Quadro 4.4 Balanceamento da linha de montagem para a perua modelo J

Tarefa	Tempo da Tarefa (em Segundos)	Descrição	Predecessoras
A	45	Posicione o suporte do eixo traseiro e afixe quatro parafusos às porcas	—
B	11	Insira o eixo traseiro	A
C	9	Aperte os parafusos de suporte do eixo traseiro nas porcas	B
D	50	Posicione o conjunto do eixo dianteiro e afixe com quatro parafusos nas porcas	—
E	15	Aperte os parafusos do conjunto do eixo dianteiro	D
F	12	Posicione a roda traseira #1 e afixe a calota	C
G	12	Posicione a roda traseira #2 e afixe a calota	C
H	12	Posicione a roda dianteira #1 e afixe a calota	E
I	12	Posicione a roda dianteira #2 e afixe a calota	E
J	8	Posicione o eixo de manejo da perua no conjunto do eixo dianteiro e afixe o parafuso e a porca	F, G, H, I
K	9	Aperte o parafuso e a porca	J
	195		

Quadro 4.5
Gráfico e precedências para a perua modelo J

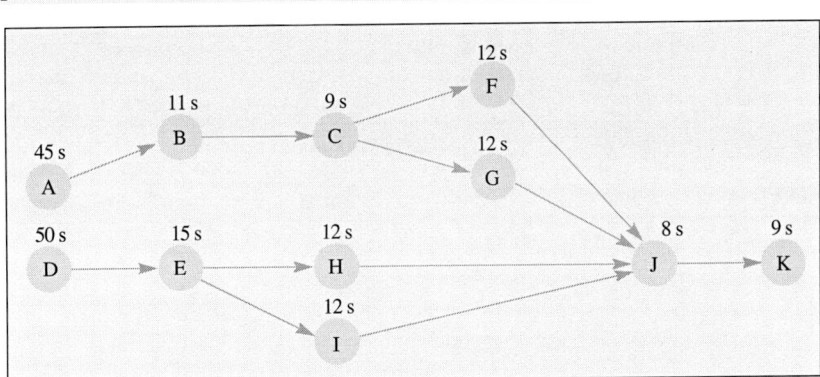

```
         45s → B(11s) → C(9s) → F(12s)
          A              ↘ G(12s)              ↘
                                                J(8s) → K(9s)
         50s → E(15s) → H(12s)              ↗
          D           ↘ I(12s)            ↗
```

2. Determine o tempo de ciclo da estação de trabalho. Aqui, é necessário converter para segundos porque os tempos para as tarefas estão em segundos.

$$C = \frac{\text{Tempo de produção por dia}}{\text{Produção por dia}} = \frac{60 \text{ s} \times 420 \text{ min}}{500 \text{ peruas}} = \frac{25.200}{500} = 50,4$$

3. Determine o número mínimo teórico de estações de trabalho necessárias (o número real pode ser maior):

$$N_t = \frac{T}{C} = \frac{195 \text{ segundos}}{50,4 \text{ segundos}} = 3,87 = 4 \text{ (arredondado para cima)}$$

4. Escolha as regras de atribuição. A pesquisa tem demonstrado que algumas regras são melhores do que outras para certas estruturas de problemas. No geral, a estratégia envolve usar uma regra de atribuição de tarefas com muitos sucessores (subseqüentes) ou que seja de longa duração porque efetivamente elimina o balanceamento realizável. Nesse caso, utilizaremos a regra a seguir como a nossa regra primária:

   a. Priorize as tarefas em ordem do maior número de tarefas subseqüentes.

TAREFA	Nº DE TAREFAS SUBSEQÜENTES
A	6
B ou D	5
C ou E	4
F, G, H ou I	2
J	1
K	0

   A regra secundária, para ser usada quando há empates na regra primária, é:

   b. Priorize as tarefas em ordem de tempo mais longo para a tarefa (mostrado no Quadro 4.6). Observe que D deve ser atribuída antes de B, e E atribuída antes de C devido a essa regra para lidar com empates.

5. Faça as atribuições de tarefas para formar a Estação de Trabalho 1, a Estação de Trabalho 2, e assim por diante, até todas as tarefas serem atribuídas. A atribuição real é mostrada no Quadro 4.6A, e é mostrada graficamente no Quadro 4.6B. É importante atender aos requisitos de precedência e de tempo de ciclo ao fazer as alocações.

Quadro 4.6

A. Balanceamento efetuado conforme a regra do maior número de tarefas subseqüentes

	Tarefa	Tempo da tarefa (em segundos)	Tempo não-alocado restante (em segundos)	Tarefas restantes viáveis	Tarefas com várias subseqüentes	Tarefa com o mais longo tempo operacional
Estação 1	A	45	5,4 ociosos	Nenhuma		
Estação 2	D	50	0,4 ocioso	Nenhuma		
Estação 3	B	11	39,4	C, E	C, E	E
	E	15	24,4	C, H, I	C	
	C	9	15,4	F, G, H, I	F, G, H, I	F, G, H, I
	F*	12	3,4 ociosos	Nenhuma		
Estação 4	G	12	38,4	H, I	H, I	H, I
	H*	12	26,4	I		
	I	12	14,4	J		
	J	8	6,4 ociosos	Nenhuma		
Estação 5	K	9	41,4 ociosos	Nenhuma		

* Denota uma tarefa selecionada arbitrariamente quando há empate entre tempos operacionais mais longos.

B. Gráfico de precedência para a perua modelo J

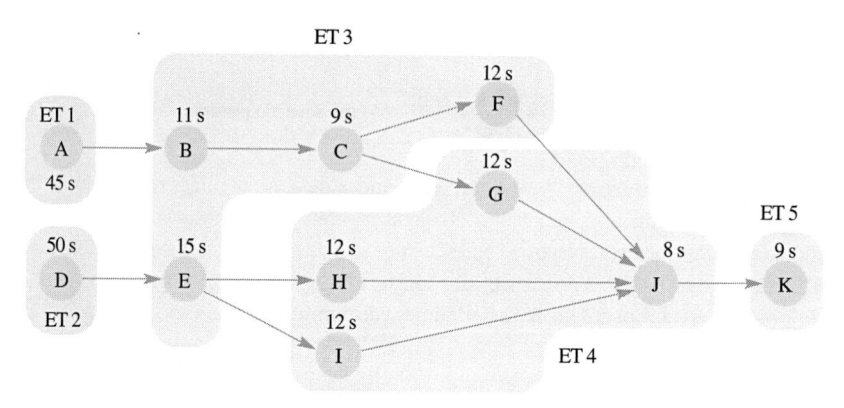

ET 1: A (45 s) → B (11 s) [ET 3] → C (9 s) → F (12 s), G (12 s) → J (8 s) [ET 4] → K (9 s) [ET 5]

ET 2: D (50 s) → E (15 s) → H (12 s), I (12 s) → J

C. Cálculo de eficiência

$$\text{Eficiência} = \frac{T}{N_a C} = \frac{195}{(5)(50,4)} = 0,77, \text{ ou } 77\%$$

6. Calcule a eficiência (apresentada no Quadro 4.6C).
7. Avalie a solução. Uma eficiência de 77% indica um desequilíbrio ou um tempo ocioso de 23% (1,0 − 0,77) em toda a linha. No Quadro 4.6A, é possível observar que há 57 segundos no total de tempo ocioso, e que o serviço "da vez" está na Estação de Trabalho 5.

É possível achar um balanceamento melhor? Nesse caso, a resposta é sim. Tente balancear a linha empregando a regra *b* e lidando com eventuais empates empregando a regra *a*. (Isso proporcionará um balanceamento viável de quatro estações.) ●

Divisão de tarefas

Muitas vezes, a tarefa que necessita de mais tempo forma o tempo de ciclo mais curto da estação de trabalho para a linha de produção. O tempo desta tarefa tem um limite inferior, a menos que seja possível dividi-la entre duas ou mais estações de trabalho.

Considere o seguinte exemplo: suponha que uma linha de montagem contenha os seguintes tempos de tarefas, em segundos: 40, 30, 15, 25, 20, 18, 15. A linha trabalha 7,5 horas por dia e a demanda para a saída é de 750 por dia.

O tempo de ciclo da estação de trabalho necessário para produzir 750 por dia é de 36 segundos ([7,5 horas × 60 minutos × 60 segundos]/750). O problema é que existe uma tarefa que leva 40 segundos para ser feita. Como lidar com esta tarefa?

Há várias maneiras de acomodar a tarefa de 40 segundos em um ciclo de 36 segundos. As possibilidades são:

1. **Dividir a tarefa** – É possível dividir a tarefa para que unidades completas sejam processadas em duas estações de trabalho?
2. **Compartilhar a tarefa** – A tarefa pode ser compartilhada de alguma forma, para que uma estação de trabalho subjacente possa fazer parte do trabalho? Isso difere da tarefa dividida da primeira opção porque a estação adjacente age para auxiliar, e não para fazer algumas unidades contendo a tarefa toda.
3. **Usar estações de trabalho paralelas** – Pode ser necessário atribuir a tarefa a duas estações de trabalho que operariam em paralelo.
4. **Usar um trabalhador mais qualificado** – Como esta tarefa excede o tempo de ciclo da estação de trabalho em apenas 11%, é possível que um trabalhador mais rápido consiga cumprir a tarefa no período de 36 segundos.
5. **Trabalhar horas extras** – Produzir a uma taxa de uma saída a cada 40 segundos criaria 675 por dia, 75 aquém das 750 necessárias. A quantidade de horas extras necessárias para produzir as 75 adicionais é de 50 minutos (75 × 40 segundos/60 segundos).
6. **Elaborar um projeto novo** – Talvez seja possível elaborar um novo projeto do produto para reduzir ligeiramente o tempo da tarefa.

Outras possibilidades para reduzir o tempo da tarefa incluem uma melhoria no equipamento, um ajudante geral para dar suporte à linha, uma mudança nos materiais e trabalhadores com múltiplas qualificações para operarem a linha como uma equipe e não como trabalhadores independentes.

Layouts com linhas flexíveis e em "U"

Como constatado no exemplo anterior, balanceamentos nas linhas de montagem freqüentemente resultam em tempos desiguais nas estações de trabalho. *Layouts* com linhas flexíveis, como os do Quadro 4.7, são a forma habitual de lidar com esse problema. No nosso exemplo da empresa de brinquedos, a linha em formato de U, com trabalho sendo compartilhado na parte inferior da ilustração, poderia ajudar a resolver o desequilíbrio.

Balanceando a linha com modelos mistos

Esta abordagem é empregada por fabricantes JIT, como a Toyota. Seu objetivo é satisfazer a demanda por uma variedade de produtos e evitar a criação de grandes estoques. O balanceamento da linha empregando modelos mistos envolve a programação de produção de vários modelos diferentes durante determinado dia ou semana, usando a mesma linha de forma cíclica.

Exemplo 4.3: Balanceamento de linha de modelo misto

Com a finalidade de ilustrar como isso é feito, suponha que a empresa de brinquedos tenha uma linha na fábrica para perfurar o chassi da perua Modelo J e o chassi da perua Modelo K. O tempo necessário para a perfuração é diferente em cada tipo de perua.

Quadro 4.7 — Layouts com linhas flexíveis

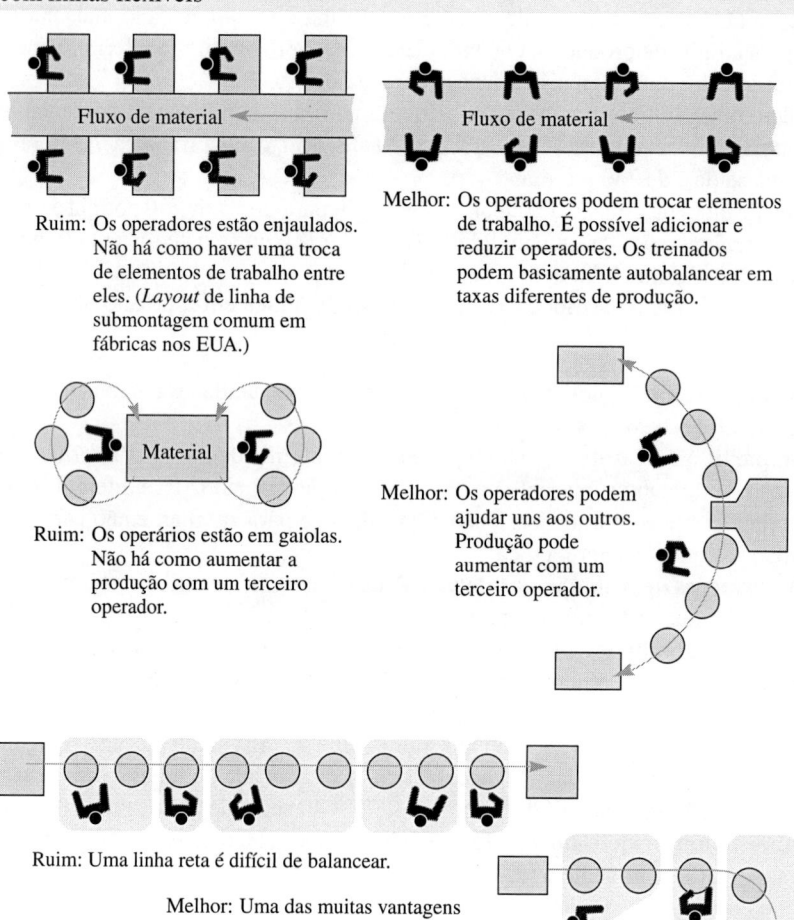

Ruim: Os operadores estão enjaulados. Não há como haver uma troca de elementos de trabalho entre eles. (*Layout* de linha de submontagem comum em fábricas nos EUA.)

Melhor: Os operadores podem trocar elementos de trabalho. É possível adicionar e reduzir operadores. Os treinados podem basicamente autobalancear em taxas diferentes de produção.

Ruim: Os operários estão em gaiolas. Não há como aumentar a produção com um terceiro operador.

Melhor: Os operadores podem ajudar uns aos outros. Produção pode aumentar com um terceiro operador.

Ruim: Uma linha reta é difícil de balancear.

Melhor: Uma das muitas vantagens da linha em "U" é o melhor acesso dos operadores. Aqui, cinco operadores foram reduzidos para quatro.

Fonte: R. W. Hall, *Attaining Manufacturing Excellence* (Homewood, IL: Dow Jones-Irwin, 1987), p. 125. Copyright@ 1987 McGraw-Hill Companies Inc.

Suponha que a linha de montagem final à jusante (*downstream*) precise de números iguais de chassis para as peruas Modelo J e Modelo K. Além disso, suponha que se queira elaborar um ciclo de tempo para a linha de fabricação que seja balanceado para a produção de um número igual de chassis J e K. É claro que poderiam ser produzidos os chassis do Modelo J por alguns dias e depois os chassis do Modelo K até que um número igual de chassis tenha sido produzido. No entanto, isso criaria um acúmulo desnecessário de estoque de produtos em processamento.

Caso queiramos reduzir a quantidade de estoque em processo, poderíamos desenvolver um *mix* de ciclo que reduza consideravelmente o acúmulo de estoque ao mesmo tempo que fique dentro das limitações de números iguais de chassis para as peruas J e K.

Tempos dos processos: 6 minutos por J e 4 minutos por K.
O dia consiste em 480 minutos (8 horas × 60 minutos).

O novo sistema de produção da Honda permite a produção dos Accord sedans na mesma linha de montagem que produz os Civic compacts e caminhões leves, nesta fábrica de East Liberty, Ohio.

SOLUÇÃO

$$6J + 4K = 480$$

Como devem ser produzidos números iguais de J e de K (ou J = K), produza 48J e 48K por dia, ou 6J e 6K por hora.

A seguir, temos um balanceamento dos chassis J e K.

Seqüência Balanceada com Modelos Mistos

Seqüência do Modelo	J J	K K K	J J	J J	K K K	
Tempo de Operação	6 6	4 4 4	6 6	6 6	4 4 4	Repete 8 vezes por dia
Tempo do Miniciclo	12	12	12	12	12	
Total do tempo de ciclo			60			

Esta linha está balanceada em 6 chassis de cada tipo por hora com um tempo de miniciclo de 12 minutos.

Outro balanceamento seria de J K K J K J, com tempos de 6, 4, 4, 6, 4, 6. Esse balanceamento produzirá 3J e 3K a cada 30 minutos, com um tempo de miniciclo de 10 minutos (JK, KJ, KJ). ●

A simplicidade de balanceamentos com modelos mistos (sob condições de uma programação constante de produção) pôde ser vista na descrição de Yasuhiro Mondon das operações da Toyota Motor Corporation:

> As linhas de montagem final da Toyota são linhas de produtos mistos. Tira-se a média de produção por dia pegando o número de veículos na programação de produção mensal classificada por especificações, e dividindo pelo número de dias de trabalho.
> Com relação à seqüência de produção durante cada dia, calcula-se o tempo de ciclo de cada veículo com especificações diferentes. Para fazer com que todos os veículos de especificações apareçam no seu próprio tempo de ciclo, os veículos de especificações diferentes são dispostos para seguirem uns aos outros.

RESUMO

Elaborar um produto que agrade aos clientes é uma arte. Construir esse produto é uma ciência. Mover o produto do *design* para o cliente é uma questão de gerenciamento. Os fabricantes internacionais excedem na integração ágil e flexível desses processos. O projeto eficiente dos processos de produção exige um conhecimento claro do que a fábrica pode e não pode fazer em relação às estruturas dos processos. Várias fábricas usam uma combinação dos *layouts* identificados neste capítulo: centros de trabalho para algumas partes, operações de montagem para outras. Freqüentemente, é possível mudar de um para outro quando a demanda parecer favorável. Para tomar essas decisões, também é necessário conhecer os detalhes de cada opção de processo, para saber se o processo realmente é adequado às novas especificações do produto.

Termos-chave

Layout de projeto O produto, devido a seu volume ou peso absoluto, permanece fixo em um local. O equipamento é movido até o produto e não o contrário.

Centro de trabalho Estrutura de processos adequada à produção de baixo de uma grande variedade de produtos não-padronizados. Ocasionalmente, os centros de trabalho são citados como *departamentos* e são focados em um tipo específico de operação.

Célula de produção Área em que são produzidos itens simples, com requisitos de processamento semelhantes.

Linha de montagem Estrutura de processos projetada para fabricar peças discretas. As peças passam por um grupo de estações de trabalho especificamente elaboradas, a uma velocidade controlada.

Processo contínuo Processo geralmente automatizado, que transforma matérias-primas em um produto final, em um único processo contínuo.

Matriz produto-processo Mostra os relacionamentos existentes entre as diferentes unidades de produção e como são utilizadas, de acordo com o volume e o nível de padronização do produto.

Tempo de ciclo da estação de trabalho Tempo entre unidades sucessivas procedentes do final de uma linha de montagem.

Balanceamento da linha de montagem Alocação de todas as tarefas a uma série de estações de trabalho, de modo que cada uma não possua mais do que pode ser produzido em seu tempo de ciclo, e de modo a minimizar o tempo ocioso em todas elas.

Relacionamento de precedência Seqüência de execução das tarefas no processo de montagem.

Problemas resolvidos

PROBLEMA RESOLVIDO 1

Uma empresa está considerando agregar uma nova característica que aumentará as vendas das unidades em 6% e o custo do produto em 10%. O lucro deve aumentar em 16% do aumento em vendas. O custo do produto inicialmente incorrido pela empresa foi de 63% do preço de venda. Essa nova característica deve ser agregada ao produto?

Solução

Suponha vendas de $100 M.

As vendas aumentam em 6% = $100 M × 6% = $6 M.

Benefícios: Os lucros aumentam em 16 % do aumento em vendas = $6 M × 16% = $0,96 M.
Custo: O custo do produto aumenta em 10% = ($100 M × 63%) × 10% = $6,3 M.

Como os custos excedem os benefícios, a nova característica não deve ser agregada ao produto.

PROBLEMA RESOLVIDO 2

Um fabricante de automóveis está considerando uma mudança em uma linha de montagem, que deverá economizar dinheiro mediante uma redução em mão-de-obra e no custo de material. A mudança engloba a instalação de quatro robôs que irão instalar pára-brisas automaticamente. O custo dos quatro robôs, incluindo a instalação e a programação inicial, é de $400.000. A prática atual é de amortizar em linha reta o custo inicial de robôs por dois anos. O engenheiro de processo calcula que será necessário um técnico em tempo integral para continuamente monitorar, manter e reprogramar os robôs. Esta pessoa custará aproximadamente $60.000 por ano. Atualmente, a empresa usa quatro trabalhadores em tempo integral nesse serviço, cada um ganhando em torno de $52.000 ao ano. Um desses funcionários manuseia os materiais, e ele ainda será necessário com o processo novo. Para complicar as coisas, o engenheiro de processo calcula que os robôs aplicarão o material de vedação do pára-brisa de tal maneira que resultará em uma economia de $0,25 por pára-brisa instalado. Quantos automóveis precisam ser produzidos durante os próximos dois anos para fazer com que o investimento nos robôs se torne atraente? Por causa do horizonte relativamente curto, não considere o valor tempo do dinheiro.

Solução

O custo do processo atual sobre os próximos dois anos é somente o custo para os quatro funcionários de tempo integral.

$$\$52.000/\text{funcionário} \times 4 \text{ funcionários} \times 2 \text{ anos} = \$416.000$$

O custo do processo novo sobre os próximos dois anos, supondo que o robô seja totalmente custeado nesse período, é o seguinte:

$$(\$52.000/\text{operário de materiais} + \$60.000/\text{técnico}) \times 2 + \$400.000/\text{robôs} - \$0,25 \times \text{automóveis}$$

Equacionando as duas alternativas:

$$\$416.000 = \$624.000 - \$0,25 \times \text{automóveis}$$

Achando o ponto de equilíbrio:

$$-\$208.000/-\$0,25 = 832.000 \text{ automóveis}.$$

Isso indica que para atingir o ponto de equilíbrio será necessário produzir 832.000 automóveis com os robôs nos próximos dois anos.

PROBLEMA RESOLVIDO 3

As tarefas a seguir devem ser executadas em uma linha de montagem, na seqüência e nos tempos especificados:

Tarefa	Tempo da tarefa (em segundos)	Predecessoras
A	50	—
B	40	—
C	20	A
D	45	C
E	20	C
F	25	D
G	10	E
H	35	B, F, G

a. Desenhe o diagrama esquemático.
b. Qual é o número mínimo teórico de estações necessárias para satisfazer uma demanda prevista de 400 unidades por dia de 8 horas?
c. Use a regra do tempo de tarefa mais longo e equilibre a linha no número mínimo de estações para produzir 400 unidades por dia.

Solução

a.

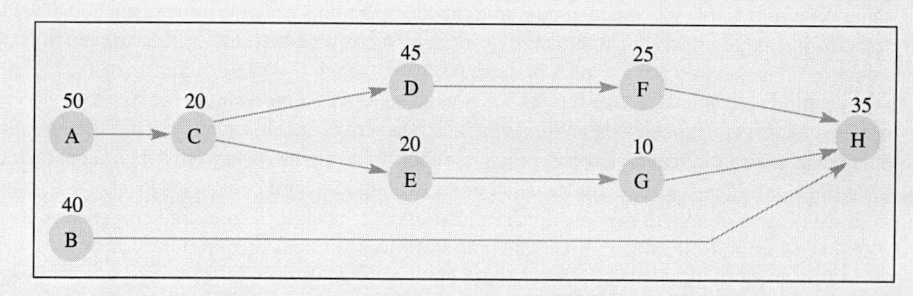

```
        ┌─────────────────────────────────────────────────┐
        │                    45              25           │
        │  50        20    ┌───┐           ┌───┐          │
        │ ┌─┐       ┌─┐   →│ D │ ────────→ │ F │     35   │
        │ │A│ ────→ │C│    └───┘           └───┘    ┌─┐   │
        │ └─┘       └─┘    20              10      →│H│   │
        │                  ┌───┐           ┌───┐    └─┘   │
        │                 →│ E │ ────────→ │ G │ ↗       │
        │  40              └───┘           └───┘          │
        │ ┌─┐                                             │
        │ │B│ ───────────────────────────────────────→    │
        │ └─┘                                             │
        └─────────────────────────────────────────────────┘
```

b. O número mínimo teórico de estações para satisfazer $D = 400$ é

$$N_t = \frac{T}{C} = \frac{245 \text{ segundos}}{\left(\dfrac{60 \text{ segundos} \times 480 \text{ minutos}}{400 \text{ unidades}}\right)} = \frac{245}{72} = 3.4 \text{ estações}$$

c.

	Tarefa	Tempo da tarefa (em segundos)	Tempo restante não-alocado	Tempo restante viável
Estação 1	A	50	22	C
	C	20	2	Nenhum
Estação 2	D	45	27	E, F
	F	25	2	Nenhum
Estação 3	B	40	32	E
	E	20	12	G
	G	10	2	Nenhum
Estação 4	H	35	37	Nenhum

PROBLEMA RESOLVIDO 4

Os engenheiros de produção da Suny Manufacturing estavam trabalhando em um novo brinquedo de controle remoto, o Monster Truck. Eles contrataram um consultor de produção para ajudá-los a descobrir o melhor tipo de processo de produção para atender à demanda prevista para esse novo produto. O consultor recomendou uma linha de montagem. Ele informou aos engenheiros que a linha poderia produzir 600 Monster Trucks por dia, para atender à demanda prevista. Os operários na fábrica trabalham oito horas por dia. Você encontrará a seguir as informações das tarefas para o novo brinquedo:

Tarefa	Tempo da tarefa (segundos)	Predecessora
A	28	—
B	13	—
C	35	B
D	11	A
E	20	C
F	6	D, E
G	23	F
H	25	F
I	37	G
J	11	G, H
K	27	I, J
Total	236	

a. Desenhe o diagrama esquemático.
b. Qual é o tempo de ciclo necessário para atender à demanda prevista de 600 caminhões por dia, com base em um dia de 8 horas de trabalho?

c. Qual é o número mínimo teórico de estações de trabalho, tendo como base a resposta no item *b*?
d. Use o tempo de tarefa mais longo com ordem alfabética como desempate e equilibre a linha no número mínimo de estações para produzir 600 caminhões por dia.
e. Use o maior número de tarefas subseqüentes e utilize o tempo de tarefa mais curto como desempate, a fim de equilibrar a linha no número mínimo de estações para produzir 600 caminhões por dia.

Solução

a.

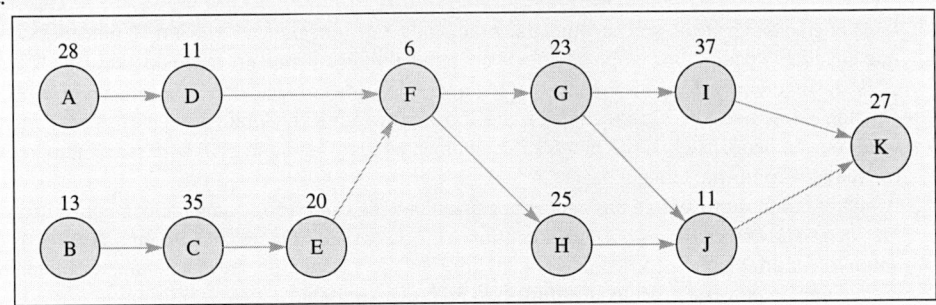

Diagrama de precedência com nós:
- Linha superior: A(28) → D(11) → F(6) → G(23) → I(37) → K(27)
- Linha inferior: B(13) → C(35) → E(20) → H(25) → J(11)
- E → F (tracejado), G → J, I → J, J → K (tracejado)

b.
$$C = \frac{\text{Tempo de produção por dia}}{\text{Produção por dia}} = \frac{60 \text{ segundos} \times 480 \text{ minutos}}{600 \text{ caminhões}} = \frac{28{,}800}{600} = 48 \text{ segundos}$$

c.
$$N_t = \frac{T}{C} = \frac{236 \text{ segundos}}{48 \text{ segundos}} = 4{,}92 = 5 \text{ (arredondado para cima)}$$

d.

	TAREFAS VIÁVEIS	TAREFA	TEMPO DA TAREFA (EM SEGUNDOS)	TEMPO RESTANTE NÃO-ALOCADO
Estação 1	A, B	A	28	20
	B, D	B	13	7
Estação 2	C, D	C	35	13
	D	D	11	2
Estação 3	E	E	20	28
	F	F	6	22
Estação 4	G, H	G	23	25
	H, I	H	25	0
Estação 5	I, J	I	37	11
	J	J	11	0
Estação 6	K	K	27	21

e. Solução idêntica à anterior.

Questões para revisão e discussão

1. Que tipo de *layout* é usado em uma academia?
2. Qual é o objetivo ao se equilibrar as linhas de montagem? Como você lidaria com uma situação em que o trabalhador, embora se empenhando bastante, é 20% mais lento do que as outras 10 pessoas na linha?
3. Como você determina a porcentagem de tempo ocioso de um dado balanceamento de uma linha de montagem?
4. Qual é o requisito essencial para que as linhas de modelos mistos sejam práticas?
5. Por que seria difícil desenvolver uma célula de produção?

6. Como você caracterizaria a diferença mais importante para as questões a seguir, ao comparar uma instalação organizada com centros de trabalho *versus* processo contínuo?

Questão	Centros de trabalho	Processo Contínuo
Nº de conversões		
Mão-de-obra do produto		
Flexibilidade		

7. Uma oficina de gravação sob encomenda tradicionalmente tem pedidos para 1 a 50 unidades daquilo que um cliente pedir. Uma empresa grande contatou a oficina para a gravação de placas de "premiações" (essencialmente idênticas entre si). Ela quer que a oficina faça uma cotação para esse pedido. O volume esperado é de 12.000 unidades por ano, e provavelmente durará por quatro anos. Para fazer uma cotação bem-sucedida (de preço suficientemente baixo) para um pedido desse gênero, o que a oficina provavelmente terá que fazer?

8. A matriz produto-processo é uma maneira conveniente de caracterizar o relacionamento entre volumes de produtos (*one-of-a-kind** para contínuo) e o sistema de processamento empregado por uma empresa em um local específico. No quadro apresentado a seguir, descreva a natureza da interseção entre o tipo de processo (coluna) e a dimensão do processo (linha).

	Centros de trabalho	Processo contínuo
Ênfase na engenharia		
Habilidade geral da força de trabalho		
Controle estatístico do processo		
Layout da instalação		
Nível de WIP (estoque em processo)		

9. Para cada uma das seguintes variáveis, explique as diferenças (em geral) enquanto se vai de um ambiente de processos de centro de trabalho para um ambiente de processos contínuos.
   a. Tempo de processamento (tempo para transformar matéria-prima em produto).
   b. Intensidade de capital/mão-de-obra.
   c. Gargalos.

Problemas

1. Uma editora tem custos fixos de $300.000 e custos variáveis por livro de $8,00. O livro é vendido a $23,00 por cópia.
   a. Quantos livros precisam ser vendidos para se atingir o ponto de equilíbrio?
   b. Se o custo fixo aumentasse, o novo ponto de equilíbrio seria mais alto ou mais baixo?
   c. Se o custo variável por unidade diminuísse, o novo ponto de equilíbrio seria mais alto ou mais baixo?
2. Um processo de produção tem um custo fixo de $150.000 por mês. Cada unidade de produto em produção contém $25 em materiais e usa $45 de mão-de-obra. Quantas unidades são necessárias para atingir o ponto de equilíbrio se cada unidade completada tem um valor de $90?
3. Suponha um custo fixo de $900, um custo variável de $4,50, e um preço de venda de $5,50.
   a. Qual é o ponto de equilíbrio?
   b. Quantas unidades precisam ser vendidas para se conseguir um lucro de $500,00?
   c. Quantas unidades precisam ser vendidas para se conseguir uma média de $0,25 de lucro por unidade? E $0,50 de lucro por unidade? E $1,50 de lucro por unidade?
4. Aldo Redondo dirige o seu próprio carro nos negócios da empresa. O seu empregador o reembolsa por suas viagens a uma taxa de 36 centavos por quilômetro. Aldo calcula que seus custos fixos por ano, como impostos, seguro e depreciação, sejam de $2.052. Os custos diretos ou variáveis, como para gasolina, óleo e manutenção, são em média de 14,4 centavos por quilômetro. Quantos quilômetros ele precisa dirigir para atingir o ponto de equilíbrio?
5. Uma empresa está vendendo dois produtos: cadeiras e bancos de bar, a $50 por unidade. As cadeiras têm um custo variável de $25 e os bancos de bar de $20. Os custos fixos são de $20.000 para a empresa.

---

* N. de R.T.: Produtos *one-of-a-kind* são feitos de cordo com a vontade do cliente. Por isso, normalmente representam volumes de vendas baixos.

a. Se o *mix* de vendas for de 1:1 (uma cadeira vendida para cada banco vendido), de quanto é o ponto de equilíbrio em dólares de vendas? Em unidades de cadeiras e bancos?

b. Se o *mix* de vendas mudar para 1:4 (uma cadeira para cada quatro bancos vendidos), de quanto é o ponto de equilíbrio em dólares de vendas? Em unidades de cadeiras e de bancos?

6. A produção diária desejada para uma linha de montagem é de 360 unidades. Esta linha de montagem deve operar 450 minutos por dia. A tabela a seguir contém informações sobre os tempos das tarefas desse produto e os relacionamentos de precedência:

Tarefa	Tempo da tarefa (segundos)	Predecessora imediata
A	30	–
B	35	A
C	30	A
D	35	B
E	15	C
F	65	C
G	40	E, F
H	25	D, G

a. Desenhe o diagrama de precedência.
b. Qual é o tempo de ciclo da estação de trabalho?
c. Balanceie esta linha usando o maior número de tarefas subseqüentes. Use o tempo da tarefa mais longo como critério secundário.
d. Qual é a eficiência do balanceamento da sua linha?

7. Na tabela a seguir, são mostradas algumas tarefas e a respectiva seqüência de execução, de acordo com seus requisitos de montagem. Elas devem ser combinadas em estações de trabalho para criar uma linha de montagem. A linha de montagem opera 7,5 horas por dia. A necessidade de produção é de 1000 unidades por dia.

Tarefas	Tarefas precedentes	Tempo (segundos)	Tarefa	Tarefa precedentes	Tempo (segundos)
A	–	15	G	C	11
B	A	24	H	D	9
C	A	6	I	E	14
D	B	12	J	F, G	7
E	B	18	K	H, I	15
F	C	7	L	J, K	10

a. Qual é o ciclo de tempo da estação de trabalho?
b. Balanceie a linha usando o tempo da tarefa mais longo com base na previsão de 1000 unidades, indicando quais tarefas seriam EXECUTADAS em cada estação de trabalho.
c. Para *b*, qual é a eficiência do balanceamento de sua linha?
d. Após a produção ser iniciada, o *Marketing* percebeu que havia subestimado a demanda e que a produção teria que ser aumentada para 1.100 unidades. Que medida você tomaria? Seja específico em termos quantitativos, se pertinente.

8. Deve-se projetar uma linha de montagem para operar 7,5 horas por dia e atender a uma demanda constante de 300 unidades por dia. A seguir estão as tarefas e os tempos de desempenho:

Tarefa	Tarefas precedentes	Tempo de execução (segundos)	Tarefa	Tarefas precedentes	Tempo de execução (segundos)
A	–	70	G	D	60
B	–	40	H	E	50
C	–	45	I	F	15
D	A	10	J	G	25
E	B	30	K	H, I	20
F	C	20	L	J, K	25

a. Desenhe o diagrama de precedência.
b. Qual é o tempo de ciclo da estação de trabalho?

c. Qual é o número mínimo teórico de estações de trabalho?
d. Atribua tarefas para as estações de trabalho utilizando o tempo mais longo de operação.
e. Qual é a eficiência do balanceamento de sua linha?
f. Suponha que a demanda aumente em 10%. Como você reagiria a isso? Suponha que você pode operar somente 7,5 horas por dia.

9. As seguintes tarefas devem ser executadas em uma linha de montagem:

Tarefa	Segundos	Tarefas predecessoras
A	20	–
B	7	A
C	20	B
D	22	B
E	15	C
F	10	D
G	16	E, F
H	8	G

O dia de trabalho tem sete horas. A demanda pelo produto acabado é de 750 por dia.
a. Encontre o tempo de ciclo.
b. Qual é o número teórico de estações de trabalho?
c. Desenhe o diagrama de precedência.
d. Balanceie a linha usando restrições seqüenciais e a regra do tempo mais longo de operação.
e. Qual é a eficiência da linha balanceada como na pergunta d?
f. Suponha que a demanda tenha aumentado de 750 para 800 unidades por dia. O que você faria? Mostre as quantidades ou os cálculos.
g. Suponha que a demanda tenha aumentado de 750 para 1.000 unidades por dia. O que você faria? Mostre as quantidades ou os cálculos.

10. Uma empresa utiliza um sistema de montagem em série e precisa de respostas para as seguintes questões:
a. Deseja-se uma produção de 900 unidades por turno (7,5 horas) para um novo sistema de processamento. O sistema requer que o produto passe por quatro estações, nas quais a quantidade de trabalho em cada estação é de 30 segundos. Qual é o tempo de ciclo necessário para este sistema?
b. Qual é a eficiência do sistema com o tempo de ciclo calculado?
c. A Estação 3 muda, e agora precisa de 45 segundos para completar a tarefa. O que deve ser feito para atender à demanda (suponha que somente 7,5 horas estejam disponíveis)? Qual é a eficiência do novo sistema?

Problema avançado

11. A fábrica de Francis Johnson precisa projetar uma linha de montagem eficiente para fabricar um novo produto. A linha de montagem precisa produzir 15 unidades por hora e só há espaço para quatro estações de trabalho. As tarefas e a respectiva seqüência de execução constam na tabela a seguir. As tarefas não podem ser divididas e seria muito caro duplicar qualquer tarefa.

Tarefa	Tempo da tarefa (minutos)	Predecessora imediata
A	1	—
B	2	—
C	3	—
D	1	A, B, C
E	3	C
F	2	E
G	3	E

a. Desenhe o diagrama de precedência.
  b. Qual é o tempo de ciclo da estação de trabalho?
  c. Equilibre a linha de modo que somente as quatros estações sejam necessárias. Use o método que julgar adequado.
  d. Qual é a eficiência do balanceamento da linha?

CASO Elaboração da linha de *notebooks* da Toshiba

Toshihiro Nakamura, gerente da seção de engenharia de produção, examinou a ficha de processos da montagem do protótipo (ver Quadro 4.8) do mais novo modelo de *subnotebook*. A cada novo modelo lançado, a diretoria percebia que a linha de montagem precisava aumentar a produtividade e reduzir os custos, o que geralmente resultaria em mudanças no processo de montagem. Quando um novo modelo era projetado, dava-se muita atenção à redução do número de componentes e à simplificação da produção de peças e dos requisitos de montagem. Esse novo computador era de alta tecnologia, uma inovação de baixo custo e deveria propiciar à Toshiba uma vantagem na próxima temporada de vendas de outono/inverno.

A produção do subnotebook estava programada para começar em 10 dias. A produção inicial do novo modelo deveria ser de 150 unidades por dia, aumentando para 250 unidades por dia na semana seguinte (para a diretoria, em algum momento a produção atingiria 300 unidades por dia). Normalmente, as linhas de montagem na fábrica contavam com 10 operadores que trabalhavam em uma linha de montagem de 14,4 metros de comprimento. Essa linha podia acomodar até 12 operadores, se fosse necessário. A linha costumava funcionar durante 7,5 horas por dia (os empregados trabalhavam das 8:15 às 17 h, e as horas regulares incluíam 1 hora de almoço não pago e 15 minutos de intervalos programados). É possível trabalhar uma, duas, ou três horas extras, mas os empregados deveriam receber um aviso de, no mínimo, três dias de antecedência, para fins de planejamento.

A linha de montagem

Na parte superior da linha de montagem, um computador mostrava a agenda de produção diária, que consistia em uma lista dos tipos de modelo e os respectivos tamanhos de lotes programados para montagem na linha. Os modelos eram variações simples do tamanho do disco rígido, memória e alimentação à bateria. Uma agenda de produção característica englobava sete ou oito tipos de modelo, com tamanhos de lote que variavam de 10 a 100 unidades. Os modelos eram montados em seqüência: eram montadas todas as unidades do primeiro modelo, seguidas por todas as unidades do segundo, e assim, sucessivamente. Essa tela do computador também indica até onde a linha de montagem tinha chegado para concluir sua agenda diária, o que servia de parâmetro de referência para os encarregados dos materiais que forneciam peças para as linhas de montagem.

As programações diárias eram compartilhadas com o Centro Fujihashi de Coleta e Distribuição de Peças (Fujihashi Parts Collection and Distribution Center), localizado nos arredores. As peças eram trazidas do Fujihashi para a fábrica, no prazo de duas horas a partir do momento de sua necessidade. O sistema de abastecimento de materiais tinha uma coordenação rígida e funcionava bem.

A linha de montagem consistia em uma esteira transportadora de 14,4 metros, que transportava os computadores, separados em intervalos de 1,2 metro por faixas brancas na esteira. Os trabalhadores ficavam lado a lado em um dos lados da esteira e trabalhavam nas unidades à medida que passavam por eles. Além dos 10 montadores, era alocado a cada linha um trabalhador altamente qualificado, denominado "assistente". O assistente percorria a linha, auxiliando os trabalhadores atrasados e substituindo os trabalhadores que precisavam de uma pausa. Os assistentes também tomavam decisões quanto ao que fazer quando ocorriam problemas no processo de montagem (como uma peça com defeito). A velocidade da linha e o número de trabalhadores variavam de um dia para o outro, dependendo da demanda da produção e das habilidades e da disponibilidade dos trabalhadores. Embora a linha de montagem fosse projetada para 10 trabalhadores, o número de trabalhadores podia variar entre 8 e 12.

O Quadro 4.8 dá detalhes de como os engenheiros que projetaram o novo *subnotebook* detectavam a necessidade de organizar a nova linha. Esses engenheiros elaboram a linha pressupondo a montagem de um *notebook* a cada dois minutos por 10 trabalhadores de linha. Você encontrará a seguir uma descrição sucinta do que cada operador executa:

1. O primeiro operador dispõe os principais componentes de um computador, entre as duas linhas brancas na esteira.
2. O segundo operador insere os códigos de barra existentes nesses componentes em um sistema de computador centralizado, digitalizando-os com um *scanner* de mão. Em uma prateleira acima da esteira, computadores portáteis exibem as operações executadas em cada estação.
3. As seis etapas seguintes no processo de montagem abrangem um grande número de operações simples executadas manualmente ou com ferramentas simples, como chaves-de-fenda elétricas. Operações comuns são encaixar conectores ou acoplar peças com pequenos parafusos. Todas as ferramentas ficam penduradas em um cabo posicionado acima dos operadores, de fácil alcance. Embora as operações individuais sejam simples, elas exigem destreza manual e velocidade.
4. As duas últimas operações são os testes de hardware e de impacto. Para se preparar para o teste de hardware, um operador insere uma placa de memória na porta USB contendo o software projetado para testar os diversos componentes do circuito do computador. Como o carregamento do software de teste demora aproxima-

Quadro 4.8 — Linha de montagem de um protótipo para Subnotebook

Estação	Op. Nº	Tempo (segundos)	Descrição das operações
1 110 s	1	100	Dispor os componentes principais na esteira
	2	6	Retirar a proteção adesiva do conjunto da tampa
	3	4	Colocar os parafusos da Op. 8 na bandeja de espuma, colocar na esteira
2 114 s	4	50	Digitalizar o código de barra de números de série
	5	13	Ligar o Cabo 1 do LCD à placa de circuito impresso (PCB) do LCD
	6	16	Ligar o Cabo 1 do LCD ao painel do vídeo de LCD
	7	13	Ligar o Cabo 2 do LCD à PCB do LCD
	8	16	Aparafusar a PCB do LCD no conjunto da tampa
	9	6	Colocar os parafusos das Ops. 13,16 na bandeja de espuma, na esteira
3 101 s	10	26	Instalar o painel do vídeo de LCD no conjunto da tampa
	11	10	Dobrar e isolar os cabos
	12	13	Instalar o quadro de LCD no conjunto da tampa
	13	23	Aparafusar o quadro
	14	6	Colocar a PCB-1 no conjunto da base
	15	6	Instalar o suporte da CPU na PCB-1
	16	13	Aparafusar o suporte da CPU no conjunto da base
	17	4	Colocar os parafusos da Op. 23 na bandeja de espuma
4 107 s	18	15	Ligar o cabo de fita à unidade de disco rígido (HDD)
	19	11	Ligar o cabo de fita à PCB-1
	20	8	Colocar a folha de isolamento na HDD
	21	8	Empilhar a PCB-2 sobre a PCB-1
	22	8	Empilhar a PCB-3 sobre a PCB-1
	23	13	Aparafusar as duas PCBs
	24	6	Instalar o microfone no suporte
	25	13	Ligar o cabo do microfone à PCB-1
	26	8	Prender o cabo do microfone para baixo com uma fita adesiva
	27	13	Ligar a bateria de reserva à PCB-2 e instalar na base
	28	4	Colocar os parafusos da Op. 31 na bandeja de espuma
5 103 s	29	6	Instalar a estrutura de suporte no conjunto da base
	30	13	Empilhar a PCB-3 sobre a PCB-1
	31	6	Aparafusar na PCB-3
	32	8	Instalar o sensor de pressão do dispositivo indicador Accupoint
	33	11	Ligar a PCB-5 à PCB-2 e à PCB-4
	34	6	Instalar o suporte do alto-falante na base
	35	11	Instalar o suporte do alto-falante e ligar o cabo à PCB-2
	36	10	Instalar a bateria de encaixe na PCB-4
	37	10	Prender o alto-falante e o cabo da bateria para baixo, com uma fita adesiva
	38	16	Verificar a tensão da bateria de acoplamento e bateria de reserva
	39	6	Colocar os parafusos das Ops. 44, 46 na bandeja de espuma
6 107 s	40	13	Instalar o descanso de pulso sobre os botões Accupoint
	41	6	Ligar o cabo do LCD à PCB-1
	42	6	Prender o cabo para baixo com uma fita adesiva
	43	5	Instalar a chapa de suporte do teclado na base
	44	23	Aparafusar a chapa de suporte
	45	18	Instalar o teclado, ligar o cabo e instalar na base
	46	18	Aparafusar o teclado
	47	8	Instalar a máscara do teclado
	48	10	Colocar amortecedor na máscara de LCD

Excel: Toshiba

(Continuação)

Estação	Op. Nº	Tempo (segundos)	Descrição das operações
7 108 s	49	18	Colocar o selo de proteção no vídeo de LCD
	50	10	Colocar o selo do nome da marca na máscara de LCD
	51	11	Colocar o selo do nome da marca na parte externa da cobertura
	52	8	Ligar o cabo à unidade de DVD
	53	33	Instalar o DVD na base
	54	22	Instalar a tampa no DVD
	55	6	Colocar os parafusos das Ops. 56, 57 na bandeja de espuma
8 93 s	56	58	Virar a máquina e colocar os parafusos na base
	57	8	Inserir o parafuso de aterramento
	58	8	Instalar a aba protetora do conector
	59	8	Instalar o conjunto do DVD
	60	6	Instalar a tampa da bateria na embalagem da bateria
	61	5	Instalar a tampa da bateria
9 310 s	62	31	Inserir a placa de memória para o teste de hardware e inicializar o software
	63	208	Carregamento do software (dispensa o operador)
	64	71	Testar o DVD, LCD, teclado e dispositivo indicador; remover a memória
10 105 s	65	5	Colocar a unidade na plataforma do teste de impacto
	66	75	Executar o teste de impacto
	67	10	Digitalizar os códigos de barras
	68	15	Colocar a unidade no suporte para os ajustes

Adaptado de: *Toshiba: Ome Works*, Harvard Business School (9-696-059).

damente 4 minutos, o tempo de ciclo dessa operação é mais longo do que os outros tempos de ciclo na linha. Para obter um tempo de ciclo menor para a linha, o teste de hardware é executado simultaneamente em três unidades distintas. As unidades permanecem na esteira móvel, e os testes são escalonados para serem executados por um único operador. O teste de impacto (a última operação na linha de montagem) testa a possibilidade de o computador suportar vibrações e impactos menores.

Os computadores são movidos para uma área de ajustes (*burn-in*) após o teste de impacto da linha de montagem. Aqui, os computadores são colocados em suportes (*racks*) para um ajuste de 24 horas, a 25°C, dos componentes do circuito. Após o ajuste, o computador é testado novamente, o software é instalado, e o *notebook* acabado é embalado e colocado nos paletes.

Otimização do projeto inicial da linha de montagem

Com a experiência anterior, Toshihiro descobriu que o projeto inicial da linha de montagem fornecido pelos engenheiros geralmente precisa de ajustes. Examine as seguintes perguntas de Toshihiro:

1. Qual é a capacidade diária da linha de montagem projetada pelos engenheiros?
2. Ao funcionar com a capacidade máxima, qual é a eficiência da linha?
3. De que modo a linha deveria ser reprojetada para funcionar com 300 unidades por dia, presumindo-se que nenhuma hora extra seja utilizada? Qual é a eficiência de seu novo projeto?
4. Que outras questões Toshihiro deveria examinar ao aumentar a velocidade da nova linha de montagem?

Bibliografia selecionada

Heragu, S. *Facilities Design*. Boston: PWS Publishing, 1997.

Hyer, N., and U. Wemmerlöv. *Reorganizing the Factory: Competing through Cellular Manufacturing*. Portland, OR: Productivity Press, 2002.

Tompkins, J. A., and J. A. While. *Facilities Planning*. New York: John Wiley & Sons, 2003.

Capítulo 5
PROCESSOS DE SERVIÇOS

Após ler o capítulo, você:

1. Entenderá as características dos processos de serviço e as diferenças em relação aos processos de produção.
2. Poderá classificar os processos de serviço.
3. Entenderá o que significa a análise da espera na fila (filas).
4. Poderá modelar algumas situações comuns de fila de espera e prever a utilização do servidor, o comprimento da fila de espera e o tempo médio de espera do cliente.

121 Serviços da cadeia de suprimentos na DHL

122 Classificação operacional dos serviços
    Definição de alto e baixo grau de contato com o cliente

123 Projetando organizações de serviços

123 Estruturando o encontro de serviços: matriz de projeto do sistema de serviços

125 Economia do problema das filas de espera
    O ponto de vista prático das filas de espera

126 O sistema de filas
    As chegadas dos clientes
    Distribuição de chegadas
    O sistema de filas: fatores
    Saindo do sistema de filas
    Definição de sistema de filas
    Definição de taxa de chegada
    Definição de distribuição exponencial
    Definição de distribuição de Poisson
    Definição de taxa de atendimento

134 Modelos de filas de espera

141 Simulação computacional das filas de espera

141 Resumo

145 Caso: Sala de cirurgia noturna em hospital de comunidade

SERVIÇOS DA CADEIA DE SUPRIMENTOS NA DHL

Para convencer as pessoas a comprar seus produtos tradicionais, as empresas costumam oferecer uma gama de serviços adicionais aos clientes. Considere a DHL, uma empresa global de entregas que fornece tudo, desde flores até frete industrial, no mundo inteiro. Com mais de 6.500 escritórios espalhados por todo o mundo, a DHL opera através de uma rede com 240 *gateways* e mais de 450 *hubs*, depósitos e terminais. Por meio de sua frota de mais de 420 aeronaves e mais de 76.200 veículos, a DHL atende a cerca de 4,1 milhões de clientes no mundo.

A DHL oferece ao cliente diversos serviços de valor agregado, relacionados à cadeia de suprimentos, que vão muito além de entregar pacotes, de aumentar a eficiência e de reduzir custos. Esses serviços permitem que os clientes da DHL terceirizem uma parte do trabalho necessário para coordenar seus processos da cadeia de suprimentos. Você encontrará a seguir uma lista sucinta de alguns serviços oferecidos pela DHL:

Gerenciamento de pedidos: recebimento, gerenciamento, execução, seqüenciamento e despacho de pedidos em tempo hábil.

Gerenciamento de *call centers* (Centrais de atendimento): gerencia pedidos, monitora atividades comerciais, fornece atendimento ao cliente e funciona como uma central de ajuda.

Gerenciamento do estoque global: a DHL propicia ao cliente uma visão global do estoque, permitindo, dessa forma, decisões abalizadas sobre a disponibilidade do estoque.

Serviços de faturamento consolidado: a criação de uma fatura consolidada e classificada, com base em todos os serviços executados por mais de um prestador de serviços, em um período específico.

Cadeia de suprimentos

Frete e soluções personalizadas: a experiência da DHL no atendimento a mais de 220 países e territórios, como exigências de comércio e formalidades internacionais, combinada com o Centro de Competência Europeu e amplo conhecimento dos países, oferece aos clientes o que há de mais moderno em termos de serviços, qualidade e gerenciamento em transações internacionais.

CLASSIFICAÇÃO OPERACIONAL DOS SERVIÇOS

As organizações de serviços são geralmente classificadas de acordo com seus clientes (por exemplo, pessoas físicas ou jurídicas) e com o serviço que proporcionam (serviços financeiros, serviços de saúde, serviços de transporte, e assim por diante). Esses grupos, embora úteis na hora de apresentar dados econômicos agregados, não são necessariamente apropriados para os propósitos da AP porque contam pouco sobre o processo. A manufatura, por outro lado, apresenta termos próprios para classificar as atividades de produção (como linhas de montagem e processos contínuos); quando aplicados a um ambiente de manufatura, eles realmente transmitem a essência do processo. Embora seja possível descrever os serviços nesses mesmos termos, é necessário um item adicional de informação para refletir o fato de que o cliente está envolvido no sistema de produção. Esse item, o qual se acredita diferenciar operacionalmente um sistema de serviço de outro na sua função de produção, é a extensão de contato do cliente na criação do serviço.

Contato com o cliente se refere à presença física do cliente no sistema, e *criação do serviço* está relacionada ao processo de trabalho envolvido no fornecimento do próprio serviço. *Extensão do contato* pode ser definida como a porcentagem de tempo em que o cliente precisa estar no sistema, em relação ao total de tempo necessário para realizar o serviço para o cliente. De modo geral, quanto maior a porcentagem de tempo de contato entre o sistema de serviço e o cliente, tanto maior o grau de interação entre ambos durante o processo de produção.

Alto e baixo grau de contato com o cliente

Partindo desse conceito de contato com o cliente, ocorre que os sistemas de serviço com alto grau de contato com o cliente são mais difíceis de controlar e de gerir do que aqueles com um baixo grau de contato com o cliente. Nos sistemas de alto contato, o cliente pode afetar o tempo de demanda, a natureza exata do serviço e a qualidade, ou qualidade percebida, do serviço porque ele está envolvido no processo.

Pode haver uma enorme diversidade de influência do cliente e, conseqüentemente, uma variabilidade no sistema dentro dos sistemas de serviço de alto contato. Por exemplo, a filial de um banco oferece serviços simples, como retiradas de dinheiro que levam apenas alguns minutos, e serviços complicados, como o preenchimento dos formulários de empréstimo que podem levar até uma hora. Além disso, essas atividades variam de caixas automatizados 24 horas para a co-produção, nas quais os funcionários do banco e o cliente trabalham como uma equipe para desenvolver a solicitação de empréstimo.

PROJETANDO ORGANIZAÇÕES DE SERVIÇOS

Ao se projetar as organizações de serviços, é necessário lembrar de uma característica peculiar dos serviços: eles não podem ser estocados. Diferentemente da manufatura (onde é possível formar um estoque, durante os períodos de folga, para os picos de demanda e, portanto, manter um nível relativamente estável de emprego e planejamento de produção) nos serviços se deve (salvo algumas exceções) satisfazer à demanda à medida que ela surge. Conseqüentemente, nos serviços, a capacidade se torna uma questão dominante. Pense nas muitas situações de serviços com as quais você pode se deparar – por exemplo, comendo em um restaurante ou indo assistir a um filme no sábado à noite. Em geral, se o restaurante ou o cinema estiverem cheios, você decidirá ir a algum outro lugar. Assim sendo, um parâmetro de projeto importante nos serviços é "Qual capacidade devemos ter como meta?". Capacidade em demasia gera custos excessivos. Capacidade insuficiente leva à perda de clientes. Nessas situações, é claro, procura-se o auxílio do *marketing*. Este é um dos motivos por se ter descontos em passagens aéreas e descontos especiais nos hotéis nos finais de semana, e assim por diante. Este também é um bom exemplo de por que é difícil separar as funções de administração da produção do *marketing* nos serviços.

Os modelos de fila de espera discutidos neste capítulo proporcionam uma ferramenta matemática poderosa para analisar muitas situações comuns de serviço. Questões do tipo "quantos caixas deveríamos ter em um banco" ou "quantos servidores são necessários para uma operação de serviços na Internet" podem ser analisadas com esses modelos, que podem ser facilmente implementados com planilhas.

Multifuncional

ESTRUTURANDO O ENCONTRO DE SERVIÇOS: MATRIZ DE PROJETO DO SISTEMA DE SERVIÇOS

Os encontros de serviços podem ser configurados de várias maneiras. A matriz de projeto do sistema de serviços no Quadro 5.1 identifica seis alternativas comuns.

O topo da matriz mostra o grau de contato entre cliente/provedor: o *centro protegido*, que é fisicamente separado do cliente; o *sistema permeável*, que é penetrável pelo cliente via telefone ou contato presencial; e o *sistema reativo*, que é tanto penetrável quanto reativo às exigências do cliente. O lado esquerdo da matriz mostra o que deve ser uma proposta lógica de *marketing*, mais especificamente, a de que quanto maior o grau de contato, maiores as oportunidades de vendas; o lado direito mostra o impacto na eficiência da produção à medida que o cliente exerce mais influência na operação.

Os níveis na matriz listam os meios em que os serviços podem ser fornecidos. Em um extremo, o contato do cliente é pelo correio; os clientes têm pouca interação com o sistema. No outro extremo, os clientes têm as coisas "do jeito deles", através do contato face a face. Os quatro níveis restantes no Quadro contêm graus variados de interação.

Como se poderia prever, a eficiência da produção decresce à medida que o cliente tem mais contato (e, conseqüentemente, mais influência) com o sistema. Para contrabalançar, o contato face a face proporciona mais oportunidades para vender produtos adicionais. O baixo contato, ao contrário, como o correio, permite que o sistema funcione com mais eficiência porque o cliente não consegue afetar significativamente o sistema (ou interferir nele). No entanto, há uma oportunidade relativamente pequena de vendas de produtos adicionais.

Pode haver certa mudança no posicionamento de cada nível. Para o primeiro exemplo, considere o nível "Internet e a tecnologia local" na matriz. A Internet claramente protege a empresa contra o cliente, mas há oportunidades interessantes disponíveis para fornecer informações relevantes e serviços para o cliente.

Quadro 5.1 Matriz de projeto do sistema de serviços

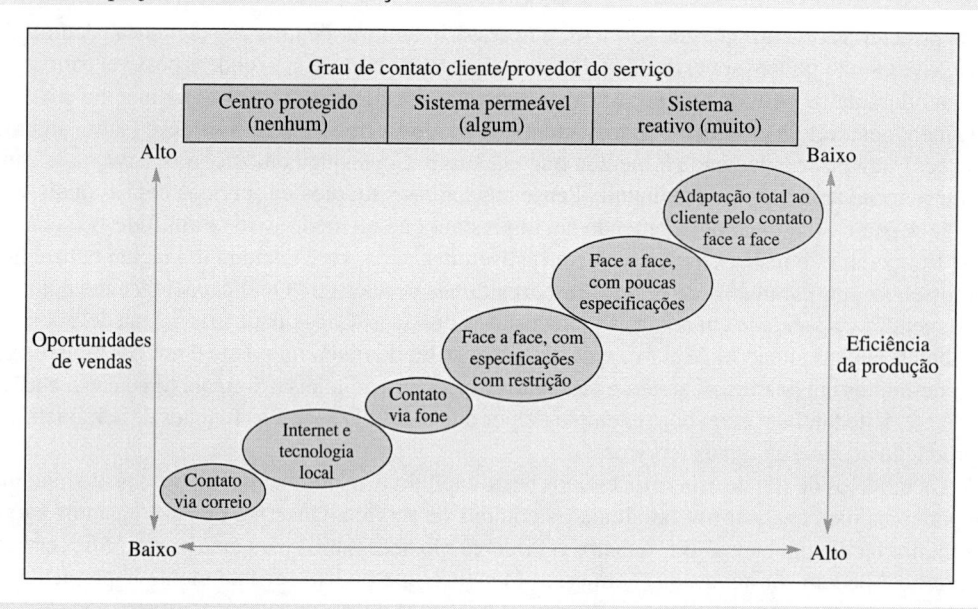

```
                    Grau de contato cliente/provedor do serviço
              ┌─────────────────┬─────────────────┬─────────────────┐
              │ Centro protegido│ Sistema permeável│    Sistema      │
              │    (nenhum)     │    (algum)      │ reativo (muito) │
              └─────────────────┴─────────────────┴─────────────────┘
   Alto                                                              Baixo
    ▲                                              ┌─────────────┐    ▲
    │                                              │ Adaptação   │    │
    │                                              │ total ao    │    │
    │                                   ┌──────────┤ cliente pelo│    │
    │                                   │ Face a   │ contato     │    │
    │                                   │ face, com│ face a face │    │
    │                                   │ poucas   └─────────────┘    │
    │                        ┌──────────┤ especifi-                   │
    │                        │ Face a   │ cações                      │
    │                        │ face, com└──────────                   │
    │                        │ especifi-                              │
 Oportunidades               │ cações                      Eficiência │
 de vendas        ┌──────────┤ com restrição               da produção│
    │             │ Contato  └──────────                              │
    │             │ via fone                                          │
    │  ┌──────────┤                                                   │
    │  │ Internet e                                                   │
    │  │ tecnologia                                                   │
    │  │ local    │                                                   │
    │  └──────────┘                                                   │
    │┌─────────┐                                                      │
    ││ Contato │                                                      │
    ││ via     │                                                      │
    ││ correio │                                                      │
    │└─────────┘                                                      ▼
  Baixo ◄─────────────────────────────────────────────────►  Alto
```

Como o *site* na Web pode ser programado para reagir inteligentemente aos níveis dos clientes, são possíveis oportunidades significativas de novas vendas. Além disso, o sistema pode ser feito para entrar em contato com os verdadeiros funcionários quando o cliente precisar de assistência que vá além da programação no *site*. A Internet é realmente uma tecnologia revolucionária quando aplicada aos serviços que precisam ser fornecidos por uma empresa.

Outro exemplo de mudança no posicionamento de um nível pode ser mostrado com o nível "face a face, com poucas especificações" no Quadro 5.1. Esse nível se refere àquelas situações em que há pouca variação no processo de serviço – nem o cliente nem o provedor têm muita liberdade de ação na criação do serviço. Isso nos faz lembrar dos restaurantes *fast-food* e da Disneylândia. O nível "face a face, com especificações com restrições" se refere às situações em que o processo do serviço é geralmente compreensível, mas existem opções sobre como ele deve ser desempenhado ou nos bens físicos que fazem parte dele. Um restaurante e uma agência de automóveis são exemplos. O nível "adaptação total ao cliente com contato face a face" se refere aos encontros de serviços cujas especificações precisam ser desenvolvidas através de uma certa interação entre o cliente e o provedor. Os serviços médicos e jurídicos são desse tipo, e o grau com que os recursos dos sistemas são reunidos para o serviço determina se este é reativo, possivelmente até o ponto de ser proativo, ou simplesmente permeável. Exemplos seriam a mobilização dos recursos de uma agência de propaganda ao se preparar para uma visita de um cliente importante, ou uma equipe cirúrgica se preparando apressadamente para uma cirurgia de emergência.

O Quadro 5.2 estende o desenho da matriz. Esta mostra as mudanças nos trabalhadores, na produção e nos tipos de inovações técnicas à medida que o grau de contato cliente/provedor muda. Para as exigências dos trabalhadores, os relacionamentos entre contato via correio e habilidades administrativas, tecnologia da Internet e habilidades de assistência e os contatos via fone e habilidades verbais são auto-evidentes. O nível "face a face, com especificações com restrição" exige habilidades de procedimento específicas, porque o funcionário precisa seguir a rotina na condução de um processo geralmente padronizado e volumoso. O nível "face a face, com poucas especificações" freqüentemente pede habilidades comerciais (caixas de banco, desenhistas, *maitre,* dentistas) para finalizar o projeto para o serviço. A "adaptação total ao cliente pelo contato face a face" tende a pedir habilidades de diagnóstico do profissional para certificar-se das necessidades e dos desejos dos clientes.

Quadro 5.2

Características dos trabalhadores, da produção e das inovações relativas ao grau de contato cliente/provedor

Baixo ←——————— Grau de contato cliente/provedor ———————→ Alto

Requisitos dos trabalhadores	Habilidades administrativas	Habilidades de assistência	Habilidades verbais	Habilidades de procedimentos	Habilidades comerciais	Habilidades de diagnóstico
Foco das operações	Manuseio de papéis	Gestão da demanda	Chamadas rotineiras	Controle do fluxo	Gestão da capacidade	*Mix* de clientes
Inovações tecnológicas	Automação do escritório	Métodos de roteamento	Bancos de dados computadorizados	Auxílios eletrônicos	Auto-serviço	Equipes de cliente/ funcionário

ECONOMIA DO PROBLEMA DAS FILAS DE ESPERA

Um problema básico em muitos ambientes de serviço consiste no gerenciamento das filas de espera. O gerente precisa pesar o custo adicionado do fornecimento rápido de serviços (mais pistas nas rodovias, pistas de aterrissagem adicionais, mais caixas nos supermercados) em relação ao custo inerente da espera.

Freqüentemente, a decisão de *trade-off* do custo é direta. Por exemplo, se você descobre que o tempo total que os funcionários gastam na fila para usar uma copiadora poderia ser gasto em atividades produtivas, poderíamos comparar o custo de instalação de uma máquina adicional ao valor do tempo economizado do funcionário. A decisão seria, então, reduzida ao valor monetário e a escolha seria facilmente realizada.

Por outro lado, suponha que o problema da fila de espera se centralize na demanda por leitos em um hospital. Pode-se computar o custo dos leitos adicionais somando os custos para a construção do prédio, equipamentos adicionais necessários e aumento na manutenção. Mas o que está no outro lado da escala? Neste momento, somos confrontados com o problema de tentar colocar um valor monetário na necessidade do paciente por um leito no hospital que não está disponível. Embora possamos estimar a renda perdida do hospital, o que dizer sobre o custo humano que surge com a falta de cuidados hospitalares adequados?

O ponto de vista prático das filas de espera

Antes de passarmos para uma apresentação técnica da teoria da fila de espera, convém dar uma olhada no lado intuitivo da questão, para saber o que esta significa. O Quadro 5.3 mostra as chegadas a uma instalação de serviço (como um banco) e as necessidades de serviços naquela instalação (como caixas e gerentes de empréstimos). Uma variável importante é o número de chegadas em relação às horas que o sistema de serviço está aberto. Sob o ponto de vista de entrega do serviço, os clientes exigem quantidades variadas de serviços, geralmente excedendo a capacidade normal. É possível controlar as chegadas de várias maneiras. Por exemplo, pode-se ter uma fila curta (assim como um *drive-in* em um restaurante de *fast-food* com apenas alguns espaços), podem-se estabelecer horas específicas para clientes específicos ou ainda promover ofertas. Para o atendente, pode-se afetar o tempo de serviço usando atendentes mais rápidos ou mais lentos, máquinas mais rápidas ou mais lentas, ferramentas diferentes, materiais diferentes, *layout* diferente, tempo de preparação mais ágil, e assim por diante.

O ponto essencial é que as filas de espera *não* são uma condição fixa de um sistema produtivo, mas, até certo ponto, devem ser consideradas dentro do controle da administração do sistema e do projeto. Você encontrará no Quadro 5.4 sugestões úteis para administrar as filas, baseadas em pesquisas realizadas no setor bancário.

Quadro 5.3 — Chegada e perfis de atendimento

Chegadas (Número de chegadas × Tempo)

Necessidades de serviços (Tempo de atendimento × Tempo, com linha de Capacidade normal)

Quadro 5.4 — Métodos comuns de administração de filas

- **Segmente os clientes.**
  Se um grupo de clientes precisar de alguma coisa que possa ser feita rapidamente, dê-lhes uma fila especial para que eles não tenham que esperar pelos clientes mais lentos.

- **Treine os atendentes para que sejam amigáveis.**
  Saudar o cliente pelo nome, ou proporcionar alguma atenção especial, é muito importante para superar o sentimento negativo de uma longa espera. Alguns psicólogos sugerem que os atendentes deveriam ser instruídos sobre quando invocar ações amigáveis específicas, como sorrir — ao saudar os clientes, ao receber o pedido e na hora de dar o troco (por exemplo, em uma loja de conveniência). Os testes que usam essas ações comportamentais específicas mostraram aumentos significativos na cordialidade percebida dos atendentes aos olhos dos clientes.

- **Informe os clientes sobre o que esperar.**
  Isto é especialmente importante quando o tempo de espera pode ser mais longo do que o normal. Diga a eles por que o tempo de espera é mais longo do que o normal e o que você está fazendo para aliviar a fila.

- **Tente desviar a atenção do cliente quando ele está esperando.**
  Proporcionar músicas, filmes ou algum outro tipo de entretenimento poderá ajudar a distrair o cliente do fato de que eles estão esperando.

- **Incentive os clientes a vir durante os períodos de folga.**
  Informe aos clientes sobre os horários nos quais geralmente não esperariam; diga-lhes quais são os horários de pico — isto pode ajudar a aliviar a carga.

O SISTEMA DE FILAS

Sistema de filas

Serviço

O **sistema de filas** consiste basicamente em três componentes principais: (1) a fonte populacional e o modo como os clientes chegam ao sistema, (2) o sistema de atendimento e (3) a condição do cliente saindo do sistema (de volta para a fonte populacional ou não?), como mostra o Quadro 5.5. As seções a seguir abordam cada uma dessas áreas.

Quadro 5.5
Componentes de um sistema de filas

Administração da produção interativa

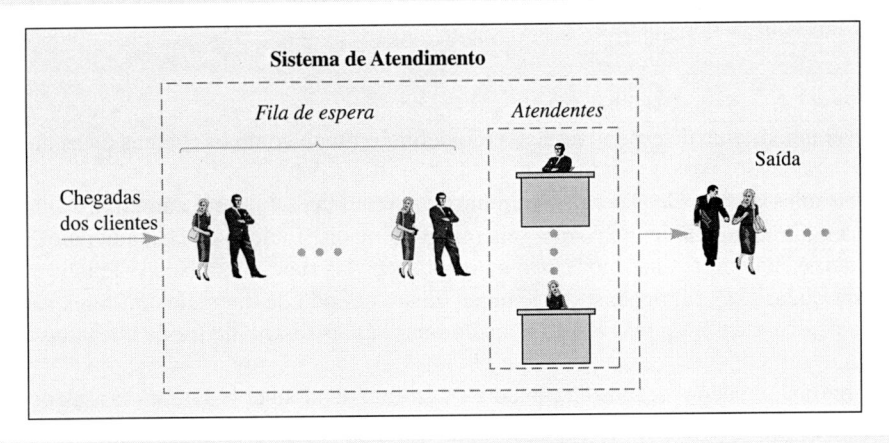

As chegadas dos clientes

As chegadas no sistema de serviço podem ser tiradas de uma população *finita* ou *infinita*. A distinção é importante porque as análises são baseadas em premissas diferentes e exigem equações diferentes para suas soluções.

População finita A expressão *população finita* refere-se ao tamanho limitado do grupo de clientes que utilizará o serviço e, algumas vezes, formará uma fila. O motivo pelo qual essa classificação finita é importante consiste no fato de que, quando um cliente deixa a sua posição como membro da população (uma máquina que quebra e precisa ser consertada, por exemplo), o tamanho do grupo de usuários é reduzido em um, o que reduz a probabilidade da próxima ocorrência. Por outro lado, quando um cliente é atendido e retorna para o grupo de usuários, a população aumenta e a probabilidade de um usuário precisar do serviço também aumenta. A classe finita de problemas requer um conjunto de fórmulas separado daquele do caso da população infinita.

Como exemplo, considere um grupo de seis máquinas mantidas por um único técnico. Quando uma máquina quebra, a fonte populacional é reduzida para cinco e a chance de que uma das cinco restantes quebrará e precisará de consertos é certamente menor do que quando as seis máquinas estavam em operação. Se duas máquinas estiverem paradas, com apenas quatro funcionando, a probabilidade de uma nova quebra muda novamente. Por outro lado, quando uma máquina é consertada e volta ao serviço, a população de máquinas aumenta, elevando a probabilidade de uma próxima quebra.

População infinita Uma *população infinita* é suficientemente grande em relação ao sistema de serviços para que o tamanho da população, causado pelas subtrações ou adições à população (um cliente precisando de serviços ou um cliente que já foi atendido e que está retornando para a população), não afete significativamente as probabilidades do sistema. Se, na explanação finita precedente, houvesse 100 máquinas em vez de 6, e se uma ou duas máquinas quebrassem, as probabilidades para a próxima quebra não seriam muito diferentes e poderíamos supor, sem muito erro, que a popula-

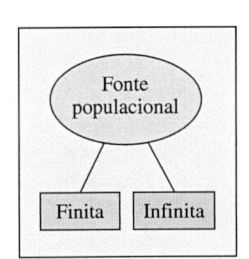

Os usuários da Fast Lane da Six Flags compram bilhetes fura-fila ou um dispositivo eletrônico "Q-bot" de alta tecnologia. Q-bots são bipes que funcionam como marcadores virtuais. Eles vibram e piscam uma mensagem de texto quando chega a sua vez de entrar no parque de diversões.

ção (para todos os fins práticos) era infinita. Nem as fórmulas para os problemas de filas "infinitas" causariam muitos erros se fossem aplicadas a um médico com 1.000 pacientes ou a uma loja de departamentos com 10.000 clientes.

Distribuição de chegadas

Ao descrever um sistema de espera, é necessário definir o modo como os clientes ou as unidades de espera são organizados para o atendimento.

Taxa de chegada

As fórmulas de filas de espera exigem uma taxa de chegada, ou o número de unidades por período (como uma média de um a cada seis minutos). A distribuição de chegada *constante* é periódica, tendo exatamente o mesmo tempo entre as chegadas sucessivas. Nos sistemas produtivos, as únicas chegadas que realmente se aproximam de um período de intervalo constante são aquelas sujeitas ao controle da máquina. Muito mais comuns são as distribuições de chegadas *variáveis* (aleatórias).

Ao observar as chegadas à instalação do atendimento, é possível vislumbrá-las sob dois pontos de vista: primeiro, pode-se analisar o tempo entre as chegadas sucessivas para verificar se esses tempos seguem alguma distribuição estatística. Geralmente, presume-se que o tempo entre as chegadas é exponencialmente distribuído. Segundo, pode-se definir uma duração para esse tempo (T) e tentar determinar quantas chegadas podem entrar no sistema dentro desse T. Costuma-se presumir que o número de chegadas por unidade de tempo é distribuído segundo Poisson.

Distribuição exponencial

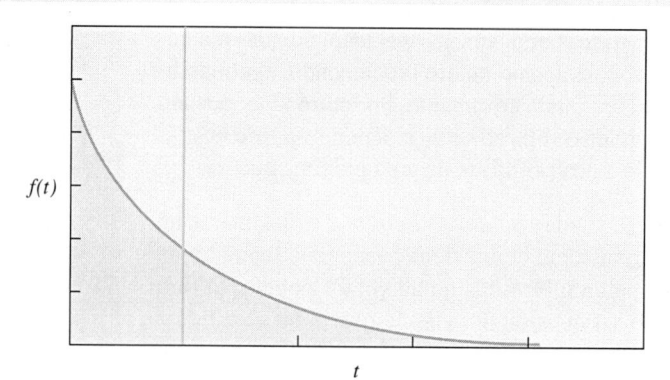

Distribuição exponencial No primeiro caso, quando as chegadas à instalação do atendimento ocorrem de maneira puramente aleatória, a representação gráfica dos tempos entre as chegadas resulta em uma distribuição exponencial, como mostra o Quadro 5.6. A função probabilidade é

[5.1] $$f(t) = \lambda e^{-\lambda t}$$

onde λ é o número médio de chegadas por período de tempo.

A área cumulativa abaixo da curva no Quadro 5.6 é a soma da equação (5.1) sobre sua amplitude positiva, que é $e^{-\lambda t}$. Este inteiro nos permite calcular as probabilidades de chegadas dentro de um tempo específico. Por exemplo, para o caso de chegadas únicas a uma fila de espera ($\lambda = 1$), pode ser derivada a seguinte tabela, tanto resolvendo $e^{-\lambda t}$ ou usando o Apêndice D. A coluna 2 mostra a probabilidade de que demorará mais do que t minutos até a próxima chegada. A coluna 3 mostra a probabilidade da próxima chegada dentro de t minutos (calculando como 1 menos a coluna 2).

Quadro 5.6 Distribuição exponencial

(1) T Minutos	(2) PROBABILIDADE DE QUE A PRÓXIMA CHEGADA OCORRA EM T MINUTOS OU MAIS (DO APÊNDICE D OU RESOLVENDO E^{-T})	(3) PROBABILIDADE DE QUE A PRÓXIMA CHEGADA OCORRA EM T MINUTOS OU MENOS [1 − COLUNA (2)]
0	1,00	0
0,5	0,61	0,39
1,0	0,37	0,63
1,5	0,22	0,78
2,0	0,14	0,86

Distribuição de Poisson No segundo caso, no qual se está interessado no número de chegadas durante certo período de tempo t, a distribuição aparece como no Quadro 5.7 e é obtida encontrando-se a probabilidade de exatamente n chegadas durante T. Se o processo de chegada for aleatório, a distribuição é de Poisson, e a fórmula é

Distribuição de Poisson

[5.2]
$$P_T(n) = \frac{(\lambda T)^n e^{-\lambda T}}{n!}$$

A equação (5.2) mostra a probabilidade de exatamente n chegadas no tempo T. Por exemplo, se a taxa média de chegadas de unidades em um sistema é de três por minuto ($\lambda = 3$), e queremos encontrar a probabilidade de que exatamente cinco unidades chegarão dentro de um período de um minuto ($n = 5, T = 1$), teremos

$$P_1(5) = \frac{(3 \times 1)^5 e^{-3 \times 1}}{5!} = \frac{3^5 e^{-3}}{120} = 2{,}025 e^{-3} = 0{,}101$$

Isto é, há uma chance de 10,1% de que haverá cinco chegadas em um intervalo de um minuto.

Embora seja normalmente mostrada como uma curva suavizada, como no Quadro 5.7, Poisson é uma distribuição discreta. (A curva se torna mais suave à medida que n se torna maior.) A distribui-

Quadro 5.7

Distribuição de Poisson para $\lambda T = 3$

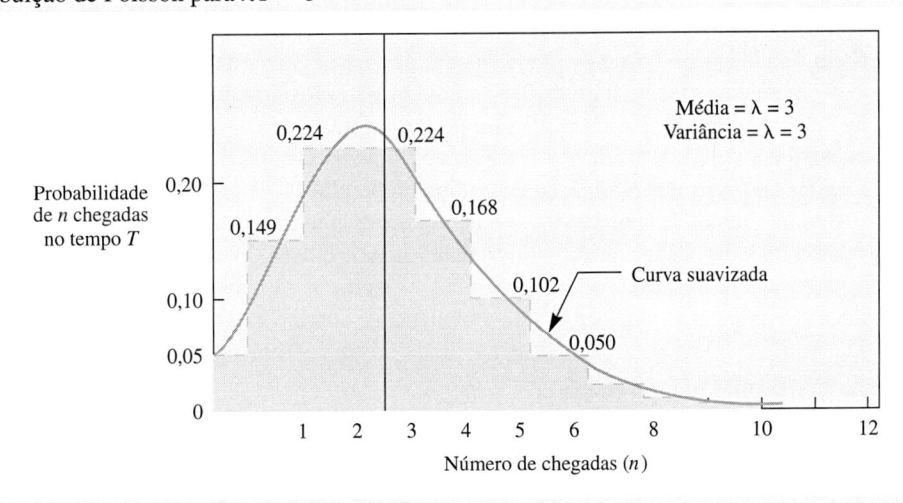

Quadro 5.8 — Chegadas dos clientes às filas

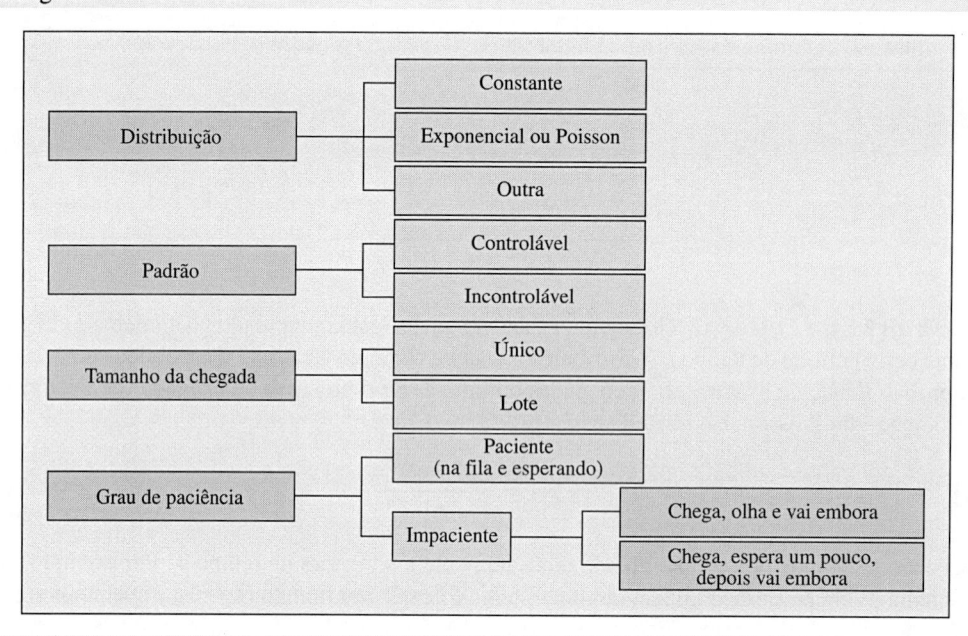

- **Distribuição**
  - Constante
  - Exponencial ou Poisson
  - Outra
- **Padrão**
  - Controlável
  - Incontrolável
- **Tamanho da chegada**
  - Único
  - Lote
- **Grau de paciência**
  - Paciente (na fila e esperando)
  - Impaciente
    - Chega, olha e vai embora
    - Chega, espera um pouco, depois vai embora

ção é discreta porque n se refere, no exemplo, ao número de chegadas a um sistema, e este deve ser um número inteiro. (Por exemplo, não pode haver 1,5 chegadas.)

Observe também que as distribuições exponenciais e de Poisson podem ser derivadas uma da outra. A média e a variância de Poisson são iguais e representadas por λ. A média da exponencial é $1/\lambda$ e sua variância é $1/\lambda^2$. (Lembre-se de que o tempo entre as chegadas é exponencialmente distribuído e o número de chegadas por unidade de tempo é distribuído segundo Poisson.)

Outras características de chegadas abrangem os padrões de chegada, o tamanho das unidades de chegada e o grau de paciência. (Ver Quadro 5.8)

Padrões de chegadas – As chegadas em um sistema são muito mais controláveis do que geralmente se imagina. Os barbeiros poderiam diminuir sua taxa de chegadas aos sábados (e possivelmente transferi-la para outros dias da semana), cobrando US$ 1 extra para cada corte de cabelo de adultos ou cobrando preço de adultos para os cortes de cabelo de crianças. As lojas de departamentos fazem liquidações durante os períodos fora da temporada ou promovem vendas de apenas um dia, para fins de controle. As empresas aéreas oferecem excursões e taxas para a baixa temporada por motivos semelhantes. O mais simples de todos os instrumentos de controle das chegadas é a divulgação do horário comercial.

Algumas demandas por serviços são claramente incontroláveis, como as demandas médicas de emergência nas instalações hospitalares de uma cidade. Mas, mesmo nessas situações, as chegadas aos pronto-socorros nos hospitais específicos são, até certo ponto, controláveis mediante o aviso, para os motoristas de ambulâncias, sobre o *status* de seus respectivos hospitais.

Tamanho das unidades de chegada – A *chegada unitária* pode ser considerada uma unidade. (Uma unidade é o menor número trabalhado.) A chegada unitária na bolsa de valores de Nova York (NYSE) é de 100 cotas de ações; a chegada unitária em uma fábrica de processamento de ovos poderá ser de uma dúzia de ovos ou uma cartela com duas dúzias e meia; a chegada unitária em um restaurante é uma única pessoa.

O *lote de chegadas* é um múltiplo de uma unidade, como um bloco de 1.000 ações no NYSE, uma caixa de ovos na fábrica de processamento ou um grupo de cinco pessoas em um restaurante.

Grau de paciência – O cliente *paciente* é aquele que espera o tempo necessário até que a instalação do atendimento esteja pronta para atendê-lo. (Mesmo que os clientes reclamem ou fiquem impacientes, o fato de eles esperarem para serem atendidos é suficiente para rotulá-los como clientes pacientes, para fins da teoria da fila de espera.)

Existem duas classes de chegadas de clientes impacientes. Os membros do primeiro tipo chegam, avaliam o atendimento e a extensão da fila e depois decidem ir embora. Os membros do segundo tipo chegam, avaliam a situação, entram na fila e, em seguida, depois de certo período de tempo, partem. O comportamento do primeiro tipo é denominado *recusa*, enquanto o segundo é denominado *desistência*.

O sistema de filas: fatores

O sistema de filas consiste basicamente nas filas de espera e no número disponível de atendentes. Discutiremos aqui questões pertencentes às características e à administração das filas de espera, estrutura da fila e taxa de atendimento. Os fatores a serem considerados sobre as filas de espera são a extensão da fila, o número de filas e a disciplina da fila.

Extensão – Em um sentido prático, a fila infinita é simplesmente aquela muito longa em termos da capacidade existente do sistema de serviço. Os exemplos de *extensão potencial infinita* podem ser: uma fila de veículos movendo-se lentamente por vários quilômetros em uma ponte ou clientes que precisam formar uma fila ao redor de um quarteirão para comprar ingressos para uma peça de teatro.

Postos de gasolina, docas de cargas e estacionamentos possuem uma *capacidade limitada de fila* causada pelas restrições legais ou pelas características do espaço físico. Essas questões complicam o problema das filas de espera, não somente em relação à utilização do serviço e à avaliação da fila, como também quanto ao formato da distribuição geral de chegadas. Os clientes que chegam e não podem aguardar na fila devido à falta de espaço podem se juntar novamente à população posteriormente ou procurar atendimento em outro lugar. Ambas as ações levam a diferenças óbvias no caso de populações finitas.

Número de filas – A fila única é aquela na qual todos os clientes aguardam em uma única fila. O termo *filas múltiplas* refere-se às filas únicas que se formam em frente a um ou mais atendentes, ou filas únicas que convergem para um ponto central de redistribuição. A desvantagem das filas múltiplas, em uma instalação ocupada, é que os clientes geralmente mudam de fila várias vezes se vários serviços anteriores tiveram uma curta duração, ou se esses clientes atualmente em outras filas parecem necessitar de um tempo de serviço mais curto.

Disciplina da fila – A disciplina de uma fila é uma regra de prioridade ou conjunto de regras para determinar a seqüência na qual os clientes serão atendidos em uma fila de espera. As regras selecionadas podem ter um efeito significativo no desempenho geral do sistema. O número de clientes em fila, a média do tempo de espera, a variabilidade no tempo de espera e a eficiência da instalação de serviço são apenas alguns dos fatores afetados pela escolha das regras prioritárias.

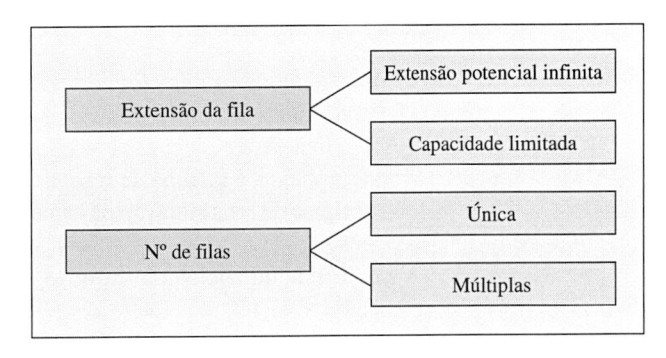

Provavelmente, a regra prioritária mais comum seja aquela que diz que *o primeiro a chegar é o primeiro a ser atendido (FCFS – First Come First Served)*. Esta regra define que os clientes na fila são atendidos com base nas suas chegadas cronológicas; nenhuma outra característica tem importância no processo de seleção. Esta é popularmente aceita como a regra mais justa, embora na prática discrimine o cliente que necessita de um tempo curto de atendimento.

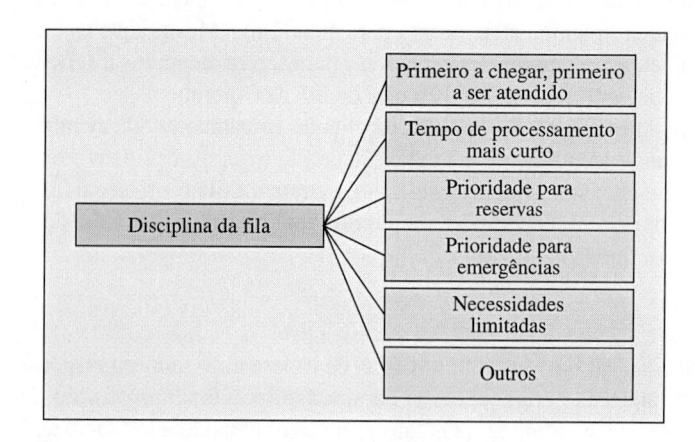

```
Disciplina da fila ─┬─ Primeiro a chegar, primeiro a ser atendido
                    ├─ Tempo de processamento mais curto
                    ├─ Prioridade para reservas
                    ├─ Prioridade para emergências
                    ├─ Necessidades limitadas
                    └─ Outros
```

Prioridade para reservas, emergências, clientes mais lucrativos, pedidos maiores, melhores clientes, maior tempo de espera na fila e para as datas de entrega mais cedo são outros exemplos de regras prioritárias. Existem dois problemas práticos importantes ao utilizar qualquer regra: um é certificar-se de que o cliente conhece e segue a regra, o outro é certificar-se de que existe um sistema para permitir que os funcionários administrem a fila (como os sistemas de retirada de senha).

Distribuição do tempo de serviço   Outra característica importante da estrutura da fila de espera é o tempo que o cliente ou a unidade gasta com o atendente, uma vez que o serviço tenha começado. As fórmulas para as filas de espera geralmente especificam a taxa de atendimento como a capacidade do atendente em uma série de unidades por um período de tempo (como 12 unidades por hora) e *não* como tempo de serviço, o qual pode ter uma média de cinco minutos cada. Uma regra de tempo de atendimento constante diz que cada serviço leva exatamente o mesmo tempo. Assim como nas chegadas constantes, esta característica é geralmente limitada às operações controladas por máquinas.

Taxa de atendimento

Quando os tempos de atendimento são aleatórios, estes podem ser aproximados pela distribuição exponencial. Quando se utiliza a distribuição exponencial como aproximação dos tempos de atendimento, está se referindo a μ como o número médio de unidades ou clientes que podem ser atendidos por período de tempo.

Estruturas das filas   Como mostra o Quadro 5.9, o fluxo dos itens a serem atendidos pode seguir uma fila única, filas múltiplas ou uma combinação das duas. A escolha do formato depende parcialmente da quantidade de clientes atendidos e parcialmente das restrições impostas pela seqüência que define a ordem pela qual o serviço deve ser realizado.

1. **Canal único, fase única** – Este é o tipo mais simples de estrutura de fila de espera, e há fórmulas diretas disponíveis para solucionar o problema do comportamento-padrão da distribuição de chegadas e do atendimento. Quando as distribuições não são padronizadas, o problema é facilmente resolvido através do uso da simulação computacional. Um exemplo típico de uma situação de canal único, fase única, é um salão de beleza com uma única pessoa.
2. **Canal único, fases múltiplas** – O sistema de lavagem de carros é um exemplo porque uma série de serviços (aspirar, molhar, lavar, enxaguar, secar, limpar os vidros e estacionar) é realizada em uma seqüência bastante uniforme. Um fator crítico no caso do canal único com séries de serviços é a quantidade de itens permitidos à frente de cada serviço, o que, por sua vez, constitui filas de espera separadas.

Quadro 5.9

Estruturas das filas

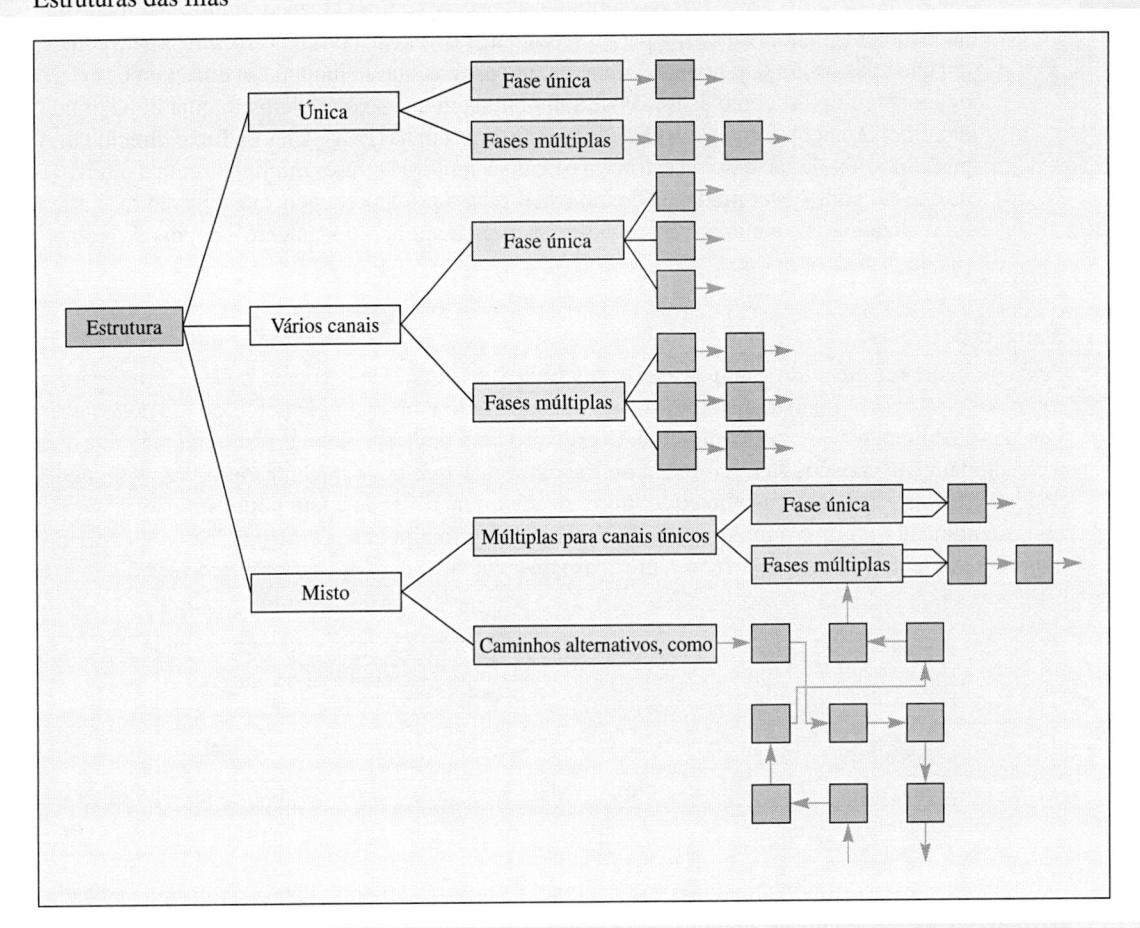

[Diagrama: Estrutura → Única (Fase única, Fases múltiplas); Vários canais (Fase única, Fases múltiplas); Misto (Múltiplas para canais únicos — Fase única, Fases múltiplas; Caminhos alternativos, como)]

3. **Canais múltiplos, fase única** – Os caixas em um banco e os guichês nas lojas de departamentos exemplificam esse tipo de estrutura. A dificuldade com esse formato consiste no fato de que os diferentes tempos de atendimento dedicados a cada cliente resultam em velocidade e fluxo desigual entre as filas. Este procedimento faz com que alguns clientes sejam atendidos antes de outros que chegaram mais cedo, assim como em certo grau de troca entre as filas por parte dos clientes. Modificar esta estrutura para garantir o atendimento das chegadas em ordem cronológica poderia levar a uma situação de fila única, na qual, à medida que um atendente torna-se disponível, o próximo cliente na fila é atendido.

    O principal problema deste tipo de estrutura é que ele exige um controle rígido da fila para manter a ordem e direcionar os clientes para os atendentes disponíveis. Em algumas situações, a atribuição de números aos clientes, por ordem de chegada, ajuda a aliviar este problema.

4. **Canais múltiplos, fases múltiplas** – Este caso é semelhante ao anterior, exceto pelo fato de que dois ou mais serviços são realizados em seqüência. A internação de pacientes em um hospital segue este padrão, porque uma seqüência específica de etapas é, geralmente, completada: contato inicial no balcão de internações, preenchimento de formulários, confecção das pulseiras de identificação, obtenção de um quarto, acompanhamento do paciente até o quarto, e assim por diante. Uma vez que vários atendentes estão geralmente disponíveis para este procedimento, é possível atender mais de um paciente por vez.

5. **Misto** – Nesse tópico geral, consideram-se duas subcategorias: (1) estruturas múltiplas para canais únicos e (2) estruturas de caminhos alternativos. Em (1), encontram-se tanto as filas que se unem em uma única fila para o serviço de fase única, como no cruzamento de pontes, em que duas pistas se juntam em uma, quanto as filas que se juntam em uma para o serviço de fases múltiplas, como as linhas de submontagem que se conectam em uma linha principal. Em (2), encontram-se duas estruturas que diferem nas exigências de fluxo direcional. A primeira é similar ao caso da estrutura de canais múltiplos, fases múltiplas, com a diferença de que (a) pode haver mudança de um canal para o próximo depois que o primeiro serviço foi realizado e (b) o número de canais e fases pode variar – novamente – depois da realização do primeiro serviço.

Saindo do sistema de filas

Após o cliente ser atendido, são possíveis dois fluxos de saída: (1) o cliente pode retornar para a fonte populacional e imediatamente tornar-se um candidato a novo atendimento ou (2) pode haver pouca probabilidade de novo atendimento. O primeiro caso pode ser ilustrado por uma máquina que é constantemente consertada e retornada ao trabalho, mas que pode quebrar outra vez; o segundo pode ser ilustrado por uma máquina que foi retificada ou modificada e tem pouca probabilidade de novo atendimento no futuro próximo. Pode-se referir ao primeiro caso como um "caso de resfriado comum recorrente" e ao segundo como um "caso de apendicite com apenas uma ocorrência".

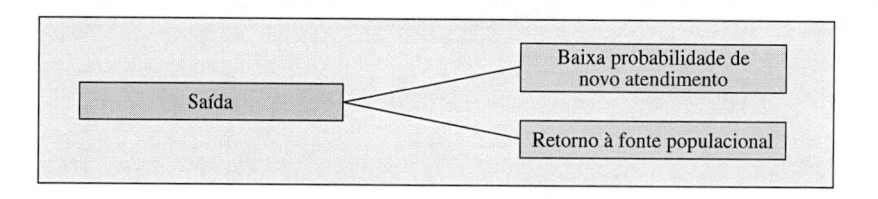

```
                                ┌─ Baixa probabilidade de
                                │   novo atendimento
         Saída ─────────────────┤
                                │
                                └─ Retorno à fonte populacional
```

É evidente que quando uma fonte populacional é finita, qualquer mudança no serviço realizado aos clientes que retornam para a população modifica a taxa de chegada à instalação de atendimento. É claro que isso altera as características da fila de espera que está sendo estudada e necessita de uma nova análise do problema.

MODELOS DE FILAS DE ESPERA

Excel: Queue_Models

Nesta seção, serão apresentadas quatro amostras de problemas com as filas de espera, seguidos pelas soluções. Cada um deles tem uma estrutura um pouco diferente (ver Quadro 5.10) e equações para solucioná-los (ver Quadro 5.11). Existem mais tipos de modelos além desses quatro, mas as fórmulas e soluções tornam-se bastante complexas, e esses problemas são geralmente resolvidos com simulações computacionais. Além disso, ao usar essas fórmulas, tenha em mente que são fórmulas de *estado permanente* derivadas da suposição de que o processo sob estudo é contínuo. Assim, elas poderão proporcionar resultados imprecisos quando aplicadas aos processos em que as taxas de chegada e/ou atendimento mudam com o tempo. A planilha Excel, Queue.xls, incluída no CD, pode ser usada para solucionar esses problemas.

Eis uma apresentação resumida dos quatro problemas para ilustrar cada um dos quatro modelos de fila de espera nos Quadros 5.10 e 5.11.

Problema 1: clientes na fila – Um banco quer saber quantos clientes estão esperando na fila do caixa do *drive-in*, quanto tempo eles terão que esperar, a utilização do caixa e qual deveria ser a taxa de atendimento para que em 95% do tempo houvesse, no máximo, apenas três carros no sistema.

Propriedades de alguns modelos específicos de fila de espera

Quadro 5.10

Modelo	Layout	Fase de atendimento	Fonte populacional	Padrão de chegada	Disciplina da fila	Padrão de atendimento	Extensão permitida da fila	Exemplo comum
1	Canal único	Única	Infinita	Poisson	FCFS	Exponencial	Ilimitada	Caixa de banco; ponte com fila única
2	Canal único	Única	Infinita	Poisson	FCFS	Constante	Ilimitada	Passeio de montanha-russa em parque de diversão
3	Vários canais	Única	Infinita	Poisson	FCFS	Exponencial	Ilimitada	Balcão de peças em concessionária de automóveis

Notações para equações

Quadro 5.11

NOTAÇÕES PARA AS FILAS INFINITAS: MODELOS 1-3

λ = taxa de chegada

μ = taxa de atendimento

$\dfrac{1}{\mu}$ = média do tempo de atendimento

$\dfrac{1}{\lambda}$ = média de tempo entre as chegadas

ρ = coeficiente do total da taxa de chegada para a taxa de atendimento para um único servidor $\left(\dfrac{\lambda}{\mu}\right)^*$

L_q = número médio esperando na fila

L_s = número médio no sistema (incluindo aqueles que estão sendo atendidos)

W_q = média de tempo esperando na fila

W_s = média do total de tempo no sistema (incluindo o tempo para ser atendido)

n = número de unidades no sistema

S = número de canais de serviços idênticos

P_n = Probabilidade de haver exatamente n unidades no sistema

P_w = Probabilidade de espera na fila

EQUAÇÕES PARA SOLUCIONAR TRÊS PROBLEMAS DE MODELO

Modelo 1:
$$\begin{cases} L_q = \dfrac{\lambda^2}{\mu(\mu - \lambda)} \\ L_s = \dfrac{\lambda}{\mu - \lambda} \end{cases} \quad W_q = \dfrac{L_q}{\lambda} \quad W_s = \dfrac{L_s}{\lambda} \quad P_n = \left(1 - \dfrac{\lambda}{\mu}\right)\left(\dfrac{\lambda}{\mu}\right)^n \quad \rho = \dfrac{\lambda}{\mu} \quad P_o = \left(1 - \dfrac{\lambda}{\mu}\right) \quad (5.3)$$

Modelo 2:
$$\begin{cases} L_q = \dfrac{\lambda^2}{2\mu(\mu - \lambda)} \\ L_s = L_q + \dfrac{\lambda}{\mu} \end{cases} \quad W_q = \dfrac{L_q}{\lambda} \quad W_s = \dfrac{L_s}{\lambda} \quad (5.4)$$

Modelo 3:
$$\begin{cases} L_s = L_q + \lambda/\mu \\ W_q = L_q/\lambda \end{cases} \quad W_s = L_s/\lambda \quad P_w = L_q\left(\dfrac{S\mu}{\lambda} - 1\right) \quad (5.5)$$

(O Quadro 5.12 fornece o valor de L_q, dado λ/μ e o número de atendentes S.)

*Para as filas com um único servidor, equivale à utilização.

Problema 2: seleção de equipamentos – A franquia de um Lava Carros Robot precisa decidir qual equipamento comprar de uma lista de três equipamentos. As unidades maiores custam mais, mas lavam os carros mais rapidamente. Para tomar a decisão, os custos estão relacionados à receita.

Problema 3: determinar o número de servidores – O departamento de peças de uma agência de carros precisa decidir quantos balconistas empregar. Mais balconistas custam mais dinheiro, porém há uma economia porque os mecânicos esperarão menos tempo.

Exemplo 5.1: Clientes na fila

O Western National Bank está pensando em abrir uma janela de *drive-in* para atendimento ao cliente. A gerência estima que os clientes devem chegar a uma taxa de 15 por hora. O caixa que atenderá na janela consegue atender os clientes a uma taxa de um a cada três minutos ou 20 por hora.

Parte 1 – Presumindo que as chegadas sejam de distribuição Poisson e o atendimento seja exponencial, encontre:

1. A utilização do caixa.
2. O número médio na fila de espera.
3. O número médio no sistema.
4. A média de tempo de espera na fila.
5. A média de tempo de espera no sistema, incluindo o atendimento.

SOLUÇÃO – Parte 1

1. A média de utilização do caixa é (usando o Modelo 1)

$$\rho = \frac{\lambda}{\mu} = \frac{15}{20} = 75\%$$

2. O número médio na fila de espera é

$$L_q = \frac{\lambda^2}{\mu(\mu - \lambda)} = \frac{(15)^2}{20(20 - 15)} = 2{,}25 \text{ clientes}$$

3. O número médio no sistema é

$$L_s = \frac{\lambda}{\mu - \lambda} = \frac{15}{20 - 15} = 3 \text{ clientes}$$

4. A média do tempo de espera na fila é

$$W_q = \frac{L_q}{\lambda} = \frac{2{,}25}{15} = 0{,}15 \text{ hora / 9 minutos}$$

5. A média do tempo de espera no sistema é

$$W_s = \frac{L_s}{\lambda} = \frac{3}{15} = 0{,}2 \text{ hora / 12 minutos}$$

Exemplo 5.1 (Continuação)

Parte 2 – Devido à disponibilidade limitada de espaço, e o desejo de proporcionar um nível aceitável de atendimento, o gerente do banco gostaria de garantir, com 95% de confiança, que, no máximo, três carros estarão no sistema. Qual é o nível atual de atendimento para o limite de três carros? Qual o nível de uso do caixa que deve ser alcançado e qual deve ser a taxa de atendimento do caixa para garantir o nível de atendimento de 95%?

SOLUÇÃO – parte 2

O nível atual de atendimento para três ou menos carros é a probabilidade de que haja 0, 1, 2 ou 3 carros no sistema. Do Modelo 1, Quadro 5.11.

$$P_n = \left(1 - \frac{\lambda}{\mu}\right)\left(\frac{\lambda}{\mu}\right)^n$$

em $n = 0$, $P_0 = (1 - 15/20) \cdot (5/20) = 0{,}250$
em $n = 1$, $P_1 = (1/4) \cdot (15/20)^1 = 0{,}188$
em $n = 2$, $P_2 = (1/4) \cdot (15/20)^2 = 0{,}141$
em $n = 3$, $P_3 = (1/4) \cdot (15/20)^3 = 0{,}105$
$ \overline{0{,}684}$ ou $68{,}5\%$

A probabilidade de ter mais de três carros no sistema é de 1,0 menos a probabilidade de três ou menos carros (1,0 − 0,685 = 31,5%).

Para um nível de atendimento de 95% de três ou menos carros, a condição é que $P_0 + P_1 + P_2 + P_3 = 95\%$.

$$0{,}95 = \left(1 - \frac{\lambda}{\mu}\right)\left(\frac{\lambda}{\mu}\right)^0 + \left(1 - \frac{\lambda}{\mu}\right)\left(\frac{\lambda}{\mu}\right)^1 + \left(1 - \frac{\lambda}{\mu}\right)\left(\frac{\lambda}{\mu}\right)^2 + \left(1 - \frac{\lambda}{\mu}\right)\left(\frac{\lambda}{\mu}\right)^3$$

$$0{,}95 = \left(1 - \frac{\lambda}{\mu}\right)\left[1 + \frac{\lambda}{\mu} + \left(\frac{\lambda}{\mu}\right)^2 + \left(\frac{\lambda}{\mu}\right)^3\right]$$

Pode-se resolver este problema por tentativa e erro para os valores de λ/μ. Se $\lambda/\mu = 0{,}50$,

$$0{,}95 \stackrel{?}{=} 0{,}5\,(1 + 0{,}5 + 0{,}25 + 0{,}125)$$
$$0{,}95 \neq 0{,}9375$$

Com $\lambda/\mu = 0{,}45$,

$$0{,}95 \stackrel{?}{=} (1 - 0{,}45)\,(1 + 0{,}45 + 0{,}203 + 0{,}091)$$
$$0{,}95 \neq 0{,}96$$

Com $\lambda/\mu = 0{,}47$

$$0{,}95 \stackrel{?}{=} (1 - 0{,}47)\,(1 + 0{,}47 + 0{,}221 + 0{,}104) = 0{,}9512$$
$$0{,}95 \approx 0{,}95135$$

Assim sendo, com a utilização de $\rho = \lambda/\mu$ de 47%, a probabilidade de três ou menos carros no sistema é de 95%.

Para encontrar a taxa de atendimento necessária para se alcançar este nível de serviço de 95%, simplesmente resolve-se a equação $\lambda/\mu = 0{,}47$, onde λ = número de chegadas por hora. Isso resulta em $\mu = 32$ por hora. Isto é, o caixa precisa atender aproximadamente 32 pessoas por hora (um aumento de 60% da capacidade inicial de 20 clientes por hora) para 95% de certeza de que, no máximo, apenas três carros estarão no sistema. Talvez o serviço possa ser acelerado mediante a modificação do método de atendimento, adicionando mais um caixa ou limitando os tipos de transações na janela do *drive-in*. Observe que com a condição de 95% de certeza de que três ou menos carros estarão no sistema, o caixa ficará parado em 53% do tempo. ●

Exemplo 5.2: Seleção de equipamentos

A Robot Company tem franquias de postos de gasolina e lava-carros combinados por todos os Estados Unidos. Ela oferece uma lavagem de carro grátis toda vez que o cliente encher o tanque ou, apenas para a lavagem, cobra $0,50. Experiências passadas mostram que o número de clientes que lavam os carros depois de abastecer é aproximadamente o mesmo dos que utilizam apenas lavagem. A média de lucro em encher o tanque é de aproximadamente US$ 0,70, e o custo do lava-carros para a Robot é de US$ 0,10. A Robot fica aberta 14 horas por dia.

A Robot tem três opções de compra da unidade de lava-carros, e o franqueado precisa selecionar a unidade preferida. A Unidade I lava os carros na mesma taxa de um a cada cinco minutos e é arrendada por US$ 12 por dia. A Unidade II, uma unidade maior, lava os carros a uma taxa de um a cada quatro minutos, mas custa US$ 16 por dia. A Unidade III, a maior de todas, custa US$ 22 por dia e lava um carro a cada três minutos.

A franquia estima que os clientes não deverão esperar na fila por mais de cinco minutos para lavar o carro. Um tempo mais longo fará com que a Robot perca as vendas de gasolina, assim como as vendas de lavagem de carros.

Se a estimativa de chegadas de clientes que resultam em lavagens for de 10 por hora, qual unidade de lavagem seria selecionada?

SOLUÇÃO

Considerando a Unidade I, calcule a média do tempo de espera dos clientes na fila de lavagem (μ para a Unidade I = 12 por hora). Das equações do Modelo 2 (Quadro 5.11),

$$L_q = \frac{\lambda^2}{2\mu(\mu - \lambda)} = \frac{10^2}{2(12)(12-10)} = 2{,}08333$$

$$W_q = \frac{L_q}{\lambda} = \frac{2{,}08333}{10} = 0{,}208 \text{ hora, ou } 12{,}5 \text{ minutos}$$

Para a Unidade II a 15 por hora,

$$L_q = \frac{10^2}{2(15)(15-10)} = 0{,}667$$

$$W_q = \frac{0{,}667}{10} = 0{,}0667 \text{ hora, ou } 4 \text{ minutos}$$

Se o tempo de espera for o único critério, a Unidade II deveria ser comprada. Porém, antes de se tomar a decisão final, é necessário considerar o diferencial de lucro entre ambas as unidades.

Com a Unidade I, alguns clientes se recusariam e desistiriam por causa da espera de 12,5 minutos. E, embora isto aumente a complexidade matemática da análise, pode-se obter uma estimativa das vendas perdidas com a Unidade I aumentando $W_q = 5$ minutos ou $\frac{1}{12}$ de hora (a média de tempo que os clientes esperarão) e solucionar o λ. Esta poderia ser a taxa real de chegada dos clientes:

$$W_q = \frac{L_q}{\lambda} = \left(\frac{\lambda^2/2\mu(\mu-\lambda)}{\lambda}\right)$$

$$W_q = \frac{\lambda}{2\mu(\mu - \lambda)}$$

$$\lambda = \frac{2W_q \mu^2}{1 + 2W_q \mu} = \frac{2\left(\frac{1}{12}\right)(12)^2}{1 + 2\left(\frac{1}{12}\right)(12)} = 8 \text{ por hora}$$

Por conseguinte, uma vez que a estimativa original de λ era de 10 por hora, a capacidade adicional de dois clientes por hora será perdida. O lucro perdido de dois clientes por hora × 14 horas × $\frac{1}{12}$ (US$ 0,70 de lucro com abastecimento + US$ 0,40 de lucro com a lavagem) = US$ 15,40 por dia.

Devido ao custo adicional da Unidade II sobre a Unidade I ser de apenas US$ 4 por dia, a perda de um lucro de US$ 15,40 obviamente garante a instalação da Unidade II.

A restrição original de espera máxima de cinco minutos é satisfeita pela Unidade II. Portanto, a Unidade III não é considerada, a menos que se espere que a taxa de chegadas aumente. ●

Exemplo 5.3: Determinar o número de atendentes

No departamento de serviço da Agência de Carros Glen-Mark, os mecânicos que necessitam de peças para o conserto de carros, ou serviço, apresentam seus formulários de requisição no balcão do departamento. O balconista preenche uma requisição enquanto os mecânicos esperam. Os mecânicos chegam de maneira aleatória (Poisson), na taxa de 40 por hora, e um balconista consegue preencher uma requisição a uma taxa de 20 por hora (exponencial). Se o custo para o balconista do departamento é de US$ 6 por hora e o custo do mecânico é de US$ 12 por hora, determine o numero ótimo de balconistas para completar o quadro de funcionários no balcão. (Por causa da alta taxa de chegada, presume-se uma fonte infinita.)

SOLUÇÃO

Primeiro, suponha que serão usados três balconistas, porque ter apenas um ou dois criaria filas infinitamente longas (uma vez que $\lambda = 40$ e $\mu = 20$). Serão utilizadas as equações para o Modelo 3 do Quadro 5.11. Porém, inicialmente, precisa-se obter o numero médio na fila usando a tabela do Quadro 5.12. Usando a tabela e os valores $\lambda/\mu = 2$ e $S = 3$, obtém-se $L_q = 0,8888$ do mecânico.

Neste ponto, vê-se que há uma média de 0,8888 do mecânico esperando o dia todo. Para um dia de oito horas, a US$ 12 por hora, há uma perda do tempo do mecânico valendo 0,8888 do mecânico × US$ 12 por hora × 8 horas = US$ 85,32.

O próximo passo é obter novamente o tempo de espera para o caso de se adicionar um balconista. Em seguida, compara-se o custo agregado ao funcionário adicional com o tempo economizado pelos mecânicos. Mais uma vez, usando a tabela do Quadro 5.12, porém com $S = 4$, obtém-se:

$L_q = 0,1730$ do mecânico na fila

0,1730 × $12 × 8 horas = US$ 16,61 o custo do mecânico esperando na fila

Valor do tempo economizado dos mecânicos é US$ 85,32 − US$ 16,61 = US$ 68,71

Custo de um balconista adicional é 8 horas × US$ 6/hora = 48,00

Custo da redução com a adição do quarto balconista = US$ 20,71

Este problema poderia ser expandido para considerar a alocação de entregadores para levar as peças para os mecânicos; o problema, então, seria determinar o número ótimo de entregadores. Este, no entanto, teria que incluir o custo adicionado do tempo perdido causado por erros no recebimento das peças. Por exemplo, um mecânico reconheceria uma peça errada no balcão e exigiria uma correção imediata, ao passo que o entregador não saberia a diferença. ●

Quadro 5.12 — Número previsto de pessoas esperando na fila (L_q) para diversos valores de S e λ/μ

λ/μ	1	2	3	4	5	6	7	8	9	10	11	12	13	14	15
0,10	0,0111														
0,15	0,0264	0,0006													
0,20	0,0500	0,0020													
0,25	0,0833	0,0039													
0,30	0,1285	0,0069													
0,35	0,1884	0,0110													
0,40	0,2666	0,0166													
0,45	0,3681	0,0239	0,0019												
0,50	0,5000	0,0333	0,0030												
0,55	0,6722	0,045	0,0043												
0,60	0,9090	0,0593	0,0061												
0,65	1,2071	0,0767	0,0084												
0,70	1,6333	0,0976	0,0112												
0,75	2,2500	0,1227	0,0147												
0,80	3,2000	0,1523	0,0189												
0,85	4,8165	0,1873	0,0239	0,0031											
0,90	8,1000	0,2285	0,0300	0,0041											
0,95	18,0500	0,2767	0,0371	0,0053											
1,0		0,3333	0,0454	0,0067											
1,2		0,6748	0,0940	0,0158											
1,4		1,3449	0,1778	0,0324	0,0059										
1,6		2,8441	0,3128	0,0604	0,0121										
1,8		7,6731	0,5320	0,1051	0,0227	0,0047									
2,0			0,8888	0,1730	0,0390	0,0090									
2,2			1,4907	0,2770	0,066	0,0158									
2,4			2,1261	0,4205	0,1047	0,0266	0,0065								
2,6			4,9322	0,6581	0,1609	0,0425	0,0110								
2,8			12,2724	1,0000	0,2411	0,0659	0,0180								
3,0				1,5282	0,3541	0,0991	0,0282	0,0077							
3,2				2,3855	0,5128	0,1452	0,0427	0,0122							
3,4				3,9060	0,7365	0,2085	0,0631	0,0189							
3,6				7,0893	1,0550	0,2947	0,0912	0,0283	0,0084						
3,8				16,9366	1,5181	0,4114	0,1292	0,0412	0,0127						
4,0					2,2164	0,5694	0,1801	0,0590	0,0189						
4,2					3,3269	0,7837	0,2475	0,0827	0,0273	0,0087					
4,4					5,2675	1,0777	0,3364	0,1142	0,0389	0,0128					
4,6					9,2885	1,4857	0,4532	0,1555	0,0541	0,0184					
4,8					21,6384	2,0708	0,6071	0,2092	0,0742	0,0260					
5,0						2,9375	0,8102	0,2785	0,1006	0,0361	0,0125				
5,2						4,3004	1,0804	0,3680	0,1345	0,0492	0,0175				
5,4						6,6609	1,4441	0,5871	0,1779	0,0663	0,0243	0,0085			
5,6						11,5178	1,9436	0,6313	0,2330	0,0683	0,0330	0,0119			
5,8						26,3726	2,6481	0,8225	0,3032	0,1164	0,0443	0,0164			
6,0							3,6878	1,0707	0,3918	0,1518	0,0590	0,0224			
6,2							5,2979	1,3967	0,5037	0,1964	0,0775	0,0300	0,0113		
6,4							8,0768	1,8040	0,6454	0,2524	0,1008	0,0398	0,0153		
6,6							13,7992	2,4198	0,8247	0,3222	0,1302	0,0523	0,0205		
6,8							31,1270	3,2441	1,0533	0,4090	0,1666	0,0679	0,0271	0,0105	
7,0								4,4471	1,3471	0,5172	0,2119	0,0876	0,0357	0,0141	
7,2								6,3133	1,7288	0,6521	0,2677	0,1119	0,0463	0,0187	
7,4								9,5102	2,2324	0,8202	0,3364	0,1420	0,0595	0,0245	0,0097
7,6								16,0379	2,9113	1,0310	0,4211	0,1789	0,0761	0,0318	0,0129
7,8								35,8956	3,8558	1,2972	0,5250	0,2243	0,0966	0,0410	0,0168
8,0									5,2264	1,6364	0,6530	0,2796	0,1214	0,0522	0,0220
8,2									7,3441	2,0736	0,8109	0,3469	0,1520	0,0663	0,0283
8,4									10,9592	2,6470	1,0060	0,4288	0,1891	0,0834	0,0361
8,6									18,3223	3,4160	1,2484	0,5236	0,2341	0,1043	0,0459
8,8									40,6824	4,4805	1,5524	0,6501	0,2885	0,1208	0,0577
9,0										6,0183	1,9366	0,7980	0,3543	0,1603	0,0723
9,2										8,3869	2,4293	0,9788	0,4333	0,1974	0,0899
9,4										12,4183	3,0732	1,2010	0,5267	0,2419	0,1111
9,6										20,6160	3,9318	1,4752	0,5437	0,2952	0,1367
9,8										45,4769	5,1156	1,8165	0,7827	0,3699	0,16731
10											6,8210	2,2465	0,9506	0,4352	0,2040

Excel: Extensão esperada

SIMULAÇÃO COMPUTACIONAL DAS FILAS DE ESPERA

Alguns problemas de fila de espera que parecem simples à primeira vista acabam sendo extremamente difíceis ou impossíveis de resolver. Neste capítulo, tratamos as situações de filas de espera que são independentes; todo o sistema consiste em uma fase única, ou então cada serviço desempenhado em uma série é independente. (Isso poderia acontecer caso fosse permitida que a saída de um local de atendimento se acumulasse em frente ao próximo, de modo que esta, em essência, se transformasse em fonte populacional para o próximo.) Quando uma série de serviços é desempenhada na seqüência, em que a taxa de saída de um se torna a taxa de entrada do próximo, não é mais possível usar as fórmulas simples. Esta afirmação também é verdadeira para qualquer problema no qual as condições existentes não se encaixam nas condições associadas às equações, como especifica o Quadro 5.10. A técnica analítica mais adequada para solucionar esse tipo de problema consiste na simulação computacional.

RESUMO

Este capítulo mostrou como as empresas de serviços são, em vários aspectos, muito parecidas com as empresas de manufatura. Nesses dois tipos de empresas, há uma necessidade de fazer *trade-offs* ao desenvolver um foco. Assim como acontece na manufatura, as empresas de serviços não podem agradar a gregos e a troianos.

A matriz de projeto do sistema de serviços é semelhante à matriz produto-processo utilizada para classificar as operações da produção. Entretanto, os serviços são muito diferentes da produção, quando analisamos o alto grau de personalização geralmente exigida, a velocidade de entrega necessária, o contato direto com o cliente e a variabilidade inerente dos encontros dos serviços. Os mecanismos de proteção e agendamento disponíveis para amenizar a demanda imposta à operação da produção muitas vezes não está disponível para a operação de atendimento. Os serviços exigem níveis mais altos de capacidade em relação à demanda, bem como mais flexibilidade por parte dos trabalhadores que os fornecem.

A análise da fila de espera é relevante para diversas situações do atendimento. O objetivo básico consiste em equilibrar o custo da espera com o custo para acrescentar mais recursos. Para um sistema de serviços, isso significa que a utilização de um atendente pode ser bastante baixa para fornecer um tempo de espera curto para o cliente. Muitos problemas de fila de espera parecem simples até que seja realizada uma tentativa de solução. Este capítulo apresentou os problemas mais simples de filas. Quando a situação se torna mais complicada, tal como quando existem múltiplas fases, ou os serviços são realizados apenas em uma determinada seqüência, a simulação computacional é geralmente necessária.

Termos-chave

Alto e baixo grau de contato com o cliente Presença física do cliente no sistema e a porcentagem do tempo que o cliente deve passar no sistema em relação ao tempo total necessário para a execução do atendimento.

Sistema de filas Consiste em três componentes importantes: (1) a fonte populacional e a maneira como os clientes chegam no sistema, (2) os sistemas de serviços e (3) como os clientes saem do sistema.

Taxa de chegada Número esperado de clientes que chegam a cada período.

Distribuição exponencial Distribuição de probabilidade geralmente associada com os tempos entre as chegadas.

Distribuição de Poisson Distribuição de probabilidade geralmente usada para descrever o número de chegadas durante um dado período de tempo.

Taxa de atendimento Capacidade de um atendente medida em número de unidades que podem ser processadas durante um período de tempo especificado.

Revisão de fórmulas

Distribuição exponencial

[5.1]
$$f(t) = \lambda e^{-\lambda t}$$

Distribuição de Poisson

[5.2]
$$P_T(n) = \frac{(\lambda T)^n e^{-\lambda T}}{n!}$$

Modelo 1 (Ver Quadro 5.11)

[5.3]
$$L_q = \frac{\lambda^2}{\mu(\mu - \lambda)} \quad W_q = \frac{L_q}{\lambda} \quad P_n = \left(1 - \frac{\lambda}{\mu}\right)\left(\frac{\lambda}{\mu}\right)^n \quad P_o = \left(1 - \frac{\lambda}{\mu}\right)$$

$$L_s = \frac{\lambda}{\mu - \lambda} \quad W_s = \frac{L_s}{\lambda} \quad \rho = \frac{\lambda}{\mu}$$

Modelo 2

[5.4]
$$L_q = \frac{\lambda^2}{2\mu(\mu - \lambda)} \quad W_q = \frac{L_q}{\lambda}$$

$$L_s = L_q + \frac{\lambda}{\mu} \quad W_s = \frac{L_s}{\lambda}$$

Modelo 3

$$L_s = L_q + \lambda/\mu \quad W_s = L_s/\lambda$$

[5.5]
$$W_q = L_q/\lambda \quad P_w = L_q\left(\frac{S\mu}{\lambda} - 1\right)$$

O Quadro 5.12 fornece o valor de L_q, dado λ/μ e o número de atendentes S.

Problemas resolvidos

PROBLEMA RESOLVIDO 1

A Quick Lube, Inc., opera um posto de lubrificação e troca de óleo. Em um dia comum, os clientes chegam a uma taxa de três por hora e os serviços de lubrificação são realizados a uma taxa média de um a cada 15 minutos. Os mecânicos operam como uma equipe em um carro por vez.

Supondo que as chegadas sigam uma distribuição Poisson, e o atendimento seja uma exponencial, encontre:

a. A utilização da equipe de lubrificação.
b. O número médio de carros na fila.
c. A média de tempo que um carro espera antes de ser lubrificado.
d. O total de tempo necessário para que o carro passe pelo sistema (isto é, esperar na fila mais o tempo de lubrificação).

Excel:
Queue.xls

Solução

$\lambda = 3, \mu = 4$

a. Utilização $\rho = \dfrac{\lambda}{\mu} = \dfrac{3}{4} = 75\%$.

b. $L_q = \dfrac{\lambda^2}{\mu(\mu - \lambda)} = \dfrac{3^2}{4(4-3)} = \dfrac{9}{4} = 2{,}25$ carros na fila

c. $L_q = \dfrac{L_q}{\lambda} = \dfrac{2{,}25}{3} = 0{,}75$ hora ou 45 minutos

d. $W_s = \dfrac{L_s}{\lambda} = \dfrac{\lambda}{\mu - \lambda} \Big/ \lambda = \dfrac{3}{4-3} \Big/ 3 = 1$ hora (aguardando + óleo)

PROBLEMA RESOLVIDO 2

A American Vending Inc. (AVI) fornece alimentos a serem vendidos em máquinas em uma grande universidade. Muitas vezes, quando as máquinas não funcionam, os estudantes, irritados, empurram-nas e chutam-nas, fazendo com que o administrador tenha um problema constante de conserto. As máquinas quebram a uma média de três por hora, e as quebras são distribuídas conforme a distribuição Poisson. Os tempos parados custam para a empresa US$ 25/hora por máquina, e cada funcionário que realiza a manutenção recebe US$ 4 por hora. Um funcionário consegue trabalhar nas máquinas a uma taxa média de cinco por hora, distribuído exponencialmente; dois funcionários conseguem trabalhar em sete máquinas por hora, distribuídos exponencialmente; e três funcionários conseguem fazer oito por hora, distribuídos exponencialmente.

Qual é o número ótimo de funcionários para o serviço de manutenção das máquinas?

Excel: Queue.xls

Solução

Caso I – Um funcionário:
$\lambda = 3$/hora em distribuição Poisson, $\mu = 5$/hora em distribuição exponencial
Há um número médio de máquinas no sistema de

$$L_s = \dfrac{\lambda}{\mu - \lambda} = \dfrac{3}{5-3} = \dfrac{3}{2} = 1{,}5 \text{ máquinas}$$

O custo de tempo parado é de US$25 × 1,5 = US$ 37,50 por hora; o custo de conserto é de US$ 4,00 por hora; e o total de custo por hora para um funcionário é de US$ 37,50 + US$ 4,00 = US$ 41,50.

$$
\begin{array}{rl}
\text{Tempo parado } (1{,}5 \times \text{US\$ 25}) = & \text{US\$ 37,50} \\
\text{Mão-de-obra } (1 \times \text{US\$ 4}) = & \underline{4{,}00} \\
& \text{US\$ 41,50}
\end{array}
$$

Caso II – Dois funcionários:
$\lambda = 3, \mu = 7$

$$L_s = \dfrac{\lambda}{\mu - \lambda} = \dfrac{3}{7-3} = 0{,}75 \text{ máquinas}$$

$$
\begin{array}{rl}
\text{Tempo parado } (0{,}75 \times \text{US\$ 25}) = & \text{US\$ 18,75} \\
\text{Mão-de-obra } (2 \times \text{US\$ 4}) = & \underline{8{,}00} \\
& \text{US\$ 26,75}
\end{array}
$$

Caso III – Três funcionários:
$\lambda = 3, \mu = 8$

$$L_s = \dfrac{\lambda}{\mu - \lambda} = \dfrac{3}{8-3} = \dfrac{3}{5} = 0{,}60 \text{ máquinas}$$

$$
\begin{array}{rl}
\text{Tempo parado } (0{,}60 \times \text{US\$ 25}) = & \text{US\$ 15,00} \\
\text{Mão-de-obra } (3 \times \text{US\$4}) = & \underline{12{,}00} \\
& \text{US\$ 27,00}
\end{array}
$$

Comparando os custos para um, dois ou três funcionários, vê-se que o Caso II, com dois funcionários, é a decisão ótima.

Questões para revisão e discussão

1. Fatores culturais afetam as filas de espera. Por exemplo, no Japão os caixas para 10 itens ou menos são raros. O que você acha disso?
2. Quantas filas de espera você enfrentou durante sua última viagem aérea?
3. Faça a distinção entre um *canal* e uma *fase*.
4. Qual é o principal *trade-off* de custo que precisa ser feito para administrar as situações da fila de espera?
5. Quais suposições são necessárias para empregar as fórmulas dadas para o Modelo 1?

6. De que maneira a regra "primeiro a chegar, primeiro a ser atendido" poderia ser injusta para o cliente que está esperando por atendimento em um banco ou hospital?
7. Defina, de maneira prática, o que significa *tempo de serviço exponencial*.
8. Você esperaria que a distribuição exponencial fosse uma boa aproximação dos tempos de serviço para:
   a. Comprar uma passagem aérea no aeroporto?
   b. Andar em um carrossel em um parque de diversões?
   c. Fazer o *check-out* em um hotel?
   d. Completar o exame semestral na sua aula de AP?
9. Você esperaria que a distribuição Poisson fosse uma boa aproximação para:
   a. Maratonistas que cruzam a linha de chegada na Maratona de Boston?
   b. Horários de chegadas dos estudantes na sua aula de AP?
   c. Horários de chegada do ônibus na sua parada para ir à escola?

Questões

1. Os estudantes chegam ao Departamento de Serviços Administrativos a uma média de um a cada 15 minutos, e seus pedidos levam, em média, 10 minutos para serem processados. O balcão de atendimento tem apenas uma funcionária, Judy Gomes, que trabalha oito horas por dia. Suponha que as chegadas sejam de distribuição Poisson e os tempos de serviço sejam de distribuição exponencial.
   a. Qual a porcentagem de tempo que Judy fica parada?
   b. Quanto tempo, em média, um estudante gasta esperando na fila?
   c. Qual é a extensão da fila (de espera), em média?
   d. Qual é a probabilidade de que um estudante chegando (pouco antes de entrar no Departamento) encontrará pelo menos outro estudante esperando na fila?
2. Os gerentes do Departamento de Serviços Administrativos estimam que o tempo que um estudante gasta esperando na fila lhes custa (devido à perda da boa vontade e assim por diante) US$ 10 por hora. Para reduzir o tempo que um estudante gasta esperando, eles sabem que precisam melhorar o tempo de processamento de Judy (ver Problema 1). Atualmente eles estão considerando as duas opções seguintes:
   a. Instalar um sistema de computador, com o qual Judy espera conseguir completar o pedido de um estudante 40% mais rápido (de dois minutos por pedido para um minuto e 12 segundos, por exemplo).
   b. Empregar outra funcionária temporária, que trabalhará na mesma taxa que Judy.
   Se o computador custa US$ 99,50 para operar por dia, enquanto a funcionária temporária recebe US$ 75,00 por dia, Judy está certa em preferir que a funcionária temporária seja empregada? Suponha que as chegadas sejam de distribuição Poisson e os tempos de serviço sejam de distribuição exponencial.
3. A Sharp Discounts Wholesale Club tem dois balcões de atendimento, um em cada entrada da loja. Os clientes chegam a cada balcão em uma média de um a cada seis minutos. A taxa de atendimentos em cada balcão de atendimento é de quatro minutos por cliente.
   a. Com que freqüência (qual a porcentagem de tempo) que cada balcão fica vazio?
   b. Qual é a probabilidade de ambos os balcões de atendimento estarem ocupados?
   c. Qual é a probabilidade de ambos os balcões de atendimento ficarem ociosos?
   d. Quantos clientes, em média, estão esperando na fila de cada balcão?
   e. Quanto tempo um cliente gasta nos balcões de atendimento (espera mais tempo de serviço)?
4. A Sharp Discounts Wholesale Club está pensando em consolidar seus dois balcões de atendimento (ver Problema 3) em um único local, com dois funcionários. Os funcionários continuarão a trabalhar na mesma velocidade individual de quatro minutos por cliente.
   a. Qual é a probabilidade de esperar na fila?
   b. Quantos clientes, em média, estão esperando na fila?
   c. Quanto tempo um cliente gasta no balcão de atendimento (espera mais tempo de serviço)?
   d. Você acha que a Sharp Discounts Wholesale Club deveria consolidar os balcões de atendimento?
5. O Burrito King (uma nova rede de restaurantes *fast-food* de âmbito nacional) tem obtido sucesso na automação da sua produção de **burritos** para seus estabelecimentos que funcionam com atendimento direto (*drive-thrus*). O Burro-Masters 9000 necessita de uma constante de 45 segundos para produzir um lote de *burritos*. Foi estimado que os clientes devam chegar na janela do *drive-in*, de acordo com uma distribuição Poisson, a uma média de um a cada 50 segundos. Para ajudar a determinar o espaço necessário para a fila na janela do *drive-in*, o Burrito King gostaria de saber a média esperada de tempo no sistema, a extensão média da fila (em carros) e o número médio de carros no sistema (em ambos, na fila e na janela).
6. O Bijou Theater em Hermosa Beach, Califórnia, exibe filmes atuais. Os clientes chegam à fila do cinema a uma média de 100 por hora. O bilheteiro atende a uma média de 30 segundos por cliente, o que inclui carimbar os recibos do estacionamento e perfurar os cartões de freqüência de certos clientes. (Por causa desses serviços adicionais, muitos clientes só conseguem entrar depois que o filme já começou.)

a. Qual é a média do tempo do cliente no sistema?
b. Qual seria o efeito no tempo do cliente no sistema em ter um segundo bilheteiro apenas validando os recibos de estacionamento e perfurando os cartões, desse modo cortando a média de tempo de serviço para 20 segundos?
c. O tempo de espera no sistema seria menor do que você encontrou em *b* se fosse aberta uma segunda janela, onde cada funcionário faria as mesmas três tarefas?

7. Com a finalidade de apoiar a Semana Nacional do Coração, a Associação Cardiológica planeja instalar um posto grátis de medição da pressão sangüínea em um determinado *shopping center* durante a semana. Experiências anteriores indicam que, em média, 10 pessoas por hora passam pelo teste. Suponha que as chegadas sejam de distribuição Poisson de uma população infinita. As medições de pressão sangüínea podem ser feitas em um tempo constante de cinco minutos cada. Suponha que a extensão da fila possa ser infinita com a disciplina FCFS (primeiro a chegar, primeiro a ser atendido).
   a. Qual o número médio de pessoas na fila?
   b. Qual o número médio de pessoas no sistema?
   c. Qual a média de tempo que uma pessoa gasta na fila?
   d. Na média, quanto tempo levará para medir a pressão de uma pessoa, incluindo o tempo de espera?
   e. Nos finais de semana, é esperado que a taxa de chegadas aumente para mais de 12 por hora. Qual efeito isto terá no número na fila de espera?

8. Na fila de uma determinada cafeteria, há uma máquina de café na qual os clientes se servem. As chegadas na máquina seguem uma distribuição Poisson na taxa de três por minuto. Para se servirem, os clientes gastam aproximadamente 15 segundos, exponencialmente distribuídos.
   a. Quantos clientes você espera ver, em média, na máquina?
   b. Quanto tempo um cliente leva para obter uma xícara de café?
   c. Qual é a porcentagem de tempo que a cafeteira está sendo usada?
   d. Qual é a probabilidade de que três ou mais pessoas estejam na cafeteria?
   e. Se a cafeteria instalasse uma máquina automática que fornecesse uma xícara de café a um tempo constante de 15 segundos, como isto mudaria sua resposta para *a* e *b*?

9. L. Winston Martin (um alergologista de Chigago) tem um excelente sistema para gerenciar seus pacientes que vêm somente tomar injeções anti-alérgicas. Os pacientes chegam e preenchem uma tira de papel com o nome, que é colocado numa fenda que dá para outra sala onde está uma ou duas enfermeiras. As injeções são preparadas e o paciente é chamado pelo alto-falante. Durante algum período do dia a fila de pacientes diminui e somente uma enfermeira é necessária para aplicar as injeções. Foquemos no caso onde há somente uma enfermeira. Presuma que os pacientes cheguem seguindo uma distribuição de Poisson e a taxa de atendimento da enfermeira é distribuída exponencialmente. Durante os períodos mais calmos, os pacientes chegam de 3 em 3 minutos. A enfermeira demora 2 minutos para preparar o soro do paciente e aplicar a injeção.
   a. Qual é o número médio de pacientes que você espera ver na clínica do Dr. Martin?
   b. Quanto tempo levaria para o paciente chegar, tomar a injeção e sair?
   c. Qual é a probabilidade de haver 3 ou mais pacientes esperando?
   d. Qual é a utilização da enfermeira?
   e. Presuma que há 3 enfermeiras. Cada uma demora 2 minutos para preparar o soro e aplicar a injeção. Qual é o tempo total médio dos pacientes no sistema?

10. O Serviço de Declarações de Renda Judy Gray está analisando suas operações de atendimento ao cliente durante o mês anterior ao prazo final da declaração, abril. Com base em dados passados, estimou-se que os clientes chegam de acordo com um processo de distribuição Poisson, com uma média de tempo entre as chegadas de 12 minutos. O tempo para completar uma declaração para um cliente é exponencialmente distribuído, com uma média de 10 minutos. Baseado nessas informações, responda às seguintes perguntas:
    a. Se você fosse para a Judy Gray, quanto tempo você esperaria pela sua declaração?
    b. Em média, quanto espaço deverá ser concedido para a área de espera?
    c. Se Judy ficasse no escritório 12 horas por dia, quantas horas, em média, por dia ela ficaria ocupada?
    d. Qual é a probabilidade de que o sistema fique parado?
    e. Se a taxa de chegada permanecesse inalterada, mas a média de tempo no sistema precisasse ser de 45 minutos ou menos, o que precisaria ser mudado?

11. Benny tem uma barbearia onde é o único barbeiro. Na escola de cabeleireiros, lhe foi dito que seus clientes exibiriam uma distribuição Poisson de chegada e que ele proporcionaria uma distribuição exponencial de serviço. Os dados de pesquisa do seu mercado indicam que seus clientes chegam a uma taxa de dois por hora. Benny leva aproximadamente 20 minutos para cortar o cabelo. Com base nesses números, encontre:
    a. O número médio de clientes esperando.
    b. A média de tempo que um cliente espera.

c. A média de tempo que um cliente está na barbearia.
d. A média de utilização do tempo de Benny.

12. Benny, o barbeiro (ver Problema 11), está pensando em colocar uma segunda cadeira de barbeiro. Os clientes seriam selecionados para o corte de cabelo na base do "primeiro a chegar, primeiro a ser atendido" (FCFS) para aqueles que estão esperando. Benny presume que ambos os barbeiros levariam uma média de 20 minutos por corte, e que os negócios permaneceriam inalterados, com os clientes chegando a uma taxa de dois por hora. Encontre as informações a seguir para ajudar Benny a decidir se deve ou não acrescentar uma segunda cadeira de barbeiro:
    a. O número médio de clientes esperando.
    b. A média de tempo de espera de um cliente.
    c. A média de tempo de permanência do cliente na barbearia.

13. Os clientes entram no departamento de câmeras fotográficas de uma loja a uma taxa de seis por hora. O departamento tem um funcionário, que leva uma média de seis minutos para atender cada cliente. Suponha que esta seja uma situação simples de chegada de distribuição Poisson, e tempo de serviço exponencialmente distribuído.
    a. Como um observador casual, quantas pessoas você espera ver no departamento de câmeras (excluindo o balconista)? Quanto tempo um cliente esperaria gastar no departamento de câmeras (tempo total)?
    b. Qual é a utilização do balconista?
    c. Qual é a probabilidade de que haja mais de duas pessoas no departamento de câmeras (excluindo o balconista)?
    d. Foi contratado outro balconista para o departamento de câmeras, que também gasta seis minutos para atender cada cliente. Quanto tempo um cliente esperaria gastar no departamento agora?

14. Cathy Livingston trabalha no bar do Tucson Racquet Club e serve drinques em uma proporção de um drinque a cada 50 segundos. Durante uma noite quente, o bar estava bastante cheio e a cada 55 segundos alguém estava pedindo um drinque.
    a. Supondo que todos no bar tenham bebido na mesma proporção e que Cathy serviu as pessoas com base no "primeiro a chegar, primeiro a ser atendido", quanto você teria que esperar por um drinque?
    b. Quantas pessoas você esperaria que estivessem aguardando por drinques?
    c. Qual é a probabilidade de três ou mais pessoas estarem esperando pelos drinques?
    d. Qual é a utilização de Cathy (quão ocupada ela está)?
    e. Se ela fosse substituída por uma máquina automática de drinques, como isto mudaria a sua resposta no item *a*?

15. Um escritório emprega vários funcionários que analisam documentos e um operador que digita as informações dos documentos em um processador de texto. O grupo analisa documentos a uma taxa de 25 por hora. O operador consegue digitar as informações com uma média de tempo exponencialmente distribuída de dois minutos. Suponha que a população seja infinita, as chegadas sejam de distribuição Poisson e a extensão da fila seja infinita com disciplina FCFS.
    a. Calcule a porcentagem de utilização do operador.
    b. Calcule o número médio de documentos no sistema.
    c. Calcule a média de tempo no sistema.
    d. Calcule a probabilidade de quatro ou mais documentos estarem no sistema.
    e. Se fosse acrescentado outro funcionário, a taxa de análise de documentos aumentaria para 30 por hora. O que isto faria para a carga de trabalho do processador de texto? Demonstre por quê.

16. Foi montada uma sala de auxílio aos estudos com um aluno graduado para responder as perguntas dos estudantes e ajudá-los a resolver os problemas no seu curso de AP. A sala funciona oito horas por dia. O reitor quer saber como a instalação está funcionando. Estatísticas mostram que os estudantes chegam a uma taxa de quatro por hora e a distribuição é Poisson aproximada. A assistência leva em média 10 minutos, distribuídos exponencialmente. Suponha que a população e a extensão da fila possam ser infinitas e a disciplina da fila é do tipo FCFS.
    a. Calcule a porcentagem de utilização do aluno graduado.
    b. Calcule o número médio de estudantes no sistema.
    c. Calcule a média de tempo no sistema.
    d. Calcule a probabilidade de quatro ou mais estudantes estarem na fila ou serem atendidos.
    e. Antes de um teste, a chegada de estudantes aumenta para seis por hora, na média. O que isso faz com a média da extensão da fila?

17. No posto de inspeção de fronteiras da Califórnia, os veículos chegam a uma taxa de 10 por minuto em uma distribuição Poisson. Para simplificar esse exemplo, suponha que haja apenas uma pista e um inspetor, que pode inspecionar os veículos a uma taxa de 12 por minuto, exponencialmente distribuídos.
    a. Qual é a média da extensão da fila de espera?
    b. Qual é a média de tempo que um veículo precisa esperar para passar pelo sistema?

c. Qual é a utilização do inspetor?
d. Qual é a probabilidade de que quando você chegar haverá três ou mais veículos na sua frente?

18. O posto de inspeção de fronteiras na Califórnia (ver Problema 17) está considerando a inclusão de um segundo inspetor. Os veículos esperariam em uma pista e seriam então direcionados para o primeiro inspetor disponível. As taxas de chegada permaneceriam as mesmas (10 por minuto) e o novo inspetor processaria os veículos na mesma taxa que o primeiro inspetor (12 por minuto).
    a. Qual seria a média da extensão da fila de espera?
    b. Qual seria a média de tempo que um veículo precisará esperar para passar pelo sistema?
    Se for adicionada uma segunda pista (uma pista para cada inspetor):
    c. Qual seria a média da extensão da fila de espera?
    d. Qual seria a média de tempo que um veículo precisará esperar para passar pelo sistema?

19. Durante o Festival da Primavera no *campus*, os carrinhos de auto-choque estão sempre sendo inutilizados ou precisando de consertos. Os mecânicos podem ser contratados a uma taxa de US$ 20 por hora, mas apenas trabalham como uma equipe. Assim, se uma pessoa for contratada, esta trabalha sozinho(a); duas ou três pessoas trabalham juntas no mesmo serviço.

    Um mecânico conserta os carros em uma média de tempo de 30 minutos. Dois mecânicos levam 20 minutos e três levam 15 minutos. Enquanto esses carros estão parados, a renda perdida é de US$ 40 por hora. Os carros têm a tendência de quebrar a uma taxa de dois por hora.

    Quantos mecânicos deveriam ser contratados?

20. Um túnel de pedágio decidiu fazer uma experiência com o uso de cartão de débito para a cobrança do pedágio. Inicialmente, será usada apenas uma pista. Estima-se que os carros cheguem nesta pista experimental a uma taxa de 750 por hora. Levará exatamente quatro segundos para verificar o cartão de débito.
    a. Quanto tempo você espera que o cliente aguarde na fila, pague com o cartão de débito e siga adiante?
    b. Quantos carros você esperaria ver no sistema?

CASO   Sala de cirurgia noturna de hospital de comunidade

A American College of Surgeons desenvolveu critérios para definir padrões para salas de cirurgia nos Estados Unidos. Os centros de trauma de nível I e II são obrigados a ter uma equipe interna de sala de cirurgia (SC), 24 horas por dia. Sendo assim, é obrigatório um nível básico de uma única equipe de SC disponível de modo permanente. Nos horários de expediente normais, um hospital terá equipes adicionais de SC disponíveis, uma vez que há cirurgias programadas para esses horários e as equipes adicionais podem ser usadas em um atendimento de emergência. Entretanto, é necessário tomar uma decisão importante quanto à disponibilidade de uma equipe de reserva para os horários noturnos.

Uma equipe de reserva é necessária durante os horários noturnos, se a probabilidade de ocorrer dois ou mais casos simultaneamente for significativa. O âmbito do termo "significativa" é difícil de julgar, mas para o propósito deste caso, pressuponha que uma equipe de reserva de SC deva ser utilizada se a probabilidade prevista de dois ou mais casos ocorrendo simultaneamente for superior a 1%.

Uma aplicação real foi estudada por médicos na *Columbia University College of Physicians and Surgeons* em Stamford, CT.* Os médicos estudaram os pacientes de SC de emergência que chegavam após 23 h e antes das 7 da manhã, no período de um ano. Durante esse intervalo de tempo, 62 pacientes exigiram tratamento de SC. O tempo de atendimento médio foi de 80,79 minutos.

Ao analisar o problema, imagine um sistema de canal único, fase única, com chegadas segundo Poisson e tempos de atendimento exponenciais.

1. Calcule a taxa de chegada média de clientes e a taxa de atendimento por hora.
2. Calcule a probabilidade de zero pacientes no sistema (P0), a probabilidade de um paciente (P1) e a probabilidade de dois ou mais pacientes chegando simultaneamente durante o turno da noite.
3. Usando um critério de que se a probabilidade for maior que 1%, uma equipe de reserva da SC deve ser usada, faça uma recomendação à administração do hospital.

*Tucker, J.B., Barone, J.E., Cecere. J., Blabey, R.G.. Rha. C.K. "Using Queuing Theory to Determine Operating Room Staffing Needs," *Journal of Trauma*, Vol. 46(1), pp. 71-79.

Bibliografia selecionada

Fitzsimmons, J. A., e M. J. Fitzsimmons. *Service Management*, 4ª ed. New York: Irwin/McGraw-Hill, 2003.

Gross, D., e C. M. Harris. *Fundamentais of Queuing Theory*. New York: Wiley, 1997.

Hillier, F. S., et al. *Queuing Tables and Graphs*. New York: Elsevier-North Holland, 1981.

Kleinrock, L., e R. Gail. *Queuing Systems: Problems and Solutions*. New York: Wiley, 1996.

Winston, W. L., e S. C. Albright. *Practical Management Science: Spreadsheet Modeling and Application*. New York: Duxbury, 2000.

Capítulo 6
QUALIDADE SEIS SIGMA

Após ler o capítulo, você:

1. Conhecerá o gerenciamento da qualidade total.
2. Saberá como a qualidade é avaliada e aprenderá as diferentes dimensões da qualidade.
3. Entenderá o processo DMAIC (definir, mensurar, analisar, aprimorar e controlar) da melhoria da qualidade.
4. Saberá calcular a capabilidade de um processo.
5. Aprenderá como os processos são monitorados com gráficos de controle.
6. Conhecerá os conceitos de amostragem de aceitação.

---

149   Processos Seis Sigma da cadeia de suprimentos da GE

150   Gerenciamento da qualidade total
Definição do gerenciamento da qualidade total
Definição do Malcolm Baldrige National Quality Award

152   Especificação da qualidade e custos da qualidade
Desenvolvendo especificações de qualidade   *Definição de qualidade do projeto*
Custo da qualidade   *Definição de qualidade da conformidade*
Definição de qualidade na fonte
Definição de dimensões da qualidade
Definição de custo da qualidade

155   ISO 9000

157   Qualidade Seis Sigma
Metodologia do Seis Sigma   *Definição de Seis Sigma*
Ferramentas analíticas para o Seis Sigma e   *Definição de DPMO*
a melhoria contínua   *Definição de DMAIC*

162   Controle estatístico da qualidade
Variação a nosso redor   *Definição de variação significativa*
Capabilidade do processo   *Definição de variação comum*
Definição de limites mínimos e máximos da especificação
Definição de índice de capabilidade (C_{pk})

170   Procedimentos para o controle do processo
Controle do processo com medições   *Definição de controle estatístico do processo (CEP)*
por atributos: usando gráficos p *Definição de atributos*
Controle do processo com medições   *Definição de variáveis*
variáveis: usando os gráficos $\bar{X}$ e R
Como construir os gráficos $\bar{X}$ e R

178   Amostragem de aceitação
Projeto de um plano de amostragem única para os atributos
Curvas características de operação

181 Resumo

189 Caso: Hank Kolb, Diretor de Qualidade

PROCESSOS SEIS SIGMA DA CADEIA DE SUPRIMENTOS DA GE

A General Electric (GE) tem sido uma grande defensora do Seis Sigma por mais de 10 anos. Jack Welch, o lendário CEO, já aposentado, dizia que "o grande mito é que o Seis Sigma tem a ver com controle de qualidade e estatística. É isso e muito mais. Em última análise, ele orienta a liderança para se tornar melhor, fornecendo as ferramentas para analisar as questões difíceis. No âmago do Seis Sigma reside a idéia que pode revolucionar uma empresa, focando a organização no cliente". O compromisso da GE com a qualidade está centrado no Seis Sigma, que é definido no site da GE na Web como descrito a seguir:

> Primeiro, o que é Seis Sigma? Responderemos primeiro o que ele não é. Ele não é uma sociedade secreta, um slogan ou um clichê. O Seis Sigma é um processo altamente disciplinado, que nos ajuda a focar no desenvolvimento e fornecimento de produtos e serviços quase perfeitos.
>
> Por que "Sigma"? A palavra é um termo estatístico que avalia até onde determinado processo se desvia da perfeição. A idéia básica por trás do Seis Sigma é que se é possível avaliar quantos "defeitos" existem em um processo, é possível detectar sistematicamente como eliminá-los e se aproximar o máximo possível de um ambiente "sem falhas". Para atingir a qualidade Seis Sigma, um processo deve gerar no máximo 3,4 imperfeições em um milhão de oportunidades. Uma "oportunidade" é definida como uma chance de não-conformidade ou de não-atendimento às especificações necessárias. Isso significa que devemos ser quase perfeitos ao executar nossos principais processos.
>
> Em sua essência, o Seis Sigma revoluciona alguns conceitos-chave:
>
> **Críticos para a Qualidade:** os atributos mais importantes para o cliente
>
> **Defeito:** deixar de fornecer o que o cliente deseja

Capabilidade do processo:	o que seu processo pode propiciar
Variação:	o que o cliente percebe e constata
Operações estáveis:	garantir processos previsíveis e consistentes para melhorar a percepção e constatação do cliente
Projetar para Seis Sigma:	elaborar para atender às necessidades do cliente e à capabilidade do processo

GERENCIAMENTO DA QUALIDADE TOTAL

Gerenciamento da qualidade total

O gerenciamento da qualidade total (TQM) pode ser definido como "gestão de toda a organização para que esta se sobressaia em todas as dimensões de produtos e serviços que são importantes para o cliente". Esse gerenciamento tem dois objetivos operacionais básicos:

1. Projetar cuidadosamente o produto ou serviço.
2. Certificar-se de que os sistemas organizacionais podem produzir, consistentemente, o projeto.

Esses dois objetivos só podem ser alcançados se toda a organização estiver focada neles – daí o termo gerenciamento da qualidade *total*. O TQM tornou-se uma preocupação nos Estados Unidos nos anos 1980, principalmente como resposta à superioridade da qualidade japonesa na fabricação de automóveis e outros bens duráveis, como condicionadores de ar. Um estudo amplamente citado dos fabricantes de condicionadores de ar japoneses e americanos mostrou que os produtos americanos de melhor qualidade tinham taxas médias de defeitos *mais altas* do que os produtos dos fabricantes

Idéias Inovadoras

Baldrige Quality Award

O Baldrige Quality Award é concedido a organizações que demonstraram qualidade excelente em seus produtos e processos. Quatro prêmios são concedidos anualmente em cada uma das seguintes categorias: manufatura, serviço, pequenas empresas e educação e saúde.

Os candidatos ao prêmio precisam enviar um documento de até 75 páginas que detalha a abordagem, a implantação e os resultados de suas atividades de qualidade em sete categorias importantes: Liderança, Planejamento Estratégico, Foco no Cliente e no Mercado, Informação e Análise, Foco nos Recursos Humanos, Gerenciamento de Processos e Resultados Comerciais. Esses documentos são classificados, em um total de 1.000 pontos, por examinadores e juízes.

Aquelas que se classificam acima de 650 são selecionadas para visitas no local. Os vencedores selecionados deste grupo são homenageados em encontros anuais realizados em Washington, DC. Um benefício importante para todos os candidatos é o *feedback* que eles recebem dos examinadores, o que é, na realidade, uma auditoria de suas práticas. Muitos estados têm usado os Critérios Baldrige como base para seus próprios programas de premiação da qualidade. Um artigo, *Building on Baldrige: American Quality for the 21st Century*, do Conselho Privado sobre Competitividade, afirmou o seguinte: "Mais do que qualquer outro programa, o Prêmio de Qualidade Baldrige é responsável por fazer da qualidade uma prioridade nacional e disseminar as melhores práticas em todos os Estados Unidos".

japoneses de qualidade mais baixa.[1] A queda da qualidade nos Estados Unidos foi tão drástica, que melhorá-la em todo o setor tornou-se a prioridade nacional, tendo o Departamento de Comércio instituído o prêmio *Malcolm Baldrige National Quality Award*, em 1987, para ajudar as empresas a rever e reestruturar seus programas de qualidade. Nessa mesma época, a necessidade de os fornecedores demonstrarem que estavam avaliando e documentando suas práticas de qualidade de acordo com alguns critérios específicos, chamados de padrões ISO, também chamou muito a atenção, vistos como pré-requisito para competir pelos contratos internacionais. Este assunto será abordado com mais detalhes, mais adiante.

Malcolm Baldrige National Quality Award

Os líderes filosóficos do movimento da qualidade, notavelmente Philip Crosby, W. Edwards Deming, Joseph M. Juran – os chamados Gurus da Qualidade –, tinham definições levemente diferentes sobre o que é qualidade e como alcançá-la (ver Quadro 6.1), mas todos tinham a mesma

Quadro 6.1

Comparação de conceitos segundo os Gurus da Qualidade

	CROSBY	DEMING	JURAN
Definição de qualidade	Conformidade com os requisitos	Um grau previsível de uniformidade e confiança a um preço baixo e adequado ao mercado	Apropriado para uso (satisfaz as necessidades do cliente)
Grau de responsabilidade da gerência sênior da qualidade	Responsável pela qualidade	Responsável por 94% dos problemas da qualidade	Menos de 20% dos problemas de qualidade são atribuídos aos trabalhadores
Padrão de desempenho/motivação	Defeito zero	Qualidade tem muitas "escalas"; use estatísticas para medir o desempenho em todas as áreas; crítico do defeito zero	Evita campanhas para fazer o trabalho perfeito
Abordagem geral	Prevenção, não inspeção	Reduz a variabilidade através da melhoria contínua; cessa a inspeção em massa	Abordagem da gerência geral à qualidade, principalmente aos elementos humanos
Estrutura	14 passos para a melhoria da qualidade	14 pontos para a gestão	10 passos para a melhoria da qualidade
Controle estatístico de processos (CEP)	Rejeita níveis de qualidade estatisticamente aceitáveis (quer 100% de qualidade perfeita)	Devem ser aplicados métodos estatísticos de controle da qualidade	Recomenda o CEP, mas adverte que este pode levar a abordagens orientadas por ferramentas
Base da melhoria	Um processo, não um programa; objetivos de melhorias	Contínuo para reduzir a variação; elimina objetos sem métodos	Abordagem de equipe projeto a projeto; estabelece os objetivos
Trabalho em equipe	Equipes de melhoria da qualidade; conselhos sobre a qualidade	Participação do funcionário na tomada de decisões; derruba barreiras existentes entre departamentos	Abordagem de equipe e círculo da qualidade
Custos da qualidade	Custo da não-conformidade; a qualidade é de graça	Nada é ótimo; melhoria contínua	Qualidade não é grátis; não há uma qualidade ótima
Compras e mercadorias recebidas	Declara as necessidades; o fornecedor é uma extensão da empresa; a maioria das falhas são atribuídas aos próprios compradores	Inspeção muito tardia; a amostragem permite que os defeitos entrem no sistema; obrigatoriedade de comprovação estatística e gráficos de controle	Os problemas são complexos; desencadeia pesquisas formais
Classificação do fornecedor	Sim; auditorias sobre a qualidade são inúteis	Não, crítico da maioria dos sistemas	Sim, mas ajuda o fornecedor a melhorar

mensagem geral: para alcançar a qualidade extraordinária é necessário liderança da gerência sênior, um foco no cliente, envolvimento total da mão-de-obra e melhorias contínuas baseadas em análises rigorosas dos processos. Mais adiante neste capítulo, será discutido como esses preceitos são aplicados à mais recente abordagem do TQM – o Seis Sigma. Passaremos a examinar alguns conceitos fundamentais que respaldam qualquer esforço no sentido da qualidade: especificações da qualidade e custos da qualidade.

ESPECIFICAÇÃO DA QUALIDADE E CUSTOS DA QUALIDADE

A determinação das especificações e dos custos da qualidade é fundamental para qualquer programa de qualidade no alcance (ou *não*) dessas especificações.

Desenvolvendo especificações de qualidade

As especificações da qualidade de um produto ou serviço derivam das decisões e das ações tomadas em relação à qualidade de seu projeto e à qualidade de sua conformidade com esse projeto. Qualidade do projeto se refere ao valor inerente de um produto no mercado e, desse modo, é uma decisão estratégica da empresa. As dimensões da qualidade do projeto estão listadas no Quadro 6.2. Essas dimensões estão relacionadas às características do produto ou serviço associadas a questões do projeto. Uma empresa projeta um produto ou serviço para atender às necessidades de um mercado específico.

Qualidade do projeto

A empresa cria um produto ou serviço com determinadas características de desempenho e recursos, de acordo com o que o mercado em questão espera. Os materiais e as características do processo de produção podem afetar consideravelmente a confiabilidade e durabilidade de um produto. Nesse caso, a empresa tenta elaborar um produto ou serviço que possa ser produzido ou fornecido a um custo razoável. A utilidade do produto pode ter um grande impacto sobre o custo do produto ou serviço para o cliente, após a compra inicial. Ela também pode afetar a garantia e o custo de reparo para a empresa. A estética pode impactar grandemente o desejo de um produto ou serviço, principalmente quanto aos produtos de consumo. Especialmente no que tange a um nome de marca, o *design* costuma representar a próxima geração de um fluxo contínuo de produtos ou serviços. A consistência no desempenho relativo do produto em relação à modernidade, por exemplo, pode surtir efeito sobre o modo como a qualidade do produto é percebida. Isso pode ser muito importante para o sucesso de longo prazo do produto ou serviço.

Quadro 6.2 As dimensões da qualidade do projeto

Dimensão	Significado
Desempenho	Produto básico ou características de serviço
Características	Adição de toques, sinos, apitos, características secundárias
Confiabilidade/durabilidade	Consistência do desempenho no decorrer do tempo, probabilidade de falha, vida útil
Utilidade	Fácil de consertar
Estética	Características sensoriais (som, aspecto, visual, e assim por diante)
Qualidade percebida	Desempenho e reputação passada

Idéias Inovadoras

J. D. Power e Associados redefine a qualidade

A J. D. Power e Associados, uma empresa vigilante, cujo objetivo é fornecer aos consumidores dados de qualidade de produto e satisfação dos clientes, redefiniu recentemente seu "Initial Quality Study" (Levantamento da Qualidade Inicial) de modo semelhante ao discutido nesta seção. Esse levantamento, voltado para aquisições de carros novos, reconhece que a tecnologia integrada ao projeto global de um novo veículo é tão importante quanto os defeitos e o mau funcionamento, no que diz respeito à percepção da qualidade. O estudo foi elaborado para reunir os problemas enfrentados pelos novos proprietários em duas categorias:

A *Qualidade da Produção* abrange os problemas que ocasionaram uma parada total ou um mau funcionamento de algum componente, recurso ou item, inclusive aqueles que param de funcionar ou que estão equipados com peças que se partem ou afrouxam. Isso inclui:

- Qualidade da Produção Mecânica: com base nos problemas ocorridos no motor ou na transmissão, e nos problemas que afetam o ato de dirigir, como acionar o freio, ruídos ou vibrações anormais.
- Qualidade da Fabricação da Lataria e da Parte Interna: com base nos problemas ocorridos com ruído do vento, vazamento de água, acabamento interno de baixa qualidade, imperfeições na pintura e rangidos e estampidos.
- Qualidade da Fabricação dos Recursos e Acessórios: com base nos problemas ocorridos com assentos, limpadores de pára-brisa, sistema de navegação, sistema de entretenimento no banco traseiro, aquecedor, ar-condicionado, sistema de som estéreo, teto solar e computador de bordo.

A *Qualidade do Projeto* trata dos cenários em que os controles ou recursos funcionam como projetados, mas são difíceis de usar ou entender. Isso inclui:

- Qualidade do Projeto Mecânico: com base nos problemas ocorridos com o motor ou a transmissão, e com aqueles que interferem no ato de dirigir, como suavidade da direção, agilidade no sistema de direção e nos freios, *jogo* e estabilidade do veículo.
- Qualidade do Projeto da Lataria e da Parte Interna: com base nos problemas ocorridos com o estilo da terminação frontal e traseira, a aparência das partes interna e externa, e o barulho das portas ao serem fechadas.
- Qualidade do Projeto de Recursos e Acessórios: com base nos problemas ocorridos com assentos, sistema de som estéreo ou de navegação, aquecedor, ar-condicionado e teto solar.

Adaptado de *J. D. Power and Associates' Study Redefines Quality*, The McGraw-Hill Companies Employee Newsletter, Vol. 19, No. 6 (junho de 2006).

A qualidade de conformidade se refere ao grau em que as especificações do projeto do produto ou serviço são cumpridas. As atividades envolvidas no atendimento à conformidade são de natureza tática e diária. Deveria ser evidente que um produto ou serviço possa ter alta qualidade do projeto, mas qualidade baixa de conformidade, e vice-versa.

A qualidade na fonte é freqüentemente discutida no contexto da qualidade de conformidade. Isso significa que a pessoa que faz o trabalho é responsável por se certificar de que sua produção atende às especificações. No caso de um produto, o atendimento às especificações é geralmente de responsabilidade da gerência de produção; em uma empresa de serviços, geralmente é de responsabilidade da gerência de operações da filial. O Quadro 6.3 mostra dois exemplos das dimensões da qualidade. Um deles é o de uma impressora a laser que atende aos padrões de páginas por minuto e densidade da impressão; o segundo é uma transação de uma conta corrente em um banco.

Tanto a qualidade do projeto quanto a qualidade de conformidade devem fornecer produtos que satisfaçam os objetivos dos clientes em relação a esses produtos. Esse aspecto é geralmente denominado *adequação ao uso* do produto e abrange a identificação das dimensões do produto (ou serviço) que o cliente deseja (isto é, a voz do cliente) e o desenvolvimento de um programa de controle da qualidade para assegurar que essas dimensões sejam atendidas.

Quadro 6.3 Exemplos das dimensões da qualidade

	MEDIDAS	
DIMENSÃO	EXEMPLO DE PRODUTO: IMPRESSORA A LASER	EXEMPLO DE SERVIÇO: CONTA CORRENTE EM UM BANCO
Desempenho	Páginas por minuto Densidade da impressão	Tempo para processar os pedidos dos clientes
Características	Várias bandejas de papel Capaz de imprimir a cores	Pagamento automático de contas
Confiabilidade/durabilidade	Tempo médio entre falhas Tempo estimado para obsolescência Vida útil prevista dos principais componentes	Variabilidade do tempo para processar os pedidos Acompanha as tendências do setor
Utilidade	Disponibilidade de centros de reparo autorizados Número de cópias por cartucho de impressão Estrutura modular	Relatórios online Facilidade de obter informações atualizadas
Estética	Layout do botão de controle Estilo do gabinete Cortesia da revenda	Aparência da recepção do banco Cortesia do caixa
Qualidade percebida	Reconhecimento do nome da marca Classificação nos *Informes de Consumidores*	Endossado pelos líderes da comunidade

Custo da qualidade

Embora poucos possam argumentar contra a idéia de prevenção, a gerência geralmente precisa de números fixos para determinar quanto custarão as atividades de prevenção. Esta questão foi reco-

Em empresas como a Intel, os técnicos executam diversas etapas, inclusive a verificação de cada *wafer* contendo centenas de *chips* individuais, para terem certeza de que estão perfeitos. O teste é realizado em salas limpas e os técnicos usam macacões anticontaminação semi-adaptados, de goretex, para evitar a contaminação.

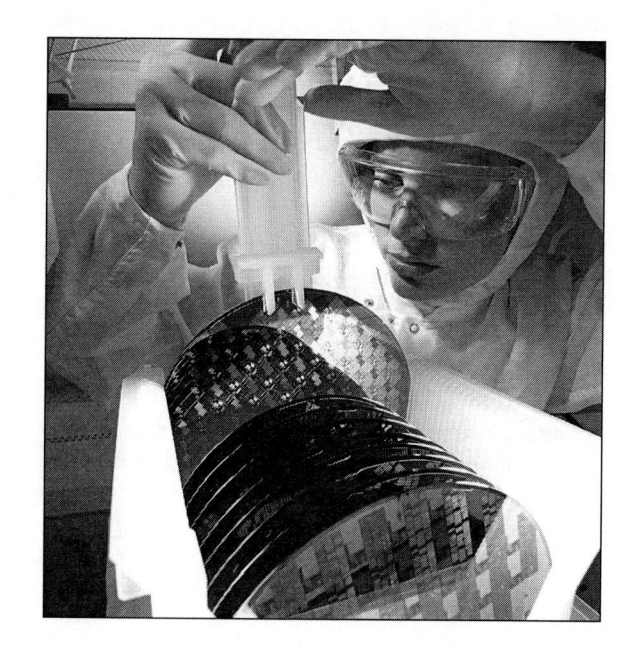

nhecida por Joseph Juran, que escreveu sobre esse assunto em 1951 no seu livro *Quality Control Handbook*. Atualmente, as análises do custo da qualidade (CDQ) são comuns no setor e constituem uma das funções básicas dos departamentos de CQ.

Custo da qualidade

Existem várias definições e interpretações do termo *custo da qualidade*. Sob o ponto de vista do purista, significa todos os custos atribuíveis à produção da qualidade que não seja 100% perfeita. Uma definição menos rigorosa considera apenas aqueles custos que são a diferença entre o que pode ser esperado do desempenho excelente e dos custos atuais que existem.

O quão significativo é o custo da qualidade? O custo da qualidade foi estimado como sendo entre 15 a 20% de todo dólar de vendas – o custo do retrabalho, sucateamento, serviço repetido, inspeções, testes, garantias e outros itens relacionados à qualidade. Philip Crosby afirma que o custo correto para um programa de gestão da qualidade bem administrado deveria ficar abaixo de 2,5%.[2]

Três suposições básicas justificam uma análise dos custos da qualidade: (1) as falhas são causadas, (2) a prevenção é mais barata e (3) o desempenho pode ser avaliado.

Os custos da qualidade são geralmente classificados em quatro tipos:

1. **Custos de avaliação.** Custos de inspeção, teste e outras tarefas para se certificar de que o produto ou processo seja aceitável.
2. **Custos de prevenção.** As somas de todos os custos para evitar defeitos, como os custos para identificar a causa do defeito, implementar uma medida corretiva para eliminar a causa, treinar o pessoal, reprojetar o produto ou sistema, ou para comprar novos equipamentos ou fazer modificações.
3. **Custos de falha interna.** Custos dos defeitos ocorridos dentro do sistema: sucateamento, retrabalho, conserto.
4. **Custos de falha externa.** Custos pelos defeitos que **já passaram** pelo sistema: substituições da garantia dos clientes, perda de clientes ou da boa vontade dos mesmos, lidar com as reclamações e consertar o produto.

O Quadro 6.4 ilustra o tipo de relatório que pode ser enviado para indicar os vários custos por categorias. A prevenção é a influência mais importante. Uma regra geral diz que, para cada dólar gasto com prevenção, é possível economizar US$ 10 em custos de defeitos ou avaliação.

Serviço

Geralmente, ocorrem aumentos na produtividade como subproduto dos esforços para reduzir o custo da qualidade. Um banco, por exemplo, se propôs a melhorar a qualidade e reduzir os custos da qualidade, e descobriu que havia impulsionado a produtividade. O banco desenvolveu esta medida da produtividade para a área de processamento de empréstimos: o número de aplicações processadas dividido pelos recursos necessários (custo de mão-de-obra, tempo de computador, formulários de aplicações). Antes do programa de melhoria da qualidade, o índice de produtividade era de 0,2660 [2.080/(US$ 11,23 × 640 horas + US$ 0,05 × 2.600 formulários + US$ 500 pelos custos do sistema)]. Depois que o projeto de melhoria da qualidade foi completado, o tempo de mão-de-obra caiu para 546 horas e o número de formulários subiu para 2.100, para uma mudança no índice de 0,3088, um aumento na produtividade de 16%.

ISO 9000

ISO 9000 é uma série de padrões de qualidade internacional desenvolvida pela International Organization for Standardization. O conceito básico dos padrões é que os defeitos podem ser evitados através do planejamento e da aplicação das *melhores práticas* em todo estágio da atividade – desde a concepção até a produção e, depois, na instalação e manutenção. O objetivo desses padrões é identificar os critérios através dos quais toda organização, a despeito de ser voltada para a produção ou orientada para serviços, poderá garantir que o produto saindo de suas instalações atende às necessidades dos clientes. Esses padrões instruem a empresa a primeiramente documentar e implementar

Global

Quadro 6.4 Relatório do custo da qualidade

	Custo do mês atual	Porcentagem do total
Custos de prevenção		
Treinamento sobre qualidade	US$ 2.000	1,3%
Consultoria da confiabilidade	10.000	6,5
Operações de produção piloto	5.000	3,3
Desenvolvimento dos sistemas	8.000	5,2
Total da prevenção	25.000	16,3
Custos de avaliação		
Inspeção de materiais	6.000	3,9
Inspeção dos suprimentos	3.000	2,0
Teste da confiabilidade	5.000	3,3
Testes de laboratórios	25.000	16,3
Total da avaliação	39.000	25,5
Custos de falha interna		
Sucateamento	15.000	9,8
Conserto	18.000	11,8
Retrabalho	12.000	7,8
Tempo parado	6.000	3,9
Total de falha interna	51.000	33,3
Custos de falha externa		
Custos da garantia	14.000	9,2
Consertos e substituições fora da garantia	6.000	3,9
Reclamações dos clientes	3.000	2,0
Deficiência do produto	10.000	6,5
Perdas em transportes	5.000	3,3
Total das falhas externas	38.000	24,9
Total dos custos da qualidade	US$ 153.000	100,0

seus sistemas de gerenciamento da qualidade e, em seguida, verificar, por meio de uma auditoria realizada por outra empresa certificadora independente, a conformidade com os requisitos desses padrões nos sistemas.

A ISO 9000 abrange atualmente três padrões de qualidade: ISO 9000:2000, ISO 9001:2000 e ISO 9004:2000. A ISO 9001:2000 apresenta as exigências, enquanto a ISO 9000:2000 e a ISO 9004:2000 apresentam as *diretrizes*. Todos esses são padrões de processos (não de produtos), o que significa que indicam como os processos devem ser avaliados e documentados sob o prisma da qualidade, mas não prescrevem tolerâncias específicas para cada produto.

A ISO publicou pela primeira vez seus padrões de qualidade em 1987, revisou esses padrões em 1994 e republicou uma versão atualizada em 2000. Esses novos padrões são citados como "Padrões ISO 9000:2000". O objetivo da ISO é facilitar o comércio internacional, fornecendo um único conjunto de padrões que as pessoas no mundo todo reconhecerão e respeitarão. Os padrões ISO 9000:2000 são aplicáveis a todos os tipos de organização em muitos setores. Algumas dessas áreas são manufatura, processamento, manutenção, impressão, florestal, eletrônica, aço, informática, serviços jurídicos, serviços financeiros, contabilidade, rodoviário, operações bancárias, operações no varejo, perfuração, reciclagem, espaço aéreo, construção civil, exploração, produtos têxteis, produtos farmacêuticos, petróleo e gás, polpa e papel, produtos petroquímicos, publicações, frete, energia, telecomunicações, plásticos, metais, pesquisa, tratamento de saúde, internações hospitalares, utilitários, controle de pestes, aviação, ferramentas pesadas, processamento de alimentos, agricultura, governo, educação, recreação, fabricação, sanitização, desenvolvimento de software, produtos de consumo, transportes em geral, *design*, instrumentação, turismo, comunicações, biotecnologia, produtos químicos, engenharia, entretenimento, horticultura, consultoria e seguros, e a lista continua crescendo.

Os padrões ISO estão em evolução contínua. Para conhecer os desenvolvimentos mais recentes, visite o site oficial da ISO na Web, em www.iso.org.

QUALIDADE SEIS SIGMA

Seis Sigma refere-se à filosofia e aos métodos que empresas, como a General Electric e a Motorola, usam para eliminar os defeitos existentes em seus produtos e processos. Um defeito é simplesmente qualquer componente que não se encaixa dentro dos limites de especificações do cliente. Cada etapa ou atividade em uma empresa representa uma oportunidade para que os defeitos ocorram, e os programas de Seis Sigma buscam reduzir a variação nos processos que levam a esses defeitos. De fato, os defensores do Seis Sigma vêem as variações como o inimigo da qualidade, e grande parte da teoria básica do Seis Sigma dedica-se a este problema. Um processo que esteja sob o controle do Seis Sigma produzirá não mais do que dois defeitos a cada bilhão de unidades. Geralmente, isso é dito como quatro defeitos por milhão de unidades, o que se verifica se considerarmos que o nosso processo está operando dentro de uma faixa de 1,5 sigma da especificação-alvo.

Um dos benefícios do raciocínio do Seis Sigma é permitir que os gerentes descrevam rapidamente o desempenho de um processo, em termos de sua variabilidade, e comparem os diferentes processos por meio de um indicador comum, que define os defeitos por milhões de oportunidades (DPMO – *Defects Per Million Opportunities*). Esse cálculo exige três fragmentos de informações:

1. **Unidade** – O item produzido ou sendo atendido.
2. **Defeito** – Qualquer item ou evento que não atenda às especificações do cliente.
3. **Oportunidade** – Uma chance para que o defeito ocorra.

É efetuado um cálculo direto usando a seguinte fórmula:

$$DPMO = \frac{\text{Número de defeitos}}{\text{N}^\circ \text{ de oportunidades de erros por unidade} \times \text{N}^\circ \text{ de unidades}} \times 1.000.000$$

Exemplo 6.1

Os clientes de um banco hipotecário esperam que os pedidos de hipoteca sejam processados no prazo de 10 dias após terem sido preenchidos. Isso seria chamado de *requisito crítico do cliente*, ou RCC, em termos do Seis Sigma. Suponha que todos os defeitos foram contabilizados (empréstimos em uma amostragem mensal levando mais de 10 dias para serem processados) e foi determinado que há 150 empréstimos nas 1.000 solicitações processadas no mês passado que não atenderão às necessidades do cliente. Assim, o DPMO = 150/1000 × 1.000.000, ou 150.000 empréstimos de um total de um milhão que foram processados que não satisfizeram um RCC. Ou seja, 850.000 empréstimos de um total de 1.000.000 foram aprovados dentro das expectativas de tempo. Estatisticamente, 15% dos empréstimos são defeituosos e 85% são corretos. Este é um caso em que todos os empréstimos processados em menos de 10 dias satisfazem nossos critérios. Geralmente, existem requisitos superiores e inferiores de clientes, e não apenas um único requisito superior como o que se tem aqui. ●

O programa Seis Sigma apresenta dois aspectos: o metodológico e o pessoal. Vamos examiná-los a seguir.

Metodologia do Seis Sigma

Embora os métodos do Seis Sigma incluam muitas das ferramentas estatísticas empregadas em outros movimentos da qualidade, aqui eles são usados de modo sistemático, voltados para o projeto através do ciclo de definição, medição, análise, melhoria e controle (DMAIC – *Define, Measure, Analyze, Improve and Control*). O foco predominante da metodologia está no entendimento e alcance do que o cliente quer, porque isso é considerado a chave para a rentabilidade de um processo de produção. Na realidade, para se entender este ponto, alguns utilizam o DMAIC como abreviação de *"Dumb Managers Always Ignore Customers"* (Gerentes não-inteligentes sempre ignoram os clientes).

A abordagem-padrão para os projetos de Seis Sigma é a metodologia DMAIC desenvolvida pela General Electric, descrita a seguir:[3]

1. Definir (D – *Define*)
   - Identificar os clientes e suas prioridades.
   - Identificar um projeto adequado aos esforços do Seis Sigma, baseado nos objetivos comerciais e nas necessidades e *feedback* do cliente.
   - Identificar as características CPQ (críticas para a qualidade) que, segundo o cliente, surtem mais impacto sobre a qualidade.
2. Medir/Avaliar (M – *Measure*)
   - Determinar como avaliar o processo e seu desempenho.
   - Identificar os principais processos internos que influenciam as características CPQs e analisar os defeitos atualmente gerados em relação a esses processos.
3. Analisar (A – *Analyse*)
   - Determinar as causas mais prováveis dos defeitos.
   - Entender por que os defeitos são gerados mediante a identificação das variáveis-chave que mais provavelmente criarão a variação no processo.
4. Melhorar (I – *Improve*)
   - Identificar meios para remover as causas dos defeitos.
   - Confirmar as variáveis-chave e quantificar seus efeitos sobre as características CPQs.
   - Identificar a faixa máxima de aceitação das variáveis-chave e um sistema para medir os desvios-padrão das variáveis.
   - Modificar o processo para se manter dentro de uma faixa aceitável.
5. Controlar (C – *Control*)
   - Determinar como manter as melhorias.
   - Utilizar as ferramentas para se certificar de que as variáveis-chave permaneçam dentro da faixa máxima aceitável sob o processo modificado.

Ferramentas analíticas para o Seis Sigma e a melhoria contínua

As ferramentas analíticas do Seis Sigma são utilizadas por muitos anos nos programas tradicionais de melhoria da qualidade. O que torna suas aplicações únicas ao Seis Sigma é a integração dessas ferramentas em um sistema administrativo para toda a corporação. As ferramentas comuns para todos os esforços de qualidade, incluindo o Seis Sigma, são os fluxogramas, os diagramas de dispersão, os diagramas de Pareto, os histogramas, as listas de verificação, os diagramas de causa-e-efeito e os diagramas de controle. Os exemplos dessas ferramentas, juntamente com um fluxograma de oportunidades, são mostrados no Quadro 6.5, organizados de acordo com as categorias DMAIC nas quais comumente aparecem.

Fluxogramas – Existem muitos tipos de fluxogramas. O do Quadro 6.5 retrata as etapas do processo como parte de uma análise SIPOC (fornecedor – *supplier*, entrada – *input*, processo – *process*, saída – *output*, cliente – *customer*). O SIPOC é basicamente um modelo formalizado de entrada-saída, utilizado para definir o estágio de um projeto.

Diagramas de dispersão – Retratam as tendências nos dados durante um tempo e, portanto, ajudam a compreender a magnitude de um problema no estágio definido. Em geral, apresentam graficamente a mediana de um processo.

Diagramas de Pareto – Ajudam a dividir um problema em contribuições relativas de seus componentes. São baseados em constatações empíricas comuns de que uma grande porcentagem dos problemas ocorre devido a uma pequena porcentagem de causas. No exemplo, 80% das reclamações dos clientes estavam associadas a atrasos nas entregas, que são 20% das causas listadas.

Listas de verificação – São formas básicas que ajudam a padronizar a coleta de dados. São utilizadas para criar histogramas, como os mostrados no diagrama de Pareto.

Diagramas de causa-e-efeito – Também chamados de *diagramas espinha de peixe,* mostram relacionamentos hipotéticos entre as possíveis causas e o problema em questão. Após a construção do diagrama de C&E, a análise continuaria para encontrar quais das possíveis causas estavam realmente contribuindo para o problema.

Diagrama do fluxo de oportunidades – Utilizado para separar as etapas que agregam e não agregam valor em um processo.

Gráficos de controle de processos – São gráficos de espaço em função do tempo, que apresentam graficamente os valores de uma estatística, incluindo uma média na linha central e um ou mais limites de controle. É utilizado para garantir que os processos estejam no controle estatístico.

Outras ferramentas amplamente utilizadas em projetos de Seis Sigma são a análise do modo e efeito de falha (FMEA – *Failure Mode and Effect Analysis*) e os projetos de experimentos (DOE).

Análise do modo e efeito de falha – Esta é uma abordagem estruturada para identificar, estimar, priorizar e avaliar o risco de possíveis falhas em cada estágio de um processo. Começa com a identificação de cada elemento, montagem ou peça do processo e a listagem dos modos de falha potenciais, das possíveis causas e os efeitos de cada falha. Um número de prioridade de risco (RPN – *Risk Priority Number*) é calculado para cada modo de falha. É um índice usado para medir a classe de importância dos itens listados no diagrama FMEA. (Ver Gráfico 6.6.) Essas condições incluem a probabilidade de que a falha ocorra (ocorrência), o dano resultante da falha (gravidade) e a probabilidade de se detectar a falha no local (detecção). Os itens com RPN alto deveriam ser almejados primeiro para a melhoria. O FMEA sugere uma ação para eliminar a condição de falha alocando uma pessoa ou departamento responsável para resolver a falha mediante a reelaboração do sistema, projeto ou processo e recalculando o RPN.

Projeto de experimentos (DOE) – O DOE, chamado ocasionalmente de *teste multivariado*, é uma metodologia estatística usada para determinar a relação de causa e efeito entre variáveis de processo (Xs) e variáveis resultantes (Y). Ao contrário dos testes estatísticos padrão, que exigem a mudança de variáveis individuais a fim de encontrar a mais influente, o DOE permite experimentar muitas variáveis simultaneamente por meio de uma cuidadosa seleção de um subconjunto dessas variáveis.

Quadro 6.5 Ferramentas analíticas para o Seis Sigma e a melhoria contínua

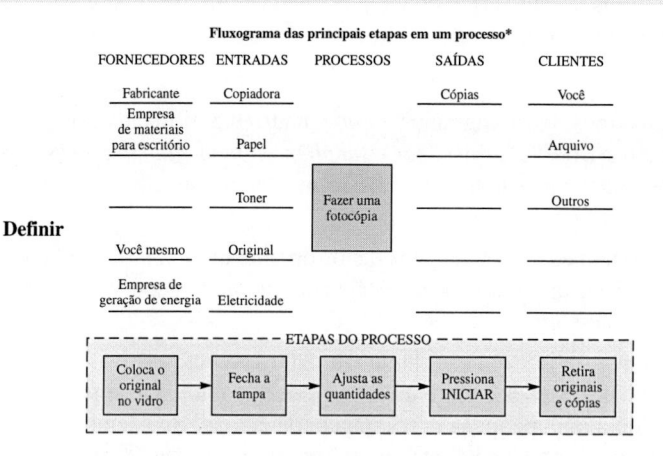

Definir

Fluxograma das principais etapas em um processo*

FORNECEDORES	ENTRADAS	PROCESSOS	SAÍDAS	CLIENTES
Fabricante	Copiadora		Cópias	Você
Empresa de materiais para escritório	Papel			Arquivo
	Toner	Fazer uma fotocópia		Outros
Você mesmo	Original			
Empresa de geração de energia	Eletricidade			

ETAPAS DO PROCESSO: Coloca o original no vidro → Fecha a tampa → Ajusta as quantidades → Pressiona INICIAR → Retira originais e cópias

Diagrama de dispersão*

Volume médio mensal de entregas (por loja) — 1951 entregas. Volume de unidades de 0 a 2700, meses Jan-Dez.

FORMULÁRIOS DE COLETA DE DADOS*

As listas de verificação são formulários básicos que ajudam a padronizar a coleta de dados proporcionando espaço específico onde as pessoas registram os dados.

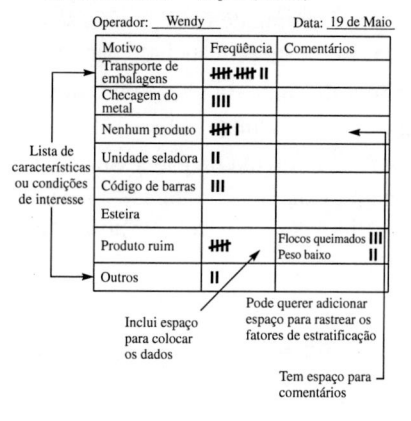

Define quais dados estão sendo coletados → **Tempo parado da máquina (linha 13)**

Operador: Wendy   Data: 19 de Maio

Motivo	Freqüência	Comentários
Transporte de embalagens	///// ///// //	
Checagem do metal	////	
Nenhum produto	///// /	
Unidade seladora	//	
Código de barras	///	
Esteira		
Produto ruim	/////	Flocos queimados /// / Peso baixo //
Outros	//	

Lista de características ou condições de interesse

Inclui espaço para colocar os dados
Pode querer adicionar espaço para rastrear os fatores de estratificação
Tem espaço para comentários

Medir

Diagrama de Pareto*

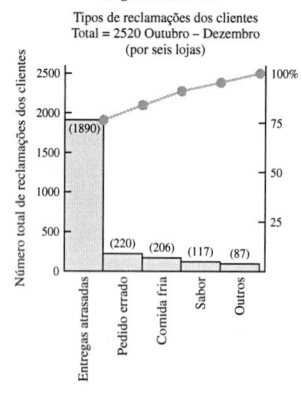

Tipos de reclamações dos clientes
Total = 2520 Outubro – Dezembro (por seis lojas)

- Entregas atrasadas (1890)
- Pedido errado (220)
- Comida fria (206)
- Sabor (117)
- Outros (87)

Nota da ilustração: O tempo de entrega foi definido pelo tempo total a partir do momento em que o pedido foi colocado até o momento em que o cliente o recebeu.

* Fonte: Rath & Strong, *Rath & Strong's Six Sigma Pocket Guide*, 2001.
** Fonte: *The Memory Jogger*™II, 2001. Usado com autorização da GOAL/QPC.

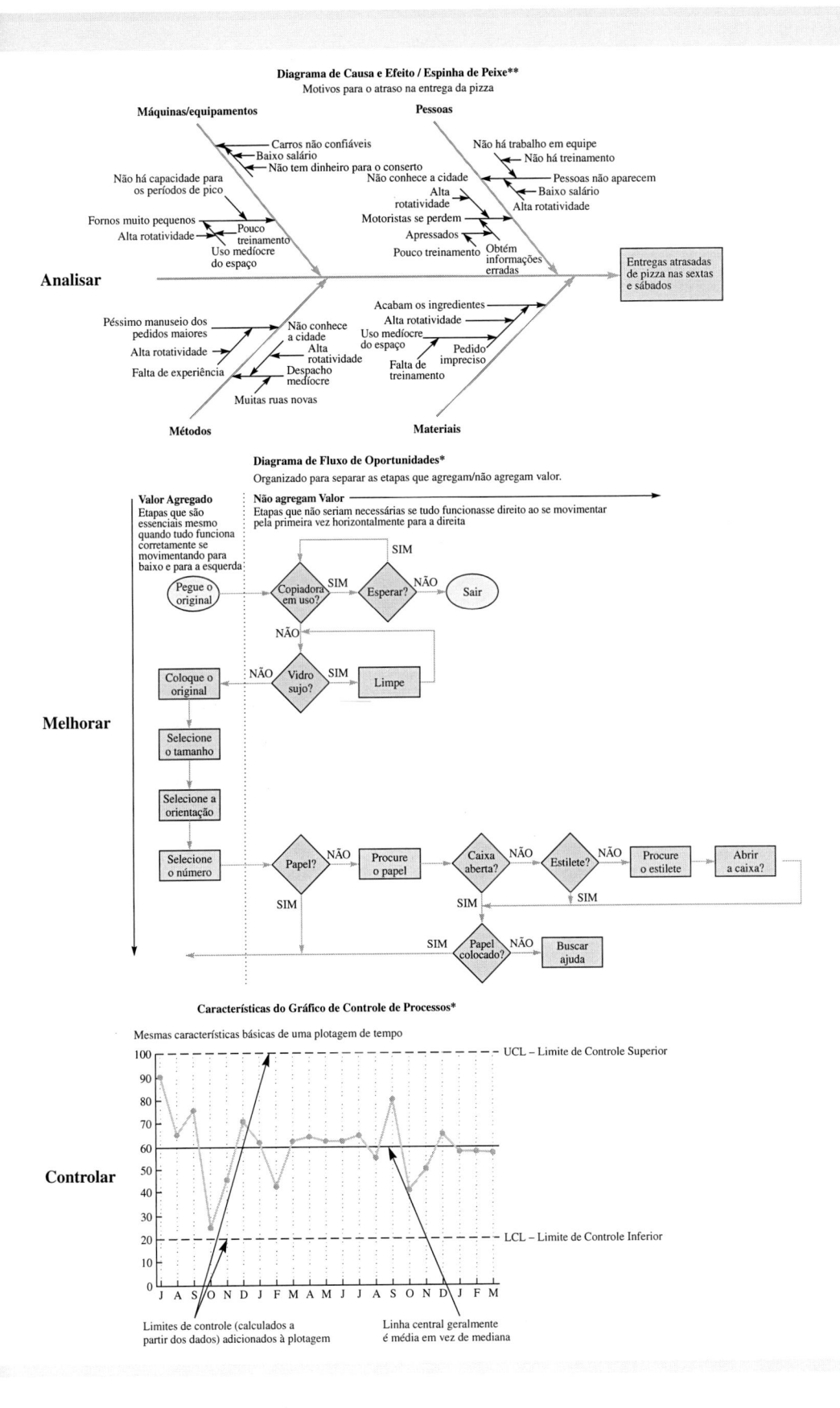

Diagrama de Causa e Efeito / Espinha de Peixe**
Motivos para o atraso na entrega da pizza

Analisar

Máquinas/equipamentos
- Carros não confiáveis
- Baixo salário
- Não tem dinheiro para o conserto
- Não há capacidade para os períodos de pico
- Fornos muito pequenos
- Alta rotatividade
- Pouco treinamento
- Uso medíocre do espaço

Pessoas
- Não há trabalho em equipe
- Não há treinamento
- Não conhece a cidade
- Alta rotatividade
- Pessoas não aparecem
- Baixo salário
- Alta rotatividade
- Motoristas se perdem
- Apressados
- Pouco treinamento
- Obtém informações erradas

Métodos
- Péssimo manuseio dos pedidos maiores
- Alta rotatividade
- Falta de experiência
- Não conhece a cidade
- Alta rotatividade
- Despacho medíocre
- Muitas ruas novas

Materiais
- Acabam os ingredientes
- Alta rotatividade
- Uso medíocre do espaço
- Pedido impreciso
- Falta de treinamento

→ Entregas atrasadas de pizza nas sextas e sábados

Diagrama de Fluxo de Oportunidades*
Organizado para separar as etapas que agregam/não agregam valor.

Melhorar

Valor Agregado
Etapas que são essenciais mesmo quando tudo funciona corretamente se movimentando para baixo e para a esquerda

Não agregam Valor
Etapas que não seriam necessárias se tudo funcionasse direito ao se movimentar pela primeira vez horizontalmente para a direita

- Pegue o original
- Copiadora em uso? → SIM → Esperar? → SIM (volta) / NÃO → Sair
- NÃO ↓
- Coloque o original ← NÃO — Vidro sujo? → SIM → Limpe
- Selecione o tamanho
- Selecione a orientação
- Selecione o número
- Papel? → NÃO → Procure o papel → Caixa aberta? → NÃO → Estilete? → NÃO → Procure o estilete → Abrir a caixa?
- SIM ↓ / SIM / SIM
- Papel colocado? → SIM (volta) / NÃO → Buscar ajuda

Características do Gráfico de Controle de Processos*
Mesmas características básicas de uma plotagem de tempo

Controlar

- - - - UCL – Limite de Controle Superior
- - - - LCL – Limite de Controle Inferior

Eixo Y: 0–100
Eixo X: J A S O N D J F M A M J J A S O N D J F M

Limites de controle (calculados a partir dos dados) adicionados à plotagem

Linha central geralmente é média em vez de mediana

Quadro 6.6 — Formulário FMEA

Análise FMEA

Projeto: _____
Equipe: _____

Data: _____ (original)
_____ (revisão)

Item ou etapa do processo	Modo de falha potencial	Efeitos potenciais da falha	Gravidade	Causa(s) potencial(is)	Ocorrência	Controles atuais	Detecção	RPN	Ação recomendada	Responsabilidade e data-alvo	Medida "posterior" tomada	Gravidade	Ocorrência	Detecção	RPN

Total do Número de Prioridade do Risco: _____ RPN "Depois do Número de Prioridade do Risco" _____

Fonte: Rath & Strong, *Rath & Strong's Six Sigma Pocket Guide*, 2001, p. 31.

CONTROLE ESTATÍSTICO DA QUALIDADE

Esta seção sobre o controle estatístico da qualidade (CEQ) engloba os aspectos quantitativos da gestão da qualidade. Em geral, o CEQ é um conjunto de técnicas projetadas para avaliar a qualidade sob o prisma da conformidade. Ou seja, como a empresa está se saindo no cumprimento das especificações estabelecidas durante o projeto das peças ou serviços sendo fornecidos? A gestão do desempenho da qualidade utilizando as técnicas CEQ geralmente engloba amostragens periódicas de um processo e análise desses dados usando critérios de desempenho estatístico.

Como constataremos, o CEQ pode ser aplicado a processos de logística, produção e serviços. Eis alguns exemplos dos tipos de situações em que o CEQ pode ser aplicado:

- Quantos defeitos na pintura existem no acabamento de um carro? Aprimoramos nosso processo de pintura com a instalação de uma nova pistola de tinta?
- Quanto tempo leva para executar os pedidos do mercado no nosso sistema de comércio baseado na Web? A instalação de um novo servidor melhorou o serviço? O desempenho do sistema varia durante o dia comercial?
- Até que ponto conseguimos manter a tolerância dimensional na montagem do mancal de esferas de três polegadas? Dada a variabilidade do nosso processo para fabricar este mancal de esfera, quantos defeitos possivelmente serão gerados por milhão de mancais produzidos?
- Quanto tempo leva para que os clientes sejam atendidos na nossa janela de atendimento direto durante o período do almoço?

Serviço

Os processos que fornecem bens e serviços geralmente exibem algumas variações nos seus resultados. Esta variação pode ser causada por muitos fatores, alguns dos quais podem ser controlados e outros que são inerentes ao processo. A variação causada pelos fatores claramente identificados e possivelmente até mesmo administrados é chamada de *variação significativa*. Por exemplo, a variação causada pelos trabalhadores não igualmente treinados ou por ajustes impróprios na máquina é uma variação significativa. A variação inerente ao processo em si é chamada de *variação comum*. A variação comum é geralmente conhecida como *variação aleatória* e pode ser o resultado do tipo de equipamento usado para concluir um processo, por exemplo.

Variação significativa

Variação comum

Como indica o título desta seção, este material exige o conhecimento de questões muito básicas relacionadas à estatística. Lembre-se do estudo sobre estatística envolvendo números que são normalmente distribuídos, a definição da média e do desvio-padrão. A média (X) é apenas o valor médio de um conjunto de números. Matematicamente é

[6.1]
$$\overline{X} = \sum_{i=1}^{N} x_i / N$$

onde:

x_i = valor observado
N = número total de valores observados

O desvio-padrão é

[6.2]
$$\sigma = \sqrt{\frac{\sum_{i=1}^{N}(x_i - \overline{X})^2}{N-1}}$$

Ao monitorar um processo usando CEQ, as amostras seriam tomadas e as estatísticas das amostras seriam calculadas. A distribuição associada às amostras deveria exibir o mesmo tipo de variabilidade que a distribuição real do processo, embora a real variância da distribuição de amostragem fosse menor. Isso é bom porque permite a detecção rápida de mudanças na distribuição real do processo. O propósito da amostragem consiste em descobrir, de maneira não-aleatória, quando o processo mudou, para que o motivo da mudança possa ser rapidamente determinado.

Na terminologia do CEQ, o *sigma* geralmente é usado para se referir à amostra do desvio-padrão. Como veremos nos exemplos, o sigma é calculado de várias maneiras, dependendo da distribuição teórica fundamental (por exemplo, uma distribuição normal ou uma distribuição Poisson).

Variação ao nosso redor

De modo geral, com a redução da variação, a qualidade melhora. Algumas vezes, esse conhecimento é intuitivo. Se um trem estiver sempre no horário, os horários poderão ser planejados mais precisamente. Se os tamanhos das roupas forem consistentes, economizaremos tempo comprando por catálogo. Mas raramente essas coisas são consideradas em termos da baixa variabilidade. Com os engenheiros, o conhecimento é mais bem definido. Os pistões devem se encaixar nos cilindros, as portas precisam se enquadrar nas aberturas, os componentes elétricos precisam ser compatíveis e as caixas de cereais devem ter a quantidade certa de passas – caso contrário, a qualidade não será aceita e os clientes ficarão insatisfeitos.

Entretanto, os engenheiros também sabem que é impossível ter uma variabilidade igual a zero. Por esse motivo, os projetistas estabelecem especificações que definem não apenas o valor-alvo de alguma coisa, como também os limites aceitáveis sobre o alvo. Por exemplo, se o valor-alvo de uma dimensão é de 10 polegadas, as especificações do projeto poderão ser de 10,00 polegadas ± 0,02 polegadas. Isso diria ao departamento de manufatura que, embora este devesse ter como meta exatamente 10 polegadas, qualquer coisa entre 9,98 e 10,02 polegadas seria aceitável. Essas limitações no projeto são freqüentemente chamadas de limites mínimos e máximos de especificação ou de limites mínimos e máximos de tolerância.

Uma maneira comum de interpretar esse tipo de especificação é que cada peça enquadrada na faixa permitida é igualmente boa, ao passo que toda peça fora dessa faixa é totalmente ruim. Este ponto é ilustrado no Quadro 6.7. (Observe que o custo é zero por toda a faixa da especificação e depois há um salto quântico no custo, uma vez que o limite é violado.)

Limites mínimos e máximos da especificação

Limites mínimos e máximos de especificação ou de tolerância

Quadro 6.7 — Visão tradicional do custo da variabilidade

[Gráfico: Custo incremental da variabilidade para a sociedade (eixo vertical: Zero a Alto) em função da especificação (Especificação mínima, Especificação-alvo, Especificação máxima). O custo é Alto fora dos limites e Zero dentro dos limites.]

Quadro 6.8 — Visão de Taguchi sobre o custo da variabilidade

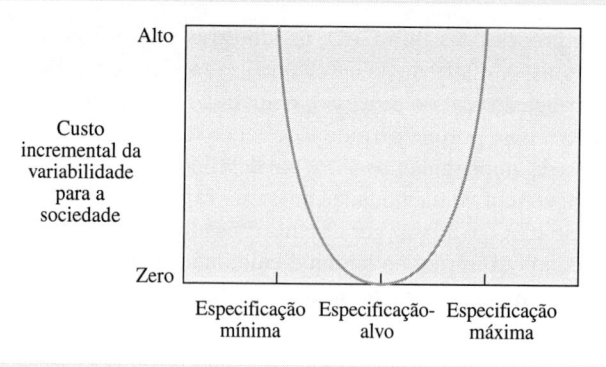

[Gráfico: Custo incremental da variabilidade para a sociedade (eixo vertical: Zero a Alto) em função da especificação (Especificação mínima, Especificação-alvo, Especificação máxima). O custo é representado por uma curva parabólica suavizada, com mínimo na Especificação-alvo.]

Genichi Taguchi, notável especialista em qualidade do Japão, observou que o ponto de vista tradicional ilustrado no Quadro 6.7 não faz sentido por dois motivos:

1. Sob o ponto de vista do cliente, praticamente não há diferença entre um produto um pouco dentro ou um pouco fora das especificações. Por outro lado, há uma diferença muito maior na qualidade de um produto que está no alvo/objetivo e a qualidade daquele que está perto de um limite.
2. À medida que os clientes se tornam mais exigentes, há uma pressão para reduzir a variabilidade. Entretanto, o Quadro 6.7 não reflete essa lógica.

Taguchi sugere que um cenário mais correto da perda é apresentado no Quadro 6.8. Observe que, nesse gráfico, o custo é representado por uma curva suavizada. Há dezenas de ilustrações dessa idéia: o emaranhado de engrenagens em uma transmissão, a velocidade do filme fotográfico, a temperatura em um local de trabalho ou loja de departamento. Em quase tudo o que pode ser medido, o cliente vê não uma linha bem definida, mas uma disposição gradativa que se afasta da especificação "Alvo". Os clientes vêem a função de perda como no Quadro 6.8 e não como no Quadro 6.7.

É evidente que, se os produtos forem consistentemente sucateados quando estiverem fora das especificações, a curva de perda se achatará, na maioria dos casos, a um valor equivalente ao custo de sucata fora das especificações. Isso se dá porque esses produtos teoricamente nunca serão vendidos,

A Dow Chemical company adotou os processos Seis Sigma para alcançar a excelência, reduzindo os defeitos nos produtos, processos e serviços.

portanto não há custo externo para a sociedade. Entretanto, em muitas situações práticas, ou o processo é capaz de produzir uma porcentagem muito alta de produto dentro das especificações e não é feita uma verificação 100%, ou, se o processo não é capaz de produzir dentro das especificações, é feita uma verificação 100% e os produtos fora das especificações podem ser retrabalhados para se encaixarem nas especificações. Em qualquer uma dessas situações, a função de perda parabólica é geralmente uma suposição sensata.

Capabilidade do processo

Taguchi argumenta que estar dentro do limite de tolerância não é uma decisão de simples sim/não, mas uma função contínua. Os especialistas em qualidade da Motorola, por outro lado, argumentam que o processo usado para um produto ou um serviço deveria ser tão bom que a probabilidade de gerar um defeito deveria ser muito, muito baixa. A Motorola consagrou a capabilidade do processo e o projeto do produto mediante a adoção de limites do Seis Sigma. Quando se projeta uma peça, especifica-se que certas dimensões devem estar dentro dos limites máximos e mínimos de tolerância.

Como exemplo simples, suponha que se esteja projetando um mancal para um eixo – por exemplo, um eixo para a roda do carro. Existem muitas variáveis envolvidas para o mancal e para o eixo – por exemplo, a largura do mancal, o tamanho do cubo, o tamanho do eixo, a extensão do eixo, como este é sustentado, e assim por diante. O projetista especifica as tolerâncias para cada uma dessas variáveis para ter certeza de que as peças se encaixarão adequadamente. Suponha que inicialmente é selecionado um projeto e o diâmetro do mancal é estabelecido em 1,250 polegadas ± 0,005 polegada. Isso significa que as peças aceitáveis precisam ter um diâmetro que varia entre 1,245 e 1,255 polegadas (limites mínimo e máximo de tolerância).

Em seguida, considere o processo no qual o mancal está sendo produzido. Imagine que é possível selecionar vários processos para fazer o mancal. Geralmente, há *trade-offs* que devem ser ponderados ao elaborar um processo para fabricar uma peça. Por exemplo, o processo poderia ser muito veloz mas não muito consistente, ou, como alternativa, poderia ser muito lento mas muito consistente. A consistência do processo para fabricar nosso mancal pode ser avaliada pelo desvio-padrão da medição do diâmetro. Podemos fazer um teste, fabricando, por exemplo, 100 mancais e medindo o diâmetro de cada mancal na amostra.

Vamos supor que, após o teste, detectemos que o diâmetro médio é de 1,250 polegadas. Outra maneira de dizer isso é que o processo está "centralizado" entre os limites máximo e mínimo da especificação. Na realidade, pode ser muito difícil obter um processo perfeitamente centralizado, como nosso exemplo. Digamos que os valores do diâmetro apresentam um desvio-padrão ou sigma igual a 0,002 polegada. Isso significa que o processo não produz cada mancal exatamente do mesmo tamanho.

Como veremos neste capítulo, normalmente monitoramos um processo por meio de gráficos de controle de modo que, se o processo começar a fabricar mancais que apresentem mais de três desvios-padrão ($\pm 0,006$ polegada) acima ou abaixo de 1,250 polegadas, interromperemos o processo. Isso significa que produziremos peças variando entre 1,244 (ou seja, $1,250 - 3 \times 0,002$) e 1,256 (isto é, $1,250 + 3 \times 0,002$) polegadas. Os valores 1,244 e 1,256 são citados como os limites máximo e mínimo do processo. Tenha cuidado e não se confunda com a terminologia aqui apresentada. Os limites do "processo" se relacionam à consistência do processo na fabricação do mancal. Ao gerenciar o processo, nosso objetivo é mantê-lo dentro de mais ou menos três desvios-padrão da média do processo. Os limites da "especificação" têm a ver com a estrutura da peça. Lembre-se de que, sob o prisma da estrutura, as peças aceitáveis têm um diâmetro entre 1,245 e 1,255 polegadas (que são os limites mínimo e máximo da especificação).

Como podemos constatar, os limites do processo estão ligeiramente acima dos limites da especificação estipulada pelo projetista. Isso não é bom porque produziremos algumas peças que não atendem às especificações. As empresas com processos Seis Sigma insistem no fato de que um processo de fabricação de uma peça é capaz de operar de modo que os limites da especificação do projeto apresentem seis desvios-padrão em torno da média do processo. No processo do mancal em questão, qual seria o desvio-padrão mínimo necessário para capacitá-lo para Seis Sigma? Lembre-se de que a especificação do projeto era de 1,250 polegadas mais ou menos 0,005 polegada. Ao pensar nisso, você verá que essa 0,005 polegada deve se relacionar com a variação no processo. Ao dividir 0,005 polegada por 6, que é igual a 0,00083, é possível determinar o desvio-padrão do processo para um processo Seis Sigma. Portanto, para que nosso processo seja capaz em seis sigmas, o diâmetro médio por ele produzido deveria ser exatamente 1,250 polegadas e o desvio-padrão do processo deveria ser inferior ou igual a 0,00083 polegada.

É possível que, nesse momento, alguns de vocês estejam realmente confusos com todo o conceito do Seis Sigma. Por que nossa empresa, por exemplo, simplesmente não verifica o diâmetro de cada mancal e despreze aqueles que apresentam um diâmetro inferior a 1,245 ou acima de 1,255? Certamente, isso poderia ser feito e para muitas, muitas peças, o teste de 100% é aplicado. O problema é que, para uma empresa que fabrica milhares de peças por hora, pode ser muito dispendioso testar cada dimensão crítica de cada peça fabricada. Em nosso mancal, poderia haver facilmente 10 ou mais dimensões críticas adicionais, além do diâmetro. Todas elas precisariam ser verificadas. Aplicando a abordagem de um teste de 100%, a empresa gastaria mais tempo testando do que efetivamente fabricando a peça! Por esse motivo, uma empresa utiliza pequenas amostras para checar periodicamente se o processo está sob controle estatístico. Discutiremos como funciona essa amostragem estatística mais adiante neste capítulo.

Dizemos que um processo é *capaz* quando sua média e desvio-padrão operam de modo que os limites de controle superior e inferior são aceitáveis em relação aos limites máximo e mínimo da especificação. Examine o diagrama no Quadro 6.9, que representa a distribuição da dimensão do diâmetro do mancal em nosso processo original. A média ou o valor médio é de 1,250 e as especifi-

Capabilidade do processo   Quadro 6.9

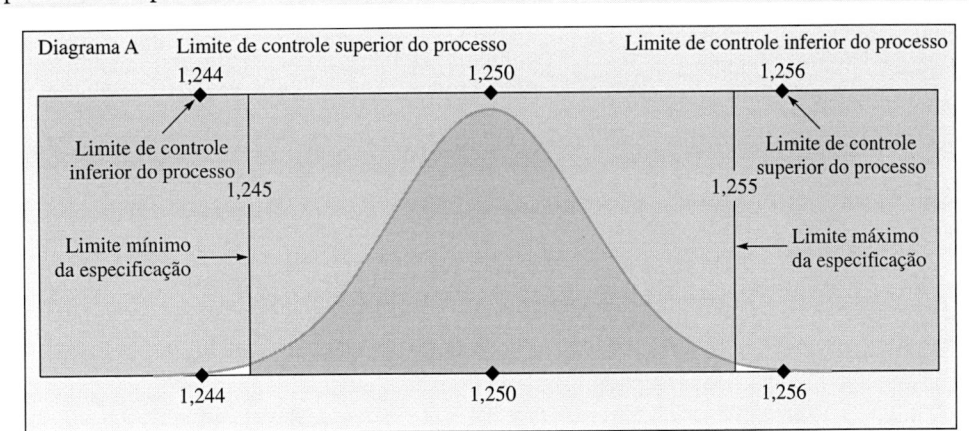

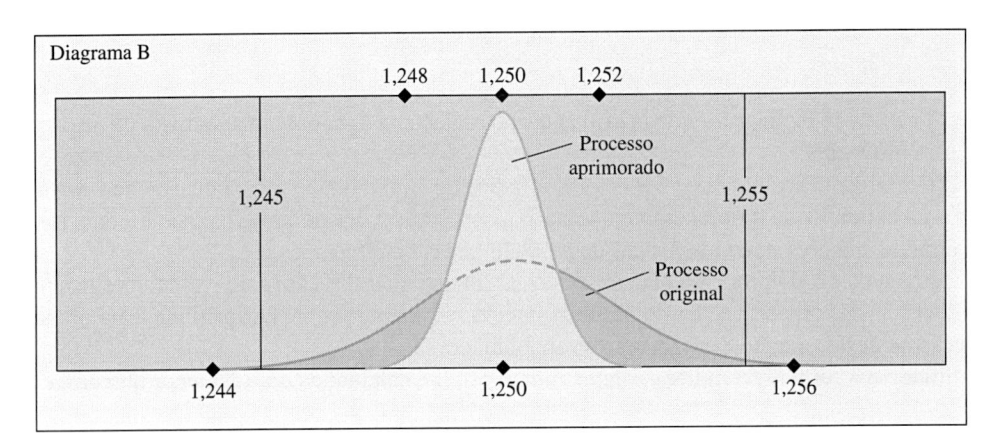

Diagrama A

- Limite de controle superior do processo: 1,244
- 1,250
- Limite de controle inferior do processo: 1,256
- Limite de controle inferior do processo: 1,245
- Limite de controle superior do processo: 1,255
- Limite mínimo da especificação
- Limite máximo da especificação
- 1,244 — 1,250 — 1,256

Diagrama B

- 1,248 — 1,250 — 1,252
- Processo aprimorado
- 1,245
- 1,255
- Processo original
- 1,244 — 1,250 — 1,256

cações mínima e máxima do projeto são 1,245 e 1,255 respectivamente. Os limites de controles do processo são mais ou menos três desvios-padrão (1,244 e 1,256). Observe que existe uma probabilidade (as áreas vermelhas) de produzir peças com defeito.

Se for possível aprimorar o processo, reduzindo o desvio-padrão associado ao diâmetro do mancal, a probabilidade poderá ser reduzida. O diagrama B no Quadro 6.9 mostra um novo processo em que o desvio-padrão foi reduzido para 0,00083 (a área na cor alaranjada). Embora não seja possível vê-lo no diagrama, há certa probabilidade de que um defeito pudesse ser produzido por esse novo processo, mas essa probabilidade é muito pequena.

Suponha que o valor principal ou a média do processo se desvie da média. O Quadro 6.10 mostra a média aproximada em um desvio-padrão do limite máximo da especificação. É evidente que isso ocasiona um número um pouco mais alto de defeitos previstos, mas é possível constatar que isso ainda é muito, muito bom. Usamos o *índice da capabilidade* para avaliar a eficiência com que o processo é capaz de produzir em relação às especificações do projeto. Descreveremos como calcular esse índice na próxima seção.

Índice de capabilidade (C_{pk}) O índice de capabilidade (C_{pk}) mostra com que eficiência as peças que estão sendo produzidas se encaixam na faixa especificada pelos limites do projeto. Se os limites do projeto forem maiores do que os três sigmas permitidos no processo, então a média do

Índice de capabilidade (C_{pk})

Quadro 6.10 — Capabilidade com um desvio na média do processo

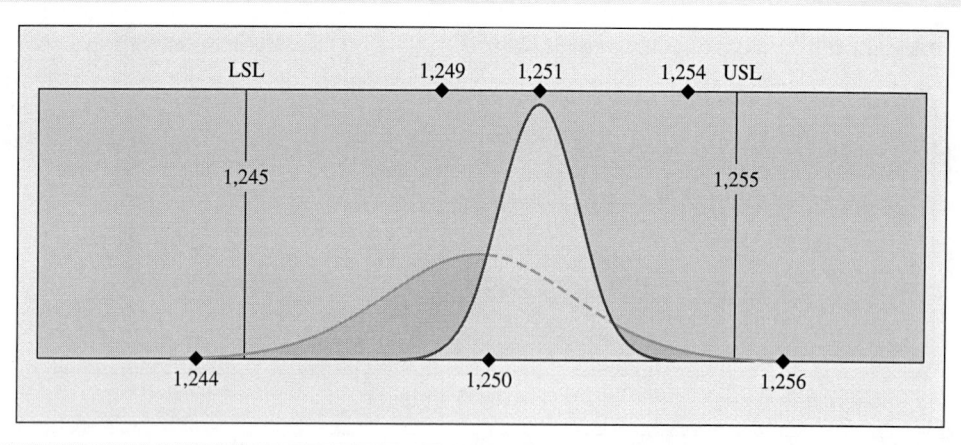

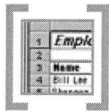

Figura: Curva de distribuição deslocada, com LSL em 1,245 (limite inferior 1,244), USL em 1,255 (limite superior 1,256), média deslocada para 1,251, e pontos em 1,249, 1,250 e 1,254.

Excel: SPC.xls

processo poderá se inclinar fora do centro antes do reajuste, e uma porcentagem alta de peças boas ainda será produzida.

Em referência aos Quadros 6.9 e 6.10, o índice de capabilidade (C_{pk}) consiste na posição da média e na extremidade do processo em relação às especificações do projeto. Quanto mais fora do centro estiver, maiores serão as chances de produzir peças defeituosas.

Como a média do processo pode se deslocar em qualquer direção, a direção do deslocamento e sua distância das especificações do projeto estabelecem o limite sobre a capabilidade do processo. A direção do deslocamento é em direção à capabilidade.

Em termos formais, o índice de capabilidade (C_{pk}) é calculado como o menor número, como segue:

[6.3]
$$C_{pk} = \min\left[\frac{\overline{X} - \text{LSL}}{3\sigma} \quad \text{ou} \quad \frac{\text{USL} - \overline{X}}{3\sigma}\right]$$

Trabalhando com o exemplo no Quadro 6.10, vamos supor que nosso processo esteja centrado em 1,251 e $\sigma = 0{,}00083$ (σ é o símbolo para o desvio-padrão).

$$C_{pk} = \min\left[\frac{1{,}251 - 1{,}245}{3(0{,}00083)} \quad \text{ou} \quad \frac{1{,}255 - 1{,}251}{3(0{,}00083)}\right]$$

$$= \min\left[\frac{0{,}006}{0{,}00249} \quad \text{ou} \quad \frac{0{,}004}{0{,}00249}\right]$$

$$C_{pk} = \min[2{,}4 \quad \text{ou} \quad 1{,}6]$$

$C_{pk} = 1{,}6$, que é o menor número. Este é um índice de capabilidade muito eficiente.

Isso nos indica que a média do processo se deslocou para a direita, de forma semelhante ao Quadro 6.10, mas as peças ainda permanecem dentro dos limites da especificação do projeto.

Ocasionalmente, convém calcular a probabilidade real de produzir um defeito. Supondo que o processo esteja produzindo com um desvio-padrão consistente, esse cálculo será muito simples, principalmente se tivermos acesso a uma planilha. A abordagem a ser usada é calcular a probabilidade de produzir uma peça fora dos limites máximo e mínimo da especificação do projeto, dados a média e o desvio-padrão do processo.

Trabalhando com nosso exemplo, no qual o processo não está centralizado, com uma média de 1,251 polegadas, $\sigma = 0{,}00083$, LSL = 1,245 e USL = 1,255, é necessário primeiramente calcular Z associado aos limites máximo e mínimo da especificação. Lembre-se de que, em nosso estudo de estatística, a pontuação de Z representa os desvios-padrão para a direita ou para a esquerda de zero, em uma distribuição de probabilidades.

$$Z_{LSL} = \frac{LSL - \overline{X}}{\sigma} \qquad Z_{USL} = \frac{USL - \overline{X}}{\sigma}$$

Para nosso exemplo,

$$Z_{LSL} = \frac{1{,}245 - 1{,}251}{0{,}00083} = -7{,}2289 \qquad Z_{USL} = \frac{1{,}255 - 1{,}251}{0{,}00083} = 4{,}8193$$

Uma maneira fácil de obter as probabilidades associadas a esses valores de Z é usar a função NORMSDIST incorporada ao Excel (você também pode usar a tabela contida no Apêndice E). O formato dessa função é NORMSDIST(Z), onde Z é o valor de Z calculado anteriormente. O Excel retorna os valores a seguir. (Descobrimos que, provavelmente, você obterá resultados ligeiramente diferentes dos apresentados aqui, dependendo da versão do Excel utilizada.)

NORMSDIST($-7{,}2289$) = 2,43461E-13 e NORMSDIST($4{,}8193$) = 0,99999928

Para interpretar essa informação, é necessário saber exatamente o que a função NORMSDIST está fornecendo. NORMSDIST resulta a probabilidade acumulada à esquerda do valor especificado de Z. Como $Z = -7{,}2289$ é o número de desvios-padrão associados ao limite mínimo da especificação, a fração das peças que serão produzidas abaixo disso é de 2,43461 E-13. Esse número está expresso em notação científica e E-13 (que aparece no final) significa que devemos deslocar o decimal mais de 13 casas, para obter a fração real de defeitos. Sendo assim, a fração de peças com defeito é: 0,000000000000024361, que é um número muito pequeno! De modo semelhante, constatamos que aproximadamente 0,99999928 das peças ficará abaixo do limite máximo da especificação. O que realmente nos interessa é a fração que ficará acima desse limite, porque representará as peças com defeito. Essa fração de peças com defeito acima da especificação máxima é de $1 - 0{,}99999928 = 0{,}00000082$ das peças.

Somando esses dois números fracionários de peças com defeito, obtemos 0,00000082000024361. É possível interpretar esse resultado afirmando que esperamos apenas que cerca de 0,82 peças por milhão apresente defeito. É evidente que esse processo é excelente. Ao trabalhar nos problemas apresentados no final do capítulo, você descobrirá que nem sempre isso acontece.

Exemplo 6.2

O gerente da qualidade assegurada está avaliando a capabilidade de um processo que coloca graxa pressurizada em uma lata com aerosol. As especificações do projeto exigem uma média de 60 libras por polegada quadrada (psi) de pressão em cada lata com um limite máximo de especificação de 65 psi e um limite mínimo da especificação de 55 psi. É tirada uma amostra da produção, e é detectado que as latas apresentam em média 61 psi com um desvio-padrão de 2 psi. Qual é a capabilidade do processo? Qual é a probabilidade de produzir um defeito?

SOLUÇÃO

Etapa 1 – Interprete os dados do problema

$$LSL = 55 \quad USL = 65 \quad \overline{X} = 61 \quad \sigma = 2$$

Etapa 2 – Calcule o C_{pk}

$$C_{pk} = \min\left[\frac{\overline{X} - \text{LSL}}{3\sigma}, \frac{\text{USL} - \overline{X}}{3\sigma}\right]$$

$$C_{pk} = \min\left[\frac{61 - 55}{3(2)}, \frac{65 - 61}{3(2)}\right]$$

$$C_{pk} = \min\,[1,\,0{,}6667] = 0{,}6667$$

Esse não é um índice de capabilidade muito eficiente.

Etapa 3 – Calcule a probabilidade de produzir um defeito
Probabilidade de uma lata com menos de 55 psi

$$Z = \frac{X - \overline{X}}{\sigma} = \frac{55 - 61}{2} = -3$$

$$\text{NORMSDIST}(-3) = 0{,}001349898$$

Probabilidade de uma lata com mais de 65 psi

$$Z = \frac{X - \overline{X}}{\sigma} = \frac{65 - 61}{2} = 2$$

$$1 - \text{NORMSDIST}(2) = 1 - 0{,}977249868 = 0{,}022750132$$

Probabilidade de uma lata com menos de 55 psi ou mais de 65 psi

$$\text{Probabilidade} = 0{,}001349898 + 0{,}022750132 = 0{,}024100030$$

Ou aproximadamente 2,4% das latas apresentarão defeito. ●

A tabela a seguir é uma referência rápida para a fração de unidades com defeito para vários limites de especificações de projeto (expressos em desvios-padrão). Essa tabela pressupõe que o desvio-padrão seja constante e que o processo esteja centrado exatamente entre os limites da especificação do projeto.

Limites do projeto	Peças defeituosas	Fração com defeito
$\pm 1\sigma$	317 por mil	0,3173
$\pm 2\sigma$	45 por mil	0,0455
$\pm 3\sigma$	2,7 por mil	0,0027
$\pm 4\sigma$	63 por milhão	0,000063
$\pm 5\sigma$	574 por bilhão	0,000000574
$\pm 6\sigma$	2 por bilhão	0,000000002

O limite da especificação do projeto da Motorola de seis sigmas, com um deslocamento do processo fora da média em $1{,}5\sigma$ ($C_{pk} = 1{,}5$) resulta em 3,4 defeitos por milhão. Se a média estiver exatamente no centro ($C_{pk} = 2$), então serão esperados dois defeitos por *bilhão*, como mostra a tabela acima.

PROCEDIMENTOS PARA O CONTROLE DO PROCESSO

O controle do processo se preocupa com o monitoramento da qualidade *enquanto o produto ou serviço está sendo produzido*. Os objetivos típicos dos planos de controle do processo são fornecer informações, em tempo hábil, sobre se os itens produzidos atualmente atendem às especificações do projeto e detectar mudanças no processo que sinalizam que os produtos futuros podem não satisfazer as especificações.

O **controle estatístico do processo (CEP)** abrange o teste de uma amostra aleatória de produção de um processo para determinar se o processo está produzindo itens dentro de uma faixa pré-selecionada.

Os exemplos fornecidos até agora foram todos baseados nas características da qualidade (ou *variáveis*) que são mensuráveis, como o diâmetro ou peso de uma peça. **Atributos** são características da qualidade que são classificados somente de dois modos: em conformidade ou não-conformidade com as especificações. Bens e serviços são vistos como bons ou ruins, ou em funcionamento ou em mau funcionamento. Por exemplo, um cortador de grama funciona ou não funciona; alcança certo nível de torque e potência ou não. Esse tipo de avaliação é conhecido como amostragem por atributos. Como alternativa, o torque e a potência de um cortador de grama podem ser medidos como o valor do desvio de um padrão estabelecido. Esse tipo de medição é conhecido como amostragem por variáveis. A seção a seguir descreve algumas abordagens-padrão para controlar os processos: primeiro, uma abordagem útil para as medidas dos atributos e, em seguida, uma abordagem para as medidas das variáveis. Ambas as técnicas resultam na construção de gráficos de controle. O Quadro 6.11 apresenta alguns exemplos sobre como os gráficos de controle podem ser analisados para entender como um processo está funcionando.

Controle do processo com medições por atributos: usando gráficos *p*

A medição por atributo significa pegar amostras e usar uma decisão única – o item é bom ou ruim. Uma vez que esta é uma decisão de sim ou não, podem-se usar estatísticas simples para criar um gráfico *p* com um limite de controle superior (LCS) e um limite de controle inferior (LCI). Podem-se desenhar esses limites de controle em um gráfico e, em seguida, apresentar graficamente a fração de defeitos de cada amostra individual testada. Presume-se que o processo esteja funcionando corretamente quando as amostras, que são coletadas periodicamente durante o dia, permanecem dentro dos limites de controle.

[6.4] $$\bar{p} = \frac{\text{Número total de defeitos de todas as amostras}}{\text{Número de amostras} \times \text{Tamanho da amostra}}$$

[6.5] $$s_p = \sqrt{\frac{\bar{p}(1-\bar{p})}{n}}$$

[6.6] $$\text{UCL} = \bar{p} + zs_p$$

[6.7] $$\text{LCL} = \bar{p} - zs_p$$

onde $\bar{p}$ é a fração de defeitos, s_p é o desvio-padrão, n é o tamanho da amostra e z é o número de desvios-padrão para um nível de certeza específico. Geralmente, é usado $z = 3$ (99,7% de certeza) ou $z = 2,58$ (99% de certeza).

Tamanho da amostra O tamanho da amostra deve ser suficientemente grande para permitir a contagem dos atributos. Por exemplo, se uma máquina produzir 1% de defeitos, então um tamanho de amostra de cinco dificilmente capturaria o defeito. Uma regra geral para a montagem de um gráfico *p* é fazer com que a amostra seja suficientemente grande para esperar contar o atributo duas vezes em cada amostra. Assim, um tamanho adequado de amostra, se a taxa de defeito fosse aproximadamente 1%, seria de 200 unidades. Uma observação final: nos cálculos mostrados nas equações 6.4 a 6.7, a suposição é de que o tamanho da amostra é fixo. O cálculo do desvio-padrão depende dessa premissa. Se o tamanho da amostra variar, o desvio-padrão e os limites de controle máximo e mínimo deverão ser recalculados para cada amostra.

Quadro 6.11 — Evidência do gráfico de controle para investigação

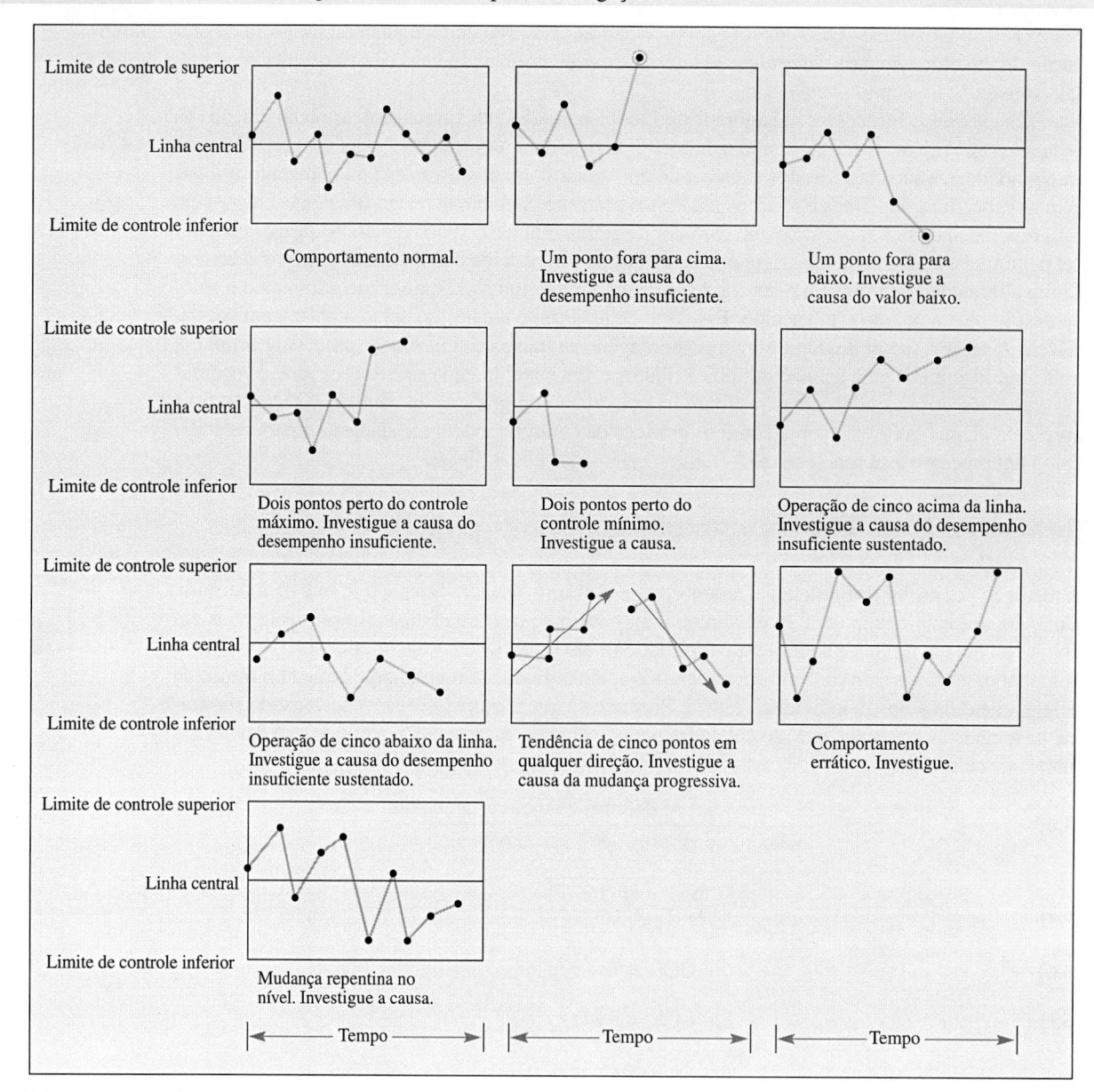

Comportamento normal.

Um ponto fora para cima. Investigue a causa do desempenho insuficiente.

Um ponto fora para baixo. Investigue a causa do valor baixo.

Dois pontos perto do controle máximo. Investigue a causa do desempenho insuficiente.

Dois pontos perto do controle mínimo. Investigue a causa.

Operação de cinco acima da linha. Investigue a causa do desempenho insuficiente sustentado.

Operação de cinco abaixo da linha. Investigue a causa do desempenho insuficiente sustentado.

Tendência de cinco pontos em qualquer direção. Investigue a causa da mudança progressiva.

Comportamento errático. Investigue.

Mudança repentina no nível. Investigue a causa.

(Eixo vertical: Limite de controle superior, Linha central, Limite de controle inferior. Eixo horizontal: Tempo.)

Exemplo 6.3: Modelo de gráfico de controle de processo

Serviço

Uma seguradora quer projetar um gráfico de controle para monitorar se os formulários dos pedidos de seguros estão sendo preenchidos corretamente. A empresa pretende usar o gráfico para constatar se as melhorias implementadas no modelo do formulário são eficazes. Para começar o processo, a empresa coletou dados sobre o número de formulários preenchidos incorretamente nos últimos 10 anos. A seguradora processa milhares desses formulários por dia e, devido ao alto custo de inspeção de cada formulário, apenas uma pequena amostra representativa foi coletada a cada dia. Os dados e a análise são mostrados no Quadro 6.12.

Quadro 6.12

Formulário de reclamações de seguradora

Amostra	Número inspecionado	Número de formulários preenchidos incorretamente	Fração de defeitos
1	300	10	0,03333
2	300	8	0,02667
3	300	9	0,03000
4	300	13	0,04333
5	300	7	0,02333
6	300	7	0,02333
7	300	6	0,02000
8	300	11	0,03667
9	300	12	0,04000
10	300	8	0,02667
Total	3000	91	0,03033
Desvio-padrão da amostra			0,00990

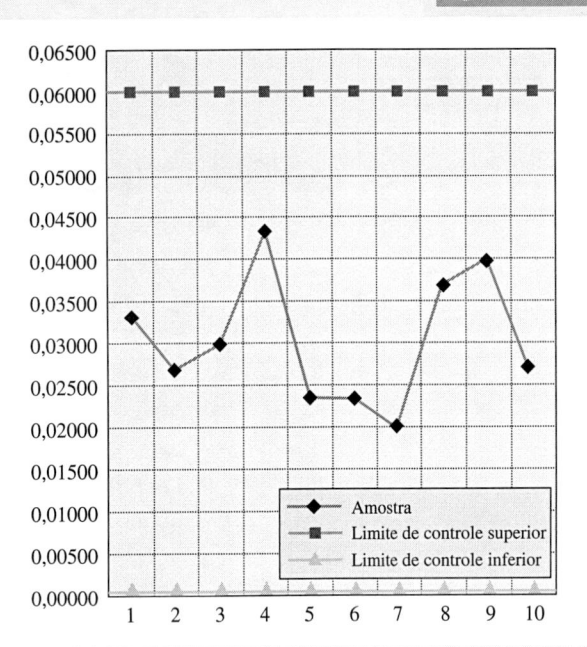

SOLUÇÃO

Para construir um gráfico de controle, primeiro calcule a fração defeituosa geral de todas as amostras. Isso estabelece a linha central do gráfico de controle.

$$\bar{p} = \frac{\text{Número total de defeitos de todas as amostras}}{\text{Número de amostras} \times \text{Tamanho da amostra}} = \frac{91}{3000} = 0{,}03033$$

Em seguida, calcule o desvio-padrão da amostra:

$$s_p = \sqrt{\frac{\bar{p}(1-\bar{p})}{n}} = \sqrt{\frac{0{,}03033(1-0{,}03033)}{300}} = 0{,}00990$$

Por último, calcule os limites de controle superior e inferior do processo. Um valor de z igual a 3 resulta 99,7% de certeza de que o processo está dentro desses limites.

$$UCL = \bar{p} + 3s_p = 0{,}3033 + 3(0{,}00990) = 0{,}06003$$
$$LCL = \bar{p} + 3s_p = 0{,}3033 + 3(0{,}00990) = 0{,}00063$$

Os cálculos efetuados no Quadro 6.12, incluindo o gráfico de controle, constam na planilha SPC.xls. ●

Excel: SPC.xls

Controle do processo com medições variáveis: usando os gráficos $\bar{X}$ e R

Os gráficos de $\bar{X}$ e R (amplitude de) são amplamente utilizados no controle estatístico do processo.

Na amostragem por atributos, determina-se se algo é bom ou ruim, se encaixa ou não – é uma situação de passa/não passa. Nas amostragens por variáveis, no entanto, mede-se peso, volume, número de polegadas reais ou outras mensurações variáveis, e desenvolvem-se gráficos de controle para determinar a aceitação ou rejeição do processo com base nessas medições. Por exemplo, na

Variáveis

Um supervisor e um instrutor de equipe examinam os gráficos de controle de processo na linha de montagem do Ford Fiesta, em Cologne-Niehl, Alemanha.

amostragem por atributos, é possível decidir que se algo estiver acima de 10 quilos será rejeitado e abaixo de 10 quilos será aceito. Na amostragem por variáveis, mede-se uma amostra, e podem ser registrados pesos de 9,8 quilos ou 10,2 quilos. Esses valores são usados para criar ou modificar os gráficos de controle e para verificar se estão dentro dos limites aceitáveis.

Há quatro questões importantes relacionadas à criação de um gráfico de controle: tamanho das amostras, número de amostras, freqüência das amostras e os limites de controle.

Tamanho das amostras Para aplicações industriais no controle do processo envolvendo a medição de variáveis, é preferível manter o tamanho da amostra pequeno. Existem dois motivos importantes para isso. Primeiro, a amostra deve ser coletada dentro de um período de tempo razoável; caso contrário, o processo pode mudar enquanto as amostras estão sendo consideradas. Segundo, quanto maior a amostra, tanto mais alto será o custo associado à coleta da amostra.

Os tamanhos de amostras de quatro ou cinco unidades parecem ser os números preferíveis. As *médias* das amostras deste tamanho têm uma distribuição aproximadamente normal, não importando com qual distribuição a população se pareça. Tamanhos de amostra acima de cinco proporcionam limites de controle de processo mais estreitos e, conseqüentemente, será maior a sensibilidade. Para detectar variações mais detalhadas de um processo, talvez seja necessário realmente utilizar tamanhos de amostras maiores. Entretanto, quando os tamanhos das amostras passarem de 15, será melhor usar os gráficos X com desvio-padrão σ em vez de gráficos X com amplitude R, como no Exemplo 6.4.

Número de amostras Após a montagem do gráfico, cada amostra tirada pode ser comparada com o gráfico e, então, se decide se o processo é aceitável. Entretanto, para montar os gráficos, a prudência e as estatísticas sugerem que sejam coletadas 25 ou mais amostras.

Freqüência das amostras A freqüência de coleta das amostras é um *trade-off* entre o custo da amostragem (juntamente com o custo da unidade se esta for destruída como parte do teste) e o benefício de ajustar o sistema. Geralmente, é melhor começar com amostragens freqüentes de um processo e terminar quando a confiança no processo aumenta. Por exemplo, uma pessoa pode começar com uma amostra de cinco unidades a cada meia hora e acabar achando que uma amostra por dia é adequada.

Limites de controle   A prática-padrão no controle estatístico do processo para as variáveis consiste em definir limites de controle três desvios-padrão acima da média e três abaixo. Isso significa que se espera que 99,7% das médias de amostras estejam dentro desses limites de controle (isto é, dentro de um intervalo de confiança de 99,7%). Assim, se uma média de amostra estiver fora dessa faixa obviamente extensa, há fortes evidências de que o processo está fora de controle.

Como construir os gráficos $\overline{X}$ e R

Caso se conheça o desvio-padrão da distribuição do processo, o gráfico $\overline{X}$ pode ser definido:

[6.8]
$$\text{UCL}_{\overline{X}} = \overline{\overline{X}} + zS_{\overline{X}} \quad \text{e} \quad \text{LCL}_{\overline{X}} = \overline{\overline{X}} - zS_{\overline{X}}$$

onde

$S_{\overline{X}} = s/\sqrt{n}$ = Desvio-padrão da média da amostra

s = Desvio-padrão da distribuição do processo

n = Tamanho da amostra

$\overline{\overline{X}}$ = Média das médias das amostras ou um valor-alvo definido para o processo

z = Número de desvios-padrão para um nível de confiança específico (geralmente, $z = 3$)

Um gráfico $\overline{X}$ é simplesmente uma apresentação gráfica das médias das amostras que foram retiradas de um processo. $\overline{\overline{X}}$ é a média das médias.

Na prática, o desvio-padrão do processo não é conhecido. Por esse motivo, geralmente se aplica uma abordagem que usa dados reais de amostras. Essa abordagem prática será descrita na próxima seção.

Um gráfico R é uma apresentação gráfica da faixa dentro de cada amostra. A faixa é a diferença entre os números mais altos e mais baixos naquela amostra. Os valores de R fornecem uma medida facilmente calculada da variação utilizada como um desvio-padrão. Um gráfico $\overline{R}$ é a média da faixa de cada amostra. Em termos mais específicos, são:

[Idêntico a 6.1]
$$\overline{X} = \frac{\sum_{i=1}^{n} X_i}{n}$$

onde

$\overline{X}$ = Média da amostra

i = Número do item

n = Número total de itens na amostra

[6.9]
$$\overline{\overline{X}} = \frac{\sum_{j=1}^{m} \overline{X}_j}{m}$$

onde

$\overline{\overline{X}}$ = A média das médias das amostras

j = Número de amostras

m = Número total de amostras

$$[6.10] \qquad \overline{R} = \frac{\sum_{j=1}^{m} R_j}{m}$$

R_j = Diferença entre a medida mais alta e a mais baixa na amostra
$\overline{R}$ = Média das diferenças nas medidas R para todas as amostras

E. L. Grant e R. Leavenworth elaboraram uma tabela (Quadro 6.13) que permite calcular facilmente os limites de controle superior e inferior tanto para o gráfico $\overline{X}$ quanto para o gráfico R^4, a saber:

[6.11] \qquad Limite de controle superior para $\overline{X} = \overline{\overline{X}} + A_2\overline{R}$

[6.12] \qquad Limite de controle inferior para $\overline{X} = \overline{\overline{X}} + A_2\overline{R}$

[6.13] \qquad Limite de controle superior para $R = D_4\overline{R}$

[6.14] \qquad Limite de controle inferior para $R = D_3\overline{R}$

Quadro 6.13 — Fatores para determinar a partir de $\overline{R}$ os limites de controle de três sigmas para os gráficos $\overline{X}$ e R

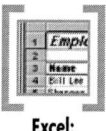

Número de observações no subgrupo n	Fatores para o gráfico $\overline{X}$ A_2	Fatores para o gráfico R — Limite de controle inferior D_3	Fatores para o gráfico R — Limite de controle superior D_4
2	1,88	0	3,27
3	1,02	0	2,57
4	0,73	0	2,28
5	0,58	0	2,11
6	0,48	0	2,00
7	0,42	0,08	1,92
8	0,37	0,14	1,86
9	0,34	0,18	1,82
10	0,31	0,22	1,78
11	0,29	0,26	1,74
12	0,27	0,28	1,72
13	0,25	0,31	1,69
14	0,24	0,33	1,67
15	0,22	0,35	1,65
16	0,21	0,36	1,64
17	0,20	0,38	1,62
18	0,19	0,39	1,61
19	0,19	0,40	1,60
20	0,18	0,41	1,59

Limite de controle superior para $\overline{X} = \text{LCS}_{\overline{X}} = \overline{\overline{X}} + A_2\overline{R}$
Limite de controle inferior para $\overline{X} = \text{LCI}_{\overline{X}} = \overline{\overline{X}} - A_2\overline{R}$
Limite de controle superior para $R = \text{LCS}_R = D_4\overline{R}$
Limite de controle inferior para $R = \text{LCI}_R = D_4\overline{R}$

Observação: Todos os fatores estão baseados na distribuição normal.

Excel: SPC.xls

Exemplo 6.4: Gráficos $\bar{X}$ e R

Gostaríamos de criar gráficos $\bar{X}$ e R para um processo. O Quadro 6.14 mostra as medições para todas as 25 amostras. As duas últimas colunas mostram a média da amostra $\bar{X}$ e da amplitude R.

Os valores para A_2, D_3 e D_4 foram obtidos a partir no Quadro 6.13.

Limite de controle superior para $\bar{X} = \bar{\bar{X}} + A_2\bar{R} = 10{,}21 + 0{,}58(0{,}60) = 10{,}56$

Limite de controle inferior para $\bar{X} = \bar{\bar{X}} - A_2\bar{R} = 10{,}21 - 0{,}58(0{,}60) = 9{,}86$

Limite de controle superior para $R = D_4\bar{R} = 2{,}11(0{,}60) = 1{,}27$

Limite de controle inferior para $R = D_3\bar{R} = 0(0{,}60) = 0$

SOLUÇÃO

O Quadro 6.15 apresenta o gráfico $\bar{X}$ e o gráfico R com uma plotagem de todas as médias e amplitudes das amostras. Todos os pontos estão dentro dos limites de controle, embora a amostra 23 esteja próxima do limite de controle inferior de $\bar{X}$. ●

Quadro 6.14

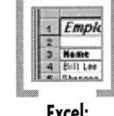

Medições nas amostras de cinco de um processo

Número da amostra	Cada unidade na amostra					Média X	Amplitude R
1	10,60	10,40	10,30	9,90	10,20	10,28	0,70
2	9,98	10,25	10,05	10,23	10,33	10,17	0,35
3	9,85	9,90	10,20	10,25	10,15	10,07	0,40
4	10,20	10,10	10,30	9,90	9,95	10,09	0,40
5	10,30	10,20	10,24	10,50	10,30	10,31	0,30
6	10,10	10,30	10,20	10,30	9,90	10,16	0,40
7	9,98	9,90	10,20	10,40	10,10	10,12	0,50
8	10,10	10,30	10,40	10,25	10,30	10,27	0,30
9	10,30	10,20	10,60	10,50	10,10	10,34	0,50
10	10,30	10,40	10,50	10,10	10,20	10,30	0,40
11	9,90	9,50	10,20	10,30	10,35	10,05	0,85
12	10,10	10,36	10,50	9,80	9,95	10,14	0,70
13	10,20	10,50	10,70	10,10	9,90	10,28	0,80
14	10,20	10,60	10,50	10,30	10,40	10,40	0,40
15	10,54	10,30	10,40	10,55	10,00	10,36	0,55
16	10,20	10,60	10,15	10,00	10,50	10,29	0,60
17	10,20	10,40	10,60	10,80	10,10	10,42	0,70
18	9,90	9,50	9,90	10,50	10,00	9,96	1,00
19	10,60	10,30	10,50	9,90	9,80	10,22	0,80
20	10,60	10,40	10,30	10,40	10,20	10,38	0,40
21	9,90	9,60	10,50	10,10	10,60	10,14	1,00
22	9,95	10,20	10,50	10,30	10,20	10,23	0,55
23	10,20	9,50	9,60	9,80	10,30	9,88	0,80
24	10,30	10,60	10,30	9,90	9,80	10,18	0,80
25	9,90	10,30	10,60	9,90	10,10	10,16	0,70

$\bar{\bar{X}} = 10{,}21$

$\bar{R} = 0{,}60$

Excel: SPC.xls

Quadro 6.15 — Gráfico $\bar{X}$ e gráfico R

Excel: SPC.xls

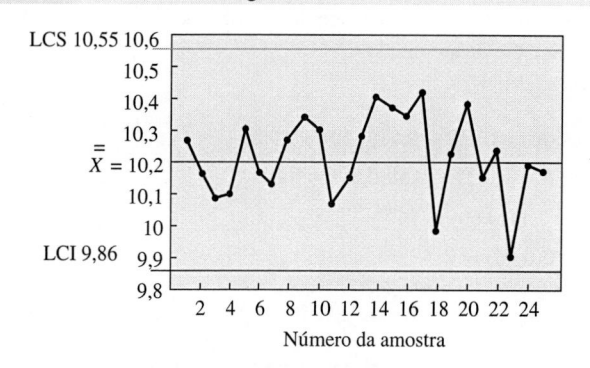

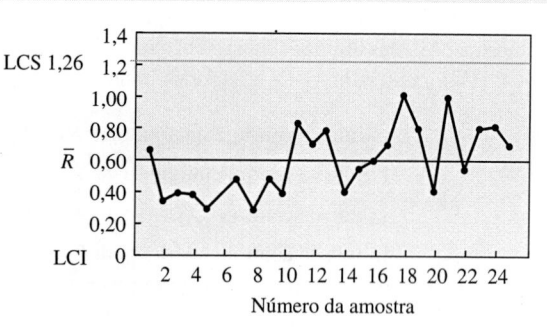

Gráfico $\bar{X}$: LCS 10,55; $\bar{\bar{X}} = 10,2$; LCI 9,86

Gráfico R: LCS 1,26; $\bar{R} = 0,60$; LCI 0

Número da amostra

AMOSTRAGEM DE ACEITAÇÃO

Projeto de um plano de amostragem única para os atributos

A amostragem de aceitação é realizada sobre os produtos que já existem para determinar qual a porcentagem de produtos que atendem às especificações. Esses produtos podem ser itens recebidos de outra empresa e avaliados pelo departamento de recebimento, ou podem ser componentes que passaram por uma etapa de processamento e são avaliados pelos funcionários da empresa tanto na função de produção ou mais tarde na função de armazenagem. No exemplo seguinte, trata-se o fato de a inspeção ter ou não que ser realizada.

A amostragem de aceitação é executada através de um plano de amostragem. Nesta seção, ilustraremos os procedimentos de planejamento para um plano de amostragem única – isto é, um plano no qual a qualidade é determinada a partir da avaliação de uma amostragem. (Outros planos poderão ser desenvolvidos com duas ou mais amostragens. Consulte o livro *Quality Planning and Analysis* de J. M. Juran e F. M. Gryna para obter uma discussão sobre esses planos.)

Exemplo 6.5: Custos para justificar a inspeção

A inspeção total (100%) é justificada quando o custo de uma perda incorrida pela falta de inspeção for maior do que os custos de inspeção. Por exemplo, suponha que um item defeituoso resulte em uma perda de US$ 10 e a média de porcentagem defeituosa de itens no lote é de 3%.

SOLUÇÃO

Se a média de porcentagem dos itens defeituosos em um lote é de 3%, o custo esperado dos itens defeituosos é $0,03 \times \$10$, ou US$ 0,30 cada. Assim, se o custo de inspeção de cada item for menor do que US$ 0,30, a decisão econômica é realizar a inspeção. No entanto, nem todos os itens defeituosos serão removidos, uma vez que a inspeção passará alguns itens ruins e rejeitará alguns itens bons.

O propósito de um plano de amostragem é testar o lote para (1) determinar a sua qualidade ou (2) certificar-se de que a qualidade é exatamente a prevista. Assim, se um supervisor de controle da qualidade conhecer a qualidade (como 0,03% dado no exemplo), este não faz uma amostragem para os defeitos. Ou todos precisam ser inspecionados para remover os defeitos ou nenhum deles deve ser inspecionado, e os refugos passam pelo processo. A escolha simplesmente depende do custo da inspeção e do custo incorrido por deixar passar um refugo. ●

Um plano de amostragem única é definido por n e c, onde n é o número de unidades na amostra e c é o número de aceitação. O tamanho de n pode variar de um para todos os itens no lote (geralmente denotados como N) do qual as unidades são retiradas. O número de aceitação c representa o número máximo de itens defeituosos que podem ser encontrados na amostra, para que o lote não seja rejeitado. Os valores para n e c são determinados pela interação de quatro fatores (NQA, α, PDTL e β) que quantificam os objetivos do produtor do produto e seus clientes. O objetivo do produtor é certificar-se de que o plano de amostragem tenha uma probabilidade baixa de rejeitar os lotes bons. Os lotes são definidos como de alta qualidade se contiverem não mais do que um nível especificado de defeitos, denominado nível de qualidade aceitável (NQA).[5] O objetivo do consumidor é certificar-se de que o plano de amostragem tenha uma probabilidade baixa de aceitar lotes ruins. Os lotes são definidos como de baixa qualidade se a porcentagem de defeitos for maior do que a quantidade especificada, denominado *porcentagem de defeitos tolerados no lote (PDTL)*. A probabilidade associada à rejeição de um lote de alta qualidade é representada pela letra grega alfa (α) e é denominada *risco do produtor*. A probabilidade associada à aceitação de um lote de baixa qualidade é representada pela letra grega beta (β) e é denominada *risco do consumidor*. A seleção de valores específicos para NQA, α, PDTL e β é uma decisão econômica baseada em um *trade-off* de custo ou, mais comumente, na política da empresa ou nas exigências contratuais.

Há um fato divertido supostamente envolvendo a Hewlett-Packard em suas primeiras negociações com fornecedores japoneses, que fazem muita questão da produção de alta qualidade. A HP havia insistido em um NQA de 2% na compra de 100 cabos. Durante o acordo de compra, aconteceram algumas discussões acirradas nas quais os fornecedores japoneses não queriam esta especificação de NQA; a HP insistiu para que eles não se desviassem do NQA de 2%. O fornecedor japonês finalmente concordou. Mais tarde, quando a caixa chegou, havia dois pacotes em seu interior. Um continha 100 cabos bons. O outro tinha dois cabos com um bilhete que dizia: "Nós lhe enviamos 100 cabos bons. Uma vez que você insistiu em um NQA de 2%, enviamos dois cabos defeituosos neste pacote, embora não entendemos por que vocês os querem".

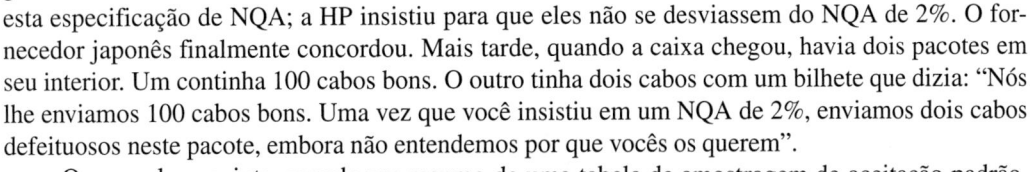

O exemplo seguinte, usando um resumo de uma tabela de amostragem de aceitação padrão, ilustra como os quatro parâmetros – NQA, α, PDTL e β – são utilizados no desenvolvimento de um plano de amostragem.

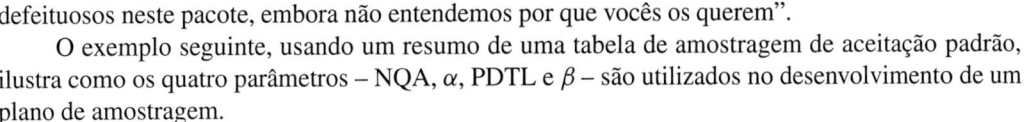

Folhas de alumínio examinadas sob as luzes do controle de qualidade na linha de produção de alumínio na Alcoa Székesfehérvár, Hungria, fábrica de extrusão.

Exemplo 6.6: Valores de n e c

A indústria Hi-Tech fabrica anti-radares Z-Band utilizados para detectar os radares de velocidade. As placas de circuito integrado nos anti-radares são compradas de um fornecedor externo. O fornecedor produz as placas para um NQA de 2% de defeitos e está disposto a correr um risco de 5% (α) em ter lotes desse nível ou menos defeitos rejeitados. A Hi-Tech considera os lotes com 8% de defeitos, no máximo (PDTL) e querem certificar-se de que aceitará esses lotes de baixa qualidade não mais do que 10% das vezes (β). Uma entrega grande acabou de ser feita. Quais valores de n e c deveriam ser selecionados para determinar a qualidade desse lote?

SOLUÇÃO

Os parâmetros do problema são NQA = 2, $\alpha = 0,05$, PDTL = 0,08 e $\beta = 0,10$. Pode-se usar o Quadro 6.16 para encontrar o valor de c e n.

Quadro 6.16

Resumo de uma tabela de um plano de amostragem para $\alpha = 0,05$, $\beta = 0,10$

c	PDTL ÷ NQA	n · NQA	c	PDTL ÷ NQA	n · NQA
0	44,890	0,052	5	3,549	2,613
1	10,946	0,355	6	3,206	3,286
2	6,509	0,818	7	2,957	3,981
3	4,890	1,366	8	2,768	4,695
4	4,057	1,970	9	2,618	5,426

Primeiro, divida PDTL pelo NQA (0,08 ÷ 0,02 = 4). Em seguida, encontre o índice na coluna 2 que seja igual a, ou um pouco maior do que, aquela quantidade (4). Este valor é 4,057, que é associado a $c = 4$.

Por último, encontre o valor na coluna 3 que esteja na mesma linha que $c = 4$ e divida esta quantidade pelo NQA para obter n (1,970 ÷ 0,02 = 98,5).

O plano de amostragem adequado é $c = 4$ e $n = 99$. ●

Curvas características de operação

Embora um plano de amostragem, como este que acabamos de descrever, atenda às necessidades para os valores extremos de qualidade boa e ruim, não é possível saber de imediato a eficiência com que o plano diferencia entre lotes bons e ruins nos valores intermediários. Por esse motivo, em geral os planos de amostragem são apresentados graficamente através do uso de curvas características de operação (CO). Essas curvas, que são únicas para cada combinação de n e c, ilustram apenas a probabilidade de aceitação de lotes com porcentagens variadas de defeitos. O procedimento aplicado ao desenvolvimento do plano, na realidade, especifica dois pontos em uma curva CO: um ponto definido por NQA e $1 - \alpha$, e o outro ponto definido por PDTL e β. As curvas para os valores comuns de n e c podem ser calculadas ou obtidas a partir das tabelas disponíveis.[6]

Moldando a curva CO Um plano de amostragem perfeitamente diferenciando entre os lotes bons e ruins tem uma inclinação infinita (vertical) no valor selecionado do NQA. No Quadro 6.17, qualquer porcentagem de defeito à esquerda de 2% seria sempre aceita, e aquela à direita, sempre rejeitada. Entretanto, esse tipo de curva só é possível com a inspeção completa de todas as unidades e, portanto, não é uma possibilidade com um plano real de amostragem.

Uma curva CO deveria ser inclinada na região de maior interesse (entre o NQA e o PDTL), o que é alcançado através da variação de n e c. Se c permanecer constante, aumentar o tamanho da amostra n fará com que a curva de CO seja mais vertical. Enquanto n se mantiver constante, diminuir c (o número máximo de unidades defeituosas) também faz com que a inclinação seja mais vertical, se aproximando mais da origem.

Os efeitos dos tamanhos dos lotes O tamanho do lote de onde a amostra é retirada tem relativamente pouco efeito sobre a qualidade da proteção. Considere, por exemplo, que as amostras – todas do mesmo tamanho de 20 unidades – são coletadas de lotes diferentes variando de um tamanho de lote de 200 unidades para um tamanho de lote ilimitado. Se supostamente cada lote tiver 5% de defeitos, a probabilidade de aceitação do lote, baseada na amostra de 20 unidades, variará de aproximadamente 0,34 a 0,36. Isso significa que, enquanto o tamanho do lote for várias vezes o tamanho

Curva característica de operação para NQA = 0,02, α = 0,05, PDTL = 0,08 e β = 0,10

Quadro 6.17

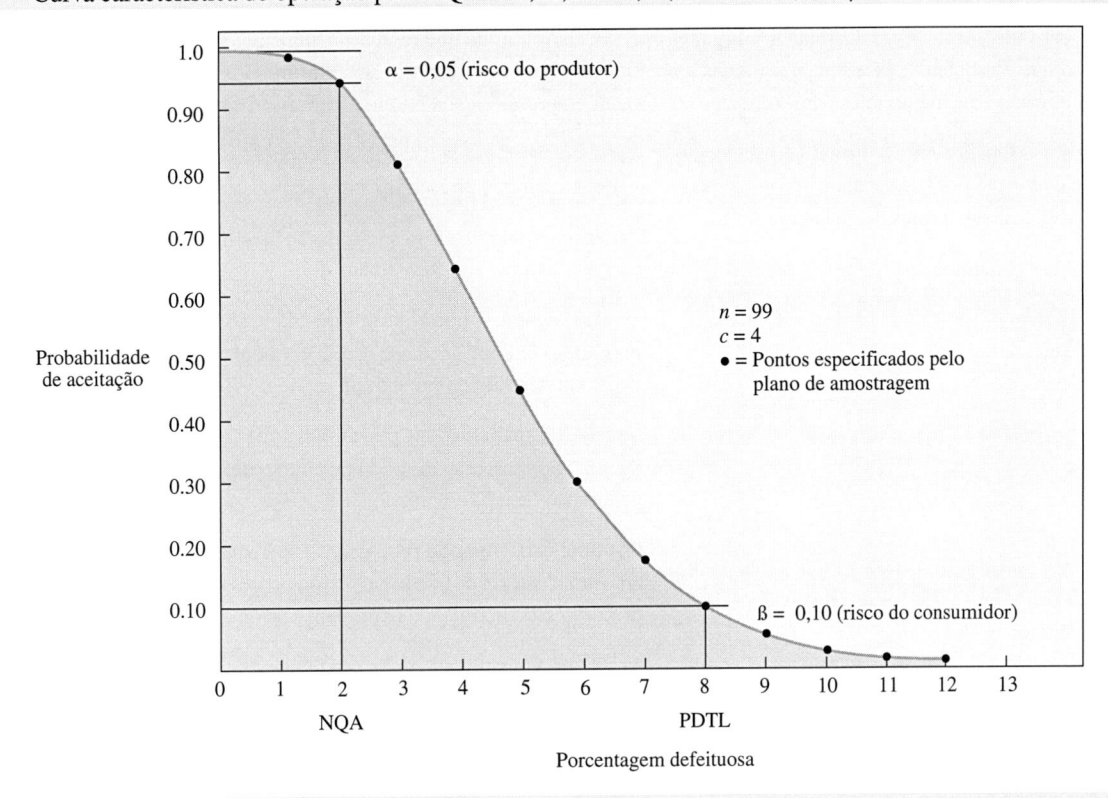

Probabilidade de aceitação (eixo y): 0 a 1,0
Porcentagem defeituosa (eixo x): 0 a 13

α = 0,05 (risco do produtor)
n = 99
c = 4
● = Pontos especificados pelo plano de amostragem
β = 0,10 (risco do consumidor)

NQA (em 2), PDTL (em 8)

da amostra, o tamanho do lote fará pouca diferença. Parece um tanto difícil aceitar, mas estatisticamente (em média, no longo prazo) caso se tenha um vagão carregado ou uma caixa cheia, tem-se aproximadamente a mesma resposta. Apenas parece que o vagão carregado deveria ter um tamanho de amostra maior. É claro que essa afirmação pressupõe que o lote seja escolhido aleatoriamente e que os defeitos sejam pulverizados aleatoriamente pelo lote.

RESUMO

Atualmente, as empresas esperam que os funcionários conheçam a metodologia de melhoria Seis Sigma. O DMAIC, acrônimo que define, mensura, analisa, aprimora e controla, é um processo fundamental para a abordagem que as empresas usam na orientação dos projetos de melhoria. A "capabilidade" de um processo é a avaliação da freqüência com que espera-se que um processo gere um defeito, considerando esse processo sob controle. Os processos seis sigma são elaborados para produzir pouquíssimos defeitos. As técnicas de controle estatístico de processo abrangem gráficos de controle e amostragem de aceitação, que asseguram que os processos estão operando como foram projetados para funcionar. Empresas de nível mundial têm implementado amplos programas de treinamento (geralmente citados como "treinamento de faixa verde e preta"), para garantir o conhecimento desses conceitos.

Termos-chave

Gerenciamento da Qualidade Total (TQM) Gerenciar a organização inteira de modo que ela obtenha excelência em todas as dimensões dos produtos e serviços importantes para o cliente.

Malcolm Baldrige National Quality Award Prêmio estabelecido pelo Departamento de Comércio dos EUA, concedido anualmente às empresas com excelência em termos de qualidade.

Qualidade do projeto Valor inerente do produto no mercado.

Qualidade de conformidade Nível até onde as especificações do produto ou serviço são atendidas.

Qualidade na origem A pessoa que executa o trabalho é responsável por garantir o atendimento às especificações.

Dimensões da qualidade Critérios através dos quais a qualidade é avaliada.

Custo da qualidade Despesas relacionadas à obtenção da qualidade do produto ou serviço, como os custos de prevenção, avaliação, falhas interna e externa.

Seis Sigma Termo da estatística para descrever o objetivo da qualidade de não aceitar mais do que quatro defeitos por milhão de unidade. Também relacionado a uma filosofia e a um programa de melhoria da qualidade.

DPMO (Defects Per Million Opportunities / Defeitos por Milhão de Oportunidades) Indicador aplicado para descrever a variabilidade de um processo.

DMAIC Acrônimo que representa uma metodologia de melhoria de Definir, Mensurar, Analisar, Aprimorar e Controlar, seguida pelas empresas engajadas em programas Seis Sigma.

Variação significativa Desvio na produção de um processo, que pode ser claramente identificado e administrado.

Variação comum Desvio na produção de um processo que é aleatório e inerente ao processo em si.

Limites mínimo e máximo de especificação A faixa de valores permitidos em uma medição associada a um processo, em função do uso pretendido do produto ou serviço.

Índice de capabilidade (Cpk) O índice da faixa de valores produzido pelo processo dividido pela faixa dos valores permitidos pela especificação do projeto.

Controle estatístico do processo (CEP) Técnicas para testar uma amostra aleatória de produção de um processo para detectar se o processo está produzindo itens dentro de uma faixa prescrita.

Atributos Características da qualidade classificadas como em conformidade ou não-conformidade com as especificações.

Variáveis Características da qualidade que são medidas em peso, volume, polegadas, centímetros, ou outras medidas reais.

Revisão de fórmulas

Média ou mediana

[6.1]
$$\overline{X} = \sum_{i=1}^{N} x_i / N$$

Desvio-padrão

[6.2]
$$\sigma = \sqrt{\frac{\sum_{i=1}^{N}(x_i - \overline{X})^2}{N}}$$

Índice de capabilidade

[6.3]
$$C_{pk} = \min\left[\frac{\overline{X} - \text{LSL}}{3\sigma}, \frac{\text{USL} - \overline{X}}{3\sigma}\right]$$

Gráficos de controle do processo utilizando as medições de atributos

[6.4] $$\bar{p} = \frac{\text{Número total de defeitos de todas as amostras}}{\text{Número de amostras} \times \text{Tamanho de amostra}}$$

[6.5] $$s_p = \sqrt{\frac{\bar{p}(1-\bar{p})}{n}}$$

[6.6] $$\text{UCL} = \bar{p} + zs_p$$

[6.7] $$\text{LCL} = \bar{p} - zs_p$$

[6.8] $$\text{LCS}_{\bar{X}} = \bar{\bar{X}} + zS_{\bar{x}} \quad \text{e} \quad \text{LCI}_{\bar{X}} = \bar{\bar{X}} - zS_{\bar{X}}$$

Controle de processo $\bar{X}$ e gráficos R

[6.9] $$\bar{\bar{X}} = \frac{\sum_{j=1}^{m} \bar{X}_j}{m}$$

[6.10] $$\bar{R} = \frac{\sum_{j=1}^{m} R_j}{m}$$

[6.11] Limite de controle superior $\bar{X} = \bar{\bar{X}} + A_2 \bar{R}$

[6.12] Limite de controle inferior $\bar{X} = \bar{\bar{X}} - A_2 \bar{R}$

[6.13] Limite de controle superior $R = D_4 \bar{R}$

[6.14] Limite de controle inferior $R = D_3 \bar{R}$

Problemas resolvidos

PROBLEMA RESOLVIDO 1

Os formulários preenchidos, procedentes de um departamento específico de uma seguradora, eram diariamente amostrados para verificar a qualidade do desempenho daquele departamento. Para estabelecer uma norma experimental para o departamento, foi coletada uma amostra de 100 unidades a cada dia, por 15 dias, com os seguintes resultados:

Excel: SPC.xls

Amostra	Tamanho da amostra	Nº de formulários com erros	Amostra	Tamanho da amostra	Nº de formulários com erros
1	100	4	9	100	4
2	100	3	10	100	2
3	100	5	11	100	7
4	100	0	12	100	2
5	100	2	13	100	1
6	100	8	14	100	3
7	100	1	15	100	1
8	100	3			

a. Desenvolva um gráfico p considerando um intervalo de confiança de 95% ($1{,}96s_p$).
b. Represente graficamente as 15 amostras coletadas.
c. Que comentários você faria sobre o processo?

Solução

a. $\bar{p} = \dfrac{46}{15(100)} = 0{,}0307$

$s_p = \sqrt{\dfrac{\bar{p}(1-\bar{p})}{n}} = \sqrt{\dfrac{0{,}0307(1-0{,}0307)}{100}} = \sqrt{0{,}0003} = 0{,}017$

LCS = $\bar{p} + 1{,}96 s_p = 0{,}031 + 1{,}96 (0{,}017) = 0{,}64$
LCI = $\bar{p} - 1{,}96 s_p = 0{,}031 - 1{,}96 (0{,}017) = -0{,}00232$ ou zero

b. Os defeitos são apresentados graficamente a seguir:

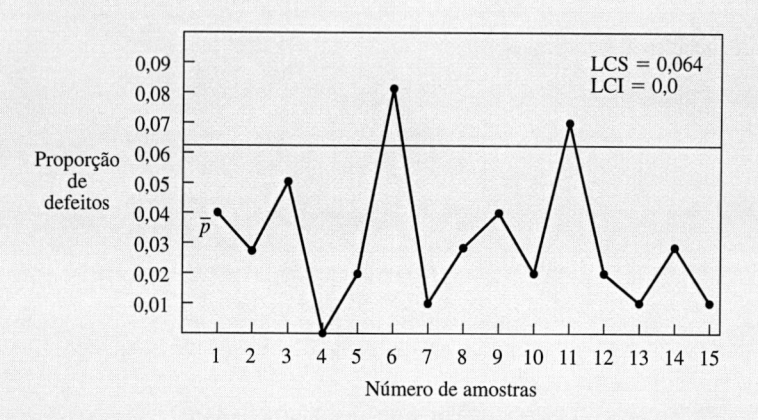

c. Das 15 amostras, duas estavam fora dos limites de controle. Uma vez que os limites de controle foram estabelecidos como 95%, ou 1 em cada 20, pode-se dizer que o processo está fora de controle. Ele deve ser examinado para detectar a causa dessa variação amplamente disseminada.

PROBLEMA RESOLVIDO 2

A gerência está tentando decidir se a Peça A, produzida com uma taxa de defeito consistente de 3%, deve ser inspecionada. Se não for inspecionada, os 3% de defeitos passarão pela fase de montagem do produto e terão que ser substituídos mais tarde. Se todas as peças forem inspecionadas, será encontrado um terço dos defeitos, elevando, assim, a qualidade para 2% de defeitos.

a. A inspeção deveria ser feita se o custo para inspecionar fosse de US$ 0,01 por unidade e o custo de substituição de uma peça defeituosa na montagem final fosse de US$ 4,00?
b. Suponha que o custo para inspecionar seja de US$ 0,05 por unidade, em vez de US$ 0,01. Isso mudaria a sua reposta no item a?

Solução

A Peça A deve ser inspecionada?

0,03 de defeitos sem inspeção.

0,02 de defeitos com inspeção.

a. Esse problema pode ser resolvido simplesmente analisando-se a oportunidade de melhoria de 1%.

Benefício = 0,01 (US$ 4,00) = US$ 0,04

Custo da inspeção = US$ 0,01

Portanto, inspecione e economize US$ 0,03 por unidade.

b. Um custo de US$ 0,05 por unidade para a inspeção seria maior do que a economia, portanto a inspeção não deve ser realizada.

Questões para revisão e discussão

1. O índice de capabilidade permite certo desvio da média do processo. Discuta o que isso significa em termos de produção de qualidade do produto.
2. Discuta os propósitos de, e as diferenças entre os gráficos p e os gráficos $\overline{X}$ e R.
3. Em um acordo entre fornecedor e cliente, o fornecedor precisa certificar-se de que todas as peças estão dentro do limite de tolerância antes de enviá-las para o cliente. Qual é o efeito sobre o custo da qualidade para o cliente?
4. Na situação descrita na Questão 3, qual seria o efeito sobre o custo da qualidade para o fornecedor?
5. Discuta o *trade-off* entre alcançar um NQA (nível de qualidade aceitável) zero e um NQA positivo (como um NQA de 2%).

Problemas

1. Um gerente afirma que esse processo está realmente funcionando bem. Em 1.500 peças, 1.477 foram produzidas sem um defeito específico e passaram na inspeção. Com base na teoria do Seis Sigma, como você classificaria esse desempenho, com os outros aspectos permanecendo idênticos?
2. Uma empresa, atualmente usando um processo de inspeção no seu departamento de recebimento de materiais, está tentando instalar um programa geral de redução de custo. Uma redução possível consiste na eliminação de uma posição de inspeção. Esta posição testa o material que tem um conteúdo defeituoso na média de 0,04. Ao inspecionar todos os itens, o inspetor consegue remover todos os defeitos. Ele consegue inspecionar 50 unidades por hora. A taxa por hora, incluindo os benefícios para esta posição, é de US$ 9. Se a posição de inspeção for eliminada, os defeitos irão para a montagem do produto e terão que ser substituídos mais tarde a um custo de US$ 10 cada, quando eles forem detectados no teste final do produto.
   a. Esta posição de inspeção deveria ser eliminada?
   b. Qual é o custo para inspecionar cada unidade?
   c. Há algum benefício (ou perda) do processo de inspeção atual? Quanto?
3. Um fabricante de metal produz tirantes de conexão com um diâmetro externo que tem $1 \pm 0{,}01$ polegada de especificação. Um operador de máquina retira vários indicadores de amostra o tempo todo e determina que o diâmetro externo da média da amostra seja de 1,002 polegadas com um desvio-padrão de 0,003 polegada.
   a. Calcule o índice de capabilidade do processo para este exemplo.
   b. O que este número lhe diz a respeito do processo?
4. Foram coletadas 10 amostras a cada 15 peças de um processo contínuo para estabelecer um gráfico p para controle. As amostras e o número de defeitos em cada uma constam na tabela a seguir:

Amostra	n	Nº DE DEFEITOS NA AMOSTRA	Amostra	n	Nº DE DEFEITOS NA AMOSTRA
1	15	3	6	15	2
2	15	1	7	15	0
3	15	0	8	15	3
4	15	0	9	15	1
5	15	0	10	15	0

   a. Desenvolva um gráfico p para um nível de confiança de 95% (1,96 de desvio-padrão).
   b. Baseado nos pontos de dados apresentados graficamente, quais comentários você faria?
5. A produção de um processo contém 0,02 unidade defeituosa. As unidades defeituosas que passam despercebidas nas montagens finais custam US$ 25 cada uma para serem substituídas. Pode-se estabelecer um processo de inspeção que detectaria e removeria todos os defeitos, para testar essas unidades. Entretanto, o inspetor, que consegue testar 20 unidades por hora, recebe US$ 8 por hora,

incluindo os benefícios. Deveria ser estabelecida uma estação de inspeção para testar todas as unidades?

   a. Qual é o custo para inspecionar cada unidade?
   b. Qual é o benefício (ou perda) do processo de inspeção?

6. Há uma taxa de erro de 3% em um ponto específico em um processo de produção. Se um inspetor for colocado neste ponto, todos os erros poderão ser detectados e eliminados. Entretanto, o inspetor recebe US$ 8 por hora e consegue inspecionar as unidades em um processo na taxa de 30 unidades por hora.

   Se o inspetor não for usado, e for permitido que os defeitos passem deste ponto, há um custo de US$ 10 por unidade para corrigir os defeitos mais tarde.

   O inspetor deveria ser contratado?

7. Resistores para circuitos eletrônicos são fabricados em uma máquina automática de alta velocidade. A máquina está sendo ajustada para produzir um grande lote de resistores de 1.000 ohms cada.

   Para preparar a máquina e criar um gráfico de controle para ser usado durante toda a produção, foram coletadas 15 amostras com quatro resistores em cada amostra. A lista completa de amostras, e seus valores medidos, são apresentados a seguir:

Número da amostra	Leituras (em ohms)			
1	1010	991	985	986
2	995	996	1009	994
3	990	1003	1015	1008
4	1015	1020	1009	998
5	1013	1019	1005	993
6	994	1001	994	1005
7	989	992	982	1020
8	1001	986	996	996
9	1006	989	1005	1007
10	992	1007	1006	979
11	996	1006	997	989
12	1019	996	991	1011
13	981	991	989	1003
14	999	993	988	984
15	1013	1002	1005	992

Desenvolva um gráfico $\overline{X}$ e um gráfico R e apresente graficamente os valores. A partir dos gráficos, quais comentários você faria sobre o processo? (Use os limites de controle dos três sigmas como no Quadro 6.13.)

8. No passado, a Corporação Alfa não realizou inspeções de entrada para o controle da qualidade, mas acreditou na palavra de seus fornecedores. No entanto, recentemente a Alfa tem tido algumas experiências insatisfatórias com a qualidade dos itens comprados e quer estabelecer planos de amostragem para serem utilizados pelo departamento de recebimento.

   Para um componente específico X, a Alfa tem uma porcentagem de tolerância de defeitos por lote de 10%. A Zenon Corporação, de quem a Alfa compra este componente, tem um nível de qualidade aceitável na sua instalação de produção de 3% para o componente X. A Alfa tem um risco do consumidor de 10% e a Zenon tem um risco do produtor de 5%.

   a. Quando uma remessa do Produto X é recebida da Zenon, qual o tamanho da amostra que o departamento de recebimento deveria testar?
   b. Qual é o número permitido de defeitos para poder aceitar a remessa?

9. Você é o novo administrador assistente em um hospital local, e seu primeiro projeto é investigar a qualidade das refeições dos pacientes elaboradas pelo setor de nutrição. Você conduziu um estudo de 10 dias submetendo um questionário simplificado para 400 pacientes com cada refeição, simplesmente pedindo a eles que fizessem um "x" na refeição que estivesse satisfatória ou insatisfatória. Para simplificar este problema, suponha que das 1.200 refeições diárias, 1.000 retornaram com uma resposta. Os resultados são os seguintes:

	Número de refeições insatisfatórias	Tamanho da amostra
1º de dezembro	74	1.000
2 de dezembro	42	1.000
3 de dezembro	64	1.000
4 de dezembro	80	1.000
5 de dezembro	40	1.000
6 de dezembro	50	1.000
7 de dezembro	65	1.000
8 de dezembro	70	1.000
9 de dezembro	40	1.000
10 de dezembro	75	1.000
	600	10.000

   a. Construa um gráfico p baseado nos resultados do questionário, considerando um intervalo de confiança de 95,5%, que é de dois desvios-padrão.
   b. Quais comentários você faria sobre os resultados do estudo?
10. Os *chips* de circuito integrado em larga escala (LSI) são feitos em um departamento de uma empresa de eletrônicos. Esses *chips* são incorporados nos aparelhos analógicos que são envoltos em epóxi. O rendimento não é particularmente bom para a manufatura de LSI, assim o NQA especificado por esse departamento é de 0,15, enquanto o PDTL aceitável pelo departamento de montagem é 0,40.
   a. Desenvolva um plano de amostragem.
   b. Explique o que significa o plano de amostragem; isto é, como você diria a alguém para fazer o teste?
11. Os departamentos de polícia local e estadual estão tentando analisar as taxas de crimes para que possam deslocar suas patrulhas das áreas onde a criminalidade está diminuindo para as áreas onde a criminalidade está aumentando. A cidade e a região foram geograficamente segmentadas em áreas contendo 5.000 residências. A polícia reconhece que nem todos os crimes e as transgressões são relatados: as pessoas não querem se envolver, consideram as transgressões muito pequenas para serem relatadas, têm vergonha de preencher um relatório policial ou não têm tempo, entre outros motivos. Todo mês, por causa disso, a polícia está contatando, por telefone, uma amostra aleatória de 1.000 das 5.000 residências para obter dados sobre os crimes. (Os entrevistados têm garantia de anonimato.) Abaixo estão os dados coletados nos últimos 12 meses para uma área:

Mês	Incidência de crimes	Tamanho da amostra	Taxa de crimes
Janeiro	7	1.000	0,007
Fevereiro	9	1.000	0,009
Março	7	1.000	0,007
Abril	7	1.000	0,007
Maio	7	1.000	0,007
Junho	9	1.000	0,009
Julho	7	1.000	0,007
Agosto	10	1.000	0,010
Setembro	8	1.000	0,008
Outubro	11	1.000	0,011
Novembro	10	1.000	0,010
Dezembro	8	1.000	0,008

Construa um gráfico p para um nível de confiança de 95% (1,96) e apresente graficamente cada um dos meses. Se os próximos três meses mostrarem incidências de crime nesta área como:

Janeiro = 10 (de 1.000 amostras)
Fevereiro = 12 (de 1.000 amostras)
Março = 11 (de 1.000 amostras)

quais comentários você faria a respeito da taxa de crimes?

12. Alguns cidadãos reclamaram à câmara de vereadores que deveria haver uma proteção igualitária sob a lei contra a ocorrência de crimes. Os cidadãos argumentaram que esta proteção igualitária deveria ser interpretada como um indicador de que as áreas com alta criminalidade deveriam ter mais proteção policial do que as áreas com baixa criminalidade.

    Dessa forma, o patrulhamento e outros métodos para prevenção de crimes (como iluminação nas ruas ou limpeza de áreas e prédios abandonados) deveriam ser usados proporcionalmente à ocorrência de crimes.

    Assim como no Problema 11, a cidade foi dividida em 20 áreas geográficas, cada uma contendo 5.000 residências. As 1.000 amostras de cada área mostraram a seguinte incidência de crimes durante o mês passado:

Área	Número de crimes	Tamanho da amostra	Taxa de crimes
1	14	1.000	0,014
2	3	1.000	0,003
3	19	1.000	0,019
4	18	1.000	0,018
5	14	1.000	0,014
6	28	1.000	0,028
7	10	1.000	0,010
8	18	1.000	0,018
9	12	1.000	0,012
10	3	1.000	0,003
11	20	1.000	0,020
12	15	1.000	0,015
13	12	1.000	0,012
14	14	1.000	0,014
15	10	1.000	0,010
16	30	1.000	0,030
17	4	1.000	0,004
18	20	1.000	0,020
19	6	1.000	0,006
20	30	1.000	0,030
	300		

    Sugira uma realocação dos esforços de proteção ao crime, se indicados, com base em uma análise do gráfico p. Para estar razoavelmente certo da sua recomendação, selecione um nível de confiança de 95% (isto é, $Z = 1,96$).

13. A tabela a seguir contém as medições da dimensão de extensão principal de um injetor de combustível. Essas amostras de tamanho cinco foram coletadas em intervalos de uma hora.

Nº da amostra	Observações				
	1	2	3	4	5
1	0,486	0,499	0,493	0,511	0,481
2	0,499	0,506	0,516	0,494	0,529
3	0,496	0,500	0,515	0,488	0,521
4	0,495	0,506	0,483	0,487	0,489
5	0,472	0,502	0,526	0,469	0,481
6	0,473	0,495	0,507	0,493	0,506
7	0,495	0,512	0,490	0,471	0,504
8	0,525	0,501	0,498	0,474	0,485
9	0,497	0,501	0,517	0,506	0,516
10	0,495	0,505	0,516	0,511	0,497
11	0,495	0,482	0,468	0,492	0,492
12	0,483	0,459	0,526	0,506	0,522
13	0,521	0,512	0,493	0,525	0,510
14	0,487	0,521	0,507	0,501	0,500
15	0,493	0,516	0,499	0,499	0,513
16	0,473	0,506	0,479	0,479	0,523
17	0,477	0,485	0,513	0,513	0,496
18	0,515	0,493	0,493	0,493	0,475
19	0,511	0,536	0,486	0,486	0,491
20	0,509	0,490	0,470	0,470	0,512

Construa um gráfico $\overline{X}$ e um gráfico R de três sigmas (utilize o Quadro 6.13) para a extensão do injetor de combustível. O que você pode dizer sobre este processo?

14. A C-Spec, Inc. está tentando determinar se uma máquina consegue fabricar uma peça de motor que tem uma especificação-chave de 4 ± 0,003 polegadas. Depois de uma operação de teste nesta máquina, a C-Spec determinou que esta tem média de amostra de 4,001 polegadas com um desvio-padrão de 0,002 polegada.
    a. Calcule o C_{pk} para esta máquina.
    b. A C-Spec deveria usar esta máquina para produzir a peça? Por quê?

Problema avançado

15. As especificações do projeto exigem que uma dimensão-chave em um produto meça 100 ± 10 unidades. Um processo que está sendo considerado para a produção deste produto tem um desvio-padrão de quatro unidades.
    a. O que você tem a dizer (quantitativamente) a respeito da capabilidade do processo?
    b. Suponha que a média do processo mude para 92. Calcule a nova capabilidade do processo.
    c. O que você pode dizer sobre o processo depois da mudança? Aproximadamente qual a porcentagem dos itens produzidos será defeituosa?

CASO Hank Kolb, Diretor de Qualidade

Hank Kolb assobiava enquanto caminhava em direção ao escritório, ainda se sentindo um estranho desde que foi contratado como Diretor de Garantia da Qualidade, há quatro semanas. Ele esteve fora da fábrica durante toda a semana participando de um seminário para os gerentes da qualidade das instalações de manufatura, ministrado pelo departamento de treinamento corporativo. Agora estava ansioso para mergulhar de cabeça nos problemas de qualidade nesta fábrica de produtos industriais que empregava 1.200 pessoas.

Kolb entrou no escritório de Mark Hamler, seu subordinado imediato como Gerente de Controle da Qualidade, e perguntou a ele como as coisas foram durante a semana passada. O sorriso mudo de Mark e sua resposta, "Ah! Bem," fizeram com que Kolb congelasse. Ele não conhecia Hamler muito bem, e não tinha certeza sobre o que pensar dessa resposta. Ele ainda não sabia como começar a construir um relacionamento com Hamler, uma vez que este havia sido passado para trás com a sua promoção; a avaliação de Hamler dizia que ele tinha "conhecimentos técnicos extraordinários; não tinha habilidades gerenciais". Kolb decidiu investigar um pouco mais e perguntou a Hamler o que havia acontecido; ele responde: "Oh, apenas mais uma confusão típica sobre a qualidade. Tivemos um problema na linha do Greasex na semana passada [um solvente desengordurante envasado em uma lata de *spray* para o setor de alta tecnologia]. Foi encontrada pressão um pouco mais alta em algumas latas no segundo turno, mas um supervisor vazou algumas delas para que pudessem ser enviadas. Cumprimos nosso prazo de entrega!" Como Kolb ainda não estava muito familiarizado com a fábrica e seus produtos, ele pediu a Hamler que detalhasse o caso; dolorosamente, Hamler continuou:

> Estamos tendo alguns problemas com o novo equipamento para envasamento e algumas das latas estão sendo pressurizadas além do limite superior de especificações.

A taxa de produção ainda é de 50% do padrão, aproximadamente 14 latas por turno, e detectamos o problema na metade do turno. McEvans [o inspetor para aquela linha] descobriu o problema, colocou um rótulo de "espera" nas caixas, e seguiu em frente com seus afazeres. Quando ele retornou no final do turno para dar baixa nos refugos, Wayne Simmons, supervisor de primeira linha, estava perto de um palete de produtos acabados terminando de rotular uma caixa de papelão do Greasex rejeitado; as etiquetas de rejeição com "espera" haviam sido removidas. Ele disse a Mac que ele havia ouvido outro inspetor falar sobre a alta pressão no intervalo para o café, ele voltou, retirou os rótulos, virou as latas de cabeça para baixo e esvaziou cada uma delas nas oito caixas rejeitadas. Ele disse a Mac que o planejamento da produção estava realmente pressionando, querendo as coisas, e que eles não podiam atrasar, fazendo com que os produtos voltassem para a área de retrabalho. Falou ainda que ele iria fazer com que o operador operasse o equipamento corretamente da próxima vez. Mac não relatou este problema por escrito, mas veio me falar dele três dias depois. Oh, isto acontece de vez em quando e eu lhe disse para verificar com a manutenção para ter certeza de que a máquina de envasamento havia sido ajustada; e disse a Wayne no corredor que da próxima vez os refugos precisam ser remetidos para o retrabalho.

Kolb ficou um tanto estarrecido com isto e não disse muito – ele não sabia se era sério ou não. Quando chegou ao seu escritório, pensou novamente no que Morganthal, gerente geral, havia dito quando lhe contratou. Ele avisou Kolb da "falta de atitude para com a qualidade" na fábrica, e disse que Kolb "deveria tentar fazer algo a esse respeito". Morganthal enfatizou mais ainda os problemas de qualidade na fábrica: "Temos que melhorar nossa qualidade; está nos custando muito. Tenho certeza disso, mas não consigo provar! Hank, você tem todo meu apoio nessa questão; você está encarregado desses problemas de qualidade. Essa espiral de baixa qualidade-produtividade-rotatividade precisa acabar!"

O incidente havia acontecido há uma semana, e os produtos, provavelmente, já estavam nas mãos dos clientes, e todos já haviam esquecido o ocorrido (ou queriam esquecer). Parecia haver problemas mais urgentes do que este para Kolb resolver, mas isto continuou a persegui-lo. Ele achava que o departamento de qualidade estava sendo tratado como uma piada, e também sentiu que isto era um insulto da manufatura. Ele não queria começar uma guerra com o pessoal da produção, mas o que poderia fazer? Kolb já tinha problemas suficientes para cancelar seus compromissos e passar a manhã conversando com algumas pessoas. Depois de uma manhã longa e muito diplomática, ele obteve as seguintes informações:

1. **Do Departamento Pessoal.** O operador para o equipamento de envasamento acabou de ser transferido da expedição há duas semanas. Ele não teve qualquer treinamento formal neste serviço, mas estava sendo treinado por Wayne, para operar o equipamento. Quando Mac testou as latas com a alta pressão, o operador não estava por perto e apenas ficou sabendo do material rejeitado através de Wayne depois que seu turno havia acabado.

2. **Do Departamento de Manutenção da fábrica.** Esta peça específica de equipamento de envasamento automático foi comprada há dois anos para uso em outro produto. Ela foi transferida para a linha do Greasex há seis meses e a manutenção completou 12 ordens de serviço durante o último mês para os reparos ou ajustes efetuados nele. O equipamento havia sido adaptado pela manutenção da fábrica para atender à viscosidade mais baixa do Greasex, para o qual não havia sido originalmente projetado. Isso incluiu o projeto de um cabeçote especial para envasamento. Não havia uma manutenção preventiva programada para este equipamento, e as peças para este cabeçote sensível de enchimento, substituído três vezes nos últimos seis meses, tinham que ser processadas em uma oficina próxima da fábrica. O tempo parado não-padronizado era 15% do tempo real em operação.

3. **Do Departamento de Compra.** Os cabeçotes plásticos dos bocais para as latas de Greasex, projetados por um fornecedor para este novo produto em um pedido urgente, tinham algumas rebarbas na beirada interna, e isso dificultava o encaixe no topo da lata. Um aumento na aplicação da pressão na cabeça do enchimento, em ajustes feitos pela manutenção, havia resolvido o problema de aplicação da rebarba ou tinha pelo menos forçado a entrada do cabeçote do bocal, apesar das rebarbas. Os agentes de compra disseram que iriam conversar sobre isto com o representante de vendas do fornecedor de cabeçotes de bocais na próxima vez que ele estivesse por lá.

4. **Do Departamento de Projeto do Produto e Embalagem.** A lata, projetada especialmente para o Greasex, havia sido perfilada para facilitar o manuseio pelo usuário. Esta mudança, instigada pela pesquisa de mercado, diferenciou o Greasex da aparência dos outros concorrentes e foi vista como significativa pelos projetistas. Não foram realizados testes sobre os efeitos das latas perfiladas na velocidade do enchimento ou na hidrodinâmica do enchimento de um cabeçote de envasamento de alta pressão. Kolb tinha o palpite de que o novo desenho estava começando a agir como um tubo de Venturi (carregador que cria sucção) quando estava sendo cheio, mas o projetista da embalagem achava que isto era improvável.

5. **Do Gerente do Departamento de Manufatura.** Ele havia ouvido falar sobre o problema; na realidade, Simmons havia feito uma piada sobre isso, se gabando sobre como havia vencido sua cota de produção em relação à dos outros chefes e supervisores de turno. O Gerente de Manufatura achava que Simmons era "um dos melhores chefes que temos... ele sempre teve produção". Os papéis para sua promoção estavam, na realidade, na mesa do Gerente de Manufatura quando Kolb veio visitá-lo. Simmons estava sendo considerado para promoção como supervisor de turno. O Gerente de Manufatura, sob pressão de Morganthal para as melhorias nos custos e redução nos prazos de entrega, concordava com Kolb, mas disse que a área de retrabalho teria esvaziado as latas com seus manômetros de pressão, o que Wayne havia feito à mão. "Mas eu conversarei com Wayne a respeito do incidente", disse.

6. **Do Departamento de *Marketing*.** O lançamento do Greasex no mercado foi apressado para vencer os concorrentes, e uma grande campanha promocional estava sendo elaborada para aumentar a conscientização do consumidor. Uma enxurrada de pedidos estava invadindo o departamento de pedidos e colocando o Greasex no topo da lista de pedidos atrasados. A produção tinha que fabricar o produto; até mesmo estar um pouco fora das especificações era tolerável porque "seria melhor tê-lo na prateleira do que não tê-lo. Quem se importa se o rótulo está um pouco torto ou se o produto sai com um pouco mais de pressão? Precisamos de participação no mercado agora neste segmento de alta tecnologia".

O que mais perturbava Kolb era a questão de segurança da alta pressão nas latas. Ele não tinha como saber quão perigosa ela era ou se Simmons as havia esvaziado suficientemente para reduzir o perigo. Os dados do fabricante das latas, os quais Hamler havia mostrado para ele, indicavam que a alta pressão encontrada pelo inspetor não estava na área de perigo. Porém, mais uma vez, o inspetor havia usado apenas um procedimento de teste por amostragem para rejeitar as oito caixas. Mesmo se pudesse, moralmente, aceitar que não havia perigo com a segurança do produto, poderia ter certeza de que isso nunca mais aconteceria?

Sem almoçar, Kolb sentou-se em seu escritório e pensou sobre os eventos da manhã. O seminário da semana passada havia falado sobre o papel da qualidade, produtividade e qualidade, criando uma nova atitude e o desafio da qualidade; mas onde eles lhe disseram o que fazer quando isso acontecesse? Ele havia deixado um emprego muito bom para vir aqui porque achava que a empresa era séria sobre a importância da qualidade, e queria um desafio. Kolb havia exigido e recebido um salário igual ao dos diretores de Manufatura, *Marketing* e P&D, e era um dos relatores diretos para o Gerente Geral. Ainda assim, ele não sabia exatamente o que fazer ou o que ele deveria fazer, ou mesmo o que poderia ou não poderia fazer sob essas circunstâncias.

Questões

1. Quais são as causas dos problemas de qualidade na linha do Greasex? Demonstre sua resposta em um diagrama espinha de peixe.
2. Quais os passos gerais que Hank deveria seguir ao estabelecer um programa de melhoria contínua para a empresa? Que problemas ele deverá superar para que isso funcione?

Fonte: Copyright 1981 por Presidente e amigos da Harvard College, Harvard Business School, Caso 681.083. Este caso foi preparado por Frank S. Leonard como base para uma discussão em sala de aula, em vez de ilustrar o tratamento eficaz ou ineficaz de uma situação administrativa. Reimpresso com autorização da Harvard Business School.

Notas

1. D. A. Garvin, *Managing Quality* (New York: Free Press, 1988).
2. P. B. Crosby, *Quality Is Free* (New York: New American Library, 1979), p. 15.
3. S. Walleck, D. O'Halloran e C. Leader, "Benchmarking World-Class Performance," *McKinsey Quarterly*, n° 1 (1991), p. 7.
4. E. L. Grant e R. S. Leavenworth, *Statistical Quality Control* (New York: McGraw-Hill, 1996).
5. Há certa controvérsia a respeito dos NQAs. Baseia-se no argumento de que especificar certas porcentagens aceitáveis de defeitos é consistente com o objetivo filosófico de zero defeito. Na prática, mesmo nas melhores empresas em CQ, há um nível de qualidade aceitável. A diferença é que pode ser declarado em peça por milhão, em vez de peças por centenas. Este é o caso do padrão de qualidade dos seis sigmas da Motorola, que mantém que não mais do que 3,4 defeitos por milhão de peças são aceitáveis.
6. Consulte, por exemplo, H. F. Dodge e H.G. Romig, *Sampling Inspection Tables – Single and Double Samplings* (New York: John Wiley & Sons, 1959); e *Military Standard Sampling Procedure and Tables for Inspection by Attributes* (MIL-STD-105D) (Washington, DC: U.S Government Printing Office, 1983).

Bibliografia selecionada

Evans, James R. e William M. Lindsay. *The Management and Control of Quality*, 6ª ed. Cincinnati: South-Western College Publications, 2004.

Small, B. B. (com comitê). *Statistical Quality Control Handbook*. Western Electric Co., Inc., 1956.

Rath & Strong. *Rath & Strong's Six* Sigma *Pocket Guide*. Rath & Strong, Inc., 2000.

Zimmerman, S. M., e M. L. Icenogel. *Statistical Quality Control; Using Excel*. 2ª ed. Milwaukee, WI: ASQ Quality Press, 2002.

Seção 3
CADEIAS DE SUPRIMENTOS

7. Abastecimento Estratégico

8. Logística

9. Produção Enxuta

POR QUE UMA CADEIA DE SUPRIMENTOS EFICIENTE É IMPORTANTE

Um estudo recente, realizado pela Accenture, INSEAD e Stanford University, documentou uma forte relação direta entre as operações da cadeia de suprimentos e o desempenho financeiro da corporação. O resultado é que os líderes da cadeia de suprimentos são recompensados pelo mercado de ações, com crescimento muito mais alto nos valores de ações do que as empresas com menos desempenho na administração da cadeia de suprimentos.

O estudo utilizou dados de mais de 600 empresas da "Global 3000" em 24 setores, cobrindo de 1995 a 2000. As empresas foram classificadas como "líderes" ou "retardatários" da cadeia de suprimentos, com base no desempenho em relação aos outros, em termos de giros de estoque, custo de mercadorias vendidas como uma porcentagem da receita, e retorno sobre os ativos.

Esse estudo calculou o desempenho financeiro de cada empresa, baseando-se em sua mudança na capitalização do mercado de ações durante o período do estudo, em relação a outras empresas no respectivo setor. Para essa finalidade, é difícil argumentar, sendo o mercado de ações o último árbitro do valor da empresa.

O impacto foi drástico: o crescimento médio anual composto na capitalização de mercado dos líderes foi de 10 a 30% acima dos retardatários. Os resultados são aplicáveis em termos gerais — em 21 dos 24 setores, os líderes da cadeia de suprimentos obtiveram um crescimento mais alto no valor das ações, no período de seis anos. Todas as empresas tentaram bater as médias da Dow e da S&P 500 e ficam satisfeitas se estão à frente com alguns pontos percentuais, de modo consistente. Os líderes da cadeia de suprimentos bateram o mercado com uma média anual de 26 pontos durante o período de 1995-1997 e com sete pontos durante 1998-2000.

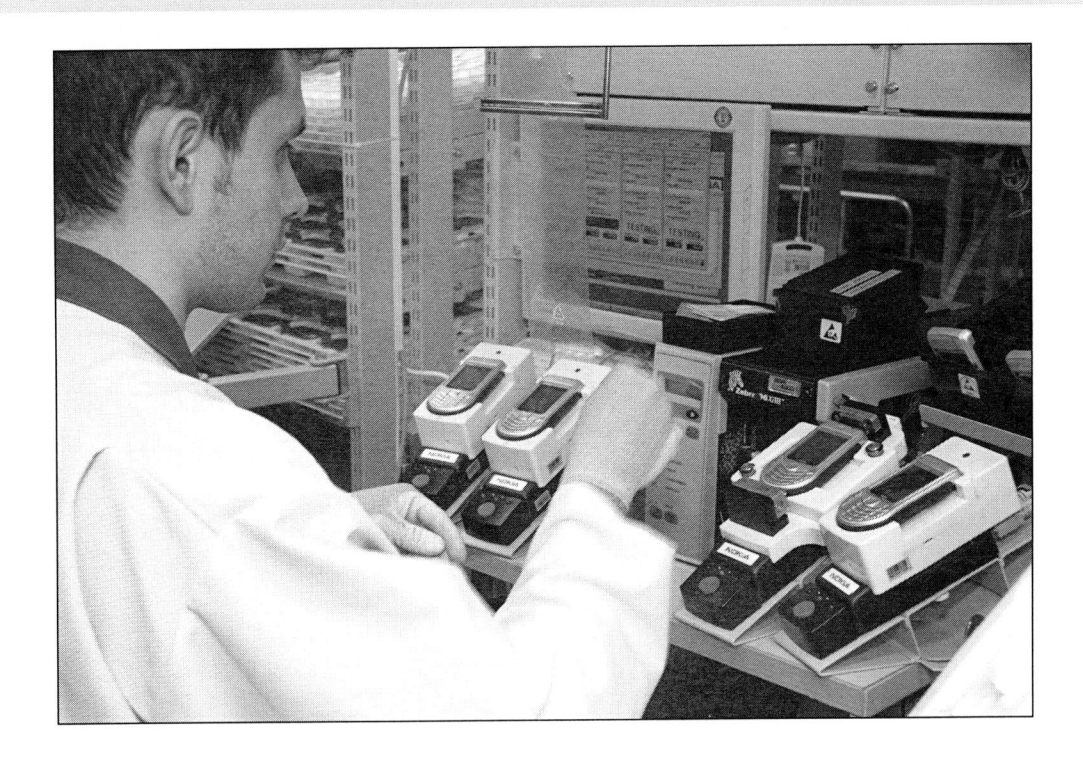

É possível que o valor financeiro de uma empresa cresça sem ser um líder da cadeia de suprimentos? Certamente. Quinze por cento dos "retardatários" apresentaram crescimento na capitalização do mercado de nível superior. Mas na realidade, o desempenho da maioria dos retardatários da cadeia de suprimentos no mercado de ações também não foi bom.

De posse desses resultados, é fácil tornar-se um líder da cadeia de suprimentos? Claro que não. Isso exige processos, pessoas, tecnologia, liderança, disciplina e talvez um pouco de sorte. É necessário saber o que fazer e como fazer. É evidente que se você puder fabricar seu produto sob encomenda e não encher o estoque, coincidir as necessidades de estoque com as tendências de vendas reais aos clientes, reabastecer as prateleiras rapidamente, minimizar a quantidade de mercadorias com remarcação de final de estação ou reduzir os ativos de propriedade, de fábrica e de equipamentos necessários para gerar cada dólar de lucro, você ganhará um retorno gigantesco do mercado.

Fonte: relatório de pesquisa da Accenture, disponível em http://www.accenture.com.

Capítulo 7
ABASTECIMENTO ESTRATÉGICO

Após ler este capítulo, você:

1. Saberá como as importantes decisões de abastecimento vão muito além de simples decisões de compra de materiais.
2. Conhecerá o "efeito chicote" e saberá por que é importante sincronizar o fluxo de material entre os parceiros da cadeia de suprimentos.
3. Entenderá como as características do abastecimento e a demanda afetam a estruturação das cadeias de suprimentos.
4. Saberá o motivo para terceirizar capacidades.
5. Aprenderá a calcular a rotatividade de estoque e os dias de abastecimento.
6. Conhecerá os componentes básicos de um programa eficiente de customização em massa.

195   O mundo é nivelado
         Efeito nivelador 5: Terceirização
         Efeito nivelador 6: *Offshoring*

196   Abastecimento estratégico
         Definição de abastecimento estratégico
         Definição de efeito chicote
         Definição de produtos funcionais
         Definição de produtos inovadores

200   Terceirização
         Definição de terceirização
         Definição de logística

204   Avaliação do desempenho do abastecimento
         Definição de giro de estoque
         Definição de custo de produtos vendidos
         Definição de valor médio do estoque agregado
         Definição de semanas de suprimento

206   Abastecimento global

207   Customização em massa
         Definição de customização em massa
         Definição de adiamento do processo

209   Resumo

211   Caso: Pepe Jeans

O MUNDO É NIVELADO

Efeito nivelador 5: Terceirização
Efeito nivelador 6: *Offshoring*

O proprietário de uma fábrica de bombas de combustível em Pequim colocou o seguinte provérbio, traduzido do Mandarin, no chão-de-fábrica.

> *Toda manhã na África, uma gazela acorda.*
> *Ela sabe que precisa correr mais rápido do que o mais rápido dos leões, ou será morta.*
> *Toda manhã, um leão acorda.*
> *Ele sabe que deve superar a mais lenta das gazelas ou morrerá de fome.*
> *Não importa se você é um leão ou uma gazela.*
> *Ao nascer do sol, é melhor começar a correr.*

A abertura da China para resto do mundo começou em 11 de dezembro de 2001, quando esse país entrou oficialmente para a Organização Mundial do Comércio (OMC). Desde então, ela e o resto do mundo têm de correr cada vez mais rapido. Isso acontece porque a afiliação da China à OMC intensificou muito outra modalidade de colaboração: *offshoring* (internacionalização). *Offshoring*, que já existe há décadas, é diferente da terceirização. A terceirização significa executar uma função específica, mas limitada, que sua empresa estava fazendo internamente — como pesquisa, *call centers* (centrais de atendimento) ou contas a receber — e contratar outra empresa para executar essa mesma função e, posteriormente, reintegrar o trabalho dessa empresa à sua operação global. Ao contrário, *offshoring* é quando uma empresa transfere completamente uma de suas fábricas, que estava operando em Canton, Ohio, para Canton, China. Nesse novo local, ela produzirá o mesmo produto da mesma maneira, apenas com uma mão-de-obra mais barata, impostos mais baixos, energia subsidiada e custos inferiores para tratamento de saúde. Assim como a Y2K levou a Índia e o mundo para um nível totalmente novo de terceirização, a entrada da China para a OMC levou Pequim e o mundo para um patamar totalmente novo de *offshoring*, com mais empresas internacionalizando suas produções e depois reintegrando-as à cadeia de suprimentos global.

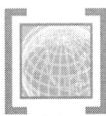

Adaptado de: Thomas L. Friedman, *The World Is Flat* [Atualizado e Ampliado], New York: Farrar, Straus and Giroux, 2006, p. 136.

ABASTECIMENTO ESTRATÉGICO

Abastecimento estratégico

Abastecimento estratégico é o desenvolvimento e gerenciamento de relações com os fornecedores para obter produtos e serviços para atender às necessidades imediatas da empresa. Antigamente, o termo *abastecimento* era apenas mais um termo para compras, uma função corporativa importante, em termos financeiros, mas não era o centro das atenções, em nível estratégico. Atualmente, como conseqüência da globalização e da tecnologia de comunicação de baixo custo, a base para a concorrência é a mudança. Uma empresa não está mais restrita às suas capacidades; o que importa é a sua possibilidade de tirar o máximo proveito dos recursos disponíveis, quer pertençam à empresa ou não. A terceirização é tão sofisticada, que até mesmo as funções básicas, como engenharia, pesquisa e desenvolvimento, produção, tecnologia da informação e marketing, podem ser deslocadas para fora da empresa.

Cadeia de suprimento

O exemplo da Dell Computer é singular e interessante. Através da combinação de projeto do produto inovador, de um processo de aceitação de pedidos via Internet, um sistema inovador de montagem e a cooperação surpreendente de seus fornecedores, a Dell Computer conseguiu criar uma cadeia de suprimentos extremamente eficiente. Hoje, ela é uma empresa de *benchmarking* para a indústria de computadores.

O segredo do sucesso da Dell Computer é o fato de que os clientes fazem seus pedidos pela Internet e estão dispostos a esperar pelo menos uma semana pela entrega dos sistemas de computador. A maioria dos clientes não compra computadores dessa maneira; em vez disso, eles vão ao Wal-Mart ou Staples ou alguma outra loja de departamentos e compram um computador do estoque disponível na loja. Muitas vezes o computador é empacotado com outros serviços que oferecem reembolsos, induzindo o cliente a comprar o pacote e reduzindo os custos totais do computador e do serviço.

Marshall Fisher[1] argumenta que, em muitos casos, existem relações adversárias entre os parceiros na cadeia de suprimentos, assim como as práticas disfuncionais na indústria, como a dependência nas promoções de preços. Considere a prática comum na indústria alimentícia de oferecer promoções de preço de um determinado produto todo mês de janeiro. Os varejistas reagem ao corte de preço, acumulando estoque e, em alguns casos, comprando o suprimento de um ano – uma prática que a indústria chama de *compra antecipada*. Ninguém ganha com o negócio. Os varejistas precisam pagar pelo transporte do suprimento de um ano e o volume de envios adiciona custo por todo o sistema do fornecedor. Por exemplo, as fábricas dos fornecedores precisam fazer horas extras a partir de outubro para cumprir o volume. Mesmo os distribuidores que atendem às instalações de manufatura são afetados porque precisam reagir rapidamente ao grande aumento na demanda por matérias-primas.

Efeito chicote

O impacto desses tipos de práticas foi estudado em empresas como a Procter & Gamble. O Quadro 7.1 apresenta modelos típicos de pedidos, enfrentados por cada nó na cadeia de suprimentos, que consiste em fabricante, distribuidor, atacadista e varejista. Nesse caso, a demanda é por fraldas descartáveis. Os pedidos do varejista para o atacadista mostram uma variabilidade maior do que as vendas para o consumidor final; os pedidos do atacadista para o fabricante mostram ainda mais oscilações; e, por último, os pedidos dos fabricantes para seus fornecedores são os mais voláteis. Esse fenômeno de ampliação da variabilidade, conforme nos movimentamos do cliente para o produtor na cadeia de suprimentos, é freqüentemente chamado de *efeito chicote*. O efeito indica a falta de sincronização entre os membros da cadeia de suprimentos. Mesmo uma pequena mudança nas vendas para o consumidor oscila de forma exagerada a montante, lembrando o resultado de uma chicotada. Uma vez que os modelos de oferta não satisfazem os modelos de demanda, em alguns estágios os estoques se acumulam, e em outros ocorrem faltas e atrasos. Esse efeito chicote é observado por muitas empresas em vários setores, incluindo a Campbell Soup e a Procter & Gamble em produtos de consumo; a Hewlett-Packard, a IBM e a Motorola em eletrônicos; a General Motors em automóveis; e a Eli Lilly em produtos farmacêuticos.

A Campbell Soup tem um programa denominado *reposição contínua* que representa o que muitos fabricantes estão fazendo para suavizar o fluxo de materiais através de sua cadeia de suprimentos. O funcionamento do programa é explicado a seguir. A Campbell estabelece um *link* de intercâmbio eletrônico de dados (EDI – *Electronic Data Interchange*) com os varejistas e oferece

Aumento na variabilidade dos pedidos na cadeia de suprimentos

Quadro 7.1

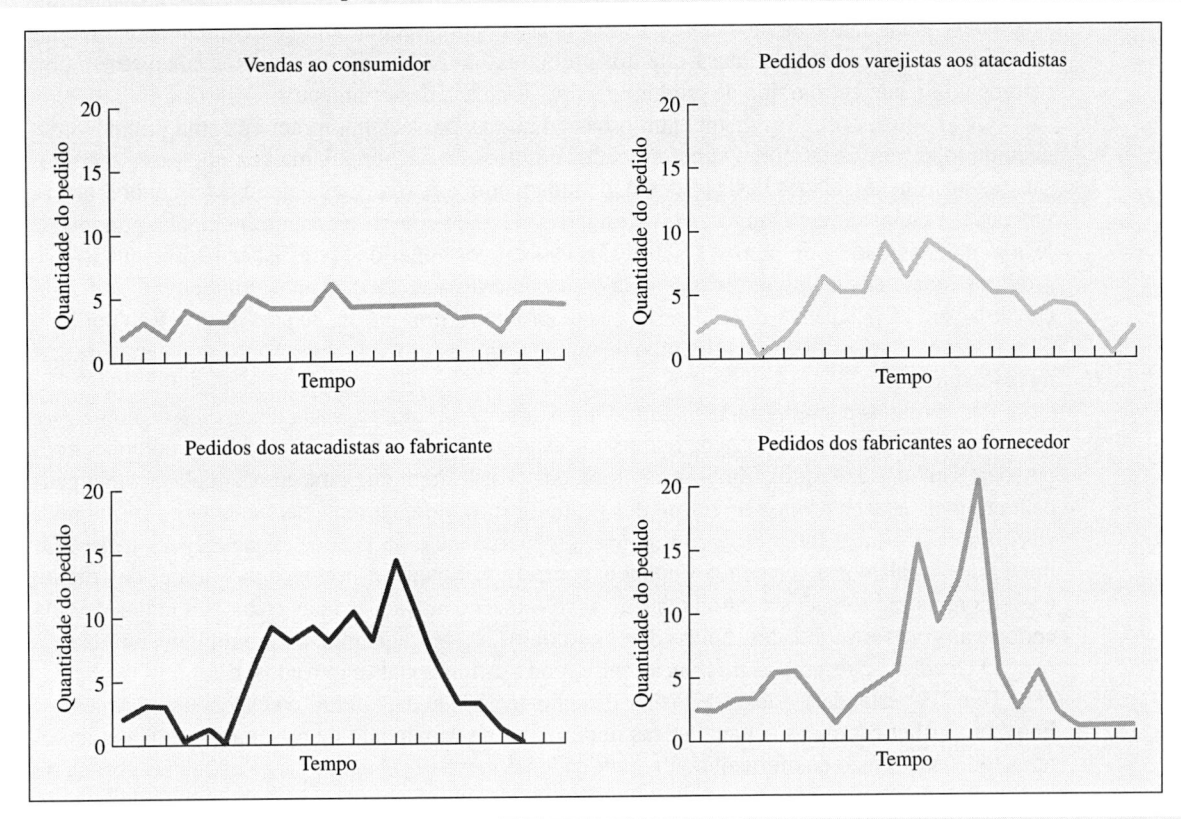

Vendas ao consumidor

Pedidos dos varejistas aos atacadistas

Pedidos dos atacadistas ao fabricante

Pedidos dos fabricantes ao fornecedor

um "preço baixo todos os dias" que elimina os descontos. Toda manhã, os varejistas informam à empresa suas demandas de todos os produtos Campbell e o nível de estoque existente nos seus centros de distribuição. A Campbell usa essa informação para prever a demanda futura e determinar quais produtos exigem reposição, com base nos limites superiores e inferiores de estoque já estabelecidos junto a cada fornecedor. Os caminhões saem da fábrica da Campbell naquela tarde e chegam ao centro de distribuição do varejista, com as reposições necessárias, no mesmo dia. Utilizando esse sistema, a Campbell pôde reduzir os estoques dos varejistas, que sob o sistema antigo chegavam a uma média de quatro semanas de suprimentos, para aproximadamente duas semanas de suprimentos.

Isso soluciona alguns problemas da Campbell, mas quais são as vantagens para o varejista? A maioria deles acredita que o custo para transportar o estoque de um dado produto por um ano é igual a pelo menos 25% do que pagaram pelo produto. Uma redução de duas semanas de estoque representa uma economia de custo igual a quase 1% das vendas. A média de lucro do varejista é igual a aproximadamente 2% das vendas, portanto esta economia é suficiente para aumentar os lucros em 50%. Uma vez que o varejista faz mais dinheiro com os produtos Campbell entregues através da reposição contínua, ele tem o incentivo de manter uma linha mais ampla de produtos e de lhes conceder mais espaço nas prateleiras. A Campbell Soup descobriu que, depois que lançou o programa, as vendas dos produtos cresceram duas vezes mais através dos varejistas participantes do que através de outros varejistas.

Fisher desenvolveu uma estrutura para auxiliar os gerentes a entender a natureza da demanda pelos seus produtos e, em seguida, montar a cadeia de suprimentos que possa satisfazer melhor esta demanda. Muitos aspectos da demanda de um produto são importantes – por exemplo, ciclo de vida do produto, previsão da demanda, variedade do produto e padrões de mercado para os prazos de entrega e serviços. Fisher descobriu que os produtos podem ser classificados como basicamente funcionais ou basicamente inovadores. Como cada categoria requer um tipo distintamente diferente de cadeia de suprimentos, a causa-raiz dos problemas da cadeia de suprimentos consiste em uma incompatibilidade entre o tipo de produto e o tipo de cadeia de suprimentos.

Produtos funcionais

Os *produtos funcionais* incluem o básico que as pessoas compram em uma grande variedade de lojas varejistas, como supermercados e postos de gasolina. Uma vez que esses produtos satisfazem as necessidades básicas, que não mudam com o tempo, eles têm uma demanda estável e previsível e ciclos de vida longos. Mas a estabilidade é um convite à concorrência, que geralmente leva a margens baixas de lucros. Os critérios específicos sugeridos por Fisher para identificar os produtos funcionais incluem: ciclo de vida do produto de mais de dois anos, margem de contribuição de 5 para 20%, apenas 10 a 20 variações de produtos, uma média de erro na previsão por hora de produção de apenas 10%, e um prazo de entrega para os produtos feitos sob encomenda de seis meses a um ano.

Produtos inovadores

Para evitar as margens baixas, muitas empresas lançam inovações na moda ou tecnologia para dar aos clientes um motivo extra de comprar seus produtos. As roupas da moda e os computadores pessoais são bons exemplos. Embora as inovações possibilitem que uma empresa alcance margens de lucro mais altas, a própria novidade dos produtos inovadores torna a demanda por eles imprevisível. Esses *produtos inovadores* normalmente têm um ciclo de vida de apenas alguns meses. Os imitadores rapidamente corroem a vantagem competitiva de que os produtos inovadores desfrutam, e as empresas são forçadas a introduzir um fluxo estável e inovações mais atuais. Os ciclos de vida curtos e as grandes variedades, típicas desses produtos, aumentam ainda mais a imprevisibilidade.

O Quadro 7.2 resume as diferenças entre produtos funcionais e inovadores.

Hau Lee[2] estende as idéias de Fisher focando-se no lado da "oferta" da cadeia de suprimentos. Enquanto Fisher captou as características importantes da demanda, Lee ressalta que existem incertezas rodeando o lado da oferta que são critérios igualmente importantes para a estratégia correta da cadeia de suprimentos.

Lee define um *processo de oferta estável* como aquele em que o processo de manufatura e a tecnologia subjacente são maduros e a base da oferta é bem estabelecida. Em contrapartida, um *processo de oferta em expansão* é aquele em que o processo de manufatura e a tecnologia subjacente

Quadro 7.2 — Características da incerteza da oferta e da procura

CARACTERÍSTICAS DA DEMANDA		CARACTERÍSTICAS DA OFERTA	
FUNCIONAL	INOVADOR	ESTÁVEL	EM EXPANSÃO
Incerteza de demanda baixa	Incerteza de demanda alta	Menos quebras	Vulnerável às quebras
Demanda mais previsível	Difícil de prever	Rendimentos estáveis e mais altos	Rendimentos variáveis e mais baixos
Demanda estável	Demanda variável	Menos problemas de qualidade	Problemas potenciais de qualidade
Vida do produto longa	Temporada curta de vendas	Mais fontes de abastecimento	Fontes limitadas de abastecimento
Custo baixo de estoque	Custos altos de estoque	Fornecedores confiáveis	Fornecedores não-confiáveis
Margem baixa de lucro	Margem alta de lucro	Menos mudanças nos processos	Mais mudanças nos processos
Variedade de produto baixa	Variedade de produto alta	Menos restrições na capacidade	Restrição potencial da capacidade
Volume mais alto	Volume baixo	Mais fácil de mudar	Difícil de mudar
Custo baixo de falta de estoque	Custo alto de falta de estoque	Flexível	Inflexível
Obsolescência baixa	Obsolescência alta	Prazo de entrega confiável	Prazo de entrega variável

Quadro 7.3

Estrutura da incerteza de Hau Lee – exemplos e tipos da cadeia de suprimentos necessária

		INCERTEZA DA DEMANDA	
		BAIXA (PRODUTOS FUNCIONAIS)	ALTA (PRODUTOS INOVADORES)
INCERTEZA DO SUPRIMENTO	BAIXA (Processo Estável)	Comestíveis, roupas básicas, alimentos, petróleo e gasolina **Cadeia de suprimentos eficiente**	Roupas da moda, computadores, música popular **Cadeia de suprimentos com capacidade de resposta**
	ALTA (Processo em Expansão)	Energia hidrelétrica, alguns produtos alimentícios **Cadeia de suprimentos que restringe o risco**	Telecomunicações, computadores de ponta, semicondutores **Cadeia de suprimentos ágil**

ainda estão sob o desenvolvimento inicial e estão mudando rapidamente. Conseqüentemente, a base da oferta pode ser limitada em tamanho e em experiência. Em um processo de oferta estável, a complexidade da manufatura tende a ser baixa ou administrável. Os processos estáveis de manufatura tendem a ser altamente automatizados, e os contratos a longo prazo de suprimentos são predominantes. Em um processo de oferta em expansão, os processos de manufatura exigem bastante sintonia e, freqüentemente, estão sujeitos a quebras e rendimentos incertos. A base da oferta pode não ser confiável, pois os fornecedores em si estão passando por inovações nos processos. O Quadro 7.2 resume algumas das diferenças entre os processos de oferta estável e em expansão.

Lee argumenta que, embora os produtos funcionais tenham a tendência de ter um processo de oferta mais maduro e estável, nem sempre isso acontece. Por exemplo, a demanda anual por eletricidade e outros produtos de utilidade em uma localidade tendem a ser estáveis e previsíveis, mas a oferta de energia hidrelétrica, que depende das chuvas na região, pode ser irregular de um ano para o outro. Alguns produtos alimentícios também têm uma demanda bastante estável, mas a oferta (ambos, qualidade e quantidade) dos produtos também depende das condições climáticas anuais. De modo semelhante, existem também produtos inovadores com um processo de oferta estável. As roupas da moda têm uma temporada curta de vendas e sua demanda é altamente imprevisível. Entretanto, o processo de oferta é bastante estável, com uma base de oferta confiável e uma tecnologia madura de processo de manufatura. O Quadro 7.3 mostra alguns exemplos de produtos que têm incertezas diferentes na demanda e na oferta.

De acordo com Lee, é um desafio maior operar uma cadeia de suprimentos que esteja na coluna direita do Quadro 7.3 do que na coluna esquerda, e, da mesma forma, é um desafio maior operar uma cadeia de suprimentos na linha mais inferior desse mesmo Quadro do que na superior. Antes de montar uma estratégia para a cadeia de suprimentos, é necessário entender as fontes das incertezas subjacentes e explorar meios para reduzi-las. Se for possível mover as características de incerteza do produto da coluna da direita para a coluna da esquerda, ou da linha inferior para a superior, então o desempenho da cadeia de suprimentos deverá melhorar.

Hau Lee caracteriza os quatro tipos de estratégias da cadeia de suprimentos, como mostra o Quadro 7.3.

As tecnologias da informação têm um papel importante na formação dessas estratégias.

- **Cadeias de suprimentos eficientes** – Essas são as cadeias de suprimentos que usam estratégias voltadas para a criação da mais alta eficiência nos custos. Para que essas eficiências sejam alcançadas, as atividades que não agregam valor deveriam ser eliminadas, as economias de escala deveriam ser perseguidas, as técnicas de otimização deveriam ser distribuídas para obter a melhor utilização da capacidade na produção e distribuição, e deveriam ser estabelecidas ligações das informações para garantir a transmissão mais eficiente, precisa e redutora de custo de informações pela cadeia de suprimentos.

- **Cadeias de suprimentos que restringem os riscos** – São cadeias de suprimentos que usam estratégias direcionadas ao agrupamento e ao compartilhamento de recursos na cadeia de suprimentos para que os riscos de ruptura da oferta possam ser compartilhados. Uma entidade única em uma cadeia de suprimentos pode ser vulnerável às rupturas da oferta, mas, se houver mais de uma fonte de oferta ou se os recursos alternativos de suprimentos estiverem disponíveis, então o risco de ruptura é reduzido. Uma empresa pode, por exemplo, aumentar os estoques de segurança de seu componente-chave para se proteger do risco de ruptura na oferta e, ao compartilhar os estoques de segurança com outras empresas que também precisam deste componente-chave, o custo para manter esses estoques pode ser dividido. Este tipo de estratégia é comum no varejo, onde lojas diferentes compartilham os estoques. A tecnologia da informação é importante para o sucesso dessas estratégias, uma vez que as informações em tempo real sobre o estoque e a demanda possibilitam uma administração com foco mais centrado na redução de custos e o transbordo de bens entre os parceiros que compartilham o estoque.
- **Cadeias de suprimentos com capacidade de resposta** – São cadeias de suprimentos que usam estratégias com o objetivo de serem ágeis e flexíveis às necessidades dinâmicas e diversas dos clientes. Para terem capacidade de resposta, as empresas usam processos feitos sob encomenda e de customização em massa como um meio de cumprir as exigências específicas dos clientes.
- **Cadeias de suprimentos ágeis** – São cadeias de suprimentos que usam estratégias com o objetivo de serem responsivas e flexíveis às necessidades dos clientes, enquanto os riscos de falta de suprimentos ou rompimentos são resguardados pelo estoque agrupado e outros recursos da capacidade. Essas cadeias de suprimentos essencialmente têm estratégias nos lugares que combinam os pontos fortes das cadeias de suprimentos "resguardadas" e "com capacidade de resposta". São ágeis porque podem reagir às demandas dinâmicas, diversas e imprevisíveis dos clientes no *front-end*, enquanto minimizam os riscos no *backend* de rupturas na oferta.

A incerteza da oferta e da procura é uma boa estrutura para se entender a estratégia da cadeia de suprimentos. Os produtos inovadores, com demanda imprevisível e um processo de oferta em expansão, enfrentam um grande desafio. Por causa dos ciclos de vida do produto cada vez mais curtos, é grande a pressão para ajustar e adotar de forma dinâmica a estratégia da cadeia de suprimentos de uma empresa. Nas páginas seguintes, examinaremos os conceitos de terceirização, fontes globais de suprimentos, customização em massa e adiamento (*postponement*) – ferramentas importantes para lidar com a incerteza da oferta e da procura.

TERCEIRIZAÇÃO

Terceirização

Terceirização é o ato de transferir algumas das atividades internas e a responsabilidade de decisões de uma empresa para um fornecedor externo. Os termos do acordo são estabelecidos em um contrato. Os contratos de terceirização vão além dos contratos comuns de compra e consultoria porque as atividades não são apenas transferidas, mas os recursos que fazem a atividade ocorrer, incluindo pessoas, instalações, equipamentos, tecnologia e outros ativos, também são transferidos. As responsabilidades por tomar decisões sobre certos elementos das atividades também são transferidas. A especialidade dos fabricantes contratados, como a Flextronics e a Solectron, é assumir total responsabilidade pela terceirização.[3]

Os motivos que levam uma empresa a optar pela terceirização variam muito. O Quadro 7.4 lista 20 exemplos de motivos para terceirizar e os respectivos benefícios. A terceirização permite que uma empresa se concentre nas atividades que representam suas competências centrais. Desse modo, a empresa pode criar uma vantagem competitiva, ao mesmo tempo que reduz o custo. Toda a função pode ser terceirizada, ou apenas alguns de seus elementos, mantendo o restante no local. Por exemplo, alguns dos elementos da tecnologia da informação podem ser estratégicos, outros podem ser críticos, e alguns podem ser realizados de forma menos dispendiosa por terceiros. Identificar uma

Quadro 7.4

Motivos para terceirizar e os benefícios resultantes

Motivos financeiros

Aumentar o retorno sobre os ativos, reduzindo o estoque e vendendo os ativos desnecessários.
Gerar caixa, vendendo as entidades de baixo retorno.
Ter acesso a novos mercados, principalmente nos países em desenvolvimento.
Reduzir custos através de uma estrutura de custos mais enxuta.
Transformar custos fixos em custos variáveis.

Motivos de busca de melhoria

Melhorar a qualidade e aumentar a produtividade.
Encurtar o tempo de ciclo.
Obter conhecimento, experiências e tecnologias que não estão disponíveis de outra maneira.
Melhorar o gerenciamento dos riscos.
Melhorar a imagem e credibilidade através da associação com terceiros que são superiores.

Motivos organizacionais

Melhorar a eficácia através do foco naquilo que a empresa faz de melhor.
Aumento da flexibilidade para atender à demanda em constante mudança por produtos e serviços.
Aumentar o valor do produto e serviço, melhorando o atendimento às necessidades dos clientes.

---

função como alvo em potencial de terceirização e depois dividi-la em seus componentes permite que os tomadores de decisões determinem quais atividades são estratégicas ou essenciais e deveriam permanecer no local, e quais deveriam ser terceirizadas como *commodities*. Como exemplo, será discutida a terceirização da função de logística.

Tem havido um enorme crescimento na terceirização na área de logística. Logística é um termo que se refere às funções administrativas que sustentam o ciclo completo de fluxo de material: da compra e do controle interno dos materiais de produção ao planejamento e controle do estoque em processo, passando pela compra, pelo envio e pela distribuição do produto acabado. A ênfase em estoques enxutos significa que há menos espaço para erros nas entregas. Empresas de caminhões, como a Ryder, começaram a adicionar o aspecto de logística ao seu negócio – mudando do simples transporte de produtos do ponto A ao ponto B, para a administração de parte ou de todos os carregamentos durante um período de tempo mais longo, geralmente três anos, e substituindo os funcionários do embarcador por seus próprios funcionários. As empresas de logística agora têm tecnologias complexas de rastreamento por computador que reduzem o risco no transporte e permitem que essas agreguem mais valor à empresa do que se a função fosse realizada internamente. Os fornecedores terceirizados de logísticas rastreiam os fretes usando a tecnologia de intercâmbio eletrônico de dados e um sistema de satélite para informar aos clientes exatamente onde seus motoristas estão e quando as entregas serão feitas. Essa tecnologia é fundamental em ambientes onde a janela de entrega pode ser de apenas 30 minutos.

A Federal Express tem um dos sistemas mais avançados de rastreamento de itens enviados através de seus serviços. O sistema está disponível para todos os clientes pela Internet. Ele fornece a situação exata de cada item sendo atualmente transportado pela empresa. As informações sobre a hora exata em que o pacote é retirado, quando é transferido para os terminais na rede da empresa, e quando é entregue estão disponíveis no sistema. É possível acessar esse sistema no *site* da FedEX (**www.fedex.com**). Selecione seu país na tela inicial e, em seguida, "Track Shipments" (Rastrear transportes) na caixa Track (Rastrear), na parte inferior da página. É claro que é necessário o número real do rastreamento de um item que está atualmente no sistema para obter as informações. A Federal Express integrou seu sistema de rastreamento a muitos dos sistemas de informações internos de seus clientes.

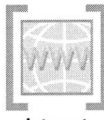

Outro exemplo de terceirização inovadora em logística envolve a Hewlett-Packard. A HP concedeu a armazenagem em Vancouver, Washington, de suas matérias-primas que chegam para a Roadway Logistics. Os 140 funcionários da Roadway operam o armazém 24 horas por dia, sete dias por semana, coordenando a entrega de peças para o armazém e administrando a armazenagem. Um total de 250 funcionários da HP foi transferido para outras atividades da empresa. A HP relatou economias de 10% nos custos operacionais de armazenagem.

Uma das desvantagens das terceirizações são as demissões que geralmente ocorrem. Mesmo no caso em que o parceiro terceirizado emprega os antigos funcionários, muitas vezes são empregados com salários mais baixos e com poucos benefícios. A terceirização é vista por muitos sindicatos como uma tentativa de lograr os contratos sindicais.

Teoricamente, a terceirização é uma atividade que não exige muito. As empresas podem descarregar as atividades que não são centrais, remover os ativos do balanço e impulsionar seus retornos sobre o capital usando os fornecedores de serviços terceirizados. Porém, na realidade, as coisas são mais complicadas. "É muito difícil discernir o que é importante e o que não é importante hoje em dia", diz Jane Linder, assistente sênior de pesquisa e diretora associada do Institute for Strategic Change da Accenture, em Cambridge, Massachusetts. "Quando você der outra olhada amanhã, as coisas podem ter mudado. No dia 09 de setembro de 2001, os funcionários de segurança aeroportuária não eram essenciais; em 12 de setembro de 2001, eles eram essenciais para a estabilidade do governo americano. Isso também acontece todos os dias nas empresas."[4]

O Quadro 7.5 é uma estrutura útil para ajudar os gerentes a fazer escolhas adequadas para a estrutura de relacionamentos com os fornecedores. A decisão vai além da simples idéia de que as "competências essenciais" devem ser mantidas sob o controle direto da diretoria da empresa e que as outras atividades devem ser terceirizadas. Nessa estrutura, um *continuum* que vai desde a integração vertical até os relacionamentos independentes (sem favores) forma a base para a decisão.

É possível avaliar uma atividade através das seguintes características: coordenação necessária, controle estratégico e propriedade intelectual. A coordenação necessária está relacionada à dificuldade de garantir que a atividade se integrará bem ao processo inteiro. As atividades incertas que exigem muita troca mútua de informações devem ser terceirizadas, enquanto as atividades altamente dominadas e padronizadas podem facilmente ser atribuídas a parceiros de negócios especializados nas atividades em questão. O controle estratégico tem a ver com o possível nível de perda ocorrido se o relacionamento com o parceiro se agravasse. Poderiam acontecer vários tipos de perdas, dignas de serem analisadas, inclusive instalações especializadas, conhecimento de relacionamentos com

Quadro 7.5 Estrutura para organizar os relacionamentos com os fornecedores

	INTEGRAÇÃO VERTICAL (NÃO TERCEIRIZAR)	RELAÇÕES INDEPENDENTES (TERCEIRIZAR)
Coordenação	Interfaces "desorganizadas"; riscos adjacentes envolvem um alto grau de adaptação mútua, troca de conhecimento implícito e aprender fazendo. As informações necessárias são altamente específicas à tarefa.	Interfaces padronizadas entre tarefas adjacentes; as informações necessárias são altamente codificadas e padronizadas (preços, quantidades, programações de entrega, etc.).
Controle estratégico	Muito alto: investimentos pesados e ativos específicos dos relacionamentos duráveis necessários para a execução ideal das tarefas. Os investimentos não poderão ser recuperados se o relacionamento terminar: • Assentamento de instalações especializadas • Investimento na eqüidade da marca • Grandes curvas de aprendizagem proprietária • Investimentos de longo prazo em programas de P&D especializados	Muito baixo: ativos aplicáveis à empresa com um grande número de clientes ou fornecedores potenciais.
Propriedade intelectual	Proteção fraca da propriedade intelectual Tecnologia de fácil imitação Interfaces "desorganizadas" entre os diversos componentes tecnológicos	Forte proteção da propriedade intelectual Tecnologia de difícil imitação Fronteiras "claras" entre os diversos componentes tecnológicos

Fonte: Robert Hayes, Gary Pisano, David Upton e Steven Wheelwright, *Operations Strategy and Technology: Pursuing the Competitive Edge* (New York: John Wiley & Sons. 2005), p. 137. Copyright @ 2005 John Wiley & Sons. Reimpresso com autorização.

Idéias Inovadoras

Fornecimento de competências na 7-Eleven

O termo *fornecimento de competências* foi inventado como uma referência ao modo como as empresas se dedicam às atividades que fazem melhor e terceirizam as outras funções para parceiros-chave. A idéia é a de que ter competências pode não ser tão importante quanto ter controle dessas competências. Isso permite a terceirização de várias competências adicionais. As empresas estão sendo muito pressionadas a aumentar suas receitas e margens face ao aumento da concorrência. Esse aspecto se intensificou muito principalmente no setor de lojas de conveniência, no qual a 7-Eleven é um dos grandes parceiros.

Até 1991, a 7-Eleven era uma das cadeias de lojas de conveniência de mais alta integração vertical. Quando está verticalmente integrada, uma empresa controla a maioria das atividades em sua cadeia de suprimentos. Quanto à 7-Eleven, a empresa possuía uma rede de distribuição própria, que fornecia gasolina em cada loja, fabricava doces e gelo, e exigia que os gerentes se encarregassem da manutenção da loja, do processo de produção de cartões de crédito, da folha de pagamento da loja, e até mesmo do sistema de tecnologia da informação (TI) interno da loja. Durante algum tempo, a 7-Eleven chegou até a possuir as vacas que produziam o leite vendido nas lojas. Ficou difícil para a 7-Eleven gerenciar os custos nesse cenário diversificado de funções.

Na época, a 7-Eleven tinha uma filial japonesa muito bem-sucedida, mas baseada em um modelo de integração totalmente diferente. Em vez de usar um modelo integrado verticalmente, próprio da empresa, as lojas japonesas tinham parcerias com fornecedores que executavam muitas das funções cotidianas. Esses fornecedores se especializaram em cada área, melhorando a qualidade e o atendimento, e reduzindo os custos. O modelo japonês englobava a terceirização de tudo o que fosse possível, sem prejudicar o negócio, fornecendo aos concorrentes informações importantes. Uma regra simples dizia que, se um parceiro pudesse fornecer uma competência de modo mais eficiente do que a 7-Eleven, essa competência deveria ser terceirizada. Nos Estados Unidos, a empresa chegou a terceirizar atividades como recursos humanos, finanças, tecnologia da informação, logística, distribuição, desenvolvimento de produtos e embalagem. A 7-Eleven ainda preserva o controle de todas as informações vitais e lida com *merchandising*, determinação de preços, posicionamento, promoção de gasolina e alimentos prontos para serem consumidos.

O quadro a seguir demonstra como a 7-Eleven estruturou as parcerias-chave:

ATIVIDADE	ESTRATÉGIA DE TERCEIRIZAÇÃO
Gasolina	Terceirizou a distribuição para a Citgo. Mantém o controle sobre preços e promoções, que são atividades que podem diferenciar suas lojas.
Lanches rápidos	A Frito-Lay distribui seus produtos diretamente para as lojas. A 7-Eleven toma as decisões críticas quando às quantidades dos pedidos e à disposição nas prateleiras. A 7-Eleven examina uma grande quantidade de dados sobre os padrões de compra dos clientes locais para tomar essas decisões em cada loja.
Alimentos preparados	Uma *joint venture* com a E.A. Sween: Combined Distribution Centers (CDC), uma operação de entrega diretamente da loja que abastece as lojas 7-Eleven com sanduíches e outros produtos frescos, duas vezes por dia.
Produtos especiais	Muitos deles são desenvolvidos especialmente para os clientes da 7-Eleven. Por exemplo, a 7-Eleven trabalhou com a Hershey para desenvolver um canudinho comestível utilizado com o popular Twizzler. Trabalhou com a Anheuser-Bush em promoções especiais da NASCAR e da Major League of Baseball.
Análise de dados	A 7-Eleven conta com um fornecedor externo, IRI, para manter e formatar dados de compra, além de manter os dados proprietários. Somente a 7-Eleven pode ver o verdadeiro *mix* de produtos comprados pelos clientes em cada local.
Novas competências	A American Express fornece caixas eletrônicos automáticos. A Western Union se encarrega das transferências das operações financeiras. A CashWorks fornece recursos para descontar cheques. O Electronic Data Systems (EDS) mantém as funções da rede.

grandes clientes, e investimento em pesquisa e desenvolvimento. Um último aspecto é a possível perda da propriedade intelectual, não obstante a parceria.

A Intel é um exemplo excelente de empresa que reconheceu a importância desse tipo de estrutura de decisões, em meados dos anos 1980. No início dessa década, a Intel deparou-se com a própria exclusão do mercado de *chips* de memória que ela mesma inventara, por parte de concorrentes japoneses, como a Hitachi, Fujitsu e NEC. Essas empresas desenvolveram competências mais fortes para expandir e ampliar rapidamente processos complexos de produção de semicondutores. Até 1985, era evidente que uma importante competência da Intel residia em sua habilidade de elaborar circuitos integrados complexos, não em fabricar ou desenvolver processos para *chips* mais padronizados. Conseqüentemente, diante das perdas financeiras cada vez maiores, a Intel viu-se obrigada a sair do mercado de *chips* de memória.

Depois de aprender essa lição no mercado de memória, a Intel mudou seu foco para o mercado de microprocessadores, um dispositivo que ela inventou no final dos anos 1960. Para evitar os erros ocorridos com os *chips* de memória, a Intel detectou a necessidade de desenvolver competências fortes em desenvolvimento e produção de processos. Uma pura estratégia de "competência essencial" teria sugerido que a Intel se dedicasse ao projeto de microprocessadores e usasse parceiros externos para fabricá-los. Contudo, devido à íntima ligação entre o desenvolvimento de produtos semicondutores e o desenvolvimento de processos, depender de parceiros externos para a fabricação provavelmente teria gerado custos em termos de prazos de desenvolvimento mais longos. No final dos anos 1980, a Intel investiu muito na construção de competências internacionais em desenvolvimento e produção de processos. Essas competências representam um dos grandes motivos pelos quais ela consegue manter aproximadamente 90% do mercado de microprocessadores de computadores pessoais, apesar da possibilidade de concorrentes, como a AMD, "clonarem" os projetos da Intel de modo relativamente rápido. A expansão de suas competências além da competência essencial original do projeto do produto tem sido um componente crítico para a sustentabilidade do sucesso da Intel.

Em alguns casos, as empresas ficam vulneráveis a um golpe de mercado pelos antigos sócios quando elas terceirizam. Foi o que aconteceu com a empresa alemã de produtos eletrônicos para consumo, Blaupunkt, observa Ed Frey, vice-presidente na Booz Allen Hamilton. Para aumentar a linha de produtos que oferecia aos revendedores, a Blaupunkt decidiu adicionar videocassetes e contratou os serviços da Panasonic (antes um modesto montador de placas de circuito impresso). Mais tarde, com a reputação da Blaupunkt aliada aos seus produtos, a Panasonic procurou os revendedores diretamente e, dito e feito, tinha uma rede de distribuição já pronta para sua própria linha de produtos. "Na realidade, o que a Blaupunkt fez foi dar acesso à sua rede de revendedores para a Panasonic", disse Frey.

Um bom conselho é manter o controle – ou adquiri-lo – das atividades que sejam verdadeiros diferenciadores competitivos ou deixar o potencial para resultar em vantagem competitiva e terceirizar o resto. É importante fazer uma distinção entre atividades "centrais" e "estratégicas". As atividades centrais são a chave para a empresa, mas não conferem uma vantagem competitiva, como as operações de tecnologia da informação de um banco. As atividades estratégicas são uma fonte importante de vantagem competitiva. Como o ambiente competitivo pode mudar rapidamente, as empresas precisam monitorar a situação constantemente, e ajustá-la adequadamente. Como exemplo, a Coca-Cola, que decidiu sair do negócio de engarrafamento no início dos anos 1990, fez uma sociedade com engarrafadoras independentes e rapidamente construiu sua participação no mercado. A empresa se reverteu nos anos 1980, quando o engarrafamento de bebidas passou a ser um elemento competitivo no setor.

AVALIAÇÃO DO DESEMPENHO DO ABASTECIMENTO

Uma visão do abastecimento centraliza-se nos estoques posicionados no sistema. O Quadro 7.6 mostra como a carne moída e as batatas são armazenadas em vários locais em uma típica cadeia de *fast-food*. Aqui observamos as etapas pelas quais a carne e as batatas se movimentam a caminho das

Estoque na cadeia de suprimentos-restaurante *fast-food*

Quadro 7.6

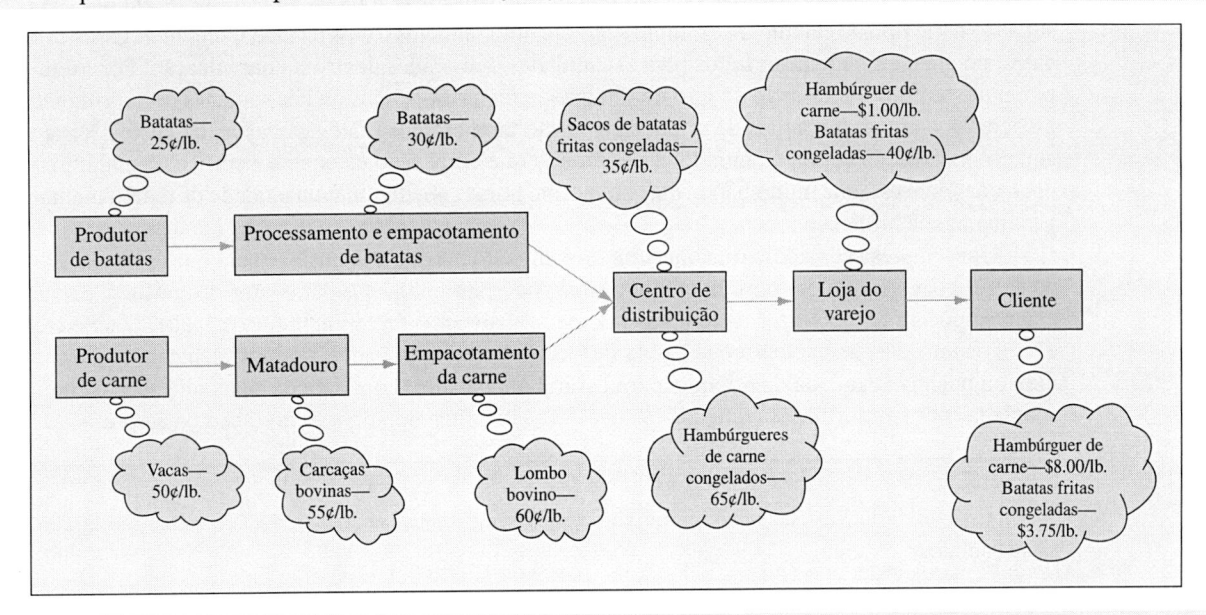

(Diagrama de fluxo da cadeia de suprimentos:)

- Produtor de batatas (Batatas—25¢/lb.) → Processamento e empacotamento de batatas (Batatas—30¢/lb.) → Centro de distribuição (Sacos de batatas fritas congeladas—35¢/lb.) → Loja do varejo (Hambúrguer de carne—$1.00/lb., Batatas fritas congeladas—40¢/lb.) → Cliente (Hambúrguer de carne—$8.00/lb., Batatas fritas congeladas—$3.75/lb.)
- Produtor de carne (Vacas—50¢/lb.) → Matadouro (Carcaças bovinas—55¢/lb.) → Empacotamento da carne (Lombo bovino—60¢/lb.) → Centro de distribuição (Hambúrgueres de carne congelados—65¢/lb.)

---

lojas locais de varejo e depois para o cliente. Em cada etapa, o estoque é transportado, e esse estoque tem um custo específico para a empresa. O estoque funciona como *pulmão*, permitindo que cada estágio opere independentemente dos outros. Por exemplo, o estoque do centro de distribuição permite que o sistema que abastece as lojas de varejo opere independentemente das operações de embalagem da carne e da batata. Uma vez que o estoque, em cada estágio, captura dinheiro, é importante que as operações em cada estágio sejam sincronizadas para minimizar o tamanho desses "pulmões". A eficiência da cadeia de suprimentos pode ser medida com base no tamanho do investimento em estoque. O investimento em estoque é medido em relação ao custo total dos bens fornecidos através da cadeia de suprimentos.

Eis duas medidas comuns para avaliar a eficiência da cadeia de suprimentos: *giro de estoque* e *semanas de suprimentos*. Essas medem essencialmente a mesma coisa e matematicamente são o inverso uma da outra. O giro de estoque é calculado da seguinte maneira:

[7.1]
$$\text{Giro de estoque} = \frac{\text{Custo dos produtos vendidos}}{\text{Valor médio do estoque agregado}}$$

O custo dos produtos vendidos é o custo anual para que uma empresa produza os bens e serviços fornecidos para os clientes; algumas vezes é conhecido como *custo da receita*. Este não inclui os custos de vendas e de despesas administrativas da empresa. O valor médio do estoque agregado é o valor total de todos os itens mantidos no estoque para a empresa, valorizados ao preço de custo. Aqui estão incluídos a matéria-prima, o estoque em processo, os produtos acabados e o estoque de distribuição considerado de propriedade da empresa.

Os bons valores de giro de estoque variam por indústria e tipo de produtos que estão sendo manuseados. Em um extremo, uma rede de supermercados pode girar o estoque mais de 100 vezes por ano. Os valores de seis a sete vezes são típicos das empresas de manufatura.

Em muitas situações, especialmente quando o estoque de distribuição predomina, a medida preferida é a semanas de suprimento. Esta é uma medida de quantas semanas de estoque se encontram no sistema em um período de tempo específico. O cálculo é o seguinte:

[7.2]
$$\text{Semanas de suprimento} = \left(\frac{\text{Valor médio do estoque agregado}}{\text{Custo de produtos vendidos}}\right) \times 52 \text{ semanas}$$

Quando os relatórios financeiros da empresa citam o giro de estoque e semanas de suprimento, pode-se presumir que as medidas estejam sendo calculadas para toda a empresa. Apresenta-se uma situação deste tipo de cálculo no exemplo seguinte, utilizando os dados da Dell Computer. Esses cálculos, no entanto, podem ser feitos para as entidades individuais dentro da organização. Por exemplo, pode-se estar interessado no giro de estoque de matérias-primas ou das semanas de suprimento associadas com as operações de armazenagem de uma empresa. Nesses casos, os custos seriam aqueles associados com a quantia total de estoque que corre pelo estoque específico. Em algumas operações com estoque muito baixo, dias ou mesmo horas constituem uma unidade de tempo melhor para medir o suprimento.

Uma empresa considera o estoque um investimento porque a intenção é para que este seja usado no futuro. Os estoques consomem fundos que poderiam ser usados para outros propósitos, e uma empresa poderá ter que fazer um empréstimo para financiar o investimento no estoque. O objetivo é ter a quantia adequada de estoque e tê-la nos locais corretos na cadeia de suprimentos. Para determinar a quantia adequada de estoque, é necessária uma análise completa da cadeia de suprimentos acoplada com as prioridades competitivas que definem o mercado para os produtos da empresa.

Exemplo 7.1: Cálculo de giro de estoque

A Dell Computer relatou as seguintes informações neste relatório anual de 2005 (todas as quantias são expressas em milhões):

Receita líquida (ano fiscal de 2005)	49.205
Custo da receita (ano fiscal de 2005)	40.190
Materiais de produção em mãos (28 de janeiro de 2005)	228
Estoque em processo e produtos acabados em mãos (28 de janeiro de 2005)	231
Dias de suprimentos	4 dias

O custo da receita corresponde ao que se chama de custo dos produtos vendidos. Pode-se pensar que as empresas americanas, pelo menos, usassem uma terminologia contábil comum, mas este não é o caso. O cálculo do giro de estoque é

$$\text{Giro de estoque} = \frac{40.190}{228 + 231} = 87{,}56 \text{ giros por ano}$$

Este é um desempenho impressionante para uma empresa de alta tecnologia, mas explica o motivo pelo qual a empresa é um sucesso financeiro.

O cálculo correspondente de semanas de suprimento é

$$\text{Semanas de suprimento} = \left(\frac{228 + 231}{40.190}\right) \times 52 = 0{,}59 \text{ semana} \; \bullet$$

ABASTECIMENTO GLOBAL

Global

Há uma importante mudança em andamento na economia global. Grandes oportunidades estão disponíveis por causa do colapso do comunismo no Bloco Oriental, da emissão do *euro* e de novos mercados na Turquia, Índia, África do sul, e assim por diante. Têm-se visto os resultados de acordos como o Acordo de Livre Comércio da América do Norte (North American Free Trade Agreement – NAFTA) e o Acordo Geral sobre as Tarifas e Comércio (General Agreement on Tariffs and Trade). A China é um grande mercado e agora é um parceiro comercial poderoso.

Os gerentes enfrentam uma situação desagradável. Examinemos o exemplo da Nike, o fabricante de tênis de alta qualidade. Para a Nike, uma matéria-prima importante é o couro, disponível em muitas fontes ao redor do mundo. O couro com o preço mais baixo, no entanto, encontra-se na

América do Sul, ao passo que a mão-de-obra mais barata está na China, locais que estão no lado oposto do globo. Esses locais são distantes dos principais mercados de tênis nos Estados Unidos, na Europa e no Japão. Para complicar um pouco mais, os clientes nos Estados Unidos, na Europa e no Japão não querem as mesmas coisas.

As empresas que enfrentam essas diversas decisões de abastecimento, produção e distribuição precisam ponderar sobre os custos associados a materiais, transporte, produção, armazenagem e distribuição, para desenvolver uma rede abrangente projetada para minimizar os custos. É claro que essa rede precisa ser projetada considerando as alternativas de terceirização, como descritas anteriormente no capítulo. O Capítulo 8, Logística, descreve técnicas úteis para minimizar esses custos.

CUSTOMIZAÇÃO EM MASSA

O termo customização em massa é utilizado para descrever a habilidade de uma empresa de fornecer produtos e serviços altamente customizados para diversos clientes em todo o mundo.[5] O segredo para se obter uma customização em massa eficaz está no adiamento, até o último ponto possível, da tarefa de diferenciação de um produto para um cliente específico na rede de suprimentos. Para isso, as empresas devem reconsiderar e integrar os projetos de seus produtos, os processos usados para fabricá-los e entregá-los e as configurações de toda a rede de suprimentos. Ao adotar essa abordagem abrangente, as empresas podem operar com o máximo de eficiência e atender rapidamente aos pedidos dos clientes com uma quantidade mínima de estoque.

Três princípios de projetos organizacionais formam a base de um programa de customização em massa eficaz.

Princípio 1: *o produto deve ser projetado de modo a consistir em módulos independentes que possam ser montados em diferentes formas do produto, de maneira fácil e econômica.* A HP decidiu usar um projeto de produto modular para permitir que suas impressoras DeskJet fossem facilmente customizadas para os mercados europeus e asiáticos. A empresa decidiu customizar as impressoras nos seus centros locais de distribuição e não nas suas fábricas. Por exemplo, em vez de customizar as impressoras na fábrica em Cingapura, antes de enviá-las para a Europa, a

Customização em massa

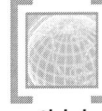

Global

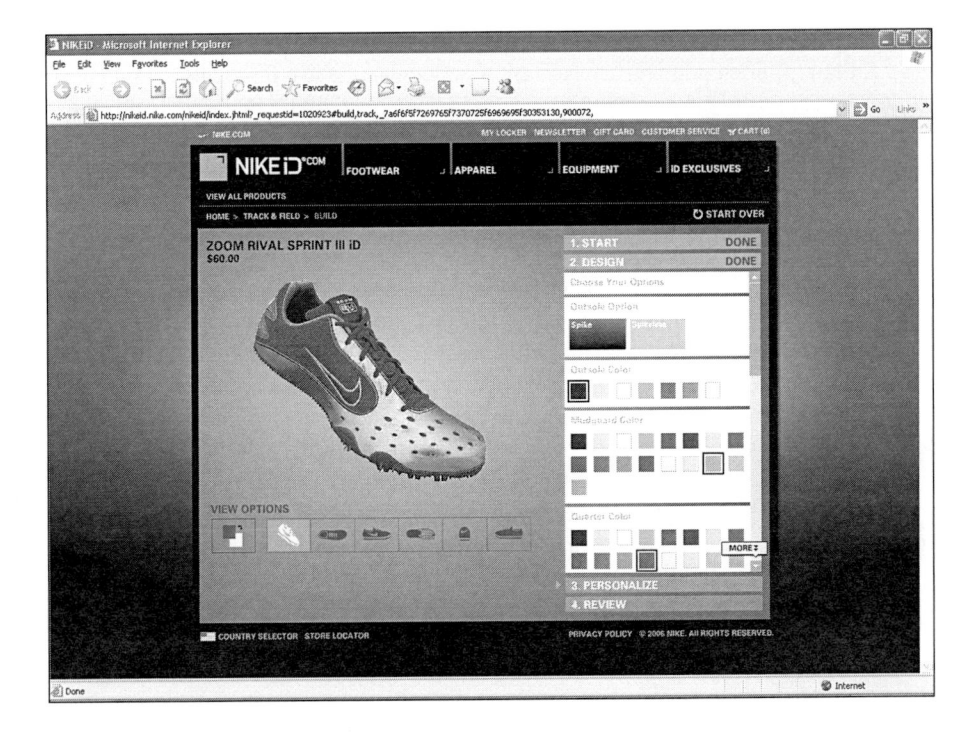

O site da Nike e as lojas através do Nikeid permitem que os clientes criem e customizem seus próprios tênis, escolhendo elementos de designs disponíveis. A Nike tem um contrato exclusivo com a UPS, 50 produtos customizados vão desde a criação até o produto final em três a quatro semanas. Feito o pedido, os clientes começam a receber e-mails regulares atualizados desde a produção inicial do produto até o envio. Eles também podem ver o *status* do pedido a qualquer momento durante o processo de envio.

HP fez com que o seu centro de distribuição europeu perto de Stuttgart, Alemanha, fizesse este serviço. A empresa projetou a nova impressora com uma fonte de alimentação específica para o país em que os clientes estão quando a ligam na tomada. O centro de distribuição não apenas customiza o produto, como também compra os materiais que o diferenciam (fontes de alimentação, embalagens e manuais). Como resultado dessa reformulação, os custos de manufatura são um pouco mais altos do que quando as fábricas customizam as impressoras, mas o total de custos de manufatura, envio e estoque tem uma queda de aproximadamente 25%.

Princípio 2: *os processos de produção e serviço devem ser projetados de modo a consistirem em módulos independentes que possam ser movidos ou reorganizados facilmente para sustentar os diversos projetos das redes de distribuição.* Um bom exemplo é o modo como as lojas de ferragens e de tintas misturam as cores na loja. Em vez de fazer uma variedade ampla de tintas para satisfazer as exigências específicas dos clientes, as fábricas produzem uma tinta genérica e uma variedade de pigmentos de cor que as lojas de ferragens e tintas armazenam no estoque. A loja usa um cromatógrafo para analisar uma amostra de tinta de um cliente e determinar a mistura de tinta e pigmento que deverá ser utilizada. Este processo proporciona aos clientes um número praticamente ilimitado de escolhas consistentes e, ao mesmo tempo, reduz significativamente o estoque de tinta que a loja precisaria ter para combinar todas as cores desejadas de acordo com a demanda dos clientes. O adiamento do processo é o termo usado para descrever o atraso máximo possível na etapa do processo que diferencia o produto. A chave para o adiamento, neste caso, foi separar a produção da tinta e a mistura de pigmento e tinta e criar um cromatógrafo de baixo custo.

Princípio 3: *a rede de suprimento – o posicionamento do estoque e a localização, número e estrutura das instalações de serviço, manufatura e distribuição – deve ser projetada para fornecer duas capacidades. Primeiro, deve ser capaz de suprir o produto básico para as instalações que realizam a customização de modo a reduzir os custos. Segundo, precisa ter a flexibilidade e a sensibilidade de pegar os pedidos dos clientes individuais e de entregar o produto acabado e customizado rapidamente.* Para sustentar uma customização em massa, é necessária uma rede de suprimento ágil. Uma empresa, com muitas opções de produtos, pouco se beneficia em ter muitos centros de distribuição ao redor do mundo se esses centros realizarem apenas as tarefas de armazenagem e distribuição. Os investimentos em estoques, que são necessários para sustentar todas as opções, seriam enormes. O exemplo do processo de produção de tinta que acabamos de descrever é ideal porque a empresa de fabricação da tinta agora tem uma fonte pronta de capacidade para lidar com a etapa final de mistura: as lojas locais de tintas. A tinta genérica pode ser enviada em grande quantidade e o produto final pode ser produzido enquanto o cliente está na loja. A economia na manufatura muda radicalmente quando uma empresa reformula seus produtos e processos em módulos para que as etapas finais de customização aconteçam no recebimento do pedido. Ter mais centros de distribuição ou lojas, como no exemplo da tinta, passa a ser um redutor de custos, uma vez que cada um deles estoca os produtos e desempenha as etapas finais no processo de customização.

Fazer com que os centros de distribuição realizem pequenas transformações ou montagens ajuda uma empresa a agir de acordo com as regras locais, que são predominantes nos mercados emergentes, e a responder aos clientes que não estão dispostos a esperar para que um produto customizado seja enviado de uma fábrica em outra região. Desse modo, a empresa desfruta o melhor dos dois mundos: por um lado, pode concentrar a manufatura de suas peças essenciais em alguns locais do mundo para poder alcançar economias de escala e, por outro lado, pode manter uma presença local.

Não é fácil tomar decisões como essas, pois há o envolvimento de pessoas de pelo menos cinco áreas da empresa: *marketing*, pesquisa e desenvolvimento, produção, distribuição e finanças. Esses cinco grupos têm as seguintes funções para apoiar um programa eficaz de customização em massa:

- O *marketing* precisa determinar até que ponto a customização em massa é necessária para atender às exigências dos clientes.

- O setor de pesquisa e desenvolvimento precisa remodelar o produto para que possa ser customizado no ponto mais eficiente da rede de suprimentos.
- A manufatura e a distribuição precisam coordenar o fornecimento e a remodelagem de materiais e situar os processos de produção ou montagem nos locais mais eficientes.
- As finanças precisam fornecer informações de custo por atividade e análises financeiras das alternativas.

Cada grupo em qualquer empresa tem suas próprias medidas de desempenho. O *marketing*, por exemplo, é avaliado pelo crescimento da receita; a pesquisa e desenvolvimento pela funcionalidade de um produto e pelo custo de seus componentes; a manufatura e a distribuição pelo custo de montagem e entrega de um produto para o cliente. As medidas diferentes focam os grupos em objetivos diferentes. O *marketing* quer oferecer o máximo possível de opções de produtos para atrair mais clientes; a pesquisa e desenvolvimento quer oferecer o produto com a máxima funcionalidade possível ao custo mais baixo possível; e a manufatura e a distribuição querem fabricar um produto em um volume estável. Se os grupos não forem apropriadamente coordenados, suas tentativas em otimizar seu próprio desempenho poderão prejudicar a habilidade da empresa de criar a rede de suprimentos mais eficiente que possa entregar um produto customizado por um preço mais baixo. As negociações entre esses grupos são essenciais, sendo que a meta consiste em decidir fazer o que for melhor para a empresa como um todo.

Uma cadeia de suprimentos liga todos os estágios, desde a matéria-prima até a produção ao consumidor. A cadeia de suprimentos é coordenada com um sistema eletrônico de informações. Muitas opções definem a lógica desses sistemas; em todos os casos, a freqüência e a velocidade da comunicação da informação através da cadeia tem um enorme efeito nos níveis de estoque, nas eficiências e nos custos. Para as grandes empresas de manufatura, os novos sistemas de planejamento dos recursos da empresa, discutidos na Seção Quatro, estão sendo usados extensivamente.

O gerenciamento da cadeia de suprimentos está sendo desviado, até certo ponto, para o fornecedor. Os contratos de compra estão agora ligados às escalas de entregas; examinaremos a coordenação necessária para fazer isso quando forem estudados os sistemas de produção enxuta no Capítulo 9. O fluxo eletrônico de informações desviou as atividades de rotina para o fornecedor, permitindo acesso direto aos dados no ponto de venda e passando a responsabilidade da previsão e entrega do produto diretamente para o fornecedor. Atualmente, esses relacionamentos tendem a ser de longo prazo, mas é possível especular se os relacionamentos serão de longo prazo no futuro.

Cadeia de suprimentos

RESUMO

O abastecimento estratégico é importante nas empresas modernas. A terceirização é um método importante de reduzir custos, além de melhorar o foco estratégico de uma empresa. Muitas empresas desfrutaram de sucesso significativo devido aos meios singulares nos quais trabalharam com seus fornecedores. A Dell Computer, por exemplo, pula as etapas de distribuição e varejo típicas de uma cadeia de suprimentos de uma empresa de manufatura e trabalha de mãos dadas com os fornecedores.Isso resulta em um desempenho sem precedência em relação aos tempos de ciclo rápidos e baixos níveis de estoque em processo.

As medidas da eficiência do abastecimento são giro de estoque e semanas de suprimento. Os processos eficientes deveriam ser usados para os produtos funcionais e os processos responsivos para os produtos inovadores. Esse alinhamento da estratégia de abastecimento e das características da demanda de produtos é extremamente importante para o sucesso operacional de uma empresa.

As empresas que enfrentam decisões diversificadas de abastecimento, produção e distribuição precisam ponderar sobre os custos associados a materiais, transportes, produção, armazenagem e distribuição para desenvolver uma rede abrangente destinada a minimizar os custos.

Termos-chave

Abastecimento estratégico Desenvolvimento e gerenciamento de relacionamentos com os fornecedores para obter produtos e serviços, a fim de atender às necessidades imediatas de uma empresa.

Efeito chicote A variabilidade na demanda é aumentada à medida que ela se movimenta do cliente para o produtor na cadeia de suprimentos.

Produtos funcionais Produtos básicos que as pessoas compram em uma grande variedade de lojas de varejo, como supermercados e postos de gasolina.

Produtos inovadores Produtos, como roupas da moda e computadores pessoais, que geralmente têm um ciclo de vida de apenas alguns meses.

Terceirização Transferir algumas das atividades internas e a responsabilidade de decisão de uma empresa para servidores externos.

Logística Funções de gerenciamento que respaldam o ciclo completo de fluxo de material: desde a compra e controle interno dos materiais da produção ao planejamento e controle do estoque em processo; à compra, expedição e distribuição do produto final.

Giro de estoque e semanas de suprimento Medidas de eficiência da cadeia de suprimentos que, matematicamente, são inversas.

Custo dos produtos vendidos Custo anual para uma empresa produzir os produtos e serviços fornecidos aos clientes.

Valor médio do estoque agregado Valor total de todos os itens mantidos em estoque para a empresa, valorizado ao preço de custo.

Semanas de suprimento Medida de quantas semanas de estoque há no sistema em um ponto específico no tempo.

Customização em massa Possibilidade de uma empresa fornecer produtos e serviços altamente customizados para diversos clientes no mundo todo.

Adiamento do processo Atrasar o máximo possível a etapa do processo que distingue um produto, na cadeia de suprimentos.

Revisão de fórmulas

[7.1]
$$\text{Giro de estoque} = \frac{\text{Custo dos produtos vendidos}}{\text{Valor médio do estoque agregado}}$$

[7.2]
$$\text{Semanas de suprimento} = \left(\frac{\text{Valor médio do estoque agregado}}{\text{Custo dos produtos vendidos}}\right) \times 52 \text{ semanas}$$

Questões para revisão e discussão

1. Que mudanças recentes fizeram com que o gerenciamento da cadeia de suprimentos ganhasse importância?
2. Com tanta capacidade produtiva e espaço para expansão nos Estados Unidos, por que uma empresa baseada no EUA escolheria comprar itens de uma empresa estrangeira? Discuta os prós e contras.
3. Descreva as diferenças entre produtos funcionais e inovadores.
4. Quais são as características das cadeias de suprimentos eficientes, responsivas, ágeis e que protegem dos riscos? Uma cadeia de suprimentos pode ser eficiente e responsiva? Proteger dos riscos e ágil? Por que ou por que não?
5. Como fornecedor, quais fatores sobre um comprador (seu cliente potencial) você consideraria importantes na hora de estabelecer um relacionamento de longo prazo?
6. Quais são as vantagens de aplicar a estratégia de adiamento?
7. Descreva como funciona a terceirização. Por que uma empresa terceirizaria?
8. Quais são os componentes básicos de um programa de customização em massa? Que tipo de cooperação em nível empresarial é necessário para um programa de customização em massa bem-sucedido?

Problemas

1. O restaurante McDonald's no *campus* vende uma média de 4.000 hambúrgueres por semana. Os hambúrgueres são reabastecidos duas vezes por semana e, em média, a loja tem 350 quilos de hambúrgueres em estoque. Suponha que o custo do hambúrguer seja de $1,00 por quilo. Qual é o giro de estoque para os hambúrgueres? Em média, quantos dias de suprimento estão disponíveis?

2. A empresa U.S. Airfilter contratou-o como consultor da cadeia de suprimentos. A empresa fabrica filtros de ar para sistemas de calefação e ar condicionado residenciais. Esses filtros são feitos em uma única fábrica em Louisville, Kentucky, nos EUA. Eles são distribuídos para os varejistas através dos centros de atacado em 100 localizações nos EUA, no Canadá e na Europa. Você coletou os seguintes dados em relação ao valor do estoque na cadeia de suprimentos da U.S. Airfilter:

	1º Trimestre (Jan-Mar)	2º Trimestre (Abr-Jun)	3º Trimestre (Jul-Set)	4º Trimestre (Out-Dez)
Vendas (Total do Trimestre)				
EUA	300	350	405	375
Canadá	75	60	75	70
Europa	30	33	20	15
Custo dos Produtos Vendidos (Total do Trimestre)	280	295	340	350
Matéria-prima na Fábrica de Louisville (Final do Trimestre)	50	40	55	60
Estoque em Processo e Produtos Acabados na Fábrica de Louisville (Final do Trimestre)	100	105	120	150
Estoque do Centro de Distribuição (Final do Trimestre)				
EUA	25	27	23	30
Canadá	10	11	15	16
Europa	5	4	5	5

Todas as quantias em milhões de dólares

   a. Qual é o giro médio de estoque para a empresa?
   b. Se você recebesse a tarefa de aumentar o giro de estoque, no que você focaria? Por quê?
   c. A empresa registrou que usou $500 milhões de matéria-prima durante o ano. Na média, quantas semanas de suprimento de matéria-prima estão disponíveis na fábrica?

CASO   Pepe Jeans

A Pepe começou a produzir e vender *jeans* no início dos anos 1970 no Reino Unido e alcançou um enorme crescimento. O sucesso da Pepe foi o resultado de uma abordagem singular em um mercado de produto dominado por marcas fortes e poucas opções. A Pepe apresentou uma variedade de estilos de *jeans* que vestiam melhor do que os de estilo Oeste, de cinco bolsos (como aqueles feitos pela Levi Strauss nos EUA) – principalmente para as mulheres. A variedade de estilos básicos da Pepe é modificada a cada estação, mas cada estilo mantém sua identidade com um nome extravagante destacado nos *jeans* e no material no ponto de vendas. As variações, como os tipos de lavagens modificadas, o acabamento em couro, e até mesmo as marcas de *designers,* são aplicadas para responder às mudanças nas tendências da moda. Para saber mais sobre a Pepe e seus produtos, visite o *site* **http://www.pepejeans.com**.

A força da marca Pepe é tanta, que a empresa pode exigir um preço de varejo a uma média de £45 pelos produtos-padrão. Uma porcentagem alta das vendas ocorre através de aproximadamente 1.500 lojas independentes por todo o Reino Unido. A empresa mantém contato com seus varejistas independentes através de um grupo de cerca de 10 agentes, que são autônomos e trabalham exclusivamente para a Pepe. Cada agente é responsável por varejistas em uma área específica do país.

A Pepe está convencida de que um bom relacionamento com os varejistas independentes é vital para o sucesso. O agente se encontra com cada varejista três vezes por ano para apresentar as novas coleções e receber os pedidos de vendas. Uma vez que o número de contas para cada agente é muito grande, o contato é geralmente feito mediante a realização de uma apresentação em um hotel para vários varejistas. Os agentes recebem os pedidos dos varejistas para uma entrega de seis meses. Depois que a Pepe recebe os pedidos, o varejista tem apenas uma semana para cancelar por causa da necessidade de fazer pedidos imediatos em Hong Kong para cumprir o prazo de entrega. A empresa tem uma política muito antiga de não manter estoque de *jeans* no Reino Unido.

Depois que o pedido é recebido e confirmado, o resto do processo, até a entrega, é administrado do escritório da Pepe em Willesden. O *status* dos pedidos pode ser checado em um *site* mantido pela Pepe. Os pedidos reais são enviados para um agente de exportação em Hong Kong, que providencia a fabricação dos *jeans*. O agente de exportação lida com todos os detalhes associados com materiais, fabricação e envio dos *jeans* para o varejista. A Pepe tem uma equipe extraordinária de jovens *designers*, que são responsáveis pelo desenvolvimento de novos estilos e do material do ponto de venda. Os *jeans* são feitos de acordo com as especificações fornecidas por essa equipe. A equipe trabalha juntamente com o agente de exportação em Hong Kong para certificar-se de que os *jeans* sejam feitos adequadamente e que o material usado seja da mais alta qualidade.

Uma pesquisa recente dos varejistas independentes indicou alguns problemas crescentes. Os independentes louvaram o corte, a qualidade e a variedade dos *jeans* Pepe, embora muitos tenham achado que hoje eles popularizavam menos tendências do que no começo. Foi constatado que as variedades de estilo e qualidade eram as principais vantagens da empresa sobre a concorrência. Entretanto, os independentes estavam descontentes com as exigências de fazer pedidos fixos seis meses antes, sem possibilidade de mudança, cancelamento ou repetição do pedido. Alguns reclamaram que o sistema inflexível dos pedidos os forçava a pedir menos, resultando em faltas de estoque de tamanhos e estilos específicos. Os varejistas estimam que as vendas aumentariam em aproximadamente 10% com um sistema de pedidos mais flexível.

Os varejistas esperavam ter um pouco de estoque, mas o prazo de entrega de seis meses para os pedidos dificulta o pedido e piora o problema. Sendo o mercado da moda tão impulsivo, os favoritos de hoje geralmente não estão mais em voga daqui a seis meses. Por outro lado, quando a demanda excedia as expectativas, levava muito tempo para preencher a lacuna. O que os varejistas queriam era algum método de retornos limitados, troca ou um novo pedido para superar o pior desses problemas. A Pepe estava sentindo certa pressão para responder a essas reclamações porque alguns dos menores concorrentes ofereciam a entrega em apenas alguns dias.

A Pepe tem desfrutado de um sucesso financeiro considerável com seu modelo de negócios atual. As vendas no ano passado foram de aproximadamente £200 milhões. O custo das vendas foi de aproximadamente 40%, as despesas operacionais foram de 28%, e o lucro antes dos impostos foi de aproximadamente 32% das vendas. A empresa não tem dívidas de longo prazo, mas sim, uma posição financeira saudável.

A Pepe já estava sentindo a pressão e percebeu que ocorreria uma mudança brevemente. Ao avaliar as alternativas, a empresa descobriu que seria mais fácil trabalhar com o agente de exportação de Hong Kong, para reduzir o tempo de entrega associado aos pedidos. O agente concordou que o tempo de entrega seria encurtado, possivelmente para seis semanas, mas os custos aumentariam significativamente. Atualmente, o agente coleta os pedidos durante um período e a cada duas semanas os coloca em oferta para aproximadamente 1.000 fornecedores em potencial. O agente de exportação estimava que os custos poderiam subir em até 30% se o prazo de entrega fosse encurtado para seis semanas. Mesmo com o aumento significativo nos custos, seria difícil manter as escalas de entrega consistentes.

O agente de exportação sugeriu que a Pepe pensasse em construir uma operação de acabamento no Reino Unido. Ele informou que uma grande rede de varejo nos EUA havia mudado para este tipo de estrutura com sucesso. Basicamente, tudo que a operação de acabamento fez para a rede de varejo nos EUA foi aplicar lavagens diferentes aos *jeans* para dar-lhes uma "aparência de usado". A operação nos EUA também recebia pedidos de lojas de varejo. A empresa nos EUA descobriu que poderia dar um tempo de resposta de dois dias para as lojas varejistas.

O agente de exportação indicou que os custos para os *jeans* básicos (*jeans* nos quais as lavagens não haviam sido aplicadas) provavelmente seriam reduzidos em 10% porque os volumes seriam mais altos. Além disso, o tempo de entrega para os *jeans* básicos seria reduzido para três meses porque a etapa de acabamento seria eliminada e os pedidos seriam maiores.

Os *designers* da Pepe acharam que esta era uma idéia interessante, assim visitaram as operações nos EUA para ver como o sistema funcionava. Descobriram que teriam que manter um suprimento de seis semanas de *jeans* básico em mãos no Reino Unido e que teriam que investir aproximadamente £1.000.000 em equipamentos. Eles estimaram que custaria aproximadamente £500.000 para operar a instalação a cada ano. A fábrica poderia ser localizada no porão do prédio do escritório em Willesden, e as reformas custariam aproximadamente £300.000.

Questões

1. Agindo como consultor externo, o que você recomendaria que a Pepe fizesse? Fornecidos os dados no caso, faça uma análise financeira para avaliar as alternativas que identificou. (Suponha que o novo estoque seja estimado em seis semanas de custo anual de vendas e use uma taxa de custo para estocar de 30%.) Calcule um período de retorno para cada alternativa.
2. Existem outras alternativas que a Pepe deveria considerar?

A idéia deste caso nasceu de um caso intitulado "Pepe Jeans", escrito por D. Bramley e C. John da London Business School. A Pepe Jeans é uma empresa real, mas os dados fornecidos no caso não representam os dados reais da empresa.

Notas

1. M. L. Fisher, "What Is the Right Supply Chain for Your Product?" *Harvard Business Review*, março-abril de 1997, pp.105-16.
2. Hau L. Lee, "Aligning Supply Chain Strategies with Product Uncertainties", *California Management Review* 44, n° 3 (primavera de 2002), pp. 105-19. Copyright © 2002 pelos Reitores da California University. Uso autorizado pelos reitores.
3. "Have Factory Will Travel," *The Economist*, 12-18 de fevereiro de 2000, p.61-62.
4. Adaptado de Martha Craumer, "How to Think Strategically about Outsourcing," *Harvard Management Update*, maio de 2002, p. 4.
5. Esta seção foi adaptada de E. Feitzinger e H. Lee, "Mass Customization at Hewlett-Packard: The Power of Postponement", *Harvard Business Review*, janeiro-fevereiro de 1997, pp. 116-21.

Bibliografia selecionada

Bowersox, D. J.; D. J. Closs; e M. B. Cooper. *Supply Chain and Logistics Management.* New York: Irwin/McGraw-Hill, 2002.

Burt, D. N.; D. W. Dobler; e S. L. Starling. *World Class Supply Management: The Key to Supply Chain Management.* 7ª ed. New York: McGraw-Hill/Irwin, 2003.

Chopra, S., e P. Meindl. *Supply Chain Management: Strategy, Planning, and Operations.* 2ª ed. Upper Saddle River, NJ: Prentice Hall, 2003.

Greaver II, M. F. *Strategic Outsourcing: A Structured Approach to Outsourcing Decisions and Initiatives.* New York: American Management Association, 1999.

Hayes, R.; G. Pisano; D. Upton; e S. Wheelwright. *Operations Strategy and Technology: Pursuing the Competitive Edge.* New York: John Wiley & Sons, 2005.

Simchi-Levi, D.; P. Kaminski; e E. Simchi-Levi. *Supply Chain Management.* 2ª ed. New York: McGraw-Hill, 2003.

Vollmann, T.; W. L. Berry; D. C. Whybark; e F. R. Jacobs. *Manufacturing Planning and Control Systems for Supply Chain Management: The Definitive Guide for Professionals.* New York: McGraw-Hill/Irwin, 2004.

Capítulo 8
LOGÍSTICA

Após ler este capítulo, você:

1. Saberá o que é um fornecedor de logística.
2. Conhecerá questões importantes que devem ser consideradas ao localizar as instalações de uma fábrica ou depósito.
3. Poderá usar o método de "transporte" da programação linear para analisar problemas de localização.
4. Aprenderá a usar o sistema de classificação de fatores para filtrar os possíveis pontos de localização.
5. Conhecerá o método "centróide" para localizar entidades, como torres de comunicação para telefonia celular.

215 FedEx: Uma empresa global líder em logística

216 Logística
- *Definição de logística*
- *Definição de logística internacional*
- *Definição de empresas de logística terceirizadas*

216 Decisões relacionadas à logística
- *Definição de Cross-docking*
- *Definição de sistemas Hub-and-spoke*

218 Considerações sobre a localização das instalações
- *Definição de zona de livre comércio*
- *Definição de blocos comerciais*

221 Métodos para a localização de fábricas
- Sistemas de classificação de fatores — *Definição de sistemas de classificação de fatores*
- Método do transporte da programação linear — *Definição de método do transporte*
- Método centróide — *Definição de método centróide*

227 Localização de instalações e serviços

229 Resumo

233 Caso: Applichem – o problema do transporte

FedEx: UMA EMPRESA GLOBAL LÍDER EM LOGÍSTICA

A FedEx fornece diversas soluções de logística para seus clientes. Esses serviços são segmentados de acordo com os tipos de necessidades dos clientes, variando desde centros de distribuição globais até serviços de logística completos que incorporam a pronta-entrega. A seguir, alguns dos principais serviços oferecidos ao cliente empresarial:

Serviço

Cadeia de suprimentos

Centros de distribuição da FedEx: esses centros oferecem às empresas todos os serviços de depósito, por meio de uma rede de depósitos localizada nos Estados Unidos e no exterior. Esse serviço é destinado principalmente às empresas de remessas urgentes. As mercadorias armazenadas nesses centros estão sempre disponíveis para entregas 24 horas por dia.

Administração de devoluções da FedEx: as soluções para devoluções da FedEx são projetadas para dinamizar a área de devolução da cadeia de suprimentos de uma empresa. Essas ferramentas de processos inteligentes propiciam aos clientes serviços de coleta, entrega e rastreamento *online* do *status* de itens que devem ser devolvidos.

Outros serviços de valor agregado: a FedEx oferece vários outros serviços de valor agregado a seus clientes. Um exemplo é o serviço de montagem em trânsito, oferecido a vários clientes que precisam de entrega rápida. Por exemplo, no programa de montagem em trânsito,* para um expedidor de computador, a FedEx pode armazenar periféricos, como monitores e impressoras, em seu terminal aéreo de carga, em Memphis, e conjugar esses produtos com o computador sendo enviado para um cliente.

---

* N. de R. T.: Do inglês, *merge-in-transit*.

LOGÍSTICA

Cadeia de suprimentos

Uma questão importante ao elaborar uma cadeia de suprimentos eficiente para produtos manufaturados é determinar o modo como esses itens serão deslocados da fábrica até o cliente. Para os produtos do consumidor, em geral isso envolve o deslocamento do produto da fábrica até um depósito, e depois até uma loja do varejo. Provavelmente, você não pensa nisso a toda hora, mas leva em consideração todos aqueles itens com a inscrição "Made in China" no rótulo. É bem provável que aquele casaco de *jogging* viajou mais do que você imagina. Se você mora em Chicago, nos Estados Unidos, e o casaco é fabricado na região de Fujian, na China, ele viajou mais de 6.600 milhas ou 10.600 km, quase metade do mundo, para chegar à loja em que você o comprou. Para manter o preço do casaco acessível, essa viagem deve ter transcorrido do modo mais eficiente possível. Ninguém conta a história da viagem desse casaco. Ele deve ter sido lançado em um avião ou deve ter viajado em diversos veículos, possivelmente de caminhão, em parte do trajeto, e de navio ou avião, no restante do percurso. A logística tem a ver com essa movimentação de mercadorias através da cadeia de suprimentos.

Logística

A *Association for Operations Management* (Associação para o Gerenciamento de Operações) define logística como "a arte e ciência de obter, produzir e distribuir materiais e produtos no lugar certo e nas quantidades corretas". Essa é uma definição muito abrangente e este capítulo se dedicará à análise da localização dos depósitos e fábricas, e à avaliação da movimentação de materiais para e desses locais. A expressão logística internacional se refere ao gerenciamento dessas funções quando o movimento ocorre em escala global. Evidentemente, se o casaco fabricado na China for vendido nos Estados Unidos ou na Europa, isso abrangerá a logística internacional.

Logística Internacional

Existem empresas especializadas em logística, como a United Parcel Service (UPS), Federal Express (FedEx) e DHL. Essas empresas globais estão no ramo de transporte de tudo, desde flores até equipamentos industriais. Atualmente, uma empresa de manufatura costuma contratar uma dessas empresas para executar várias funções de logística. Nesse caso, essas empresas de transporte são freqüentemente chamadas de empresas de logística terceirizadas. A função mais básica seria apenas transportar mercadorias de um lugar para outro. A empresa de logística também pode fornecer outros serviços, como administração de depósitos, controle de estoque e outras funções de atendimento ao cliente.

Empresas de logística terceirizadas

Logística é um grande negócio, responsável por 8 a 9% do produto interno bruto dos Estados Unidos, e ainda se expandindo. Os centros modernos e eficientes de armazenagem e distribuição são a base da logística. Esses centros são cuidadosamente gerenciados e operados de modo eficiente, para garantir a armazenagem segura e o fluxo rápido de produtos, serviços e informações relacionadas do ponto de origem até o local de consumo.

DECISÕES RELACIONADAS À LOGÍSTICA

Decidir a melhor maneira de transportar produtos das fábricas até os clientes é um problema complexo, que afeta o custo do produto. Estão envolvidos *trade-offs* importantes, relacionados ao custo de transportar o produto, à velocidade da entrega e à flexibilidade para reagir às mudanças. Os sistemas de informações desempenham uma função relevante na coordenação das atividades, como alocação de recursos, administração dos níveis de estoque, programação e rastreamento de pedidos. Uma discussão completa desses sistemas está além do escopo deste livro, mas examinaremos o controle básico do estoque e a programação, em capítulos posteriores.

Uma decisão-chave é determinar como o material será transportado. Há cinco modais de transporte consagrados: rodoviário (caminhões), aquaviário (navios), aéreo (aeronaves), ferroviário (trens) e dutoviário (dutos). Cada modal é adequado de modo único para lidar com determinados tipos de produtos, como descrito a seguir:

Rodoviário (caminhões) – Na realidade, poucos produtos são deslocados sem usar algum tipo de transporte rodoviário. A rodovia propicia grande flexibilidade para transportar produtos para praticamente todo lugar não separado por água. Tamanho do produto, peso, se é líquido ou a granel, tudo isso pode ser acomodado nesse meio.

Aquaviário (navios) – Capacidade muito alta e custo muito baixo, mas os tempos em trânsito são demorados, e grandes áreas do mundo não têm acesso direto às transportadoras aquaviárias. Esse meio de transporte é conveniente principalmente para itens volumosos, como óleo, carvão e produtos químicos.

Aéreo – Rápido mas dispendioso. Os itens pequenos, leves e caros são os mais adequados para esse meio de transporte.

Ferroviário (trens) – Esta é uma alternativa muito econômica, mas os tempos em trânsito podem ser longos e sujeitos à variabilidade. A adequabilidade do transporte ferroviário pode variar em função da infra-estrutura ferroviária existente em determinada região do mundo. A infra-estrutura européia é altamente desenvolvida, o que torna essa alternativa atraente em relação aos caminhões. Nos Estados Unidos, a infra-estrutura ferroviária degradou muito nos últimos 50 anos, tornando essa opção menos conveniente.

Dutoviário – Alternativa altamente especializada e limitada para líquidos, gases e sólidos em forma fluida. Não há necessidade de qualquer embalagem, e os custos por milha são baixos. O custo inicial para construir uma dutovia é muito alto.

Poucas empresas utilizam um único modal de transporte. Em geral, existem soluções de vários modais, e é complicado descobrir as estratégias corretas de utilização de diversos modais de transporte. O problema da coordenação e programação das transportadoras exige sistemas de informação abrangentes, com capacidade para rastrear os produtos no sistema inteiro. Em geral, são utilizados contenedores padronizados para que um produto seja transferido, de modo eficiente, de um caminhão para um avião ou navio.

Cross-docking

Cross-docking Armazéns (depósitos) de consolidação especiais são utilizados quando remessas de várias procedências se encontram e são combinadas em remessas menores com um destino comum. Isso aumenta a eficiência do sistema inteiro. Cross-docking é um método utilizado nesses depósitos de consolidação, onde em vez de fazer remessas maiores, as grandes são divididas em pequenas remessas para entrega local em uma área. Isso geralmente pode ser feito de modo coordenado, para que os produtos nunca fiquem em estoque.

Os varejistas recebem as remessas dos diversos fornecedores em seus depósitos regionais e as classificam imediatamente para entrega nas lojas individuais, usando sistemas de *cross-docking* coordenados por sistemas de controle computadorizados. Com isso, uma quantidade mínima de estoque é transportada nos depósitos.

Sistemas
Hub-and-spoke

Os sistemas *hub-and-spoke* combinam a idéia da consolidação e *cross-docking*. Nesse caso, o depósito é chamado de "hub", e seu único propósito é classificar os produtos. As mercadorias recebidas são classificadas imediatamente nas áreas de consolidação, onde cada área é designada para remessa para um local específico. Os *hubs* estão localizados em pontos estratégicos, perto do centro geográfico da região que deverão atender, para minimizar a distância que um produto deverá percorrer.

A elaboração desses sistemas é uma tarefa complexa e interessante. A seção a seguir abordará o problema da localização das fábricas e dos depósitos como um tipo de decisão de logística que deve ser tomada. A logística é um tema abrangente e seus elementos evoluem à medida que os serviços de valor agregado oferecidos pelos grandes fornecedores de logística se expandem. Ter um projeto de rede de distribuição adequado é fundamental para alcançar a eficiência no setor.

CONSIDERAÇÕES SOBRE A LOCALIZAÇÃO DAS INSTALAÇÕES

Global

O problema da localização das instalações é enfrentado por empresas novas e estabelecidas, e sua solução é crítica para o eventual sucesso da empresa. Um aspecto importante na elaboração da cadeia de suprimentos de uma empresa é a localização de suas instalações. Por exemplo, a 3M mudou boa parte de sua atividade corporativa, inclusive P&D, para o clima mais temperado de Austin, Texas. A Toys "R" Us abriu uma instalação no Japão como parte de sua estratégia global. A Disney escolheu a cidade de Paris, na França, para seu parque temático europeu, e a BMW faz a montagem do carro esporte Z3 na Carolina do Sul. As decisões sobre a localização de empresas de manufatura e serviços são orientadas por diversos critérios definidos pelos ditames competitivos. Os critérios que influenciam o planejamento da localização de fábricas e depósitos serão discutidos a seguir.

Proximidade com os clientes – Por exemplo, a NTN Drive Shafts do Japão construiu uma grande fábrica em Columbus, Indiana, para ficar mais próxima dos mais importantes fabricantes de automóveis nos Estados Unidos – cujos compradores querem seus produtos entregues na data de ontem. Essa proximidade também ajuda a garantir que as necessidades dos clientes sejam incorporadas aos produtos em desenvolvimento e em construção.

Clima de negócios – Um clima de negócios favorável pode incluir a presença de empresas de mesmo porte, de empresas do mesmo setor e, no caso de localizações internacionais, a presença de outras empresas estrangeiras. Legislação governamental favorável para os negócios e intervenção do governo local para facilitar a alocação das empresas em uma área através de subsídios, abatimento de impostos e outros apoios também são fatores a serem considerados.

Custos totais – O objetivo é escolher um local com o mais baixo custo total. Isso inclui custos regionais, custos de distribuição interna e custos de distribuição externa. Os custos do terreno, construção, mão-de-obra, impostos e energia formam os custos regionais. Além disso, há custos ocultos, de difícil medição, como: (1) deslocamento excessivo dos materiais de pré-construção entre as localizações, antes da entrega final aos clientes e (2) a perda da reação do cliente que surge por estar distante da principal base de clientes.

Infra-estrutura – O transporte adequado (rodoviário, ferroviário, aéreo e aquaviário) é vital. As necessidades de energia e telecomunicações também devem ser atendidas. Além disso, a predisposição do governo local de investir na melhoria da infra-estrutura para os níveis exigidos pode ser um incentivo para a escolha de uma localização específica.

Qualidade da mão-de-obra – Os níveis de ensino e qualificação da mão-de-obra devem corresponder às necessidades da empresa. A disposição e a possibilidade de aprender são ainda mais importantes.

Fornecedores – Uma base de fornecedores competitivos e de alta qualidade torna determinada localização adequada. A proximidade às fábricas de fornecedores importantes também apóia os métodos da produção enxuta.

A fábrica da Alcoa, em Victoria, Austrália, é uma das mais de 20 fundições que produzem alumínio primário para a Alcoa. A criação de parques em torno da fábrica ganhou o título de "Smelter in the Park" (fundição no parque) e a única certificação como um *habitat* viável concedida fora dos Estados Unidos pelo *Wildlife Habitat Enhancement Council* (conselho para melhoria do ambiente de vida selvagem).

Idéias Inovadoras

A conveniência orienta a decisão da Honda

A Honda anunciou a construção de sua sexta fábrica de montagens em Greensburg, Indiana. Segundo o *Chicago Tribune*, a decisão se baseou em "localização, localização, localização. Indiana tinha tudo isso. Illinois e Ohio não". A Honda investirá 550 milhões de dólares para construir a operação que empregará 2.000 trabalhadores, quando começar a produzir 200.000 veículos anualmente, em 2008. Não foram anunciados os veículos ou modelos específicos que serão montados em Greensburg, mas será uma "fábrica flexível", capaz de produzir vários modelos.

Embora as autoridades de Indiana tenham confirmado a promessa de $141,4 milhões de incentivos para a Honda, Larry Jutte, um executivo da empresa, rejeitou a idéia de que as doações eram um fator importante. "Não foi uma questão de incentivos oferecidos; isso nunca foi considerado. Foi uma questão de logística, fator humano, infra-estrutura e localização". Ele disse que a decisão se baseou na proximidade com os fornecedores de peças, principalmente o fornecimento de motores de quatro cilindros da fábrica da Honda, em Anna, Ohio. A área de 1.700 acres em Greensburg fica perto da I-74 e cerca de 50 milhas ao sul de Indianápolis, e será construída com possibilidade de expansão. Ao todo, a Honda investiu até agora 9 bilhões de dólares em localização de instalações na América do Norte.

Um aspecto interessante é que essa fábrica estará perto do Indy 500. "Por mais de 50 anos, a corrida é parte importante da cultura da Honda, e utilizamos essa corrida para ajudar a treinar nossos engenheiros" – disse Koichi Kondo, Presidente e CEO da Honda americana. "No mês passado, o carro vencedor na Indy 500 era acionado por um motor Honda. Na realidade, os 33 carros da corrida eram acionados por motores Honda". É interessante observar que, na corrida de 2006, pela primeira vez, não ocorreram falhas nos motores durante a Indy 500. Kondo afirmou que a Honda e Indiana estão começando um longo percurso juntas.

Fontes: Convenience Drivers Indiana to Victory", *Chicago Tribune – Business*, 29 de junho de 2006; http://blogs.edmunds.com/; http://corporate.honda.com/press.

Outras Instalações – A localização de outras fábricas ou centros de distribuição da mesma empresa pode influenciar a localização de uma nova instalação na rede. As questões do *mix* de produtos e da capacidade estão fortemente interligadas à decisão sobre a localização nesse contexto.

Zona de livre comércio

Global

Zonas de Livre Comércio – Em geral, uma zona de comércio estrangeiro ou uma zona de livre comércio é uma instalação fechada (sob a supervisão do departamento aduaneiro) para a qual bens estrangeiros podem ser trazidos sem estarem sujeitos aos requisitos aduaneiros normais. Hoje, existem cerca de 250 zonas de livre comércio nos Estados Unidos. Essas localizações especializadas também existem em outros países. Os fabricantes das zonas de livre comércio podem usar componentes importados no seu produto acabado e atrasar o pagamento das tarifas alfandegárias até o produto ser despachado para dentro do país hóspede.

Risco Político – Os cenários geopolíticos em transformação acelerada em muitos países apresentam oportunidades interessantes e desafiadoras. Mas a fase prolongada de transformação pela qual muitos países estão passando dificulta a tomada de decisão quanto à localização em áreas extremamente difíceis. Os riscos políticos tanto no país de localização quanto no país hóspede influenciam as decisões sobre localização.

Barreiras Governamentais – Hoje, as barreiras de entrada e localização estão sendo removidas em muitos países. Porém, muitas barreiras culturais e não-legislativas devem ser consideradas no planejamento da localização.

Blocos Comerciais – O Acordo de Livre Comércio da América Central (CAFTA) é um dos novos blocos comerciais no hemisfério norte. Esses acordos influenciam as decisões sobre a localização, tanto dentro quanto fora dos países do bloco comercial. Geralmente as empresas se localizam, ou se relocalizam, dentro de um bloco para tirar proveito de novas oportunidades de mercado ou custos totais mais baixos sendo oferecidos pelo acordo comercial. Outras empresas (aquelas que estão fora dos países do bloco comercial) decidem sobre localizações dentro do bloco para não serem desqualificadas da concorrência no mercado novo. Entre os exemplos estão os vários fabricantes japoneses de automóveis na Europa antes de 1992, assim como as recentes investidas de muitas empresas de serviços nas áreas de comunicações e serviços financeiros para o México, em um ambiente pós-NAFTA.

Regulamentos Ambientais – Os regulamentos ambientais que têm impacto em alguma indústria em um determinado local devem ser incluídos na decisão sobre localização. Além de implicações mensuráveis nos custos, esses regulamentos influenciam o relacionamento com a comunidade local.

Comunidade Hospedeira – O interesse da comunidade hospedeira em ter a fábrica em seu meio é uma parte necessária do processo de avaliação. As instalações locais de ensino e a questão mais ampla de qualidade de vida também são importantes.

Vantagem Competitiva – Uma decisão importante para as empresas multinacionais é o país no qual se deve localizar a base central para cada negócio diferente. Porter sugere que uma empresa pode ter bases centrais diferentes para negócios ou segmentos diferentes. A vantagem competitiva é criada em uma base central na qual a estratégia é estabelecida, o produto central e a tecnologia do processo são criados e uma massa crítica da produção é realizada. Portanto, a empresa deve mudar sua base central para um país (região) que estimule a inovação e proporcione o melhor ambiente para a competitividade global.[1] Esse conceito também pode ser aplicado às empresas nacionais que buscam ganhar uma vantagem competitiva sustentável. Isso explica, em parte, a recente emergência dos estados do sudeste como o destino corporativo preferido nos Estados Unidos (ou seja, o ambiente comercial fomenta a inovação e a produção com custos baixos).

MÉTODOS PARA A LOCALIZAÇÃO DE FÁBRICAS

Como veremos, há várias técnicas para identificar os possíveis locais para fábricas ou outros tipos de instalação. O processo necessário para restringir a decisão a uma área específica pode variar muito, dependendo do ramo de negócio em questão e das pressões competitivas a serem consideradas. Como já discutimos, há vários critérios que devem ser ponderados ao escolher a partir de um grupo de locais viáveis.

Nesta seção, exemplificamos três tipos de técnicas comprovadamente úteis para diversas empresas. A primeira é o *sistema de classificação de fatores* que permite analisar alguns critérios por meio de escalas simples de classificação por pontos. Em seguida, examinaremos o *método do transporte* da programação linear, uma técnica eficaz para prever o custo de utilização de uma rede de fábricas e depósitos. Logo depois, discutiremos sobre o *método centróide,* uma técnica muito utilizada pelas empresas de comunicação (provedores de telefonia celular) para localizar suas torres de transmissão. Por último, mais adiante neste capítulo, analisaremos como as empresas de serviços, como McDonald's e State Farm Insurance, usam técnicas estatísticas para encontrar os locais convenientes para suas instalações.

Sistemas de classificação de fatores

Os sistemas de classificação de fatores talvez sejam as técnicas gerais de localização mais amplamente utilizadas porque fornecem um mecanismo para combinar diversos fatores em um formato de fácil compreensão.

Como exemplo, uma refinaria atribuiu o seguinte intervalo de valores pontuais aos principais fatores que afetam um conjunto de possíveis locais:

	INTERVALO
Combustíveis na região	0 a 330
Disponibilidade e confiabilidade de energia	0 a 200
Clima trabalhista	0 a 100
Condições de vida	0 a 100
Transporte	0 a 50
Abastecimento de água	0 a 10
Clima	0 a 50
Suprimentos	0 a 60
Políticas e leis fiscais	0 a 20

Cada local foi classificado em relação a cada fator, e um valor em pontos foi escolhido no intervalo atribuído. As somas dos pontos atribuídos a cada local foram comparadas. O local escolhido foi aquele com maior número de pontos.

Um dos principais problemas dos planos simples de classificação por pontos é o fato de não levarem em consideração diversos custos que podem incidir dentro de cada fator. Por exemplo, é possível haver uma diferença de apenas poucas centenas de dólares entre o melhor e o pior locais quanto a um fator, e uma diferença de vários milhares de dólares entre o melhor e o pior em relação a outro fator. O primeiro fator pode ter mais pontos alocados, mas contribuir pouco para a tomada de decisão; o segundo pode ter menos pontos alocados, mas potencialmente mostrar uma diferença real no valor dos locais. Para lidar com esse problema, já foi sugerida a criação de pontos possíveis para cada fator usando uma escala de ponderação com base no desvio-padrão dos custos, em vez de simplesmente nos custos totais. Assim, é possível considerar os custos relativos.

Método do transporte de programação linear

O **método do transporte** é um método especial de programação linear. (Observe que a programação linear é elucidada em detalhes no Apêndice F.) Seu nome é oriundo de sua aplicação aos problemas relacionados ao transporte de produtos de várias fontes para vários destinos. Os dois objetivos comuns desses problemas são: (1) a minimização do custo para transportar n unidades para m destinos ou (2) a maximização do lucro para transportar n unidades para m destinos.

Exemplo 8.1: Empresa de produtos farmacêuticos americana

Suponha que uma Empresa de Produtos Farmacêuticos Americana tenha quatro fábricas abastecendo os armazéns de quatro clientes principais e que sua diretoria queira determinar a programação de custo mínimo para o transporte de sua produção mensal para esses clientes. A oferta da fábrica, as demandas dos armazéns e os custos de transporte por caixa para esses medicamentos são apresentados no Quadro 8.1.

Quadro 8.1 Dados para o problema de transporte da empresa de produtos farmacêuticos

					CUSTOS DE TRANSPORTE POR CAIXA (EM DÓLARES)			
FÁBRICA	OFERTA	ARMAZÉM	DEMANDA	DE	PARA COLUMBUS	PARA ST. LOUIS	PARA DENVER	PARA LOS ANGELES
Indianápolis	15	Columbus	10	Indianápolis	$25	$35	$36	$60
Phoenix	6	St. Louis	12	Phoenix	55	30	25	25
Nova York	14	Denver	15	Nova York	40	50	80	90
Atlanta	11	Los Angeles	9	Atlanta	30	40	66	75

Matriz de transporte para o problema da empresa de produtos farmacêuticos americana

Quadro 8.2

De \ Para	Columbus	St. Louis	Denver	Los Angeles	Oferta da fábrica
Indianápolis	25	35	36	60	15
Phoenix	55	30	25	25	6
Nova York	40	50	80	90	14
Atlanta	30	40	66	75	11
Necessidades de destino	10	12	15	9	46 / 46

Tela do Excel mostrando o problema da empresa de produtos farmacêuticos americana

Quadro 8.3

F20 = =SUM(B16:E19)

	A	B	C	D	E	F
1	From/To	Columbus	St. Louis	Denver	Los Angeles	Factory Supply
2	Indianapolis	25	35	36	60	15
3	Phoenix	55	30	25	25	6
4	New York	40	50	80	90	14
5	Atlanta	30	40	66	75	11
6	Requirements	10	12	15	9	
7						
8	Candidate Solution					Total Shipped
9	Indianapolis	0	0	15	0	15
10	Phoenix	0	0	0	6	6
11	New York	10	4	0	0	14
12	Atlanta	0	8	0	3	11
13	Total Supplied	10	12	15	9	
14						
15	Cost Calculations					
16	Indianapolis	0	0	540	0	
17	Phoenix	0	0	0	150	
18	New York	400	200	0	0	
19	Atlanta	0	320	0	225	
20				Total Cost		$1,835

Excel: US Pharmaceutical.xls

A matriz de transporte para esse exemplo aparece no Quadro 8.2, onde a disponibilidade da oferta é mostrada na coluna da extrema direita e as demandas dos armazéns, na última linha. Os custos de transporte constam nas pequenas caixas dentro das células. Por exemplo, o custo para transportar uma unidade da fábrica de Indianápolis até o armazém do cliente em Columbus é de $25.

Tutorial: Método de transporte do Solver

SOLUÇÃO

Esse problema pode ser resolvido com a função Solver do Microsoft® Excel®. O Quadro 8.3 mostra como o problema pode ser disposto na planilha. As células B6 a E6 contêm as necessidades para o armazém de cada cliente. As células F2 a F5 contêm a quantidade que pode ser fornecida de cada fábrica. As células B2 a E5 representam o custo de transportar uma unidade para cada combinação possível de fábrica e armazém.

As células para a solução do problema são de B9 a E12. Inicialmente, essas células podem ficar em branco quando se constrói a planilha. As células das colunas F9 a F12 são a soma de cada linha, indicando quanto está realmente sendo transportado de cada fábrica na solução candidata. De modo semelhante, as células das linhas B13 a E13 são as somas da quantidade sendo transportada para cada cliente na solução candidata. A função Soma do Excel® pode ser usada para calcular esses valores.

O custo da solução candidata é calculado nas células B16 a E19. Esse cálculo é realizado ao se multiplicar a quantidade transportada na solução candidata pelo custo por unidade do transporte naquela rota específica. Por exemplo, ao multiplicar B2 por B9 na célula B16 surge o custo do transporte entre Indianápolis e Columbus para a solução candidata. O custo total mostrado na célula F20 é a soma de todos esses custos individuais.

Para solucionar o problema, é preciso acessar o aplicativo Solver do Excel®. Para isso, basta selecionar Ferramentas e depois Solver no menu do Excel®. Deve aparecer uma tela parecida com a mostrada abaixo. Se você não encontrar o Solver usando esse caminho, é possível que, quando o Excel® foi originalmente instalado no seu computador, a opção Solver não tenha sido adicionada. O Solver pode ser facilmente instalado a partir do CD original de instalação do Excel®.

Agora é necessário ajustar os parâmetros do Solver. Primeiro, defina a célula-alvo. Essa é a célula onde se calcula o custo total associado à solução. Neste exemplo de problema, é a célula F20. Depois, é necessário indicar que estamos minimizando essa célula. Para isso, pressione o botão "Min". A localização da nossa solução é indicada em "Mudando Células". São as células B9 a E12 em nosso exemplo.

Depois, é necessário indicar as restrições para o problema. Para o problema de transporte, precisa-se assegurar que a demanda do cliente seja atendida e que não se exceda a capacidade das fábricas de manufatura. Para garantir que a demanda seja atendida, clique em "Adicionar" e selecione o intervalo de células nas quais se calcula a quantidade total sendo transportada para cada cliente. Esse intervalo é de B13 a E13 no exemplo em questão. A seguir selecione "=" indicando que se quer que a quantidade transportada seja igual à demanda. Finalmente, indique o intervalo de células no lado direito onde a demanda real do cliente é declarada na planilha. Esse intervalo é de B6 a E6 no exemplo.

O segundo conjunto de restrições que garante que a capacidade das fábricas de manufatura não é excedida é inserida da mesma forma. F9 a F12 é o intervalo de células que indicou a quantia sendo transportada de cada fábrica. Esses valores precisam ser menores que ou iguais a (<=) capacidade de cada fábrica, a qual é mostrada nas células F2 a F5. Para preparar o Solver, também é preciso definir algumas opções. Clique no botão "Opções" e a seguinte tela será exibida:

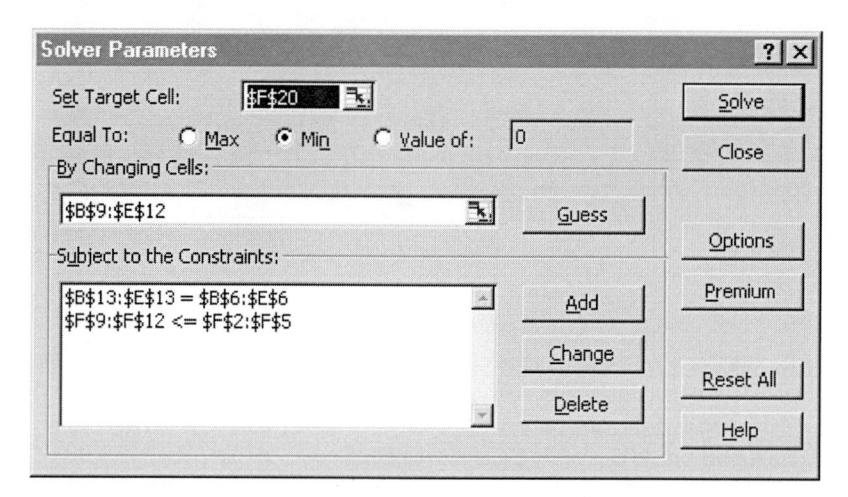

Tela do Excel® mostrando o problema da empresa de produtos farmacêuticos

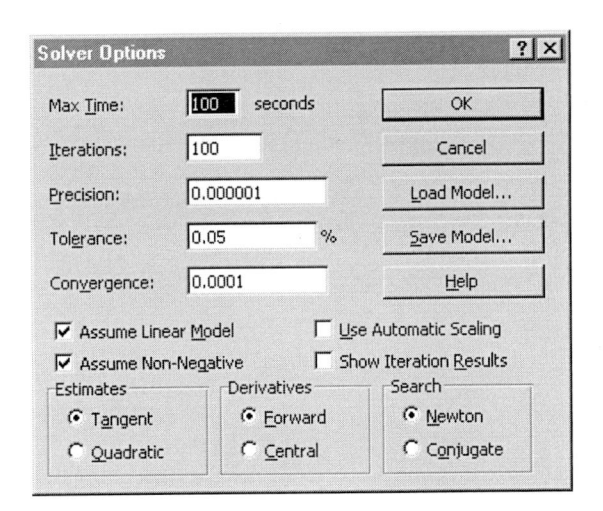

É necessário definir duas opções para resolver problemas de transporte. Primeiro, é preciso selecionar a opção "Assume Linear Model" (Assumir Modelo Linear). Esta opção indica ao Solver que não há cálculos não-lineares na planilha. Isso é importante porque o Solver pode usar um algoritmo muito eficiente para calcular a solução ótima para esse problema se essa condição existir. A seguir é preciso marcar a caixa "Assume Non-Negative" (Assumir Não Negativo). Isso informa ao Solver que os valores na solução precisam ser maiores que ou iguais a zero. Despachar quantidades negativas não faz sentido em problemas de transporte. Clique em "OK" para retornar à caixa principal do Solver e depois clique em "Solve" (Resolver) para realmente solucionar o problema. O Solver o avisará que encontrou uma solução. Indique que deseja salvar essa solução. Finalmente, clique em OK para voltar à planilha principal. A solução deve estar nas células B9 a E12.

O método do transporte pode ser usado para resolver vários tipos de problemas se for aplicado de forma inovadora. Por exemplo, para testar o impacto de custos de diferentes locais candidatos em toda a rede de produção – distribuição. Para isso, poderíamos adicionar outra linha contendo o custo de remessa por unidade de uma fábrica em um local novo, como Dallas, para o conjunto existente de armazéns de clientes, juntamente com a quantidade total que poderia ser abastecida. Depois, poderíamos resolver essa matriz específica para o custo total mínimo. A seguir, substituiríamos a fábrica localizada em Dallas na mesma linha da matriz com uma fábrica em um local diferente, Houston, e novamente seria solucionado para o custo total mínimo. Supondo-se que as fábricas em Dallas e Houston fossem idênticas em outros aspectos importantes, a localização que resultar no custo total mais baixo para a rede seria a escolhida.

Para obter informações adicionais sobre o uso do Solver, consulte o Apêndice F, "Programação Linear com o Excel Solver". ●

Método centróide

O método centróide é uma técnica para instalações únicas que considera as instalações existentes, as distâncias entre elas e os volumes de mercadorias sendo despachadas. Muitas vezes, a técnica é usada para localizar armazéns intermediários ou de distribuição. Em sua forma mais simples, esse método supõe que os custos de transporte de entrada e saída sejam iguais, e não inclui os custos de envios especiais com carga incompleta.

Outra aplicação do método centróide, atualmente, é localizar torres de comunicação nas áreas urbanas. Entre os exemplos estão as torres de rádio, TV e telefonia celular. Nessa aplicação, a meta consiste em encontrar os locais próximos a grupos de clientes, garantindo sinais nítidos de rádio.

O método centróide começa colocando os locais existentes em um sistema de coordenadas de grade. As coordenadas são freqüentemente baseadas em longitudes e latitudes, devido à rápida adoção dos sistemas GPS para mapear locais. Para simplificar tudo isso em nossos exemplos, usaremos as coordenadas arbitrárias X, Y. O Quadro 8.4 traz um exemplo de *layout* de grade.

Quadro 8.4 — Mapa de grade para o exemplo Centróide

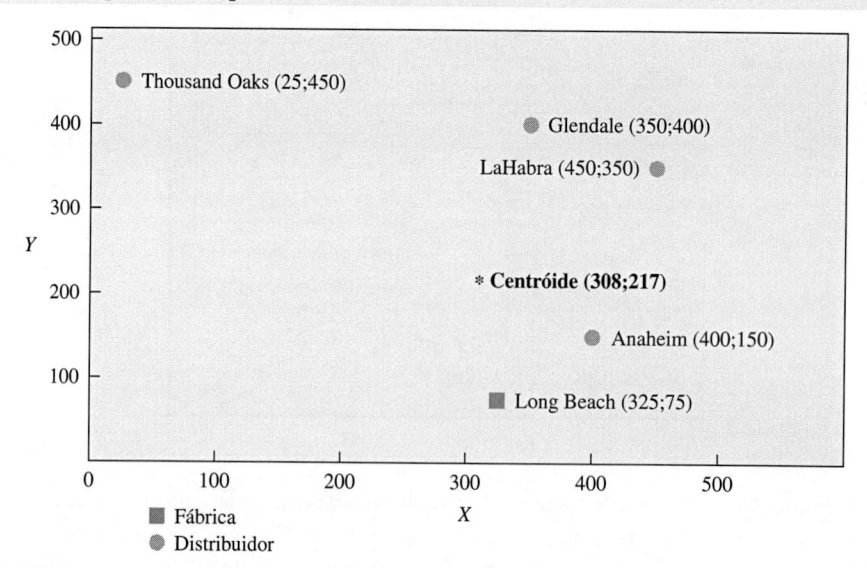

Excel: Centroid_method.xls

Pontos do gráfico:
- Thousand Oaks (25;450)
- Glendale (350;400)
- LaHabra (450;350)
- Centróide (308;217)
- Anaheim (400;150)
- Long Beach (325;75)

Legenda: ■ Fábrica ● Distribuidor

Quadro 8.5 — Volumes despachados, exemplo Centróide

Excel: Centroid_method.xls

Locais	Galões de gasolina por mês (000.000)
Long Beach	1.500
Anaheim	250
LaHabra	450
Glendale	350
Thousand Oaks	450

O centróide é encontrado, calculando-se as coordenadas X e Y, que resultam no custo mínimo do transporte. Usamos as fórmulas

$$C_x = \frac{\sum d_{ix} V_i}{\sum V_i} \qquad C_y = \frac{\sum d_{iy} V_i}{\sum V_i}$$

onde

C_x = coordenada X do centróide
C_y = coordenada Y do centróide
d_{ix} = coordenada X do i-ésimo local
d_{iy} = coordenada Y do i-ésimo local
V_i = volume de mercadorias movidas para ou do i-ésimo local

Administração da produção interativa

Exemplo 8.2: A HiOctane Refining Company

A HiOctane Refining Company precisa localizar uma instalação de armazenamento intermediário entre a sua usina de refinamento e os principais distribuidores. O Quadro 8.4 mostra o mapa das coordenadas. A quantidade de gasolina transportada para ou da fábrica e os distribuidores consta no Quadro 8.5.

Nesse exemplo, para a localização de Long Beach (o primeiro local), $d_{1x} = 325$, $d_{1y} = 75$ e $V_1 = 1.500$.

SOLUÇÃO

Utilizando-se as informações nos Quadros 8.4 e 8.5, é possível calcular as coordenadas do centróide:

$$C_x = \frac{(325 \times 1.500) + (400 \times 250) + (450 \times 450) + (350 \times 350) + (25 \times 450)}{1.500 + 250 + 450 + 350 + 450}$$

$$= \frac{923.750}{3.000} = 307,9$$

$$C_y = \frac{(75 \times 1.500) + (150 \times 250) + (350 \times 450) + (400 \times 350) + (450 \times 450)}{1.500 + 250 + 450 + 350 + 450}$$

$$= \frac{650.000}{3.000} = 216,7$$

Isso fornece à diretoria as coordenadas de X e Y de aproximadamente 308 e 217, respectivamente, e oferece um ponto de partida inicial para procurar um novo local. Ao examinar a localização do centróide que foi calculado no mapa de grade, observa-se que pode ser mais eficiente, em termos de custos, despachar diretamente entre a usina de Long Beach e o distribuidor de Anaheim do que enviar através de um armazém perto do centróide. Antes de tomar uma decisão sobre o local, é provável que a diretoria recalcule o centróide, mudando os dados para refletir isso (ou seja, diminuir a quantidade de galões despachada de Long Beach pela quantidade exigida por Anaheim, e retirar Anaheim da fórmula). ●

LOCALIZAÇÃO DE INSTALAÇÕES DE SERVIÇO

Devido à variedade de empresas de serviços e ao custo relativamente baixo de se estabelecer uma instalação de serviços, comparado com uma instalação de produção, instalações novas para serviços são muito mais comuns do que fábricas e armazéns novos. De fato, existem poucas comunidades em que o rápido crescimento populacional não veio acompanhado de um rápido crescimento simultâneo nas lojas de varejo, nos restaurantes, nos serviços municipais e nas instalações de entretenimento.

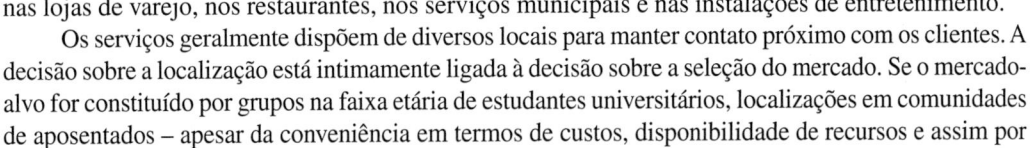

Os serviços geralmente dispõem de diversos locais para manter contato próximo com os clientes. A decisão sobre a localização está intimamente ligada à decisão sobre a seleção do mercado. Se o mercado-alvo for constituído por grupos na faixa etária de estudantes universitários, localizações em comunidades de aposentados – apesar da conveniência em termos de custos, disponibilidade de recursos e assim por

A menos de duas milhas do Aeroporto Internacional de Twin Cities, com quatro rodovias principais cruzando a propriedade de 78 acres, o Bloomington Mall of America ficou mundialmente conhecido como o maior complexo de entretenimento e varejo nos Estados Unidos. Servindo mais de 28 milhões de pessoas em um raio de um dia de viagem de carro, o *shopping* emprega mais de 12.000 pessoas e tem um tráfego total entre 35 e 42 milhões de visitas anualmente. Os visitantes gastam uma média de três horas no *shopping*, e isso é três vezes a média nacional para *shoppings*.

diante – não são alternativas viáveis. As necessidades do mercado também afetam a quantidade de locais a serem construídos, e o tamanho e as características dos locais. Embora as decisões sobre os locais de fabricação sejam muitas vezes tomadas com a minimização de custos, as técnicas para a tomada de decisões sobre localizações de serviços maximizam o lucro em potencial de vários locais. A seguir, é mostrado um modelo de regressão múltipla que pode ser utilizado para ajudar a selecionar bons locais.

Exemplo 8.3: Fazendo uma triagem de locais para hotéis

A escolha de bons locais é fundamental para o sucesso de uma cadeia de hotéis. Dentre os quatro aspectos mais importantes de marketing (preço, produto, promoção e localização), a localização e o produto têm sido os mais relevantes para as empresas com várias localizações. Conseqüentemente, os proprietários de cadeias de hotéis que conseguem escolher bons locais têm rapidamente uma nítida vantagem competitiva.

O Quadro 8.6 mostra a lista inicial de variáveis incluídas em um estudo para auxiliar uma cadeia de hotéis a fazer uma triagem das possíveis localizações para suas novas unidades. Os dados foram coletados de 57 locais existentes. A análise dos dados identificou as variáveis que se correlacionavam com o lucro das operações em dois anos. (Ver Quadro 8.7.)

Quadro 8.6 — Variáveis independentes coletadas para o estágio inicial da construção do modelo

CATEGORIA	NOME	DESCRIÇÃO
Competitividade	DIÁRIA	Preço do hotel
	PREÇO	Diária do quarto do hotel
	DIAMED	Diária média competitiva
	QUART1	Quartos de hotel em um raio de 1 milha
	QUARTTOTAL	Quartos de hotel em um raio de 3 milhas
	QUARTHOT	Quartos do hotel
Geradores de demanda	CIVIL	Pessoal civil na base
	FACULDADE	Alunos matriculados na faculdade
	HOSP1	Leitos de hospital em um raio de 1 milha
	HOSPTOTL	Leitos de hospital em um raio de 4 milhas
	INDPES	Empregos em indústria pesada
	INDLEV	Acres de indústria leve
	SHOPPINGS	Pés quadrados de shoppings
	MILBLQ	Base militar bloqueada
	MILITAR	Pessoal militar
	MILTOT	Militar + Civil
	ESCALONAMENTO	Espaço de escritório em um raio de 1 milha
	ESCTOTAL	Espaço de escritório em um raio de 4 milhas
	ESCCEN	Espaço de escritório em Distrito Central
	PASSAGEIRO	Passageiros colocados em aviões no aeroporto
	VAREJO	Classificação em escala da atividade no varejo
	TURISTAS	Turistas anuais
	TRÂNSITO	Contagem de trânsito
	VAN	Van do aeroporto
Dados demográficos	NIVEMP	Nível de desemprego
	RENDA	Renda média da família
	POPULAÇÃO	População residencial
Conscientização sobre o mercado	IDADE	Anos que o hotel está aberto
	MAIS PRÓXIMO	Distância até o próximo hotel
	ESTADUAL	População estadual por hotel
	URBANO	População urbana por hotel
Dados físicos	ACESSO	Acessibilidade
	ARTÉRIA	Artéria principal de trânsito
	DISTCEN	Distância até o centro
	SINAIS	Sinalização

Quadro 8.7
Resumo das variáveis correlacionadas com a margem de operação

Variável	Ano 1	Ano 2
ACESSO	0,20	
IDADE	0,29	0,49
FACULDADE		0,25
DISTCEN		−0,22
NIVEMP	−0,22	−0,22
RENDA		−0,23
MILTOT		0,22
MAIS PRÓXIMO	−0,51	
ESCCEN	0,30	
POPULAÇÃO	0,30	0,35
PREÇO	0,38	0,58
DIÁRIA		0,27
ESTADUAL	−0,32	−0,33
SINAIS	0,25	
TRÂNSITO	0,32	
URBANO	−0,22	−0,26

SOLUÇÃO

Foi construído um *modelo de regressão* (ver o Capítulo 10). A sua forma final foi

$$\text{Rentabilidade} = 39,05 - 5,41 \times \text{População estadual por hotel (1.000)}$$
$$+ 5,86 \times \text{Preço do hotel}$$
$$- 3,91 \times \text{Raiz quadrada da renda média da área (1.000)}$$
$$+ 1,75 \times \text{Alunos universitários em um raio de 4 milhas}$$

O modelo mostra que a rentabilidade é afetada pela penetração no mercado, afetada positivamente pelo preço, afetada negativamente por rendas mais altas (os hotéis têm mais êxito em áreas de rendas médias mais baixas) e afetada positivamente se existirem faculdades nos arredores.

A cadeia de hotéis implementou o modelo em uma planilha e costuma utilizá-la para fazer a triagem das possíveis aquisições imobiliárias. O fundador e presidente do hotel já aceitou a validade do modelo e não se sente mais obrigado a escolher os locais pessoalmente.

Esse exemplo mostra que pode ser obtido um modelo específico a partir das necessidades das organizações de serviços e usado para identificar as características mais importantes na escolha de um local. ●

RESUMO

Este capítulo discorreu sobre a localização de fábricas e centros de distribuição na cadeia de suprimentos. Certamente, o termo *logística* tem um âmbito mais abrangente e engloba não somente as questões estruturais tratadas neste capítulo, como também o problema mais genérico relacionado ao deslocamento de mercadorias na cadeia de suprimentos.

O capítulo discutiu sobre técnicas comuns para projetar a cadeia de suprimentos. A programação linear e particularmente o método do transporte são convenientes para estruturar esses problemas estruturais de logística. É possível solucionar facilmente esses problemas no Excel Solver e este capítulo ensina como fazê-lo. Mudanças drásticas no cenário empresarial global aumentam a importância da tomada de decisões relacionadas ao modo como os produtos serão fornecidos e entregues. É necessário tomar essas decisões rapidamente e baseá-las nos custos reais. Quando combinada com a otimização, a modelagem dos custos por meio de planilhas eletrônicas é uma ferramenta poderosa para analisar esses problemas.

O capítulo também examinou sucintamente a localização de instalações de serviços, como restaurantes e lojas do varejo, usando a análise de regressão. Esses problemas são desafiadores e, mais uma vez, a modelagem em planilha é uma importante ferramenta de análise.

Termos-chave

Logística (1) Em um contexto industrial, a arte e ciência de obter, produzir e distribuir materiais e produtos no local certo e nas quantidades corretas; (2) Em um contexto militar (onde seu uso é maior), seu significado também pode englobar o remanejamento de pessoal.

Logística internacional Todas as funções relacionadas ao deslocamento de materiais e produtos acabados em escala global.

Empresa de logística terceirizada Empresa que administra parte ou todas as operações de entrega de produtos de outra empresa.

Cross-docking Abordagem aplicada em depósitos de consolidação onde, em vez de fazer remessas maiores, as grandes remessas são divididas em pequenas remessas para entrega local em uma área.

Sistemas Hub-and-spoke Sistemas que combinam a idéia da consolidação e do *cross-docking*.

Zonas de livre comércio Instalação fechada (sob a supervisão de oficiais alfandegários do governo) para a qual os produtos estrangeiros podem ser trazidos sem estarem sujeitos ao pagamento das taxas normais de importação.

Bloco comercial Grupo de países que concorda com um conjunto de acordos especiais que controlam o comércio de produtos entre os países membros. As empresas podem se localizar em lugares atingidos pelo acordo para tirar proveito de novas oportunidades de mercado.

Sistema de classificação de fatores Abordagem para escolher uma localização para uma instalação mediante a combinação de um conjunto diversificado de fatores. São elaboradas pontuações para cada critério. Cada local em potencial é avaliado segundo cada critério e os pontos são somados para calcular uma classificação do local.

Método do transporte Método especial de programação linear que é útil para resolver problemas envolvendo o transporte de produtos de várias fontes para vários destinos.

Método centróide Técnica para localização de instalações que considera as instalações existentes, a distância entre elas e o volume de mercadorias a ser despachado.

Revisão de fórmulas

Centróide

$$C_x = \frac{\sum d_{ix} V_i}{\sum V_i} \qquad C_y = \frac{\sum d_{iy} V_i}{\sum V_i}$$

Problema resolvido

A Cool Air, fabricante de condicionadores de ar para automóveis, produz atualmente sua linha XB-300 em três locais: Fábrica A, Fábrica B e Fábrica C. Recentemente, a diretoria decidiu construir todos os compressores, um importante componente do produto, em uma instalação separada, a Fábrica D.

Usando o método centróide e as informações incluídas nos Quadros 8.8 e 8.9, determine a melhor localização para a Fábrica D. Suponha um relacionamento linear entre os volumes despachados e os custos de frete (nenhuma cobrança de ágio).

Solução

$d_{1x} = 150 \qquad d_{1y} = 75 \qquad V_1 = 6000$

$d_{2x} = 100 \qquad d_{2y} = 300 \qquad V_2 = 8200$

$d_{3x} = 275 \qquad d_{3y} = 380 \qquad V_3 = 7000$

Quadro 8.8

Matriz de localização de fábricas

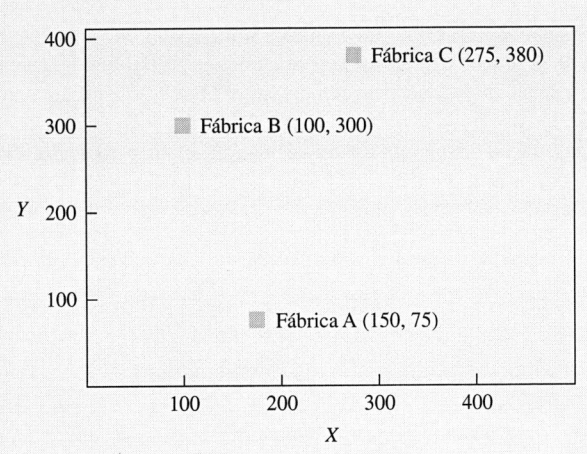

- Fábrica C (275, 380)
- Fábrica B (100, 300)
- Fábrica A (150, 75)

Excel: Centroid_method.xls

Quadro 8.9

Quantidade de compressores necessária para cada fábrica

Fábrica	Qde. compressores necessária por ano
A	6.000
B	8.200
C	7.000

$$C_x = \frac{\sum d_{ix} V_i}{\sum V_i} = \frac{(150 \times 6.000) + (100 \times 8.200) + (275 \times 7.000)}{6.000 + 8.200 + 7.000} = 172$$

$$C_y = \frac{\sum d_{iy} V_i}{\sum V_i} = \frac{(75 \times 6.000) + (300 \times 8.200) + (380 \times 7.000)}{21.200} = 262,7$$

Fábrica D[C_x, C_y] = D[172,263]

Questões para revisão e discussão

1. Quais são os motivos comuns para as empresas iniciarem um projeto de localização ou relocalização?
2. Liste cinco motivos importantes para uma nova empresa de manufatura de componentes eletrônicos mudar para a sua cidade.
3. Como as decisões sobre a localização diferem entre instalações de serviços e fábricas de manufatura?
4. Quais são os prós e contras em relação à relocalização de uma empresa pequena ou média de manufatura (que produz produtos maduros) dos Estados Unidos para o México no ambiente pós-NAFTA?
5. Se você pudesse localizar sua nova empresa de desenvolvimento de software em algum lugar do mundo, que lugar você escolheria e por quê?

Problemas

1. Consulte as informações fornecidas no problema solucionado. Suponha que a diretoria decida mudar 2000 unidades de produção da Fábrica B para a Fábrica A. Isso muda a localização proposta para a Fábrica D, a instalação de produção de compressores? Em caso afirmativo, onde a Fábrica D deveria ser localizada?

2. Uma pequena instalação de manufatura está sendo planejada para abastecer peças para três instalações de manufatura pesada. As localizações das fábricas atuais com as suas necessidades de volume de coordenadas estão na tabela a seguir:

Localização da fábrica	Coordenadas (x, y)	Volume (peças por ano)
Peoria	300, 320	4.000
Decatur	375, 470	6.000
Joliet	470, 180	3.000

Use o método centróide para determinar a melhor localização para essa nova instalação.

3. A Corporação Bindley tem um contrato de um ano para fornecer motores para todas as máquinas de lavar roupas produzidas pela Rinso Ltda. A Rinso fabrica as lavadoras em quatro locais em todo o país: Nova York, Fort Worth, San Diego e Minneapolis. Os planos são de fabricar os seguintes números de lavadoras em cada local:

Nova York	50.000
Fort Worth	70.000
San Diego	60.000
Minneapolis	80.000

A Bindley tem três fábricas que podem produzir os motores. As fábricas e as suas capacidades de produção são:

Boulder	100.000
Macon	100.000
Gary	150.000

Devido aos custos variáveis de produção e transporte, o lucro que a Bindley ganha em cada 1000 unidades depende de onde são produzidas e para onde são despachadas. A tabela a seguir fornece as estimativas do lucro por unidade em dólares ao departamento de contabilidade. (O despacho será feito em lotes de 1000.)

	Despachado para			
Produzido em	Nova York	Fort Worth	San Diego	Minneapolis
Boulder	7	11	8	13
Macon	20	17	12	10
Gary	8	18	13	16

Com a maximização do lucro como critério, a Bindley gostaria de determinar quantos motores devem ser produzidos em cada fábrica e quantos devem ser despachados de cada fábrica para cada destino.

a. Elabore uma grade de transporte para esse problema.
b. Ache a solução ótima usando o Microsoft® Excel.

4. A AluCar é uma empresa de aluguel de carros com lojas em vários locais da cidade. A empresa está experimentando uma nova política de "devolva o carro no lugar mais conveniente para você" para melhorar o atendimento ao cliente. Mas isso significa que a empresa precisa movimentar carros constantemente em toda a cidade para poder manter os níveis necessários de disponibilidade de veículos. A oferta e a demanda por carros populares e o custo total de deslocar esses veículos entre as lojas são mostrados a seguir:

De \ Para	D	E	F	G	Oferta
A	$9	$8	$6	$5	50
B	9	8	8	0	40
C	5	3	3	10	75
demanda	50	60	25	30 / 165	165

a. Encontre a solução que minimiza os custos de deslocamento usando o Microsoft® Excel.
b. O que você faria com os custos para assegurar que *A* sempre enviaria um carro para *D* como parte da solução ótima?

CASO Applichem – o problema do transporte

A diretoria da Applichem está enfrentando o difícil problema de alocar aos clientes a capacidade de produção de fábricas localizadas em todo o mundo. A diretoria reconhece há muito tempo que as fábricas diferem muito em termos de eficiência, mas não tem tido muito sucesso em melhorar as operações ineficientes. Nesse momento, a diretoria decidiu focar em como usar melhor a capacidade de suas fábricas, dadas as diferenças nos custos de produção. Eles reconhecem que esse estudo pode resultar na redução significativa da produção ou no possível fechamento de uma ou mais fábricas.

A Applichem faz um produto químico chamado Release-ease, utilizado por fabricantes de moldes plásticos. Peças plásticas são produzidas ao injetar plástico quente em um molde feito no formato da peça. Após o plástico ter resfriado suficientemente, a peça nova é removida do molde e este é, então, usado para fazer mais peças. O Release-ease é um pó seco, aplicado como parte do processo de produção, facilitando a retirada da peça do molde.

A Applichem fabrica o produto desde 1950, e a demanda tem sido consistente ao longo do tempo. Um estudo recente feito pela equipe de pesquisa de mercado da Applichem indicou que a demanda por Release-ease deve continuar constante pelos próximos cinco anos. Embora a Applichem tenha alguma concorrência, principalmente nos mercados europeus, a diretoria sente que, desde que consigam fornecer um produto de qualidade a um custo competitivo, os clientes continuarão a usar o produto da Applichem. O Release-ease é vendido a um preço médio de $1,00 por libra.

A empresa possui fábricas capazes de produzir o Release-ease nas seguintes cidades: Gary, Indiana; Windsor, Ontário, Canadá; Frankfurt, Alemanha; Cidade do México, México; Caracas, Venezuela; e Osaka, Japão. Embora as fábricas pretendam atender à demanda das regiões circunvizinhas, há considerável importação e exportação de produtos por vários motivos. A tabela a seguir contém dados sobre como a demanda foi satisfeita durante o ano passado:

PRODUTO PRODUZIDO E DESPACHADO DURANTE O ANO PASSADO (× 100.000 LIBRAS)

DE / PARA	MÉXICO	CANADÁ	VENEZUELA	EUROPA	EUA	JAPÃO
Cidade do México	3,0		6,3			7,9
Windsor, Ontário		2,6				
Caracas			4,1			
Frankfurt			5,6	20,0	12,4	
Gary					14,0	
Osaka						4,0

As diferenças nas tecnologias utilizadas nas fábricas e nos custos locais de matérias-primas e de mão-de-obra criaram diferenças significativas no custo de produzir o Relase-ease nas várias localidades. Esses custos podem mudar drasticamente devido à valorização da moeda e a mudanças nas leis trabalhistas em alguns países. Isso se verifica principalmente no México e na Venezuela. A capacidade de cada fábrica também difere em cada local, e a diretoria não tem interesse em aumentar a capacidade em alguma fábrica.

A tabela a seguir dá detalhes sobre os custos de produção e da capacidade de cada fábrica:

CUSTOS E CAPACIDADE DE PRODUÇÃO DA FÁBRICA

FÁBRICA	CUSTO DE PRODUÇÃO (POR 1.000 LIBRAS)	CAPACIDADE DA FÁBRICA (× 100.000 LIBRAS)
Cidade do México	95,01	22,0
Windsor, Ontário	97,35	3,7
Caracas	116,34	4,5
Frankfurt	76,69	47,0
Gary	102,93	18,5
Osaka	153,80	5,0

Ao considerar como utilizar melhor a capacidade de suas fábricas, a diretoria da Applichem precisa analisar o custo de despachar o produto de uma região de clientes para outra. Atualmente, a Applichem comumente despacha produtos a granel para o mundo todo, mas esta prática é cara. Os custos envolvidos não são somente os custos de transporte, mas também as taxas alfandegárias tributadas pela aduana em alguns países. No entanto, a Applichem está comprometida em satisfazer a demanda, e às vezes isso é feito, embora o lucro não seja atingido em todos os pedidos.

A tabela a seguir detalha a demanda em cada país, o custo de transportar o produto de cada fábrica para cada país e a atual taxa alfandegária imposta por cada país. (Essas porcentagens não refletem as taxas atuais.) A taxa alfandegária é calculada sobre a produção aproximada mais o custo de transporte do produto para o país. (Por exemplo, se os custos de produção e envio para 1.000 libras do Release-ease despachadas para a Venezuela fossem de $100, a taxa alfandegária seria de $100 × 0,5 = $50.)

Excel: Applichem.xls

Questões

Considerando todos esses dados, elabore uma planilha (Applichem.xls é um começo) e responda as seguintes perguntas para a diretoria:

1. Avalie o custo associado ao modo como a capacidade das fábricas da Applichem está sendo utilizada atualmente.
2. Determine a utilização ótima da capacidade das fábricas da Applichem, usando o Solver no Excel.
3. O que você recomendaria à diretoria da Applichem? Por quê?

CUSTO DE TRANSPORTE (POR 1.000 LIBRAS), TAXAS ALFANDEGÁRIAS E DEMANDA POR RELEASE-EASE

Fábrica/País	México	Canadá	Venezuela	Europa	EUA	Japão
Cidade do México	0	11,40	7,00	11,00	11,00	14,00
Windsor, Ontário	11,00	0	9,00	11,50	6,00	13,00
Caracas	7,00	10,00	0	13,00	10,40	14,30
Frankfurt	10,00	11,50	12,50	0	11,20	13,30
Gary	10,00	6,00	11,00	10,00	0	12,50
Osaka	14,00	13,00	12,50	14,20	13,00	0
Demanda total (×100.000 libras)	3,0	2,6	16,0	20,0	26,4	11,9
Taxa alfandegária	0,0%	0,0%	50,0	9,5%	4,5%	6,0%

Nota

1. M. E. Porter, "The Competitive Advantage of Nation", *Harvard Business Review,* março-abril de1990.

Bibliografia selecionada

Ballou, R. H. *Business Logistics Management.* 4ª ed. Upper Saddle River, NJ; Prentice Hall, 1998.

Drezner, Z., e H. Hamacher. *Facility Location: Applications and Theory.* Berlin: Springer Verlag, 2002.

Klamroth, K. *Single Facility Location Problems with Barriers.* Berlin: Springer- Verlag Telos, 2002.

Capítulo 9
PRODUÇÃO ENXUTA

Após ler este capítulo, você:

1. Saberá como funciona um sistema puxado de produção.
2. Entenderá os conceitos do Sistema Toyota de Produção.
3. Saberá como é possível utilizar o mapeamento de fluxo de valor para identificar o desperdício de atividades.
4. Saberá como os cartões kanban podem ser usados para controlar um sistema puxado (*pull*).
5. Aprenderá a realizar uma produção enxuta.
6. Conhecerá exemplos de conceitos *enxutos* aplicados aos sistemas de serviços.

236	Lean Seis Sigma na Solectron
237	Lógica *JIT*
	Definição de produção enxuta
238	Sistema Toyota de produção
	Eliminação das perdas
	Respeito pelas pessoas
	Definição de mapeamento da cadeia de valor
	Definição de tecnologia de grupo
	Definição de qualidade na fonte
	Definição de programação nivelada da fábrica (heijunka)
	Definição de kanban
	Definição de sistema kanban
246	Requisitos para a implementação do Lean
	Layouts e fluxos do projeto
	Aplicações enxutas para os fluxos em linha
	Aplicações enxutas para *Job Shops*
	Qualidade Seis Sigma
	Programação estável
	Trabalhando com fornecedores
	Definição de manutenção preventiva
	Definição da programação nivelada
	Definição de janela fixa
	Definição de backflush
251	Serviços enxutos
253	Resumo
255	Caso: Quality Parts Company
257	Caso: Proposta de mapeamento da cadeia de valor

LEAN SEIS SIGMA NA SOLECTRON

A Solectron é um provedor líder de manufatura eletrônica e serviços integrados da cadeia de suprimentos. Na Solectron, o *Lean Seis Sigma* se concentra na eliminação das perdas e na variabilidade na cadeia de suprimentos inteira, e determina que cada atividade da empresa agregue valor para os clientes.

O *Lean*, que é baseado no Sistema Toyota de Produção, é orientado por cinco princípios básicos na Solectron:

Valor – Conhecer o valor do trabalho executado, definindo-o como algo pelo qual os clientes querem pagar.

Cadeia de valor – Mapear as etapas do processo na cadeia de suprimentos inteira, identificando as etapas que agregam valor e esforçando-se para eliminar aquelas que geram perdas.

Puxar – Eliminar as fontes básicas de perdas – produção excessiva – produzindo apenas o que os clientes desejam, quando desejam. Isso significa iniciar a produção somente quando o cliente "puxa" (quando há demanda).

Fluxo – Remover outras fontes importantes de desperdício – estoque em excesso e em compasso de espera – garantindo que as mercadorias fluam continuamente na cadeia de suprimentos e nunca parem.

Kaizen/Melhoria contínua – Esforçar-se para extirpar as perdas através de uma sucessão de pequenos eventos orientados a ações (*kaizen*) dentro do processo de produção.

Para complementar o *Lean*, o Seis Sigma é o consagrado conjunto de padrões orientado a dados, que norteia a qualidade excepcional nas operações da Solectron. Ele exige indicadores estatísticos criteriosos para analisar a qualidade em todos os níveis da cadeia de suprimentos, eliminando os defeitos. Quando combinado com o *Lean*, o Seis Sigma facilita a identificação, agiliza a solução de questões e problemas de qualidade, e otimiza os resultados ao conscientizar as pessoas sobre novas e melhores possibilidades dentro das fábricas.

O *Lean* Seis Sigma é um diferenciador no setor de EMS (Electronics Manufacturing Services – Serviços de Manufatura de Componentes Eletrônicos) e fundamental para a estratégia global e futuro sucesso da Solectron. Ele melhora muito a qualidade da Solectron e reduz as perdas; reinventa o modo de atendimento ao cliente; capacita cada empregado para ajudar a implementar melhorias consideráveis no desempenho da empresa; otimiza as parcerias com fornecedores na cadeia de suprimentos inteira. E propicia novas perspectivas sobre o negócio.

Fonte: www.solectron.com.

O método de administração da produção mais importante dos últimos 50 anos é a produção *enxuta* ou *just-in-time* (*JIT*). No contexto das cadeias de suprimentos, a produção *enxuta* está voltada para a eliminação do máximo de perdas possível. As mudanças e etapas de processamento desnecessárias e o estoque excedente na cadeia de suprimentos são alvos de melhoria durante o processo *JIT*. Alguns consultores no setor consagraram a expressão *cadeia de valor* para destacar que cada etapa no processo da cadeia de suprimentos, que fornece produtos e serviços aos clientes, deve gerar valor. Se uma etapa não gerar valor, deverá ser removida do processo.

A expressão *produção enxuta* foi uma evolução dos conceitos da produção *JIT*, oriundos da Toyota, no Japão. O *JIT* ganhou destaque mundial nos anos 1970, mas uma parte de sua filosofia pode ser encontrada no início de 1900, nos Estados Unidos. Henry Ford usou os conceitos *JIT* ao dinamizar suas linhas de montagem móveis para fabricar automóveis. Por exemplo, para evitar perdas, ele utilizava a parte de baixo das caixas de embalagem dos assentos dos carros como o assoalho do carro. Embora os elementos de *JIT* já fossem usados pela indústria japonesa desde o início dos anos 1930, eles não estavam totalmente aprimorados até o início dos anos 1970, quando Taiichi Ohno da Toyota Motors usou o *JIT* para colocar os carros da Toyota na dianteira em termos de prazo de entrega e qualidade.

Nos anos 1990, muitas empresas adotaram o termo *enxuto (lean)* em substituição ao *JIT* para destacar a meta de eliminar sistematicamente o desperdício em suas cadeias de suprimentos. *JIT* se relaciona principalmente a aspectos da programação da produção, como sistemas puxados, que apóiam a filosofia *lean*.

Este capítulo discorre sobre a lógica da produção enxuta; sua evolução no Japão, na Toyota; sua implementação; e suas aplicações atuais em empresas de manufatura e serviços, como a Solectron, descrita na abertura deste capítulo.

LÓGICA *JIT*

A produção enxuta é um conjunto integrado de atividades projetado para obter uma produção de alto volume usando um mínimo de estoques de matérias-primas, estoques em processos e produtos acabados. As peças chegam à próxima estação de trabalho "na hora certa (*just-in-time*)", são completadas e passam rapidamente pela operação. O *just-in-time* também é baseado na lógica de que nada será produzido até que seja necessário. O Quadro 9.1 ilustra o processo. A necessidade

Quadro 9.1

Sistema puxado de produção enxuta

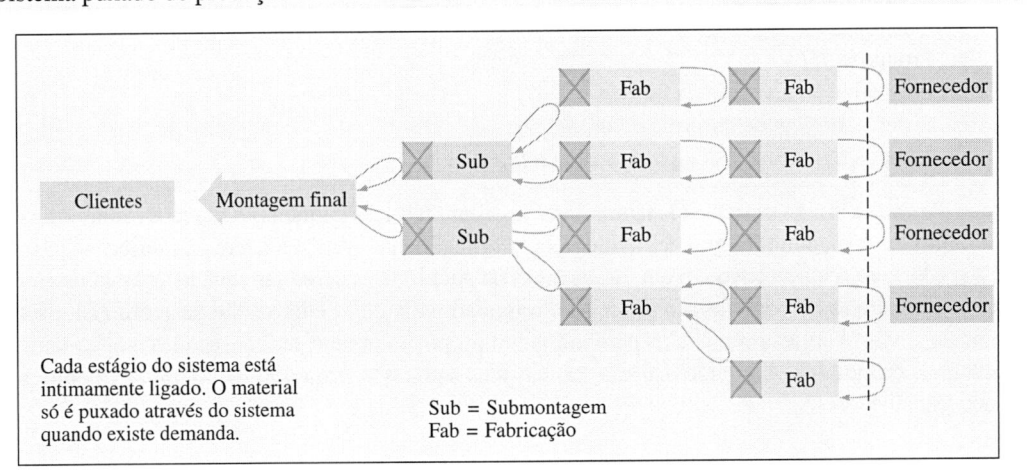

Cada estágio do sistema está intimamente ligado. O material só é puxado através do sistema quando existe demanda.

Sub = Submontagem
Fab = Fabricação

da produção é criada mediante a demanda real pelo produto. Quando um item é vendido, na teoria, o mercado puxa uma reposição da última posição no sistema – a montagem final, nesse caso. Isso dispara um pedido para a linha de produção da fábrica, na qual um trabalhador puxa outra unidade de uma estação anterior no fluxo para repor a unidade tomada. Essa estação anterior, por sua vez, puxa uma unidade da próxima estação imediatamente anterior, e assim por diante, até chegar à liberação de matéria-prima. Para que esse processo de puxar funcione corretamente, a produção enxuta exige altos níveis de qualidade em cada estágio do processo, fortes relações com os fornecedores e uma demanda relativamente previsível para o produto final.

SISTEMA TOYOTA DE PRODUÇÃO

Nesta seção, são desenvolvidos a filosofia e os elementos da produção enxuta, criados no Japão e incorporados ao Sistema Toyota de Produção – a referência para a produção enxuta. O Sistema Toyota de Produção foi desenvolvido para melhorar a qualidade e produtividade, e se baseia em duas filosofias fundamentais para a cultura japonesa: a eliminação das perdas e o respeito pelas pessoas.[2]

Eliminação das perdas

Perda, como definido pelo ex-presidente da Toyota, Fujio Cho, é "qualquer coisa que não seja a quantidade mínima de equipamentos, materiais, peças e trabalhadores (tempo de trabalho) absolutamente essenciais à produção". Uma definição expandida do *JIT* passada por Fujio Cho identifica sete tipos proeminentes de perdas que devem ser eliminados: (1) perda por superprodução, (2) perda por tempo de espera, (3) perda por transporte, (4) perda por estoque, (5) perda no processamento em si, (6) perda no movimento e (7) perda devido à fabricação de produtos defeituosos.[3]

Uma abordagem adotada para analisar um processo de identificação de etapas que podem ser aprimoradas é chamada de mapeamento da cadeia de valor. A idéia é desenvolver um diagrama detalhado de um processo que mostra claramente as atividades que agregam/não agregam valor e etapas que abrangem apenas a espera. Examine o exemplo fornecido pelo Superfactory Learning Center, no gráfico a seguir. Ao desenhar um diagrama que identifica as atividades que não agregam valor, poderemos conhecer as mudanças que surtiram o impacto máximo sobre a aprendizagem do processo.

O mapeamento da cadeia de valor é um método excelente para analisar os processos existentes. Os seguintes princípios orientam o projeto das cadeias de suprimentos enxutas:

1. Redes focadas da fábrica
2. Tecnologia de grupo
3. Qualidade na fonte
4. Produção *JIT*
5. Programação nivelada da fábrica
6. Sistema *kanban* de controle da produção
7. Tempos minimizados de preparação (*setup time*)

Redes focadas da fábrica Os japoneses constroem fábricas pequenas e especializadas em vez de instalações de manufatura grandes e integradas verticalmente. (A Toyota tem 12 fábricas localizadas ao redor e na Cidade Toyota e em outras áreas de Aichi.) Eles acreditam que as operações grandes e as respectivas burocracias são difíceis de serem administradas e não estão de acordo com seus estilos de gestão. Fábricas projetadas para um único propósito podem ser construídas e operadas de forma mais econômica. A grande maioria das fábricas japonesas, em torno de 60.000, tem entre 30 e 1000 trabalhadores.

Mapeamento da cadeia de valor

O mapeamento da cadeia de valor é muito utilizado como uma forma de evitar as perdas em um processo de cadeia de suprimentos. A cadeia de valor é uma rede de etapas do início ao fim que apresenta os resultados ao cliente. (Um exemplo da abordagem do mapeamento da cadeia de valor é apresentado no final deste capítulo.)

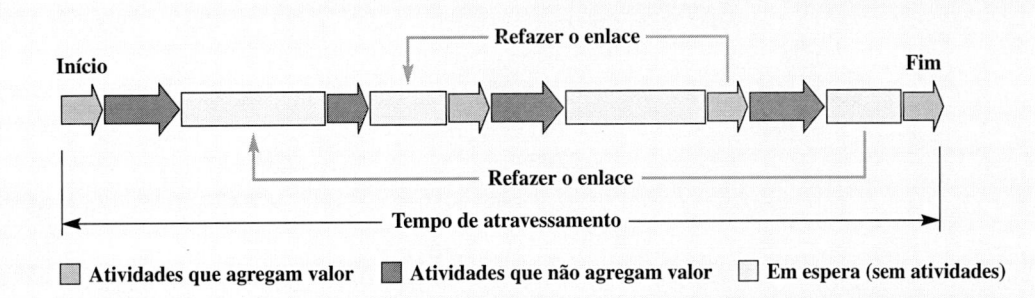

▢ Atividades que agregam valor   ▧ Atividades que não agregam valor   ☐ Em espera (sem atividades)

Algumas atividades agregam valor ao resultado, outras não, e ocasionalmente o processo pára sem qualquer atividade.

Princípios da cadeia de valor

1 Mantenha a cadeia de valor se movimentando à velocidade máxima.

2 Evite as perdas que paralisam, retardam e desviam a cadeia de valor.

3 Concentre-se em remover as perdas em vez de otimizar as operações que agregam valor.

4 Procure os focos de desperdício na fábrica, no escritório, nas operações físicas, de procedimentos e técnicas.

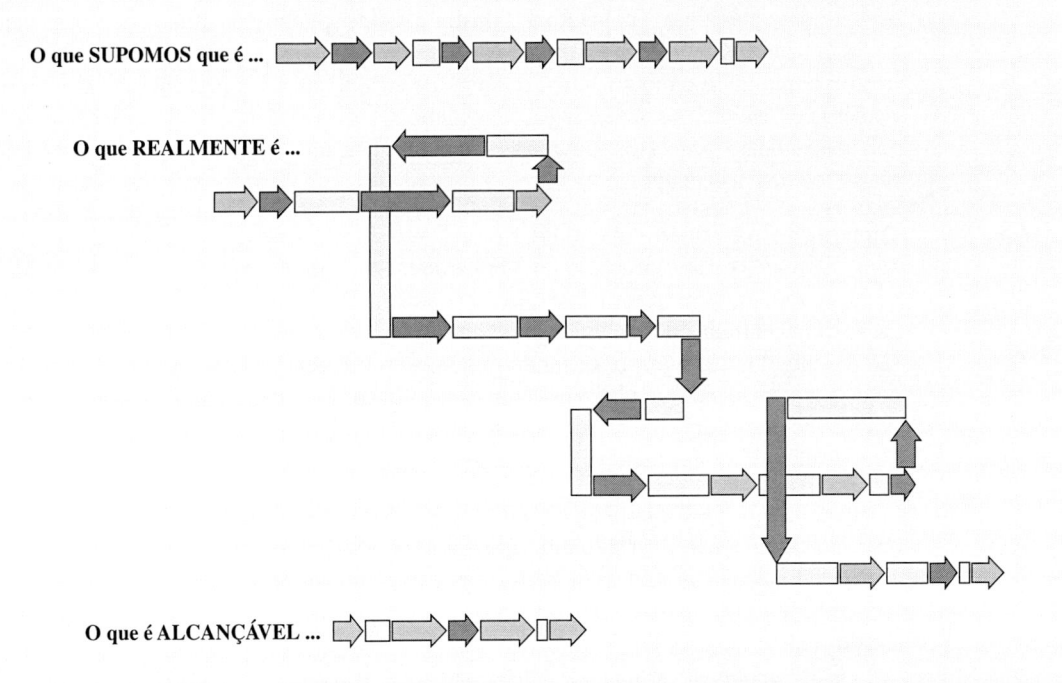

Fonte: Superfactory Learning Center, http://www.superfactory.com/.

Quadro 9.2 — Tecnologia de grupo *versus* especialidades departamentais

Células de produção de tecnologia de grupo... ...**Em vez de especialidades departamentais**

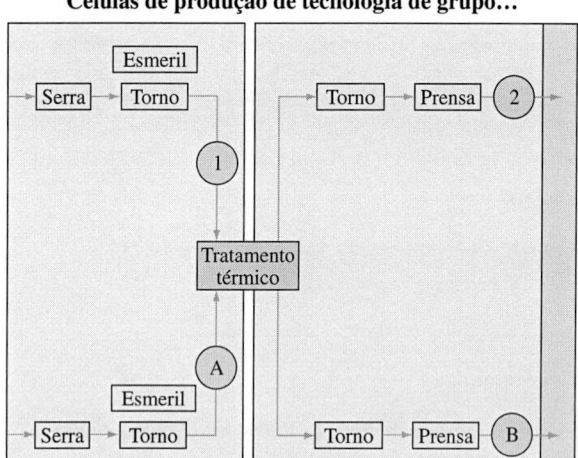

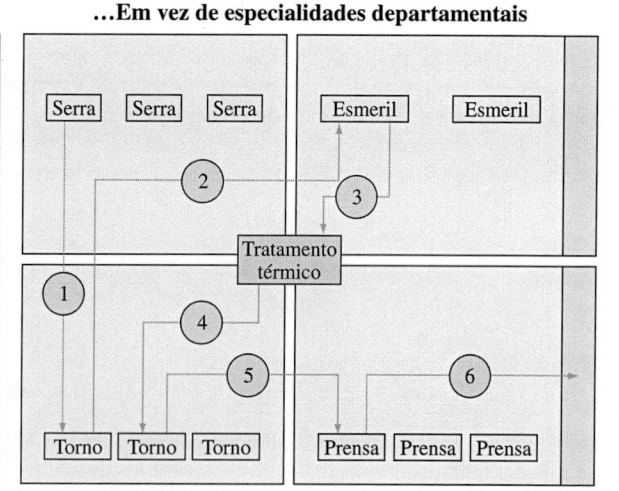

Tecnologia de grupo   A tecnologia de grupo (TG) é uma filosofia na qual peças semelhantes são agrupadas em famílias e os processos necessários para fabricá-las são dispostos em uma célula de trabalho especializado. Em vez de transferir trabalho de um departamento para outro, para trabalhadores especializados, a TG considera todas as operações necessárias para fabricar uma peça e agrupa essas máquinas. O Quadro 9.2 ilustra a diferença entre os grupos de várias máquinas agrupadas em centros de trabalho para peças *versus* os *layouts* departamentais. As células da tecnologia de grupo eliminam o movimento e o tempo de espera entre as operações e reduzem o estoque e o número de funcionários necessários. No entanto, os trabalhadores precisam ser flexíveis para operar várias máquinas e processos. Devido ao seu nível avançado de qualificações, esses trabalhadores têm maior segurança de emprego.

Qualidade na fonte   A qualidade na fonte significa fazer direito na primeira vez e, quando algo dá errado, parar o processo ou a linha de montagem imediatamente. Os trabalhadores das fábricas se tornam os próprios inspetores, pessoalmente responsáveis pela qualidade de sua produção. Eles se concentram em uma única parte do serviço por vez e, assim, os problemas com a qualidade são descobertos. Se o ritmo for muito rápido, se o trabalhador detectar um problema de qualidade ou de segurança, ele será obrigado a apertar um botão para parar a linha e ligar um sinal visual. As pessoas de outras áreas respondem ao alarme e ao problema. Os trabalhadores estão autorizados a fazer a sua própria manutenção e limpeza até o problema ser corrigido.

Produção JIT   JIT significa produzir o que for necessário, quando necessário e nada mais. Qualquer quantidade acima do mínimo necessário é considerada uma perda, uma vez que o esforço e o material gastos em algo desnecessário em determinado momento não pode ser utilizado neste momento. Isso não é o mesmo que contar com um material extra para o caso de acontecer algo errado.

O *JIT* geralmente é aplicado à produção repetitiva, quando o mesmo item ou itens similares são feitos um após o outro. O *JIT* não necessita de grandes volumes e pode ser aplicado a quaisquer segmentos repetitivos de um negócio, independentemente de onde aparecerem. Com o *JIT*, o tamanho ideal de um lote ou lote de produção é um. Embora as estações de trabalho estejam geograficamente distribuídas, os japoneses minimizam o tempo de trânsito e mantêm as quantidades de transferência pequenas – em geral, um décimo da produção diária. Os fornecedores até despacham aos seus

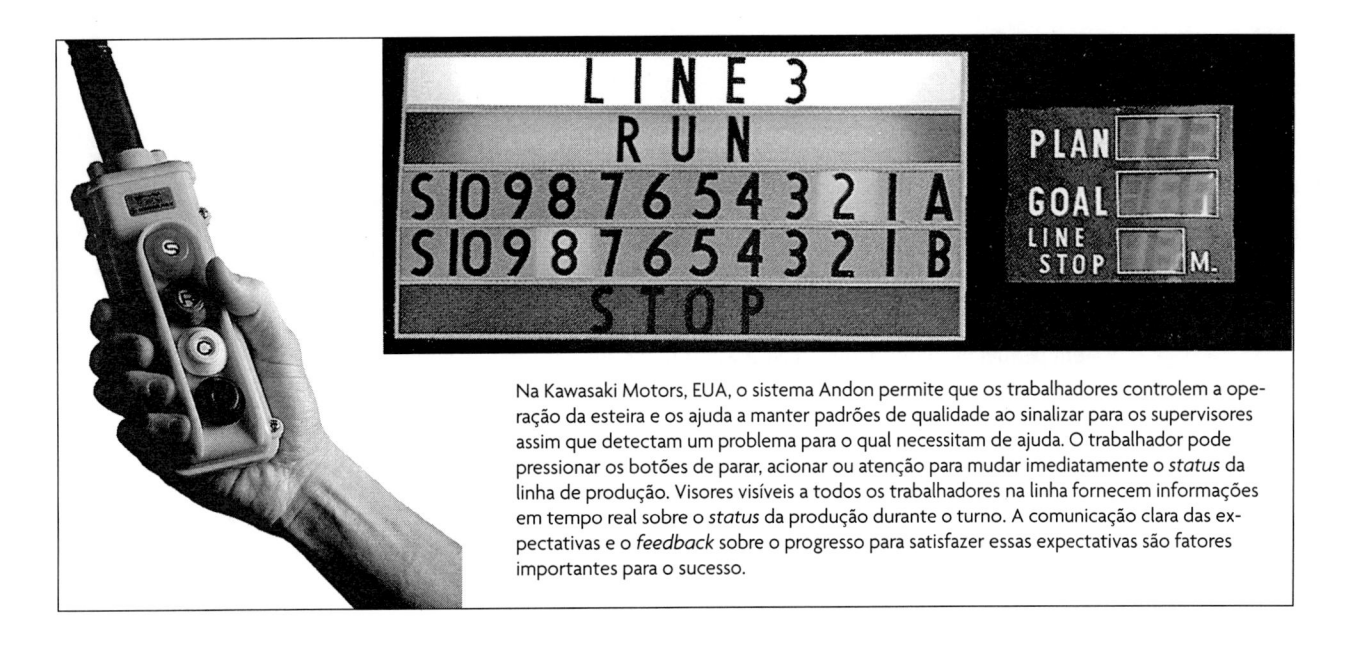

Na Kawasaki Motors, EUA, o sistema Andon permite que os trabalhadores controlem a operação da esteira e os ajuda a manter padrões de qualidade ao sinalizar para os supervisores assim que detectam um problema para o qual necessitam de ajuda. O trabalhador pode pressionar os botões de parar, acionar ou atenção para mudar imediatamente o *status* da linha de produção. Visores visíveis a todos os trabalhadores na linha fornecem informações em tempo real sobre o *status* da produção durante o turno. A comunicação clara das expectativas e o *feedback* sobre o progresso para satisfazer essas expectativas são fatores importantes para o sucesso.

clientes várias vezes por dia, para manter os tamanhos dos lotes pequenos e o estoque baixo. A meta consiste em impulsionar todas as filas de estoque para zero, minimizando o investimento no estoque e encurtando os *lead time*s (tempos de atravessamento).

Quando os níveis de estoque estão baixos, os problemas de qualidade se tornam muito visíveis. O Quadro 9.3 ilustra essa idéia. Se a água em uma lagoa representa o estoque, as pedras representam os problemas que podem ocorrer em uma empresa. Um nível elevado de água esconde os problemas (pedras). A diretoria supõe que tudo está bem mas, quando o nível de água começa a baixar, durante uma recessão econômica, os problemas aparecem. Ao forçar o nível de água deliberadamente para baixo (principalmente em bons tempos econômicos), pode-se expor e corrigir problemas antes de

Quadro 9.3

O estoque oculta os problemas

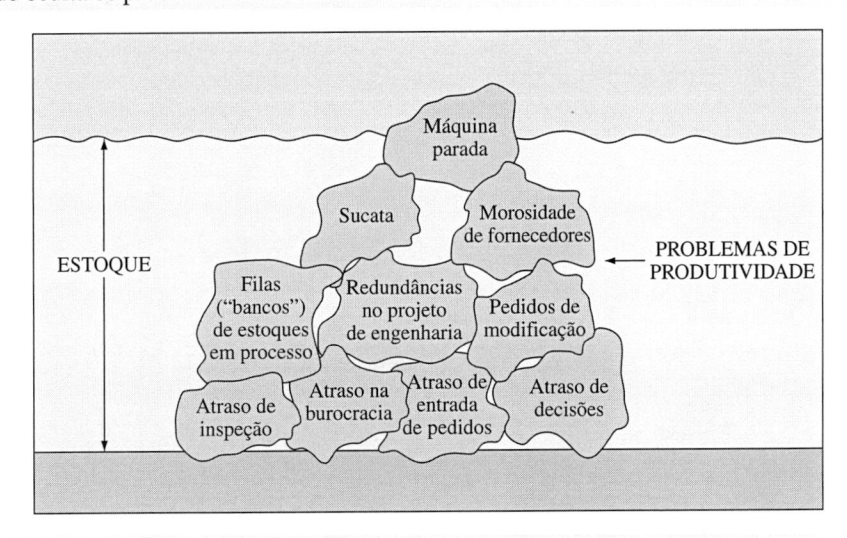

eles causarem problemas ainda piores. A produção JIT expõe problemas que, de outra forma, seriam omitidos por excessos de estoques e quadro pessoal.

Programação nivelada da fábrica   Suavizar o fluxo de produção para amenizar as ondas de reação normalmente decorrentes das variações na programação chama-se programação nivelada da fábrica (ou, em japonês, *heijunka*). Quando uma mudança é efetuada em uma montagem final, as mudanças são refletidas em toda a linha e na cadeia de suprimentos. A única maneira de eliminar o problema é efetuar os menores ajustes possíveis, definindo um plano estável de produção mensal com uma taxa de produção fixa.

A Toyota descobriu que isso era possível ao fazer o mesmo *mix* de produtos, todos os dias, em pequenas quantidades. Assim, sempre há um *mix* total disponível para responder às variações na demanda. Um exemplo da Toyota é mostrado no Quadro 9.4. As quantidades mensais dos estilos de carros são reduzidas para quantidades diárias (supondo um mês de 20 dias) para permitir o cálculo do *tempo de ciclo* de um modelo (definido aqui como o tempo entre duas unidades idênticas sendo finalizadas na linha). O dado do tempo de ciclo é utilizado para ajustar os recursos visando a produzir a exata quantidade necessária. A velocidade do equipamento ou da linha de produção é ajustada para produzir somente a quantidade diária necessária. O JIT se empenha para produzir conforme a programação, o custo e a qualidade.

Sistemas *kanban* de controle da produção   Um sistema de controle *kanban* usa um dispositivo de sinalização para regular os fluxos JIT. Kanban significa "sinal" ou "cartão de instruções" em japonês. Em um sistema de controle isento de papel, podem ser usados contenedores no lugar de cartões. Os cartões ou contenedores constituem o sistema *kanban*. A autorização para produzir ou fornecer peças adicionais vem das operações posteriores. Examine o Quadro 9.5, onde aparece uma

Quadro 9.4   Exemplo da Toyota do ciclo de produção do modelo misto em uma fábrica montadora japonesa

Modelo	Quantidade Mensal	Quantidade Diária	Tempo de ciclo do modelo (minutos)
Sedã	5.000	250	2
Cupê	2.500	125	4
Perua	2.500	125	4

Seqüência: sedã, cupê, sedã, perua, sedã, cupê, sedã, perua, e assim por diante (um minuto separando cada uma).

Quadro 9.5   Fluxo de dois *kanbans*

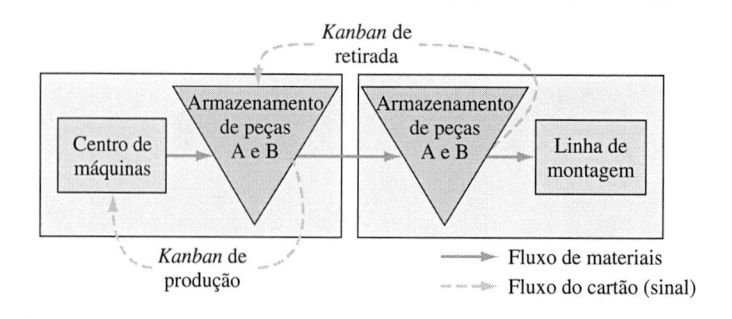

linha de montagem abastecida com peças de um centro de máquinas. O centro de máquinas processa duas peças, A e B. Essas duas peças são armazenadas em contenedores localizados próximos à linha de montagem e ao centro de máquinas. Cada contenedor próximo à linha de montagem tem um *kanban* de retirada, e cada contenedor próximo ao centro de máquinas tem um *kanban* de produção. Muitas vezes, esse sistema é chamado de *kanban* de dois cartões.

Quando a linha de montagem retira a primeira peça A de um contenedor cheio, o trabalhador pega o *kanban* de retirada do contenedor, e leva o cartão até a área de armazenamento do centro de máquinas. Na área do centro de máquinas, o trabalhador acha um contenedor da peça A, remove o *kanban* de produção e o substitui pelo *kanban* de retirada. A colocação desse cartão no contenedor autoriza o movimento do contenedor até a linha de montagem. O *kanban* de produção liberado é colocado em um quadro próximo ao centro de máquinas, e isso autoriza a produção de outro lote de material. Um processo semelhante é seguido pela peça B. Os cartões no quadro se tornam a lista de despacho para o centro de máquinas. Os cartões não são a única maneira de sinalizar a necessidade da produção de uma peça; outros métodos visíveis também são possíveis, como mostra o Quadro 9.6.

Você encontrará a seguir outras abordagens possíveis:

Quadrados *kanban* – Algumas empresas usam espaços marcados no chão ou em uma mesa para identificar onde o material deve ser armazenado. Quando o quadrado estiver vazio, como o da figura à esquerda, as operações de abastecimento são autorizadas a produzir; quando o quadrado estiver cheio, nenhuma peça é necessária.

Sistema de contenedor – Às vezes, o próprio contenedor pode ser usado como dispositivo de sinalização. Nesse caso, um contenedor vazio no chão-de-fábrica sinaliza visualmente a necessidade de abastecê-lo. A quantidade de estoque é ajustada pelo simples fato de se adicionar ou remover contenedores.

Bolas de golfe coloridas – Na fábrica de motores da Kawasaki, quando uma peça usada em uma submontagem está parada no seu limite de fila, o montador desliza uma bola de golfe

Quadro 9.6

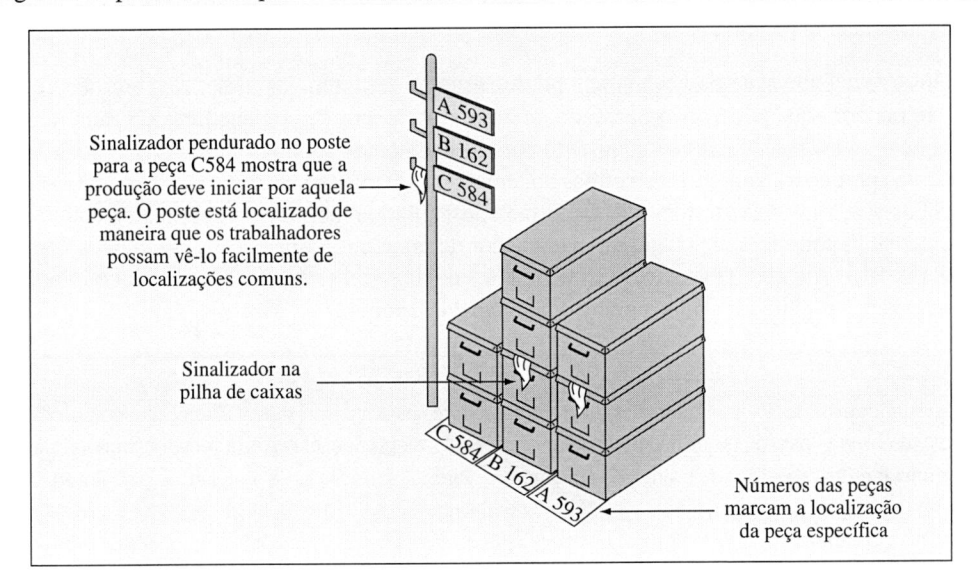

Diagrama de ponto de estoque de saída, com marcador de sinal de aviso

colorida por um tubo para o centro das máquinas de reposição. Esta ação diz ao operador qual peça fazer a seguir. Foram desenvolvidas muitas variações desta abordagem.

A abordagem *kanban* pode ser usada não somente dentro de uma instalação de produção, como também entre instalações de produção (por exemplo, puxar motores e transmissões dentro de uma operação de montagem de automóveis) e entre os fabricantes e fornecedores externos.

Determinando o número de *kanbans* necessários A montagem de um sistema de controle *kanban* exige a determinação do número de cartões *kanban* (ou contenedores) necessários. Em um sistema de dois cartões, está-se descobrindo o número de conjuntos de cartões de retirada e produção. Os cartões *kanban* representam o número de contenedores de materiais, que fluem para frente e para trás, entre as áreas do fornecedor e do usuário. Cada contenedor representa o tamanho de lote mínimo de produção. O número de contenedores, portanto, controla diretamente a quantidade do estoque em processo no sistema.

O segredo para determinar o número de contenedores consiste em estimar precisamente o *lead time* necessário para produzir um contenedor de peças. Este *lead time* é uma função do tempo de processamento do contenedor, qualquer tempo de espera durante o processo de produção e o tempo necessário para transportar o material para o usuário. São necessários *kanbans* suficientes para cobrir a demanda esperada durante esse *lead time* mais uma quantidade adicional para um estoque de segurança. O número de conjuntos de cartões *kanban*s é

$$k = \frac{\text{Demanda esperada durante o } lead\ time + \text{Estoque de segurança}}{\text{Tamanho do contenedor}}$$

[9.1]
$$= \frac{DL(1+S)}{C}$$

onde

k = Número de conjuntos de cartões *kanban*

D = Número médio de unidades necessárias por período (o *lead time* e a demanda devem ser expressos nas mesmas unidades de tempo)

L = *Lead time* para reabastecer um pedido (expresso nas mesmas unidades que a demanda)

S = Estoque de segurança expresso como uma porcentagem da demanda durante o *lead time* (isso pode ser baseado no nível de serviço e na variância, apresentados no Capítulo 12.)

C = Tamanho do contenedor

Observe que um sistema *kanban* não produz estoque zero; em vez disso, ele controla a quantidade de material que pode ser processado na hora – o número de contenedores de cada item. O sistema *kanban* pode ser facilmente ajustado para se adequar ao modo de funcionamento atual do sistema, isto porque os conjuntos de cartões podem ser facilmente adicionados ou removidos do sistema. Se os operários descobrirem que não estão conseguindo reabastecer consistentemente o item em tempo hábil, pode ser adicionado um contenedor de materiais, com os cartões *kanban*s associados. Se for detectado que o excesso de contenedores de material está acumulando, os conjuntos de cartões podem ser removidos, reduzindo a quantidade de estoque.

Exemplo 9.1: Determinação do número de conjuntos de cartões *kanban*

A Arvin Automotive, fabricante de junções para amortecedores para a empresa Big Three, está comprometida com o uso do *kanban* para puxar os materiais pelas suas células de produção. A Arvin projetou cada célula para fabricar uma família específica de produtos para amortecedores. A fabricação de uma junção para amortecedores engloba operações de corte e dobra de pedaços de tubos que são soldados a um amortecedor e a um conversor catalítico. Os amortecedores e os conversores catalíticos são puxados para dentro das células, com base na demanda atual. Os conversores catalíticos são fabricados em uma célula especializada.

Os conversores catalíticos são fabricados em lotes de 10 unidades e são movimentados em carrinhos de mão especiais para as células de produção. A célula do conversor catalítico é projetada de modo que os tipos diferentes de conversores catalíticos sejam processados com praticamente nenhuma perda por *setup*. A célula pode atender a um pedido de um lote de conversores catalíticos em aproximadamente quatro horas. Como a célula do conversor catalítico está bem próxima da célula de produção das junções para amortecedores, o tempo de transporte é praticamente zero.

A célula de produção de junções para amortecedores tem uma média de aproximadamente oito junções por hora. Cada junção usa o mesmo conversor catalítico. Por causa de algumas variabilidades no processo, a gerência decidiu manter um estoque de segurança equivalente a 10% do estoque necessário.

Quantos conjuntos de cartões *kanban* são necessários para administrar a reposição dos conversores catalíticos?

SOLUÇÃO

Neste caso, o *lead time* para a reposição dos conversores (L) é de 4 horas. A demanda (D) para os conversores catalíticos é de 8 horas. O estoque de segurança (S) é de 10% da demanda esperada e o tamanho do contenedor (C) é de 10 unidades.

$$k = \frac{8 \times 4(1 + 0{,}1)}{10} = \frac{35{,}2}{10} = 3{,}52$$

Neste caso, seriam necessários quatro conjuntos de cartões *kanban*s, e teríamos quatro contenedores de conversores no sistema. Em todos os casos, quando se calcula k, arredonda-se o número para cima porque sempre é necessário trabalhar com contenedores cheios de peças. ●

Tempos de *setup* minimizados Uma vez que tamanhos de lotes pequenos são a regra, as máquinas precisam ser rapidamente ajustadas para produzir os modelos distintos na linha. Em um exemplo amplamente citado do final dos anos 1970, as equipes de operadores de prensa da Toyota, que estavam produzindo capôs e pára-lamas para carros, conseguiam realizar um *setup* em uma prensa de 800 toneladas em 10 minutos, comparado com a média de seis horas para os operários americanos e quatro horas para os operários alemães. (Agora, no entanto, essa velocidade é comum na maioria das montadoras dos EUA.) Para alcançar essa redução de tempo de *setup*, os *setups* são divididos em atividades internas e externas. Os *setups* internos precisam ser feitos enquanto a máquina está parada. Os *setups* externos podem ser feitos com a máquina em funcionamento. Outros instrumentos que economizam tempo, como os suportes duplicados de ferramentas, também são usados para os *setups* de velocidade.

Respeito pelas pessoas

O respeito pelas pessoas é a chave para o Sistema Toyota de Produção. Tradicionalmente, eles lutam para garantir um emprego para a vida toda em cargos permanentes e manter folhas de pagamentos niveladas, mesmo quando as condições comerciais estão deteriorando. Os trabalhadores permanentes (aproximadamente um terço do total da mão-de-obra no Japão) têm segurança no emprego e tendem a ser mais flexíveis, permanecem em uma empresa e fazem tudo o que puderem para ajudar a empresa a alcançar suas metas. (A recessão recente no Japão tem feito com que muitas empresas japonesas se afastem desse ideal.)

Os sindicatos de empresas na Toyota, assim como em todos os outros lugares no Japão, existem para promover um relacionamento cooperativo com a gerência. Em épocas prósperas, todos os funcionários recebem dois bônus por ano. Eles sabem que, se a empresa tiver um bom desempenho, receberão um bônus. Esta atitude os encoraja a melhorar a produtividade. A gerência considera os trabalhadores como ativos, não máquinas humanas. A automação e a robótica são usadas extensivamente para desempenhar serviços tediosos ou rotineiros de modo que os funcionários fiquem livres para focar em tarefas importantes de melhoria.

A Toyota depende muito de redes de subcontratados. De fato, mais de 90% de todas as empresas japonesas faz parte da rede de fornecedores de empresas pequenas. Alguns fornecedores são especialistas em um campo específico e estreito, geralmente atendendo a vários clientes. As empresas têm parcerias de longo prazo com seus fornecedores e clientes. Os fornecedores se consideram parte da família de um cliente.

Um estudo recente realizado por Christer Karlsson, da Escola de Economia de Estocolmo, observa que as idéias enxutas encontradas aqui não são universalmente usadas em todas as empresas de produção no Japão. Em vez disso, são aplicadas ocasionalmente e quando adequado. No entanto, as idéias fundamentais de eliminação das perdas e respeito pelos trabalhadores ainda são bases para a produtividade excepcional da maioria das empresas de produção japonesas.[4]

REQUISITOS PARA A IMPLEMENTAÇÃO DO LEAN

Esta seção é estruturada em torno do modelo apresentado no Quadro 9.7, abordando meios de realizar a produção enxuta. Essas sugestões são direcionadas para os sistemas de produção repetitivos – aqueles que fazem os mesmos produtos várias vezes. Além disso, lembre-se de que esses elementos estão ligados: quaisquer mudanças efetuadas em parte do sistema de produção causam impacto em outras características do sistema.

Quadro 9.7   Como realizar a produção enxuta

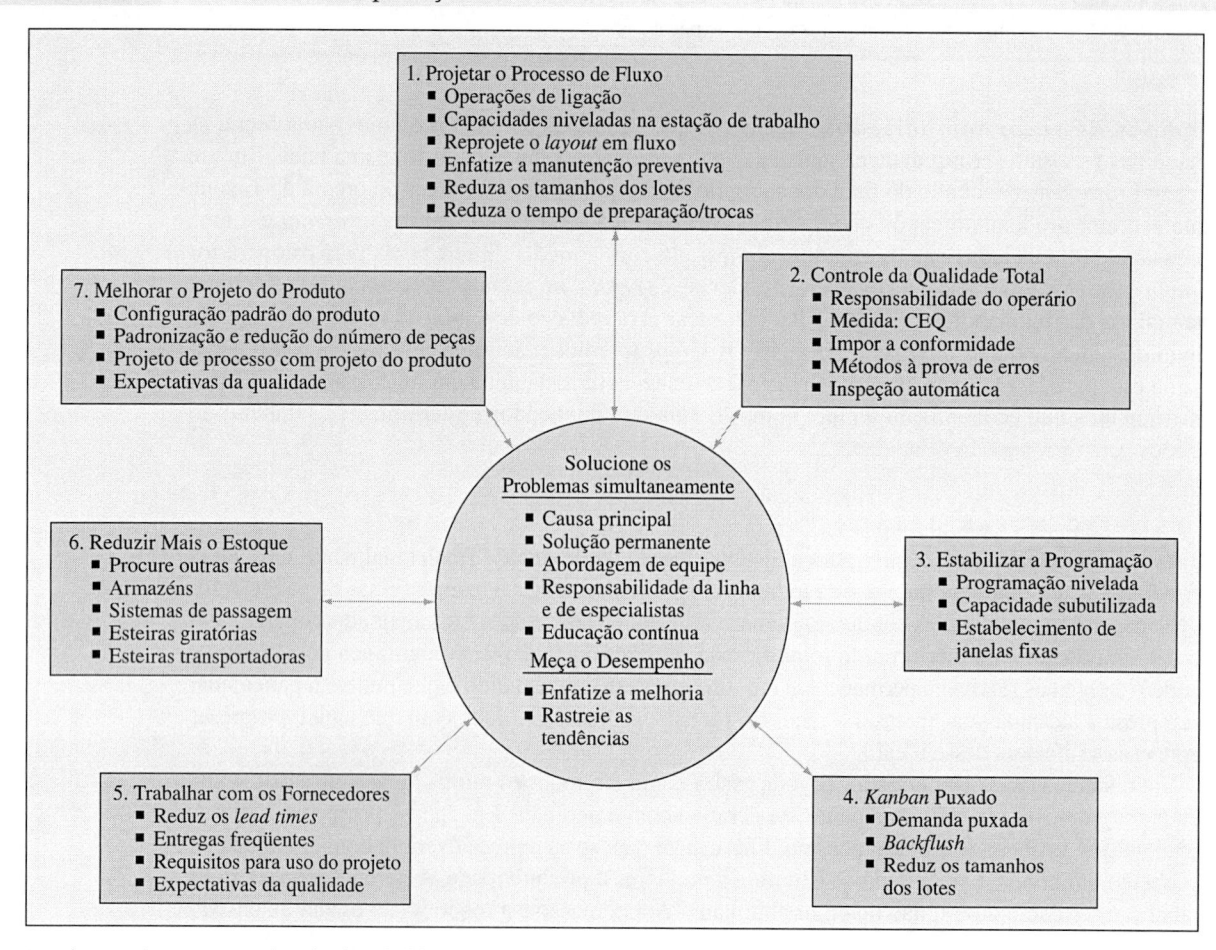

1. Projetar o Processo de Fluxo
- Operações de ligação
- Capacidades niveladas na estação de trabalho
- Reprojete o *layout* em fluxo
- Enfatize a manutenção preventiva
- Reduza os tamanhos dos lotes
- Reduza o tempo de preparação/trocas

2. Controle da Qualidade Total
- Responsabilidade do operário
- Medida: CEQ
- Impor a conformidade
- Métodos à prova de erros
- Inspeção automática

3. Estabilizar a Programação
- Programação nivelada
- Capacidade subutilizada
- Estabelecimento de janelas fixas

4. *Kanban* Puxado
- Demanda puxada
- *Backflush*
- Reduz os tamanhos dos lotes

5. Trabalhar com os Fornecedores
- Reduz os *lead times*
- Entregas freqüentes
- Requisitos para uso do projeto
- Expectativas da qualidade

6. Reduzir Mais o Estoque
- Procure outras áreas
- Armazéns
- Sistemas de passagem
- Esteiras giratórias
- Esteiras transportadoras

7. Melhorar o Projeto do Produto
- Configuração padrão do produto
- Padronização e redução do número de peças
- Projeto de processo com projeto do produto
- Expectativas da qualidade

Solucione os Problemas simultaneamente
- Causa principal
- Solução permanente
- Abordagem de equipe
- Responsabilidade da linha e de especialistas
- Educação contínua

Meça o Desempenho
- Enfatize a melhoria
- Rastreie as tendências

Este diagrama baseia-se naquele utilizado pela fábrica da Hewlett-Packard em Boise para cumprir o programa de produção enxuta.

Layouts enxutos e fluxos do projeto

O *Lean* exige que o *layout* da fábrica seja projetado para garantir o fluxo equilibrado de trabalho com um mínimo de estoque em processo. Cada estação de trabalho faz parte de uma linha de produção, mesmo que uma linha física realmente exista ou não. A capacidade é nivelada usando a mesma lógica para uma linha de montagem, e as operações são ligadas através de um sistema puxado. Além disso, o projetista do sistema precisa visualizar como todos os aspectos do sistema de logística interna e externa se ligam ao *layout*.

A manutenção preventiva é enfatizada para certificar-se de que os fluxos não serão interrompidos pelo tempo parado ou mau funcionamento dos equipamentos. A manutenção preventiva engloba a inspeção periódica e os consertos destinados a manter a confiabilidade na máquina. Os operadores realizam a maior parte da manutenção, porque estão mais familiarizados com suas máquinas e porque as máquinas são fáceis de consertar, uma vez que as operações enxutas favorecem várias máquinas simples em vez de uma máquina grande e complexa.

Manutenção preventiva

As reduções nos tempos de preparação (*setup*) e de troca, previamente discutidos, são necessárias para alcançar um fluxo suave. O Quadro 9.8 mostra a relação entre o tamanho do lote e os custos de *setup*. Sob uma abordagem tradicional, o custo de *setup* é tratado como constante, e a quantidade ótima do pedido é mostrada como seis. Sob a abordagem *kanban*, os custos de *setup* são tratados como uma variável e a quantidade ótima do pedido é reduzida. No quadro, a quantidade do pedido foi reduzida de seis para menos de dois sob os métodos enxutos, mediante o emprego de procedimentos que economizam o tempo de *setup*. Esta organização vai, basicamente, se esforçar para manter um tamanho de lote igual a um.

Aplicações enxutas para os fluxos em linha

O Quadro 9.9 ilustra um sistema puxado em um fluxo em linha simples. Em um ambiente puramente enxuto, nenhum funcionário faz qualquer trabalho até que o produto tenha sido puxado do final da linha pelo mercado. O produto pode ser um produto final ou um componente usado na produção mais tarde. Quando um produto é puxado, uma unidade de reposição é retirada das operações a montante. No quadro, um item de produto acabado é tirado de F, o estoque de produtos acabados. O responsável pelo estoque vai para a estação de processamento e pega o produto de substituição para preencher o vazio. Esta seqüência continua linha acima até o trabalhador A, que retira o material do estoque

Quadro 9.8

Relacionamento entre o tamanho de lote e o custo de *setup*

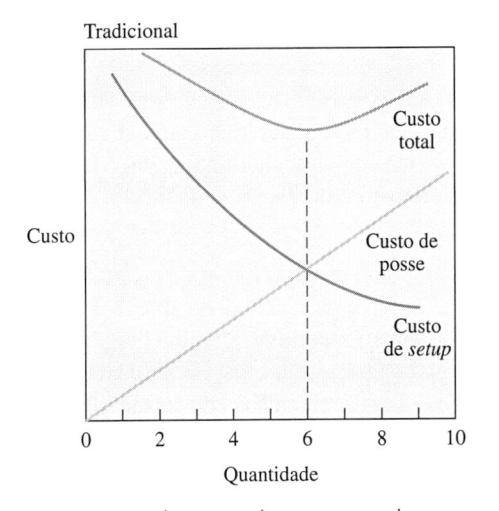

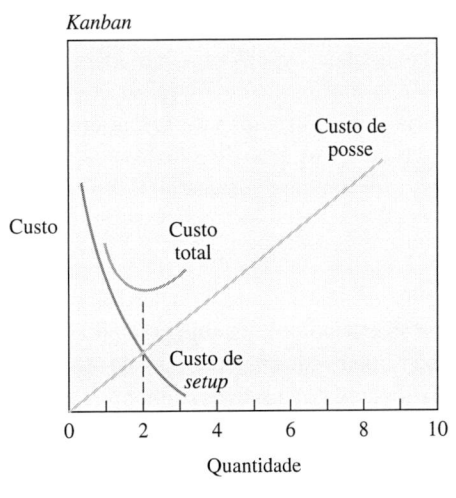

Definições: os custos de posse incluem os custos de armazenar o estoque e o custo do dinheiro empatado no estoque. Os custos de *setup* incluem os custos dos salários atribuíveis aos trabalhadores que realizam o *setup* e vários custos administrativos e de suprimentos. (Esses são definidos no Capítulo 12, "Controle de Estoque".)

Quadro 9.9 *Lean* em um *layout* de fluxo em linha

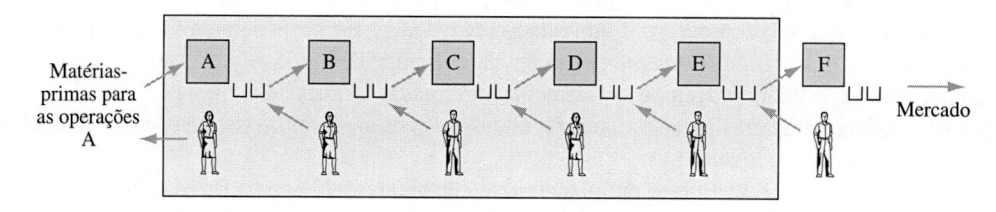

Quadro 9.10 *Layout* enxuto de *job shop* mostrando a rota do veículo que manuseia os materiais conectando os centros de máquinas às operações de linhas

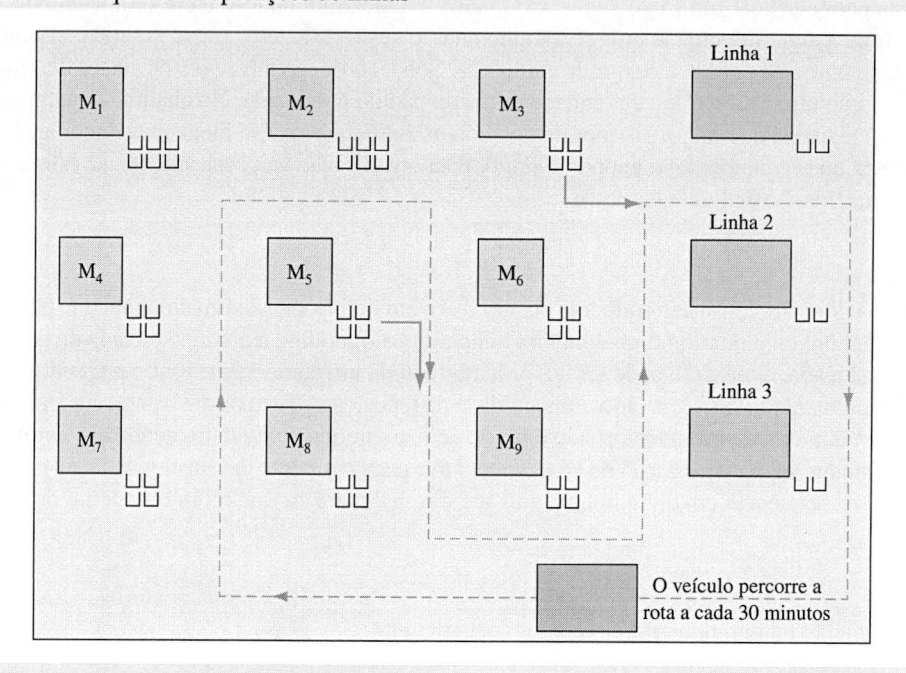

de matéria-prima. As regras do *layout* em fluxo exigem que os funcionários mantenham unidades concluídas na sua estação de trabalho e, se alguém levar embora o trabalho finalizado, o funcionário deverá se movimentar a jusante no fluxo para obter trabalho adicional a ser concluído.

Aplicações enxutas para *job shops*

Embora as *job shops* sejam caracterizadas pelo volume baixo e pela variedade alta, o JIT pode ser usado se a demanda for estabilizada para permitir a produção repetitiva. Geralmente, é mais fácil estabilizar a demanda quando esta é de um estágio de produção a jusante, em vez de um consumidor final. (A lógica é que os clientes internos podem suavizar suas necessidades de entradas mais facilmente do que um distribuidor ou comprador individual.)

Os centros de máquinas de manufatura, oficinas de pinturas e confecção de camisas são exemplos de operações do tipo *job shop* que processam peças e componentes antes de eles atingirem os estágios finais de produção. Como exemplo, considere o sistema de produção apresentado no

Quadro 9.10. Se um centro de trabalho produz nove peças diferentes usadas por vários produtos produzidos *just-in-time*, o centro de trabalho mantém os contenedores de produção concluída das nove peças no centro para serem retiradas pelos usuários. Os operadores poderiam fazer rondas periódicas pela fábrica (de hora em hora ou com mais freqüência) para pegar os contenedores vazios e deixá-los no centro de trabalho a montante correspondente e pegar os contenedores cheios. No Quadro 9.10, veículos autoguiados pegam e entregam as peças números M5 e M8 para as linhas 2 e 3 para processamento. Esses procedimentos de manuseio podem ser manuais ou automáticos mas, de qualquer maneira, pegar e entregar contenedores periodicamente permite que o sistema opere no modo *just-in-time*.

Qualidade Seis Sigma

O *Lean* e a qualidade Seis Sigma uniram a teoria à prática. A qualidade Seis Sigma é a prática de construir qualidade no processo e não identificar a qualidade pela inspeção. Também se refere à teoria dos funcionários assumindo responsabilidades pela qualidade dos próprios trabalhos. Quando os funcionários são responsáveis pela qualidade, o *Lean* funciona com força total, porque apenas os produtos de boa qualidade são puxados através do sistema. Quando todos os produtos são bons, não é necessário um estoque extra "*just-in-case*" (como medida de segurança). Assim, a organização consegue alcançar alta qualidade e alta produtividade. Ao utilizar os métodos de controle estatísticos da qualidade e treinar os operários para mantê-la, as inspeções poderão ser reduzidas à primeira e última unidade produzida. Se estiverem perfeitas, pode-se presumir que as outras unidades entre esses pontos também estarão.

Uma base para a qualidade é o projeto do produto aprimorado. As configurações-padrão do produto, poucas peças e peças padronizadas são elementos importantes na produção enxuta. Essas modificações no projeto reduzem a variabilidade no item final ou nos materiais que integram o produto. Além de aumentar a produtividade de um produto, as atividades de projeto do produto podem facilitar o processamento das mudanças na engenharia. (A qualidade Seis Sigma está descrita no Capítulo 6.)

Programação estável

Como observado anteriormente, a produção enxuta exige uma programação estável durante um período prolongado, obtida mediante uma programação nivelada, janelas fixas e subutilização de capacidade. A programação nivelada exige que os materiais sejam puxados para a montagem final em um padrão suficientemente uniforme para permitir que os vários elementos da produção respondam aos sinais puxados. Isso não significa necessariamente que o uso de todas as peças em uma linha de montagem seja identificado de hora em hora por vários dias; mas sim, que certo sistema de produção, equipado com *setups* flexíveis e uma quantidade fixa de materiais na linha de saída, pode responder.[5]

Programação nivelada

O termo janela fixa refere-se ao período durante o qual cada programação é fixada e não são possíveis mudanças posteriores. Há um benefício adicional em uma programação estável no modo como as peças e os componentes são contabilizados em um sistema puxado. Aqui, o conceito de indicador de *backflush* é quando as peças que compõem cada unidade do produto são periodicamente removidas do estoque e contabilizadas com base no número de unidades produzidas. Isso elimina grande parte da atividade de coleta de dados do chão-de-fábrica, o que é necessário se cada peça for rastreada e contabilizada durante a produção.

Janela fixa

Backflush

A subutilização e utilização excessiva da capacidade são aspectos controversos da produção enxuta. As abordagens convencionais usam os estoques de segurança e as entregas antecipadas como uma cobertura contra os problemas de produção, como baixa qualidade, defeitos nas máquinas e gargalos não previstos na produção tradicional. Na produção enxuta, o excesso de mão-de-obra, máquinas e horas extras proporciona a cobertura. A capacidade excedente resultante na mão-de-obra e nos equipamentos é muito mais barata do que manter o estoque em excesso. Quando a demanda é superior à prevista, podem ser usadas horas extras. Muitas vezes, usa-se a mão-de-obra temporária quando é necessário adicionar capacidade. Durante os períodos ociosos, os funcionários podem ser remanejados para trabalhar em outras atividades, como projetos especiais, atividades de grupos de trabalho e limpeza da estação de trabalho.

Trabalhando com fornecedores

Serviço

Assim como os clientes e os funcionários são componentes-chave dos sistemas enxutos, os fornecedores também são importantes para o processo. Se uma empresa compartilha suas necessidades de uso com seus fornecedores, eles têm uma idéia a longo prazo das demandas que serão colocadas na sua produção e nos sistemas de distribuição. Alguns fornecedores estão conectados *online* com os clientes para compartilhar os dados de programação da produção e das necessidades de entradas. Isso permite que desenvolvam sistemas de produção nivelados. A confiança no compromisso de entrega do fornecedor permite as reduções dos estoques-pulmão. A manutenção de estoques em um nível enxuto exige entregas freqüentes durante o dia. Alguns fornecedores até mesmo fornecem na linha de produção e não na doca de recebimento. Quando os fornecedores adotam práticas de qualidade, as inspeções de recebimento na chegada de seus produtos podem ser evitadas.

Cadeia de suprimentos

Construindo uma cadeia de suprimentos enxuta Como discutido no Capítulo 8, uma cadeia de suprimentos é o conjunto total das organizações envolvidas – desde empresas de matérias-primas através das camadas de fornecedores até os fabricantes de equipamentos originais, prosseguindo até a distribuição e entrega dos produtos acabados para o cliente. Womack e Jones, em seu trabalho seminal, *Lean Thinking,* apresentam as seguintes diretrizes para implementar uma cadeia de suprimentos enxuta:[6]

- O valor deve ser definido em conjunto para cada família de produtos, juntamente com um custo-alvo baseado na percepção do cliente sobre o valor.

Software enxuto

Planejamento e execução da cadeia de suprimentos com base na velocidade de produção

A diretoria da cadeia de suprimentos enxuta está planejando, executando e projetando através de diversos parceiros da cadeia de suprimentos, para entregar os produtos na hora certa, no lugar certo e na quantidade certa.

Recentemente, fornecedores de software como a i2 Technologies (www.i2.com) criaram a expressão "planejamento baseado na velocidade" para descrever sua abordagem da programação enxuta. Incluímos a seguir uma comparação sucinta entre o planejamento e execução baseados na velocidade e o planejamento e execução convencionais:

Planejamento e execução baseados na velocidade	Planejamento e execução convencionais
1. A capacidade acomoda a variação da demanda. As mudanças ocorridas na demanda se refletem nas mudanças na velocidade de fluxo através do sistema.	1. O estoque acomoda a variação na demanda. É utilizado um estoque de segurança como prevenção contra a variação na demanda.
2. São utilizadas previsões no planejamento. A velocidade do fluxo se baseia na demanda prevista.	2. São utilizadas previsões e são gerados planos para construir previamente à demanda.
3. As velocidades são estabelecidas para os itens finais e componentes, que são construídos a essa velocidade.	3. Não é definida qualquer velocidade para os itens finais ou peças. As peças são fabricadas com base em pedidos discretos gerados pelo sistema.
4. As velocidades são difundidas através da cadeia de suprimentos, para que os fornecedores saibam os níveis de produção atuais.	4. São utilizados pedidos discretos para informar as necessidades na cadeia de suprimentos inteira.

- Todas as empresas ao longo do fluxo de valor devem ter um retorno adequado sobre seus investimentos relacionados a esse fluxo de valor.
- As empresas devem trabalhar em conjunto para identificar e eliminar *muda* (*perdas* em japonês) até onde a meta de custos gerais e as metas de retorno sobre o investimento sejam atendidas.
- Quando as metas de custo forem atendidas, as empresas ao longo do fluxo farão imediatamente novas análises para identificar as demais perdas e definir novos objetivos.
- Toda empresa participante tem o direito de examinar cada atividade em cada empresa relevante para o fluxo de valor, como parte do esforço conjunto contra as perdas.

Resumindo: para ser enxuto, todos precisam se unir!

SERVIÇOS ENXUTOS

Muitas técnicas JIT foram aplicadas com sucesso pelas empresas de serviços. Assim como na manufatura, a conveniência de cada técnica e as respectivas etapas de trabalho dependem das características dos mercados da empresa, da produção e da tecnologia dos equipamentos, dos conjuntos de habilidades e da cultura corporativa. As empresas de serviços não são diferentes quanto a esse aspecto. Aqui estão 10 das aplicações mais bem-sucedidas.

Organizar grupos de solução de problemas A Honeywell está expandindo seus círculos de qualidade da manufatura para suas operações de serviço. Outras corporações, tão diversas como o First Bank/Dallas, Standard Meat Company e Miller Brewing Company, estão usando abordagens similares para melhorar o serviço. A British Airways usou círculos de qualidade como parte fundamental de sua estratégia para implementar novas práticas de serviço.

Melhorar a limpeza Uma boa limpeza significa mais do que ganhar o prêmio "vassoura de ouro". Significa que apenas os itens necessários são mantidos na área de trabalho, que há um lugar para cada coisa e que tudo esteja limpo e em constante estado de prontidão. Os funcionários limpam suas próprias áreas.

As organizações de serviços, como o McDonald's, a Disneylândia e o Speedi-Lube, reconheceram a natureza crítica da limpeza. A dedicação delas para com a limpeza tem mostrado que os processos de serviço funcionam melhor, que a atitude de melhoria contínua é mais fácil de desenvolver e que os clientes percebem que estão recebendo um serviço melhor.

Melhorar a qualidade A única maneira de ser econômico para melhorar a qualidade é desenvolver capacidades confiáveis do processo. A qualidade do processo é a qualidade na fonte – garante a produção desde a primeira vez, de produtos e serviços consistentes e uniformes.

O McDonald's é famoso por desenvolver a qualidade nos seus processos de entrega de serviços. Literalmente, "industrializou" o sistema de entrega de serviços para que os trabalhadores de meio turno pudessem fornecem a mesma experiência em qualquer lugar do mundo. Qualidade não significa produzir o melhor; significa produzir consistentemente produtos e serviços que valorizam o dinheiro dos clientes.

Esclarecer os fluxos do processo O esclarecimento dos fluxos, baseado nos temas do JIT, podem melhorar muito o desempenho do processo. Examine a seguir alguns exemplos.

Primeiro, a Federal Express Corporation mudou os padrões de vôo de *origem-ao-destino* para *origem-ao-hub*, em que a carga é transferida para um avião que está de saída para o destino. Esta abordagem revolucionou a indústria do transporte aéreo. Segundo, o departamento de entrada de pedidos de uma empresa de produção foi convertido de subdepartamentos funcionais para grupos de trabalho voltados para o cliente e reduziu o *lead time* de pedidos de oito para dois dias. Terceiro, um governo municipal usou a abordagem JIT para reduzir o tempo para registrar uma transferência de escritura em 50%. Por último, a Supermaids enviou uma equipe de faxineiros, cada um com uma responsabilidade específica, para limpar cada casa rapidamente com um processo paralelo. As mudanças nos fluxos dos processos podem literalmente revolucionar os setores de serviços.

Revisar os equipamentos e as tecnologias do processo A revisão de tecnologias envolve a avaliação dos equipamentos e processos quanto à sua capacidade em satisfazer as necessidades do processo, processar constantemente dentro de um limite de tolerância e adequar a escala e a capacidade do grupo de trabalho.

A Speedi-Lube converteu o conceito de posto de serviço padrão para um centro especializado em lubrificação e inspeção, trocando as cabines de serviços de *drive-ins* para *drive-throughs* e eliminando os elevadores de carros, construindo em seus lugares fossos abaixo dos carros em que os funcionários tem total acesso às áreas de lubrificação do veículo.

Um hospital reduziu o tempo de preparação (*setup time*) da sala de operações para ter a flexibilidade de desempenhar uma variedade mais ampla de operações sem reduzir a disponibilidade da sala de operação.

Nivelar a carga da instalação As empresas de serviços sincronizam a produção com a demanda. Desenvolveram abordagens singulares para nivelar a demanda para evitar que os clientes tenham que esperar pelo serviço. O McDonald's oferece um cardápio especial de café da manhã. As lojas de varejo usam um sistema de retirada de senha. Os correios cobram mais para entregas no dia seguinte. Esses são exemplos da abordagem de serviço para criar cargas uniformes da instalação.

Eliminar as atividades desnecessárias Uma etapa que não agrega valor é candidata à eliminação. Uma etapa que agrega valor pode ser candidata à reengenharia para melhorar a consistência do processo ou reduzir o tempo para desempenhar as tarefas.

Um hospital descobriu que era gasto muito tempo durante uma operação aguardando um instrumento que não estava disponível quando a operação começava. Eles desenvolveram uma lista de verificação dos instrumentos necessários para cada categoria de operação. A Speedi-Lube eliminou as etapas, mas também adicionou etapas que não melhoravam o processo de lubrificação, mas isso fez com que os clientes se sentissem mais seguros sobre o trabalho que estava sendo realizado.

Reorganizar a configuração física As configurações da área de trabalho freqüentemente requerem reorganizações durante as implementações JIT. Muitas vezes, os fabricantes realizam isso criando células de manufatura para produzir itens em pequenos lotes, sincronizados com a demanda. Essas células acabam sendo minifábricas dentro da fábrica.

A maioria das empresas de serviços está muito atrás dos fabricantes nessa área. No entanto, podem-se retirar alguns exemplos interessantes do setor de serviços. Alguns hospitais – em vez de encaminhar os pacientes por todo o prédio para testes, exames, raios X e injeções – estão reorganizando seus serviços em grupos de trabalho com base no tipo de problema. As equipes que tratam apenas de trauma são comuns, mas foram formados outros grupos de trabalho para tratar de condições menos imediatas, como hérnias. Essas acabam sendo miniclínicas dentro do hospital.

Introduzir a programação puxada pela demanda Devido à natureza da produção e do consumo dos serviços, é necessária a programação puxada pela demanda (voltada ao cliente) para operar uma empresa de serviço. Além disso, muitas empresas de serviços estão dividindo suas operações em instalações de "fundo de loja" e de "contato com o cliente". Esta abordagem cria problemas na coordenação da programação entre as instalações. Os restaurantes originais Wendy's foram montados para que os cozinheiros vissem os carros entrando no estacionamento. Eles colocam um número predefinido de hambúrgueres na grelha para cada carro. Esse sistema puxado foi elaborado para se ter um hambúrguer novo na grelha antes de o cliente fazer o pedido.

Desenvolver redes de fornecedores O termo *redes de fornecedores* no contexto JIT se refere à associação cooperativa entre fornecedores e clientes, trabalhando durante um período longo, para o benefício mútuo. As empresas de serviço não enfatizaram as redes de fornecedores de materiais porque os custos de serviço são muitas vezes predominantes em termos de mão-de-obra. As exceções notáveis precisam incluir as organizações de serviço, como o McDonald's, um dos maiores compradores de produtos alimentícios no mundo, que têm desenvolvido práticas enxutas. A Manpower e outras agências de emprego estabeleceram relacionamentos do tipo JIT com um serviço de emprego temporário e com uma escola para desenvolver uma fonte confiável de montadores treinados.

RESUMO

A produção enxuta provou seu valor para milhares de empresas no mundo todo. A idéia básica do *Lean* (JIT) é alcançar alto volume com estoque mínimo. A Toyota foi pioneira das idéias associadas à produção *enxuta* com o Sistema Toyota de Produção. Há sete elementos para o conceito: redes focadas da fábrica, tecnologia de grupo, qualidade na fonte, produção JIT, programação uniforme da fábrica, controle da produção por *kanban* e redução de tempo de preparação. Os conceitos JIT têm sua melhor aplicação em ambientes onde os mesmos produtos são produzidos várias vezes, em um volume relativamente alto.

Termos-chave

Produção enxuta Atividades integradas elaboradas para alcançar uma produção de alto volume e de alta qualidade, usando estoques mínimos de matérias-primas, estoque em processo e de produtos acabados.

Mapeamento da cadeia de valores Método de análise gráfica para detectar onde existe ou não valor agregado, ao longo do fluxo de materiais de um processo.

Tecnologia de grupo Filosofia na qual as peças similares são agrupadas em famílias, e os processos necessários para fabricá-las são arranjados em uma célula de trabalho especializada.

Qualidade na fonte A filosofia de fazer com que os operários da fábrica sejam responsáveis pela qualidade da produção. Espera-se que os operários façam a peça corretamente na primeira vez e que parem o processo imediatamente se ocorrer algum problema.

Programação nivelada da fábrica (heijunka) Suavização do fluxo de produção para enfraquecer a variação na programação.

Kanban **e o sistema puxado** *kanban* Sistema de controle de estoque ou produção que usa um instrumento de sinalização para regular os fluxos.

Manutenção preventiva Inspeção periódica e consertos destinados a manter os equipamentos confiáveis.

Programação nivelada Programação que retira os materiais para a montagem final, em um ritmo constante.

Janela fixa Período durante o qual a programação é fixada e não são possíveis mudanças posteriores.

Backflush Cálculo da quantidade de cada peça que foi usada na produção e o uso desse cálculo para ajustar os equilíbrios do estoque real disponível. Isso evita a necessidade de realmente rastrear cada peça usada na produção.

Revisão de fórmulas

Determinando o número de *kanbans*

[9.1]
$$k = \frac{DL(1+S)}{C}$$

Problema resolvido

Um hospital local quer montar um sistema *kanban* para administrar seu fornecimento de sangue com o banco de sangue regional. O banco de sangue regional entrega sangue para o hospital todos os dias com um prazo de entrega de um dia (um pedido feito hoje, até as 18 horas, será entregue amanhã à tarde). Internamente, o grupo de compras do hospital faz um pedido de sangue todos os dias às 17 horas. O sangue é medido em meio litro, sendo enviado em um contenedor que contém seis litros. Para um tipo específico de sangue, o hospital usa uma média de 12 litros por dia. Devido à natureza crítica da falta de sangue, o hospital quer ter um estoque de segurança de suprimento previsto de dois dias. Quantos conjuntos de cartões *kanban*s o hospital deve preparar?

Solução

Esse problema mostra como seria uma aplicação real. Usando os dados acima, as variáveis para esse problema são:

D = 12 litros por dia (média da demanda)

L = 1 dia (prazo de entrega)

S = 200% (estoque de segurança, como uma fração é 2,0)

C = 6 litros (tamanho do contenedor)

$$k = \frac{DL(1+S)}{C} = \frac{12(1+2)}{6} = 6$$

Isso indica que é necessário preparar seis conjuntos de cartões *kanban*s. Sempre que se abre um novo contenedor de sangue (contendo seis litros), o cartão é enviado para o departamento de compra e outros seis litros de sangue são pedidos. Quando o sangue é recebido, o cartão é anexado ao novo contenedor e colocado na área de estocagem de sangue.

Questões para revisão e discussão

1. É possível atingir o estoque zero? Por que ou por que não?
2. Uma parte vital do JIT é eliminar as perdas. Identifique algumas fontes de perdas na sua residência ou dormitório e discuta como elas podem ser eliminadas
3. Por que o JIT deve ter uma programação estável?
4. O *Lean* funcionará nos ambientes de serviço? Por que sim ou por que não?
5. Discuta os meios para usar o *Lean* para melhorar um dos seguintes ambientes: uma pizzaria, um hospital ou uma concessionária de automóveis.
6. Que objeções um gerente de *marketing* teria quanto à programação uniforme da fábrica?
7. Quais são as implicações para a contabilidade de custos da produção enxuta?
8. Quais são os papéis dos fornecedores e dos clientes em um sistema enxuto?
9. Explique como os cartões são usados em um sistema *kanban*.
10. De que maneiras, se houver alguma, os seguintes sistemas são análogos ao *kanban*: devolver os vasilhames vazios no supermercado e pegá-los cheios; trabalhar em um carrinho de cachorro-quente na hora do almoço; retirar dinheiro da conta bancária; limpar folhas para dentro de um saco de lixo.
11. Por que, na prática, o *Lean* é difícil de ser implementado?
12. Explique o relacionamento entre qualidade e produtividade na filosofia JIT.

Problemas

1. Um fornecedor de grupos de medidores usa um sistema *kanban* para controlar o fluxo de materiais. Os estojos para os grupos de medidores são transportados em grupos de cinco por vez. Um centro de fabricação produz aproximadamente 10 medidores por hora. Leva aproximadamente duas horas para o estojo ser reabastecido. Devido às variações nos tempos de processamento, a diretoria decidiu manter 20% do estoque necessário como estoque de segurança. Quantos conjuntos de cartões *kanban*s são necessários?
2. As transmissões são entregues para a linha de fabricação em grupos de quatro por vez. Leva uma hora para que essas sejam entregues. Aproximadamente quatro veículos são produzidos a cada hora, e a diretoria decidiu que 50% da demanda deveria ser mantida como estoque de segurança. Quantos conjuntos de cartões *kanban* seriam necessários?
3. Uma engarrafadora enche 2.400 garrafas a cada duas horas. O tempo de espera é de 40 minutos e um contenedor acomoda 120 garrafas. O estoque de segurança é de 10% da demanda prevista. Quantos cartões *kanban* são necessários?
4. Use o Exemplo 9.1 como referência para este problema. Arvin Meritor contrata uma equipe de consultores, que sugere uma robotização parcial, assim como um aumento do estoque de segurança para 0,125. A Arvin Automotive implementa essas sugestões. O resultado é um aumento na eficiência na fabricação de juntas de amortecedores e na produção de conversores catalíticos. A célula de fabricação de juntas de amortecedores produz em média 16 conjuntos por hora e o tempo de espera diminuiu para um tempo de resposta de duas horas para um lote de 10 conversores catalíticos. Quantos cartões *kanban* são necessários agora?
5. A Arvin Meritor ficou tão satisfeita com o resultado das sugestões anteriores, que os consultores foram convidados a voltar para realizar outros trabalhos. Agora, eles sugerem uma robotização mais completa da produção de juntas de amortecedores, além de uma redução no tamanho do contenedor para 8 por contenedor. A Arvin Meritor implementa essas sugestões e, como resultado, a célula de fabricação de juntas de amortecedores passa a produzir aproximadamente 32 conjuntos por hora, e a célula de montagem dos conversores catalíticos já pode atender a um pedido de um lote de conversores catalíticos no prazo de uma hora. O estoque de segurança permanece com 0,125. Quantos cartões *kanban* são necessários?

Caso Quality Parts Company

A Quality Parts Company fornece dispositivos para um fabricante de computadores localizado a alguns quilômetros de distância. A empresa produz dois modelos de dispositivos nas operações de produção, variando de 100 a 300 unidades.

O fluxo de produção dos modelos X e Y aparece no Quadro 9.11. O modelo Z exige usinagem como sua primeira etapa, mas nas demais, segue o mesmo modelo de fluxo de X e Y. As esteiras agüentam 20 dispositivos de cada vez. Os tempos aproximados por unidade, por número de operações e tempos de *setup* dos equipamentos constam no Quadro 9.12.

A demanda pelos dispositivos da empresa de computadores varia entre 125 e 175 por mês, igualmente divididos entre X, Y e Z. A submontagem acumula o estoque no começo do mês para ter certeza de que um estoque pulmão (reserva) esteja sempre disponível. As matérias-primas e as peças compradas para as submontagens constituem 40% (cada uma) dos custos de produção de um dispositivo. Ambas as categorias de peças vêm de várias fontes (cerca de 80 fornecedores) e são entregues em horários aleatórios. (Os dispositivos têm 40 códigos de peças diferentes.)

As taxas de refugo são de aproximadamente 10% em cada operação, os estoques giram duas vezes por ano, os funcionários recebem por dia de trabalho, a rotatividade dos funcionários é de 25% ao ano e o lucro líquido das operações é estável, a 5% ao ano. A manutenção é realizada conforme a necessidade.

A gerente da Quality Parts Company tem contemplado a instalação de um sistema de pedidos automatizados para ajudar a controlar os estoques e "manter o retorno". (Ela acredita que dois dias de trabalho diante de uma estação de trabalho motivam o trabalhador para produzir com mais velocidade.) Ela também está planejando alocar três inspetores para corrigir o problema de qualidade. Além disso, está pensando em montar uma linha de retrabalho para acelerar os consertos. Embora esteja satisfeita com a alta utilização da maior parte do equipamento e da mão-

Quadro 9.11   Fluxo de produção de dispositivos

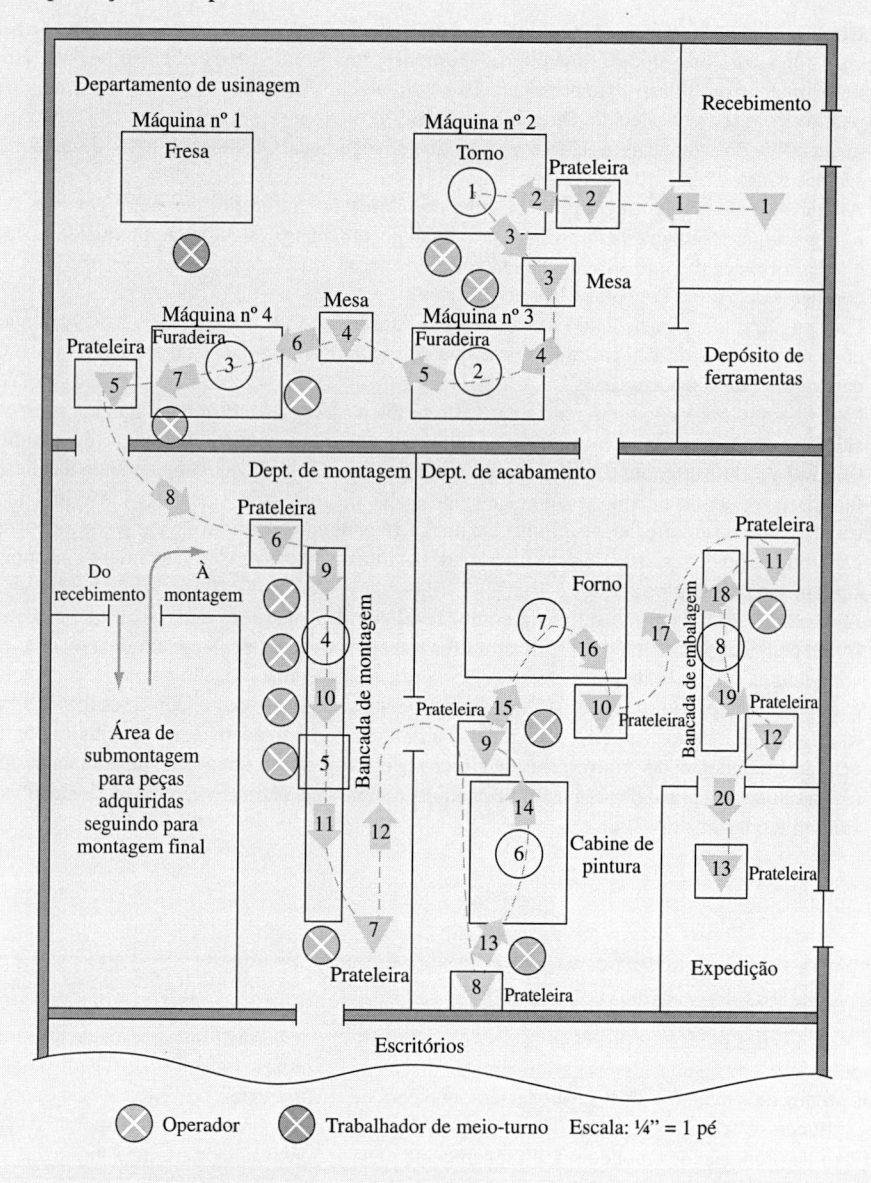

[Diagrama de layout de fábrica mostrando o Departamento de usinagem com Máquina nº 1 (Fresa), Máquina nº 2 (Torno), Máquina nº 3 (Furadeira), Máquina nº 4 (Furadeira), Mesa, Prateleiras; Dept. de montagem com Bancada de montagem, Área de submontagem para peças adquiridas seguindo para montagem final, Prateleiras; Dept. de acabamento com Forno, Cabine de pintura, Bancada de embalagem, Prateleiras; além de Recebimento, Depósito de ferramentas, Expedição, Escritórios. Legenda: Operador, Trabalhador de meio-turno. Escala: ¼" = 1 pé]

de-obra, ela está preocupada com o tempo ocioso da máquina de usinagem. Por último, pediu para o departamento de engenharia industrial examinar o armazenamento vertical para guardar as peças procedentes da máquina 4.

Questões

1. Quais das mudanças consideradas pela gerente da Quality Parts Company são contra a filosofia do JIT?
2. Faça recomendações para as melhorias JIT em áreas como programação, *layout*, *kanban*, agrupamentos de tarefas e estoque. Utilize dados quantitativos o máximo possível; declare as suposições necessárias.
3. Faça um esboço da operação de um sistema puxado para administrar o sistema atual da Quality Parts Company.
4. Descreva um plano para introduzir o *Lean* na Quality Parts Company.

Quadro 9.12

Tempo de operações e de preparação

NÚMERO E NOME DA OPERAÇÃO	TEMPO DE OPERAÇÃO (MINUTOS)	TEMPO DE PREPARAÇÃO (MINUTOS)
Usinagem para o Modelo Z	20	60
1 Torno	50	30
2 Broca mod.14	15	5
3 Broca mod.14	40	5
4 Etapa de montagem 1	50	
Etapa de montagem 2	45	
Etapa de montagem 3	50	
5 Inspeção	30	
6 Pintura	30	20
7 Forno	50	
8 Embalagem	5	

CASO Proposta de mapeamento da cadeia de valor

O mapeamento da cadeia de valor é um mapa da linha de base da situação atual das operações externa e/ou interna de uma empresa e, em seguida, aplicar os conceitos *JIT*, desenvolvendo um mapa do estado futuro onde constem as operações aprimoradas. Por exemplo, o Quadro 9.13 apresenta o estado atual com um prazo para produção de 4,5 dias. Este é um sistema de lotes/empurrado

Quadro 9.13

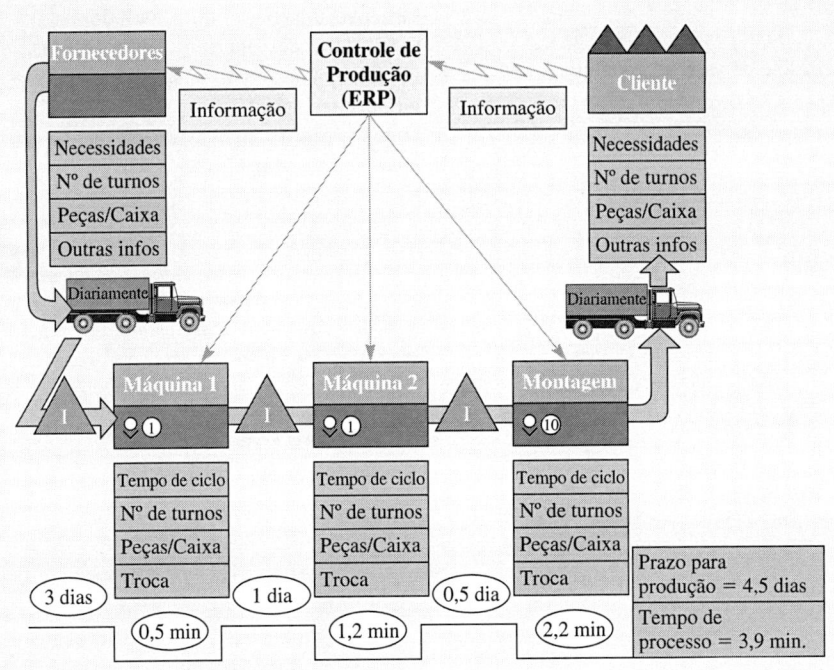

Mapa do estado atual

Fonte: Jared Lovelle, "Mapping the Value Stream", *IIE Solutions* 33, nº 2 (fevereiro de 2001), p. 32.

Quadro 9.14 — Mapa do estado futuro

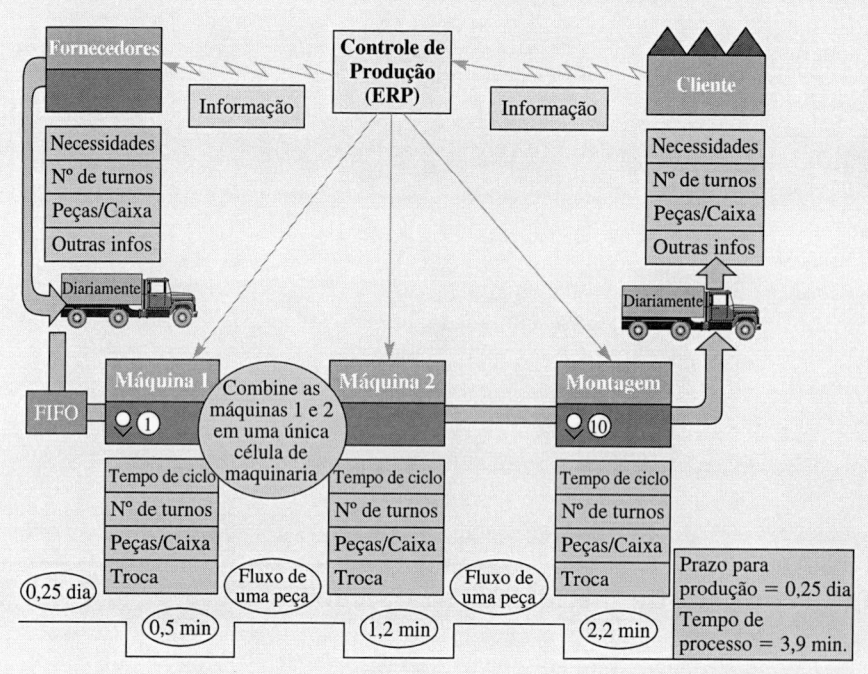

Fonte: Jared Lovelle, "Mapping the Value Stream", *IIE Solutions* 33, nº 2 (fevereiro de 2001), p. 30.

(indicado pelas setas segmentadas) que resulta em longos atrasos e acúmulos de estoque. O Quadro 9.14 mostra o mapa do estado futuro com prazo para produção de 0,25 dia. Isso foi feito, migrando para um sistema puxado de fluxo contínuo e atacando as sete perdas. O mapeamento da cadeia de valores usa alguns ícones especiais e um formato de exibição de quadros e fluxos. Para obter uma discussão mais completa sobre a metodologia, consulte Jared Lovelle.[7]

Questões

1. A eliminação da fila de trabalho agiliza o tempo necessário para uma peça fluir através do sistema. Quais são as desvantagens de remover essas filas?
2. Em sua opinião, como os operadores das máquinas reagiriam à mudança?
3. O que você faria para assegurar que os operadores se mantivessem ocupados?

Notas

1. J. P. Womack, D, T, Jones e D. Roos, *The Machine That Changed the World* (New York: R. A. Rawston Associates, *1990*).
2. K. A. Wantuck, *The Japanese Approach to Productivity* (Southfield, MI: Bendix Corporation, 1983).
3. K. Suzaki, *The New Manufacturing Challenge: Techniques for Continuous Improvement* (New York: Free Press, 1987), pp. 7-25.
4. C. Karlsson, *Japanese Production Management in Sunrise or Sunset* (Estocolmo, Suécia: Stockholm School of Economics, EFI/The Economic Research Institute. 1999).
5. R. H. Hall, *Zero Inventories* (Homewood, IL: Dow Jones-Irwin, 1983), p. 64.
6. J. P. Womack e D. T. Jones, *Lean Thinking* (New York: Simon & Shuster, 1996), p. 277.
7. J. Lovelle, "Mapping the Value Stream", *IIE Solutions* 33, nº 2 (fevereiro de 2001), pp. 26-33.

Bibliografia selecionada

Allen, M. "Picture-Perfect Manufacturing [Using Value Stream Mapping]". *Modem Machine Shop Magazine Online.* Agosto de 2004.

Phelps, T.; M. Smith; e T. Hoenes. "Building a Lean Supply Chain". *Manufacturing Engineering* 132, nº 5 (maio de 2004), pp. 107-13.

George, M. L. *Lean Six Sigma.* New York: McGraw-Hill, 2002.

Womack, J. P., e D. T. Jones. *Lean Thinking: Banish Waste and Create Wealth in Your Corporation.* New York: Simon & Schuster, 1996.

Gross, J. M., e K. R. McInnis. *Kanban Made Simple: Demystifying and Applying Toyota's Legendary Manufacturing Process.* New York: AMACOM, 2003.

Womack, J. P.; D. T. Jones; e D. Roos. *The Machine That Changed the World.* New York: R. A. Rawston Associates, 1990.

Monden, Y. *Toyota Production System: An Integrated Approach to Just-in-Time.* Atlanta, GA: Institute of Industrial Engineers, 1998.

Seção 4
ESTOQUE

10. Gestão e Previsão da Demanda
11. Planejamento Agregado de Produção e Vendas
12. Controle de Estoque
13. Planejamento das Necessidades de Materiais

No gerenciamento de um negócio, os computadores podem fazer mais do que somente processar textos e enviar e-mails

Tocar um negócio requer um bom sistema de planejamento. Quanto esperamos vender no futuro? Quantas pessoas devemos contratar para o Natal? Quanto estoque é necessário? Quanto deveríamos produzir hoje? Essa seção discute várias abordagens usadas para responder estas questões.

O uso de pacotes de software abrangentes é prática comum, mas é importante entender os conceitos básicos de planejamento subjacentes aos softwares de modo que sejam comprados e configurados corretamente.

Além disso, com esse entendimento básico é possível criar planilhas de cálculo para situações simples de planejamento de produção.

Capítulo 10
GESTÃO E PREVISÃO DA DEMANDA

Após ler este capítulo, você:

1. Conhecerá a função da previsão como base para o planejamento da cadeia de suprimentos.
2. Saberá a diferença entre as demandas dependente e independente.
3. Conhecerá os componentes básicos da demanda independente: médias, tendências, sazonais e variações aleatórias.
4. Aprenderá técnicas comuns de previsão qualitativa, como o método Delphi.
5. Saberá fazer previsões com séries temporais, usando médias móveis, suavização exponencial e regressão.
6. Entenderá como a Internet é utilizada para aprimorar a previsão.

262   Banco de dados da Wal-Mart

263   Gestão da demanda
                                 Definição de demanda dependente
                                 Definição de demanda independente

264   Tipos de previsão
                                 Definição de análise de séries temporais

264   Componentes da demanda

266   Técnicas qualitativas na previsão
         Pesquisa de mercado
         Consenso através de painel
         Analogia histórica
         Método Delphi

268   Análise de séries temporais
         Média móvel simples   *Definição de suavização exponencial*
         Média móvel ponderada   *Definição da constante alfa de suavização (α)*
         Suavização exponencial   *Definição da constante delta de suavização de tendência (δ)*
         Erros de previsão   *Definição de desvio absoluto médio (MAD)*
         Fonte de erros   *Definição de sinal de rastreamento*
         Medição do erro   *Definição de previsão da regressão linear*
         Análise de regressão linear

282 Previsão com base na Web: Planejamento, Previsão e Reabastecimento Colaborativos (CPFR)
Definição de planejamento, previsão e reabastecimento colaborativos

284 Resumo

293 Caso: Altavox Electronics

BANCO DE DADOS DA WAL-MART

O porte e o poder da Wal-Mart no setor de varejo têm uma enorme influência sobre o setor de banco de dados. A Wal-Mart gerencia um dos maiores repositórios de dados (*data warehouses*) do mundo com mais de 35 terabytes de dados. Um terabyte é igual a 1.024 gigabytes ou um trilhão de bytes. Provavelmente, seu computador tem 40-80 gigabytes. A fórmula do sucesso da Wal-Mart – ter o produto certo na prateleira certa, com o preço mais baixo – deve-se muito ao investimento multimilionário da empresa em armazenamento de dados. A Wal-Mart tem mais detalhes do que a maioria de seus concorrentes no que diz respeito ao que acontece em termos de produtos, lojas e sobre o dia-a-dia.

Os sistemas rastreiam os dados dos pontos de vendas em cada loja, os níveis de estoque de cada loja, os produtos em trânsito, as estatísticas do mercado, dados demográficos dos clientes, informações financeiras, devoluções de produtos e desempenho dos fornecedores. Os dados são utilizados em três áreas abrangentes de suporte a decisões: análise de tendências, gerenciamento de estoque e conhecimento do cliente. Os resultados são "características da personalidade" de cada um dos 3.000 (ou mais) pontos de venda da Wal-Mart, que os gerentes usam para determinar o *mix* de produtos e a apresentação para cada loja.

O recurso de *data mining* (mineração de dados) vem a seguir. A Wal-Mart desenvolveu um aplicativo de previsão de demanda que examina os dados individuais de cada loja para formar um perfil de vendas sazonais de cada item. O sistema mantém uma quantidade de dados anuais sobre as vendas de 100.000 produtos e prevê quais itens serão necessários em cada loja.

Atualmente, a Wal-Mart faz a análise de cesta do mercado. São coletados dados sobre os itens que integram a compra total do comprador, para que a empresa analise os relacionamentos e os padrões nas compras dos clientes. O banco de dados é disponibilizado na Web para os gerentes e fornecedores de suas lojas.

Internet

As previsões são imprescindíveis para toda organização comercial e para toda decisão de gerenciamento. A previsão é a base do planejamento corporativo de longo prazo. Nas áreas funcionais de finanças e contabilidade, as previsões são a base do planejamento orçamentário e controle de custo. O marketing depende da previsão de vendas para planejar novos produtos, compensar a equipe de vendas e tomar outras decisões importantes. O pessoal de produção e operações usa as previsões para tomar decisões periódicas, envolvendo a escolha dos fornecedores, a seleção de processos, o planejamento da capacidade e o *layout* da instalação, além de decisões contínuas sobre compras, planejamento de produção, programação e estoque.

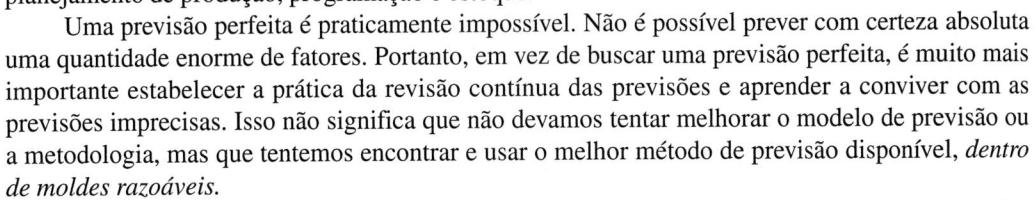

Uma previsão perfeita é praticamente impossível. Não é possível prever com certeza absoluta uma quantidade enorme de fatores. Portanto, em vez de buscar uma previsão perfeita, é muito mais importante estabelecer a prática da revisão contínua das previsões e aprender a conviver com as previsões imprecisas. Isso não significa que não devamos tentar melhorar o modelo de previsão ou a metodologia, mas que tentemos encontrar e usar o melhor método de previsão disponível, *dentro de moldes razoáveis*.

Ao fazer uma previsão, uma estratégia eficiente é utilizar dois ou três métodos, e considerá-los sob o prisma do senso comum. As mudanças esperadas na economia geral afetarão as previsões? Há mudanças nos comportamentos dos consumidores industrial e privado? Ocorrerá uma falta de itens complementares básicos? A revisão e atualização contínuas em função dos novos dados são básicas para a previsão bem-sucedida. Neste capítulo, examinaremos a previsão *qualitativa* e *quantitativa* e focaremos principalmente nas diversas técnicas quantitativas de séries temporais. Abordamos algumas médias móveis, regressão linear, tendências e previsão colaborativa. Também discorremos sobre as causas e avaliação de erros.

Multifuncional

GESTÃO DA DEMANDA

O objetivo da gestão da demanda é coordenar e controlar todas as origens de demanda para que o sistema produtivo seja utilizado de modo eficiente e o produto seja entregue dentro do prazo.

De onde vem a demanda para o serviço ou produto de uma empresa, e o que uma empresa pode fazer para administrá-la? Há duas origens básicas de demanda: demanda dependente e demanda independente. A demanda dependente é a demanda para um produto ou serviço ocasionado pela demanda por outros produtos ou serviços. Por exemplo, se uma empresa vende 1.000 triciclos, então são necessárias 1.000 rodas frontais e 2.000 rodas traseiras. Esse tipo de demanda interna não precisa de uma previsão, apenas uma tabulação. A quantidade de triciclos que a empresa poderá vender é chamada de demanda independente porque sua demanda não pode ser obtida diretamente de outros produtos.[1] A dependência e a independência serão discutidas com mais detalhes nos Capítulos 12 e 13.

Demanda dependente

Demanda independente

Não há muito que uma empresa possa fazer em relação à demanda dependente, que deve ser satisfeita (embora o produto ou serviço possa ser comprado, em vez de produzido internamente). Mas há muito que uma empresa pode fazer sobre a demanda independente – se conveniente. A empresa pode:

1. **Assumir um papel ativo para influenciar a demanda** – A empresa pode pressionar a equipe de vendas, oferecer incentivos aos clientes e ao próprio pessoal, financiar campanhas para vender produtos e pode cortar os preços. Essas ações podem aumentar a demanda. Por outro lado, a demanda pode ser diminuída através do aumento de preços ou da redução dos esforços de vendas.
2. **Assumir um papel passivo e simplesmente responder à demanda** – Há vários motivos para uma empresa não tentar mudar a demanda, mas simplesmente aceitar o que acontece. Se a empresa estiver operando à sua capacidade total, talvez seja conveniente nada fazer em relação à demanda. Outros motivos são que uma empresa talvez não tenha poder para mudar a demanda por causa do custo dos anúncios; o mercado poderá ser fixo em termos de tamanho e estática; ou a demanda pode estar além de seu controle (como no caso de um único fornecedor). Existem outros motivos competitivos, legais, ambientais, éticos e morais para que a demanda de mercado seja aceita passivamente.

As etiquetas RFID propiciam previsões melhores, dando aos fornecedores informações mais eficientes sobre a demanda por produtos em tempo real, aumentando, assim, a velocidade de distribuição.

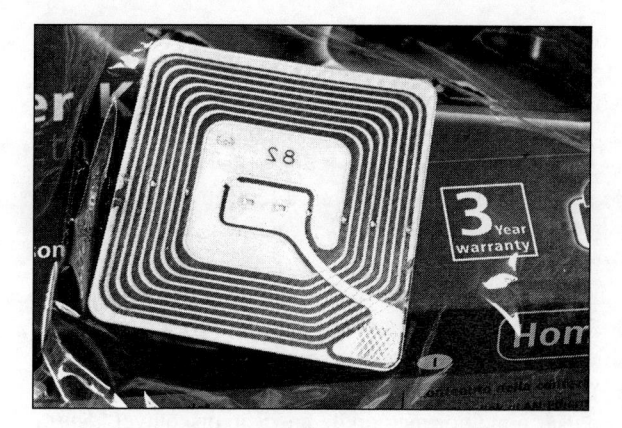

É necessária muita coordenação para administrar essas demandas dependentes, independentes, ativas e passivas. Essas demandas se originam, tanto interna quanto externamente, na forma de vendas de novos produtos do marketing, das peças consertadas para os produtos anteriormente vendidos, do reabastecimento dos armazéns da fábrica e dos itens de suprimentos para a manufatura. Neste capítulo, o principal objetivo é prever a demanda para os itens independentes.

TIPOS DE PREVISÃO

A previsão pode ser classificada em quatro tipos básicos: *qualitativa, análise de séries temporais, relacionamento causal* e *simulação*.

As técnicas qualitativas são subjetivas ou julgáveis e são baseadas em estimativas e opiniões. A análise de séries temporais, o foco principal deste capítulo, está baseada na idéia de que os dados na demanda anterior podem ser utilizados para prever a demanda futura. Os dados passados poderão incluir vários componentes, como as influências das tendências, sazonais ou cíclicas, e são descritas na seção a seguir. A previsão causal, discutida por meio da técnica da regressão linear, presume que a demanda está relacionada a algum fator ou a fatores básicos no ambiente. Os modelos de simulação permitem que aqueles que fazem previsões simulem algumas suposições sobre a condição da previsão. Neste capítulo, serão discutidas as técnicas qualitativas e de séries temporais por serem as mais usadas no planejamento e controle da cadeia de suprimentos.

Análise de séries temporais

COMPONENTES DA DEMANDA

Na maioria dos casos, a demanda por produtos ou serviços pode ser dividida em seis componentes: demanda média para o período, tendência, sazonalidade, elementos cíclicos, variação aleatória e autocorrelação. O Quadro 10.1 ilustra uma demanda para um período de quatro anos, mostrando a média, a tendência, a sazonalidade e a aleatoriedade ao redor da curva de demanda suavizada.

Os fatores cíclicos são mais difíceis de determinar porque o período de tempo pode ser desconhecido ou a causa do ciclo pode não ser considerada. A influência cíclica na demanda poderá vir de ocorrências como eleições, guerra, condições econômicas ou pressões sociológicas.

As variações aleatórias são causadas por eventualidades. Estatisticamente, quando todas as causas conhecidas da demanda (média, tendência, sazonalidade, cíclicas e de autocorrelação) são subtraídas da demanda total, o que resta é a porção não-explicada da demanda. Caso não se consiga identificar a causa deste restante, presume-se que este seja um evento puramente aleatório.

A autocorrelação denota a persistência da ocorrência. Mais especificamente, o valor esperado em qualquer ponto está correlacionado com seus próprios valores passados. Na teoria da fila de espera, o comprimento da fila de espera é altamente correlacionado. Isto é, se a fila for relativamente longa em um certo horário, então pouco depois desse horário, espera-se que a fila ainda esteja longa. Quando a demanda é aleatória, pode variar muito de uma semana para a outra. Onde existe uma alta correlação, não se espera que a demanda mude muito de uma semana para a outra.

Linhas de tendência são os pontos de partida comuns no desenvolvimento de uma previsão. Essas linhas de tendência são ajustadas para os efeitos sazonais, os elementos cíclicos e quaisquer outros eventos inesperados que possam influenciar a previsão final. O Quadro 10.2 mostra quatro dos tipos mais comuns de tendências.

Quadro 10.1

Demanda do produto no decorrer do tempo consistindo em uma tendência de crescimento e demanda sazonal

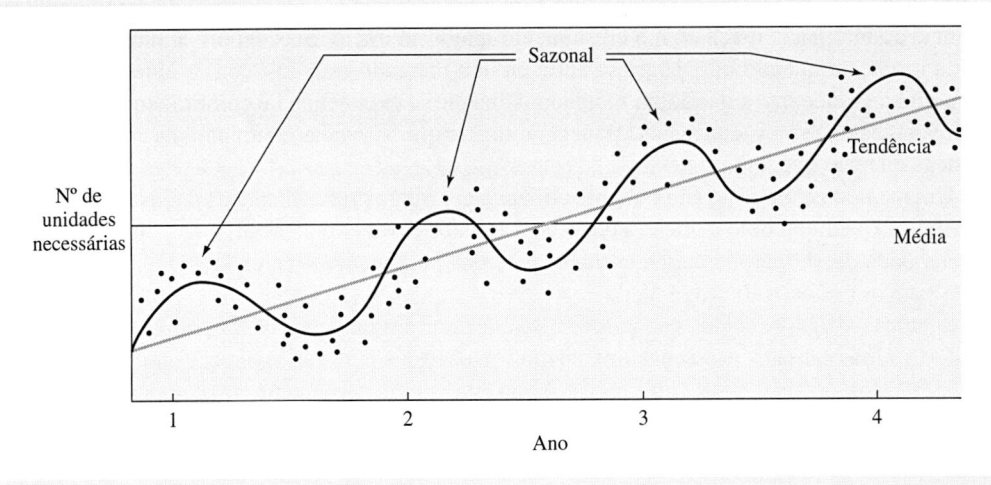

Excel: Componentes da Demanda.xls

Quadro 10.2

Tipos comuns de tendências

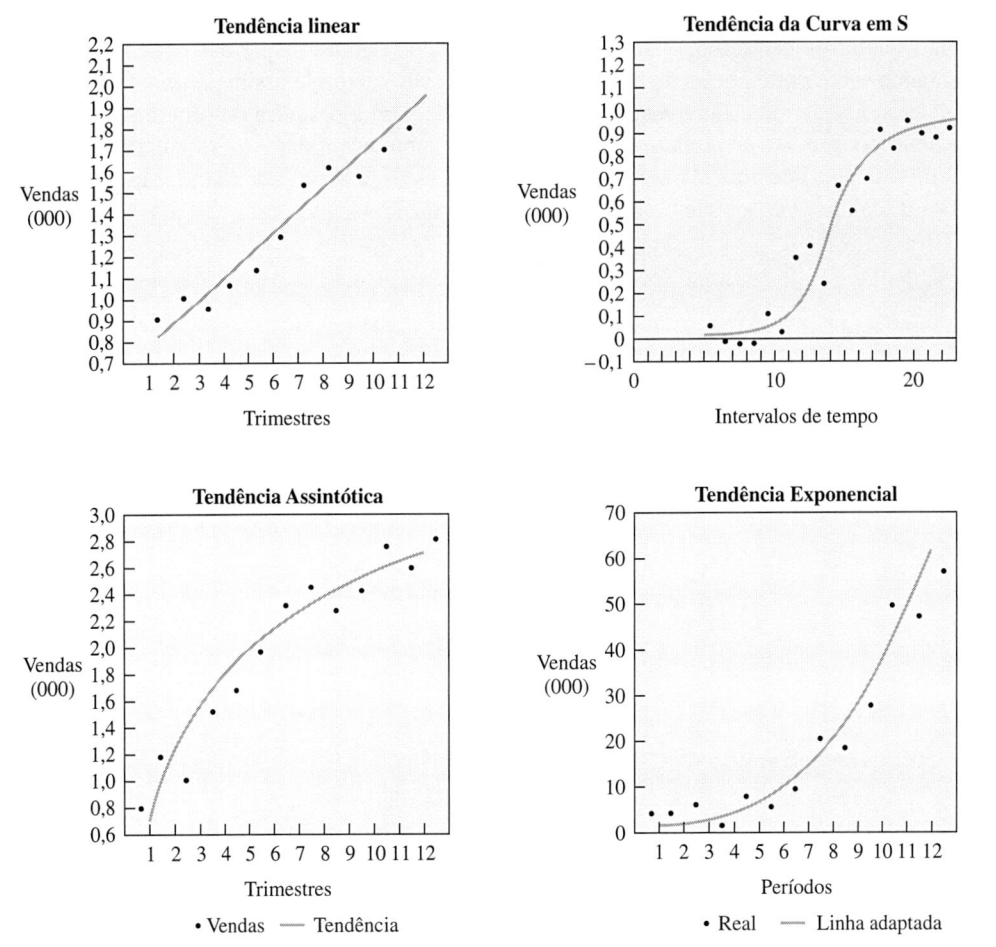

Uma tendência linear é obviamente um relacionamento contínuo e reto. Uma curva S é típica do crescimento do produto e do ciclo de maturidade. O ponto mais importante na curva S é onde a tendência muda de crescimento lento para crescimento rápido, ou de rápido para lento. Uma tendência assintótica começa com o crescimento maior no início, mas depois diminui. Essa curva poderia acontecer quando uma empresa entra em um mercado existente com o objetivo de saturar e captar uma grande participação no mercado. Uma curva exponencial é comum em produtos com crescimento explosivo. A tendência exponencial sugere que as vendas continuarão a aumentar – uma suposição que não é segura.

Um método de previsão amplamente utilizado apresenta graficamente os dados e depois busca a distribuição padrão (como a linear, a curva S, a assintótica e a exponencial) que melhor se encaixa. A atratividade desse método é que, como os cálculos para a curva são conhecidos, a solução dos valores para os períodos futuros é fácil.

Algumas vezes, os dados não parecem se encaixar em qualquer curva-padrão. Isso pode ser atribuído a várias causas que essencialmente movem os dados para várias direções ao mesmo tempo. Para esses casos, pode-se obter uma previsão simplista, porém geralmente eficaz, por meio da representação gráfica dos dados.

TÉCNICAS QUALITATIVAS NA PREVISÃO

Pesquisa de mercado

As empresas geralmente contratam entidades jurídicas externas, especializadas em *pesquisa de mercado*, para realizar esse tipo de previsão. Você talvez tenha se envolvido em pesquisas de mercado durante as aulas de marketing. Certamente, você não conseguiu escapar das ligações telefônicas perguntando sobre preferências do produto, sua renda, seus hábitos, e assim por diante.

A pesquisa de mercado é usada, em grande parte, para a pesquisa do produto em termos de busca de idéias para novos produtos, os prós e contras sobre os produtos existentes, quais produtos competitivos dentro de uma classe específica são preferidos, e assim por diante. Mais uma vez, os métodos de coleta de dados são basicamente pesquisas e entrevistas.

Algumas empresas, entre elas o Gilmore Research Group, oferecem aos profissionais de marketing softwares ou bancos de dados para ajudá-los a prever mais precisamente as vendas para áreas específicas de mercado, produtos ou segmentos.

Consenso através de painel

Em um *consenso através de painel*, a idéia de que duas cabeças pensam melhor do que uma é extrapolada para a idéia de que um painel de pessoas, de uma variedade de posições, consegue desenvolver uma previsão mais confiável do que um grupo mais reduzido. As previsões em painéis são desenvolvidas através de reuniões abertas, com a troca livre de idéias de todos os níveis da administração e indivíduos. A dificuldade nesse estilo aberto é que os funcionários nos níveis inferiores são intimidados pelos níveis mais altos da gerência. Por exemplo, um vendedor em uma linha específica de produto pode ter uma boa estimativa da demanda futura do produto, mas pode não se pronunciar para não desmentir uma estimativa diferente dada pelo vice-presidente de marketing. A técnica Delphi (discutida mais adiante) foi desenvolvida para tentar corrigir essa dificuldade em termos de troca livre.

Quando as decisões na previsão estão em um nível mais amplo e mais alto (como ao lançar uma nova linha de produtos ou decisões estratégicas relacionadas ao produto, como novas áreas de marketing), é geralmente utilizado o termo *julgamento executivo*. O termo é auto-explicativo: o nível mais alto da gerência entra em cena.

Analogia histórica

Ao tentar prever a demanda para um produto novo, uma situação ideal seria onde um produto existente ou um produto genérico poderia ser usado como modelo. Existem alguns meios para a classificação dessas analogias – por exemplo, produtos complementares, substituíveis ou competitivos e produtos em função da renda. Mais uma vez, você certamente recebeu uma enxurrada de produtos anunciados pelo correio em uma categoria similar ao produto comprado pelo catálogo, pela Internet ou pelo correio. Se você comprar um CD pelo correio, receberá mais correspondências sobre os novos CDs e aparelhos de CDs. Um relacionamento causal (listado na Figura 12.1, Parte III) seria que a demanda pelos CDs é causada pela demanda por aparelhos de CDs. Uma analogia seria a previsão da demanda para os aparelhos de DVD, analisando a demanda histórica para os videocassetes estéreos. Os produtos estão na mesma categoria geral de eletrônicos e poderão ser comprados pelos consumidores por preços similares. Um exemplo mais simples seriam as torradeiras e cafeteiras. A empresa que já produz torradeiras e quer produzir cafeteiras poderia usar o histórico da torradeira como modelo provável de crescimento.

Método Delphi

Como mencionado no item sobre o consenso através de painel, a declaração ou opinião de uma pessoa em um nível mais alto provavelmente terá mais peso do que aquela de uma pessoa pertencente a um nível inferior. O pior caso é aquele em que as pessoas em um nível mais baixo se sentem ameaçadas e não contribuem com suas verdadeiras crenças. Para evitar esse problema, o *método Delphi* omite a identidade dos participantes do estudo. Todos têm o mesmo peso. De acordo com os procedimentos, um moderador cria um questionário e o distribui aos participantes. Suas respostas são resumidas e devolvidas para todo o grupo juntamente com um novo conjunto de perguntas.

O método Delphi foi desenvolvido pela Rand Corporation nos anos 1950. O procedimento passo a passo é:

1. Escolher os especialistas participantes. Deve haver uma variedade de pessoas com conhecimento em áreas diferentes.
2. Através do questionário (ou *e-mail*), obter previsões (e quaisquer premissas ou qualificações para as previsões) de todos os participantes.
3. Resumir os resultados e os redistribuir aos participantes juntamente com novas questões pertinentes.
4. Fazer um novo resumo, aprimorando as previsões e condições, e novamente elaborar novas perguntas.
5. Repetir a Etapa 4, se necessário. Distribuir os resultados finais a todos os participantes.

A técnica Delphi geralmente consegue alcançar resultados satisfatórios em três rodadas. O tempo necessário depende do número de participantes, de quanto trabalho está envolvido para desenvolverem suas previsões e da velocidade na resposta.

ANÁLISE DE SÉRIES TEMPORAIS

Os modelos de previsão de séries temporais tentam prever o futuro baseado em dados passados. Por exemplo, os índices de vendas das últimas seis semanas podem ser usados para prever as vendas da sétima semana. Os índices de vendas trimestrais dos últimos anos podem ser usados para prever os trimestres futuros. Embora ambos os exemplos contenham vendas, provavelmente seriam utilizados modelos de previsões diferentes de séries temporais.

O Quadro 10.3 mostra os modelos de séries temporais discutidos no capítulo e algumas de suas características. *Curto*, *médio* ou *longo* prazo são relativos ao contexto no qual são utilizados. No entanto, na previsão de negócios, *curto prazo* geralmente se refere a menos de três meses; *médio prazo*, de três meses a dois anos; e *longo prazo*, mais do que dois anos. No geral, os modelos de curto prazo compensam a variação aleatória e se ajustam às mudanças de curto prazo (como as respostas dos consumidores a um novo produto). As previsões de médio prazo são úteis para os efeitos sazonais, e os modelos de longo prazo detectam as tendências gerais e contribuem para a identificação dos principais pontos de mudança.

O modelo de previsão que uma empresa deve escolher depende:

1. Do horizonte de tempo para a previsão.
2. Da disponibilidade dos dados.
3. Da precisão necessária.
4. Do tamanho do orçamento de previsão.
5. Da disponibilidade de pessoal qualificado.

Na seleção de um modelo de previsão, existem outras questões, como o grau de flexibilidade de uma empresa. (Quanto maior a possibilidade de reagir rapidamente às mudanças, tanto menos precisa a previsão deve ser.) Outro item é a conseqüência de uma previsão ruim. Se uma grande decisão de investimento de capital for baseada em uma previsão, esta deve ser uma boa previsão.

Quadro 10.3 — Guia para selecionar um método de previsão adequado

Método de previsão	Quantidade de dados históricos	Padrão de dados	Horizonte de previsão
Média móvel simples	6 a 12 meses, dados semanais são usados com freqüência	Os dados devem ser estacionários (isto é, sem tendências ou sazonalidade)	Curto
Média ponderada móvel e suavização exponencial simples	5 a 10 observações necessárias para iniciar	Os dados devem ser estacionários	Curto
Suavização exponencial com tendência	5 a 10 observações necessárias para iniciar	Estacionários e tendência	Curto
Regressão linear	10 a 20 observações; para a sazonalidade, pelo menos 5 observações por temporada	Estacionários, tendência e sazonalidade	Curto a médio

Média móvel simples

Quando a demanda para um produto não está crescendo nem declinando rapidamente, e se não tiver características sazonais, uma média móvel pode ser útil na remoção das flutuações aleatórias para a previsão. Embora as *médias móveis* estejam freqüentemente centradas, é mais conveniente usar os dados passados para prever o próximo período diretamente. Para ilustrar, uma média centrada em cinco meses – janeiro, fevereiro, março, abril e maio – dá uma média centrada em março. No entanto, todos os cinco meses de dados precisam existir. Se o objetivo for fazer a previsão para junho, deve-se projetar a média móvel – de alguma forma – de março a junho. Se a média não estiver centrada, mas estiver em direção ao final, é possível prever mais facilmente, embora se perca precisão. Assim, caso se queira fazer a previsão de junho com uma média móvel de cinco meses, pode-se usar a média de janeiro, fevereiro, março, abril e maio. Quando passar junho, a previsão para julho seria a média de fevereiro, março, abril, maio e junho. Foi assim que os Quadros 10.4 e 10.5 foram calculados.

Quadro 10.4

Previsão da demanda baseada em uma média móvel simples de três e nove semanas

Semana	Demanda	3 semanas	9 semanas	Semana	Demanda	3 semanas	9 semanas
1	800			16	1.700	2.200	1.811
2	1.400			17	1.800	2.000	1.800
3	1.000			18	2.200	1.833	1.811
4	1.500	1.067		19	1.900	1.900	1.911
5	1.500	1.300		20	2.400	1.967	1.933
6	1.300	1.333		21	2.400	2.167	2.011
7	1.800	1.433		22	2.600	2.233	2.111
8	1.700	1.533		23	2.000	2.467	2.144
9	1.300	1.600		24	2.500	2.333	2.111
10	1.700	1.600	1.367	25	2.600	2.367	2.167
11	1.700	1.567	1.467	26	2.200	2.367	2.267
12	1.500	1.567	1.500	27	2.200	2.433	2.311
13	2.300	1.633	1.556	28	2.500	2.333	2.311
14	2.300	1.833	1.644	29	2.400	2.300	2.378
15	2.000	2.033	1.733	30	2.100	2.367	2.378

Quadro 10.5

Previsão da média móvel de períodos de três e nove semanas *versus* a demanda real

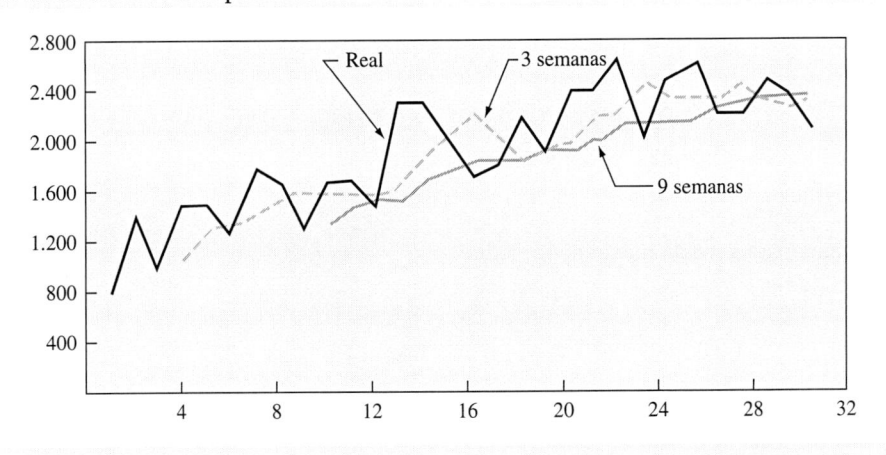

Embora seja importante selecionar o melhor período para a média móvel, existem vários efeitos conflitantes de períodos com durações diferentes. Quanto mais longo for o período da média móvel, mais os elementos aleatórios serão suavizados (o que pode ser conveniente em muitos casos). Mas se houver uma tendência nos dados – seja aumentando ou diminuindo – a média móvel terá a característica adversa de retardamento da tendência. Assim, embora um período mais curto produza mais oscilações, há um acompanhamento mais próximo da tendência. Por outro lado, um tempo mais longo proporciona uma resposta mais suavizada, mas retarda a tendência.

A fórmula para uma média móvel simples é

[10.1]
$$F_t = \frac{A_{t-1} + A_{t-2} + A_{t-3} + \cdots + A_{t-n}}{n}$$

onde

F_t = Previsão para o período vindouro

n = Número de períodos da média

A_{t-1} = Ocorrência real no período passado

A_{t-2}, A_{t-3} e A_{t-n} = Ocorrências reais de dois períodos passados, três períodos passados, e assim por diante até n períodos atrás

O Quadro 10.5 é uma representação gráfica dos dados do Quadro 10.4, mostrando os efeitos das várias durações do período de uma média móvel. Constatamos que a tendência de crescimento se nivela por volta da 23ª semana. A média móvel de três semanas responde melhor seguindo esta mudança do que a média de nove semanas, embora, no geral, a média de nove semanas seja mais suave.

A principal desvantagem no cálculo de uma média móvel é que todos os elementos individuais devem ser transportados como dados porque um novo período de previsão envolve a adição de novos dados e o abandono dos dados iniciais. Para uma média móvel de um período de três ou seis, isso não é muito significativo. Mas a representação gráfica de uma média móvel de 60 dias para o uso de cada um dos 20.000 itens em estoque abrangeria um volume significativo de dados.

Média móvel ponderada

Enquanto a média móvel simples atribui o mesmo peso a cada componente do banco de dados de médias móveis, uma média móvel ponderada permite atribuir quaisquer pesos a cada elemento, contanto que, é claro, a soma de todos os pesos seja igual a 1. Por exemplo, uma loja de departamentos poderá descobrir que, em um período de quatro meses, a melhor previsão é obtida utilizando-se 40% das vendas reais para o mês mais recente, 30% de dois meses atrás, 20% de três meses atrás e 10% de quatro meses atrás. Se a experiência das vendas reais fosse:

Mês 1	Mês 2	Mês 3	Mês 4	Mês 5
100	90	105	95	?

a previsão para o mês 5 seria:

$$F_5 = 0{,}40\,(95) + 0{,}30\,(105) + 0{,}20\,(90) + 0{,}10\,(100)$$
$$= 38 + 31{,}5 + 18 + 10$$
$$= 97{,}5$$

A fórmula para a média móvel ponderada é:

[10.2]
$$F_t = w_1 A_{t-1} + w_2 A_{t-2} + \ldots + w_n A_{t-n}$$

onde

w_1 = Peso a ser atribuído à ocorrência real para o período $t-1$

w_2 = Peso a ser atribuído à ocorrência real para o período $t-2$

w_n = Peso a ser atribuído à ocorrência real para o período $t - n$

n = Número total de períodos da previsão

Embora seja possível ignorar vários períodos (isto é, seus pesos são zero) e o esquema de ponderação possa estar em qualquer ordem (por exemplo, dados mais distantes podem ter pesos maiores do que os dados mais recentes), a soma de todos os pesos deve ser igual a 1.

$$\sum_{i=1}^{n} w_i = 1$$

Suponha que as vendas do mês 5 realmente acabaram sendo 110. Então, a previsão para o mês 6 seria:

$$F_6 = 0,40\,(110) + 0,30\,(95) + 0,20\,(105) + 0,10\,(90)$$
$$= 44 + 28,5 + 21 + 9$$
$$= 102,5$$

Escolhendo os pesos A experiência e a tentativa e erro são os meios mais simples de escolher os pesos. Como regra geral, o passado mais recente é o indicador mais importante do que se esperar no futuro e, portanto, deve receber pesos mais altos. A receita do mês passado ou a capacidade da fábrica, por exemplo, seria uma estimativa melhor para o mês vindouro do que a receita ou a capacidade fabril de vários meses atrás.

No entanto, se os dados forem sazonais, por exemplo, os pesos deveriam ser estabelecidos proporcionalmente. As vendas de maiôs em julho do ano passado devem ser ponderadas mais pesadamente do que as vendas em dezembro (no Hemisfério Norte).

A média móvel ponderada tem uma vantagem definitiva sobre a média móvel simples por ser capaz de variar os efeitos dos dados passados. Entretanto, é mais inconveniente e custosa de usar do que o método da média ponderada exponencial, que será examinado a seguir.

Suavização exponencial

Nos métodos anteriores de previsão (media móvel simples e ponderada), a principal desvantagem consistia na necessidade de continuamente carregar uma grande quantidade de dados históricos. (Isso também acontece nas técnicas da análise de regressão, examinadas a seguir.) À medida que cada parte nova de dados é adicionada a esses métodos, a observação mais antiga é eliminada e a nova previsão é calculada. Em muitas aplicações (talvez na maioria), as ocorrências mais recentes são mais indicativas do futuro do que aquelas de um passado mais distante. Se essa premissa for válida – que a importância dos dados diminui à medida que o passado se torna mais distante, – então a suavização exponencial poderá ser o método mais lógico e mais fácil de usar.

Suavização exponencial

O motivo do nome *suavização exponencial* é que cada incremento no passado é diminuído por $(1 - \alpha)$. Se α é 0,05, por exemplo, os pesos para os vários períodos seriam os seguintes (α é definido abaixo):

	Ponderando em $\alpha = 0,05$
Ponderação mais recente = $\alpha(1 - \alpha)^0$	0,0500
Dados de um período anterior = $\alpha(1 - \alpha)^1$	0,0475
Dados de dois períodos anteriores = $\alpha(1 - \alpha)^2$	0,0451
Dados de três períodos anteriores = $\alpha(1 - \alpha)^3$	0,0429

Logo, os expoentes 0, 1, 2, 3,..., e assim por diante, lhes dão seus nomes.

A suavização exponencial é a mais usada de todas as técnicas de previsão. Ela parte faz de quase todos os programas computadorizados de previsão, e é amplamente utilizada no pedido de estoque nas empresas varejistas, nas empresas atacadistas e nas agências de serviços.

As técnicas da suavização exponencial tornaram-se bem aceitas por seis motivos importantes:

1. Os modelos exponenciais são surpreendentemente precisos.
2. A formulação de um modelo exponencial é relativamente fácil.
3. O usuário consegue entender como o modelo funciona.
4. É necessária pouca computação para usar o modelo.
5. As necessidades de armazenamento em computadores são pequenas por causa do uso limitado de dados históricos.
6. Os testes de precisão, para conhecer a eficiência do modelo, são fáceis de implementar.

Constante alfa de suavização (α)

No método da suavização exponencial, são necessárias apenas três partes importantes para prever o futuro: a previsão mais recente, a demanda real que ocorreu para esse período previsto e uma constante alfa de suavização (α). Essa constante de suavização determina o nível de suavização e a velocidade da reação para as diferenças entre as ocorrências previstas e as atuais. O valor para a constante é determinado pela natureza do produto e pelo senso do gerente sobre o que constitui um bom coeficiente de resposta. Por exemplo, se uma empresa produzisse um item padrão com uma demanda relativamente estável, o coeficiente de resposta para as diferenças entre a demanda real e a demanda prevista tenderia a ser pequena, talvez de 5 a 10 pontos percentuais. Entretanto, se uma empresa estivesse experimentando um crescimento, seria conveniente ter um coeficiente mais alto de resposta, talvez 15 a 30 pontos percentuais, para dar maior importância à experiência do crescimento recente. Quanto mais rápido for o crescimento, mais alto deverá ser o coeficiente de resposta. Ocasionalmente, os usuários da média móvel simples mudam para a suavização exponencial, mas gostam de manter as previsões quase iguais à média móvel simples. Nesse caso, α é aproximado por $2 \div (n + 1)$, onde n é o número de períodos.

A equação para uma única previsão por suavização exponencial é simplesmente:

[10.3]
$$F_t = F_{t-1} + \alpha(A_{t-1} - F_{t-1})$$

onde

F_t = A previsão exponencialmente suavizada para o período t

F_{t-1} = A previsão exponencialmente suavizada feita para o período anterior

A_{t-1} = A demanda real no período anterior

α = O coeficiente de resposta almejada ou constante de suavização

Esta equação demonstra que a nova previsão é igual à previsão antiga mais uma porção de erro (a diferença entre a previsão anterior e a que realmente ocorreu).[2]

Para demonstrar o método, suponha que a demanda de longo prazo para o produto em estudo é relativamente estável e uma constante de suavização (α) de 0,05 é considerada adequada. Se o método exponencial fosse usado como prática contínua, teria sido feita uma previsão para o último mês.[3] Suponha que a previsão do último mês (F_{t-1}) fosse de 1.050 unidades. Se realmente a demanda fosse de 1.000 unidades, em vez de 1.050, a previsão para este mês seria:

$$Ft = F_{t-1} + \alpha(A_{t-1} - F_{t-1})$$
$$= 1.050 + 0,05(1.000 - 1.050)$$
$$= 1.050 + 0,05(-50)$$
$$= 1.047,5 \text{ unidades}$$

Como o coeficiente da suavização é pequeno, a resposta da nova previsão a um erro de 50 unidades consiste em diminuir a previsão do próximo mês em apenas 2,5 unidades.

Quadro 10.6

Previsões exponenciais *versus* demanda real para unidades de um produto no decorrer do tempo, mostrando o *retardamento* da previsão

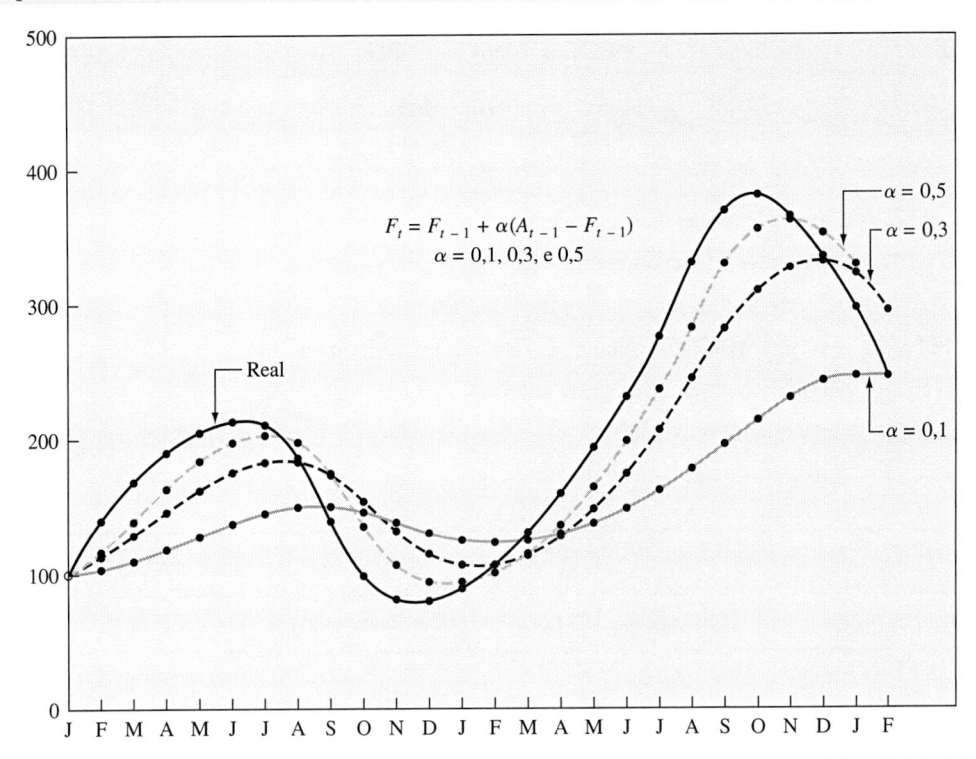

$$F_t = F_{t-1} + \alpha(A_{t-1} - F_{t-1})$$
$$\alpha = 0,1, 0,3, \text{ e } 0,5$$

A média ponderada exponencial simples tem a deficiência de retardar as mudanças na demanda. A suavização exponencial simples tem a desvantagem de retardar as mudanças ocorridas na demanda. O Quadro 10.6 apresenta dados reais representados graficamente como curva de suavização, para mostrar os efeitos retardados das previsões exponenciais. A previsão é retardada quando ocorre um aumento ou uma queda, mas excede quando ocorre uma mudança na direção. Observe que quanto mais alto for o valor de alfa, mais próxima a previsão seguirá a real. Para seguir a demanda real mais de perto, pode ser adicionado um fator de tendência. Ajustar o valor de alfa também ajuda. Isso é denominado *previsão adaptável*. Os efeitos da tendência e a previsão adaptável serão explicados sucintamente nas seções a seguir.

Efeitos da tendência na suavização exponencial Lembre-se de que uma tendência para cima ou para baixo nos dados coletados durante uma seqüência de períodos faz com que a previsão exponencial sempre fique atrás (esteja acima ou abaixo) da ocorrência real. As previsões exponencialmente suavizadas podem ser corrigidas, até certo ponto, adicionando um ajuste da tendência. Para corrigir a tendência, precisamos de duas constantes de suavização. Além da constante de suavização α, a equação da tendência também usa uma constante delta de suavização de tendência (δ). O delta reduz o impacto do erro que ocorre entre a demanda real e a prevista. Se o alfa e o delta não forem incluídos, a tendência reagirá em demasia aos erros.

Para fazer com que a equação da tendência funcione, na primeira vez que for usado, o valor da tendência deverá ser inserido manualmente. Esse valor inicial da tendência pode ser um "chute calibrado" ou um cálculo baseado nos dados passados observados.

Constante delta de suavização de tendência (δ)

A equação para calcular a previsão incluindo a tendência (FIT – *forecast including tendency*) é

[10.4] $$\text{FIT}_t = F_t + T_t$$

[10.5] $$F_t = \text{FIT}_{t-1} + \alpha(A_{t-1} - \text{FIT}_{t-1})$$

[10.6] $$T_t = T_{t-1} + \delta(F_t - \text{FIT}_{t-1})$$

onde

F_t = previsão exponencialmente suavizada para o período t
T_t = tendência exponencialmente suavizada para o período t
FIT_t = previsão incluindo a tendência para o período t
FIT_{t-1} = previsão incluindo a tendência feita para o período anterior
A_{t-1} = demanda real para o período anterior
α = constante de suavização
δ = constante de suavização de tendência

Exemplo 10.1: Previsão incluindo a tendência

Suponha um F_t inicial de 100 unidades, uma tendência de 10 unidades, um alfa de 0,20 e um delta de 0,30. Se a demanda real resultasse em 115 em vez dos 100 previstos, calcule a previsão para o próximo período.

SOLUÇÃO

Adicionadas a previsão inicial e a tendência, temos:

$$\text{FIT}_{t-1} = F_{t-1} + T_{t-1} = 100 + 10 = 110$$

A A_{t-1} real é dada como 115. Portanto,

$$Ft = \text{FIT}_{t-1} + \alpha(A_{t-1} - \text{FIT}_{t-1})$$
$$= 110 + 0{,}2(115 - 110) = 111{,}0$$
$$T_t = T_{t-1} + \delta(F_t - \text{FIT}_{t-1})$$
$$= 10 + 0{,}3(111 - 110) = 10{,}3$$
$$\text{FIT}_t = F_t + T_t = 111{,}0 + 10{,}3 = 121{,}3$$

Se, em vez de 121,3, a demanda real acabasse sendo de 120, a seqüência seria repetida e a previsão para o próximo período seria

$$F_{t+1} = 121{,}3 + 0{,}2(120 - 121{,}3) = 121{,}04$$
$$T_{t+1} = 10{,}3 + 0{,}3(121{,}04 - 121{,}3) = 10{,}22$$
$$\text{FIT}_{t+1} = 121{,}04 + 10{,}22 = 131{,}26 \;\bullet$$

Escolhendo o valor adequado de alfa A suavização exponencial exige que a constante alfa de suavização (α) seja um valor entre 0 e 1. Se a demanda real for estável (como a demanda por eletricidade e comida), espera-se que um alfa pequeno diminua os efeitos das mudanças de curto prazo ou aleatórias. Se a demanda real está aumentando ou diminuindo rapidamente (como nos itens da moda ou de novos eletrodomésticos pequenos), espera-se que um alfa grande tente acompanhar a mudança. Seria ideal se fosse possível prever qual alfa deveria ser usado. Infelizmente, dois aspectos dificultam essa previsão. Primeiro, levaria algum tempo para determinar o alfa que melhor se adaptaria aos dados atuais. Seria entediante seguir e revisá-lo. Segundo, porque as demandas mudam, o alfa que foi selecionado esta semana talvez tenha que ser revisto logo. Assim, são necessários alguns métodos automáticos para rastrear e mudar os valores do alfa de maneira automática.

Existem duas abordagens para controlar o valor do alfa. Uma utiliza os vários valores do alfa; a outra, um sinal de rastreamento.

1. **Dois ou mais valores predeterminados do alfa** – A quantidade de erro entre a demanda prevista e a real é medida. Dependendo do grau de erro, os valores diferentes do alfa são usados. Se o erro for grande, o alfa será 0,8; se o erro for pequeno, o alfa será 0,2.
2. **Valores calculados para o alfa** – Um alfa rastreado calcula se a previsão está se mantendo com as mudanças para cima ou para baixo na demanda (ao contrário de mudanças aleatórias). Nessa aplicação, o alfa rastreado é definido como o erro real exponencialmente suavizado dividido pelo erro absoluto exponencialmente suavizado. O alfa muda de um período para o outro dentro de uma variação possível de 0 a 1.

Erros de previsão

Ao usar a palavra *erro*, está-se referindo à diferença entre o valor da previsão e o que realmente ocorreu. Em estatística, esses erros são chamados de *resíduos*. Contanto que o valor previsto esteja dentro do intervalo de confiança, conforme será discutido mais adiante na seção "Medição do Erro", este não é realmente um erro. Mas o uso comum se refere à diferença como um erro.

A demanda por um produto é gerada através da interação de um número de fatores muito complexos para ser precisamente descrito em um modelo. Assim, todas as previsões certamente contêm alguns erros. Ao discutir os erros de previsão, é conveniente distinguir entre as *fontes de erro* e a *medição do erro*.

Fonte de erros

Os erros se originam em diversas fontes. Uma origem comum, que muitas pessoas que fazem as previsões desconhecem, é a projeção das tendências passadas para o futuro. Por exemplo, quando se fala em erros estatísticos na análise de regressão, está-se referindo aos desvios de observações da análise em regressão. É comum afixar um intervalo de confiança (isto é, limites do controle estatístico) à linha de regressão para reduzir as chances de erro inexplicado. Mas quando se utiliza essa linha de regressão como instrumento de previsão, projetando-a no futuro, o erro pode não ser corretamente definido pela faixa de confiança projetada. Isso ocorre porque o intervalo de confiança se baseia em dados passados, pode não servir para os pontos projetados e, portanto, não pode ser usado com a mesma confiança. Na realidade, a experiência mostra que os erros reais têm a tendência de ser maiores do que aqueles previstos nos modelos de previsão.

Os erros podem ser classificados como de tendência ou aleatórios. Os *erros de tendência* ocorrem quando um erro consistente é cometido. As origens desses erros de tendência incluem deixar de incluir as variáveis corretas; usar relacionamentos errados entre as variáveis; empregar a linha de tendência errada; transferir erroneamente a demanda sazonal de onde ela normalmente ocorre, e a existência de algumas tendências seculares não detectadas. É possível definir os *erros aleatórios* como aqueles que não podem ser explicados pelo modelo previsto utilizado.

Medição do erro

Eis alguns termos comuns utilizados para descrever o grau de erro: *erro padrão, erro médio quadrático* (ou *variância*) e *desvio absoluto médio*. Além disso, podem-se usar os sinais de rastreamento para indicar quaisquer tendências positivas ou negativas na previsão.

O erro padrão é discutido na seção sobre a regressão linear neste capítulo. Uma vez que o erro padrão é a raiz quadrada de uma função, geralmente é mais conveniente usar a própria função. Esta é chamada de erro médio quadrático ou variância.

Desvio absoluto médio (MAD – *mean absolute deviation*)

O desvio absoluto médio (MAD – *mean absolute deviation*) estava na moda no passado, mas depois foi ignorado em favor do desvio-padrão e das medidas do erro padrão. Nos últimos anos, o MAD voltou por causa da sua simplicidade e utilidade em obter sinais de rastreamento. O MAD é a média de erro nas previsões, utilizando valores absolutos. É valioso porque o MAD, assim como o desvio-padrão, mede a dispersão de alguns valores observados a partir de algum valor esperado.

O MAD é calculado usando-se as diferenças entre a demanda real e a demanda prevista sem considerar o sinal. É igual à soma dos desvios absolutos divididos pelo número de pontos, ou, como na forma de equação,

[10.7]
$$MAD = \frac{\sum_{i=1}^{n} |A_t - F_t|}{n}$$

onde

t = Número de períodos
A = Demanda real para o período
F = Demanda prevista para o período
n = Número total de períodos
$|\ |$ = Um símbolo usado para indicar o valor absoluto, que não considera os sinais positivos ou negativos (módulo)

Quando os erros que ocorrem na previsão são normalmente distribuídos (o caso comum), o desvio médio absoluto relaciona o desvio-padrão como

$$1 \text{ desvio-padrão} = \sqrt{\frac{\pi}{2}} \times MAD, \text{ ou aproximadamente } 1{,}25 \text{ MAD}$$

Por outro lado,

$$1 \text{ MAD} = \text{desvio-padrão } 0{,}8$$

O desvio-padrão é a medida maior. Caso se descubra que o MAD de um conjunto de pontos seja de 60 unidades, então o desvio-padrão seria de 75 unidades. Na maneira estatística comum, se os limites de controle fossem estabelecidos em mais ou menos 3 desvios-padrão (ou $\pm 3{,}75$ MADs), então 99,7% dos pontos se encaixariam dentro desses limites.

Sinal de rastreamento

O sinal de rastreamento é uma medida que indica se a média da previsão está se mantendo em dia com quaisquer mudanças genuínas para cima e para baixo na demanda. Como usado na previsão, o sinal de rastreamento é o *número* de desvios absolutos médios em que o valor da previsão está acima ou abaixo da ocorrência real. O Quadro 10.7 mostra uma distribuição normal com uma média de 0 e um MAD igual a 1. Assim, ao se calcular o sinal de rastreamento e descobrir que é igual a menos 2, pode-se ver que o modelo de previsão está fornecendo previsões bem acima da média das ocorrências reais.

Distribuição normal com média = 0 e MAD = 1

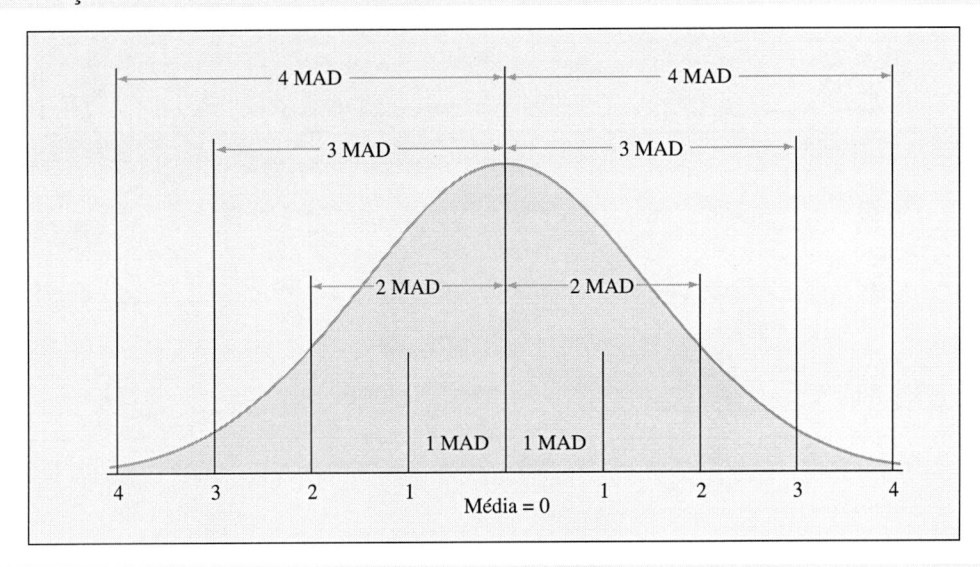

Quadro 10.7

Pode-se calcular o sinal de rastreamento (*TS – tracking signal*) com uma soma aritmética dos desvios previstos divididos pelo desvio absoluto médio:

[10.8]
$$TS = \frac{RSFE}{MAD}$$

onde

RSFE (*running sum of forecast error*) é a soma acumulada dos erros de previsão, considerando a natureza do erro. (Por exemplo, os erros negativos cancelam os erros positivos e vice-versa.)

MAD é a média de todos os erros de previsão (sem considerar se os desvios são positivos ou negativos). É a média dos desvios absolutos.

O Quadro 10.8 ilustra o procedimento para calcular o MAD e o sinal de rastreamento para um período de seis meses, no qual a previsão havia sido estabelecida a uma constante de 1.000 e as demandas reais ocorridas são conforme apresentadas. Neste exemplo, a previsão, na média, estava fora em 66,7 unidades e o sinal de rastreamento era igual a 3,3 desvios absolutos médios.

Pode-se entender melhor o significado do MAD e do sinal de rastreamento alocando os pontos em um gráfico. Embora este não seja completamente validado do ponto de vista do tamanho da amostra, apresenta-se graficamente cada mês no Quadro 10.9 para mostrar o desvio do sinal de rastreamento. Observe que ele mudou de menos 1 MAD para mais 3,3 MADs. Isso aconteceu porque a demanda real foi maior do que a prevista em quatro dos seis períodos. Se a demanda real não estiver abaixo da previsão para compensar o RSFE positivo contínuo, o sinal de rastreamento continuará a subir e poderemos concluir que a suposição de uma demanda de 1.000 é uma previsão ruim.

Análise de regressão linear

A *regressão* pode ser definida como uma função entre duas ou mais variáveis correlacionadas. É usada para prever uma variável dada outra variável. O relacionamento é geralmente desenvolvido a partir dos dados observados. Os dados devem ser representados graficamente primeiro para ver

Quadro 10.8

Calculando o Desvio Absoluto Médio (MAD), a Soma Acumulada dos Erros de Previsão (RSFE) e o Sinal de rastreamento (TS) dos Dados Reais e Previstos

Mês	Previsão de demanda	Real	Desvio	RSFE	Desvio abs.	Soma desvio abs.	MAD*	TS = $\frac{RSFE^\dagger}{MAD}$
1	1.000	950	−50	−50	50	50	50	−1
2	1.000	1.070	+70	+20	70	120	60	0,33
3	1.000	1.100	+100	+120	100	220	73,3	1,64
4	1.000	960	−40	+80	40	260	65	1,2
5	1.000	1.090	+90	+170	90	350	70	2,4
6	1.000	1.050	+50	+220	50	400	66,7	3,3

*Para o mês 6, MAD = 400 ÷ 6 = 66,7.

†Para o mês 6, TS = $\frac{RSFE}{MAD} = \frac{220}{66,7}$ = 3,3 MADs.

Quadro 10.9

Uma representação gráfica dos sinais de rastreamento calculados no Quadro 10.8

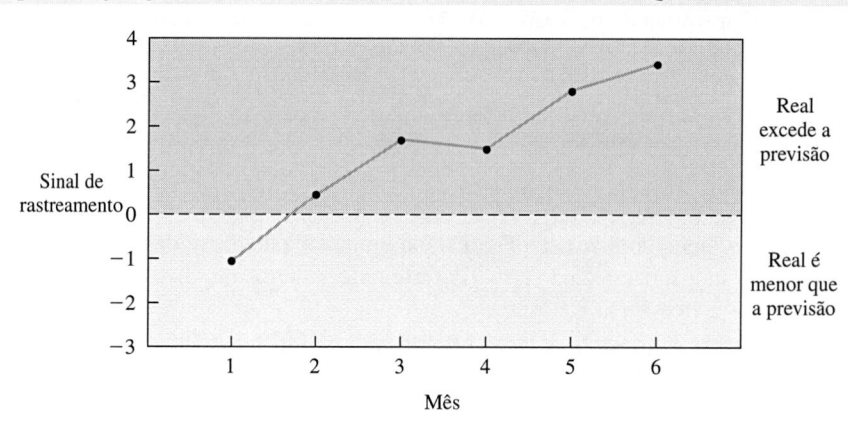

se parecem lineares ou se pelo menos partes dos dados são lineares. A *regressão linear* se refere à classe especial da regressão, em que o relacionamento entre as variáveis forma uma linha reta.

A linha da regressão linear está na forma de $Y = a + bX$, onde Y é o valor da variável dependente sendo calculada, a é a interseção do eixo Y, b é a inclinação e X é a variável independente. Em uma análise de séries temporais, X é a unidade de tempo.

A regressão linear é útil para a previsão de longo prazo das principais ocorrências e planejamento agregado. Por exemplo, a regressão linear seria útil para prever as demandas para as famílias de produtos. Embora a demanda pelos produtos individuais dentro de uma família possa ter muitas variações durante um período, a demanda pela família de produto total é surpreendentemente uniforme.

Previsão da regressão linear

A principal restrição ao uso da previsão da regressão linear é, como o próprio nome indica, que os dados passados e as projeções futuras supostamente se encaixam em uma linha reta. Embora isso realmente limite sua aplicação, algumas vezes, ao se utilizar um período mais curto, a análise de regressão linear ainda pode ser usada. Por exemplo, poderá haver segmentos curtos do período mais longo que são aproximadamente lineares.

A regressão linear é usada para a previsão das séries temporais e para a previsão do relacionamento causal. Quando a variável dependente (geralmente o eixo vertical em um gráfico) muda em função do tempo (representado graficamente no eixo horizontal), é uma análise de série temporal. Se uma variável mudar por causa da mudança em outra variável, este é um relacionamento causal (como o número de mortes causadas pelo câncer de pulmão aumentando com o número de pessoas que fumam).

Usamos o exemplo a seguir para demonstrar a análise de regressão linear dos mínimos quadrados.

Exemplo 10.2: Método dos mínimos quadrados

As vendas de uma empresa para uma linha de produto durante os 12 trimestres dos últimos três anos são:

Trimestre	Vendas	Trimestre	Vendas
1	600	7	2.600
2	1.550	8	2.900
3	1.500	9	3.800
4	1.500	10	4.500
5	2.400	11	4.000
6	3.100	12	4.900

A empresa quer prever cada trimestre do quarto ano – isto é, trimestres 13, 14, 15 e 16.

SOLUÇÃO

A equação dos mínimos quadrados para a regressão linear é

[10.9] $$Y = a + bx$$

onde

Y = Variável dependente calculada pela equação

y = O ponto de dados da variável dependente real (usado abaixo)

a = Interseção do eixo Y

b = Inclinação da linha

x = Período considerado

O método dos mínimos quadrados tenta ajustar a linha aos dados *que minimizam a soma dos quadrados da distância vertical* entre cada ponto de dados e seu ponto correspondente na linha. Ao traçar uma linha pela área geral dos pontos, a diferença entre o ponto e a linha é $y - Y$. O Quadro 10.10 mostra essas diferenças. A soma dos quadrados das diferenças entre os pontos representados nos gráficos e os pontos da linha é:

$$(y_1 - Y_1)^2 + (y_2 - Y_2)^2 + \ldots + (y_{12} - Y_{12})^2$$

A melhor linha para usar é aquela que minimiza este total.

Como anteriormente, a equação da linha reta é:

Quadro 10.10 — Linha de regressão de mínimos quadrados

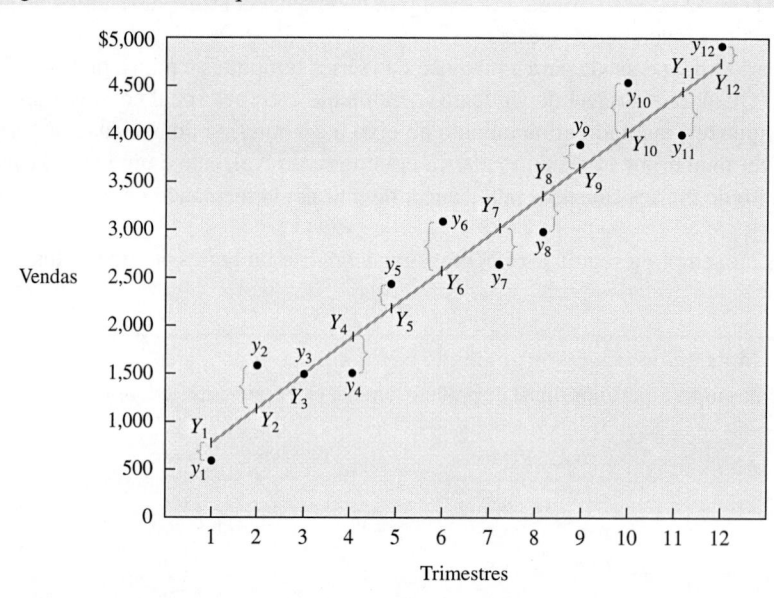

Excel: Previsão

$$Y = a + bx$$

Anteriormente, nós determinamos *a* e *b* a partir do gráfico. No método dos números quadrados, as equações para *a* e *b* são:

[10.10]
$$a = \overline{y} - b\overline{x}$$

[10.11]
$$b = \frac{\sum xy - n\overline{x} \cdot \overline{y}}{\sum x^2 - n\overline{x}^2}$$

onde

a = Interseção do eixo Y

b = Inclinação da linha

$\overline{y}$ = Média de todos os y's

$\overline{x}$ = Média de todos os x's

x = Valor de x a cada ponto de dados

y = Valor de y a cada ponto de dados

n = Número de pontos de dados

Y = Valor da variável dependente calculada com a equação da regressão

O Quadro 10.11 mostra esses cálculos efetuados para os 12 pontos de dados no problema. Observe que a equação final para Y mostra uma interseção de 441,6 e uma inclinação de 359,6. A inclinação mostra que, para cada mudança de unidade em X, Y muda em 359,6.

Com base estritamente na equação, as previsões para os períodos 13 a 16 seriam:

$$Y_{13} = 441{,}6 + 359{,}6(13) = 5.116{,}4$$
$$Y_{14} = 441{,}6 + 359{,}6(14) = 5.476{,}0$$

Quadro 10.11

Análise de regressão dos mínimos quadrados

(1) x	(2) y	(3) xy	(4) x^2	(5) y^2	(6) Y
1	600	600	1	360.000	801,3
2	1.550	3.100	4	2.402.500	1.160,9
3	1.500	4.500	9	2.250.000	1.520,5
4	1.500	6.000	16	2.250.000	1.880,1
5	2.400	12.000	25	5.760.000	2.239,7
6	3.100	18.600	36	9.610.000	2.599,4
7	2.600	18.200	49	6.760.000	2.959,0
8	2.900	23.200	64	8.410.000	3.318,6
9	3.800	34.200	81	14.440.000	3.678,2
10	4.500	45.000	100	20.250.000	4.037,8
11	4.000	44.000	121	16.000.000	4.397,4
12	4.900	58.800	144	24.010.000	4.757,1
78	33.350	268.200	650	112.502.500	

$\bar{x} = 6,5 \quad b = 359,6153$

$\bar{y} = 2.779,17 \quad a = 441,6666$

Portanto $Y = 441,66 + 359,6x$

$S_{yx} = 363,9$

Excel: Previsão

$$Y_{15} = 441,6 + 359,6(15) = 5.835,6$$
$$Y_{16} = 441,6 + 359,6(16) = 6.195,2$$

O erro padrão da estimativa, ou quão bem a linha se ajusta aos dados, é[4]

[10.12]
$$S_{yx} = \sqrt{\frac{\sum_{i=1}^{n}(y_i - Y_i)^2}{n-2}}$$

O erro padrão da estimativa é calculado a partir da segunda e última colunas do Quadro 10.11:

$$S_{yx} = \sqrt{\frac{(600 - 801,3)^2 + (1.550 - 1.160,9)^2 + (1.500 - 1.520,5)^2 + \cdots + (4.900 - 4.757,1)^2}{10}}$$

$$= 363,9$$

O Microsoft® Excel dispõe de uma ferramenta de regressão muito poderosa, projetada para efetuar esses cálculos. Para utilizar a ferramenta, é necessária a tabela que contém os dados relevantes para o problema (ver Quadro 10.12). A ferramenta faz parte do *Data Analysis ToolPak*, acessado no menu Ferramentas (talvez seja necessário adicioná-lo às suas opções de Ferramentas, usando a opção Suplementos, em Ferramentas).

Para usar a ferramenta, primeiro insira os dados nas duas colunas na planilha, depois acesse a opção Regressão no menu Ferramentas → Análise de Dados. Em seguida, especifique o intervalo de Y, que é B2:B13, e o intervalo de X, que é A2:A13 no exemplo. Por último, é especificado um Intervalo de Saída (Output Range), que é o local em que você gostaria de colocar os resultados da análise de regressão na planilha. No exemplo,

Quadro 10.12 — Ferramenta de regressão do Excel

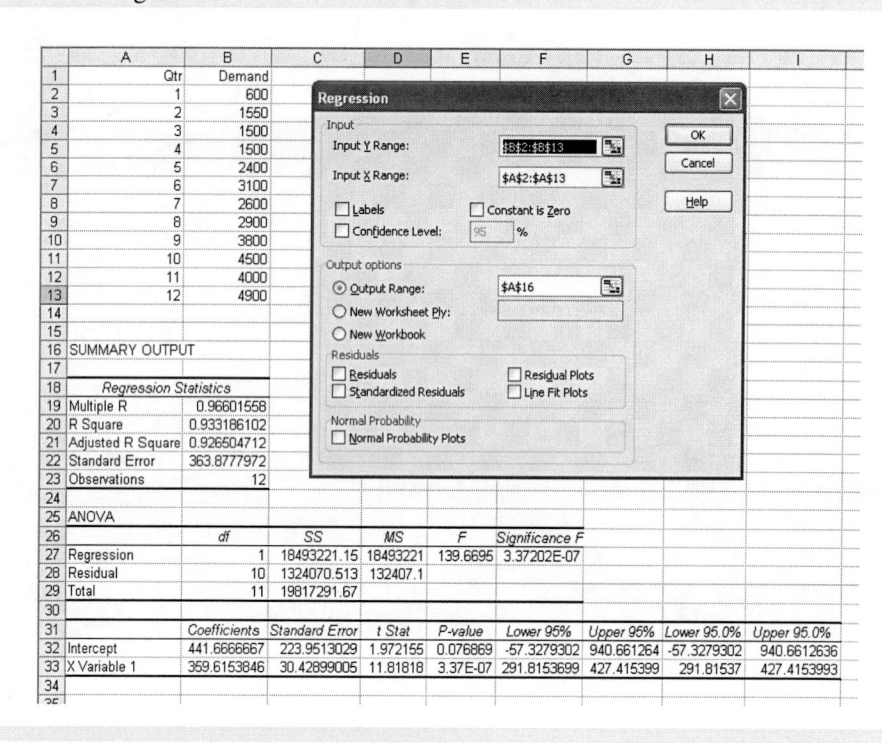

Excel: Previsão

	A	B
1	Qtr	Demand
2	1	600
3	2	1550
4	3	1500
5	4	1500
6	5	2400
7	6	3100
8	7	2600
9	8	2900
10	9	3800
11	10	4500
12	11	4000
13	12	4900

Caixa de diálogo Regression:
- Input Y Range: $B$2:$B$13
- Input X Range: $A$2:$A$13
- Labels; Constant is Zero; Confidence Level: 95 %
- Output options: Output Range: $A$16; New Worksheet Ply; New Workbook
- Residuals; Standardized Residuals; Residual Plots; Line Fit Plots
- Normal Probability Plots

SUMMARY OUTPUT

Regression Statistics

Multiple R	0.96601558
R Square	0.933186102
Adjusted R Square	0.926504712
Standard Error	363.8777972
Observations	12

ANOVA

	df	SS	MS	F	Significance F
Regression	1	18493221.15	18493221	139.6695	3.37202E-07
Residual	10	1324070.513	132407.1		
Total	11	19817291.67			

	Coefficients	Standard Error	t Stat	P-value	Lower 95%	Upper 95%	Lower 95.0%	Upper 95.0%
Intercept	441.6666667	223.9513029	1.972155	0.076869	-57.3279302	940.661264	-57.3279302	940.6612636
X Variable 1	359.6153846	30.42899005	11.81818	3.37E-07	291.8153699	427.415399	291.81537	427.4153993

foi informado A16. Algumas informações fornecidas vão além do que discutimos, mas o que você procura é a Interseção e os coeficientes da Variável X correspondentes aos valores da interseção e da inclinação na equação linear, que são as linhas 32 e 33 no Quadro 10.12. ●

PREVISÃO COM BASE NA WEB: PLANEJAMENTO, PREVISÃO E REABASTECIMENTO COLABORATIVOS (CPFR)[5]

Planejamento, Previsão e Reabastecimento Colaborativos (CPFR)

Proposto em 1995, o sistema de Planejamento, Previsão e Reabastecimento Colaborativos (CPFR) evoluiu para uma ferramenta baseada na Web, usada para coordenar a previsão da demanda, o planejamento de produção e compras e o reabastecimento do estoque entre os parceiros de negócios da cadeia de suprimentos. O CPFR está sendo usado como meio para integrar todos os membros de uma cadeia de suprimentos com n níveis, incluindo os fabricantes, os distribuidores e os varejistas. Como retratado no Quadro 10.13, o ponto ideal de colaboração usando o CPFR é a previsão da demanda em nível de varejo, que é usado sucessivamente para sincronizar os planos de previsões, de produção e de reabastecimento a montante ao longo da cadeia de suprimentos.

Embora a metodologia seja aplicável a qualquer setor, as aplicações do CPFR até hoje se concentraram, em grande parte, nos setores de alimentos, vestuários e mercadorias em geral. Os possíveis benefícios do compartilhamento de informações, para a maior visibilidade do planejamento em qualquer cadeia de suprimentos, são enormes. Foram propostas várias estimativas para as economias de custo, atribuíveis à coordenação aprimorada da cadeia de suprimentos, incluindo $30 milhões anualmente apenas no setor alimentício.[6]

Quadro 10.13
Cadeia de suprimentos de n níveis com atividades do varejo

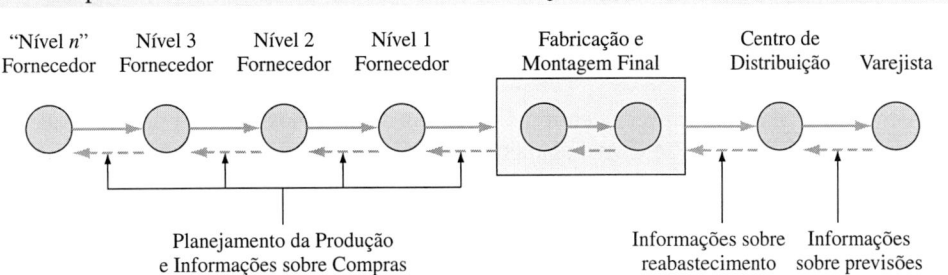

"Nível n" Fornecedor — Nível 3 Fornecedor — Nível 2 Fornecedor — Nível 1 Fornecedor — Fabricação e Montagem Final — Centro de Distribuição — Varejista

Planejamento da Produção e Informações sobre Compras

Informações sobre reabastecimento   Informações sobre previsões

Nota: as setas sólidas representam fluxos de materiais; as setas tracejadas representam fluxos de informações

---

O objetivo do CPFR consiste em trocar informações internas selecionadas, em um servidor da Web compartilhado, para prover perspectivas futuras confiáveis, de prazo mais longo, da demanda na cadeia de suprimentos. O CPFR usa uma abordagem cíclica e iterativa para obter previsões de consenso da cadeia de suprimentos, que consiste nas cinco etapas seguintes.

Etapa 1 – Criação de um acordo de parceria na linha de frente: esse acordo especifica (1) os objetivos (por exemplo, reduções de estoques, eliminação de vendas perdidas, obsolescência mais baixa do produto) a serem atingidos através da colaboração; (2) as necessidades de recursos (por exemplo, hardware, software, indicadores de desempenho) necessários para a colaboração; e (3) as expectativas de confiabilidade, concernentes à confiança pré-requisitada, necessárias para compartilhar as informações sigilosas da empresa, que representam um grande obstáculo à implementação.

Etapa 2 – Planejamento conjunto do negócio: normalmente, os parceiros criam estratégias de parcerias, elaboram um calendário conjunto identificando a seqüência e freqüência das atividades do planejamento a serem seguidas, que afetam os fluxos dos produtos, e especificam os critérios de exceção para lidar com as variações do planejamento entre as previsões de demanda dos parceiros de negócios.

Etapa 3 – Desenvolvimento das previsões da demanda: o desenvolvimento de previsões pode seguir os procedimentos pré-existentes na empresa. Os varejistas devem desempenhar um papel crítico, à medida que os dados compartilhados do *ponto de vendas* (PDV) permitirem o desenvolvimento de expectativas mais precisas e mais oportunas (em comparação com as retiradas dos armazéns ou os pedidos de lojas agregadas) para os varejistas e fornecedores. Dados a freqüência da geração de previsões e o potencial para um amplo número de itens que exigem a preparação da previsão, em geral usa-se um procedimento simples de previsão, como a média móvel, dentro da CPFR. As técnicas simples são facilmente utilizadas em conjunto com o conhecimento de especialistas de eventos promocionais ou de determinação de preços, para modificar adequadamente os valores das previsões.

Etapa 4 – Compartilhamento das previsões: o varejista (previsões de pedidos) e o fornecedor (previsões de fornecimento) colocam, eletronicamente, suas últimas previsões para uma lista de produtos em um servidor dedicado compartilhado. O servidor examina os pares de previsões correspondentes e emite um aviso de exceção para qualquer par de previsões, em que a diferença excede uma margem de segurança predefinida (por exemplo, 5%). Se a margem de segurança for excedida, os planejadores de ambas as empresas poderão colaborar eletronicamente para obter uma previsão de consenso.

Etapa 5 – Reabastecimento do estoque: assim que as respectivas previsões estiverem acordadas, a previsão do pedido se tornará um pedido real, o que deflagra o processo de reabastecimento. Cada uma dessas etapas é, então, repetida iterativamente em um ciclo contínuo, em

Cadeia de suprimentos

horários variados, pelos produtos individuais e pelo calendário de eventos estabelecido entre os parceiros de negócios. Por exemplo, os parceiros poderão rever o acordo de parceria de linha de frente anualmente, avaliar os planos de negócios conjuntos trimestralmente, desenvolver previsões semanais e mensais e reabastecer diariamente.

A troca inicial de informações entre os parceiros de negócios propicia perspectivas futuras confiáveis, de prazo mais longo, da demanda na cadeia de suprimentos. A visibilidade à frente, baseada no compartilhamento de informações, proporciona diversos benefícios dentro das parcerias da cadeia de suprimentos.

Assim como ocorre na maioria das novas iniciativas corporativas, há certo ceticismo e resistência às mudanças. Um dos maiores obstáculos que atrapalham a colaboração é a falta de confiança pelo compartilhamento completo de informações entre os parceiros na cadeia de suprimentos. O objetivo conflitante entre o fornecedor, que quer maximizar o lucro, e o cliente, que quer minimizar o custo, dá início a relacionamentos adversos na cadeia de suprimentos. O compartilhamento de dados operacionais poderá permitir que um parceiro de negócios tire vantagem do outro. De modo semelhante, há uma possível perda de controle como barreira à implementação. Algumas empresas ficam profundamente preocupadas com a idéia de disponibilizar *online* dados estratégicos, como relatórios financeiros, programações da produção e valores do estoque. As empresas se expõem às quebras de segurança. Os acordos de parcerias na linha de frente, os acordos de confidencialidade e o acesso restrito às informações ajudam a superar esses temores.

RESUMO

O desenvolvimento de um sistema de previsão não é fácil. Entretanto, ele é necessário porque a previsão é fundamental para qualquer esforço de planejamento. A curto prazo, é necessária uma previsão para as necessidades de materiais, produtos, serviços ou outros recursos para responder às mudanças na demanda. As previsões permitem ajustar programações e alterar mão-de-obra e materiais diversos. A longo prazo, a previsão se faz necessária como base para as mudanças estratégicas, como o desenvolvimento de novos mercados, o desenvolvimento de novos produtos ou serviços e a expansão ou criação de novas instalações.

As previsões de curto prazo e de prazo intermediário (como aquelas necessárias para o controle do estoque, assim como para os horários de trabalho do pessoal e programação dos materiais) poderão ser satisfeitas com modelos mais simples, como a suavização exponencial com talvez uma característica adaptável ou um índice sazonal. Nessas aplicações, geralmente são previstos milhares de itens. A rotina de previsão deve, portanto, ser simples e executada rapidamente em um computador. As rotinas também devem detectar e responder rapidamente às mudanças definidas de curto prazo na demanda, além de ignorarem, ao mesmo tempo, as demandas falsas ocasionais. A suavização exponencial, quando monitorada pela gerência para controlar o valor de alfa, é uma técnica eficaz.

Os sistemas de previsão colaborativo baseado na Web, que usam combinações dos métodos de previsão, serão a onda do futuro em vários setores. O compartilhamento de informações entre os parceiros de negócios, com *links* diretos no sistema ERP de cada empresa, garante informações rápidas e sem erros, a um custo muito baixo.

Resumindo, a previsão é difícil. Uma previsão perfeita é como um buraco em um jogo de golfe: ótimo se acertar, mas devemos ficar felizes se conseguirmos nos aproximar dele – ou, em termos metafóricos, se conseguirmos aterrissar na grama. A filosofia ideal é criar a melhor previsão que razoavelmente se conseguir e tentar se precaver, mantendo a flexibilidade no sistema para se preparar para o erro inevitável de previsão.

Termos-chave

Demanda dependente Necessidades de um produto ou serviço causadas pela demanda por outros produtos ou serviços. Esse tipo de demanda interna não precisa de previsão, mas pode ser calculada com base na demanda por outros produtos e serviços.

Demanda independente Demanda que não pode ser diretamente originada da demanda por outros produtos.

Análise de séries temporais Tipo de previsão em que são usados os dados relacionados à demanda passada para prever a demanda futura.

Suavização exponencial Técnica de previsão da série temporal em que cada incremento dos dados da demanda passada é diminuído por $(1 - \alpha)$.

Constante alfa de suavização (α) Parâmetro na equação da suavização exponencial, que controla a velocidade da reação às diferenças entre as previsões e a demanda real.

Constante delta de suavização de tendência (δ) Parâmetro adicional usado em uma equação de suavização exponencial, que inclui um ajuste para a tendência.

Desvio absoluto médio (MAD) A média de erro de previsão usando os valores absolutos do erro de cada previsão passada.

Sinal de rastreamento Medida que indica se a média da previsão está se mantendo atualizada com quaisquer mudanças genuínas, para cima ou para baixo, na demanda.

Previsão por regressão linear Técnica de previsão que presume que os dados passados e as projeções futuras estão ao redor de uma linha reta.

Planejamento, Previsão e Reabastecimento Colaborativo (PCPR) Ferramenta da Internet para coordenar a previsão, a produção e as compras na cadeia de suprimentos de uma empresa.

Revisão de fórmulas

Média móvel simples

[10.1] $$F_t = \frac{A_{t-1} + A_{t-2} + A_{t-3} + \cdots + A_{t-n}}{n}$$

Média móvel ponderada

[10.2] $$F_t = w_1 A_{t-1} + w_2 A_{t-2} + \ldots + w_n A_{t-n}$$

Suavização exponencial simples

[10.3] $$F_t = F_{t-1} + \alpha(A_{t-1} - F_{t-1})$$

Suavização exponencial com tendência

[10.4] $$FIT_t = F_t + T_t$$
[10.5] $$F_t = FIT_{t-1} + \alpha(A_{t-1} - FIT_{t-1})$$
[10.6] $$T_t = T_{t-1} + \delta(F_t - FIT_{t-1})$$

Desvio absoluto médio

[10.7] $$MAD = \frac{\sum_{i=1}^{n} |A_t - F_t|}{n}$$

Sinal de rastreamento

[10.8] $$TS = \frac{RSFE}{MAD}$$

Regressão de mínimos quadrados

[10.9] $$Y = a + bx$$

[10.10] $$a = \bar{y} - b\bar{x}$$

[10.11] $$b = \frac{\sum xy - n\bar{x} \cdot \bar{y}}{\sum x^2 - n\bar{x}^2}$$

Erro padrão de estimativa

[10.12] $$S_{yx} = \sqrt{\frac{\sum_{i=1}^{n}(y_i - Y_i)^2}{n-2}}$$

Problemas resolvidos

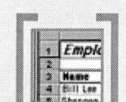

PROBLEMA RESOLVIDO 1

A Padaria Sunrise comercializa *donuts* através de uma cadeia de lojas de produtos alimentícios. Ela tem enfrentado super e subprodução devido aos erros de previsão. Os dados seguintes são a demanda por dúzias de *donuts* para as últimas quatro semanas. Os *donuts* são feitos para o dia seguinte; por exemplo, a produção de *donuts* no domingo é para as vendas de segunda-feira, a produção de segunda é para as vendas de terça, e assim por diante. A padaria fecha no sábado, portanto a produção de sexta precisa ser suficiente para suprir a demanda de sábado e domingo.

	4 Semanas atrás	3 Semanas atrás	2 Semanas atrás	Semana passada
Segunda-feira	2.200	2.400	2.300	2.400
Terça-feira	2.000	2.100	2.200	2.200
Quarta-feira	2.300	2.400	2.300	2.500
Quinta-feira	1.800	1.900	1.800	2.000
Sexta-feira	1.900	1.800	2.100	2.000
Sábado				
Domingo	2.800	2.700	3.000	2.900

Faça uma previsão para esta semana, com base no seguinte:
a. Diariamente, usando uma média móvel simples de quatro semanas.
b. Diariamente, usando uma média ponderada de 0,40, 0,30, 0,20, e 0,10 para as últimas quatro semanas.
c. A Sunrise também está planejando sua compra de ingredientes para a produção de pães. Se a demanda por pães tivesse sido prevista para as quatro semanas em 22.000 pães e apenas 21.000 pães fossem realmente demandados, qual seria a nova previsão da Sunrise para esta semana usando a suavização exponencial com $\alpha = 0,10$?
d. Suponha que, com a previsão feita em c, a demanda dessa semana seja realmente de 22.500. Qual seria a nova previsão para a próxima semana?

Solução

a. Média móvel simples, quatro semanas.

$$\text{Segunda} \quad \frac{2.400 + 2.300 + 2.400 + 2.200}{4} = \frac{9.300}{4} = 2.325 \text{ dúzias}$$

$$\text{Terça} \quad \frac{2.200 + 2.200 + 2.100 + 2.000}{4} = \frac{8.500}{4} = 2.125 \text{ dúzias}$$

$$\text{Quarta} \quad \frac{2.500 + 2.300 + 2.400 + 2.300}{4} = \frac{9.500}{4} = 2.375 \text{ dúzias}$$

$$\text{Quinta} \quad \frac{2.000 + 1.800 + 1.900 + 1.800}{4} = \frac{7.500}{4} = 1.875 \text{ dúzias}$$

Sexta $= \dfrac{7.800}{4} = 1.950$ dúzias

Sábado e Domingo $= \dfrac{11.400}{4} = 2.850$ dúzias

b. Média ponderada com pesos de 0,40, 0,30, 0,20, e 0,10.

	(0,10)	(0,20)	(0,30)	(0,40)	
Segunda	220 +	480 +	690 +	960 =	2.350
Terça	200 +	420 +	660 +	880 =	2.160
Quarta	230 +	480 +	690 +	1.000 =	2.400
Quinta	180 +	380 +	540 +	800 =	1.900
Sexta	190 +	360 +	630 +	800 =	1.980
Sábado/Domingo	280 +	540 +	900 +	1.160 =	2.880
	1.300 +	2.660 +	4.110 +	5.600 =	13.670

c. Previsão exponencialmente suavizada para a demanda por pão

$$F_t = F_{t-1} + \alpha(A_{t-1} - F_{t-1})$$
$$= 22.000 + 0,10\,(21.000 - 22.000)$$
$$= 22.000 - 100 = 21.900 \text{ pães}$$

d. Previsão exponencialmente suavizada

$$F_{t-1} = 21.900 + 0,10\,(22.500 - 21.900)$$
$$= 21.900 + 0,10\,(600) = 21.960 \text{ pães}$$

PROBLEMA RESOLVIDO 2

Foi usado um modelo de previsão específico para prever a demanda por um produto. A previsão e a demanda correspondente, que subseqüentemente ocorreu, são mostradas a seguir. Use as técnicas MAD e de sinal de rastreamento para avaliar a precisão do modelo de previsão.

	REAL	PREVISTO
Outubro	700	660
Novembro	760	840
Dezembro	780	750
Janeiro	790	835
Fevereiro	850	910
Março	950	890

Excel: Previsão

Solução

Avalie o modelo de previsão usando o MAD e o sinal de rastreamento.

	DEMANDA REAL	DEMANDA PREVISTA	DESVIO REAL	DESVIO ACUMULADO (RSFE)	DESVIO ABSOLUTO
Outubro	700	660	40	40	40
Novembro	760	840	−80	−40	80
Dezembro	780	750	30	−10	30
Janeiro	790	835	−45	−55	45
Fevereiro	850	910	−60	−115	60
Março	950	890	60	−55	60
				Desvio total =	315

$$\text{MAD} = \frac{315}{6} = 52{,}5$$

$$\text{Sinal de rastreamento} = \frac{-55}{52{,}5} = -1{,}05$$

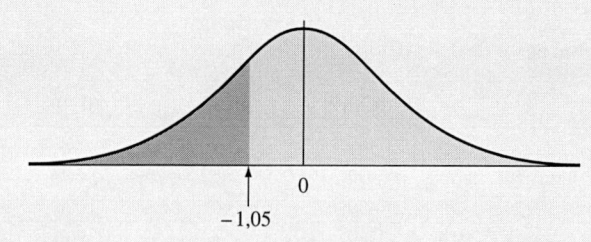

Não há evidência suficiente para recusar o modelo de previsão, de modo que aceitaremos suas recomendações.

Questões para revisão e discussão

1. Qual é a diferença entre demanda dependente e independente?
2. Examine o Quadro 10.3 sugira qual modelo você usaria para (a) a demanda por maiôs, (b) a demanda por novas casas, (c) o consumo de energia elétrica, (d) os planos de expansão da nova fábrica.
3. Dê algumas regras bem simples que você poderá usar para administrar a demanda pelos produtos de uma empresa. (Um exemplo é "limitado ao estoque disponível".)
4. Quais estratégias são usadas por supermercados, empresas aéreas, hospitais, bancos e fabricantes de cereais para influenciar a demanda?
5. Todos os métodos de previsão usando a média ponderada exponencial, a suavização adaptável e a suavização exponencial com tendência precisam de valores iniciais para fazer com que as equações funcionem. Como você selecionaria o valor inicial para, digamos, F_{t-1}?
6. Dentre as opções de uma média móvel simples, média móvel ponderada, suavização exponencial e análise de regressão linear, qual técnica de previsão você consideraria a mais exata? Por quê?
7. Quais são os principais problemas com o uso da suavização exponencial adaptável na previsão?
8. Discuta as diferenças básicas entre o desvio absoluto médio e o desvio-padrão.
9. Quais implicações os erros de previsão têm para a busca de modelos ultra-sofisticados de previsão estatística?

Problemas

1. A demanda por fones de ouvidos e equipamentos de CD estéreos para os corredores fez com que a Nina Industries crescesse quase 50% no último ano. O número de corredores continua crescendo, portanto a Nina espera que a demanda por fones de ouvidos também se expanda, porque, pelo menos até agora, não há uma lei de segurança que impeça que os corredores os usem. A demanda pelas unidades de itens estéreos para o ano passado foi a seguinte:

Mês	Demanda (Unidades)	Mês	Demanda (Unidades)
Janeiro	4.200	Julho	5.300
Fevereiro	4.300	Agosto	4.900
Março	4.000	Setembro	5.400
Abril	4.400	Outubro	5.700
Maio	5.000	Novembro	6.300
Junho	4.700	Dezembro	6.000

a. Usando a análise de regressão dos mínimos quadrados, qual seria a demanda estimada para cada mês no ano seguinte? Usando uma planilha, siga o formato geral no Quadro 10.11. Compare seus resultados com aqueles obtidos usando a função de planilha da previsão.
b. Para estar razoavelmente confiante em satisfazer a demanda, a Nina decide usar três erros-padrão da estimativa, por questão de segurança. Quantas unidades adicionais deveriam ser mantidas para cumprir esse nível de confiança?

2 A demanda histórica para um produto é:

	Demanda
Janeiro	12
Fevereiro	11
Março	15
Abril	12
Maio	16
Junho	15

a. Usando uma média móvel ponderada com pesos de 0,60, 0,30 e 0,10, encontre a previsão de julho.
b. Usando uma média móvel simples de três meses, encontre a previsão de julho.
c. Usando a suavização exponencial simples com $\alpha = 0,2$ e uma previsão para junho = 13, encontre a previsão para julho. Faça as suposições que desejar.
d. Usando a análise de regressão linear simples, calcule a equação da regressão para os dados de demanda precedentes.
e. Usando a equação de regressão em d, calcule a previsão para julho.

3 As tabulações seguintes são as vendas reais de unidades por seis meses e uma previsão inicial em janeiro.
a. Calcule as previsões para os cinco meses restantes usando a suavização exponencial simples com $\alpha = 0,2$.
b. Calcule o MAD para as previsões.

	Real	Prevista
Janeiro	100	80
Fevereiro	94	
Março	106	
Abril	80	
Maio	68	
Junho	94	

4 Os dados de vendas para os dois anos são os seguintes. Os dados são agregados com dois meses de vendas em cada "período".

Meses	Vendas	Meses	Vendas
Janeiro/Fevereiro	109	Janeiro/Fevereiro	115
Março/Abril	104	Março/Abril	112
Maio/Junho	150	Maio/Junho	159
Julho/Agosto	170	Julho/Agosto	182
Setembro/Outubro	120	Setembro/Outubro	126
Novembro/Dezembro	100	Novembro/Dezembro	106

a. Faça uma representação gráfica dos dados.
b. Ajuste um modelo de regressão linear simples aos dados de vendas.

5 Os sinais de rastreamento calculados usando o histórico das demandas passadas para três produtos diferentes são os seguintes. Cada produto usou a mesma técnica de previsão.

	SR1	SR2	SR3
1	−2,70	1,54	0,10
2	−2,32	−0,64	0,43
3	−1,70	2,05	1,08
4	−1,1	2,58	1,74
5	−0,87	−0,95	1,94
6	−0,05	−1,23	2,24
7	0,10	0,75	2,96
8	0,40	−1,59	3,02
9	1,50	0,47	3,54
10	2,20	2,74	3,75

Discuta os sinais de rastreamento para cada uma e quais são as implicações.

6 Nem todos os itens na sua loja de materiais para escritório são igualmente distribuídos no que diz respeito à demanda, portanto você decide prever a demanda para planejar seu estoque. Os dados passados para os blocos amarelos de tamanho médio para o mês de agosto são:

| Semana 1 | 300 | Semana 3 | 600 |
| Semana 2 | 400 | Semana 4 | 700 |

a. Usando uma média móvel de três semanas, o que você preveria para a próxima semana?
b. Usando a suavização exponencial com $\alpha = 0,20$, se a previsão exponencial para a semana 3 fosse estimada como a média para as duas primeiras semanas [(300 + 400)/2 = 350], o que você preveria para a semana 5?

7 Eis as demandas reais tabuladas para um item para um período de nove meses (janeiro a setembro). Seu supervisor quer testar dois métodos de previsão para ver qual método foi melhor durante esse período.

Mês	Real	Mês	Real
Janeiro	110	Junho	180
Fevereiro	130	Julho	140
Março	150	Agosto	130
Abril	170	Setembro	140
Maio	160		

a. Faça a previsão de abril a setembro usando uma média móvel de três meses.
b. Use a suavização exponencial simples com um alfa de 0,3 para estimar abril até setembro. Comece a previsão com a média da demanda de janeiro, março e abril.
c. Use o MAD para decidir qual método produziu a melhor previsão durante o período de seis meses.

8 Foi usado um modelo específico de previsão para prever um período de seis meses. Eis as demandas previstas e reais resultantes:

	Prevista	Real
Abril	250	200
Maio	325	250
Junho	400	325
Julho	350	300
Agosto	375	325
Setembro	450	400

Encontre o sinal de rastreamento e diga se você acha que o modelo sendo usado está dando respostas aceitáveis.

9   A Harlen Industries tem um modelo de previsão simples: divide a demanda real para o mesmo mês no ano passado pelo número de semanas fracionadas naquele mês. Essa média semanal é usada como previsão semanal para o mesmo mês neste ano. Essa técnica foi usada para prever oito semanas para este ano, que são mostradas a seguir, juntamente com a demanda real ocorrida.

As oito semanas seguintes mostram a previsão (baseada no ano anterior) e a demanda que realmente ocorreu:

Semana	Demanda Prevista	Demanda Real	Semana	Demanda Prevista	Demanda Real
1	140	137	5	140	180
2	140	133	6	150	170
3	140	150	7	150	185
4	140	160	8	150	205

a. Calcule o MAD dos erros de previsão.
b. Usando o RSFE, calcule o sinal de rastreamento.
c. Baseado nas suas respostas para *a* e *b*, comente o método de previsão de Harlen.

10 A tabela seguinte contém a demanda dos últimos 10 meses:

Mês	Demanda Real	Mês	Demanda Real
1	31	6	36
2	34	7	38
3	33	8	40
4	35	9	40
5	37	10	41

a. Calcule a previsão da suavização exponencial simples para esses dados usando um α de 0,30 e uma previsão inicial (F_t) de 31.
b. Calcule a suavização exponencial com a previsão da tendência para esses dados usando um α de 0,30, um δ de 0,30, uma previsão inicial da tendência (T_t) de 1 e uma previsão inicial exponencialmente suavizada (F_t) de 30.
c. Calcule o desvio absoluto médio (MAD) para cada previsão. Qual é melhor?

11 Neste problema, você deve testar a validade do seu modelo de previsão. Eis as previsões para um modelo que você tem usado e as demandas reais que ocorreram:

Semana	Previsão	Real
1	800	900
2	850	1.000
3	950	1.050
4	950	900
5	1.000	900
6	975	1.100

Use o método apresentado no texto para calcular o MAD e o sinal de rastreamento. Em seguida, decida se o modelo de previsão que você tem usado está dando resultados razoáveis.

12 Suponha que o seu estoque de mercadorias para venda seja mantido com base na demanda prevista. Se o pessoal de vendas do distribuidor ligar no primeiro dia de cada mês, calcule sua previsão de vendas para cada um desses três métodos aqui solicitados.

	Real
Junho	140
Julho	180
Agosto	170

a. Usando uma média móvel simples de três meses, qual é a previsão para setembro?
b. Usando uma média móvel ponderada, qual é a previsão para setembro com pesos de 0,20, 0,30 e 0,50 para junho, julho e agosto, respectivamente?
c. Usando a suavização exponencial simples e presumindo que a previsão para junho tenha sido de 130, faça a previsão das vendas para setembro com uma constante alfa de suavização de 0,30.

13 A demanda histórica para um produto é a seguinte:

	DEMANDA
Abril	60
Maio	55
Junho	75
Julho	60
Agosto	80
Setembro	75

a. Usando uma média móvel simples de quatro meses, calcule a previsão para outubro.
b. Usando a suavização exponencial simples com $\alpha = 0,2$ e uma previsão para setembro = 65, calcule a previsão para outubro.
c. Usando a regressão linear simples, calcule a linha de tendência para os dados históricos. Suponha que o eixo X é abril = 1, maio = 2, e assim por diante, enquanto que o eixo Y é a demanda.
d. Calcule uma previsão para outubro.

14 A tabela a seguir apresenta a demanda prevista de produtos usando seu método de previsão específico juntamente com a demanda real ocorrida:

PREVISÃO	REAL
1.500	1.550
1.400	1.500
1.700	1.600
1.750	1.650
1.800	1.700

a. Calcule o sinal de rastreamento usando o desvio absoluto médio e a soma acumulada dos erros de previsão.
b. Discuta se o seu método de previsão está dando boas previsões.

15 Seu gerente está tentando determinar qual método de previsão usar. Com base nos dados históricos seguintes, calcule a previsão seguinte e especifique qual procedimento você utilizaria.

MÊS	DEMANDA REAL	MÊS	DEMANDA REAL
1	62	7	76
2	65	8	78
3	67	9	78
4	68	10	80
5	71	11	84
6	73	12	85

a. Calcule a previsão da média móvel simples de três meses para os períodos 4-12.
b. Calcule a média móvel ponderada de três meses usando pesos de 0,50, 0,30 e 0,20 para os períodos de 4-12.
c. Calcule a previsão da suavização exponencial simples para os períodos 2-12 usando uma previsão inicial (F_t) de 61 e um α de 0,30.

d. Calcule a suavização exponencial com a previsão do componente da tendência para os períodos 2-12 usando uma previsão de tendência inicial (T_t) de 1,8, uma previsão inicial de suavização exponencial (F_t) de 60, um α de 0,30 e um δ de 0,30.
e. Calcule o desvio absoluto médio (MAD) para as previsões feitas por cada técnica nos períodos 4-12. Qual método de previsão você prefere?

16 A demanda real para um produto para os últimos três meses foi:

Três meses atrás	400 unidades
Dois meses atrás	350 unidades
Mês passado	325 unidades

a. Usando uma média móvel simples de três meses, faça a previsão para este mês.
b. Se durante este mês forem realmente demandadas 300 unidades, qual seria a sua previsão para o próximo mês?
c. Usando a suavização exponencial simples, qual seria a sua previsão para este mês se a previsão exponencialmente suavizada para três meses atrás fosse de 450 unidades e a constante de suavização fosse de 0,20?

17 Depois de usar seu modelo de previsão por seis meses, você decide testá-lo usando o MAD e um sinal de rastreamento. Eis as demandas previstas e reais para o período de seis meses:

Período	Previsão	Real
Maio	450	500
Junho	500	550
Julho	550	400
Agosto	600	500
Setembro	650	675
Outubro	700	600

a. Encontre o sinal de rastreamento.
b. Decida se sua rotina de previsão é aceitável.

18 Suponha uma previsão inicial de F_t de 300 unidades, uma tendência de 8 unidades, um alfa de 0,30 e um delta de 0,40. Se a demanda real acabasse sendo de 288, calcule a previsão para o próximo período.

CASO   Altavox Electronics

A Altavox é um fabricante e distribuidor de vários instrumentos e dispositivos eletrônicos diferentes, como multímetros analógicos/digitais, geradores de função, osciloscópios, contadores de freqüência e outros equipamentos de teste e medição. A Altavox vende uma linha de medidores de teste populares entre os eletricistas profissionais. O modelo VC202 é vendido através de seis distribuidores para as lojas de varejo nos Estados Unidos. Esses distribuidores estão localizados em Atlanta, Boston, Chicago, Dallas e Los Angeles, e foram escolhidos para atender a diversas regiões do país.

O modelo VC202 tem apresentado venda estável ao longo dos anos, devido à sua confiabilidade e estrutura sólida. A Altavox não o considera um produto sazonal, mas ocorre uma certa variação na demanda. A demanda para o produto nas últimas 13 semanas consta na tabela a seguir.

Semana	1	2	3	4	5	6	7	8	9	10	11	12	13	Média
Atlanta	33	45	37	38	55	30	18	58	47	37	23	55	40	40
Boston	26	35	41	40	46	48	55	18	62	44	30	45	50	42
Chicago	44	34	22	55	48	72	62	28	27	95	35	45	47	47
Dallas	27	42	35	40	51	64	70	65	55	43	38	47	42	48
LA	32	43	54	40	46	74	40	35	45	38	48	56	50	46
Total	162	199	189	213	246	288	245	204	236	257	174	248	229	222

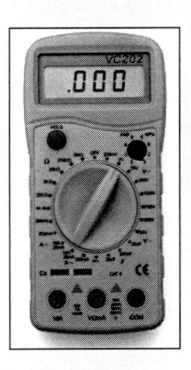

Esses dados estão contidos em uma planilha do Excel, *Altavox Data,* incluída no DVD com o livro. A demanda nas regiões varia entre uma alta de 40 unidades em média por semana, em Atlanta, e 48 unidades em Dallas. Os dados deste trimestre estão muito próximos aos dados da demanda no último trimestre.

A diretoria solicitou que você testasse alguns modelos de previsão para saber qual deveria ser usado em um novo sistema sob implementação, programado para usar um dos dois modelos: média móvel simples ou suavização exponencial.

Questões

Excel: Alavox Data. xls

1 Examine o modelo de média móvel simples. Experimente os modelos usando os dados anteriores de cinco e três semanas. Os dados anteriores em cada região são fornecidos a seguir. Avalie a previsão que teria sido feita nas últimas 13 semanas, aplicando o desvio absoluto médio e o sinal de rastreamento como critérios.

Semana	−5	−4	−3	−2	−1
Atlanta	45	38	30	58	37
Boston	62	18	48	40	35
Chicago	62	22	72	44	48
Dallas	42	35	40	64	43
LA	43	40	54	46	35
Total	254	153	244	252	198

2 Em seguida, considere o uso de um modelo de suavização exponencial simples. Em sua análise, teste dois valores de alfa, 0,2 e 0,4. Use os mesmos critérios para avaliar o modelo como na parte 1. Suponha que a previsão anterior inicial do modelo usando um valor de alfa de 0,2 seja a média das três últimas semanas. Para o modelo usando um alfa 0,4, suponha que a previsão anterior seja uma média das cinco últimas semanas.

3 A Altavox está examinando uma nova opção para distribuir o modelo VC202 onde, em vez de usar cinco fornecedores, seria utilizado apenas um. Avalie essa opção, analisando a possível precisão da previsão, com base na demanda agregada em todas as regiões. Use o modelo que você considera o melhor a partir de sua análise das partes 1 e 2. Use um novo critério calculado dividindo o MAD pela demanda média. Esse critério é chamado de erro percentual médio absoluto (MAPE − Mean Absolute Percent Error) e avalia o erro de uma previsão como uma porcentagem da demanda média. Quais são as vantagens e desvantagens de agregar a demanda sob o prisma da previsão? Há outros aspectos a serem considerados ao migrar de vários distribuidores para um único?

Notas

1 Além das demandas dependente e independente, outros relacionamentos são produtos complementares e relacionamentos causais, onde a demanda por um ocasiona a demanda por outro.

2 Alguns escritores preferem chamar de F_1 uma média suavizada.

3 Quando a suavização exponencial foi lançada pela primeira vez, é possível que a previsão inicial ou ponto de partida tenha sido obtida(o) através da estimativa simples ou uma média dos períodos anteriores, como a média dos dois ou três primeiros períodos.

4 Uma equação para o erro padrão que, em geral, é mais fácil de calcular é $S_{yx} = \sqrt{\dfrac{\sum y^2 - a \sum y - b \sum xy}{n-2}}$

5 Agradecimentos especiais a Gene Fliedner, por sua contribuição para esta seção. Gene Fliedner, "Hierarchical Forecasting: Issues and Use Guidelines," *Industrial Management & Data Systems* 101, nº 1 (2001), pp. 5-12.

6 Marshall L. Fisher, "What Is the Right Supply Chain for Your Product?" *Harvard Business Review,* março-abril de1997, pp. 105-16.

Bibliografia selecionada

De Lurgio, S. *Forecasting Principles and Applications.* New York: Irwin/McGraw-Hill, 1998.

Diebold, F. X. *Elements of Forecasting.* 2ª ed. Cincinnati, OH: South-Western College Publishing, 2000.

Hanke, J., E.; A. G. Reitsch; e D. W. Wichem. *Business Forecasting.* 7ª ed. Upper Saddle River, NJ: Prentice Hall, 2001.

Makridakis, *S.;* S. C. Wheelwright; e R. J. Hyndman. *Forecasting: Methods for Management.* New York: John Wiley & Sons, 1998.

Capítulo 11

PLANEJAMENTO AGREGADO DE VENDAS E DE PRODUÇÃO

Após ler este capítulo, você:

1. Saberá o que é o planejamento de vendas e de produção e como ele coordena a produção, a logística, o atendimento e os planos de marketing.
2. Saberá construir planos agregados que aplicam diversas estratégias para atender à demanda.
3. Entenderá o que é o gerenciamento da oferta e por que ele é uma estratégia importante para nivelar a demanda.

Definição de plano agregado de produção

297 O que é o planejamento de vendas e de produção?

297 Visão geral das atividades do planejamento de vendas e de produção
Definição de planejamento de vendas e de produção
Definição de planejamento de longo prazo
Definição de planejamento de médio prazo
Definição de planejamento de curto prazo

299 Plano agregado de produção
Ambiente de planejamento da produção
Custos relevantes
Definição de taxa de produção
Definição de nível da mão-de-obra
Definição de estoque disponível
Definição de estratégias de planejamento de produção
Definição de estratégia pura
Definição de estratégia mista

304 Técnicas de planejamento agregado
Exemplo da abordagem por tentativa e erro: JC Company
Programação nivelada

310 Gerenciamento da oferta
Definição de gerenciamento da oferta

311 Resumo

318 Caso: Bradford Manufacturing – planejando a produção da fábrica

Vamos *espiar* uma reunião da equipe executiva da Acme Widget Company. Os participantes não estão satisfeitos.

Presidente	Essa situação de falta é terrível. Quando conseguiremos nos organizar? Sempre que os negócios vão bem, os produtos acabam e o atendimento ao cliente fica terrível.
VP de Produção	Eu lhe direi quando. Quando começarmos a ter previsões decentes do Departamento de Vendas...
VP de Vendas (interrompendo)	Espera aí. Nós previmos essa aceleração.
VP de Produção	... Ainda dá tempo de fazer alguma coisa. Sim, recebemos uma previsão revisada – quatro dias após o começo do mês. Já era tarde demais.
VP de Vendas	Eu poderia ter informado meses atrás. Bastava me pedir.
VP de Finanças	Gostaria de entrar nessas discussões. Já fomos forçados mais de uma vez a criar estoques para uma melhoria da empresa que não acontece. Terminamos enterrados sob toneladas de estoques e totalmente sem dinheiro.

E a saga continua. Reclamações, clientes insatisfeitos, estoques altos, remessas atrasadas, troca de acusações, problemas de fluxo de caixa, desequilíbrio entre a oferta e a procura, perda de negócios. É isso que acontece em muitas empresas.

Mas isso não tem de ser assim. Hoje, muitas empresas utilizam um processo comercial chamado planejamento de vendas e de produção (V&P) que ajuda a evitar esses problemas. Para conhecer esse processo e como ele funciona, continue lendo.

Fonte: Adaptado de Thomas F. Wallace, *Sales and Operations Planning: The How-To Handbook* (Cincinnati, OH: T F. Wallace & CO., 2000), pág. 3. Copyright @ 2000 Thomas Wallace. Uso autorizado.

Capítulo 11 PLANEJAMENTO AGREGADO DE VENDAS E DE PRODUÇÃO   297

Neste capítulo, nosso foco é o plano agregado de produção, que converte os planos comerciais anual e trimestrais em planos abrangentes de mão-de-obra e produção, para prazo intermediário (3 a 18 meses). O objetivo do plano agregado de produção é minimizar o custo dos recursos necessários para atender à demanda durante esse período.

Plano agregado de produção

O QUE É O PLANEJAMENTO DE VENDAS E DE PRODUÇÃO?

O planejamento de vendas e de produção é um processo que ajuda as empresas a propiciar um atendimento melhor ao cliente, reduzir o estoque, encurtar o prazo para atender ao cliente, estabilizar as taxas de produção e proporcionar à gerência sênior controle sobre o negócio. O processo é elaborado para coordenar as atividades no campo com as funções de produção e atendimento, necessárias para atender a demanda no decorrer do tempo. Dependendo da situação, essas atividades podem englobar o abastecimento de centros de distribuição em depósitos, pontos de venda do varejo ou canais de venda direta. O processo é projetado para auxiliar a empresa a equilibrar a oferta e a procura, e mantê-las em equilíbrio com o passar do tempo. Esse processo exige um trabalho em equipe entre vendas, distribuição e logística, produção, finanças e desenvolvimento de produtos.

O processo de planejamento de vendas e de produção consiste em uma série de reuniões, finalizando com uma reunião de alto nível onde são tomadas as principais decisões de médio prazo. O objetivo final é um acordo entre os diversos departamentos, no melhor desenrolar das atividades, para alcançar o equilíbrio ideal entre a oferta e a procura. A idéia é sincronizar o plano operacional com o plano comercial.

Esse equilíbrio deve ocorrer no nível agregado e no nível do produto individual detalhado. Por *agregado* entendemos o nível dos grupos mais importantes de produtos. Com o passar do tempo, é necessário assegurar uma capacidade total suficiente. Como, geralmente, a demanda é muito dinâmica, é importante monitorar nossas necessidades previstas, 3 a 18 meses ou com mais antecedência ainda. Ao fazer esse planejamento futuro, é difícil saber com exatidão a quantidade de determinado produto que será necessária, mas precisamos prever a possível vendagem de um grupo mais amplo de produtos semelhantes. O termo *agregado* refere-se a esse grupo de produtos. Desde que exista uma capacidade agregada suficiente, nossos programadores de produtos individuais trabalhando dentro das restrições da capacidade agregada poderão controlar o envio diário e semanal de pedidos de produtos individuais para atender à demanda de curto prazo.

VISÃO GERAL DAS ATIVIDADES DO PLANEJAMENTO DE VENDAS E DE PRODUÇÃO

O Quadro 11.1 posiciona o planejamento de vendas e de produção em relação às outras atividades principais de planejamento da produção. O termo planejamento de vendas e de produção foi inventado pelas empresas para se referir ao processo que as ajuda a manter o equilíbrio entre a oferta e a procura. Na administração da produção tradicionalmente tem se chamado este processo de *planejamento agregado*. A nova terminologia pretende englobar a importância do trabalho multifuncional. Normalmente, essa atividade envolve a administração geral, vendas, produção, finanças e o desenvolvimento dos produtos.

Planejamento de vendas e de produção

Multifuncional

Dentro do planejamento de vendas e de produção, o marketing desenvolve um plano de vendas que se estende pelos próximos 3 a 18 meses. Esse plano de vendas normalmente é declarado em termos de unidades de grupos de produtos agregados e, geralmente, está ligado aos programas de incentivo de vendas e outras atividades de marketing. O lado da produção desenvolve um plano de produção como resultado do processo, que será discutido mais detalhadamente neste capítulo. Ao focar no produto agregado e no volume de vendas, as funções de marketing e de produção são

Quadro 11.1 — Visão geral das principais atividades do planejamento de produção e suprimento

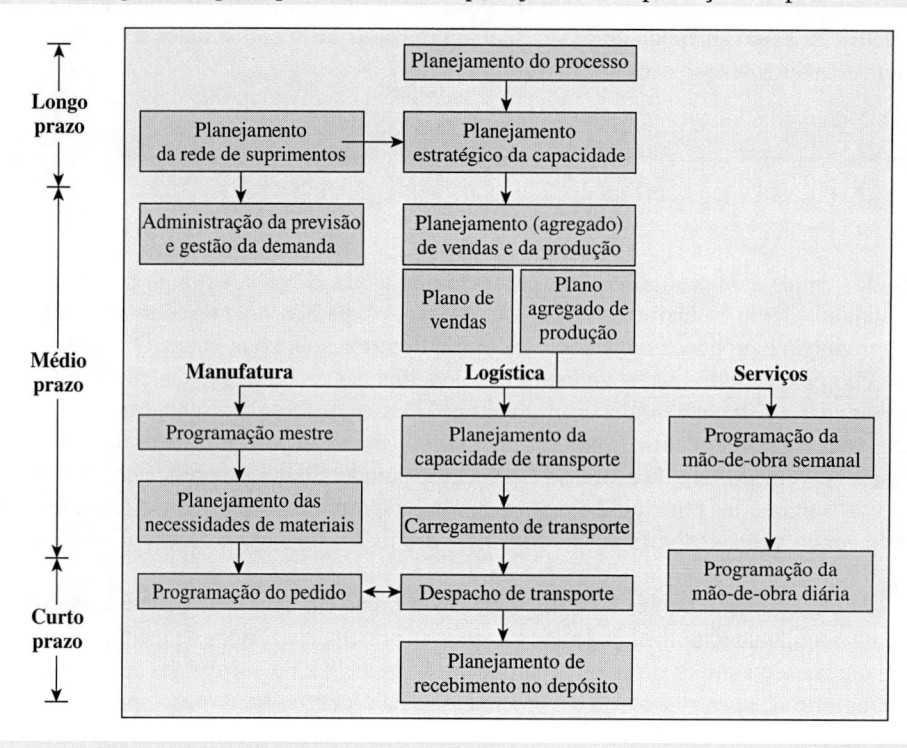

Longo prazo:
- Planejamento do processo
- Planejamento da rede de suprimentos
- Planejamento estratégico da capacidade
- Administração da previsão e gestão da demanda

Médio prazo:
- Planejamento (agregado) de vendas e da produção
  - Plano de vendas
  - Plano agregado de produção

Manufatura | Logística | Serviços
- Programação mestre | Planejamento da capacidade de transporte | Programação da mão-de-obra semanal
- Planejamento das necessidades de materiais | Carregamento de transporte |
- Programação do pedido ↔ Despacho de transporte | Programação da mão-de-obra diária
- Planejamento de recebimento no depósito

Curto prazo

---

capazes de desenvolver planos sobre como a demanda será atendida. Essa é uma tarefa muito difícil quando existem mudanças significativas na demanda, no decorrer do tempo, devido a tendências do mercado ou outros fatores.

Pelo lado do suprimento, a agregação ocorre por famílias de produtos e, no lado da demanda, por grupos de clientes. As programações de produção do produto individual e os respectivos pedidos dos clientes podem ser tratados mais prontamente como resultado do processo de planejamento de vendas e de produção. Normalmente, o planejamento de vendas e de produção ocorre em um ciclo mensal. Ele liga os planos estratégicos e de negócios da empresa aos seus processos detalhados de produção e abastecimento. Esses processos detalhados incluem as atividades da produção, logística e atendimento, como mostra o Quadro 11.1.

Planejamento de longo prazo
Planejamento de médio prazo
Planejamento de curto prazo

No Quadro 11.1, a dimensão de tempo é mostrada como de longo, médio e curto prazo. O planejamento de longo prazo geralmente é feito anualmente, focando um horizonte de mais de um ano. O planejamento de médio prazo geralmente cobre um período de 3 a 18 meses, com incrementos de tempo mensais ou, ocasionalmente, trimestrais. O planejamento de curto prazo cobre um período de um dia até seis meses, com incrementos de tempo diários ou semanais.

As atividades do planejamento de longo prazo ocorrem em duas áreas principais. A primeira é a elaboração dos processos de produção e atendimento que produzem os produtos da empresa; a segunda é a elaboração das atividades de logística que fornecem os produtos ao cliente. O planejamento do processo trata da determinação de tecnologias específicas e procedimentos necessários para produzir um produto ou serviço. O planejamento estratégico da capacidade trata da determinação das capacidades de longo prazo (como tamanho e escopo) dos sistemas de produção. De modo semelhante, sob o prisma da logística, o planejamento da rede de suprimentos determina como o produto será distribuído para o cliente no lado externo, com decisões relacionadas à localização dos depósitos e os tipos de sistemas de transporte a serem utilizados. Internamente, o planejamento da rede de suprimentos abrange decisões relacionadas à terceirização da produção, seleção de fornecedores de peças e componentes, e as respectivas decisões.

As atividades de médio prazo abrangem a gestão da previsão e da demanda e o planejamento de vendas e de produção. A determinação da demanda prevista é o foco da gestão da previsão e da demanda. A partir desses dados, são elaborados os planos de venda e de produção detalhados para atender a esses requisitos. Os planos de venda são as informações destinadas às atividades da equipe de vendas, que são o foco dos livros de marketing. Os planos de produção fornecem as informações que respaldam as atividades do planejamento de produção, logística e atendimento da empresa. A programação mestre e o planejamento da necessidade de materiais são executados para gerar programas detalhados que indicam quando as peças serão necessárias para as atividades de produção. Em coordenação com esses planos, existem os planos de logística necessários para movimentar as peças e os produtos finais através da cadeia de suprimentos.

Os detalhes de curto prazo são focados principalmente na programação da produção e dos pedidos de transporte. Esses pedidos devem ser coordenados com os veículos reais que transportam o material através da cadeia de suprimentos. Sob a perspectiva do serviço, a programação de curto prazo de empregados é necessária para garantir o atendimento adequado ao cliente e a manutenção de programações justas de trabalhadores.

PLANO AGREGADO DE PRODUÇÃO

O plano agregado de produção diz respeito ao estabelecimento das taxas de produção por grupo de produto ou outras categorias amplas para médio prazo (3 a 18 meses). Observe novamente no Quadro 11.1 que o plano agregado precede a programação mestre. *O principal propósito do plano agregado é especificar a combinação ótima da taxa de produção, do nível da mão-de-obra e do estoque disponível.* A taxa de produção se refere ao número de unidades concluídas por unidade de tempo (como por hora ou por dia). O nível da mão-de-obra é o número de operários necessários para a produção (produção = taxa de produção × nível da mão-de-obra). O estoque disponível é o estoque não usado que foi transferido do período anterior.

Eis uma declaração formal do problema do planejamento agregado: dada a previsão da demanda F_t para cada período t no horizonte de planejamento que se estende por T períodos, determine o nível de produção P_t, o nível do estoque I_t e o nível da mão-de-obra W_t para os períodos $t = 1, 2,..., T$ que minimiza os custos relevantes durante o horizonte do planejamento.

A forma do plano agregado varia de uma empresa para outra. Em algumas empresas, é um relatório formal que contém os objetivos de planejamento e as premissas de planejamento nas quais este se baseia. Em outras empresas, principalmente nas menores, o proprietário poderá fazer cálculos simples das necessidades de mão-de-obra que refletem uma estratégia geral do pessoal.

O processo de criação do plano também varia. Uma abordagem comum é derivá-lo do plano corporativo anual, como mostra o Quadro 11.1. Um plano corporativo comum contém uma seção sobre manufatura, que especifica quantas unidades em cada linha de produto principal precisam ser produzidas nos próximos 12 meses para atender a previsão de vendas. O planejador busca essa informação e tenta determinar como melhor satisfazer essas necessidades com os recursos disponíveis. Como alternativa, algumas organizações combinam as necessidades de produção em unidades equivalentes e usam esse aspecto como base para o plano agregado. Por exemplo, pode-se pedir que uma divisão da General Motors produza certo número de carros de todos os tipos em uma fábrica específica. O planejador de produção usaria, então, a média de horas de mão-de-obra necessária para todos os modelos como base para o plano agregado geral. Os aprimoramentos implementados nesse plano, principalmente os tipos de modelos a serem produzidos, seriam refletidos nos planos de produção de prazo mais curto.

Outra abordagem consiste em desenvolver o plano agregado, simulando várias programações mestre de produção e calculando as necessidades de capacidade correspondentes para analisar se há mão-de-obra e equipamentos adequados em cada centro de trabalho. Se a capacidade for inadequada, as necessidades adicionais de horas extras, terceirizações, trabalhadores extras, e assim por dian-

A Nucor Steel, o maior produtor de aço dos Estados Unidos, obteve vendas líquidas de $12,7 bilhões de dólares em 2005, ao reciclar cerca de 20 milhões de tonaladas de aço sucateado. Atualmente, a Nucor tem instalações operacionais em 17 estados, gerando 11.500 empregos. A Nucor recicla aço para transformar em estoque para manter operações "com foco na sustentabilidade ambiental" e reduzir os custos. Sua estratégia em quatro etapas abrange: otimizar a produção atual, buscar aquisições estratégicas, continuar o crescimento sustentável e contínuo, através da comercialização de nova tecnologia e uma expansão global com *joint ventures*.

te, serão especificadas para cada linha de produto e combinadas em um plano preliminar que será modificado por testes e métodos matemáticos para obter um plano final e de custo (supostamente) mais baixo.

Ambiente de planejamento da produção

O Quadro 11.2 ilustra os fatores internos e externos que constituem o ambiente de planejamento da produção. Em geral, o ambiente externo está fora do controle direto do planejador de produção, mas, em algumas empresas, a demanda pelo produto pode ser administrada. Através da colaboração estrita entre marketing e produção, as atividades promocionais e os cortes no preço podem ser usados para construir a demanda durante os períodos fracos. Por outro lado, quando a demanda é forte, as atividades promocionais podem ser diminuídas e os preços aumentados para maximizar as receitas desses produtos ou serviços que a empresa tem capacidade de fornecer. As práticas atuais na gestão da demanda serão discutidas mais adiante na seção "Gerenciamento da oferta".

Quadro 11.2

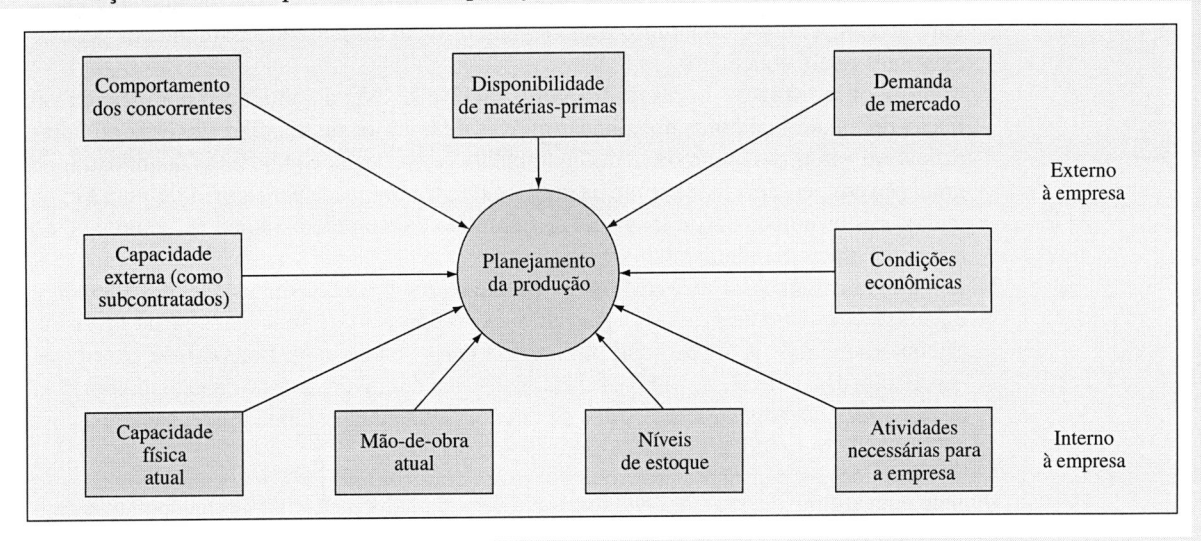

Informações necessárias para o sistema de planejamento da produção

Diagrama com "Planejamento da produção" ao centro, recebendo setas de:
- Comportamento dos concorrentes
- Disponibilidade de matérias-primas
- Demanda de mercado
- Capacidade externa (como subcontratados)
- Condições econômicas
- Capacidade física atual
- Mão-de-obra atual
- Níveis de estoque
- Atividades necessárias para a empresa

Externo à empresa / Interno à empresa

Os produtos complementares podem funcionar para as empresas enfrentando flutuações cíclicas na demanda. Por exemplo, os fabricantes de cortadores de grama terão uma forte demanda na primavera e no verão, mas uma demanda fraca durante o outono e o inverno. As demandas no sistema de produção podem ser suavizadas pela produção de um produto complementar com demanda alta durante o outono e o inverno, e demanda baixa na primavera e no verão (por exemplo, veículos para se locomover na neve, sopradores de neve ou de folhas). Com os serviços, os ciclos são medidos mais freqüentemente em horas do que em meses. Os restaurantes com forte demanda durante os horários de almoço e jantar geralmente acrescentarão o cardápio de desjejum para aumentar a demanda durante o horário matinal.

Mesmo assim, há limites sobre a proporção da demanda que pode ser controlada. Basicamente, o planejador de produção precisa viver com as projeções de vendas e pedidos prometidos pelo marketing, deixando os fatores internos tão variáveis que possam ser manipulados na obtenção de um plano de produção. Uma nova abordagem para facilitar a administração desses fatores internos é denominada *resposta precisa*, que acarreta medidas refinadas dos modelos históricos da demanda combinadas com o julgamento de especialistas para determinar quando começar a produção de itens específicos. O principal elemento da abordagem é identificar claramente aqueles produtos cuja demanda é relativamente previsível e aqueles cuja demanda é relativamente imprevisível.[1]

Os próprios fatores internos diferem no seu controle. A capacidade física atual (instalação e equipamentos) é quase sempre fixa no curto prazo; os acordos sindicais geralmente restringem o que pode ser feito para mudar a mão-de-obra; a capacidade física não pode sempre ser aumentada; e a gerência sênior poderá limitar a quantia investida em estoques. Ainda assim, há sempre certa flexibilidade na administração desses fatores, e os planejadores de produção podem implementar uma estratégia ou uma combinação das estratégias de planejamento de produção discutidas aqui.

Estratégias de planejamento de produção Existem basicamente três estratégias de planejamento de produção, que abrangem *trade-offs* entre o volume da mão-de-obra, as horas de trabalho, o estoque e outros atrasos.

1. **Estratégia de acompanhamento da demanda.** Combina a taxa de produção com a taxa de pedidos, contratando e dispensando funcionários à medida que a taxa de pedidos varia. O sucesso dessa estratégia depende de se ter um grupo de candidatos que possa ser treinado

facilmente, com o qual se pode contar à medida que o volume aumenta. Existem impactos motivacionais óbvios. Quando os pedidos em carteira forem baixos, os funcionários se sentirão compelidos a diminuir o ritmo temendo serem dispensados assim que os pedidos existentes forem concluídos.

2. **Mão-de-obra estável – horas de trabalho variáveis.** Varia a produção por meio da variação do número de horas trabalhadas através de horários de trabalho flexíveis ou horas extras. Ao variar o número de horas de trabalho, se consegue combinar as quantidades de produção aos pedidos. Essa estratégia proporciona continuidade para a mão-de-obra e evita muitos custos emocionais e tangíveis de admissão e demissão associados à estratégia de acompanhamento da demanda.

3. **Estratégia de capacidade constante.** Mantém uma mão-de-obra estável trabalhando a uma taxa constante de produção. As faltas e os excessos são absorvidos pelos níveis de estoque flutuantes, pelos pedidos em atraso e pelas vendas perdidas. Os funcionários se beneficiam das horas de trabalho estáveis aos custos dos níveis, possivelmente diminuídos, de atendimento ao cliente e aos custos de estoques aumentados. Outra preocupação é a possibilidade de os produtos estocados se tornarem obsoletos.

Estratégia pura
Estratégia mista

Quando apenas uma dessas variáveis for usada para absorver as flutuações na demanda, esta será denominada estratégia pura; duas ou mais estratégias usadas em combinação constituem uma estratégia mista. Como você já deve ter percebido, as estratégias mistas são mais aplicadas na indústria.

Terceirização Além dessas estratégias, os gerentes também podem optar por terceirizar algumas partes da produção. Isso é parecido com a estratégia de acompanhamento da demanda, mas a admissão e demissão são traduzidas em terceirizar ou não terceirizar. É desejável certo nível de terceirização para acomodar as flutuações na demanda. Entretanto, a menos que o relacionamento com o fornecedor seja muito forte, um fabricante poderá perder o controle sobre a programação e a qualidade.

Custos relevantes

Para o plano agregado de produção são relevantes quatro custos relacionados com os custos de produção em si, com o custo de manutenção de estoques e de ter pedidos não atendidos. Mais especificamente, são:

1. **Custos básicos de produção.** São os custos fixos e variáveis incorridos na produção de um tipo de produto em certo período de tempo. Estão incluídos os custos diretos e indiretos de mão-de-obra e as compensações regulares, assim como as horas extras.
2. **Custos associados com mudanças na taxa de produção.** Os custos comuns nessa categoria são aqueles envolvidos na admissão, no treinamento e na demissão de pessoal. A contratação de ajuda temporária é uma forma de evitar esses custos.
3. **Custos de manutenção de estoques.** Um componente importante é o custo do capital investido no estoque. Outros componentes são armazenagem, seguro, impostos, deterioração e obsolescência.
4. **Custos por atrasos de pedidos.** Geralmente são difíceis de medir e incluem os custos de despacho, perda da reputação com o cliente e perda das receitas de vendas resultantes dos pedidos pendentes.

Orçamentos Para receber fundos, os gerentes de produção geralmente precisam enviar pedidos de orçamentos anuais e, ocasionalmente, trimestrais. O plano agregado é o segredo do sucesso do processo de elaboração orçamentária. Lembre-se de que o objetivo do plano agregado é minimizar o total de custos relacionados com a produção durante o horizonte de planejamento, determinando a combinação ótima dos níveis de mão-de-obra e de estoque. Assim, o plano agregado justifica a quantia do orçamento solicitada. O planejamento preciso a médio prazo

Está tudo no planejamento

Você se senta ansioso na reunião do gerente geral convocada de repente. As vozes são abafadas de modo nervoso. A fonte de boatos corre a toda velocidade sobre outra iniciativa do mês prestes à dissolução, entre os incrédulos sobreviventes da última purga. A reunião começa. Entre visuais tricolores e planilhas em 3D, a mesma velha mensagem é recebida com ceticismo pelos gerentes trabalhando para obter respostas politicamente corretas em um jogo interminável de troca de farpas.

Isso acontece muito em corporações do mundo inteiro. Entretanto, é interessante observar que empresas como a Advanced Optical Components, uma divisão da Finisar, ex-VCSEL, aprenderam a gerenciar o processo de *casar* com êxito a oferta e a procura. A Advanced Optical Components desenvolveu um novo laser de semicondutor usado em aplicativos de informática, de operação em rede e de detecção. Prever e gerenciar a capacidade de produção é um desafio único das empresas com um fluxo de produtos novos e inovadores chegando ao mercado. Através de um processo mensal de planejamento de vendas e de produção, a Advanced Optical Components conseguiu melhorar a precisão de sua previsão de curto e longo prazo, de 60 para 95% ou mais, de modo consistente. As etapas específicas de seu plano focam a equipe executiva (1) nas operações de demanda para produtos existentes e novos e (2) nas restrições impostas à possibilidade de a organização gerar produtos para atender a essa demanda. O plano desenvolvido em uma reunião de executivos para a elaboração de um planejamento mensal de vendas e de produção garante que a demanda esteja sincronizada com a oferta, para que os clientes obtenham o produto necessário, quando precisarem, enquanto o estoque e os custos são mantidos em um patamar mínimo.

Os gerentes da Advanced Optical Components informaram que a etapa crítica foi fazer com que o gerente geral se apropriasse do processo. A segunda etapa foi conhecer profundamente o comportamento obrigatório da equipe, inclusive o compromisso com um plano de oferta/procura sincronizadas e equilibradas, a responsabilidade por atender aos padrões de desempenho, manter uma comunicação aberta e direta, não prometer o que não é possível cumprir, e tomar as decisões necessárias para lidar com as operações e restrições identificadas.

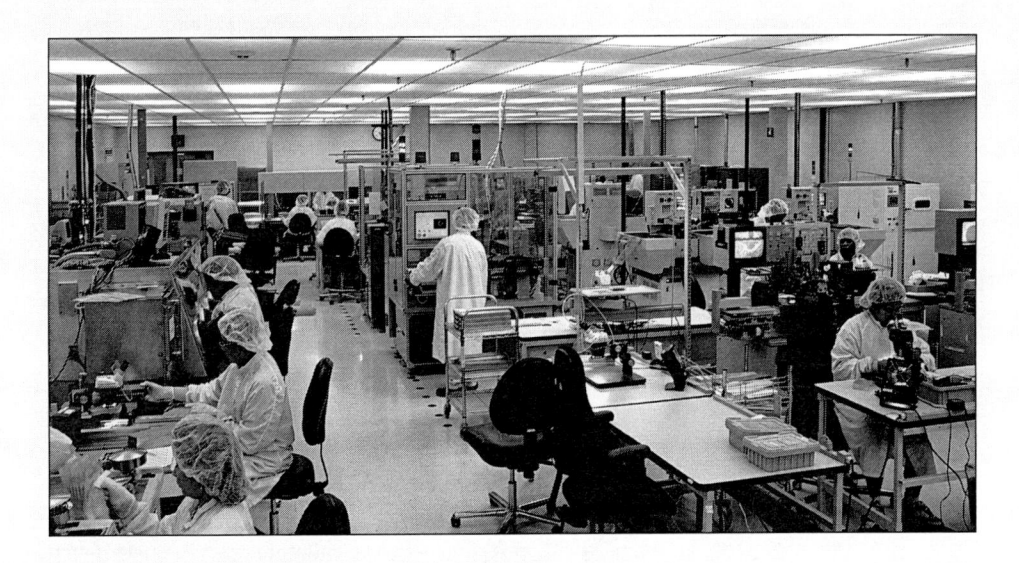

Fonte: Adaptado de http://www.themanufacturer.com.

aumenta a probabilidade de (1) receber o orçamento requisitado e (2) operar dentro dos limites do orçamento.

Na próxima seção, será fornecido um exemplo de planejamento de médio prazo no cenário da produção, que ilustram os *trade-offs* associados às diferentes estratégias do planejamento da produção.[2]

TÉCNICAS DE PLANEJAMENTO AGREGADO

As empresas costumam utilizar métodos simples de mapeamento e gráficos de tentativa e erro para desenvolver os planos agregados. Uma abordagem por tentativa e erro envolve o custeio de várias alternativas de planejamento de produção e a escolha daquele que for melhor. Para facilitar o processo de decisão, são desenvolvidas planilhas elaboradas. As abordagens sofisticadas envolvendo programação linear e simulação são geralmente incorporadas nessas planilhas. A seguir, será demonstrada uma abordagem de planilha para avaliar quatro estratégias para atender à demanda para a JC Company. Em seguida, discutiremos abordagens mais sofisticadas usando a programação linear (consulte o Apêndice F).

Exemplo da abordagem por tentativa e erro: JC company

Uma empresa com forte variação sazonal normalmente planeja a produção para o ano todo, para captar os extremos na demanda durante os meses mais fortes e mais fracos. Mas é possível ilustrar os princípios gerais relacionados a um horizonte mais curto. Vamos supor que precisamos elaborar um plano de produção para a JC Company para os próximos seis meses. Recebemos as seguintes informações:

	Janeiro	Fevereiro	Março	Abril	Maio	Junho	Totais
Previsão da demanda	1.800	1.500	1.100	900	1.100	1.600	8.000
Número de dias úteis	22	19	21	21	22	20	125

Demanda e Dias Úteis

Custos

Materiais	$100,00/unidade
Custo de manutenção do estoque	$1,50/unidade/mês
Custo marginal por não ter o estoque	$5,00/unidade/mês
Custo marginal de terceirização	$20,00/unidade ($120 custo de terceirização menos $100 de economia de material)
Custo de admissão e treinamento	$200,00/trabalhador
Custo de demissão	$250,00/trabalhador
Horas de mão-de-obra necessárias	5/unidade
Custo do tempo corrido (as primeiras oito horas de cada dia)	$4,00/hora
Custo de hora extra (hora e meia)	$6,00/hora

Estoque

Estoque inicial	400 unidades
Estoque de segurança	25% da demanda mensal

Ao resolver este problema, é possível excluir os custos de materiais. Poderíamos ter incluído esse custo de $100 em todos os cálculos, mas, caso se suponha que um custo de $100 é comum para cada unidade demandada, é necessário se preocupar apenas com os custos marginais. Como o custo de terceirização é $120, o custo real para terceirizar é de apenas $20 porque economizamos com os materiais.

Observe que muitos custos são expressos de maneira diferente daqueles geralmente encontrados nos livros fiscais de uma empresa. Portanto, não espere obter todos esses custos diretamente desses registros, mas os obtenha diretamente da gerência, que pode ajudar a interpretar os dados.

O estoque no início do primeiro período é de 400 unidades. Como a demanda prevista é imperfeita, a JC Company determinou a necessidade de estabelecer um *estoque de segurança* (estoque pulmão) para reduzir a probabilidade de falta. Para este exemplo, suponha que o estoque de segurança deveria ser 1/4 da demanda prevista. (O Capítulo 12 cobre este tópico com mais detalhes.)

Antes de investigar os planos de produção alternativos, geralmente convém converter as previsões da demanda em *necessidades de produção*, que leva em consideração as estimativas do estoque de segurança.

Quadro 11.3

Necessidades para o planejamento agregado de produção

	Janeiro	Fevereiro	Março	Abril	Maio	Junho
Estoque inicial	400	450	375	275	225	275
Previsão da demanda	1.800	1.500	1.100	900	1.100	1.600
Estoque de segurança (0,25 × Previsão da demanda)	450	375	275	225	275	400
Necessidades de produção (Previsão da demanda + Estoque de segurança − Estoque inicial)	1.850	1.425	1.000	850	1.150	1.725
Estoque final (Estoque inicial + Necessidades de produção − Previsão da demanda)	450	375	275	225	275	400

Excel: Planejamento agregado

No Quadro 11.3, observe que essas necessidades pressupõem que o estoque de segurança nunca é realmente usado, portanto o estoque final de cada mês é igual ao estoque de segurança do mês.

Por exemplo, o estoque de segurança de 450 para janeiro (25% da demanda de 1.800) torna-se o estoque no final de janeiro. A necessidade de produção para janeiro é a demanda mais o estoque de segurança menos o estoque inicial (1.800 + 450 − 400 = 1.850).

Agora, é necessário formular os planos de produção alternativos para a JC Company. Usando uma planilha, investigamos quatro planos com o objetivo de encontrar aquele com o custo total mais baixo.

Plano 1 Produzir exatamente a necessidade de produção mensal em um dia normal de oito horas, variando o tamanho da mão-de-obra.

Plano 2 Produzir para atender à demanda média prevista nos seis meses seguintes, mantendo a mão-de-obra constante. Esse número constante de trabalhadores é calculado encontrando-se o número médio de trabalhadores necessários a cada dia durante o período. Multiplique o total de necessidade de produção pelo tempo necessário para cada unidade. Em seguida, divida pelo tempo total que a pessoa trabalha durante o período [(8.000 unidades × 5 horas por unidade) ÷ (125 dias × 8 horas por dia) = 40 trabalhadores]. É permitido acumular estoque, sendo que as faltas são preenchidas pela produção do próximo mês mediante os pedidos pendentes. Os saldos negativos do estoque inicial indicam que a demanda é de pedidos em atraso (pendentes). Em alguns casos, pode-se perder vendas se a demanda não for atendida. As vendas perdidas podem ser expressas com um saldo negativo do estoque final seguido de um balanço zero no estoque inicial no próximo período. Observe que, neste plano, utiliza-se o estoque de segurança em janeiro, fevereiro, março e junho para atender à demanda prevista.

Plano 3 Produzir para atender a demanda mínima prevista (abril), usando mão-de-obra constante com horário regular. Terceirize para atender às necessidades de produção adicionais. O número de trabalhadores é calculado encontrando-se a necessidade mínima de produção mensal e determinando quantos trabalhadores seriam necessários para aquele mês [(850 unidades × 5 horas por unidade) ÷ (21 dias × 8 horas por dia) = 25 trabalhadores] e terceirize qualquer diferença mensal entre as necessidades e a produção.

Plano 4 Produzir para atender a demanda esperada para todos os meses menos os dois primeiros, usando uma mão-de-obra constante com um horário regular. Use horas extras para cumprir as necessidades adicionais de produção. É mais difícil calcular o número de trabalhadores para este plano, mas a meta é encerrar o mês de junho com um estoque final o mais próximo possível do estoque de segurança desse mês. Pelo método de tentativa e erro, pode-se mostrar que a mão-de-obra constante de 38 trabalhadores é a melhor aproximação.

O próximo passo consiste em calcular o custo de cada plano. Isso exige as séries de cálculos simples do Quadro 11.4. Observe que os tópicos em cada linha são diferentes para cada plano porque cada um é um problema diferente, que exige dados e cálculos próprios.

Quadro 11.4 Custos dos quatro planos de produção

Excel: Planejamento agregado

PLANO DE PRODUÇÃO 1: PRODUÇÃO EXATA; MÃO-DE-OBRA VARIÁVEL

	JANEIRO	FEVEREIRO	MARÇO	ABRIL	MAIO	JUNHO	TOTAL
Necessidades de produção (ver Quadro 11.3)	1.850	1.425	1.000	850	1.150	1.725	
Horas de produção necessárias (necessidades de produção × 5h/unidade)	9.250	7.125	5.000	4.250	5.750	8.625	
Dias úteis por mês	22	19	21	21	22	20	
Horas por mês por trabalhador (dias úteis × 8h/dia)	176	152	168	168	176	160	
Trabalhadores necessários (horas de produção necessárias/horas por mês por trabalhador)	53	47	30	25	33	54	
Novos trabalhadores admitidos (presumindo mão-de-obra inicial = à necessidade do primeiro mês de 53 trabalhadores)	0	0	0	0	8	21	
Custo de admissão (novos trabalhadores contratados × $200)	$0	$0	$0	$0	$1.600	$4.200	$5.800
Trabalhadores demitidos	0	6	17	5	0	0	
Custos de demissão (trabalhadores demitidos × $250)	$0	$1.500	$4.250	$1.250	$0	$0	$7.000
Custo do tempo direto (horas de produção necessárias × $4)	$37.000	$28.500	$20.000	$17.000	$23.000	$34.500	$160.000

Custo total $172.800

PLANO DE PRODUÇÃO 2: MÃO-DE-OBRA CONSTANTE; ESTOQUE VARIÁVEL E FALTA DE ESTOQUE

	JANEIRO	FEVEREIRO	MARÇO	ABRIL	MAIO	JUNHO	TOTAL
Estoque inicial	400	8	−276	−32	412	720	
Dias úteis por mês	22	19	21	21	22	20	
Horas de produção disponíveis (dias úteis por mês × 8h/dia × 40 trabalhadores)*	7.040	6.080	6.720	6.720	7.040	6.400	
Produção real (horas de produção disponíveis/5h/unidade)	1.408	1.216	1.344	1.344	1.408	1.280	
Previsão da demanda (do Quadro 11.3)	1.800	1.500	1.100	900	1.100	1.600	
Estoque final (estoque inicial + produção real − previsão da demanda)	8	−276	−32	412	720	400	
Custo de falta (unidades a menos × $5)	$0	$1.380	$160	$0	$0	$0	$1.540
Estoque de segurança (Quadro 11.3)	450	375	275	225	275	400	
Excesso de unidades (estoque final − estoque de segurança) apenas se a quantidade for positiva	0	0	0	187	445	0	
Custos de estoque (excesso de unidades × $1,50)	$0	$0	$0	$281	$668	$0	$948
Custo do tempo direto (horas de produção disponíveis × $4)	$28.160	$24.320	$26.880	$26.880	$28.160	$25.600	$160.000

Custo total $162.488

*(Soma das necessidades de produção no Quadro 11.3 × 5 h/unidade)/(Soma das horas de produção disponíveis × 8 h/dia) = (8.000 × 5)/(125 × 8) = 40.

(Continua)

(Conclusão)

Quadro 11.4

PLANO DE PRODUÇÃO 3: BAIXA MÃO-DE-OBRA CONSTANTE; TERCEIRIZAÇÃO

	JANEIRO	FEVEREIRO	MARÇO	ABRIL	MAIO	JUNHO	TOTAL
Necessidades de produção (Quadro 11.3)	1.850	1.425	1.000	850	1.150	1.725	
Dias úteis por mês	22	19	21	21	22	20	
Horas de produção disponíveis (dias úteis × 8h/dia × 25 trabalhadores)*	4.400	3.800	4.200	4.200	4.400	4.000	
Produção real (horas de produção/5h por unidade)	880	760	840	840	880	800	
Unidades terceirizadas (necessidade de produção − produção real)	970	665	160	10	270	925	
Custo da terceirização (unidades terceirizadas × $20)	$19.400	$13.300	$3.200	$200	$5.400	$18.500	$60.000
Custo do tempo direto (horas de produção disponíveis × $4)	$17.600	$15.200	$16.800	$16.800	$17.600	$16.000	$100.000
						Custo total	$160.000

*Produção mínima necessária. No exemplo, em abril o mínimo é de 850 unidades. Número de trabalhadores necessários em abril é (850×5)/(21×8)=25.

PLANO DE PRODUÇÃO 4: MÃO-DE-OBRA CONSTANTE; HORAS EXTRAS

	JANEIRO	FEVEREIRO	MARÇO	ABRIL	MAIO	JUNHO	TOTAL
Estoque inicial	400	0	0	177	554	792	
Dias úteis por mês	22	19	21	21	22	20	
Horas de produção disponíveis (dias úteis × 8h/dia × 38 trabalhadores)*	6.688	5.776	6.384	6.384	6.688	6.080	
Produção no turno regular (horas de produção disponíveis/5 h por unidade)	1.338	1.155	1.277	1.277	1.338	1.216	
Previsão da demanda (Quadro 11.3)	1.800	1.500	1.100	900	1.100	1.600	
Unidades disponíveis antes das horas extras (estoque inicial + produção no turno regular − previsão da demanda). Este número foi arredondado para cima.	−62	−345	177	554	792	408	
Unidades de horas extras	62	375	0	0	0	0	
Custo das horas extras (unidades de hora extra × 5h/unidade × $6/h)	$1.860	$10.350	$0	$0	$0	$0	$12.210
Estoque de segurança (Quadro 11.3)	450	375	275	225	275	400	
Unidades em excesso (unidades disponíveis antes das horas extras − estoque de segurança) apenas se a quantidade for positiva	0	0	0	329	517	8	
Custos de estoque (unidades em excesso × $1,50)	$0	$0	$0	$494	$776	$12	$1.281
Custo do tempo direto (horas de produção necessárias × $4)	$26.752	$23.104	$25.536	$25.536	$26.752	$24.320	$152.000
						Custo total	$165.491

*Trabalhadores determinados por tentativa e erro. Veja a explicação no texto.

Quadro 11.5 — Comparação entre os quatro planos

Excel: Planejamento agregado

Custo	Plano 1: Produção exata; Mão-de-obra Variável	Plano 2: Mão-de-obra Constante; Estoque Variável e Falta de Estoque	Plano 3: Mão-de-obra Baixa Constante; Terceirização	Plano 4: Mão-de-obra Constante; Horas Extras
Admissão	$ 5.800	$ 0	$ 0	$ 0
Demissão	7.000	0	0	0
Estoque em excesso	0	948	0	1.281
Falta de estoque	0	1.540	0	0
Terceirização	0	0	60.000	0
Horas extras	0	0	0	12.210
Tempo direto	160.000	160.000	100.000	152.000
	$ 172.800	$ 162.488	$ 160.000	$ 165.491

A etapa final consiste em tabular e montar um gráfico de cada plano, comparando seus custos. A partir do Quadro 11.5, pode-se observar que o uso de terceirização resultou no custo mais baixo (Plano 3). O Quadro 11.6 mostra os efeitos dos quatro planos. Este é um gráfico acumulado, ilustrando os resultados esperados no total de necessidades de produção.

Observe que, neste exemplo, fez-se outra suposição: o plano pode começar com qualquer número de trabalhadores sem custos de admissão ou demissão. Em geral, é isso o que acontece porque um plano agregado usa o pessoal existente, e pode-se começar o plano assim. Entretanto, em uma aplicação real, a disponibilidade do pessoal existente, transferível de outras áreas da empresa, pode mudar as premissas.

Cada um desses quatro planos focou um custo específico, e os três primeiros eram simplesmente estratégias puras. Obviamente, existem vários outros planos viáveis, sendo que alguns usariam uma combinação de mudanças na mão-de-obra, horas extras e terceirização. O problema no final deste capítulo inclui exemplos dessas estratégias mistas. Na prática, o plano final escolhido deveria vir da busca de uma variedade de alternativas e projeções futuras além do horizonte de planejamento de seis meses utilizado.

Tenha em mente que a abordagem por tentativa e erro não é uma garantia de ter encontrado a solução de custo mínimo. Entretanto, os programas de planilhas eletrônicas, como o Microsoft Excel, conseguem realizar as estimativas de custo por tentativa e erro em segundos e elevar esse tipo de análise ("e se") para um nível superior. Os programas mais sofisticados conseguem gerar soluções sem a interferência do usuário, como no método por tentativa e erro.

Programação nivelada

Neste capítulo, examinaremos quatro estratégias principais para o planejamento da produção: mão-de-obra variável para atender à demanda, horas extras de trabalho e meio período, estoque variável durante os excessos e as faltas, e terceirização.

Uma programação nivelada mantém a produção constante durante um período determinado. É parecida com uma combinação das estratégias aqui mencionadas. Para cada período, mantém a mão-de-obra constante e o estoque baixo, e depende da demanda para restabelecer os produtos. A produção nivelada tem diversas vantagens, o que a torna a "espinha dorsal" da produção JIT:

1. Todo o sistema pode ser planejado para minimizar o estoque total e o estoque em processo.
2. As modificações do produto são atualizadas por causa da baixa quantidade de estoque em processo.

Quadro 11.6

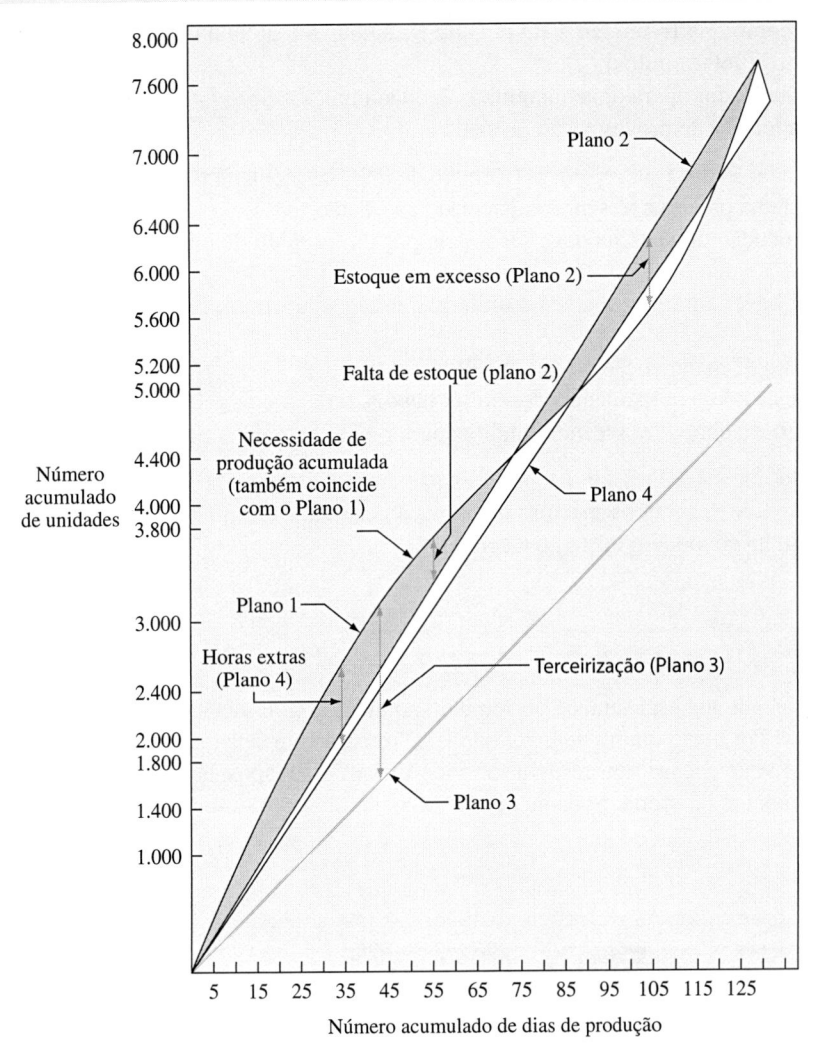

Quatro planos para atender à necessidade de produção durante o número de dias de produção disponíveis

Gráfico: Número acumulado de unidades (eixo Y, de 1.000 a 8.000) versus Número acumulado de dias de produção (eixo X, de 5 a 125). Mostra: Plano 1, Plano 2, Plano 3, Plano 4, Necessidade de produção acumulada (também coincide com o Plano 1), Estoque em excesso (Plano 2), Falta de estoque (plano 2), Horas extras (Plano 4), Terceirização (Plano 3).

3. Há um fluxo uniforme por todo o sistema de produção.
4. Os itens comprados de fornecedores podem ser entregues quando necessários e, na realidade, a entrega costuma ser feita diretamente na linha de produção.

A Toyota Motor Corporation, por exemplo, cria um plano de produção anual que indica o número total de carros a serem fabricados e vendidos. O plano agregado de produção cria as necessidades do sistema para produzir esse número total com uma programação nivelada. O segredo do sucesso na programação nivelada japonesa é a *uniformidade da produção*. O plano agregado é traduzido em programações mensais e diárias que fornecem a *seqüência* do produto através dos sistemas de produção. O procedimento é basicamente o seguinte: dois meses antes, são definidos os tipos de carros e as quantidades. Isso é convertido em um plano detalhado, com um mês de antecedência. Essas quantidades são passadas para os subcontratados e fornecedores para que possam planejar como atender às necessidades da Toyota. As necessidades mensais dos vários tipos de carros são, então, traduzidas em programações diárias. Por exemplo, se forem necessárias 8.000 unidades do carro tipo A em um mês, juntamente com 6.000 do tipo B, 4.000 do tipo C e 2.000 do tipo D, e, caso se presuma que a linha opera 20 dias por mês, isso seria traduzido em uma produção diária de 400, 300, 200 e 100 unidades, respectivamente. Além disso, isso seria seqüenciado como quatro unidades de A, 3 de B, 2 de C e 1 de D a cada 9,6 minutos de um dia com dois turnos (960 minutos).

Cada trabalhador opera uma quantidade de máquinas, fabricando uma seqüência de produtos. Para usar essa técnica de programação nivelada:

1. A produção deve ser repetitiva (formato de linha de montagem).
2. O sistema precisa apresentar capacidade excedente.
3. A produção do sistema deve ser fixada por um período determinado (de preferência um mês).
4. Deve haver um relacionamento uniforme entre os departamentos de compras, marketing e produção.
5. O custo de manutenção do estoque deve ser alto.
6. Os custos dos equipamentos devem ser baixos.
7. A mão-de-obra deve ser multiqualificada.

Para obter mais detalhes sobre a programação nivelada, consulte o carregamento uniforme na fábrica, no Capítulo 9, sobre os sistemas de produção enxuta. Consulte também a discussão sobre o equilíbrio na linha do modelo misto no Capítulo 4.

GERENCIAMENTO DA OFERTA

Gerenciamento da oferta

Por que aquele cara que está sentado ao seu lado no avião pagou metade do preço que você pagou pela passagem? Por que o quarto de hotel que você reserva com seis meses de antecedência é mais caro do que se você chegar sem reserva (ou vice-versa)? As respostas estão na prática conhecida como gerenciamento da oferta. Pode-se definir gerenciamento da oferta como o processo de alo-

Empresas aéreas, como a Singapore Airlines, utilizam estratégias do gerenciamento da oferta para maximizar a receita para a capacidade de que dispõem.

cação do tipo correto de capacidade para o tipo correto de cliente no preço e tempo corretos para maximizar a receita ou o rendimento. O gerenciamento da oferta pode ser uma abordagem eficiente para tornar a demanda mais previsível, o que é importante para o planejamento agregado.

O gerenciamento da oferta existe, contanto que haja capacidade limitada para servir os clientes. Entretanto, sua ampla aplicação científica começou com o sistema computacional de reservas da American Airlines (SABRE), introduzido em meados dos anos 1980. O sistema permitia que a empresa mudasse o preço das passagens em qualquer rota instantaneamente como função da demanda prevista. A Peoples' Express, empresa aérea sem atrativos, com preços baixos, foi uma das vítimas mais famosas do sistema de gerenciamento da oferta da American. Basicamente, o sistema permitia atualização de hora em hora nas rotas concorrentes para que a American pudesse igualar ou melhorar os preços onde quer que a Peoples' Express estivesse voando. O presidente da Peoples' Express percebeu que o jogo estava perdido quando sua própria mãe viajou na American para um *hub* da People por um preço mais baixo do que aquele que a People poderia oferecer.

Sob o ponto de vista operacional, o gerencimento da oferta é mais eficaz quando:

1. A demanda pode ser segmentada por cliente.
2. Os custos fixos são altos e os custos variáveis são baixos.
3. O estoque é perecível.
4. O produto pode ser vendido antecipadamente.
5. A demanda é altamente variável.

Os hotéis ilustram bem essas cinco características. Eles usam um conjunto de taxas durante a semana para executivos e outro conjunto durante o final de semana para os turistas. Os custos variáveis associados a um quarto (como a limpeza) são baixos em comparação ao custo de adicionar quartos à propriedade. Os quartos disponíveis não podem ser transferidos de uma noite para outra, e os blocos de quartos podem ser vendidos para convenções ou grupos de turismo. Por último, os possíveis hóspedes podem encurtar sua estadia ou sequer aparecerem.

Muitas organizações (como empresas aéreas, agências de aluguel de carros, linhas de cruzeiros e hotéis) gerenciam a oferta estabelecendo regras de decisão para as classes de taxa para a abertura ou o fechamento em função da demanda prevista e da oferta disponível. As metodologias para se fazer isso podem ser bastante sofisticadas. Uma abordagem comum é prever a demanda por um período de planejamento e depois usar a análise marginal para determinar as taxas que serão cobradas se a demanda for prevista como acima ou abaixo dos limites de controle estabelecidos em torno da média prevista.

RESUMO

O planejamento de vendas e de produção e o plano agregado traduzem os planos estratégicos corporativos e de capacidade em categorias mais amplas, como mão-de-obra, quantidade do estoque e níveis da produção.

As variações na demanda são realidades, portanto o sistema de planejamento precisa incluir flexibilidade suficiente para lidar com essas variações. A flexibilidade é alcançada por meio do desenvolvimento de fontes alternativas de suprimentos, do treinamento multifuncional dos trabalhadores para lidar com diversos pedidos, e do envolvimento mais freqüente em novos planejamentos, durante os períodos de demanda alta.

As regras de decisão para o planejamento da produção deveriam ser seguidas assim que selecionadas. No entanto, deveriam ser cuidadosamente analisadas antes da implementação mediante verificação, como simulações dos dados históricos, para analisar o que realmente teria acontecido se as regras de decisão tivessem funcionado no passado.

O gerenciamento da oferta é uma ferramenta importante que pode ser usada para modelar os padrões de demanda para que a empresa funcione de modo eficiente.

Termos-chave

Plano agregado de produção Tradução dos planos anuais e trimestrais em planos de resultado da produção e da mão-de-obra para o médio prazo. O objetivo é minimizar o custo dos recursos necessários para atender à demanda.

Planejamento de vendas e de produção Termo que se refere ao processo que ajuda as empresas a manter a procura e a oferta equilibradas. A terminologia tem a intenção de captar a importância do trabalho multifuncional.

Planejamento de longo prazo Atividade normalmente realizada anualmente e focada em um período de um ano ou mais.

Planejamento de médio prazo Atividade que geralmente cobre um período de 6 a 18 meses com incrementos mensais ou trimestrais de tempo.

Planejamento de curto prazo Planejamento que cobre um período inferior a seis meses, com incrementos de tempo diários ou semanais.

Taxa de produção Número de unidades concluídas por unidade de tempo.

Nível da mão-de-obra Número de funcionários da produção necessários para cada período.

Estoque disponível Estoque não utilizado e transferido de um período anterior.

Estratégias de planejamento da produção Planos que envolvem os *trade-offs* entre a mão-de-obra, as horas de trabalho e os pedidos em atraso.

Estratégia pura Plano que usa apenas uma das opções disponíveis para atender à demanda. As principais opções são o acompanhamento da demanda, usando uma mão-de-obra estável com trabalho extra ou de meio período, e a produção constante, sendo que as faltas e os excessos são absorvidos pelo estoque.

Estratégia mista Plano que combina as opções disponíveis para atender à demanda.

Gerenciamento da oferta Alocar o tipo certo de capacidade para o tipo certo de cliente, no preço e na época certos para maximizar a receita ou o rendimento.

Problema resolvido

A Jason Enterprises (JE) produz telefones com vídeo para o mercado residencial. A qualidade não é tão boa quanto deveria ser neste ponto, mas o preço de venda é bom e a Jason consegue estudar a resposta do mercado, enquanto investe mais tempo com P&D.

Neste estágio, no entanto, a JE precisa desenvolver um plano agregado de produção para os seis meses, de janeiro a junho. Você foi escolhido para criar o plano. As informações seguintes devem ajudar:

Demanda e Dias Úteis

	Janeiro	Fevereiro	Março	Abril	Maio	Junho	Totais
Previsão da demanda	500	600	650	800	900	800	4.250
Número de dias úteis	22	19	21	21	22	20	125

Custos

Materiais	$100,00/unidade
Custo de manutenção do estoque	$10,00/unidade/mês
Custo marginal da falta de estoque	$20,00/unidade/mês
Custo marginal de terceirização	$100,00/unidade (custo de terceirização $200 menos economias de $100 em materiais)
Custo de admissão e treinamento	$50,00/funcionário
Custo de demissão	$100,00/funcionário
Horas necessárias de mão-de-obra	4/unidade
Custo do tempo direto (as primeiras oito horas de cada dia)	$12,50/hora
Custo de hora extra (hora e meia)	$18,75/hora

Estoque

Estoque inicial	200 unidades
Estoque de segurança necessário	0% da demanda mensal

Qual é o custo de cada uma das estratégias de produção seguintes?
a. Produzir exatamente para atender à demanda; mão-de-obra variável (presumindo que a mão-de-obra de abertura seja igual às necessidades do primeiro mês).
b. Mão-de-obra constante; estoque variável e permite apenas faltas (presumindo uma mão-de-obra inicial de 10).
c. Mão-de-obra constante de 10; usar a terceirização.

Solução

Requisitos do Planejamento Agregado de Produção

	Janeiro	Fevereiro	Março	Abril	Maio	Junho	Total
Estoque inicial	200	0	0	0	0	0	
Previsão da demanda	500	600	650	800	900	800	
Estoque de segurança (0,0 × previsão da demanda)	0	0	0	0	0	0	
Necessidades de produção (previsão da demanda + estoque de segurança − estoque inicial)	300	600	650	800	900	800	
Estoque final (estoque inicial + necessidades de produção − previsão da demanda)	0	0	0	0	0	0	

Plano de Produção 1: Produção Exata; Mão-de-obra Variável

	Janeiro	Fevereiro	Março	Abril	Maio	Junho	Totais
Necessidades de produção	300	600	650	800	900	800	
Horas de produção necessárias (necessidades de produção × 4h/unidade)	1.200	2.400	2.600	3.200	3.600	3.200	
Dias úteis por mês	22	19	21	21	22	20	
Horas por mês por funcionário (dias úteis × 8h/dia)	176	152	168	168	176	160	
Funcionários necessários (horas de produção necessárias/horas por mês por funcionário)	7	16	15	19	20	20	
Novos funcionários admitidos (presumindo que a mão-de-obra inicial seja igual às necessidades do primeiro mês de 7 funcionários)	0	9	0	4	1	0	
Custos de admissão (novos funcionários admitidos × $50)	$0	$450	$0	$200	$50	$0	$700
Funcionários demitidos	0	0	1	0	0	0	
Custos de demissão (funcionários demitidos × $100)	$0	$0	$100	$0	$0	$0	$100
Custo do tempo direto (horas de produção necessárias × $12,50)	$15.000	$30.000	$32.500	$40.000	$45.000	$40.000	$202.500
						Custo total	$203.300

Plano de Produção 2: Mão-de-obra Constante; Estoque Variável e Falta de Estoque

	Janeiro	Fevereiro	Março	Abril	Maio	Junho	Totais
Estoque inicial	200	140	−80	−310	−690	−1150	
Dias úteis por mês	22	19	21	21	22	20	
Horas de produção disponíveis (dias úteis por mês × 8h/dia × 10 funcionários)*	1.760	1.520	1.680	1.680	1.760	1.600	

*Suponha uma mão-de-obra constante de 10.

(Continua)

PLANO DE PRODUÇÃO 2: MÃO-DE-OBRA CONSTANTE; ESTOQUE VARIÁVEL E FALTA DE ESTOQUE

	JANEIRO	FEVEREIRO	MARÇO	ABRIL	MAIO	JUNHO	TOTAIS
Produção real (horas de produção disponíveis/4h/unidade)	440	380	420	420	440	400	
Previsão da demanda	500	600	650	800	900	800	
Estoque final (estoque inicial + produção real − previsão da demanda)	140	−80	−310	−690	−1150	−1550	
Custo de falta de estoque (unidades a menos × $20)	$0	$1.600	$6.200	$13.800	$23.000	$31.000	$75.600
Estoque de segurança	0	0	0	0	0	0	
Unidades em excesso (estoque final − estoque de segurança; apenas se a quantidade for positiva)	140	0	0	0	0	0	
Custo do estoque (unidades em excesso × $10)	$1.400	$0	$0	$0	$0	$0	$1.400
Custo do tempo direto (horas de produção disponíveis × $12,50)	$22.000	$19.000	$21.000	$21.000	$22.000	$20.000	$125.000

Custo total $202.000

PLANO DE PRODUÇÃO 3: MÃO-DE-OBRA CONSTANTE; TERCEIRIZAÇÃO

	JANEIRO	FEVEREIRO	MARÇO	ABRIL	MAIO	JUNHO	TOTAIS
Necessidades de produção	300	460[†]	650	800	900	800	
Dias úteis por mês	22	19	21	21	22	20	
Horas de produção disponíveis (dias úteis × 8h/dia × 10 funcionários)*	1.760	1.520	1.680	1.680	1.760	1.600	
Produção real (horas de produção disponíveis/4h por unidade)	440	380	420	420	440	400	
Unidades terceirizadas (necessidades de produção − produção real)	0	80	230	380	460	400	
Custos de terceirização (unidades terceirizadas × $100)	$0	$8.000	$23.000	$38.000	$46.000	$40.000	$155.000
Custo do tempo direto (horas de produção necessárias × $12,50)	$22.000	$19.000	$21.000	$21.000	$22.000	$20.000	$125.000

Custo total $280.000

*Suponha uma mão-de-obra constante de 10.
[†]600 − 140 unidades do estoque inicial em fevereiro.

RESUMO

DESCRIÇÃO DO PLANO	ADMISSÃO	DEMISSÃO	TERCEIRIZAÇÃO	TEMPO DIRETO	FALTA DE ESTOQUE	ESTOQUE EM EXCESSO	CUSTO TOTAL
1. Produção exata; mão-de-obra variável	$700	$100		$202.500			$203.300
2. Mão-de-obra constante; estoque variável e falta de estoque				$125.000	$75.600	$1.400	$202.000
3. Mão-de-obra constante; terceirização			$155.000	$125.000			$280.000

Capítulo 11 PLANEJAMENTO AGREGADO DE VENDAS E DE PRODUÇÃO

Questões para revisão e discussão

1. Quais são as principais diferenças entre o planejamento agregado na produção e o planejamento agregado nos serviços?
2. Quais são as variáveis controláveis básicas de um problema de planejamento da produção? Quais são os quatro custos principais?
3. Trace a diferença entre as estratégias pura e mista no planejamento da produção.
4. Defina programação nivelada. Como esta se diferencia das estratégias puras no planejamento da produção?
5. Como a precisão da previsão se relaciona, no geral, à aplicação prática dos modelos de planejamento agregado discutidos no capítulo?
6. De que modo o período escolhido para um plano agregado determina se este é o melhor plano para a empresa?
7. No caso de abertura do capítulo, de que modo o planejamento de vendas e de produção pode ajudar a resolver problemas de falta de produtos?
8. Como você aplicaria os conceitos do gerenciamento da oferta a uma barbearia? A uma máquina de venda de refrigerantes?

Problemas

1. Para o Problema Resolvido, elabore o plano mais barato possível. Escolha o nível da mão-de-obra inicial.
2. Desenvolva um plano de produção e calcule o custo anual para uma empresa cuja previsão da demanda é outono, 10.000; inverno, 8.000; primavera, 7.000; e verão, 12.000. O estoque no início do outono é de 500 unidades. No início do outono, você tem 30 funcionários, mas pretende empregar funcionários temporários no início do verão e dispensá-los ao final do verão. Além disso, você negociou com o sindicato uma opção de utilizar a mão-de-obra regular nas horas extras durante o inverno e a primavera se as horas extras forem necessárias para evitar as faltas de estoque no final desses trimestres. As horas extras *não* estão disponíveis durante o outono. Os custos relevantes são: admissão, $100 para cada temporário; demissão, $200 para cada trabalhador demitido; manutenção do estoque, $5 por unidade/trimestre; pedidos em atraso, $10 por unidade; tempo direto, $5 por hora; horas extras, $8 por hora. Presuma que a produtividade seja de 0,5 unidade por hora por trabalhador, com 8 horas por dia e 60 dias por estação.
3. Planeje a produção para um período de quatro meses: de fevereiro até maio. Para fevereiro e março, você deveria produzir para a previsão da demanda exata. Para abril e maio, você deveria usar horas extras e estoque com mão-de-obra estável; *estável* significa que o número de trabalhadores necessários para março será mantido constante até maio. No entanto, as restrições governamentais estabelecem um máximo de 5.000 horas de horas extras de mão-de-obra por mês em abril e maio (horas extras zero em fevereiro e março). Se a demanda exceder a oferta, é quando ocorrem os atrasos nos pedidos. Em 31 de janeiro temos 100 trabalhadores. Você recebeu a seguinte previsão da demanda: fevereiro, 80.000; março, 64.000; abril, 100.000; maio, 40.000. A produtividade é de quatro unidades por trabalhador por hora, 8 horas por dia, 20 dias por mês. Suponha um estoque de zero em 1º de fevereiro. Os custos são: admissão, $50 por funcionário novo; demissão, $70 por trabalhador demitido; manutenção do estoque, $10 por unidade por mês; mão-de-obra em tempo direto, $10 por hora; hora extra, $15 por hora; pedidos em atraso, $20 por unidade. Encontre o total de custo deste plano.
4. Planeje a produção para o próximo ano. A previsão da demanda é primavera, 20.000; verão, 10.000; outono, 15.000; inverno, 18.000. No início da primavera você tem 70 funcionários e 1.000 unidades em estoque. O contrato sindical especifica que você poderá demitir funcionários apenas uma vez por ano, no início do verão. Além disso, você poderá contratar novos funcionários apenas no final do verão para começar um trabalho regular no outono. O número de funcionários demitidos no começo do verão e o número admitido no final do verão deveriam resultar em níveis planejados de produção para o verão e o outono que fossem iguais às previsões da demanda para o verão e o outono, respectivamente. Se a demanda exceder a oferta, use as horas extras apenas na primavera, o que significa que os pedidos pendentes poderão ocorrer no inverno. Você recebe essas informações de custo: admissão, $100 por funcionário novo; demissão, $200 por trabalhador demitido; manutenção do estoque, $20

por unidade por trimestre; pedidos pendentes, $8 por unidade; mão-de-obra em tempo direto, $10 por hora; hora extra, $15 por hora. A produtividade é de 0,5 unidade por hora por trabalhador, 8 horas por dia, 50 dias por trimestre. Encontre o custo total.

5. A DAT, Inc. precisa desenvolver um plano agregado para sua linha de produto. Os dados relevantes são:

Tempo de produção:	1 hora por unidade	Estoque inicial:	500 unidades
Média do custo de mão-de-obra:	$10 por hora	Estoque de segurança:	meio mês
Semana de trabalho:	5 dias, 8 horas por dia	Custo de falta de estoque:	$20 por unidade por mês
Dias por mês:	Presuma 20 dias por mês	Custo de transporte:	$5 por unidade por mês

A previsão para o ano seguinte é:

Jan	Fev	Mar	Abr	Maio	Jun	Jul	Ago	Set	Out	Nov	Dez
2.500	3.000	4.000	3.500	3.500	3.000	3.000	4.000	4.000	4.000	3.000	3.000

A gerência prefere manter a mão-de-obra constante e a produção nivelada, absorvendo as variações na demanda através dos excessos e das faltas nos estoques. A demanda não satisfeita é transferida para o próximo mês.

Desenvolva um plano agregado que satisfaça a demanda e outras condições do problema. Não tente encontrar a solução ótima; apenas encontre uma solução boa e declare o procedimento que você usaria para testar uma solução melhor. Faça as suposições necessárias.

6. A Old Pueblo Engenharia cria programações de seis meses, que são calculadas novamente em base mensal. Por motivos competitivos (teriam que divulgar os critérios do projeto, os métodos e assim por diante), a Old Pueblo não terceiriza. Assim, suas únicas opções são (1) trabalho em período regular, (2) trabalho em horas extras, o qual é limitado a 30% do período regular; (3) fazer o trabalho dos clientes antecipadamente, o que custaria um adicional de $5 por hora por mês; e (4) fazer o trabalho do cliente mais tarde, o que custaria um adicional de $10 por hora por penalidade mensal, como reza seus contratos.

A Old Pueblo tem 25 engenheiros no seu quadro de funcionários com uma taxa de $30. A taxa de hora extra é $45. As necessidades em horas dos clientes para os seis meses de janeiro a junho são:

Janeiro	Fevereiro	Março	Abril	Maio	Junho
5.000	4.000	6.000	6.000	5.000	4.000

Desenvolva um plano agregado usando o método de transporte da programação linear. Suponha 20 dias úteis em cada mês.

7. A Alan Industries está expandindo sua linha de produtos para incluir novos modelos: Modelo A, Modelo B e Modelo C. Esses serão produzidos nos mesmos equipamentos e o objetivo consiste em satisfazer as demandas para os três produtos usando horas extras quando necessário. A previsão da demanda para os próximos quatro meses, em horas, é:

Produto	Abril	Maio	Junho	Julho
Modelo A	800	600	800	1.200
Modelo B	600	700	900	1.100
Modelo C	700	500	700	850

Como os produtos se deterioram rapidamente, há uma perda alta na qualidade e, conseqüentemente, um custo alto de transporte para os períodos subseqüentes. A produção de cada hora, transportada para os meses futuros, custa $3 por hora produtiva do Modelo A, $4 para o Modelo B e $5 para o Modelo C.

A produção acontece durante o horário de trabalho regular ou em horas extras. O período regular é pago a $4 quando se trabalha no Modelo A, $5 para o Modelo B e $6 para o Modelo C. O prêmio da hora extra é de 50%.

A capacidade de produção disponível para o período regular e para as horas extras é

	Abril	Maio	Junho	Julho
Período regular	1.500	1.300	1.800	1.700
Horas extras	700	650	900	850

    a. Monte o problema em formato de matriz e apresente os custos pertinentes.
    b. Apresente uma solução viável.

8. A Shoney Video Concepts produz uma linha de aparelhos de DVD que podem ser conectados aos computadores pessoais e utilizados como *videogame*. Os DVDs têm um tempo de acesso muito mais rápido do que as fitas. Com este tipo de ligação vídeo/computador, o jogo passa a representar uma experiência real. Num jogo simples como corridas de automóveis, em que os *joysticks* conduzem o veículo, por exemplo, em vez de ver os gráficos na tela, o jogador está, na realidade, vendo um segmento de uma filmagem real de um veículo em movimento. Dependendo da ação do jogador (bater na grade de proteção, por exemplo), o disco se movimenta quase que instantaneamente para aquele segmento e o jogador se torna parte de um acidente real, envolvendo veículos reais (encenados, é claro).

    A Shoney está tentando determinar um plano de produção para os próximos 12 meses. O critério principal para este plano é que o nível de emprego seja mantido constante durante o período. A Shoney está continuando seus esforços de P&D para desenvolver novas aplicações e prefere não causar animosidades com a mão-de-obra local. Pelos mesmos motivos, todos os funcionários deveriam ser colocados em semanas de trabalho cheias, mesmo que esta não seja a alternativa de custo mais baixo. A previsão para os próximos 12 meses é:

Mês	Demanda prevista	Mês	Demanda prevista
Janeiro	600	Julho	200
Fevereiro	800	Agosto	200
Março	900	Setembro	300
Abril	600	Outubro	700
Maio	400	Novembro	800
Junho	300	Dezembro	900

    Os custos de manufatura são de $200 por conjunto, igualmente divididos entre materiais e mão-de-obra. Os custos de armazenagem do estoque são de $5 por mês. A falta de conjuntos resulta em vendas perdidas e seu custo estimado no geral é de $20 por unidade a menos.

    O estoque disponível no início do período de planejamento é de 200 unidades. São necessárias dez horas de mão-de-obra por aparelho de DVD. O dia de trabalho é de oito horas.

    Desenvolva uma programação de produção agregada para o ano usando uma mão-de-obra constante. Para simplificar, suponha 22 dias úteis em cada mês com exceção de julho, quando a fábrica fecha para as férias de três semanas (deixando sete dias de trabalho). Suponha que a capacidade de produção total seja maior do que ou igual à demanda total.

9. Desenvolva uma programação para gerar as necessidades exatas de produção, variando o tamanho da mão-de-obra para o problema a seguir. Use o exemplo do capítulo como guia (Plano 1).

    As previsões mensais para o Produto X para janeiro, fevereiro e março são de 1.000, 1.500 e 1.200, respectivamente. A política do estoque de segurança recomenda que metade da previsão para aquele mês seja definida como estoque de segurança. Existem 22 dias úteis em janeiro, 19 em fevereiro e 21 em março. O estoque inicial é de 500 unidades.

    O custo de manufatura é de $200 por unidade, o custo de armazenagem é de $3 por unidade por mês, a taxa padrão de pagamento é de $6 por hora, a taxa de horas extras é de $9 por hora, o custo da falta de estoque é de $10 por unidade por mês, o custo marginal para a terceirização é de $10 por unidade, os custos de admissão e treinamento são de $200 por funcionário, os custos de demissão são de $300 por funcionário e a produtividade dos funcionários é de 0,1 unidade por hora. Suponha que você comece com 50 funcionários que trabalharão 8 horas por dia.

10. A Helter Industries, uma empresa que produz uma linha de maiôs femininos, emprega funcionários temporários para ajudar na produção para a demanda do verão. Para a atual programação de quatro meses, temos três funcionários temporários ganhando um salário por hora de $14. Além disso, 12 funcionários em tempo integral estão trabalhando a um custo de $18 por hora. Os temporários podem ser admitidos quando necessário, mas precisam ser empregados por um mês inteiro, ao passo que os funcionários em tempo integral precisam ser pagos se forem necessários ou não. Cada funcionário em

tempo integral consegue produzir 205 maiôs, enquanto cada funcionário de meio período consegue produzir 165 maiôs por mês.

A demanda pelos maiôs para os próximos quatro meses é a seguinte:

Maio	Junho	Julho	Agosto
3.200	2.800	3.100	3.000

O estoque inicial em maio é de 403 maiôs concluídos (um item completo com duas peças engloba a parte superior e inferior). O custo de produção dos maiôs é de $40 e o custo do transporte é de 24% ao ano. Desenvolva um plano agregado em uma planilha eletrônica.

CASO Bradford Manufacturing – planejando a produção da fábrica

Excel: Bradford Manufacturing

A situação

Você é gerente de produção de uma fábrica de pudins. Uma das suas responsabilidades mais importantes é preparar um plano agregado para a fábrica. Esse plano é uma entrada importante no processo do orçamento anual, fornecendo informações sobre as taxas de produção, as necessidades de mão-de-obra e os níveis projetados de estoque dos produtos acabados para o ano seguinte.

As pequenas caixas de mistura para pudim são feitas em uma linha de embalagem na sua fábrica. Uma linha de embalagem tem uma série de máquinas ligadas a esteiras. No início da linha, o pudim é misturado; depois, é colocado em pequenas embalagens. Esses pacotinhos são inseridos em caixas de pudim, coletadas e colocadas em caixas que recebem 48 caixinhas de pudim. Por último, são coletadas 160 caixas e colocadas em um palete. Os paletes são colocados em uma área de onde são despachados para quatro centros de distribuição. Com o passar dos anos, a tecnologia nas linhas de embalagens melhorou tanto que todos os sabores podem ser feitos em lotes relativamente pequenos, sem tempo de preparação, para fazer a troca entre os sabores. A fábrica tem 15 dessas linhas, mas atualmente apenas 10 estão sendo usadas. São necessários seis funcionários para operar cada linha.

A demanda por esse produto flutua de um mês para o outro. Além disso, há um componente sazonal, com pico de vendas pouco antes do Dia de Ação de Graças, do Natal e da Páscoa a cada ano. Para complicar as coisas, no final do primeiro trimestre de cada ano, o grupo de marketing faz uma promoção em que são feitos negócios especiais para as grandes compras. Os negócios estão indo bem e a empresa está passando por um aumento geral nas vendas.

A fábrica envia produtos para quatro grandes depósitos de distribuição, estrategicamente localizados nos Estados Unidos. Os caminhões movimentam os produtos diariamente. As quantidades enviadas são baseadas na necessidade de se manter os níveis de estoque-alvo nos armazéns. Esses alvos são calculados com base nas semanas de suprimento antecipadas em cada depósito. Os alvos atuais são estabelecidos como duas semanas de suprimento.

No passado, a empresa tinha a política de produzir praticamente a quantidade exata das vendas previstas, devido à capacidade limitada para estocar os produtos acabados. A capacidade da produção é adequada para sustentar esta política.

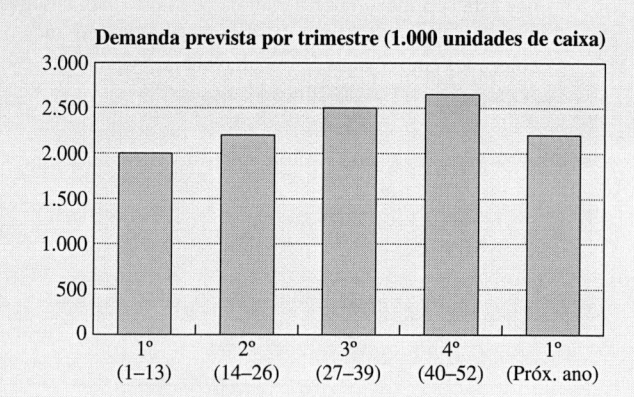

Demanda prevista por trimestre (1.000 unidades de caixa)

Trimestre	Demanda
1º (1–13)	2.000
2º (14–26)	2.200
3º (27–39)	2.500
4º (40–52)	2.650
1º (Próx. ano)	2.200

O departamento de marketing preparou uma previsão de vendas para o próximo ano. A previsão se baseia nas cotas de vendas trimestrais, utilizadas para montar um programa de incentivos para os vendedores. As vendas são, na maioria, para os grandes mercados varejistas dos EUA. O pudim é enviado dos depósitos de distribuição para os mercados, com base nos pedidos recebidos pelos vendedores.

Sua tarefa imediata é preparar um plano agregado para o ano seguinte. Os fatores técnicos e econômicos, que precisam ser considerados nesse plano, são indicados a seguir.

Informações técnicas e econômicas

1. Atualmente a fábrica está operando 10 linhas sem horas extras. Cada linha precisa de seis pessoas para operá-la. Para fins de planejamento, as linhas são operadas por 7,5 horas a cada turno normal. Os funcionários, no entanto, recebem pelo trabalho de 8 horas. É possível ter até duas horas de horas extras por dia, mas essas devem ser programadas para uma semana por vez, e todas as linhas precisam operar nas horas extras quando esta for programada. Os trabalhadores recebem $20 por hora durante um turno regular e $30 por hora extra. A taxa padrão de produção para cada linha é de 450 caixas por hora.

2. A previsão do marketing para a demanda é a seguinte: T1 − 2.000; T2 − 2.200; T3 − 2.500; T4 − 2.650 e T1 (próximo ano) − 2.200. Esses números estão em 1.000 caixas por unidade. Cada número representa uma previsão de 13 semanas.
3. A diretoria instruiu a produção a manter um suprimento de duas semanas de pudim nos depósitos. O suprimento de duas semanas deveria se basear nas vendas previstas futuras. A seguir, os níveis-alvo do estoque final para cada trimestre: T1 − 338; T2 − 385, T3 − 408; T4 − 338.
4. O custo de manutenção do estoque é estimado pela contabilidade como de $1 por caixa por ano. Isso significa que, se uma caixa de pudim for mantida em estoque por um ano inteiro, o custo de apenas uma caixa no estoque é de $1. Se uma caixa for mantida por apenas uma semana, o custo será de $1/52 ou $0,1923. O custo é proporcional ao tempo mantido no estoque. Existem 200.000 caixas mantidas em estoque no início do T1 (isto é, 200 caixas em unidades de 1.000 caixas dadas pela previsão).
5. Se ocorrer a falta de estoque, o item é atrasado e enviado mais tarde. O custo, quando ocorre um pedido em atraso, é de $2,40 por caixa devido à perda de reputação do negócio e ao custo alto de remessa de emergência.
6. O grupo dos recursos humanos estima que custa $5.000 para empregar e treinar um novo funcionário da produção. Custa $3.000 para demitir um funcionário da produção.

Questões

1. Prepare um plano agregado para o próximo ano, presumindo que a previsão de vendas seja perfeita. Use a planilha "Bradford Manufacturing" do DVD deste livro. Na planilha, foi definida uma área para sua solução do plano agregado. Insira o número de linhas para operar e o número de horas extras para cada trimestre. Você terá que estabelecer os cálculos de custo na planilha.

    Talvez você queira tentar usar o Solver do Microsoft Excel para encontrar uma solução. Você precisará "desproteger" a planilha para executar o Solver (Ferramentas > Proteger > Desproteger planilha). Você também precisará marcar a caixa de "não negatividade" na área "opções". Lembre-se de que a solução final precisa de um número inteiro de linhas e um número inteiro de horas extras para cada trimestre. (As soluções que exigem 8,9134 linhas e 1,256 horas extras não são viáveis.)
2. Examine a sua solução cuidadosamente e esteja preparado para defendê-la. Traga uma impressão de sua solução para a sala de aula. Se você tiver um *notebook*, traga-o junto com uma cópia de sua planilha finalizada. Seu professor poderá rodar uma simulação na sala de aula, utilizando sua solução.

Notas

1. M. L. Fisher, J. H Hammond, W. R. Obermeyer e A. Raman, "Making Supply Meet Demand in an Uncertain World", *Harvard Business Review* 72, nº 3 (maio-junho), p. 84
2. Para uma aplicação interessante do planejamento agregado nas organizações humanitárias sem fins lucrativos, consulte C. Sheu e J. G. Wacker, "A Planning and Control Framework for Nonprofit Humanitarian Organizations", *International Journal of Operations and Production Management* 14, nº 4 (1994), pp. 64-77.

Bibliografia selecionada

Brandimarte, P. e A Villa (eds.). *Modeling Manufacturing Systems: From Aggregate Planning to Real-Time Control.* New York: Springer, 1999.

Fisher, M.L.; J.H. Hammond; W. R.Obermeyer e A. Raman. "Making Supply Meet Demand in an Uncertain World." *Harvard Business Review* 72, nº 3 (maio-junho, 1994), pp. 83-93.

Narasimhan, S., D.W. McLeavey e P. J. Billington. *Production Planning and Inventory Control.* Englewood Cliffs, NJ: Prentice Hall, 1995.

Silver, E. A.; D.F. Pyke e R. Peterson. *Inventory Management and Production Planning and Scheduling.* New York: Wiley, 1998.

Vollmann, T. E., W. L. Berry e D. C. Whybark; e F.R. Jacobs *Manufacturing Planning and Control for Supply chain management.* 5th. ed. New Yotk: Irwin/McGraw-Hill, 2004.

Wallace, T. F. *Sales and Operations Planning: The How-To Handbook.* Cincinnati, OH: T. F. Wallace & Company, 2000.

Capítulo 12
CONTROLE DE ESTOQUE

Após ler este capítulo, você:

1. Conhecerá os diversos objetivos da manutenção de estoques.
2. Saberá que o tipo de lógica de sistema de estoque adequada a um item depende do tipo de demanda desse item.
3. Saberá calcular o tamanho do pedido adequado a uma compra ocasional.
4. Entenderá o que é quantidade econômica do pedido (EOC – *Economic Order Quantity*) e como calculá-la.
5. Conhecerá os modelos de quantidade fixa do pedido e período fixo, inclusive maneiras de calcular o estoque de segurança se ocorrer uma variação na demanda.
6. Saberá por que o giro de estoque está diretamente ligado à quantidade do pedido e ao estoque de segurança.

321   Hospitais esperam economizar com a gestão de suprimentos

324   Definição de estoque
Definição de estoque

324   Objetivos do estoque

325   Custos de estoque

326   Demanda independente *versus* demanda dependente
Definição de demanda independente e demanda dependente

327   Sistemas de estoque
Modelo de estoque de um período único
Sistemas de estoque de vários períodos
Definição de modelos de quantidades fixas de pedidos (modelo Q)
Definição de modelos de período fixo (modelo P)

332   Modelos de quantidades fixas de pedidos
Estabelecendo níveis do estoque de segurança
Modelo de quantidade fixa de pedido com estoque de segurança
Definição de posição do estoque
Definição de estoque de segurança

339   Modelos de período fixo
Modelo de período fixo com estoque de segurança

341   Controle de estoque e administração da cadeia de suprimentos

343   Planejamento do estoque ABC

345 Acuracidade do estoque e contagem cíclica

Definição de contagem cíclica

347 Resumo

357 Caso: Hewlett-Packard – suprindo a demanda por impressoras Deskjet na Europa

HOSPITAIS ESPERAM ECONOMIZAR COM A GESTÃO DE SUPRIMENTOS

A Lahey Clinic espera economizar até $17 milhões de dólares em cinco anos, atuando mais como os grandes varejistas e fabricantes de automóveis, no tocante ao gerenciamento de um aspecto comum do negócio de planos de saúde: suprimentos médicos. Os gerentes do hospital-escola de Burlington, Massachusetts, detectaram há mais de dois anos que precisavam extinguir a terrível burocracia de emissão de pedidos e abastecimento de estoque, e conseguir descontos junto à sua cadeia de suprimentos. Eles estudaram os sistemas desenvolvidos pela Wal-Mart e Toyota.

Atualmente, eles estão implementando um sistema que dispõe de armários seguros para suprimentos, códigos de barra e computadores que monitoram cada garra de antibiótico, cada seringa e bolsa intravenosa, e todas as máscaras cirúrgicas, vestimentas e luvas de látex. As enfermeiras abrem os armários, parecidos com máquinas de venda automática e posicionados em toda ala, usando tecnologia de segurança por impressão digital. Os computadores mantêm a contagem do estoque e emitem automaticamente um novo pedido a um depósito externo de um fornecedor. Além disso, o sistema vincula o uso dos suprimentos aos pacientes individuais, de modo que, hoje, o hospital sabe exatamente o que está sendo gasto em cada tipo de en-

Fonte: Adaptado de Christopher Rowland. "Hospitals Hope to Save by Supply Management". *Boston Globe*, 10 de abril de 2006.

fermidade e procedimento cirúrgico. Em uma emergência, as enfermeiras e os médicos podem ignorar o sistema, abrir um armário inteiro de suprimentos e pegar rapidamente tudo o que for necessário. Entretanto, a meta do dia-a-dia é conter o desperdício e o excedente na cadeia de suprimentos, afirma o Dr. Sanford R. Kurtz, diretor-chefe de operações na Lahey.

"O hospital representa um ambiente muito caótico de suprimentos", disse Kurtz. "Hoje, quando os suprimentos são retirados, todas as cobranças e informações sobre os suprimentos entram no sistema de compras, e podemos gerar relatórios". Um dos grandes desafios tem sido treinar enfermeiras e médicos para mudar o modo como trabalham. "Há uma curva de aprendizagem aqui" – afirmou Kurtz – "Essa é uma mudança muito, muito importante".

Contudo, a economia obtida pela Lahey compensará tudo isso, desse ele. Além de evitar perdas e estoque parado, o sistema propicia aos administradores um método para analisar como a equipe do hospital efetivamente utiliza materiais caros para tratar pacientes, desde as salas de cirurgia até os ambulatórios. "É importante perceber como os diversos médicos usam os vários suprimentos para tratar os mesmos diagnósticos", afirma ele. "Isso nos permite padronizar".

O sistema é fornecido sob um contrato de cinco anos junto ao Cardinal Health de Dublin, Ohio, um dos três maiores atacadistas nacionais de produtos farmacêuticos. O Cardinal Health informa que seus sistemas sofisticados de suprimentos podem proporcionar à Lahey Clinic uma economia de $29 milhões de dólares em custos brutos de produtos farmacêuticos e suprimentos, e $17 milhões em reduções líquidas durante os cinco anos do contrato.

Você deve visualizar o estoque como pilhas de dinheiro arrumadas em empilhadeiras, em prateleiras e em caminhões e aviões, quando em trânsito. É exatamente isso que o estoque significa: dinheiro. Para muitas empresas, o estoque é o ativo mais importante no balanço patrimonial em determinado momento, embora não mantenha freqüentemente a sua liquidez. Convém manter seu estoque o mais baixo possível.

Alguns anos atrás, a Heineken, fabricante de cerveja dos Países Baixos, descobriu que poderia economizar muito dinheiro em estoque-em-trânsito se ela conseguisse apenas encurtar o prazo previsto. Eles previram que duas coisas aconteceriam. Primeiro, esperavam reduzir a necessidade de estoque no canal, diminuindo, portanto, a quantia investida no próprio estoque. Segundo, eles descobriram que com um prazo mais curto, as previsões seriam mais exatas, reduzindo as emergências e as perdas. O sistema da Heineken, chamado HOPS, reduziu o estoque geral no sistema de 16 a 18 semanas para 4 a 6 semanas – uma redução significativa em termos de tempo e altos ganhos, em termos financeiros. As previsões eram mais precisas, e ocorreu outro benefício também.

A Heineken detectou que, de repente, sua equipe de vendas se tornou mais produtiva. Isso aconteceu porque essa equipe deixou de lidar com todos os chamados que lhes obrigava a verificar no estoque ou solucionar problemas relacionados aos erros de previsões ou corrigir pedidos que já estavam em processo de andamento. Em vez disso, a equipe pôde se concentrar em atender aos bons clientes e ajudar os distribuidores a trabalhar de modo mais eficiente. Foi uma verdadeira "vitória" em todos os sentidos.

O segredo aqui tem a ver com fazer coisas que diminuam o tempo de ciclo dos pedidos em estoque e aumentar a exatidão de sua previsão. Procure utilizar sistemas automatizados e comunicação eletrônica para substituir a rápida movimentação de elétrons do movimento intenso das massas atômicas.

A vantagem financeira obtida com a redução do estoque é evidente nos seguintes dados estatísticos: o custo médio do estoque nos Estados Unidos é de 30 a 35% de seu valor. Por exemplo, se uma empresa transporta um estoque de $20 milhões, esse estoque custa para a empresa mais de $6 milhões por ano. Esses custos se originam principalmente em obsolescência, seguros e oportunidades. Se fosse possível reduzir a quantia do estoque para $10 milhões, por exemplo, a empresa economizaria mais de $3 milhões, que iriam diretamente para os resultados financeiros. Ou seja, a economia com a redução do estoque aumenta os lucros.

Este capítulo e o Capítulo 13 apresentam técnicas elaboradas para administrar o estoque em diferentes cenários da cadeia de suprimentos. Neste capítulo, focaremos os ambientes em que se deseja manter um estoque que será entregue ao cliente, quando solicitado. Bons exemplos de onde os modelos descritos neste capítulo são aplicados englobam lojas do varejo, supermercados, distribuidores atacadistas, suprimentos hospitalares e peças de reparo necessárias para consertar ou fazer manutenção rápida de equipamentos. As situações onde é necessário ter o item "em estoque" são candidatas perfeitas aos modelos aqui descritos.

O Quadro 12.1 ilustra os diferentes tipos de estoques da cadeia de suprimentos, como estoques de matérias-primas, fábricas e depósitos. Nas categorias superiores da cadeia de suprimentos, que são os pontos de suprimento mais próximos dos clientes, geralmente o estoque é mantido de modo a permitir que um item seja entregue rapidamente quando o cliente precisar. É evidente que existem muitas expectativas, mas geralmente é assim que acontece. As técnicas mais adequadas para esses estoques pressupõem uma demanda aleatória e a impossibilidade de prevê-la com muita exatidão. Nos casos dos modelos aqui descritos, caracterizamos a demanda através de uma distribuição de probabilidades e mantivemos o estoque de modo a administrar o risco associado à sua falta. Para essas aplicações, serão aqui discutidos os três modelos seguintes:

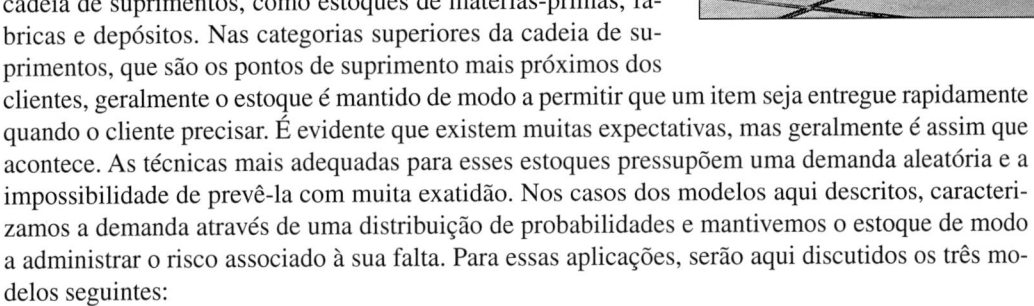

1. **Modelo de período único.** Utilizado por ocasião de uma compra ocasional de um item. Um exemplo seria comprar camisetas para vender em determinado evento desportivo.

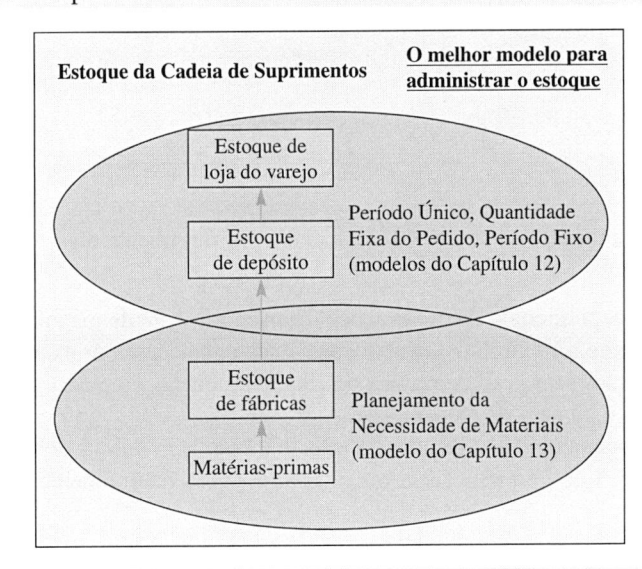

Quadro 12.1

Estoques da cadeia de suprimentos

Estoque da Cadeia de Suprimentos	O melhor modelo para administrar o estoque
Estoque de loja do varejo / Estoque de depósito	Período Único, Quantidade Fixa do Pedido, Período Fixo (modelos do Capítulo 12)
Estoque de fábricas / Matérias-primas	Planejamento da Necessidade de Materiais (modelo do Capítulo 13)

2. **Modelo de quantidade fixa do pedido.** Utilizado para manter um item "em estoque" e quando o reabastecemos, determinado número de unidades deve ser solicitado toda vez. O estoque do item é monitorado até que ele desça a um nível em que o risco de falta é suficientemente alto, o que nos obriga a fazer um pedido.
3. **Modelo de período fixo.** Semelhante ao modelo de quantidade fixa do pedido; é usado quando o item deve estar em estoque e pronto para uso. Nesse caso, em vez de monitorar o nível do estoque e emitir um pedido quando o nível atinge uma quantidade crítica, o item é solicitado em determinados intervalos de tempo, por exemplo, toda sexta-feira de manhã. Geralmente, isso é prático quando ocorre uma solicitação de um grupo de itens em conjunto. Um exemplo é a entrega de diferentes tipos de pão a um supermercado. O fornecedor de itens de padaria pode ter 10 ou mais produtos estocados em uma loja, e em vez de entregar cada produto separadamente em horários diferentes, é muito mais eficiente fornecer os 10 produtos ao mesmo tempo e na mesma programação.

Neste capítulo, pretendemos demonstrar não somente a matemática associada ao excelente controle de estoque, como também a "arte" de administrar o estoque. É fundamental garantir a precisão nos registros do estoque para administrar um processo eficiente de controle de estoque. Técnicas como análise ABC e contagem cíclica são imprescindíveis para o efetivo gerenciamento do sistema, uma vez que elas focam os itens de valor alto e asseguram a qualidade das transações que afetam o rastreamento dos níveis de estoque.

DEFINIÇÃO DE ESTOQUE

Estoque

Estoque é a quantidade de qualquer item ou recurso usado em uma organização. Um *sistema de estoque* é um conjunto de políticas e controles que monitoram os níveis de estoque e determinam quais níveis devem ser mantidos, quando os estoques devem ser reabastecidos e como os pedidos grandes devem ser.

Pela convenção, o *estoque de produção* geralmente se refere aos itens que contribuem para a produção de produtos de uma empresa, ou que dela fazem parte. Esse estoque é normalmente classificado em *matérias-primas, produtos acabados, peças componentes, suprimentos* e *estoque em processo*. Nos serviços, o *estoque* geralmente se refere aos bens tangíveis a serem vendidos e aos suprimentos necessários para administrar o serviço.

O objetivo básico da análise do estoque na produção e nos serviços de manutenção do estoque é especificar (1) quando os itens devem ser solicitados e (2) o tamanho do pedido. Muitas empresas procuram fazer acordos de longo prazo para atender às suas necessidades possivelmente anuais. Esta situação muda de "quando" e "quanto solicitar" para "quando" e "quanto entregar".

OBJETIVO DO ESTOQUE

Todas as empresas (incluindo as operações JIT) mantêm um suprimento de estoque pelos seguintes motivos:

1. **Manter a independência das operações** – Um suprimento de materiais em um centro de trabalho permite a flexibilidade desse centro nas operações. Por exemplo, como existem custos incorridos sobre cada nova preparação de produção, esse estoque permite que a gerência reduza o número de preparações.

    A independência das estações de trabalho é também desejável nas linhas de montagem. O tempo que leva para fazer operações idênticas naturalmente deve variar de uma unidade para outra. Assim, convém ter uma reserva de várias peças dentro da estação de trabalho para que os *lead times* mais curtos possam ser compensados pelos *lead times* mais longos. Desse modo, a produção média pode ser bastante estável.

2. **Acompanhar a variação ocorrida na demanda do produto** – Se a demanda pelo produto for conhecida com acuracidade, será possível (embora não necessariamente econômico) fabricar o produto para atender exatamente à demanda. Geralmente, no entanto, a demanda não é totalmente conhecida, e um estoque de segurança ou "pulmão" deve ser mantido para acomodar a variação.

3. **Permitir a flexibilidade na programação da produção** – Um estoque alivia a pressão sobre o sistema de produção para fazer com que os produtos saiam. Isso ocasiona prazos de entrega mais longos, que permitem o planejamento da produção para um fluxo mais uniforme e produção de custo mais baixo através da produção de lotes maiores. Os altos custos de preparação, por exemplo, favorecem a produção de um número maior de unidades, após realizar a preparação.

4. **Preparar-se para a variação no tempo de entrega da matéria-prima** – Quando se solicita material a um fornecedor, podem ocorrer atrasos por vários motivos: uma variação normal no tempo de envio, uma falta de material na fábrica do fornecedor causando pedidos em atraso, uma greve inesperada na fábrica do fornecedor ou em uma das empresas de transporte, um pedido extraviado ou o envio de material incorreto ou defeituoso.

5. **Aproveitar o tamanho do pedido econômico de compra** – Existem custos para fazer um pedido: mão-de-obra, telefonemas, digitação, correspondências, e assim por diante. Portanto, quanto maior for o pedido de compra, menos pedidos terão que ser criados. Além disso, os custos de envio favorecem os pedidos grandes – quanto maior for o envio, mais baixo será o custo por unidade.

Para cada um dos motivos citados (especialmente para os itens 3, 4 e 5), esteja ciente de que o estoque custa caro e as grandes quantidades são geralmente indesejáveis. Os tempos de ciclos longos são causados pelas grandes quantidades de estoque e também são indesejáveis.

CUSTOS DE ESTOQUE

Ao tomar decisões que afetam o tamanho do estoque, os seguintes custos precisam ser considerados.

1. **Custos de manutenção.** Esta categoria engloba os custos para as instalações de armazenagem, manuseio, seguro, furto, quebras, obsolescência, depreciação, impostos e o custo de oportunidade do capital. Obviamente, os altos custos de manutenção tendem a favorecer os níveis baixos de estoque e o reabastecimento freqüente.

2. **Custos de preparação (ou mudança de produção).** Fabricar cada produto diferente envolve obtenção dos materiais necessários, organização das preparações específicas dos equipamentos, preenchimento dos formulários necessários, tempo de carga adequado e materiais, e retirada do estoque anterior de materiais.

    Se não houvesse custos ou perda de tempo na mudança de um produto para outro, muitos lotes pequenos seriam produzidos. Isso reduziria o nível dos estoques, com economias resultantes nos custos. Um desafio atual consiste em tentar reduzir esses custos de *preparação* para permitir tamanhos de lotes menores. (Esta é a meta de um sistema JIT.)

3. **Custos da emissão de pedidos.** Esses custos se referem aos custos administrativos e de escritório para preparar o pedido de compra ou a ordem de produção. Os custos de pedidos incluem todos os detalhes, como a contagem dos itens e o cálculo das quantidades dos pedidos. Também estão incluídos nesses custos aqueles atrelados à manutenção do sistema necessário para rastrear os pedidos.

Toyota Prius e outros veículos com cobertura protetora aguardam expedição para revendas norte-americanas no porto de Long Beach, CA. Em 2006, o valor do estoque da empresa totalizava cerca de ¥ 1,62 trilhão e o custo dos produtos vendidos foi de ¥ 15,73 trilhões. Assim, o estoque da Toyota girou mais de 9,7 vezes por ano ou aproximadamente 38 dias de estoque disponível.

4. **Custos associados à falta de estoque.** Quando se esgota o estoque de um item, o pedido desse item deve esperar até que o estoque seja reabastecido ou cancelado. Existe um *trade-off* entre a manutenção de estoques para atender à demanda e os custos resultantes da falta de estoques. Às vezes, é difícil obter esse equilíbrio porque talvez não seja possível estimar os lucros perdidos, os efeitos dos clientes perdidos ou as multas por atrasos. Freqüentemente, o custo presumido de falta de estoques é um pouco mais que uma suposição, embora geralmente seja possível especificar alguns desses custos.

O estabelecimento da quantidade correta do pedido a ser feito para os fornecedores ou o tamanho dos lotes submetidos às instalações produtivas da empresa envolve a busca pelo custo mínimo total resultante dos efeitos combinados de quatro custos individuais: custos de manutenção, custos de *preparação*, custos da emissão de pedidos e custos associados à falta de estoques. Evidentemente, o momento oportuno desses pedidos é um fator crítico que pode afetar os custos de estoque.

DEMANDA INDEPENDENTE *VERSUS* DEMANDA DEPENDENTE

Na gestão do estoque, é importante conhecer a diferença entre as demandas dependente e independente. O motivo é que os sistemas de estoques são previstos com base na demanda obtida de um item final ou relacionada ao item em si.

Demanda independente e demanda dependente

Em resumo, a diferença entre demanda independente e demanda dependente é a seguinte: na demanda independente, as demandas pelos vários itens não estão relacionadas entre si. Por exemplo, uma estação de trabalho pode produzir muitas peças não relacionadas, que atendem a alguma necessidade externa da demanda. Na demanda dependente, a necessidade de qualquer item é o resultado direto da necessidade de outros itens, geralmente um item de nível mais alto do qual este faça parte.

Conceitualmente, a demanda dependente é um problema computacional relativamente simples. As quantidades necessárias de um item de demanda dependente são simplesmente calculadas com base no número necessário em cada item de nível mais alto no qual este é usado. Por exemplo, se uma montadora de automóveis planeja a produção de 500 carros por dia, então, obviamente, precisará de 2.000 rodas e pneus (mais estepes). O número de rodas e pneus necessários *depende* dos níveis de produção e não são obtidos separadamente. A demanda pelos carros, por outro lado, é *independente* – esta vem de muitas fontes externas para a montadora e não faz parte de outros produtos; ou seja, não está relacionada à demanda por outros produtos.

Para saber as quantidades de itens independentes que precisam ser produzidos, as empresas geralmente se valem de seus departamentos de vendas e de pesquisa de mercado, que utilizam diversas técnicas, como pesquisas com os clientes, técnicas de previsão e as tendências econômicas e sociológicas, discutidas no Capítulo 10 que versa sobre a previsão. Como a demanda independente é incerta, é necessário manter unidades extras em estoque. Este capítulo apresenta modelos para calcular quantas unidades devem ser solicitadas, e quantas unidades extras devem ser mantidas para reduzir o risco de ficar sem estoque.

SISTEMAS DE ESTOQUE

Um sistema de estoque fornece a estrutura organizacional e as políticas operacionais para manter e controlar os produtos a serem estocados. O sistema é responsável pela solicitação e pelo recebimento dos produtos: cronometrando a colocação do pedido e rastreando o que, quanto e a quem foi solicitado. O sistema também precisa fazer um acompanhamento para responder às seguintes perguntas: o fornecedor recebeu o pedido? O pedido foi enviado? As datas estão corretas? Foram definidos procedimentos para reabastecer ou devolver mercadorias não desejadas?

Esta seção divide os sistemas em sistemas de período único e de vários períodos. A classificação se baseia na decisão de ser apenas uma única opção de compra, em que se faz a compra para cobrir um período fixo de tempo e o item não será solicitado novamente, ou a decisão envolve um item, que será comprado periodicamente, em que o estoque deve ser mantido para uso na demanda. Inicialmente, examinaremos a decisão de compra ocasional e o modelo de estoque de período único.

Modelo de estoque de período único

Certamente, um exemplo fácil de imaginar é o problema clássico do "jornaleiro" de período único. Por exemplo, o jornaleiro tem que decidir quantos jornais colocará na banca do lado de fora da recepção de um hotel. Se não colocar jornais suficientes na banca, alguns clientes não conseguirão comprá-los e ele perderá os lucros associados a essas vendas. Por outro lado, se muitos jornais forem expostos na banca, o vendedor terá que pagar pelos jornais que não foram vendidos durante o dia, reduzindo o lucro.

Na realidade, este é um problema muito comum. Considere uma pessoa vendendo camisetas, promovendo um campeonato de basquetebol ou de futebol. Isso é bastante difícil, principalmente porque essa pessoa precisa esperar para saber quais times vão jogar. As camisetas podem, então, ser impressas com os logotipos adequados dos times. É claro que a pessoa precisa estimar quantas pessoas realmente comprarão as camisetas. Antes do jogo, é possível vender as camisetas por um preço mais alto, mas depois do jogo, elas precisarão ter um bom desconto.

Uma maneira simples de pensar sobre isso é considerar quanto risco se está disposto a assumir para ficar sem estoque. Vamos imaginar que o jornaleiro vendendo jornais na banca tenha coletado dados por mais de um mês e descoberto que, na média, a cada segunda-feira, eram vendidos 90 jornais, com um desvio-padrão de 10 jornais (é claro que com isso se presume que nunca faltou jornal). Com esses dados, o jornaleiro poderia simplesmente considerar uma taxa de serviço que parecesse aceitável. Por exemplo, o jornaleiro quer estar 80% certo de que não faltará jornal nas segundas-feiras.

Lembre-se do estudo sobre estatística presumindo que a distribuição da probabilidade associada à venda de jornais seja normal; então, caso se estocassem 90 jornais todas as segundas-feiras pela manhã, o risco de ficar sem estoque seria de 50%, uma vez que em 50% do tempo se espera que a demanda seja menor que 90 jornais e em 50% do tempo se espera que a demanda seja maior que 90. Para estar 80% certo de não ocorrer falta de estoque, é necessário ter alguns jornais extras. Da tabela "distribuição normal padrão acumulada" apresentada no Apêndice E, observa-se que é necessário considerar um desvio-padrão de aproximadamente 0,85 jornais extras para estar 80% certo de não ter falta de jornais. Um meio rápido para encontrar o número exato de desvios-padrão necessários para uma dada probabilidade de ficar sem estoque é através da função NORMSINV (probabilidades) no Microsoft Excel (NORMSINV (0,8) = 0,84162). Dado o resultado do Excel, que é mais preciso do que aquele obtido das tabelas, o número de jornais extras seria 0,84162 × 10 = 8,416, ou 9 jornais. (Não há como vender 0,40 de um jornal!)

Para tornar isso mais útil, seria bom realmente considerar os lucros potenciais e as perdas associadas com o estoque em excesso ou a falta de estoque na banca. Digamos que o jornaleiro paga $0,20 por jornal e os vende por $0,50. Nesse caso, o custo marginal associado à demanda subestimada é de $0,30, o lucro perdido. De modo semelhante, o custo marginal associado à demanda superestimada é de $0,20, o custo por comprar muitos jornais. O nível de estoque ótimo, usando a análise marginal, ocorre no ponto em que os benefícios previstos, derivados por manter a próxima unidade, são menores do que os custos esperados para aquela unidade. Tenha em mente que os benefícios específicos e os custos dependem do problema.

Em termos simbólicos, defina:

C_o = Custo por unidade da demanda superestimada
C_u = Custo por unidade da demanda subestimada

Ao introduzir as probabilidades, a equação do custo marginal esperado passa a ser:

$$P(C_o) \leq (1 - P)C_u$$

onde P é a probabilidade que a unidade não será vendida e $1 - P$ é a probabilidade de que seja vendida, porque uma ou outra alternativa deve ocorrer. (A unidade é vendida ou não é vendida.)[1]

Assim, encontrando P, obtém-se:

[12.1]
$$P \leq \frac{C_u}{C_o + C_u}$$

Esta equação diz que se deve continuar aumentando o tamanho do pedido, contanto que a probabilidade de vender o que é solicitado seja igual ou menor à razão $C_u/(C_o + C_u)$.

Retornando ao problema do jornal, o custo da demanda superestimada (C_o) é $0,20 por jornal e o custo da demanda subestimada (C_u) é de $0,30. A probabilidade, portanto, é de 0,3/(0,2 + 0,3) = 0,6. Agora, é necessário encontrar o ponto, na distribuição da demanda, que corresponde à probabilidade acumulada de 0,6. Utilizando a função NORMSINV para obter o número de desvios-padrão (comumente chamado de pontuação Z) dos jornais extras, obtém-se 0,253, o que significa que se deve estocar 0,253(10) = 2,53 ou 3 jornais extras. Desse modo, o número total de jornais para a banca toda segunda pela manhã deveria ser de 93 jornais.

Este modelo é bastante útil e, como será visto no exemplo do problema resolvido, pode até ser usado para muitos problemas no setor de serviços, como o número de assentos reservados em um vôo aéreo lotado ou o número de reservas em uma noite cheia em um hotel.

Exemplo 12.1: Reservas de hotel

Um hotel perto da universidade sempre está cheio nas noites que antecedem os jogos de futebol. A história tem mostrado que, quando o hotel está totalmente reservado, o número de cancelamentos de última hora tem média de 5 e desvio-padrão de 3. A taxa média por quarto é de $80. Quando o hotel tem reservas a mais, a política é encontrar um quarto em outro hotel nas proximidades e pagar pelo quarto para o cliente. Isso geralmente custa aproximadamente $200 para o hotel, uma vez que os quartos reservados de última hora são mais caros. Quantos quartos o hotel deveria reservar a mais?

SOLUÇÃO

O custo para subestimar o número de cancelamentos é de $80 e o custo para superestimar os cancelamentos é de $200.

$$P \leq \frac{C_u}{C_o + C_u} = \frac{\$80}{\$200 + \$80} = 0{,}2857$$

O uso do NORMSINV (0,2857) do Excel® dá uma pontuação Z de $-0{,}56599$. O valor negativo indica que se deveria reservar a mais para um valor menor do que a média de 5. O valor real deveria ser $-0{,}565999(3) = 1{,}69797$, ou 2 reservas a menos do que 5. O hotel deve fazer apenas três reservas a mais na noite anterior ao jogo de futebol.

Outro método comum para analisar esse tipo de problema é através de uma distribuição discreta da probabilidade, encontrada com os dados reais e a análise marginal. Para o hotel, considere que se tenha coletado dados, e a distribuição das ausências é a seguinte:

Número de Ausências	Probabilidade	Probabilidade Acumulada
0	0,05	0,05
1	0,08	0,13
2	0,10	0,23
3	0,15	0,38
4	0,20	0,58
5	0,15	0,73
6	0,11	0,84
7	0,06	0,90
8	0,05	0,95
9	0,04	0,99
10	0,01	1,00

Usando esses dados, foi criada uma tabela apresentando o impacto do excesso de reservas. O total do custo esperado de cada opção de excesso de reservas é calculado multiplicando-se cada resultado possível pela sua probabilidade e somando os custos ponderados. A melhor estratégia de excesso de reservas é aquela com o custo mínimo.

Ausências	Probabilidade	0	1	2	3	4	5	6	7	8	9	10
0	0,05	0	200	400	600	800	1.000	1.200	1.400	1.600	1.800	2.000
1	0,08	80	0	200	400	600	800	1.000	1.200	1.400	1.600	1.800
2	0,1	160	80	0	200	400	600	800	1.000	1.200	1.400	1.600
3	0,15	240	160	80	0	200	400	600	800	1.000	1.200	1.400
4	0,2	320	240	160	80	0	200	400	600	800	1.000	1.200
5	0,15	400	320	240	160	80	0	200	400	600	800	1.000
6	0,11	480	400	320	240	160	80	0	200	400	600	800
7	0,06	560	480	400	320	240	160	80	0	200	400	600
8	0,05	640	560	480	400	320	240	160	80	0	200	400
9	0,04	720	640	560	480	400	320	240	160	80	0	200
10	0,01	800	720	640	560	480	400	320	240	160	80	0
	Custo total	337,6	271,6	228	212,4	238,8	321,2	445,6	600,8	772,8	958,8	1.156

Número de reservas excedentes

Excel: Inventory Control.xls

A partir da tabela, o total de custos mínimos é quando são realizadas três reservas extras. Essa abordagem, usando a probabilidade discreta, é útil quando os dados históricos válidos estão disponíveis. ●

Os modelos de estoque de período único são úteis para diversas aplicações de serviços e produção. Examine o seguinte:

1. **Excesso de reservas nos vôos aéreos.** É comum os clientes cancelarem as reservas de vôos por vários motivos. Aqui, o custo de subestimar o número de cancelamentos é a receita perdida por causa de assentos vazios em um vôo. O custo da superestimativa dos cancelamentos são os prêmios/desembolsos, como viagens grátis ou pagamentos em dinheiro, ofertados aos clientes que não conseguiram embarcar em um vôo.
2. **Fazer pedidos de itens da moda.** Um problema para o varejista que vende itens da moda é que geralmente apenas um pedido poderá ser feito para toda a temporada. Isso geralmente é causado pelos longos *lead times* e pela vida limitada da mercadoria. O custo de subestimar a demanda se reflete em lucro perdido por causa das vendas não realizadas. O custo de superestimar a demanda é o custo que resulta quando esta é descontada.
3. **Qualquer tipo de pedido ocasional.** Por exemplo, fazer um pedido de camisetas para um evento desportivo ou para a impressão de mapas que se tornam obsoletos depois de certo tempo.

Sistemas de estoque de vários períodos

Modelos de quantidades fixas de pedidos (modelo Q)

Modelos de período fixo (modelo P)

Existem dois tipos gerais de sistemas de estoque de períodos múltiplos: modelos de quantidades fixas de pedidos (também chamado de quantidade econômica do pedido, EOQ – *Economic Order Quantity*, e modelo Q) e modelos de período fixo (também conhecido como sistema *periódico*, sistema de *revisão periódica*, sistema de *intervalo fixo de pedidos*, e modelo P). Os sistemas de estoque de períodos múltiplos são feitos para garantir que um item esteja sempre disponível durante o ano. Geralmente, um item será solicitado várias vezes durante todo o ano, quando a lógica no sistema dita a quantidade real pedida e o tempo mais adequado para se fazer o pedido.

A distinção básica consiste no fato de que os modelos de quantidades fixas de pedidos são "ocasionados por eventos" e os modelos de período fixo são "ocasionados pelo tempo". Isto é, um modelo de quantidade fixa de pedidos inicia um pedido quando se alcança um nível específico de reposição. Este evento pode acontecer a qualquer hora, dependendo da demanda pelos

Quadro 12.2

Diferenças entre a quantidade fixa dos pedidos e o período fixo

Características	Modelo Q Modelo da quantidade fixa do pedido	Modelo P Modelo de período fixo
Quantidade do pedido	Q – constante (a mesma quantidade pedida a cada vez)	q – variável (varia cada vez que um pedido é feito)
Quando fazer o pedido	R – quando a posição no estoque cai para o nível de reposição	T – quando chega o período de revisão do pedido
Registros	Sempre que ocorre uma retirada ou inclusão	Contada apenas no período de revisão
Tamanho do estoque	Menos do que o modelo de período fixo	Maior do que o modelo de quantidade fixa de pedidos
Tempo para manter	Maior devido ao registro perpétuo	
Tipos de itens	Itens com preços mais altos, críticos ou importantes	

itens considerados. Em contrapartida, o modelo do período fixo está limitado ao fazer o pedido no final de um período predeterminado; apenas a passagem ocasiona o modelo.

Para usar o modelo de quantidade fixa do pedido (que faz um pedido quando o estoque restante cai para um ponto de reposição predeterminado, R), o estoque restante precisa ser continuamente monitorado. Assim, o modelo de quantidade fixa de pedidos é um sistema *perpétuo*, que requer que, todas as vezes que um item for retirado ou adicionado ao estoque, os registros precisam ser atualizados para ver se o ponto de reposição foi alcançado. Em um modelo de período fixo, a contagem acontece apenas no período de revisão. (Discutiremos algumas variações dos sistemas que combinam características de ambos.)

Algumas diferenças adicionais tendem a influenciar a escolha dos sistemas (consulte também o Quadro 12.2):

- O modelo de período fixo tem uma média de estoque maior porque também precisa se proteger contra as faltas durante o período de revisão, T; o modelo de quantidade fixa de pedidos não tem período de revisão.
- O modelo de quantidade fixa de pedidos favorece itens mais caros porque a média de estoque é mais baixa.
- O modelo de quantidade fixa de pedidos é mais apropriado para os itens importantes, como as peças críticas de reparo, porque há um monitoramento mais próximo e, portanto, uma resposta mais rápida para potenciais faltas de estoque.
- O modelo de quantidade fixa de pedidos precisa de mais tempo para se manter, uma vez que cada inclusão ou retirada é registrada.

O Quadro 12.3 mostra o que ocorre quando cada um dos dois modelos é utilizado e se torna um sistema operacional. Como é possível constatar, o sistema de quantidade fixa de pedidos é focado nas quantidades dos pedidos e nos pontos de reposição. Em termos práticos, sempre que uma unidade é retirada do estoque, a retirada é registrada e a quantidade restante no estoque é imediatamente comparada com o ponto de reposição. Se a quantidade caiu para este ponto, é efetuado um pedido de Q itens. Caso contrário, o sistema permanece em um estado ocioso até a próxima retirada.

Tutorial: Estoque

Quadro 12.3 Comparação da quantidade fixa dos pedidos e do período fixo dos sistemas de reposição do estoque

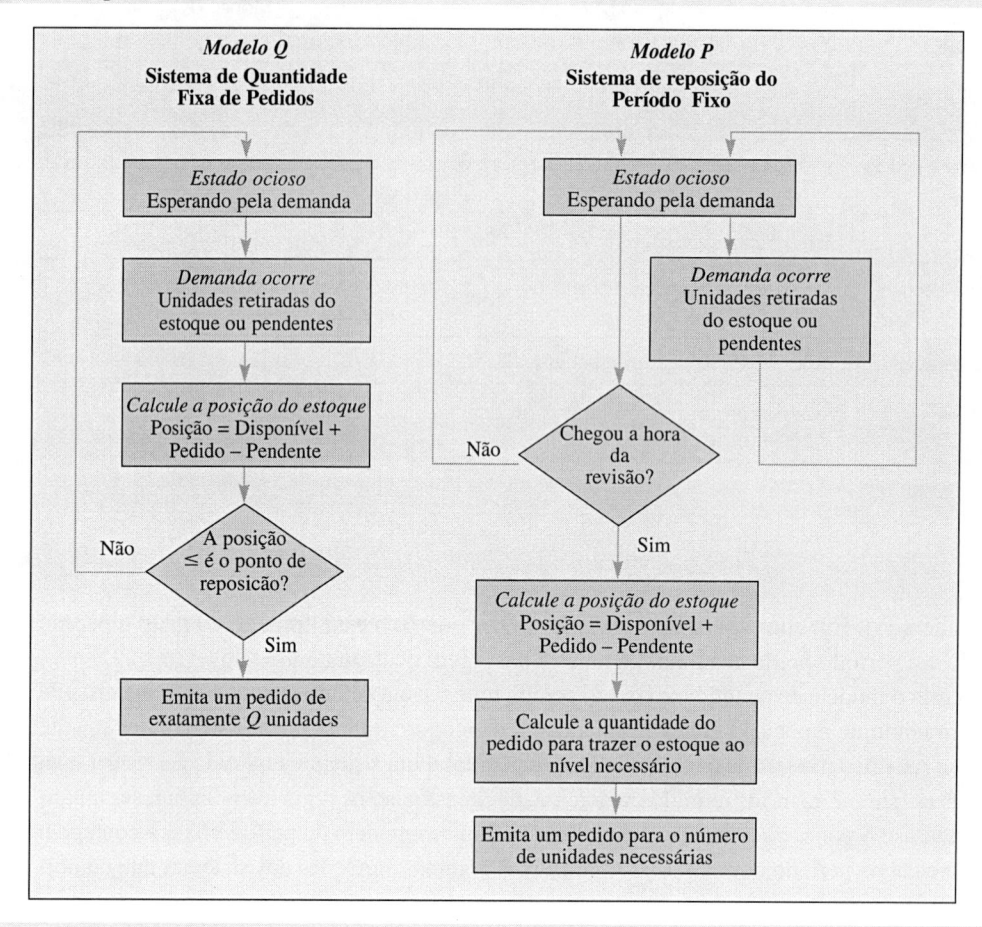

Modelo Q — Sistema de Quantidade Fixa de Pedidos

- Estado ocioso — Esperando pela demanda
- Demanda ocorre — Unidades retiradas do estoque ou pendentes
- Calcule a posição do estoque — Posição = Disponível + Pedido − Pendente
- A posição ≤ é o ponto de reposição?
  - Não → volta ao Estado ocioso
  - Sim → Emita um pedido de exatamente Q unidades

Modelo P — Sistema de reposição do Período Fixo

- Estado ocioso — Esperando pela demanda
- Demanda ocorre — Unidades retiradas do estoque ou pendentes
- Chegou a hora da revisão?
  - Não → volta ao Estado ocioso
  - Sim → Calcule a posição do estoque — Posição = Disponível + Pedido − Pendente
- Calcule a quantidade do pedido para trazer o estoque ao nível necessário
- Emita um pedido para o número de unidades necessárias

No sistema de período fixo, toma-se a decisão de fazer um pedido depois que o estoque foi contado e revisto. Saber se um pedido é realmente feito ou não vai depender da posição do estoque naquele momento.

MODELOS DE QUANTIDADES FIXAS DE PEDIDOS

Os modelos de quantidades fixas de pedidos tentam determinar o ponto específico, R, no qual um pedido será feito e o tamanho deste, Q. O ponto de pedido, R, é sempre um número específico de unidades. Um pedido de tamanho Q é emitido quando o estoque disponível (atualmente em estoque ou pedido) atinge o ponto R. A posição do estoque é definida como disponível, mais o pedido, menos as quantidades pendentes. A solução para um modelo de quantidade fixa de pedidos poderá estipular algo como: quando a posição do estoque cai para 36, faça um pedido para mais 57 unidades.

Posição do estoque

O modelo mais simples nessa categoria ocorre quando todos os aspectos da situação são conhecidos com certeza. Se a demanda anual para um produto for de 1.000 unidades, é precisamente 1.000 – não 1.000 mais ou menos 10%. O mesmo se aplica aos custos de *setup* e aos custos de manutenção. Embora a premissa de certeza total seja raramente válida, esta proporciona uma boa base para a cobertura dos modelos de estoques.

Modelo básico de quantidade fixa do pedido

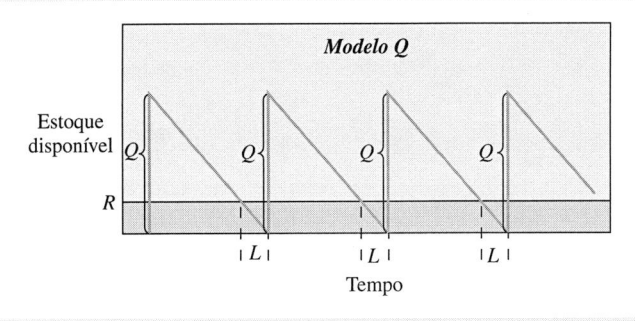

Quadro 12.4

O Quadro 12.4 e a discussão sobre a obtenção da quantidade ótima de pedidos baseiam-se nas características do modelo apresentadas a seguir. Essas suposições são irreais, mas representam um ponto de partida e permitem utilizar um exemplo simples.

- A demanda pelo produto é constante e uniforme durante todo o período.
- O *lead time* (tempo do pedido ao recebimento) é constante.
- O preço por unidade de produto é constante.
- O custo de manutenção do estoque baseia-se na média de estoque.
- Os custos para fazer o pedido ou de *setup* são constantes.
- Todas as demandas para o produto serão satisfeitas. (Não são permitidos pedidos pendentes.)

O "efeito dente de serra" relacionando Q e R no Quadro 12.4 mostra que, quando a posição do estoque cai para o ponto R, é feito um pedido de reposição. Este pedido é recebido no final do período L, que não varia neste modelo.

Ao construir qualquer modelo de estoque, a primeira etapa consiste em desenvolver um relacionamento funcional entre as variáveis de interesse e a medida da eficácia. Nesse caso, pelo fato de se estar preocupado com o custo, a seguinte equação é pertinente:

$$\text{Custo total anual} = \text{Custo anual de compra} + \text{Custo anual de pedido} + \text{Custo anual de manutenção}$$

ou

[12.2]
$$TC = DC + \frac{D}{Q}S + \frac{Q}{2}H$$

onde

TC = Custo total anual
D = Demanda (anual)
C = Custo por unidade
Q = Quantidade a ser pedida (a quantidade ótima é denominada *quantidade econômica de pedido* – EOQ – ou Q_{opt})
S = Custo de *setup* ou custo para fazer um pedido
R = Ponto de reposição
L = Lead time
H = Custo anual de manutenção e armazenagem por unidade de um estoque médio (geralmente o custo de manutenção é tomado como porcentagem do custo do item, como $H = iC$, onde i é a porcentagem do custo de manutenção do estoque)

Quadro 12.5 — Custos anuais de produto, baseados no tamanho do pedido

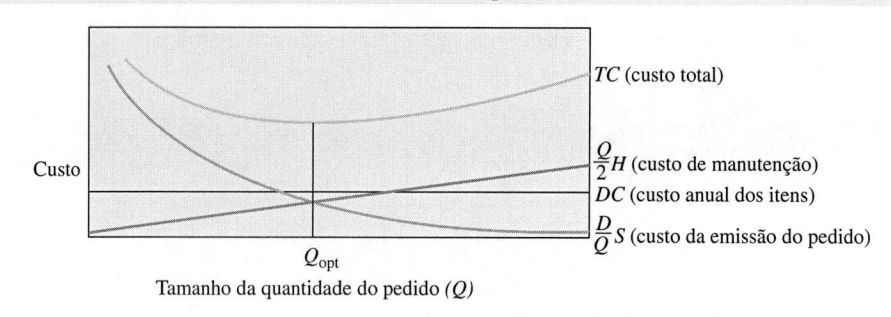

Gráfico: eixo vertical "Custo", eixo horizontal "Tamanho da quantidade do pedido (Q)", com ponto Q_{opt}.
- TC (custo total)
- $\frac{Q}{2}H$ (custo de manutenção)
- DC (custo anual dos itens)
- $\frac{D}{Q}S$ (custo da emissão do pedido)

No lado direito da equação, DC é o custo anual de compra para as unidades. $(D/Q)S$ é o custo anual de fazer o pedido (o número real de pedidos feitos, D/Q, vezes o custo de cada pedido, S) e $(Q/2)H$ é o custo anual de manutenção (o estoque médio, $Q/2$, vezes o custo por unidade para manter e armazenar o estoque, H). Esses relacionamentos de custo são representados graficamente no Quadro 12.5.

A segunda etapa no desenvolvimento do modelo é encontrar a quantidade do pedido Q_{opt} na qual o custo é mínimo. No Quadro 12.5, o total de custos é mínimo no ponto em que a inclinação da curva é zero. No cálculo, usamos o derivativo do custo total relacionado ao Q e definimos que este é igual a zero. Para o modelo básico aqui considerado, os cálculos são:

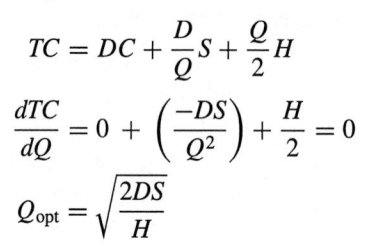

$$TC = DC + \frac{D}{Q}S + \frac{Q}{2}H$$

$$\frac{dTC}{dQ} = 0 + \left(\frac{-DS}{Q^2}\right) + \frac{H}{2} = 0$$

[12.3]
$$Q_{opt} = \sqrt{\frac{2DS}{H}}$$

Como este modelo pressupõe uma demanda e um *lead time* de entrega constantes, não é necessário qualquer estoque de segurança e o ponto de reposição, R, é simplesmente:

[12.4]
$$R = \bar{d}L$$

onde

$\bar{d}$ = Média da demanda diária (constante)
L = *Lead time* em dias (constante)

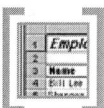

Exemplo 12.2: Quantidade econômica de pedido e ponto de reposição

Encontre a quantidade econômica do pedido e o ponto de reposição, conhecendo-se:

Demanda anual (D) = 1.000 unidades
Média da demanda diária $(\bar{d})$ = 1.000/365
Custo para fazer o pedido (S) = \$5 por pedido
Custo de manutenção (H) = \$1,25 por unidade por ano
Lead time (L) = 5 dias
Custo por unidade (C) = \$12,50

Que quantidade deve ser solicitada?

SOLUÇÃO

A quantidade ótima do pedido é:

$$Q_{opt} = \sqrt{\frac{2DS}{H}} = \sqrt{\frac{2(1.000)5}{1,25}} = \sqrt{8.000} = 89,4 \text{ unidades}$$

O ponto de reposição é:

$$R = \bar{d}L = \frac{1.000}{365}(5) = 13,7 \text{ unidades}$$

Arredondando para a unidade mais próxima, a política do estoque é a seguinte: quando a posição do estoque cai para 14, faça um pedido de mais 89.

O total de custo anual será de:

$$TC = DC + \frac{D}{Q}S + \frac{Q}{2}H$$

$$= 1.000(12,50) + \frac{1.000}{89}(5) + \frac{89}{2}(1,25)$$

$$= \$12.611,81$$

Observe que, neste exemplo, o custo de compra das unidades não foi necessário para determinar a quantidade do pedido e o ponto de reposição porque o custo era constante e não estava relacionado ao tamanho do pedido. ●

Estabelecendo níveis do estoque de segurança

O modelo anterior presumiu que a demanda era constante e conhecida. Entretanto, na maioria dos casos, a demanda não é constante, mas varia dia-a-dia. O estoque de segurança deve, portanto, ser mantido para prover certo nível de proteção contra a falta de estoques. O estoque de segurança pode ser definido como a quantidade de estoque mantida além da demanda esperada. Em uma distribuição normal, esta seria a média. Por exemplo, se a média de demanda mensal é de 100 unidades e se espera que o próximo mês seja o mesmo, caso se mantenha 120 unidades, teremos 20 unidades como estoque de segurança.

Estoque de segurança

O estoque de segurança pode ser determinado com base em vários critérios. Uma abordagem comum para uma empresa é simplesmente considerar que certo número de semanas de suprimento seja mantido em um estoque de segurança. No entanto, é melhor utilizar uma abordagem que acomode a variação na demanda.

Por exemplo, o objetivo pode ser algo como "estabelecer o nível de segurança para que haja apenas uma chance de 5% de ficar sem estoque se a demanda exceder 300 unidades". Chama-se essa abordagem para estabelecer o estoque de segurança de abordagem da probabilidade.

Abordagem da probabilidade Utilizar o critério da probabilidade para determinar o estoque de segurança é muito fácil. Com os modelos descritos neste capítulo, presume-se que a demanda durante um período é normalmente distribuída com uma média e um desvio-padrão. *Mais uma vez, lembre-se de que esta abordagem considera apenas a probabilidade de ficar sem estoque, não quantas unidades estão faltando.* Para calcular a probabilidade de ficar sem estoque durante um período, basta representar graficamente uma distribuição normal para a demanda esperada e observar onde a quantidade disponível se encontra na curva.

Examinemos alguns exemplos simples para ilustrar esta situação. Por exemplo, espera-se que a demanda seja de 100 unidades no próximo mês, e sabe-se que o desvio-padrão é de 20 unidades. Se entrar o mês com apenas 100 unidades, sabe-se que a probabilidade de ficar sem estoque é de

50%. Para metade dos meses, espera-se que a demanda seja maior do que 100 unidades; para a outra metade dos meses espera-se que essa seja menor que 100 unidades. Avançando mais ainda, caso se fizesse um pedido para um mês de estoque de 100 unidades por vez e fosse recebido no início do mês, a longo prazo poderíamos esperar ficar sem estoque em seis meses de cada ano.

Se o fato de ficar sem estoque com essa freqüência não fosse aceitável, desejar-se-ia manter estoque extra para reduzir o risco. Neste caso, ainda se faria o pedido para um mês de estoque por vez, mas a entrega seria programada para que chegasse quando ainda houvesse 20 unidades em estoque. Isso proporcionaria aquela proteção do estoque de segurança para reduzir a probabilidade de ficar sem estoque. Se o desvio-padrão associado com a demanda fosse de 20 unidades, então se estaria mantendo o desvio-padrão como estoque de segurança. Examinando a Distribuição Acumulada Normal Padrão (Apêndice E), e se movimentando um desvio-padrão para a direita da média, tem-se a probabilidade de 0,8413. Assim, espera-se não ficar sem estoque aproximadamente 84% do tempo, e 16% do tempo assume-se que não teria estoque disponível. Agora, caso se faça um pedido todos os meses, espera-se ficar sem estoque dois meses por ano (0,16 × 12 = 1,92). Para aqueles que estão utilizando o Excel, dado um valor z, a probabilidade pode ser obtida com a função NORMSDIST.

É comum que as empresas usando essa abordagem definam a probabilidade de não ficar sem estoque em 95%. Isso significa que se manteria aproximadamente 1,64 desvios-padrão como estoque de segurança, ou 33 unidades (1,64 × 20 = 32,8) para o exemplo em questão. Mais uma vez, tenha em mente que isso não significa que teria de ser feito um pedido de 33 unidades extras todos os meses. Em vez disso, significa que ainda é possível fazer o pedido de um mês por vez, mas o recebimento poderia ser programado para que 33 unidades estivessem em estoque quando o pedido chegasse. Nesse caso, seria de se esperar ficar sem estoque aproximadamente 0,6 mês por ano, ou que as faltas de estoque ocorreriam na ordem de 1 mês a cada 20 meses.

Modelo de quantidade fixa de pedido com estoque de segurança

Um sistema de quantidade fixa do pedido monitora continuamente o nível do estoque e faz um novo pedido quando o estoque atinge certo nível, R. O perigo da falta de estoque neste modelo ocorre apenas durante o *lead time* de entrega, entre o período que um pedido é feito e quando ele é recebido. Como mostra o Quadro 12.6, faz-se um pedido quando a posição do estoque cai para o ponto de reposição, R. Durante esse *lead time L*, existe a possibilidade de novas faixas de demanda. Estas são determinadas a partir de uma análise dos dados da demanda passada ou de uma estimativa (se os dados passados não estiverem disponíveis).

A quantidade de estoque de segurança depende do nível de serviço desejado, como discutido anteriormente. A quantidade a ser pedida, Q, é calculada de maneira comum, considerando a

Quadro 12.6 Modelo de quantidade fixa do pedido

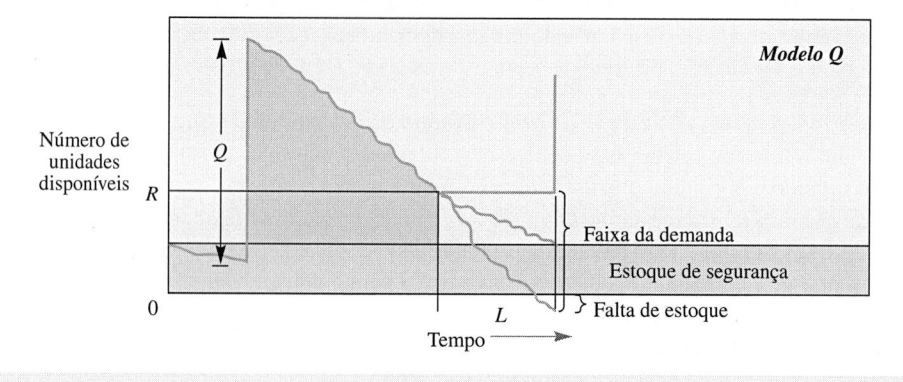

demanda, o custo de falta, o custo para fazer o pedido, o custo de manutenção, e assim por diante. Pode-se usar um modelo de quantidade fixa do pedido para calcular Q, como o modelo simples Q_{opt}, discutido anteriormente. O ponto de reposição é então estabelecido para cobrir a demanda esperada durante o *lead time* mais um estoque de segurança determinado pelo nível desejado de serviço. Assim, *a principal diferença entre um modelo de quantidade fixa do pedido em que a demanda é conhecida ou em que a demanda é incerta, está no cálculo do ponto de reposição. A quantidade do pedido é a mesma em ambos os casos*. O elemento incerteza é considerado no estoque de segurança.

O ponto de reposição é:

[12.5]
$$R = \bar{d}L + z\sigma_L$$

onde

R = Ponto de reposição
$\bar{d}$ = Média da demanda diária
L = *Lead time* (tempo entre fazer um pedido e receber os itens)
z = Número de desvios-padrão para uma probabilidade de serviço especificada
σ_L = Desvio-padrão de uso durante o *lead time*

O termo $z\sigma_L$ é a quantidade do estoque de segurança. Observe que, se o estoque de segurança for positivo, o efeito é fazer um pedido de reposição o mais rápido possível. Isto é, R sem o estoque de segurança é simplesmente a demanda média durante o *lead time* de entrega. Caso se observe que o uso do *lead time* de entrega seja 20, por exemplo, e o estoque de segurança foi calculado em 5 unidades, então o pedido deve ser feito logo, quando houver 25 unidades sobrando. Quanto maior for o estoque de segurança, mais rapidamente o pedido deverá ser feito.

Calculando $\bar{d}$, σ e z A demanda durante o *lead time* de reabastecimento é realmente uma estimativa ou uma previsão do uso esperado do estoque, desde quando se faz o pedido até quando ele é recebido. Este pode ser um número único (por exemplo, se o *lead time* é um mês, a demanda pode ser considerada a demanda do ano anterior dividida por 12), ou pode ser uma soma da demanda esperada durante o *lead time* de entrega (como a soma das demandas diárias durante um *lead time* de 30 dias). Para a situação da demanda diária, d pode ser uma previsão da demanda usando qualquer um dos modelos no Capítulo 10 sobre previsão. Por exemplo, se for usado um período de 30 dias para calcular d, então uma média simples seria:

[12.6]
$$\bar{d} = \frac{\sum_{i=1}^{n} d_i}{n} = \frac{\sum_{i=1}^{30} d_i}{30}$$

onde n é o número de dias.

O desvio-padrão da demanda diária é:

[12.7]
$$\sigma_d = \sqrt{\frac{\sum_{i=1}^{n}(d_i - \bar{d})^2}{n}} = \sqrt{\frac{\sum_{i=1}^{30}(d_i - \bar{d})^2}{30}}$$

Como σ_d se refere a um dia, se o *lead time* se estender por vários dias, pode-se usar a premissa estatística de que o desvio-padrão de uma série de ocorrências independentes é igual à raiz quadrada da soma das variâncias. Isto é, no geral,

[12.8]
$$\sigma_L = \sqrt{\sigma_1^2 + \sigma_2^2 + \cdots + \sigma_L^2}$$

Por exemplo, suponha que se tenha calculado o desvio-padrão da demanda como sendo 10 unidades por dia. Se o *lead time* para receber um pedido for de cinco dias, o desvio-padrão para o período de cinco dias, uma vez que cada dia pode ser considerado independente, é

$$\sigma_5 = \sqrt{(10)^2 + (10)^2 + (10)^2 + (10)^2 + (10)^2} = 22{,}36$$

Em seguida, precisamos encontrar z, o número de desvios-padrão do estoque de segurança.

Suponha que se queira que a possibilidade de não ficar sem estoque durante o *lead time* seja de 0,95. O valor z associado a uma probabilidade de 95% de não ficar sem estoque é de 1,64 (consulte o Apêndice E ou use a função NORMSINV do Excel). Com isso, o estoque de segurança é calculado assim:

[12.9]
$$SS = z\sigma_L$$
$$= 1{,}64 \times 22{,}36$$
$$= 36{,}67$$

Agora, comparemos os dois exemplos. A diferença entre eles é que, no primeiro, a variação na demanda é declarada em termos do desvio-padrão durante todo o *lead time*, enquanto, no segundo, é declarada em termos do desvio-padrão por dia.

Exemplo 12.3: Quantidade econômica do pedido

Considere o caso de uma quantidade econômica do pedido em que a demanda anual $D = 1.000$ unidades, a quantidade econômica do pedido $Q = 200$ unidades, a probabilidade desejada de não ficar sem estoque $P = 0{,}95$, o desvio-padrão da demanda durante o *lead time* $\sigma_L = 25$ unidades e o *lead time* $L = 15$ dias. Determine o ponto de reposição. Suponha que a demanda seja acima de 250 dias úteis por ano.

SOLUÇÃO

No exemplo, $\bar{d} = \frac{1000}{250} = 4$, e o *lead time* é de 15 dias. Utiliza-se a equação:

$$R = \bar{d}L + z\sigma_L$$
$$= 4(15) + z(25)$$

Neste caso, z é 1,64.

Completando a solução para R, tem-se

$$R = 4(15) + 1{,}64(25) = 60 + 41 = 101 \text{ unidades}$$

Isso quer dizer que, quando o estoque disponível atingir 101 unidades, é necessário fazer um pedido de mais 200 unidades. ●

Exemplo 12.4: Quantidade do pedido e ponto de reposição

A demanda diária por certo produto é normalmente distribuída com uma média de 60 e um desvio-padrão de 7. A fonte de suprimentos é confiável e mantém um *lead time* de entrega constante de seis dias. O custo para fazer um pedido é de $10 e os custos anuais de manutenção são de $0,50 por unidade. Não existem custos de falta de estoque, e os pedidos não preenchidos são preenchidos assim que o pedido chegar. Suponha que as vendas ocorram durante todos os 365 dias do ano. Encontre a quantidade do pedido e o ponto de reposição para satisfazer uma probabilidade de 95% de não ficar sem estoque durante o *lead time* de entrega.

SOLUÇÃO

Neste problema, é necessário calcular a quantidade do pedido Q, assim como o ponto de reposição R.

$$\bar{d} = 60 \qquad S = \$10$$
$$\sigma_d = 7 \qquad H = \$0,50$$
$$D = 60(365) \qquad L = 6$$

A quantidade ótima do pedido é

$$Q_{opt} = \sqrt{\frac{2DS}{H}} = \sqrt{\frac{2(60)365(10)}{0,50}} = \sqrt{876.000} = 936 \text{ unidades}$$

Para calcular o ponto de reposição, é necessário calcular a quantidade de produto usando o *lead time* de entrega e adicionando-o ao estoque de segurança.

O desvio-padrão da demanda durante o *lead time* de entrega de seis dias é calculado a partir da variância dos dias individuais. Como a demanda de cada dia é independente[2]

$$\sigma_L = \sqrt{\sum_{i=1}^{L} \sigma_d^2} = \sqrt{6(7)^2} = 17,15$$

Novamente, z é 1,64.

$$R = \bar{d}L + z\sigma_L = 60(6) + 1,64(17,15) = 388 \text{ unidades}$$

Para resumir a política obtida neste exemplo, faz-se um pedido para 936 unidades sempre que o número de unidades restantes no estoque cai para 388 unidades. ●

MODELOS DE PERÍODO FIXO

Em um sistema de período fixo, o estoque é contado apenas em épocas específicas, como toda semana ou todo mês. Contar o estoque e fazer pedidos periodicamente é desejável nas situações em que os fornecedores fazem visitas de rotina aos clientes e pegam seus pedidos para sua linha completa de produtos, ou quando os compradores querem combinar os pedidos para economizar nos custos de transporte. Outras empresas operam num período de tempo fixo para facilitar o planejamento de sua contagem do estoque; por exemplo, o Distribuidor X telefona a cada duas semanas e os funcionários sabem que todos os produtos do Distribuidor X precisam ser contados.

Os modelos de período fixo geram as quantidades dos pedidos que variam de um período para outro, dependendo da taxa de utilização. Essas geralmente exigem um nível mais alto de estoque de segurança do que um sistema de quantidade fixa de pedidos. O sistema de quantidade fixa de pedidos presume o rastreamento contínuo do estoque disponível, fazendo um pedido imediatamente quando o ponto de reposição é atingido. Em contrapartida, os modelos-padrão do período fixo pressupõem que o estoque é contado apenas no horário especificado para revisão. É possível que algumas grandes demandas reduzam o estoque para zero logo após a emissão de um pedido. Essa condição passaria despercebida até o próximo período de revisão. O novo pedido, quando é feito, ainda leva certo tempo para chegar. Desse modo, é possível ficar sem estoque durante todo o período de revisão, T, e o *lead time* de entrega do pedido, L. Assim, o estoque de segurança precisa se proteger contra as faltas de estoque durante o período de revisão em si, bem como durante o *lead time* de entrega, desde a época em que o pedido foi feito até o seu recebimento.

Modelo de período fixo com estoque de segurança

Em um sistema de período fixo, os pedidos de reposição são feitos na época da revisão (T), e o estoque de segurança que deve ser pedido novamente é

[12.10]
$$\text{Estoque de segurança} = z\sigma_{T+L}$$

O Quadro 12.7 mostra um sistema de período fixo com um ciclo de revisão de T e um *lead time* de entrega constante de L. Neste caso, a demanda é aleatoriamente distribuída ao redor de uma média de d. A quantidade a ser solicitada, q, é

[12.11] Quantidade do pedido = Demanda média durante o período vulnerável + Estoque de segurança − Estoque atualmente disponível (mais no pedido, se existir)

$$q = \bar{d}(T + L) + z\sigma_{T+L} - I$$

onde

q = Quantidade a ser solicitada
T = O número de dias entre as revisões
L = *Lead time* de entrega em dias (tempo entre fazer um pedido e recebê-lo)
d = Média prevista da demanda diária
z = Número de desvios-padrão para uma probabilidade de serviço especificada
σ_{T+L} = Desvio-padrão da demanda durante a revisão e o *lead time* de entrega
I = Nível de estoque atual (inclui os itens no pedido)

Observação: a demanda, o *lead time* de entrega, o período de revisão, e assim por diante, podem ser qualquer unidade de tempo, como dias, semanas ou anos, contanto que sejam consistentes por toda a equação.

Neste modelo, a demanda ($\bar{d}$) pode ser prevista e revisada a cada período de revisão ou a média anual pode ser usada, se pertinente. Presume-se que a demanda é distribuída normalmente.

O valor de z depende da probabilidade de ficar sem estoque e pode ser encontrado no Apêndice E ou usando a função NORMSINV do Excel®.

Quadro 12.7 Modelo de estoque de período fixo

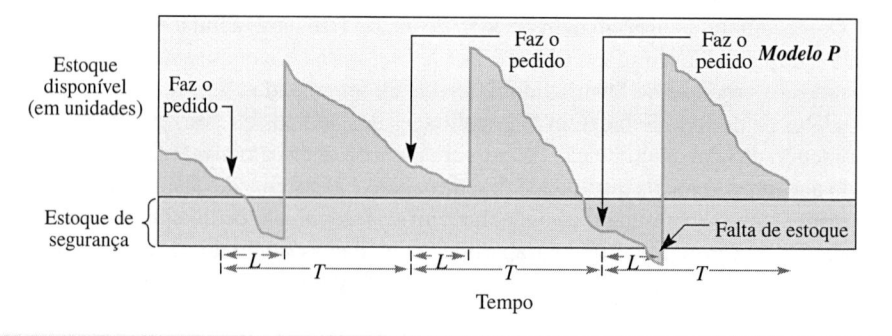

Exemplo 12.5: Quantidade a ser solicitada

A demanda diária para um produto é de 10 unidades com um desvio-padrão de três unidades. O período de revisão é de 30 dias, e o *lead time* de entrega é de 14 dias. A gerência estabeleceu uma política para satisfazer 98% da demanda pelos itens em estoque. No início desse período de revisão, existem 150 unidades em estoque.

Quantas unidades devem ser solicitadas?

Excel: Inventory control.xls

SOLUÇÃO

A quantidade a ser solicitada é

$$q = \bar{d}(T + L) + z\sigma_{T+L} - I$$
$$= 10(30 + 14) + z\sigma_{T+L} - 150$$

Antes de se completar a solução, é necessário descobrir σ_{T+L} e z. Para encontrar σ_{T+L}, utiliza-se a idéia, como antes, de que o desvio-padrão de uma seqüência de variáveis aleatórias independentes é igual à raiz quadrada da soma das variâncias. Assim, o desvio-padrão durante o período $T + L$ é a raiz quadrada da soma das variâncias para cada dia:

[12.12]
$$\sigma_{T+L} = \sqrt{\sum_{i=1}^{T+L} \sigma_d^2}$$

Como cada dia é independente e σ_d é constante,

$$\sigma_{T+L} = \sqrt{(T+L)\sigma_d^2} = \sqrt{(30+14)(3)^2} = 19{,}90$$

O valor z para $P = 0{,}98$ é 2,05.

A quantidade a ser solicitada, então, é

$$q = \bar{d}(T+L) + z\sigma_{T+L} - I = 10(30+14) + 2{,}05(19{,}90) - 150 = 331 \text{ unidades}$$

Para garantir uma probabilidade de 98% de não ficar sem estoque, é necessário fazer um pedido de 331 unidades no período de revisão. ●

CONTROLE DE ESTOQUE E ADMINISTRAÇÃO DA CADEIA DE SUPRIMENTOS

É importante que os gerentes percebam que o modo como administram os itens usando a lógica de controle de estoque está diretamente relacionado com o desempenho financeiro da empresa. Uma medida-chave que tem a ver com esse desempenho é o giro de estoque. Lembre-se de que o giro de estoque é calculado assim:

$$\text{Giro de estoque} = \frac{\text{Custo das mercadorias vendidas}}{\text{Valor do estoque médio}}$$

Então, qual é a relação entre o modo como administramos um item e o respectivo giro de estoque? Vamos simplificar as coisas e examinar apenas o giro de estoque de um item individual ou de um grupo de itens. Primeiro, se examinarmos o numerador, o custo das mercadorias vendidas de um item individual está diretamente relacionado com a demanda anual prevista (D) para o item. Conhecendo-se o custo unitário (C) do item, o custo das mercadorias vendidas é tão-somente D vezes C. Isso é idêntico ao que usamos na equação da EOQ. Depois, examine o valor do estoque médio. Lembre-se de que, na EOQ, o estoque médio é $Q/2$, que é verdadeiro se presumirmos uma demanda constante.

A Netflix é o maior serviço *online* mundial de aluguel de filmes, que fornece para mais de 4 milhões de assinantes acesso a mais de 42 milhões de DVDs. Em determinado dia, 35.000 dos 60.000 títulos disponíveis na Netflix encontram-se em distribuição. A Netflix administra 39 centros de expedição espalhados pelos Estados Unidos, alcançando mais de 90% dos assinantes, com entrega média de um dia, e despacha 14 milhões de DVDs todos os dias, e cerca de 17.000 toneladas de DVDs anualmente.

Ao incluirmos o elemento incerteza na equação, o estoque de segurança é necessário para gerenciar o risco gerado pela variação da demanda. Os modelos da quantidade fixa do pedido e do período fixo têm equações para calcular o estoque de segurança necessário para determinada probabilidade de falta de estoque. Nos dois modelos, pressupomos que, ao percorrer um ciclo de pedidos, em metade do tempo precisamos utilizar o estoque de segurança e na outra metade, não. Assim, em média, esperamos que o estoque de segurança *(SS)* esteja disponível. Diante disso, o estoque médio é igual a:

[12.13] $$\text{Valor do estoque médio} = (Q/2 + SS)C$$

O giro de estoque de um item individual, então, é

[12.14] $$\text{Giro de estoque} = \frac{DC}{(Q/2 + SS)C} = \frac{D}{Q/2 + SS}$$

Exemplo 12.6: Cálculo do estoque médio – Modelo da quantidade fixa do pedido

Suponha que o seguinte item esteja sendo administrado pelo modelo da quantidade fixa do pedido, com estoque de segurança.

Demanda anual *(D)* = 1.000 unidades
Quantidade do pedido *(Q)* = 300 unidades
Estoque de segurança *(SS)* = 40 unidades

Qual é o nível médio do estoque e o giro de estoque do item?

SOLUÇÃO

$$\text{Estoque médio} = Q/2 + SS = 300/2 + 40 = 190 \text{ unidades}$$
$$\text{Giro de estoque} = \frac{D}{Q/2 + SS} = \frac{1.000}{190} = 5{,}263 \text{ giros por ano} \bullet$$

Exemplo 12.7: Cálculo do estoque médio – Modelo do período fixo

Examine o seguinte item gerenciado por um modelo de período fixo com estoque de segurança.

Demanda semanal (d) = 50 unidades
Ciclo de revisão (T) = 3 semanas
Estoque de segurança (SS) = 30 unidades

Qual é o nível médio de estoque e o giro de estoque do item?

SOLUÇÃO

Precisamos calcular aqui quantas unidades prevemos solicitar em cada ciclo. Se pressupomos que a demanda será relativamente constante, então esperamos solicitar o número de unidades da demanda prevista durante o ciclo de revisão. Essa demanda prevista é igual a dT se presumimos a inexistência de tendências ou sazonalidades no padrão da demanda.

$$\text{Estoque médio} = dT/2 + SS = 50(3)/2 + 30 = 105 \text{ unidades}$$

$$\text{Giro de estoque} = \frac{52d}{dT/2 + SS} = \frac{50(52)}{105} = 24{,}8 \text{ giros por ano}$$

presumindo-se que existam 52 semanas no ano. ●

PLANEJAMENTO DO ESTOQUE ABC

Manter o estoque durante a contagem, a emissão do pedido, o recebimento do estoque, e assim por diante, exige tempo dos funcionários e consome dinheiro. Onde existem limites para esses recursos, a ação lógica consiste em tentar usar os recursos disponíveis para controlar o estoque da melhor maneira possível. Em outras palavras, concentre-se nos itens mais importantes no estoque.

No século XIX, Villefredo Pareto, em um estudo sobre a distribuição de riquezas em Milão, descobriu que 20% das pessoas controlavam 80% da riqueza. Essa lógica de poucos tendo maior importância e muitos tendo pouca importância foi ampliada para incluir muitas situações e é denominada *princípio de Pareto*.[3] Isso se aplica à vida cotidiana das pessoas (a maioria das decisões não é importante, mas algumas moldam o futuro de cada um) e certamente também é aplicável aos sistemas de estoque (nos quais alguns itens são responsáveis pela maior parte do investimento necessário).

Qualquer sistema de estoque deve especificar quando um pedido é feito e quantas unidades pedir. A maioria das situações de controle do estoque envolve tantos itens, que não é prático modelar e dar um tratamento completo a cada item. Para resolver esse problema, o esquema da classificação ABC divide os itens do estoque em três grupos: volume monetário alto (A), volume monetário moderado (B) e volume monetário baixo (C). O volume monetário é uma medida da importância; um item de custo baixo mas de alto volume pode ser mais importante do que um item de custo alto e volume baixo.

Classificação ABC Se a utilização anual dos itens em estoque estiver listada de acordo com o volume monetário, geralmente, a lista mostra que um número pequeno de itens é responsável por um volume monetário maior e que um número maior de itens é responsável por um volume monetário menor. O Quadro 12.8 ilustra o relacionamento.

A abordagem ABC divide esta lista em três grupos por valor: os itens A constituem aproximadamente os principais 15% dos itens, os itens B os próximos 35% e os itens C os últimos 50%. Da observação, parece que a lista no Quadro 12.8 pode ser agrupada significativamente com A incluindo

Quadro 12.8 — Utilização anual do estoque por valor

Número do Item	Utilização Monetária Anual	Porcentagem do Valor Total
22	$95.000	40,69%
68	75.000	32,13
27	25.000	10,71
03	15.000	6,43
82	13.000	5,57
54	7.500	3,21
36	1.500	0,64
19	800	0,34
23	425	0,18
41	225	0,10
	$233.450	100,0%

Quadro 12.9 — Agrupamento ABC dos itens em estoque

Classificação	Número do Item	Utilização Monetária Anual	Porcentagem do Total
A	22, 68	$170.000	72,9%
B	27, 03, 82	53.000	22,7
C	54, 36, 19, 23, 41	10.450	4,4
		$233.450	100,0%

Quadro 12.10 — Classificação do estoque ABC (valor do estoque para cada grupo *versus* a porcentagem do total da lista)

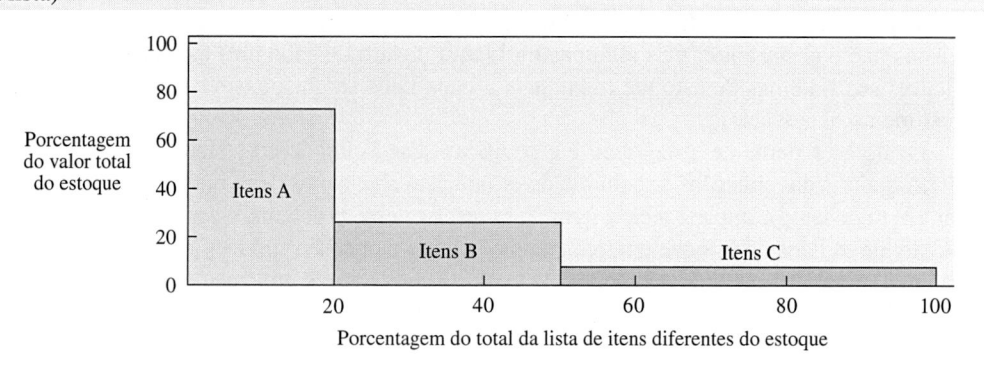

20% (2 de 10), B incluindo 30% e C incluindo 50%. Esses pontos mostram delineações claras entre as seções. O resultado dessa segmentação é mostrado no Quadro 12.9 e representado graficamente no Quadro 12.10.

A segmentação nem sempre ocorre tão concisamente. O objetivo, no entanto, é tentar separar o importante do insignificante. Saber onde as linhas de fato se rompem vai depender do estoque específico em questão e de quanto tempo de funcionários se tem disponível. (Com mais tempo, uma empresa conseguiria definir categorias mais abrangentes que A ou B.)

O propósito da classificação dos itens em grupos é estabelecer o grau adequado de controle sobre cada item. Periodicamente, por exemplo, os itens da classe A podem ser mais controlados com pedidos feitos semanalmente, os itens B poderão ser pedidos a cada duas semanas, e os itens C poderão ser pedidos mensalmente ou a cada dois meses. Observe que os custos por unidade dos itens não estão relacionados à sua classificação. O item A poderá ter um volume monetário alto através da combinação de custo baixo e utilização alta ou custo alto e utilização baixa. Similarmente, os itens C poderão ter um volume monetário baixo ou por causa da demanda baixa ou do custo baixo. Em um posto de gasolina, a gasolina seria o item A, com reposição diária ou semanal; pneus, baterias, óleo, graxas e fluídos para transmissão seriam os itens B e seriam pedidos a cada duas ou quatro semanas; e os itens C consistiriam em hastes da válvula, limpador de pára-brisas, tampas para radiadores, mangueiras, correia da ventoinha, óleo e aditivos para gasolina, cera para carros, e assim por diante. Os itens C podem ser pedidos a cada dois ou três meses, ou mesmo acabar antes de fazer um pedido de reposição, porque a penalidade por ficar sem estoque não é grave.

Às vezes, um item pode ser essencial para um sistema se a sua ausência criar uma perda considerável. Nesse caso, independentemente da classificação do item, estoques suficientemente grandes devem ser mantidos disponíveis para evitar a falta de estoque. Uma forma de garantir um controle mais rígido é designar este item como sendo A ou B, forçando-o na categoria, mesmo que o seu volume monetário não assegure essa inclusão.

ACURACIDADE DO ESTOQUE E CONTAGEM CÍCLICA

Os registros do estoque geralmente diferem da contagem física real; a acuracidade do estoque se refere à quão bem estes dois concordam. Empresas como a Wal-Mart percebem a importância da acuracidade do estoque e empregam esforços consideráveis para garanti-la. A pergunta é: quanto erro é aceitável? Se um registro apresenta um balanço de 683 unidades da peça X e uma contagem real mostra 652, isso está dentro dos limites razoáveis? Suponha que a contagem real indique 750, um excedente de 67 acima do registro; isso é melhor?

Todo sistema de produção deve fazer uma estimativa, dentro de um limite especificado, entre o que os registros informam existir no estoque e o que realmente existe. Há vários motivos pelos quais os registros e o estoque podem discordar. Por exemplo, uma área de estoque aberta permite que os itens sejam removidos para fins legítimos e não-autorizados. A remoção legítima pode ter sido feita às pressas e simplesmente não foi registrada. Às vezes, as peças são colocadas em locais errados, aparecendo alguns meses depois. As peças geralmente são armazenadas em vários locais, mas os registros podem ficar perdidos ou o local pode ser registrado incorretamente. Outras vezes, os pedidos de reposição do estoque são registrados como recebidos, quando na realidade nunca chegaram. Ocasionalmente, registra-se um grupo de peças como retirado do estoque, mas o pedido do cliente é cancelado e as peças são devolvidas ao estoque sem cancelar o registro. Para manter o sistema de produção fluindo uniformemente, sem falta de peças, e eficientemente sem saldos excessivos, os registros devem ser exatos.

Como uma empresa consegue manter registros exatos e atualizados? A primeira regra geral consiste em manter a área de estoque trancada. Se apenas as pessoas que trabalham no estoque tiverem acesso a este, e uma das medidas de desempenho para a avaliação do pessoal e aumento no mérito for a acuracidade dos registros, eles serão fortemente motivados a obedecer. Cada local de armazenagem do estoque, seja em um local fechado ou no chão-de-fábrica, deve ter um mecanismo de registro. Uma segunda maneira é transmitir a importância dos registros exatos para todos os funcionários e depender deles para auxiliá-lo nessa tarefa. (Resumindo: coloque uma cerca do teto ao chão ao redor da área de estoque para que os funcionários não consigam escalá-la para pegar as peças; coloque um cadeado no portão e dê a chave para uma pessoa. Ninguém pode retirar uma peça sem que a transação seja autorizada e registrada.)

Outra maneira de garantir a acuracidade é contar o estoque freqüentemente e compará-lo com os dados dos registros. Um método amplamente utilizado é chamado de *contagem cíclica*.

Contagem cíclica

A contagem cíclica é uma técnica física de inventário, na qual o estoque é contado freqüentemente, em vez de uma ou duas vezes por ano. A chave para a contagem eficaz do ciclo e, conseqüentemente, para os registros exatos, está em decidir quais itens serão contados, quando e por quem.

Hoje, praticamente todos os sistemas de estoque são computadorizados. O computador pode ser programado para gerar um aviso de contagem cíclica nos seguintes casos:

1. Quando o registro indicar um saldo baixo disponível ou mesmo zerado. (É mais fácil contar menos itens.)
2. Quando o registro indicar um saldo positivo, mas foi solicitado um pedido pendente (sugerindo uma discrepância).
3. Depois de algum nível especificado de atividade.
4. Para sinalizar uma revisão baseada na importância do item (como no sistema ABC), como na tabela a seguir:

Utilização monetária anual	Período da revisão
$10.000 ou mais	30 dias ou menos
$3.000 – $10.000	45 dias ou menos
$250 – 3.000	90 dias ou menos
Menos de $250	180 dias ou menos

A época mais adequada para a contagem do estoque é quando não há atividade no estoque ou no chão-de-fábrica. Ou seja, nos finais de semana ou durante o segundo ou terceiro turno, quando a fábrica está menos ocupada. Se isso não for possível, é necessário mais cuidado no registro e na separação dos itens para contar o estoque durante a sua produção e ao longo das transações.

A contagem cíclica depende do pessoal disponível. Algumas empresas escalam o pessoal do estoque para fazer a contagem durante os dias úteis regulares e calmos. Outras empresas contratam empresas particulares para contar o estoque. Ainda assim, outras empresas usam contadores cíclicos em tempo integral que apenas contam o estoque e resolvem as diferenças com os registros. Embora esse último método pareça caro, muitas empresas acreditam que este seja realmente mais barato do que a atual contagem anual e confusa do estoque, geralmente desempenhada durante as férias coletivas de duas ou três semanas.

A questão sobre quanto erro é tolerável entre o estoque físico e os registros tem sido muito debatida. Algumas empresas tentam 100% de acuracidade, ao passo que outras aceitam 1, 2 ou 3% de erro. O nível de acuracidade geralmente recomendado pelos especialistas é $\pm 0,2\%$ para os itens A, $\pm 1\%$ para os itens B e $\pm 5\%$ para os itens C. Independentemente da acuracidade específica que tenha sido definida, o ponto importante é que o nível seja dependente para que os estoques de segurança sejam fornecidos como proteção. A acuracidade é importante para um processo de produção uniforme, para que os pedidos dos clientes possam ser programados e não retidos por causa de peças não-disponíveis.

RESUMO

Este capítulo apresentou as duas principais classes de demanda: (1) demanda independente, referente à demanda externa para o produto final de uma empresa; e (2) demanda dependente, geralmente relacionada – dentro da empresa – à demanda para os itens gerada em decorrência da demanda por itens mais complexos dos quais estes fazem parte. A maioria das indústrias tem itens em ambas as classes. Na manufatura, por exemplo, a demanda dependente é comum para produtos acabados, peças para serviço e consertos e suprimentos operacionais; e a demanda dependente é comum para aquelas peças e materiais necessários para fabricar o produto final. Nas vendas no atacado e varejo de produtos de consumo, a maior parte da demanda é independente – cada item é um item final, sendo que nem o atacadista nem o varejista precisam fazer qualquer montagem ou fabricação.

A demanda independente, o foco deste capítulo, baseia-se em estatísticas. Nos modelos de quantidade fixa de pedido e de período fixo, a influência do nível de serviço foi mostrada nas determinações dos estoques de segurança e do ponto de reposição. Também foi apresentado um modelo para propósitos especiais – o modelo de período único.

Para distinguir entre as categorias de itens para análise e controle, foi oferecido o método ABC. A importância da acuracidade do estoque também foi observada e a contagem cíclica foi descrita.

Neste capítulo, também se mostrou que a redução do estoque requer o conhecimento dos sistemas operacionais. Não é simplesmente um caso de selecionar qualquer modelo de estoque e acrescentar alguns números. Em primeiro lugar, um modelo pode nem mesmo ser apropriado. No segundo caso, os números podem estar cheios de erros ou mesmo baseados em dados incorretos. A determinação das quantidades dos pedidos geralmente é referida como problema de *trade-off*; isto é, substituir os custos de manutenção pelos custos de *setup*. Observe que as empresas realmente querem reduzir ambos.

O fato é que as empresas têm grandes investimentos no estoque, e o custo para mantê-lo vai de 25 a 35% do seu valor anual. Assim, a principal meta da maioria das empresas hoje é reduzir o estoque.

Entretanto, eis um conselho útil. As fórmulas neste capítulo tentam minimizar o custo. Tenha em mente que o objetivo de uma empresa deveria ser algo como "fazer dinheiro" – portanto, certifique-se de que a redução do estoque, na verdade, sustente esse objetivo. Geralmente, reduzir o estoque corretamente diminui os custos, melhora a qualidade e o desempenho, e aumenta os lucros.

Termos-chave

Estoque Qualquer item ou recurso em estoque usado em uma organização.

Demanda independente Demandas pelos vários itens que não estão relacionados entre si.

Demanda dependente A necessidade por qualquer item é um resultado direto da necessidade por outro item, geralmente um item do qual este faz parte.

Modelo de quantidade fixa de pedidos (ou modelo Q) Modelo de controle do estoque no qual a quantidade necessária é fixa e o pedido real é iniciado pela queda do estoque para um nível especificado.

Modelo de período fixo (ou modelo P) Modelo de controle do estoque que especifica que o estoque é pedido no final de um período de tempo predeterminado. O intervalo de tempo entre os pedidos é fixo e a quantidade do pedido varia.

Posição do estoque Quantidade disponível mais a quantidade pelo pedido menos a quantidade pendente. No caso em que o estoque foi alocado para fins especiais, a posição do estoque é reduzida por essas quantidades alocadas.

Estoque de segurança Quantidade de estoque mantida além da demanda esperada.

Contagem cíclica Técnica física de se fazer o inventário, na qual o estoque é contado freqüentemente, em vez de uma ou duas vezes por ano.

Revisão de fórmulas

Modelo de período único. Probabilidade acumulada de vender a última unidade. Coeficiente do custo marginal de subestimar a demanda e o custo marginal de superestimar a demanda.

[12.1] $$P \leq \frac{C_u}{C_o + C_u}$$

Modelo Q. O custo total anual para um pedido Q, um custo por unidade C, custos de *setup* S e custo por unidade mantida H.

[12.2] $$TC = DC + \frac{D}{Q}S + \frac{Q}{2}H$$

Modelo Q. Quantidade ótima (ou econômica) do pedido.

[12.3] $$Q_{opt} = \sqrt{\frac{2DS}{H}}$$

Modelo Q. Ponto de reposição baseado na demanda diária média $\bar{d}$ e no *lead time* de entrega L em dias.

[12.4] $$R = \bar{d}L$$

Modelo Q. Ponto de reposição, contanto que tenha um estoque de segurança de $z\sigma_L$.

[12.5] $$R = \bar{d}L + z\sigma_L$$

Demanda diária média durante um período de n dias.

[12.6] $$\bar{d} = \frac{\sum_{i=1}^{n} d_i}{n}$$

Desvio-padrão da demanda durante um período de n dias.

[12.7] $$\sigma_d = \sqrt{\frac{\sum_{i=1}^{n}(d_i - \bar{d})^2}{n}}$$

Desvio-padrão de uma série de demandas independentes.

[12.8] $$\sigma_s = \sqrt{\sigma_1^2 + \sigma_2^2 + \cdots + \sigma_i^2}$$

Modelo Q. Cálculo do estoque de segurança.

[12.9] $$SS = z\sigma_L$$

Modelo P. Cálculo do estoque de segurança.

[12.10] $$SS = z\sigma_{T+L}$$

Modelo P. Quantidade ótima de pedido em um sistema de período fixo com um período de revisão de T dias e *lead time* de entrega de L dias.

[12.11] $$q = \bar{d}(T + L) + z\sigma_{T+L} - I$$

Modelo P. Desvio-padrão de uma série de demandas independentes durante o período de revisão T e o *lead time* de entrega L.

[12.12] $$\sigma_{T+L} = \sqrt{\sum_{i=1}^{T+L} \sigma_{d_i}^2}$$

[12.13]   Valor do estoque médio $= (Q/2 + SS)C$

[12.14]   Giro de estoque $= \dfrac{DC}{(Q/2 + SS)C} = \dfrac{D}{Q/2 + SS}$

Problemas resolvidos

PROBLEMA RESOLVIDO 1

Avalia-se o preço da venda de um produto como $100 por unidade e seu custo é constante a $70 por unidade. Cada unidade não vendida tem um valor residual de $20. Espera-se que a demanda varie entre 35 e 40 unidades para o período; 35 definitivamente poderão ser vendidas e nenhuma unidade acima de 40 será vendida. As probabilidades da demanda e a distribuição da probabilidade acumulada (P) associada para esta situação são mostradas a seguir.

Número de unidades demandadas	Probabilidade dessa demanda	Probabilidade acumulada
35	0,10	0,10
36	0,15	0,25
37	0,25	0,50
38	0,25	0,75
39	0,15	0,90
40	0,10	1,00

Quantas unidades deveriam ser solicitadas?

Solução

O custo da demanda subestimada é a perda de lucro, ou $C_u = \$100 - \$70 = \$30$ por unidade. O custo da demanda superestimada é a perda incorrida quando a unidade precisa ser vendida a um valor residual, $C_u = \$70 - \$20 = \$50$

A probabilidade ótima de não ser vendida é

$$P \le \dfrac{C_u}{C_o + C_u} = \dfrac{30}{50 + 30} = 0{,}375$$

A partir dos dados de distribuição apresentados, esta corresponde à 37ª unidade.

A seguir, tem-se uma análise marginal completa para o problema. Observe que o custo mínimo é quando são compradas 37 unidades.

Unidades demandadas	Probabilidade	Número de unidades compradas					
		35	36	37	38	39	40
35	0,1	0	50	100	150	200	250
36	0,15	30	0	50	100	150	200
37	0,25	60	30	0	50	100	150
38	0,25	90	60	30	0	50	100
39	0,15	120	90	60	30	0	50
40	0,1	150	120	90	60	30	0
	Custo total	75	53	43	53	83	125

Excel: Controle de estoque

PROBLEMA RESOLVIDO 2

Os itens comprados de um fornecedor custaram $20 e a previsão da demanda para o próximo ano é de 1.000 unidades. Se custar $5 toda vez que um pedido for feito para mais unidades e o custo de armazenagem for de $4 por unidade por ano, qual quantidade deveria ser pedida por vez?

a. Qual é o custo total por um ano para fazer o pedido?
b. Qual é o custo total por um ano de armazenagem?

Solução

A quantidade a ser solicitada por vez é

$$Q = \sqrt{\frac{2DS}{H}} = \sqrt{\frac{2(1.000)5}{4}} = 50 \text{ unidades}$$

a. O total de custo para fazer o pedido por um ano é

$$\frac{D}{Q}S = \frac{1.000}{50}(\$5) = \$100$$

b. O custo de armazenagem por um ano é

$$\frac{Q}{2}H = \frac{50}{2}(\$4) = \$100$$

PROBLEMA RESOLVIDO 3

A demanda diária para um produto é de 120 unidades, com um desvio-padrão de 30 unidades. O período de revisão é de 14 dias e o *lead time* de entrega é de 7 dias. Na época da revisão, há 130 unidades no estoque. Se fosse aceito apenas 1% de falta de estoque, quantas unidades deveriam ser solicitadas?

Solução

$$\sigma_{T+L} = \sqrt{(14+7)(30)^2} = \sqrt{18.900} = 137,5$$
$$z = 2,33$$
$$q = \overline{d}(T+L) + z\sigma_{T+L} - I$$
$$= 120(14+7) + 2,33(137,5) - 130$$
$$= 2.710 \text{ unidades}$$

PROBLEMA RESOLVIDO 4

Uma empresa atualmente tem 200 unidades de um produto disponível que ela encomenda a cada duas semanas quando o vendedor visita o local. A demanda para o produto chega numa média de 20 unidades por dia com um desvio-padrão de 5 unidades. O *lead time* de entrega para o produto é de sete dias. A gerência tem uma meta de 95% de probabilidade de não ficar sem estoque para este produto.

O vendedor virá hoje à tarde, quando há 180 unidades sobrando no estoque (presumindo que 20 tenham sido vendidas hoje). Quantas unidades devem ser solicitadas?

Solução

Dados $I = 180, T = 14, L = 7, \overline{d} = 20$

$$\sigma_{T+L} = \sqrt{21(5)^2} = 23$$
$$z = 1,64$$
$$q = \overline{d}(T+L) + z\sigma_{T+L} - I$$
$$= 20(14+7) + 1,64(23) - 180$$
$$q = 278 \text{ unidades}$$

Questões para revisão e discussão

1. Faça a distinção entre demanda dependente e independente em um restaurante McDonald's, em um fabricante de copiadoras pessoais e em uma loja de produtos farmacêuticos.
2. Faça a distinção entre estoque em processo, estoque de segurança e estoque sazonal.
3. Discuta a natureza dos custos que afetam o tamanho do estoque.
4. Sob quais condições um gerente de fábrica escolheria usar um modelo de quantidade fixa de pedidos em oposição a um modelo de período fixo? Quais são as desvantagens de usar um sistema de período fixo para fazer um pedido?
5. Quais são as duas questões básicas que precisam ser respondidas por uma regra de decisão do controle de estoque?
6. Discuta as premissas inerentes ao custo de *setup* da produção, aos custos para fazer o pedido e aos custos de manutenção. Quão válidas elas são?
7. "A melhor coisa sobre os modelos de estoque é que você pode pegar qualquer um e aplicá-lo, desde que as suas estimativas de custo sejam exatas." Comente esta afirmação.
8. Qual tipo de sistema de estoque você usaria nas seguintes situações?
   a. Suprir a sua cozinha com alimentos frescos.
   b. Obter um jornal diário.
   c. Comprar gasolina para seu carro.
   A qual desses itens você atribuiria o maior valor de falta de estoque?
9. Por que é desejável classificar os itens em grupos, como faz a classificação ABC?

Problemas

1. O supermercado local compra alface todos os dias para garantir verduras realmente frescas. Cada manhã qualquer alface que tenha sobrado do dia anterior é vendida para um comerciante que a revende para os fazendeiros, que a usa para alimentar seus animais. Esta semana o supermercado poderá comprar alface fresca por $4,00 a caixa. A alface é vendida por $10,00 a caixa e o comerciante que vende a alface antiga está disposto a pagar $1,50 por caixa. A história passada diz que a demanda de amanhã por alface chega na média de 250 caixas com um desvio-padrão de 34 caixas. Quantas caixas de alface o supermercado deveria comprar amanhã?
2. Na semana que vem, a Super Discount Airlines tem um vôo de Nova York para Los Angeles que será preenchido até a capacidade total. A empresa aérea sabe, de história passada, que uma média de 25 clientes (com um desvio-padrão de 15) cancela seus vôos ou não se apresenta para embarque. A receita de uma passagem no vôo é de $125. Se o vôo tiver muitas reservas, a empresa tem a política de colocar os clientes no próximo vôo disponível e dar à pessoa uma passagem grátis de ida e volta num vôo futuro. O custo dessas viagens de ida e volta grátis chega a uma média de $250. A Super Discount considera o custo de voar a aeronave de Nova York para Los Angeles um custo já incorrido. Quantos assentos a Super Discount deveria reservar a mais?
3. A Ray's Satellite Emporium deseja determinar o melhor tamanho de pedido para sua antena parabólica com melhor venda (modelo TS111). O Ray estimou a demanda anual para este modelo em 1.000 unidades. O custo para manter em estoque uma unidade é de $100 por ano por unidade, e estimou que cada pedido custa $25 para ser feito. Usando o modelo EOQ, quantas antenas a Ray deveria pedir por vez?
4. A Dunstreet Department Store gostaria de desenvolver uma política de pedidos de estoque com uma probabilidade de 95% de não ficar sem estoque. Para ilustrar seu procedimento recomendado, utilize como exemplo a política de pedidos para os lençóis brancos de percal.

    A demanda pelos lençóis é de 5.000 por ano. A loja fica aberta 365 dias por ano. A cada duas semanas (14 dias) o estoque é contado e um novo pedido é feito. Demora 10 dias para os lençóis serem entregues. O desvio-padrão da demanda para os lençóis é de cinco por dia. Existem atualmente 150 lençóis disponíveis.

    Quantos lençóis você deveria pedir?
5. A Charlie's Pizza encomenda todo seu *pepperoni*, azeitonas, anchovas e queijo mussarela diretamente da Itália. Um distribuidor americano visita a cada quatro semanas o local para fazer os pedidos. Como os pedidos são enviados diretamente da Itália, eles demoram três semanas para chegar.

A Charlie's Pizza usa uma média de 75 quilos de *pepperoni* por semana, com um desvio-padrão de 15 quilos. A Charlie's se orgulha de oferecer apenas ingredientes da melhor qualidade e um alto nível de serviço, portanto, ela quer garantir uma probabilidade de 98% de não ficar sem estoque de *pepperoni*.

Suponha que o representante de vendas tenha acabado de entrar e que ainda tenham 250 quilos de *pepperoni* na geladeira. Quantos quilos de *pepperoni* você pediria?

6. Dadas as seguintes informações, formule um sistema de administração do estoque. O item é exigido 50 semanas por ano.

Custo do item	$10,00	Desvio padrão	
Custo do pedido	$250,00	da demanda semanal	25 por semana
Custo anual de manutenção (%)	33% do custo do item	*Lead time* de entrega	1 semana
Demanda anual	25.750	Probabilidade do serviço	95%
Demanda média	515 por semana		

  a. Declare a quantidade do pedido e o ponto de reposição.
  b. Determine os custos anuais de manutenção e de fazer o pedido.
  c. Se fosse oferecida uma oportunidade de $50 por pedido para as compras em quantidade de mais de 2.000, você aproveitaria essa oportunidade? Quanto você economizaria anualmente?

7. A Lieutenant Commander Data está planejando fazer sua viagem mensal (a cada 30 dias) para Gamma Hydra City para se abastecer de *chips* isolineares. A viagem dura aproximadamente dois dias. Antes de partir, ela liga para a GHC Supply Store para fazer um pedido. Ela usa uma média de 5 *chips* por dia (sete dias por semana) com um desvio-padrão de um por dia. Ela precisa de uma probabilidade de serviço de 98%. Se ela atualmente tem 35 *chips* em estoque, quantos ela deveria pedir? Qual é a maior quantidade que ela terá que pedir?

8. A Jill's Job Shop compra duas peças (Tegdiws e Widgets) para uso no seu sistema de produção de dois fornecedores. As peças são necessárias durante todas as 52 semanas do ano. As Tegdiws são usadas em uma taxa relativamente constante e são pedidas quando a quantidade restante cai para o nível de reposição. As Widgets são pedidas de um fornecedor que visita a empresa a cada três semanas. Os dados para ambos os produtos são os seguintes:

Item	Tegdiw	Widget
Demanda anual	10.000	5.000
Custo de manutenção (% do custo do item)	20%	20%
Custos de *setup* ou de pedido	$150,00	$25,00
Lead time de entrega	4 semanas	1 semana
Estoque de segurança	55 unidades	5 unidades
Custo do item	$10,00	$2,00

  a. Qual é o sistema de controle do estoque para as Tegdiws? Isto é, qual é a quantidade do pedido de reposição e ponto de reposição?
  b. Qual é o sistema de controle do estoque para as Widgets?

9. A demanda para um item é de 1.000 unidades por ano. Cada pedido feito custa $10; o custo anual para manter os itens em estoque é de $2 cada. Em quais quantidades o item deveria ser pedido?

10. A demanda anual para um produto é de 15.600 unidades. A demanda semanal é de 300 unidades com um desvio-padrão de 90 unidades. O custo para fazer um pedido é de $31,20, e o tempo do pedido ao recebimento é de quatro semanas. O custo anual de manutenção do estoque é de $0,10 por unidade. Encontre o ponto de reposição necessário para fornecer uma probabilidade de serviço de 98%.

Suponha que seja pedido ao gerente de produção uma redução do estoque de segurança deste item em 50%. Se ele fizer isso, qual será a nova probabilidade de serviço?

11. A demanda diária para um produto é de 100 unidades, com um desvio-padrão de 25 unidades. O período de revisão é de 10 dias e o *lead time* de entrega é de 6 dias. Na época da revisão havia em estoque 50 unidades. Se a probabilidade de serviço de 98% é desejável, quantas unidades devem ser solicitadas?

12. O item X é um item-padrão no estoque de peças de uma empresa. A cada ano, a empresa, aleatoriamente, usa aproximadamente 2.000 unidades do item X, que custa $25 cada. Os custos de armazenagem, que incluem seguro e custo de capital, chegam a $5 por unidade da média de estoque. Cada vez que um pedido é feito para mais um item X, custa $10.
    a. Quando se pede um item X, qual deveria ser o tamanho do pedido?
    b. Qual é o custo anual para pedir o item X?
    c. Qual é o custo anual para armazenar o item X?

13. A demanda para um produto é de 13.000 unidades; a demanda semanal é de 250 unidades com um desvio-padrão de 40 unidades. O custo para fazer um pedido é de $100 e o tempo do pedido ao recebimento é de quatro semanas. O estoque anual do custo de manutenção é de $0,65 por unidade. Para fornecer uma probabilidade de serviço de 98%, qual deve ser o ponto de reposição?

    Suponha que tenha sido solicitado ao gerente de produção uma redução de 100 unidades no estoque de segurança desse item. Se isso for feito, qual será a nova probabilidade de serviço?

14. No passado, a Taylor Industries usou um sistema de estoque de período fixo que envolvia uma contagem completa do estoque para todos os itens todos os meses. No entanto, o aumento nos custos de mão-de-obra está forçando a Taylor Industries a examinar meios alternativos de reduzir a quantidade de mão-de-obra envolvida nos depósitos de estoque, ao mesmo tempo que não aumenta os outros custos, como os custos de falta de estoque. Eis um exemplo aleatório de 20 itens da Taylor.

Número do Item	Utilização Anual	Número do Item	Utilização Anual
1	$1.500	11	$13.000
2	12.000	12	600
3	2.200	13	42.000
4	50.000	14	9.900
5	9.600	15	1.200
6	750	16	10.200
7	2.000	17	4.000
8	11.000	18	61.000
9	800	19	3.500
10	15.000	20	2.900

    a. O que você recomendaria à Taylor para reduzir os custos de mão-de-obra? (Ilustre usando um plano ABC.)
    b. O item 15 é essencial para as operações continuadas. Como você recomendaria que fosse classificado?

15. O Gentle's Ben Bar e Restaurante consome 5.000 garrafas de 1 litro de um vinho importado a cada ano. O vinho espumante custa $3 a garrafa, sendo servido apenas por garrafa, porque perde sua efervescência (perda de gás carbônico) rapidamente. Ben acredita que custa $10 toda vez que ele faz um pedido, e os custos de manutenção são de 20% do preço de compra. Leva três semanas para o pedido chegar. A demanda semanal é de 100 garrafas (o bar fecha duas semanas por ano) com um desvio-padrão de 30 garrafas.

    Ben gostaria de usar um sistema de estoque que minimizasse o custo do estoque e que fornecesse uma probabilidade de serviço de 95%.
    a. Qual é a quantidade econômica para Ben pedir?
    b. Em que nível de estoque um pedido deveria ser feito?

16. O Retailers Warehouse (RW) é um fornecedor de itens domésticos para lojas de departamentos. O RW tenta estocar itens suficientes para uma probabilidade de serviço de 98%.

    Um conjunto de facas de aço inoxidável é um item que a empresa estoca. A demanda (2.400 conjuntos por ano) é relativamente estável durante o ano todo. Quando se faz um novo pedido, o comprador precisa ter certeza de que os números estão corretos para o estoque disponível e, em seguida, telefona com o novo pedido. O total de custo envolvido para fazer um pedido é de aproximadamente $5. O RW acredita que manter o estoque e pagar os juros no capital emprestado, seguros, e assim por diante, acrescenta $4 no custo de manutenção por unidade por ano.

A análise de dados passados mostra que o desvio-padrão da demanda dos varejistas é de aproximadamente quatro unidades por dia para um ano de 365 dias. O *lead time* de entrega para obter o pedido é de sete dias.
   a. Qual é a quantidade econômica por pedido?
   b. Qual é o ponto de reposição?
17. A demanda diária para um produto é de 60 unidades com um desvio-padrão de 10 unidades. O período de revisão é de 10 dias, e o *lead time* de entrega é de dois dias. Na época da revisão, existem 100 unidades em estoque. Se for desejada uma probabilidade de serviço de 98%, quantas unidades deveriam ser pedidas?
18. A University Drug Pharmaceuticals encomenda seus antibióticos a cada duas semanas (14 dias) quando um vendedor visita uma de suas empresas farmacêuticas. A tetraciclina é um dos antibióticos mais receitados, com uma média de demanda diária de 2.000 cápsulas. O desvio-padrão da demanda diária foi obtido a partir do exame das receitas prescritas nos últimos três meses e é de aproximadamente 800 cápsulas. Demora cinco dias para o pedido chegar. A University Drug gostaria de satisfazer 99% das receitas. O vendedor acabou de chegar, e há em estoque 25.000 cápsulas.

    Quantas cápsulas deveriam ser pedidas?
19. A Sally's Silk Screening produz camisetas que são vendidas principalmente em eventos especiais. Ela está tentando decidir quantas produzir para um evento futuro. Durante o evento em si, que dura um dia, a Sally consegue vender camisetas por $20 cada. No entanto, quando o evento acabar, as camisetas que sobraram serão vendidas por $4 cada. Isso custa para a Sally $8 para fazer as camisetas especiais. Usando a seguinte estimativa da demanda da Sally, quantas camisetas ela deveria produzir para o futuro?

Demanda	Probabilidade
300	0,05
400	0,10
500	0,40
600	0,30
700	0,10
800	0,05

20. A Famous Albert se orgulha de ser o Rei do Biscoito do Oeste. Biscoitos pequenos e recém-assados são a especialidade da loja. A Famous Albert já pediu ajuda para determinar o número de biscoitos que deveria fazer por dia. A partir de uma análise da demanda passada, ela estima que a demanda pelos biscoitos seja

Demanda	Probabilidade da demanda
1.800 dúzias	0,05
2.000	0,10
2.200	0,20
2.400	0,30
2.600	0,20
2.800	0,10
3.000	0,05

Cada dúzia é vendida por $0,69 e custa $0,49, o que inclui os custos de manuseio e transporte. Os biscoitos que não são vendidos no final do dia são reduzidos para $0,29 e vendidos no dia seguinte como mercadoria do dia anterior.
   a. Construa uma tabela mostrando os lucros e as perdas para cada quantidade possível.
   b. Qual é o número ótimo de biscoitos a serem feitos?
   c. Resolva este problema usando a análise marginal.
21. A Sarah's Muffler Shop tem um amortecedor-padrão que se encaixa em uma variedade de carros. A Sarah deseja estabelecer o sistema do ponto de reposição para administrar o estoque de seu amortecedor-padrão. Utilize as informações seguintes para determinar o melhor tamanho do pedido e o ponto de reposição.

Demanda anual	3.500 amortecedores	Custo do pedido	$50 por pedido
Desvio-padrão da demanda diária	6 amortecedores por dia útil	Probabilidade de serviço	90%
Custo do item	$30 por amortecedor	*Lead time* de entrega	2 dias úteis
Custo anual de manutenção	25% do valor do item	Dias úteis	300 por ano

22. A Alfa Products, Inc., está tendo problemas para controlar o estoque. Não há tempo suficiente para se dedicar a todos os itens igualmente. Eis uma amostra de alguns itens estocados, juntamente com a utilização anual de cada item expressa em volume monetário.

Item	Utilização monetária anual	Item	Utilização monetária anual
a	$7.000	k	$80.000
b	1.000	l	400
c	14.000	m	1.100
d	2.000	n	30.000
e	24.000	o	1.900
f	68.000	p	800
g	17.000	q	90.000
h	900	r	12.000
i	1.700	s	3.000
j	2.300	t	32.000

   a. Você conseguiria sugerir um sistema para alocar o tempo de controle?
   b. Especifique onde cada item da lista seria colocado.

23. Depois da formatura, você decide entrar em uma parceria numa loja de materiais para escritórios que existe há muitos anos. Andando pela loja e pelos depósitos, você encontra uma discrepância nos níveis de serviço. Alguns espaços e contenedores para produtos estão completamente vazios; outros têm produtos que estão cobertos de poeira e obviamente estão lá há muito tempo. Você decide assumir o projeto de estabelecer níveis consistentes de estoque para satisfazer as demandas dos clientes. A maioria dos suprimentos é comprada de apenas alguns distribuidores que ligam para sua loja uma vez a cada duas semanas.

   Você escolhe como primeiro item de estudo o papel para impressora. Você examina os registros de vendas e os pedidos de compra e descobre que nos últimos 12 meses foram 5.000 caixas. Usando a calculadora, você pega uma amostra da demanda de alguns dias e estima que o desvio-padrão da demanda diária é de 10 caixas. Você também analisa essas informações:

Custo por caixa de papéis: $11.
Probabilidade desejada de serviço: 98%.
A loja fica aberta todos os dias.
O vendedor visita a cada duas semanas.
O *lead time* de entrega depois da visita é de três dias.

   Usando seu procedimento, quantas caixas de papel seriam pedidas se, no dia que o vendedor ligasse, houvesse 60 caixas disponíveis?

24. Um distribuidor de eletrodomésticos grandes precisa determinar a quantidade de pedidos e os pontos de reposição para os vários produtos que mantém. Os dados seguintes se referem a um refrigerador específico na sua linha de produtos:

Custo para fazer um pedido	$100
Custo de manutenção	20% do custo do produto por ano
Custo do refrigerador	$500 cada
Demanda anual	500 refrigeradores
Desvio-padrão durante o *lead time* de entrega	10 refrigeradores
Lead time de entrega	7 dias

Considere uma demanda diária simétrica e um ano de 365 dias.
a. Qual é a quantidade econômica do pedido?
b. Se o distribuidor quiser uma probabilidade de serviço de 97%, qual ponto de reposição, R, deveria ser usado?

25. É sua responsabilidade, como novo chefe da seção automotiva da Loja de Departamentos Nicholas, garantir que as quantidades do pedido de reposição para os vários itens foram corretamente estabelecidas. Você decide testar um item e escolhe os pneus da Michelin, tamanho XW 185 × 14 BSW. Foi usado um sistema perpétuo de estoque. Você o examina, assim como os outros registros, e apresenta os seguintes dados:

Custo por pneu	$35 cada
Custo de manutenção	20% do custo do pneu por ano
Demanda	1.000 por ano
Custo do pedido	$20 por pedido
Desvio-padrão da demanda diária	3 pneus
Lead time de entrega	4 dias

Como os clientes geralmente não esperam pelos pneus e vão para outro lugar, você se decide por uma probabilidade de serviço de 98%. Suponha que a demanda ocorra 365 dias por ano.
a. Determine a quantidade do pedido.
b. Determine o ponto de reposição.

26. A UA Hamburger Hamlet (UAHH) faz um pedido diário para os itens de alto volume (os hambúrgueres, o pão, o leite, e assim por diante). A UAHH conta o estoque atual disponível uma vez por dia e solicita por telefone seu pedido para entrega em 24 horas. Determine o número de hambúrgueres que deveria ser pedido para as seguintes condições:

Demanda média diária	600
Desvio-padrão da demanda	100
Probabilidade desejada de serviço	99%
Estoque dos hambúrgueres	800

27. A DAT, Inc., produz fitas de áudio para serem usadas na divisão de áudios para consumo. A DAT não tem funcionários suficientes na seção de suprimentos em estoque para controlar atentamente cada item estocado; portanto, lhe pediu para determinar uma classificação ABC. Eis uma amostra dos registros do estoque:

Item	Demanda média mensal	Preço por unidade	Item	Demanda média mensal	Preço por unidade
1	700	$6,00	6	100	10,00
2	200	4,00	7	3.000	2,00
3	2.000	12,00	8	2.500	1,00
4	1.100	20,00	9	500	10,00
5	4.000	21,00	10	1.000	2,00

Desenvolva uma classificação ABC para esses 10 itens.

28. Uma oficina mecânica fica aberta 7 dias por semana, 365 dias por ano. As vendas do óleo *premium* 10W40 chegam a uma média de 20 latas por dia. Os custos de manutenção do estoque são de $0,50 por lata por ano. Os custos do pedido são de $10 por pedido. O *lead time* de entrega é de duas semanas. Os pedidos pendentes não são práticos – uma vez que o motorista vai embora.
a. Baseado nesses dados, escolha o modelo de estoque adequado e calcule a quantidade econômica do pedido e o ponto de reposição. Descreva em uma sentença como o plano funcionaria. Dica: presuma que a demanda seja determinista.
b. O chefe está preocupado com este modelo porque a demanda realmente varia. O desvio-padrão da demanda foi determinado de uma amostra simples como sendo de 6,15 latas por dia. O gerente quer uma probabilidade de serviço de 99,5%. Determine um novo plano de estoque baseado nessas informações e os dados em *a*. Use o Q_{opt} de *a*.

29. A Dave's Auto Supply mistura tinta para os clientes, sob encomenda. A oficina faz uma contagem semanal do estoque das principais cores utilizadas para misturar as tintas. Determine a quantidade de tinta branca que deve ser pedida usando as seguintes informações:

Média da demanda semanal	20 litros
Desvio-padrão da demanda	5 litros/semana
Probabilidade desejada de serviço	98%
Estoque atual	25 litros
Lead time de entrega	1 semana

CASO Hewlett-Packard – suprindo a demanda por impressoras Deskjet na Europa

A impressora DeskJet foi lançada em 1988 e tornou-se um dos produtos mais bem-sucedidos da Hewlett-Packard (HP). As vendas cresceram constantemente, chegando a atingir um nível de 600.000 unidades. Infelizmente, o crescimento do estoque acompanhou o crescimento das vendas. Os centros de distribuição da HP estão repletos de paletes da impressora DeskJet. Pior ainda, as filiais na Europa alegam que lá os níveis de estoque precisam ser elevados ainda mais para manter a disponibilidade satisfatória do produto.

A cadeia de suprimentos da Deskjet

A rede de fornecedores, os locais de manufatura, os centros de distribuição (CDs), os comerciantes e os clientes do produto DeskJet compõem a cadeia de suprimentos da DeskJet (ver Quadro 12.11). A HP em Vancouver faz a manufatura. Existem dois estágios principais no processo de manufatura: (1) montagem e teste da placa do circuito impresso (MTPC) e (2) montagem final e teste (MFT). A MTPC envolve a montagem e o teste de componentes eletrônicos (como circuitos integrados, memória ROM e placas de circuito impresso) para fazer as placas lógicas usadas na impressora. A MFT envolve a montagem de outras submontagens (como motores, cabos, teclados, corpo plástico, acessórios e as montagens dos circuitos impressos da MTPC) para produzir uma impressora que funciona, bem como o teste final da impressora. Os componentes necessários para a MTPC e para a MFT são fornecidos de outras divisões da HP, assim como de fornecedores externos do mundo todo.

As vendas da DeskJet na Europa exigem a customização da impressora para cumprir as exigências de idioma e fonte de alimentação dos países locais, um processo conhecido como "localização". Mais especificamente, a localização da DeskJet nos diferentes países envolve a montagem de módulos apropriados de fonte de alimentação, que refletem as exigências corretas de voltagem (110 ou 220 volts) e o plugue do cabo de alimentação, e embalá-los com a impressora funcional e com um manual escrito no idioma apropriado. Atualmente, o teste final é realizado com o módulo atual de fonte de alimentação pertencente à impressora. Conseqüentemente, os produtos acabados da fábrica são versões da impressora de acordo com a localização, destinadas a todos os países. Para o mercado europeu, atualmente são produzidas seis versões, chamadas de A, AA, AB, AQ, AU e AY como indicado na lista técnica mostrada no Quadro 12.12.

Quadro 12.11

Cadeia de Suprimentos da HP DeskJet

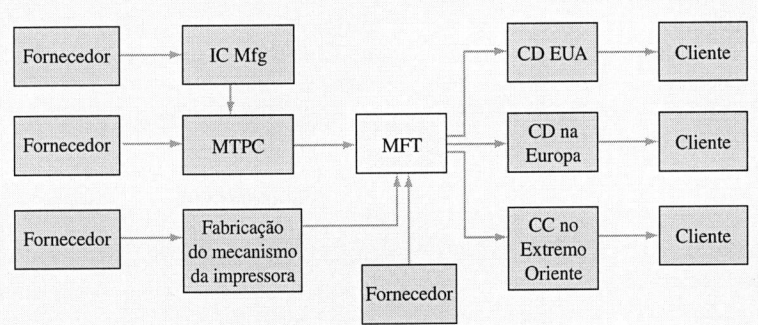

Legenda: IC Mfg – Fabricação do circuito integrado
MTPC – montagem e teste da placa do circuito impresso
MFT – montagem final e teste

Quadro 12.12 — Lista técnica da HP DeskJet

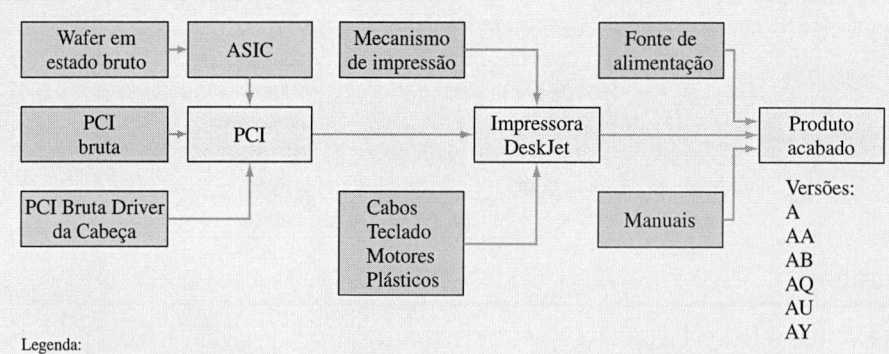

Legenda:
PCI = Placa de Circuito Impresso.
ASIC = Application-Specific Integrated Circuit, *chip* projetado especificamente para uma aplicação de Wafers brutas*

* N. de R.T.: Wafer, em termos de informática, consiste em uma placa fina de cristal de silício na qual diversos circuitos integrados individuais são construídos, antes de serem cortados em chips individuais.

Versões: A, AA, AB, AQ, AU, AY

Quadro 12.13 — Dados de demanda da DeskJet da Europa

Excel: HP Deskjet

Opções Europa	Nov	Dez	Jan	Fev	Mar	Abr	Maio	Jun	Jul	Ago	Set	Out
A	80	—	60	90	21	48	—	9	20	54	84	42
AB	20.572	20.895	19.252	11.052	19.864	20.316	13.336	10.578	6.095	14.496	23.712	9.792
AU	4.564	3.207	7.485	4.908	5.295	90	—	5.004	4.385	5.103	4.302	6.153
AA	400	255	408	645	210	87	432	816	430	630	456	273
AQ	4.008	2.196	4.761	1.953	1.008	2.358	1.676	540	2.310	2.046	1.797	2.961
AY	248	450	378	306	219	204	248	484	164	363	384	234
Total	29.872	27.003	32.344	18.954	26.617	23.103	15.692	17.431	13.405	22.692	30.735	19.455

O tempo total de processamento na fábrica através dos estágios da MTPC e da MFT é de aproximadamente uma semana. O tempo de transporte de Vancouver para o CD na Europa é de cinco semanas. O tempo longo de envio para a Europa se dá devido ao trânsito pelo oceano e o tempo que leva para liberar a alfândega e apurar os tributos no porto de entrada. A fábrica envia carregamentos de impressoras semanalmente para o CD na Europa.

A indústria de impressoras é altamente competitiva. Os revendedores querem manter o mínimo de estoque possível. Conseqüentemente, a pressão tem aumentado para que a HP, como fabricante, forneça níveis altos de disponibilidade no CD. Em resposta, a gerência decidiu estocar os CDs de modo a manter um alto nível de disponibilidade.

A crise de serviço do estoque

Limitar a quantidade de estoque por toda a cadeia de suprimentos da DeskJet e ao mesmo tempo fornecer o alto nível de serviço exigido tem sido um desafio para a administração de Vancouver. O grupo de manufatura tem tido muito sucesso na redução das incertezas causadas pela variabilidade na entrega para o CD europeu. Prever a demanda na Europa, entretanto, é problemático.

Tornou-se comum ter faltas de produtos para as demandas de modelos de alguns países, enquanto o estoque de outros modelos continua crescendo. No passado, os níveis de estoque almejados nos CDs baseavam-se nos estoques de segurança, que eram resultado de alguma regra geral empírica. Especificamente, níveis-alvo de estoque, iguais às vendas de um mês, foram estabelecidos para cada modelo mantido no CD. Agora, no entanto, parece que a dificuldade crescente em obter previsões exatas significa que as regras do estoque de segurança deveriam ser revistas.

A HP juntou um grupo de funcionários para ajudar a implementar um sistema de estoque de segurança, cientificamente baseado, que serão sensíveis aos erros de previsão e aos *lead times* de reposição. Eles recomendaram um método para calcular os níveis adequados do estoque de segurança para os vários modelos da DeskJet no CD europeu. A equipe tem uma boa amostra dos dados da demanda que podem ser usados para desenvolver a metodologia do estoque de segurança (ver Quadro 12.13). A HP espera que essa nova metodologia resolva o problema do estoque e de serviço.

Uma das questões que surge com freqüência é a escolha do custo de manutenção de estoque para ser usado nas análises do estoque de segurança. As estimativas dentro do limite da empresa de 12% (custo da dívida da HP mais algumas despesas com armazenagem) a 60% (com base no ROI esperado dos projetos de desenvolvimento de novos produtos). A gerência decidiu usar 25% para este estudo. Suponha que todas as impressoras custam uma média de aproximadamente $250 cada para ser produzida e enviada para a Europa. Outra questão é a escolha da probabilidade do estoque de segurança para o modelo. A empresa decidiu usar uma probabilidade de 98%, um número que o departamento de *marketing* acredita que seja adequado.

Processo de distribuição

Os CDs têm tradicionalmente imaginado o processo como um processo direto, padronizado e simples. Existem quatro momentos no processo:

1. Receber os produtos (completos) de vários fornecedores e os estocar.
2. Pegar os vários produtos necessários para preencher um pedido de um cliente.
3. Embalar o pedido completo com filme plástico e o rotular.
4. Enviar o pedido através do transporte adequado.

A impressora DeskJet se encaixa bem no processo-padrão. Em contrapartida, outros produtos, como os computadores pessoais e os monitores, necessitam de um processamento especial chamado "integração", que inclui a adição de um teclado apropriado e um manual para o país de destino. Embora este processamento extra não exija muita mão-de-obra adicional, é difícil acomodar no processo-padrão, interrompendo o fluxo dos materiais. Há uma frustração considerável dentro da administração do CD no que diz respeito ao apoio aos processos de montagem.

No geral, a administração do CD enfatiza o papel do CD como armazém e a necessidade de continuar fazendo o que eles fazem melhor – distribuição.

A gerência sênior, no entanto, acredita que a integração do produto no armazém é extremamente valiosa porque permite que produtos genéricos sejam enviados para o CD, sendo que a configuração final do produto é feita pouco antes do envio para o cliente. Em vez de fabricar os produtos específicos para um país, os produtos genéricos poderiam ser produzidos e enviados para a Europa. A gerência está interessada em estudar o valor dessa abordagem já que ela poderia ser aplicada às impressoras DeskJet.

Questões

1. Desenvolva um modelo de estoque para administrar as impressoras DeskJet na Europa, presumindo que a fábrica em Vancouver continue produzindo os seis modelos vendidos na Europa. Utilizando os dados no Quadro 12.13, aplique seu modelo e calcule o investimento anual esperado no estoque de impressoras DeskJet no CD da Europa.
2. Compare seus resultados da questão 1 com a política atual de manter uma média de estoque de um mês no CD.
3. Avalie a idéia de suprir impressoras genéricas para o CD da Europa e integrar o produto embalando a fonte de alimentação e o manual de instruções no CD pouco antes da entrega para os revendedores europeus. Foque no impacto sobre o investimento em estoque do CD nesta análise.
4. O que você recomendaria à HP?

FONTE: adaptado de L. Kopczak e H. Lee, "Hewlett-Packard: DeskJet Printer Supply Chain", Copyright©1994 pela Diretoria de Trustees da Leland Stanford Junior University. Reimpresso com autorização. Nota: os dados neste caso foram modificados e não refletem os dados reais da HP DeskJet.

Notas

1. P é realmente uma probabilidade acumulada porque a venda da n-ésima unidade depende não apenas de o n ser exatamente demanda, mas também da demanda para qualquer número maior do que n.
2. Como discutido anteriormente, o desvio-padrão da soma de variáveis independentes é igual à raiz quadrada da soma das variâncias.
3. O princípio de Pareto é também amplamente aplicado aos problemas de qualidade através do uso dos gráficos de Pareto. (Consulte o Capítulo 6.)

Bibliografia selecionada

Brooks, R.B. e L.W. Wilson. *Inventory Record Accuracy: Unleashing the Power of Cycle Counting.* Essex Junction, VT: Oliver Wight, 1993.

Silver, E.; D.Pyke, e R. Peterson. *Decision Systems for Inventory Management and Production Planning and Control.* 3ª ed. New York: Wiley, 1998.

Sipper, D. e R. L. Bulfin Jr. *Production Planning, Control, and Integration.* New York: Mc-Graw-Hill, 1997.

Tersine, R.J. *Principles of Inventory and Materials Management.* 4ª ed. New York: North-Holland, 1994.

Vollmann, T. E., W. L. Berry, D. C. Whybark e F. R. Jacobs. *Manufacturing Planning and Control Systems for Supply Chain Management.* 5ª ed. New York: McGraw-Hill, 2004.

Wild, T. *Best Practices in Inventory Management.* New York: Wiley, 1998.

Zipkin, P. H. *Foundations of Inventory Management.* New York: Irwin/McGraw-Hill, 2000.

Capítulo 13
PLANEJAMENTO DA NECESSIDADE DE MATERIAIS

Após ler este capítulo, você:

1. Entenderá o que é MRP e a sua melhor aplicação.
2. Conhecerá a origem das informações utilizadas pelo sistema.
3. Saberá fazer uma "explosão" de MRP.
4. Saberá como as quantidades de pedidos são calculadas em sistemas MRP.

361   Do empurrar para o puxar
Definição de planejamento da necessidade de materiais (MRP)

362   Onde o MRP pode ser utilizado

363   Estrutura do sistema de planejamento da necessidade de materiais
- Demanda dos produtos
- Lista de materiais
- Registros de estoque
- Programa computacional MRP

Definição de programa mestre de produção
Definição de lista de materiais (BOM)
Definição de sistemas de mudança líquida

368   Um exemplo usando o MRP
- Previsão da demanda
- Desenvolvendo uma programação mestre de produção
- Listas de materiais (estrutura do produto)
- Registros de estoques
- Efetuando os cálculos do MRP (lógica do programa computacional MRP)

373   Dimensionamento de lotes em sistemas MRP
- Lote por lote
- Quantidade econômica do pedido
- Menor custo total
- Menor custo por unidade
- Escolhendo o melhor tamanho de lote

377   Resumo

383   Caso: Brunswick Motors, Inc. – caso de apresentação do MRP

DO EMPURRAR PARA O PUXAR

Nos anos 1980, a manufatura liderou a economia americana no movimento de sistemas de processamento de dados por lote para os sistemas de processamento de transações *online*. O foco foi o MRP (Material Requirements Planning, inicialmente planejamento da necessidade de materiais, evoluindo para planejamento dos recursos de manufatura), que mais tarde evoluiu para planejamento dos recursos da empresa (ERP – Enterprise Resource Planning). Trata-se de um caminho longo, e todos que o percorreram durante a sua duração merecem um descanso.

Entretanto, os ventos das mudanças estão soprando novamente, quando um novo paradigma vem rugindo pela manufatura. Mais especificamente, falamos da mudança na economia de um modelo "produzir para estocar" para um modelo "produzir sob encomenda" de fazer negócios.

A ligação fraca no modelo de produzir para estocar (*build-to-stock*) é a administração do estoque, e isso pode ser delineado em uma ligação ainda mais fraca, a confiança nas previsões de vendas. Um modelo de produzir sob encomenda (*build-to-order*) começa com o pedido, não com a previsão. O problema tradicional de coordenar a aquisição de peças, a produção e o envio do produto ainda existe.

Hoje, o termo *gerenciamento do fluxo* é usado para descrever novos sistemas híbridos de planejamento da produção que combinam a integração da informação e as capacidades de planejamento do MRP com a resposta de um sistema *kanban* JIT. Os grandes fornecedores de softwares ERP, como a Oracle, a SAP e a i2 Technologies, estão vendendo esses novos sistemas.

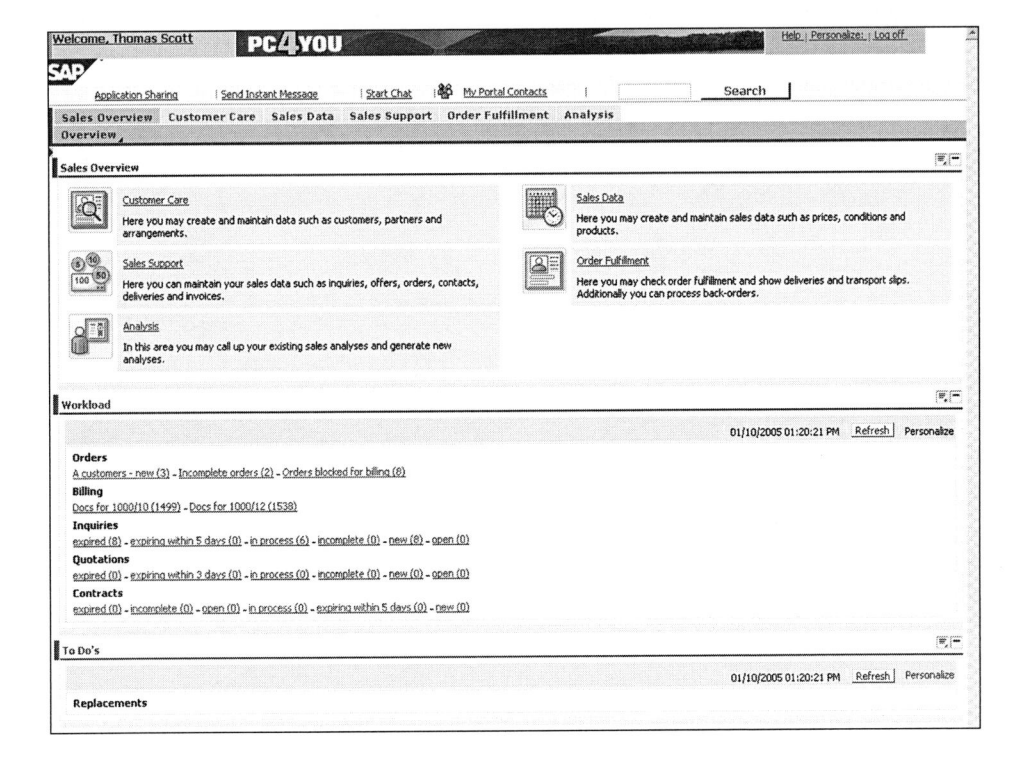

Basicamente, a idéia do gerenciamento do fluxo consiste em produzir um *mix* de produtos em mudança constante, que seja baseado nos pedidos atuais, usando uma sucessão de peças fornecidas *just-in-time*. É importante não se deixar enganar, acreditando que essas palavras novas realmente significam algo novo. Na realidade, a manufatura em fluxo apenas combina coisas que vêm sendo utilizadas há anos. Neste caso, a combinação é a lógica JIT *kanban*, a lógica MRP para o planejamento da necessidade de materiais e o ERP cliente-servidor.

Como costumava dizer a propaganda do cigarro Virginia Slims, "você já venceu muitos obstáculos". O planejamento da necessidade de materiais (MRP) também já venceu esses tantos obstáculos. Do início modesto, calculando as programações e as quantidades de materiais necessários, o MRP cresceu para se tornar um sistema totalmente integrado, interativo e em tempo real, capaz de aplicações globais em muitos locais. Neste capítulo, voltamos ao início e apresentamos o sistema MRP básico, e discorremos sobre a lógica e os cálculos da programação e do pedido de materiais.

Os sistemas de planejamento da necessidade de materiais (MRP) foram implantados quase universalmente nas empresas de manufatura, mesmo naquelas consideradas pequenas. O motivo é que o MRP é uma abordagem lógica, entendida facilmente, para o problema de determinar o número de peças, componentes e materiais necessários para produzir cada item final. O MRP também fornece a programação especificando quando cada um desses materiais, peças e componentes deve ser solicitado ou produzido.

O MRP é baseado na demanda dependente, que é causada pela demanda por um item de nível mais alto. Pneus, rodas e motores são itens de demanda dependente, baseados na demanda por automóveis.

A determinação do número de itens de demanda dependente é essencialmente um processo de multiplicação pura. Se a produção da Peça A precisar de cinco peças B, então cinco peças A precisarão de 25 peças B. A diferença básica na demanda independente, discutida no capítulo anterior, e a demanda dependente, discutida neste capítulo, é a seguinte: se a Peça A for vendida fora da empresa, a quantidade de Peça A que será vendida é incerta. É necessário criar uma previsão usando os dados passados ou fazer algo como uma análise de mercado. A Peça A é um item independente. No entanto, a Peça B é uma peça dependente e seu uso depende da Peça A. O número necessário de B é simplesmente o número de A vezes cinco. Como resultado desse tipo de multiplicação, a necessidade de outros itens de demanda dependente tendem a se tornar cada vez mais "aglomerados", à medida que se aprofunda mais na seqüência de criação do produto. *Aglomerado* significa que as necessidades tendem a se agrupar ou se *aglomerar*, em vez de ter uma dispersão. Isso também é causado pelo modo como a manufatura é feita. Quando a manufatura ocorre em lotes, os itens necessários para produzir o lote são retirados do estoque em quantidades (talvez todos de uma vez), e não um por vez.

Empresas de produtos farmacêuticos, cujos produtos estão sujeitos a normas rigorosas e diretrizes relacionadas ao prazo de validade em prateleira, monitoramento dos lotes e *recall* de produtos, geralmente mantêm um estoque baixo. Para reagir rapidamente, os sistemas ERP são utilizados freqüentemente.

ONDE O MRP PODE SER UTILIZADO

O MRP é mais valioso nas indústrias em que se faz uma série de produtos em lotes usando os mesmos equipamentos. A lista no Quadro 13.1 contém exemplos de tipos de indústria e o benefício esperado do MRP. Como pode ser visto nesse quadro, o MRP é mais valioso para as empresas envolvidas nas

Aplicações na indústria e benefícios esperados do MRP

Quadro 13.1

Tipo de Indústria	Exemplos	Benefícios Esperados
Montagem para estoque (*Assemble-to-stock*)	Combina diversas peças de componentes em um produto acabado, que é, então, estocado para atender à demanda do cliente. Exemplos: relógios, ferramentas, eletrodomésticos.	Muitos
Fabricação para estoque (*Fabricate-to-stock*)	Os itens são manufaturados em vez de montados a partir das peças. São itens-padrão do estoque mantidos em antecipação à demanda do cliente. Exemplos: anéis de pistão, chaves elétricas.	Poucos
Montagem por pedido (*Assemble-to-order*)	Uma montagem final é feita a partir das opções-padrão que o cliente escolhe. Exemplos: caminhões, geradores, motores.	Muitos
Fabricação por pedido (*Fabricate-to-order*)	Os itens são manufaturados por máquinas de acordo com os pedidos dos clientes. São geralmente pedidos industriais. Exemplos: mancais, engrenagens, ferrolhos.	Poucos
Manufatura por pedido (*Manufacture-to-order*)	Os itens são fabricados ou montados completamente de acordo com as especificações do cliente. Exemplos: geradores de turbinas, maquinário pesado.	Muitos
Processo	Incluem setores, como fundições, borracha e plásticos, papéis especiais, produtos químicos, tinta, medicamentos, processadores de alimentos.	Médios

operações de montagem e menos valioso para aquelas na fabricação. Mais uma observação: o MRP não funciona bem nas empresas que produzem um número baixo de unidades anualmente. Principalmente nas empresas que produzem produtos complexos e caros, necessitando pesquisa avançada e projeto, a experiência tem mostrado que os *lead times* tendem a ser muito longos e incertos, e a configuração do produto muito complexa. Essas empresas precisam das características de controle que as técnicas de programação em rede oferecem. Esses métodos de administração do projeto são analisados no Capítulo 2.

ESTRUTURA DO SISTEMA DE PLANEJAMENTO DA NECESSIDADE DE MATERIAIS

A parte do planejamento da necessidade de materiais das atividades de manufatura interage mais firmemente com o programa mestre, com o arquivo da lista de materiais, com o arquivo dos registros de estoque e com os relatórios de produção, como mostra o Quadro 13.2.

Cada faceta do Quadro 13.2 é detalhada nas seções seguintes, mas, basicamente, o sistema MRP funciona da seguinte maneira: os pedidos para os produtos são usados para criar um *programa mestre de produção*, que declara o número de itens a serem produzidos durante períodos específicos. Um arquivo da lista de materiais identifica os materiais específicos usados para fazer cada item e as quantidades corretas de cada um deles. O arquivo de registros de estoque contém dados, como o número de unidades disponíveis e solicitadas. Essas três fontes – programa mestre de produção, arquivo da lista de materiais e arquivo dos registros de estoques – tornam-se as fontes de dados para o programa de necessidade de materiais, que expande o programa da produção em um plano detalhado do programa do pedido para toda a seqüência de produção.

Programa mestre de produção

Quadro 13.2

Visão geral das entradas para um programa-padrão do planejamento da necessidade de materiais e os relatórios gerados pelo programa

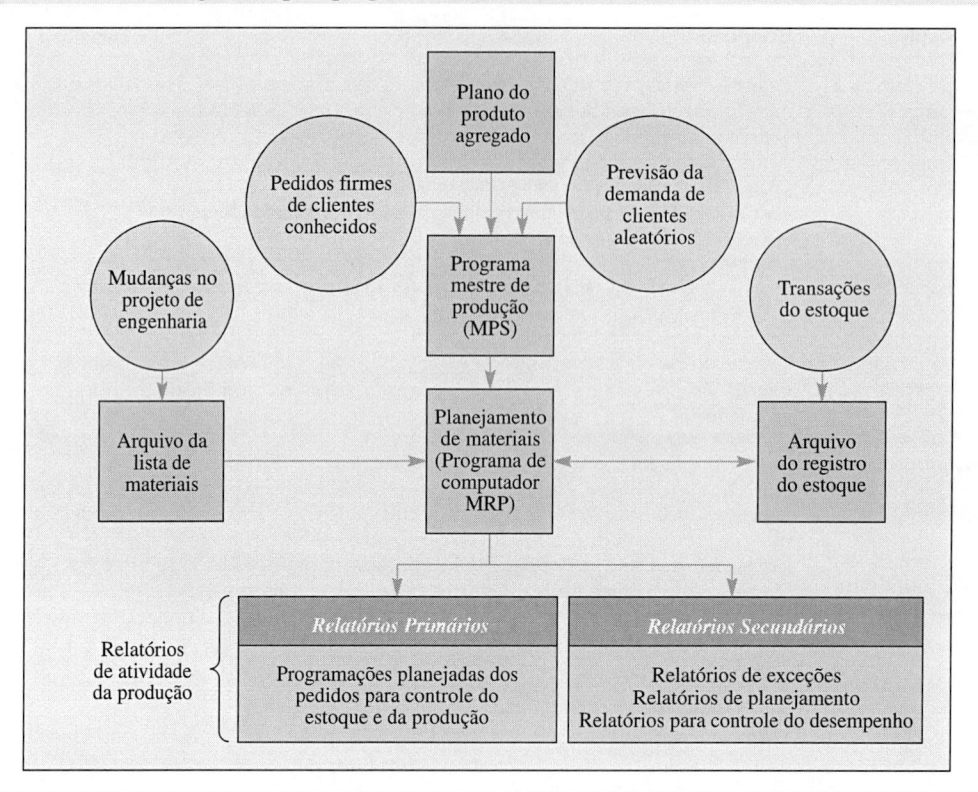

```
                          Plano do
                          produto
                          agregado
      Pedidos firmes              Previsão da
      de clientes                 demanda de
      conhecidos                  clientes
                    Programa      aleatórios
                    mestre de
  Mudanças no       produção          Transações
  projeto de        (MPS)             do estoque
  engenharia
                    Planejamento
  Arquivo da        de materiais        Arquivo
  lista de          (Programa de        do registro
  materiais         computador          do estoque
                    MRP)

                 Relatórios Primários    Relatórios Secundários
  Relatórios
  de atividade   Programações planejadas dos    Relatórios de exceções
  da produção    pedidos para controle do       Relatórios de planejamento
                 estoque e da produção          Relatórios para controle do desempenho
```

Demanda dos produtos

A demanda do produto para os itens finais se origina principalmente em duas fontes principais. A primeira são os clientes conhecidos que fizeram pedidos específicos, como aqueles gerados pelo pessoal de vendas ou em transações interdepartamentais. Esses pedidos geralmente têm datas de entrega prometidas. Não há previsão envolvida nesses pedidos – simplesmente some-os. A segunda fonte é a previsão da demanda. Trata-se dos pedidos dependentes e independentes; os modelos de previsão apresentados no Capítulo 10 podem ser usados para prever as quantidades. A demanda dos clientes conhecidos e a demanda prevista são combinadas e se tornam a entrada para o programa mestre de produção.

Além da demanda pelos produtos finais, os clientes também encomendam peças e componentes específicos, tanto para extras como para serviços e consertos. Essas demandas geralmente não fazem parte da programação mestre de produção; em vez disso, são diretamente alimentadas no programa de planejamento da necessidade de materiais nos níveis adequados. Isto é, são adicionadas como a necessidade bruta para aquela peça ou componente.

Lista de materiais

Lista de materiais (BOM)

A lista de materiais (BOM) contém a descrição completa do produto, listando não apenas os materiais, as peças e os componentes, como também a seqüência na qual se cria o produto. Este arquivo BOM é uma das três entradas principais para o programa MRP. (As outras duas são o programa mestre e o arquivo dos registros do estoque.)

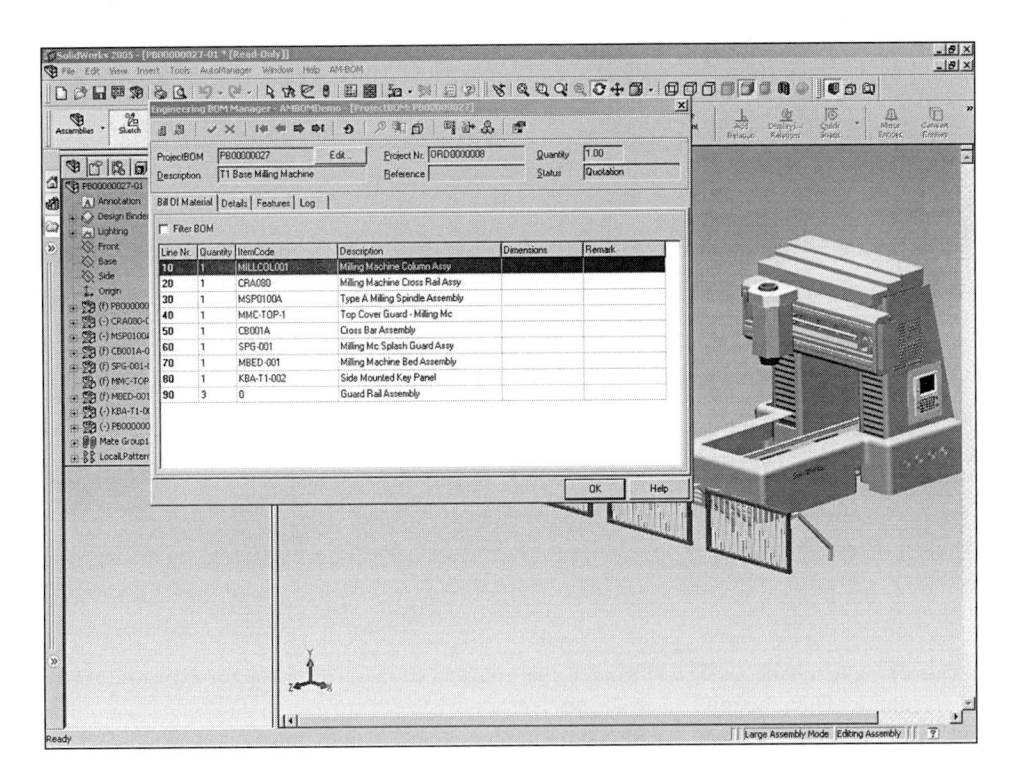

O software Corporativo da Cyco System, Solidworks, interage com varios sistemas para vincular projetos CAD à lista de materiais de projetos de engenharia. O sistema ERP permite que as empresas compartilhem informações dentro da organização, para evitar erros e omitir redundâncias, aumentando, assim, a eficiência.

Lista de materiais (estrutura em árvore do produto) para o Produto A

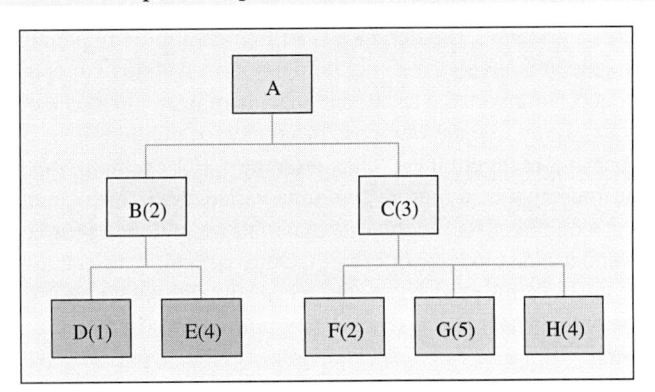

Quadro 13.3

O arquivo BOM é freqüentemente chamado de *arquivo de estrutura do produto* ou *árvore do produto* porque mostra como se monta um produto. Ele contém as informações para identificar cada item e a quantidade usada por unidade do item da qual esta faz parte. Para ilustrar, considere o Produto A mostrado no Quadro 13.3. O Produto A é feito de duas unidades da Peça B e três unidades da Peça C. A Peça B é feita de uma unidade da Peça D e quatro unidades da Peça E. A Peça C é feita de duas unidades da Peça F, cinco unidades da Peça G e quatro unidades da Peça H.

A lista de materiais geralmente lista as peças usando uma estrutura escalonada que identifica claramente cada item e o modo no qual é montado, porque cada escalonamento significa os componentes do item. Uma comparação das peças escalonadas no Quadro 13.4 com a estrutura do item no Quadro 13.3 mostra a facilidade em relacionar as duas figuras. Sob o prisma computacional, no entanto, armazenar itens nas listas escalonadas de peças é algo muito ineficiente. Para calcular a

Quadro 13.4 Lista de peças em um formato escalonado e em uma lista de nível único

LISTA DE PEÇAS ESCALONADA	LISTA DE PEÇAS EM NÍVEL ÚNICO
A	A
B(2)	B(2)
D(1)	C(3)
E(4)	B
C(3)	D(1)
F(2)	E(4)
G(5)	C
H(4)	F(2)
	G(5)
	H(4)

quantidade de cada item necessário nos níveis mais baixos, cada um teria que ser expandido ("explodido") e resumido. Um procedimento mais eficiente consiste em armazenar dados de peças em listas simples com um único nível. Isto é, cada item e componente é listado, mostrando apenas seu pai e o número de unidades necessárias para cada unidade do pai. Isso evita a duplicação porque inclui cada montagem apenas uma vez. O Quadro 13.4 mostra a lista escalonada das peças e a lista das peças em um nível único para o Produto A.

Uma lista *modular* de materiais é o termo para um item que pode ser construído e produzido e estocado como submontagem. É também um item-padrão sem opções dentro do módulo. Muitos itens finais, que são grandes e caros, são mais bem programados e controlados como módulos (ou submontagens). É muito mais vantajoso programar os módulos de submontagem quando as mesmas submontagens aparecem em itens finais diferentes. Por exemplo, um fabricante de guindastes combina lanças, transmissões e motores em uma variedade de meios para atender às necessidades dos clientes. O uso de uma lista modular de materiais simplifica a programação e o controle, e também facilita prever o uso de módulos diferentes. Outro benefício de usar as listas modulares é se o mesmo item for usado em vários produtos, então o investimento total no estoque poderá ser minimizado.

Uma superlista de materiais inclui itens com opções fracionais. (Uma superlista pode especificar, por exemplo, 0,3 de uma peça. O que isso significa é que 30% das unidades produzidas contêm aquela peça e 70% não). As listas modulares e superlistas de materiais são freqüentemente conhecidas como lista de materiais de planejamento, uma vez que simplificam o processo de planejamento.

Codificação de baixo nível Se todas as peças idênticas ocorrerem no mesmo nível para cada produto final, o número total de peças e materiais necessários para um produto pode ser calculado facilmente. Considere o Produto L mostrado no Quadro 13.5a. Observe que o item N, por exemplo, ocorre como entrada para L e entrada para M. O item N, portanto, precisa ser rebaixado para o nível 2 (Quadro 13.5b) para trazer todos os Ns para o mesmo nível. Se todos os itens idênticos forem colocados no mesmo nível, torna-se mais fácil para o computador varrer cada nível e resumir o número de unidades necessárias de cada item.

Registros de estoque

O arquivo de registros de estoque pode ser muito longo. O Quadro 13.6 mostra a variedade de informações contidas nos registros de estoque. O programa MRP acessa o segmento de *status* do registro, de acordo com os períodos específicos (chamados de pacotes de tempo (*time buckets*) na linguagem do MRP). Esses registros são acessados quando necessários durante a execução do programa.

Quadro 13.5

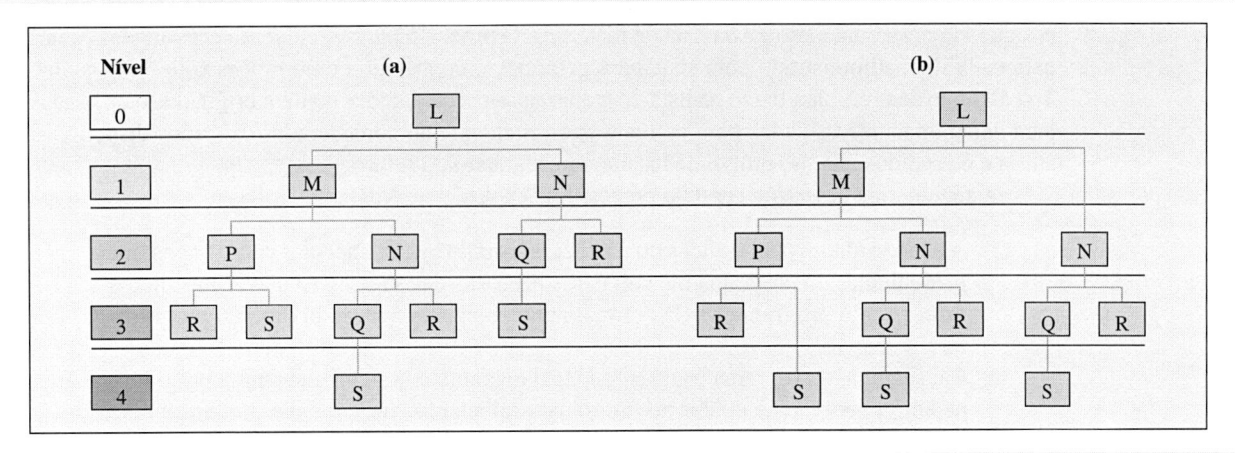

Hierarquia do produto L em (a) expandido para o nível mais baixo de cada item em (b)

Nível	(a)	(b)
0	L	L
1	M, N	M
2	P, N, Q, R	P, N, N
3	R, S, Q, R, S	R, Q, R, Q, R
4	S	S, S, S

Quadro 13.6

Registro do *status* do estoque para um item em estoque

Segmento de dados do mestre de itens	Peça	Descrição		*Lead time*		Custo padrão	Estoque de segurança
	Quantidade do pedido	Preparação	Ciclo		Utilização no ano anterior		Classe
	Refugo permitido	Data de corte		Apontadores		Etc.	

			Saldo de Controle	Período 1 2 3 4 5 6 7 8	Totais
Segmento do *status* do estoque	Alocado				
	Necessidades brutas				
	Recebimentos programados				
	Saldo disponível projetado				
	Liberação de ordens planejadas				
Segmento de dados da subsidiária	Detalhes das ordens				
	Ação pendente				
	Contadores				
	Acompanhamento				

Como será visto, o programa MRP efetua sua análise descendente na estrutura do produto, calculando as necessidades nível a nível. Entretanto, existem momentos em que convém identificar o item de origem que causou a necessidade dos materiais. O programa MRP permite a criação de um arquivo de *registros pegging*, seja separadamente, seja como parte do arquivo do registro de estoque. O *pegging* permite repassar a necessidade de materiais para cima na estrutura do produto através de cada nível, identificando cada item de origem que criou a demanda.

Arquivo de transações do estoque O arquivo do *status* do estoque é mantido atualizado pelo lançamento das transações do estoque à medida que ocorrem. Essas mudanças acontecem por causa do recebimento dos estoques e desembolsos, das perdas em termos de refugos, das peças erradas, dos pedidos cancelados, e assim por diante.

Programa computacional MRP

O programa de planejamento da necessidade de materiais funciona com informações dos registros do estoque, do programa mestre e da lista de materiais. O processo para calcular as necessidades exatas para cada item administrado pelo sistema é geralmente conhecido como processo de "explosão". Trabalhando de cima para baixo na lista de materiais, as necessidades do item original são utilizadas para calcular as necessidades para os itens componentes. São considerados os saldos disponíveis atuais e os pedidos que são programados para recebimento no futuro.

A seguir, uma descrição geral do processo de explosão do MRP:

1. As necessidades para os itens do nível zero, geralmente conhecidos como "itens finais", são provenientes do programa mestre. Essas necessidades são conhecidas como "necessidades brutas" pelo programa MRP. Normalmente, as necessidades brutas são programadas em turnos semanais.
2. Em seguida, o programa usa o saldo atual disponível, juntamente com a programação dos pedidos que serão recebidos no futuro para calcular as "necessidades líquidas". As necessidades líquidas são as quantidades necessárias a cada semana no futuro, acima do que atualmente está disponível ou comprometido, através de um pedido já liberado e programado.
3. Utilizando as necessidades líquidas, o programa calcula quando os pedidos deveriam ser recebidos para cumprir essas necessidades. Este pode ser um processo simples, de apenas programar os pedidos para que cheguem de acordo com as necessidades líquidas exatas, ou um processo mais complicado, em que as necessidades são combinadas para períodos múltiplos. Esta programação de quando os pedidos deveriam chegar é conhecida como "recebimentos programados dos pedidos".
4. Como, em geral, há um *lead time* associado com cada pedido, a próxima etapa consiste em encontrar uma programação para a liberação efetiva dos pedidos. A defasagem dos "recebimentos programados dos pedidos" pelo *lead time* necessário faz isso. Essa programação é conhecida como "liberação planejada dos pedidos".
5. Após essas quatro etapas serem completadas para todos os itens do nível zero, o programa passa para os itens do nível 1.
6. As necessidades brutas para cada item do nível 1 são calculadas a partir da programação de liberação planejada dos pedidos para os itens originais de cada item do nível 1. Qualquer demanda independente adicional também precisa ser incluída nas necessidades brutas.
7. Após as necessidades brutas serem determinadas, as necessidades líquidas, os recebimentos programados de pedidos e as liberações planejadas de pedidos são calculadas como descrito nas etapas 2 a 4.
8. Este processo é, então, repetido para cada nível na lista de materiais.

O processo para fazer esses cálculos é muito mais simples do que a descrição, como será visto no exemplo a seguir. Normalmente, os cálculos da explosão são realizados a cada semana ou sempre que acontecem mudanças no programa mestre. Alguns programas MRP têm a opção de gerar programações imediatas, chamadas de programações de *mudanças líquidas*. Os sistemas de mudança líquida são direcionados pela "atividade" e as necessidades e as programações são atualizadas toda vez que uma transação, que tem um impacto no item, é processada. As mudanças líquidas permitem que o sistema reflita, em "tempo real", o *status* exato de cada item gerenciado pelo sistema.

Sistemas de mudança líquida

UM EXEMPLO USANDO O MRP

A Ampere, Inc., produz uma linha de medidores elétricos, instalados em prédios residenciais pelas empresas de energia elétrica, para medir o consumo de energia. Os medidores usados nas residências com uma única família são de dois tipos básicos para as diferentes faixas de voltagem e amperagem. Além dos medidores completos, algumas submontagens são vendidas separadamente para consertos ou para mudanças para uma voltagem ou carga de energia diferentes. O problema para o sistema

MRP consiste em determinar um programa de produção para identificar cada item, o momento de necessidade e as quantidades adequadas. A programação é, então, verificada para confirmar a sua viabilidade, e modificada, se necessário.

Previsão da demanda

A demanda para os medidores e componentes procede de duas fontes: clientes regulares que fazem pedidos firmes e clientes não identificados que têm demandas normais aleatórias para esses itens. As necessidades aleatórias foram previstas com uma das técnicas normais descritas no Capítulo 10 e com os dados da demanda passada. O Quadro 13.7 indica as necessidades para os medidores A e B e a submontagem D para um período de três meses (dos meses 3 a 5). Existem "outras peças" utilizadas para fazer os medidores, mas para manter o exemplo de forma administrável, optou-se por não colocá-los aqui.

Tutorial: SAP R13

Desenvolvendo um programa mestre de produção

Para as necessidades dos medidores e dos componentes especificados no Quadro 13.7, suponha que as quantidades para satisfazer as demandas conhecidas e aleatórias precisam estar disponíveis durante a primeira semana do mês. Essa suposição é razoável, uma vez que a gerência (no exemplo em questão) prefere produzir medidores em um lote único, em vez de vários lotes durante todo o mês.

O Quadro 13.8 apresenta um programa mestre utilizado sob essas condições, com demandas para os meses 3, 4 e 5 listada na primeira semana de cada mês, ou como semanas 9, 13 e 17. Para ser breve, deve-se trabalhar com a demanda até a semana 9. A programação desenvolvida deveria ser examinada quanto à disponibilidade dos recursos, disponibilidade da capacidade, e assim por diante, e depois revisada e executada novamente. Contudo, este exemplo termina no final dessa programação.

Quadro 13.7

Necessidades futuras para os medidores A e B e a submontagem D originárias dos pedidos de clientes específicos e das fontes aleatórias

Mês	Medidor A		Medidor B		Submontagem D	
	Conhecida	Aleatória	Conhecida	Aleatória	Conhecida	Aleatória
3	1.000	250	410	60	200	70
4	600	250	300	60	180	70
5	300	250	500	60	250	70

Quadro 13.8

Um programa mestre para satisfazer as necessidades da demanda como especificado no Quadro 13.7

	Semana								
	9	10	11	12	13	14	15	16	17
Medidor A	1.250				850				550
Medidor B	470				360				560
Submontagem D	270				250				320

Lista de materiais (estrutura do produto)

A estrutura do produto para os medidores A e B é mostrada no Quadro 13.9 no modo tradicional, usando a codificação de nível baixo, na qual cada item é colocado no nível mais baixo no qual aparece na hierarquia da estrutura. Os medidores A e B consistem em uma submontagem comum C e algumas peças que incluem a peça D. Para simplificar as coisas, destacaremos apenas uma das peças, a peça D – um transformador.

A partir da estrutura do produto, observe que a peça D (o transformador) é usada em uma submontagem C (existente em ambos os medidores, A e B). No caso do medidor A, é necessária uma peça D adicional. O "2" entre parênteses ao lado do D, quando usado para fazer um C, indica que são necessários dois Ds para cada C. A estrutura do produto e a lista escalonada de peças no Quadro 13.10 indicam como os medidores são realmente fabricados. Primeiro, é feita a submontagem C, sendo mantida em estoque. Em um processo de montagem final, os medidores A e B são reunidos e, no caso do medidor A, é usada uma peça adicional D.

Registro de estoques

Os dados de registros de estoque seriam similares aos do Quadro 13.6. Conforme mostrado anteriormente no capítulo, os dados adicionais, como identidade do fornecedor, custo e *lead time* de entrega, seriam incluídos nesses dados. Para este exemplo, os dados pertinentes incluem o estoque disponível no início da operação do programa, as necessidades do estoque de segurança e o *status* atual dos pedidos já liberados (ver Quadro 13.11). O estoque de segurança é uma quantidade mínima de estoque que sempre se quer manter disponível para um item. Por exemplo, para a submontagem C, nunca se quer que o estoque fique abaixo de 5 unidades. Também se observa que

---

Quadro 13.9 — Estrutura do produto para os medidores A e B

Tutorial: MRP

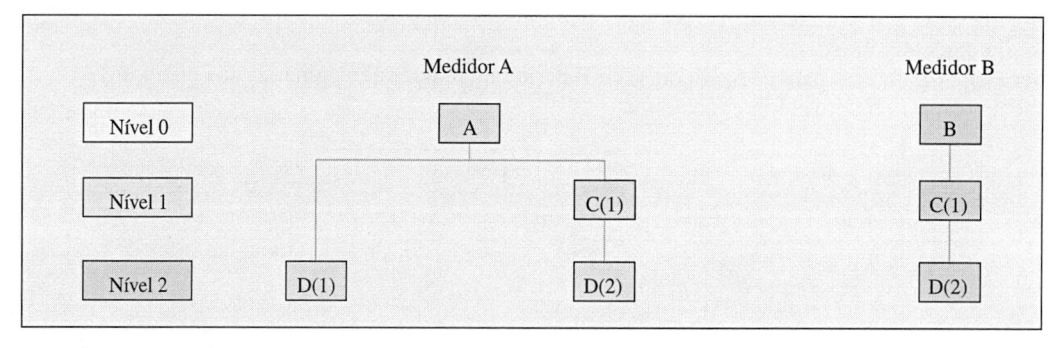

```
                    Medidor A                        Medidor B

Nível 0             [ A ]                            [ B ]
                     /  \                              |
Nível 1           [D(1)] [C(1)]                      [C(1)]
                          |                            |
Nível 2                 [D(2)]                       [D(2)]
```

O Quadro mostra as submontagens e as peças que compõem os medidores, além dos números de unidades necessárias por unidade do item pai, entre parênteses.

Quadro 13.10 — Lista escalonada de peças para o medidor A e o medidor B, com os números necessários de itens por unidade do item pai, entre parênteses

MEDIDOR A	MEDIDOR B
A	B
D(1)	C(1)
C(1)	D(2)
D(2)	

Número de unidades disponíveis e dados do *lead time* de entrega que apareceriam no arquivo de registros do estoque

Quadro 13.11

Item	Estoque disponível	Lead time de entrega (semanas)	Estoque de segurança	Pedidos
A	50	2	0	
B	60	2	0	10 (semana 5)
C	40	1	5	
D	200	1	20	100 (semana 4)

existe um pedido de 10 unidades do medidor B que está programado para recebimento no início da Semana 5. Prevê-se que outro pedido para 100 unidades da peça D (o transformador) chegará no início da Semana 4.

Efetuando os cálculos do MRP
(lógica do programa computacional MRP)

As condições agora estão dadas para se realizar os cálculos do MRP: as necessidades do item final foram apresentadas no programa mestre de produção, enquanto o *status* do estoque e os *lead times* de entrega dos pedidos estão disponíveis, e também já são conhecidos os dados de estrutura do produto pertinente. Os cálculos do MRP (geralmente conhecidos como explosão) são realizados nível a nível, em conjunto com os dados do estoque e os dados do programa mestre.

O Quadro 13.12 apresenta os detalhes desses cálculos. A análise seguinte explica a lógica em detalhes. A análise será limitada ao problema de satisfazer as necessidades brutas para 1.250 unidades do medidor A, 470 unidades do medidor B e 270 unidades do transformador D, todos na Semana 9.

Mantém-se um registro MRP para cada item gerenciado pelo sistema. O registro contém os dados *das necessidades brutas, recebimentos programados, saldo disponível projetado, necessidades líquidas, recebimentos programados dos pedidos* e *liberações planejadas dos pedidos*. As *necessidades brutas* são a quantidade total necessária para um item específico. Essas necessidades podem ser da demanda externa do cliente e também da demanda calculada devido às necessidades de produção. Os *recebimentos programados* representam os pedidos já liberados e programados para chegada no início do período. Uma vez que a documentação de um pedido foi liberada, o que veio antes daquele evento, um pedido "planejado", agora passa a ser um *recebimento programado*. O *saldo disponível projetado* é a quantidade de estoque esperada no início de um período. Este pode ser calculado da seguinte maneira:

$$\text{Saldo disponível projetado}_t = \text{Saldo disponível projetado}_{t-1} - \text{Necessidades brutas}_{t-1} + \text{Recebimentos programados}_{t-1} + \text{Recebimentos planejados do pedido}_{t-1} - \text{Estoque de segurança}$$

A *necessidade líquida* é a quantidade necessária quando o saldo *disponível projetado* mais os *recebimentos programados* em um período não são suficientes para cobrir a *necessidade bruta*. O *recebimento planejado do pedido* é a quantidade de um pedido que é necessário para satisfazer uma necessidade líquida no período. Por último, a *liberação planejada do pedido* é o recebimento planejado do pedido compensado pelo *lead time* de entrega.

Iniciando pelo medidor A, o saldo disponível projetado é de 50 unidades e não existem necessidades líquidas até a Semana 9. Na Semana 9, são necessárias mais 1.200 unidades para cobrir a demanda de 1.250 gerada do pedido programado através do programa mestre. A quantidade do pedido é designada "lote por lote", o que significa que se pode pedir a quantidade exata necessária para cumprir as necessidades líquidas. Planeja-se um pedido, portanto, para o recebimento de 1.200

Quadro 13.12 Programação do planejamento da necessidade de materiais para os medidores A e B, e as submontagens C e D

Item		Semana					
		4	5	6	7	8	9
A LT = 2 semanas Disponível = 50 Estoque de segurança = 0 Qtd pedida = lote por lote	Necessidades brutas Recebimentos programados Saldo disponível projetado Necessidades líquidas Recebimentos programados dos pedidos Liberações planejadas dos pedidos	50	50	50	50 1200	50	1250 50 1200 1200
B LT = 2 semanas Disponível = 60 Estoque de segurança = 0 Qtd pedida = lote por lote	Necessidades brutas Recebimentos programados Saldo disponível projetado Necessidades líquidas Recebimentos programados dos pedidos Liberações planejadas dos pedidos	60	10 60	70	70 400	70	470 70 400 400
C LT = 1 semana Disponível = 40 Estoque de segurança = 5 Qtd pedida = 2000	Necessidades brutas Recebimentos programados Saldo disponível projetado Necessidades líquidas Recebimentos programados dos pedidos Liberações planejadas dos pedidos	35	35	35 2000	400+ 1200 35 1565 2000	435	435
D LT = 1 semana Disponível = 200 Estoque de segurança = 20 Qtd pedida = 5000	Necessidades brutas Recebimentos programados Saldo disponível projetado Necessidades líquidas Recebimentos programados dos pedidos Liberações planejadas dos pedidos	100 180	280 5000	4000 280 3720 5000	1200 1280	80 5000	270 80 190 5000

Tutorial: MRP

unidades para o início da Semana 9. Uma vez que o *lead time* de entrega é de duas semanas, este pedido precisa ser liberado no início da Semana 7.

O medidor B é similar ao A, embora um pedido para 10 unidades esteja programado para recebimento no período 5. Projeta-se que 70 unidades estarão disponíveis na semana 6. Há uma necessidade líquida de 400 unidades adicionais para satisfazer a necessidade bruta de 470 unidades na Semana 9. Esta necessidade é satisfeita com um pedido de 400 unidades, que precisa ser liberado no começo da Semana 7.

O Item C é uma submontagem usada em ambos os medidores, A e B. Cs adicionais apenas são necessários quando A ou B estão sendo feitos. A análise de A indica que um pedido de 1.200 será liberado na Semana 7. Um pedido de 400 Bs será liberado na Semana 7, assim a demanda total de C é de 1.600 unidades na Semana 7. O saldo disponível projetado é de 40 unidades disponíveis menos o estoque de segurança de cinco unidades que foram especificadas, ou 35 unidades. Na Semana 7, a necessidade líquida é de 1.565 unidades. A política de pedidos para C indica um tamanho de pedidos de 2.000 unidades, assim o recebimento de um pedido de 2.000 unidades é planejado para a Semana 7. Este pedido precisa ser liberado na Semana 6 devido ao *lead time* de entrega de uma semana. Supondo que este pedido seja realmente processado no futuro, o saldo disponível projetado é de 435 unidades nas Semanas 8 e 9.

O Item D, o transformador, tem uma demanda de três fontes diferentes. A demanda na Semana 6 deve-se à necessidade de colocar D na submontagem C. Neste caso, são necessárias duas unidades de D para cada C, ou 4.000 unidades (a estrutura do produto indica este relacionamento de dois para um). Na sétima semana, são necessárias 1.200 unidades de D para o pedido de 1.200 unidades de A, que está programado para liberação na Semana 7. São necessárias mais 270 unidades na Semana 9 para cumprir a demanda independente, que é realizada pelo programa mestre. O saldo disponível projetado para entrar na Semana 4 é de 180 unidades (200 disponíveis menos o estoque de segurança de 20 unidades), 280 unidades na Semana 2 e 3. Não há uma necessidade líquida para 3.720 unidades adicionais na Semana 6, portanto planeja-se receber um pedido de 5.000 unidades (o tamanho do pedido). Isso resulta num saldo projetado de 1.280 na Semana 7, das quais 1.200 são usadas para satisfazer a demanda. Estima-se que 80 unidades estejam disponíveis nas Semanas 8 e 9. Devido à demanda de 270 na Semana 9, uma necessidade líquida de 190 unidades nesta semana resulta no planejamento do recebimento de um pedido de 5.000 unidades adicionais na semana 9.

DIMENSIONAMENTO DE LOTES NOS SISTEMAS MRP

A determinação dos tamanhos dos lotes em um sistema MRP é um problema complicado e difícil. Os tamanhos dos lotes são as quantidades de peças usadas no recebimento planejado do pedido e nas seções de liberação planejada do pedido de uma programação MRP. Para as peças produzidas internamente, os tamanhos do lote são as quantidades de produção. Para as peças compradas, são as quantidades pedidas ao fornecedor. Os tamanhos dos lotes geralmente satisfazem as necessidades de peças para um ou mais períodos.

A maioria das técnicas de dimensionamento de lotes trata do equilíbrio dos custos de *setup* ou pedido e os custos de manutenção, associados com o cumprimento das necessidades líquidas geradas pelo processo de planejamento do MRP. Muitos sistemas MRP têm opções para calcular o tamanho dos lotes, baseado em algumas técnicas mais comumente utilizadas. O uso das técnicas de dimensionamento de lote aumenta a complexidade da execução de programações do MRP em uma fábrica. Em uma tentativa de economizar custos de *setup*, o estoque gerado com os tamanhos de lote maiores deve ser armazenado, tornando a logística na fábrica muito mais complexa.

Em seguida, serão explicadas quatro técnicas de dimensionamento de lote usando um exemplo comum. As técnicas de dimensionamento de lotes apresentadas aqui são lote por lote (L4L – *Lot-for-Lot*), quantidade econômica do pedido (EOQ – *Economic Order Quantity*), o menor custo total (LTC – *Least Total Cost*) e menor custo por unidade (LUC – *Least Unit Cost*).

Considere o seguinte problema de dimensionamento de lote no MRP; as necessidades líquidas são apresentadas para oito semanas de programação:

Custo por item	$10,00
Custo do pedido ou de *setup*	$47,00
Custo de manutenção de estoque/semana	0,5%

Necessidades líquidas semanais:

1	2	3	4	5	6	7	8
50	60	70	60	95	75	60	55

Lote por lote

Lote por lote é a técnica mais comum, que:

- Estabelece pedidos planejados para corresponder exatamente às necessidades líquidas.
- Produz exatamente o que é necessário a cada semana, mas nada é transportado para períodos futuros.
- Minimiza os custos de manutenção de estoques.
- Não considera os custos de *setup* ou limitações da capacidade.

O Quadro 13.13 mostra os cálculos de lote por lote. As necessidades líquidas são dadas na coluna 2. Como a lógica do lote por lote diz que a quantidade da produção (coluna 3) corresponderá

Quadro 13.13 Lote de produção segundo uma programação MRP lote por lote

(1) Semana	(2) Necessidades Líquidas	(3) Quantidade da Produção	(4) Estoque Final	(5) Custo de Manutenção de Estoques	(6) Custo de *setup*	(7) Custo Total
1	50	50	0	$0,00	$47,00	$47,00
2	60	60	0	0,00	47,00	94,00
3	70	70	0	0,00	47,00	141,00
4	60	60	0	0,00	47,00	188,00
5	95	95	0	0,00	47,00	235,00
6	75	75	0	0,00	47,00	282,00
7	60	60	0	0,00	47,00	329,00
8	55	55	0	0,00	47,00	376,00

exatamente à quantidade necessária (coluna 2), não haverá estoque sobrando no final (coluna 4). Sem estoque para ser transportado para a próxima semana, os custos de manutenção do estoque são zero (coluna 5). Entretanto, o lote por lote exige um custo de *setup* a cada semana (coluna 6). A propósito, há um custo de *setup* a cada semana, porque este é um centro de trabalho em que são trabalhados diversos itens cada semana. Isso não se aplica quando o centro de trabalho está comprometido com um produto e fica ocioso quando não está trabalhando nesse produto (nesse caso, resultaria apenas um *setup*). O lote por lote ocasiona altos custos de *setup*.

Quantidade econômica do pedido

No Capítulo 12 foi discutido o modelo EOQ, que explicitamente equilibra os custos de *setup* e de manutenção de estoques. Em um modelo EOQ, deve haver uma demanda constante, ou se deve manter um estoque de segurança para prover a variabilidade da demanda. O modelo EOQ usa uma estimativa do total da demanda anual, o custo de *setup* ou do pedido e o custo anual de manutenção de estoques. O EOQ não foi elaborado para um sistema com períodos discretos, como um MRP. As técnicas de dimensionamento de lote, usadas para o MRP, presumem que as necessidades por peças são satisfeitas no início do período. Os custos de manutenção são, então, cobrados apenas para o estoque final para o período, não para a média de estoque, como no caso do modelo EOQ. O EOQ pressupõe que as peças são continuamente usadas durante o período. Por exemplo, o EOQ poderá prover as necessidades para 4,6 períodos. Usando os mesmos dados do exemplo de lote por lote, a quantidade econômica do pedido é calculada da seguinte maneira:

$$\text{Demanda anual baseada em 8 semanas} = D = \frac{525}{8} \times 52 = 3.412,5 \text{ unidades}$$

$$\text{Custo anual de manutenção} = H = 0,5\% \times \$10 \times 52 \text{ semanas} = \$2,60 \text{ por unidade}$$

$$\text{Custo de } setup = S = \$47 \text{ (dado)}$$

$$\therefore \text{EOQ} = \sqrt{\frac{2DS}{H}} = \sqrt{\frac{2(3.412,5)(\$47)}{\$2,60}} = 351 \text{ unidades}$$

O Quadro 13.14 mostra a programação do MRP utilizando um EOQ de 351 unidades. O tamanho do lote EOQ na Semana 1 é suficiente para satisfazer as necessidades para as Semanas 1 a 5 e parte da Semana 6. Em seguida, na Semana 6 é planejado outro lote EOQ para satisfazer as necessidades para as Semanas 6 a 8. Observe que o plano EOQ deixa um pouco de estoque no final da Semana 8 para ser transportado para a Semana 9.

Lote de produção segundo a quantidade econômica do pedido para uma programação MRP — Quadro 13.14

Semana	Necessidades líquidas	Quantidade da produção	Estoque final	Custo de manutenção de estoques	Custo de *setup*	Custo total
1	50	351	301	$15,05	$47,00	$62,05
2	60	0	241	12,05	0,00	74,10
3	70	0	171	8,55	0,00	82,65
4	60	0	111	5,55	0,00	88,20
5	95	0	16	0,80	0,00	89,00
6	75	351	292	14,60	47,00	150,60
7	60	0	232	11,60	0,00	162,20
8	55	0	177	8,85	0,00	171,05

Lote de produção segundo o menor custo total para uma programação MRP — Quadro 13.15

Semanas	Quantidade pedida	Custo de manutenção de estoques	Custo de pedido	Custo total	
1	50	$0,00	$47,00	$47,00	
1-2	110	3,00	47,00	50,00	
1-3	180	10,00	47,00	57,00	
1-4	240	19,00	47,00	66,00	Primeiro pedido
1-5	335	38,00	47,00	85,00 ←	Menor custo total
1-6	410	56,75	47,00	103,75	
1-7	470	74,75	47,00	121,75	
1-8	525	94,00	47,00	141,00	
6	75	0,00	47,00	47,00	
6-7	135	3,00	47,00	50,00	Segundo pedido
6-8	190	8,50	47,00	55,50 ←	Menor custo total

Semanas	Necessidades líquidas	Quantidade da produção	Estoque final	Custo de manutenção de estoques	Custo de setup	Custo total
1	50	335	285	$14,25	$47,00	$61,25
2	60	0	225	11,25	0,00	72,50
3	70	0	155	7,75	0,00	80,25
4	60	0	95	4,75	0,00	85,00
5	95	0	0	0,00	0,00	85,00
6	75	190	115	5,75	47,00	137,75
7	60	0	55	2,75	0,00	140,50
8	55	0	0	0,00	0,00	140,05

Menor custo total

O método do menor custo total é uma técnica dinâmica de dimensionamento de lote que calcula a quantidade do pedido comparando o custo de manutenção de estoques e os custos de *setup* (ou do pedido) para vários tamanhos de lotes e, em seguida, seleciona quais desses são iguais.

A metade superior do Quadro 13.15 apresenta os resultados do tamanho de lote com o menor custo. O procedimento para calcular os tamanhos de lotes com o menor custo total consiste em comparar os custos do pedido com os custos de manutenção de estoques para várias semanas. Por exemplo, os custos são comparados com a produção na Semana 1 para cobrir as necessidades dessa semana; a produção na Semana 1 para as Semanas 1 e 2; a produção na Semana 1 para cobrir as Semanas 1, 2 e 3, e assim por diante. A seleção correta consiste no tamanho de lote em que os custos do pedido e de manutenção de estoques são aproximadamente iguais. No Quadro 13.15, o melhor tamanho de lote é 335 porque um custo de manutenção de $38 e um custo de pedido de $47 são mais próximos do que $56,75 e $47 ($9 *versus* $9,75). Esse tamanho de lote cobre as necessidades para as Semanas 1 a 5. Diferentemente do EOQ, o tamanho de lote cobre apenas números inteiros de períodos.

Com base na decisão da Semana 1 de fazer um pedido para cobrir cinco semanas, agora estamos localizados na Semana 6, e o problema consiste em determinar quantas semanas no futuro pode se prover a partir deste ponto. O Quadro 13.15 mostra que os custos de manutenção de estoques e de pedido são os mais próximos na quantidade que cobre as necessidades para as Semanas 6 a 8. Observe que os custos de manutenção de estoques e de pedido aqui estão distanciados. Isso ocorre porque este exemplo termina na Semana 8. Se o horizonte de planejamento fosse mais longo, o tamanho de lote planejado para a Semana 6 provavelmente cobriria mais semanas no futuro além da Semana 8. Isso traz à tona uma das limitações do LTC e do LUC (discutida a seguir). Ambas as técnicas são influenciadas pela duração do horizonte de planejamento. A metade inferior do Quadro 13.15 mostra o lote de produção final e o custo total.

Menor custo por unidade

O método do menor custo por unidade é uma técnica dinâmica de dimensionamento de lote que adiciona custo de pedido e de manutenção de estoques para cada tentativa de tamanho de lote e divide pelo número de unidades em cada um, escolhendo o tamanho de lote com o menor custo por unidade. A metade superior do Quadro 13.16 calcula o custo por unidade para os lotes de pedidos para satisfazer as necessidades das Semanas 1 a 8. Observe que o mínimo ocorreu quando a quantidade de

Quadro 13.16 Lote de produção segundo o menor custo por unidade para uma programação MRP

Semanas	Quantidade pedida	Custo de manutenção de estoques	Custo de pedido	Custo total	Custo por unidade	
1	50	$0,00	$47,00	$47,00	$0,9400	
1-2	110	3,00	47,00	50,00	0,4545	
1-3	180	10,00	47,00	57,00	0,3167	
1-4	240	19,00	47,00	66,00	0,2750	
1-5	335	38,00	47,00	85,00	0,2537	Primeiro pedido
1-6	410	56,75	47,00	103,75	0,2530	← Menor custo por unidade
1-7	470	74,75	47,00	121,75	0,2590	
1-8	525	94,00	47,00	141,00	0,2686	
7	60	0,00	47,00	47,00	0,7833	Segundo pedido
7-8	115	2,75	47,00	49,75	0,4326	← Menor custo por unidade

Semanas	Necessidades líquidas	Quantidade da produção	Estoque final	Custo de manutenção de estoques	Custo de setup	Custo total
1	50	410	360	$18,00	$47,00	$65,00
2	60	0	300	15,00	0,00	80,00
3	70	0	230	11,50	0,00	91,50
4	60	0	170	8,50	0,00	100,00
5	95	0	75	3,75	0,00	103,75
6	75	0	0	0	0	103,75
7	60	115	55	2,75	47,00	153,50
8	55	0	0	0	0	153,50

410, pedida na Semana 1, foi suficiente para cobrir as Semanas 1 a 6. O tamanho de lote planejado para a Semana 7 cobre até o final do horizonte de planejamento.

O lote de produção segundo o menor custo por unidade e o custo total são mostrados na metade inferior do Quadro 13.16.

Escolhendo o melhor tamanho de lote

Utilizando o método lote por lote, o custo total para oito semanas é de $376; o custo total para o EOQ é de $171,05; o método do menor custo total é de $140,50, e o menor custo por unidade é de $153,50. O custo mais baixo foi obtido com o método do menor custo total de $140,50. Se houvesse mais de oito semanas, o custo mais baixo seria diferente.

A vantagem do método do menor custo por unidade consiste no fato de que esta é uma análise mais completa e consideraria os custos do pedido e de *setup* que poderiam mudar à medida que aumenta o tamanho do pedido. Se os custos de pedido e de *setup* permanecerem constantes, o método do menor custo total é mais atraente porque é mais simples e mais fácil de calcular; ainda assim, este seria igualmente exato, apesar dessa restrição.

RESUMO

A partir dos anos 1970, o MRP evoluiu de seu objetivo inicial de determinar simples programas de produção e aquisição de materiais para seu uso atual como parte integral do planejamento de recursos da empresa que vincula todas as funções importantes de uma empresa. O MRP se consagrou como uma plataforma comprovadamente flexível, adaptada a diversas situações, inclusive à produção repetitiva usando sistemas JIT.

Neste capítulo, foram discutidos os conceitos básicos necessários para entender o MRP, cujo mecanismo usa informações de um programa mestre que é um plano detalhado para a produção futura. De acordo com as necessidades da empresa, é possível expressar o programa mestre em termos de produtos individuais, produtos genéricos ou módulos e submontagens. O programa mestre faz parte do processo de planejamento de vendas e de produção, que é crítico para implementar com êxito a estratégia de produção da empresa.

A lista de materiais representa exatamente o modo como uma empresa fabrica os itens no programa mestre. A "estrutura" da lista de materiais (ocasionalmente citada como "estrutura do produto") capta como as matérias-primas e as peças compradas se unem para formar submontagens e como essas submontagens são unidas para criar os itens especificados no programa mestre.

O processo de "explosão" do MRP é o âmago do sistema. Usando o programa mestre e a lista de materiais, aliadas ao *status* do estoque atual (quantidade disponível e encomendada) de cada peça contida na lista de materiais, são feitos cálculos detalhados que indicam o momento exato no futuro em que as peças serão necessárias. Em uma empresa comum, esse processo pode exigir um grande esforço computacional abrangendo literalmente milhares de cálculos detalhados.

Neste capítulo, tratamos de um tema importante sobre como considerar os custos relacionados ao estoque. Foram descritas algumas regras comuns de dimensionamento de lotes MRP, que analisam o *trade-off* entre custo fixo e custo variável que podem ser importantes ao minimizar os custos de estoque.

Termos-chave

Planejamento da necessidade de materiais (MRP) Lógica para determinar o número de peças, componentes e materiais necessários para produzir um produto. O MRP também fornece a programação especificando quando cada um desses materiais, peças e componentes deveria ser pedido ou produzido.

Programa mestre de produção (MPS) Plano defasado no tempo especificando quanto e quando a empresa pretende construir cada item final.

Lista de materiais (BOM) Arquivo de computador que contém a descrição completa do produto, listando os materiais, as peças e os componentes, e a seqüência de criação do produto.

Sistema de mudanças líquidas Sistema MRP que calcula o impacto de uma mudança nos dados do MRP (o *status* do estoque, a BOM ou o programa mestre) imediatamente. É um recurso comum nos sistemas atuais.

Problemas resolvidos

PROBLEMA RESOLVIDO 1

O Produto X é formado por duas unidades Y e três Z. Y é feito de uma unidade A e duas unidades B. Z é feito de duas unidades A e quatro unidades C.

O *lead time* de entrega de X é de uma semana; Y, duas semanas; Z, três semanas; A, duas semanas; B, uma semana; e C, três semanas.

   a. Desenhe a lista de materiais (árvore de estrutura do produto).
   b. Se forem necessárias 100 unidades de X na semana 10, desenvolva uma programação de planejamento mostrando quando cada item deve ser solicitado e a respectiva quantidade.

Solução

a.

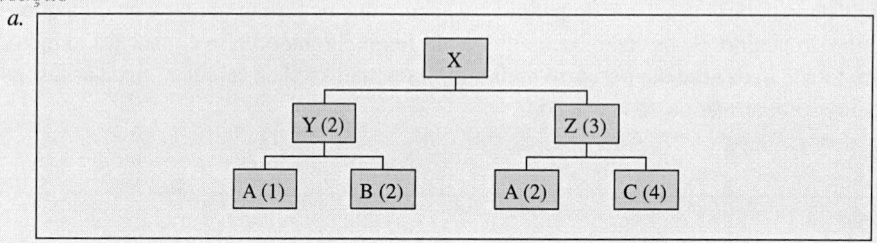

```
            X
           / \
         Y(2) Z(3)
         / \   / \
      A(1) B(2) A(2) C(4)
```

b.

		3	4	5	6	7	8	9	10
X	LT = 1							100	100
Y	LT = 2					200		200	
Z	LT = 3				300			300	
A	LT = 2		600		200	600	200		
B	LT = 1				400	400			
C	LT = 3	1200			1200				

PROBLEMA RESOLVIDO 2

O Produto M é feito de duas unidades N e três P. N é feito de duas unidades R e quatro unidades S. R é feito de uma unidade S e três unidades T. P é feito de duas unidades T e quatro unidades U.

   a. Mostre a lista de materiais (árvore de estrutura do produto).
   b. Se são necessárias 100 unidades M, quantas unidades de cada componente serão necessárias?
   c. Mostre uma lista de peças em nível único e uma lista escalonada de peças.

Solução

a.

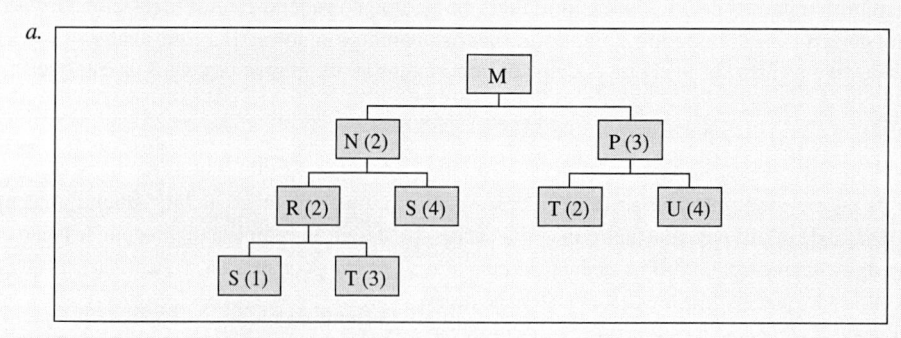

```
                 M
               /   \
            N(2)    P(3)
            / \     / \
         R(2) S(4) T(2) U(4)
         / \
       S(1) T(3)
```

b. M = 100   S = 800 + 400 = 1.200
    N = 200   T = 600 + 1.200 = 1.800
    P = 300   U = 1.200
    R = 400

c.

Lista de peças em nível único	Lista escalonada de peças
M	M
N(2)	N(2)
P(3)	R(2)
N	S(1)
R(2)	T(3)
S(4)	S(4)
R	P(3)
S(1)	T(2)
T(3)	U(4)
P	
T(2)	
U(4)	

Questões para revisão e discussão

1. Discuta o significado de termos do MRP, como *liberação planejada do pedido* e *recebimentos programados do pedido*.
2. Hoje, muitos profissionais atualizam o MRP semanalmente ou a cada duas semanas. Seria mais valioso se fosse atualizado diariamente? Discuta.
3. Qual é o papel do estoque de segurança em um sistema MRP?
4. Compare o significado do termo *lead time* no contexto da EOQ tradicional e em um sistema MRP.
5. Discuta a importância do programa mestre de produção em um sistema MRP.
6. "O MRP apenas prepara a lista de compras. Ele não faz as compras ou prepara o jantar". Comente esta declaração.
7. Quais são as fontes da demanda em um sistema MRP? Elas são dependentes ou independentes, e como são usadas como entradas para o sistema?
8. Declare os tipos de dados que seriam mantidos no arquivo da lista de materiais e no arquivo de registros de estoque.

Problemas

1. A Semans é um fabricante de conjuntos de suportes. A demanda pelos conjuntos de suportes (X) é de 130 unidades. A seguir, uma lista de materiais na forma escalonada:

Item	Descrição	Uso
X	Conjunto de suportes	1
A	Painel de parede	4
B	Subconjunto de ganchos	2
D	Fundição dos ganchos	3
E	Puxador em cerâmica	1
C	Parafuso com cabeça esférica	3
F	Pinça de metal	4
G	Tampa de plástico	2

A seguir há uma tabela indicando os níveis atuais do estoque:

Item	X	A	B	C	D	E	F	G
Estoque	25	16	60	20	180	160	1000	100

   a. Utilizando o Excel, crie o MRP usando a árvore de estrutura do produto.
   b. Quais são as necessidades líquidas de cada item no MPS?
2. Na seguinte programação de planejamento do MRP para o Item J, indique as necessidades líquidas corretas, os recebimentos programados do pedido e as liberações planejadas do pedido para satisfazer as necessidades brutas. O *lead time* de entrega é de uma semana.

			Semana			
Item J	0	1	2	3	4	5
Necessidades brutas			75		50	70
Disponível	40					
Necessidades líquidas						
Recebimento planejado do pedido						
Liberação planejada do pedido						

3. Repita o Problema Resolvido 1 usando os estoques disponíveis atuais de 20 X, 40 Y, 30 Z, 50 A, 100 B e 900 C.
4. Suponha que o Produto Z seja feito a partir de duas unidades A e quatro unidades B. A é feito de três unidades C e quatro D. D é feito a partir de duas unidades E.

   Os *lead times* de entrega para compra ou fabricação de cada unidade para a montagem final são: Z leva duas semanas; A, B, C e D levam uma semana cada; e E leva três semanas.

   São necessárias 50 unidades no Período 10. (Suponha que atualmente não haja estoque disponível desses itens.)

   a. Mostre a lista de materiais (árvore de estrutura do produto).
   b. Desenvolva uma programação de planejamento do MRP mostrando as necessidades brutas e líquidas e as datas de liberação e de recebimento do pedido.
5. *Nota*: para os Problemas 5 a 10, com o intuito de simplificar o manuseio dos dados para incluir o recebimento dos pedidos que foram realmente feitos nos períodos anteriores, pode-se usar o seguinte esquema de seis níveis. (Várias técnicas são usadas na prática, mas a questão importante consiste em acompanhar o progresso do que está disponível, do que se espera chegar, do que é necessário e quais os tamanhos de pedidos que deveriam ser feitos.) Um meio para calcular os números é o seguinte:

Semana
Necessidades brutas
Recebimentos programados
Disponível do período anterior
Necessidades líquidas
Recebimento planejado do pedido
Liberação planejada do pedido

Uma unidade A é feita de três unidades B, uma unidade C e duas unidades B. B é composto por duas unidades E e uma unidade D. C é feito de uma unidade B e duas unidades E. E é feito de uma unidade F.

Os itens B, C, E e F têm *lead times* de entrega de uma semana; A e D têm *lead times* de entrega de duas semanas. Suponha que o cálculo de necessidades lote por lote é usado para os Itens A, B e F; são usados lotes de tamanho 50, 50 e 200 para os Itens C, D e E, respectivamente. Os Itens C, E e F têm estoques disponíveis (iniciais) de 10, 50 e 150, respectivamente; todos os outros itens têm estoque inicial de zero. A programação indica que haverá o recebimento de 10 unidades A na Semana 2, 50 unidades E na Semana 1 e também 50 unidades F na Semana 1. Não há outros recebimentos programados. Se são necessárias 30 unidades A na Semana 8, use a lista de materiais de codificação de nível baixo para encontrar as liberações planejadas necessárias de pedidos para todos os componentes.

6. Uma unidade A é feita a partir de duas unidades B, três unidades C e duas unidades D. B é composto por uma unidade E e duas unidades F. C é feito de duas unidades F e uma unidade D. E é feito a partir de duas unidades D. Os Itens A, C, D e F têm *lead times* de entrega de uma semana; B e E têm *lead times* de entrega de duas semanas. Usa-se o cálculo de necessidades lote por lote (L4L) para os Itens A, B, C e D; os tamanhos de lotes de 50 e 180 são usados para os Itens E e F, respectivamente. O Item C tem estoque disponível (inicial) de 15; D tem um estoque disponível de 50; todos os outros itens têm estoque inicial de zero. Segundo o cronograma, receberemos 20 unidades do Item E na Semana 2; não há outros recebimentos programados.

    Construa listas de materiais simples e de codificação de nível baixo (estrutura em árvore do produto) e listas de peças escalonadas e resumidas.

    Se forem necessárias 20 unidades de A na Semana 8, use a lista de materiais de codificação de nível baixo para encontrar as liberações planejadas necessárias do pedido para todos os componentes. (Consulte a nota no Problema 5.)

7. Uma unidade A é feita de uma unidade B e uma unidade C. B é feito de quatro unidades C e uma unidade E e F. C é feito de duas unidades D e uma unidade E. E é feito a partir de três unidades F. O Item C tem um *lead time* de entrega de uma semana; os Itens A, B, E e F têm *lead times* de entrega de duas semanas; e o Item D tem um *lead time* de entrega de três semanas. O cálculo de necessidades lote por lote é usado para os Itens A, D e E; os tamanhos de lote de 50, 100 e 50 são usados para os Itens B, C e F, respectivamente. Os Itens A, C, D e E têm estoques disponíveis (iniciais) de 20, 50, 100 e 10, respectivamente; todos os outros itens têm estoque inicial de zero. Segundo o cronograma, receberemos 10 unidades A na Semana 1, 100 unidades C na Semana 1 e 100 unidades D na Semana 3; não há outros recebimentos programados. Se são necessárias 50 unidades A na Semana 10, use a lista de materiais de codificação de nível baixo (árvore de estrutura do produto) para encontrar as liberações planejadas necessárias de pedidos para todos os componentes. (Consulte a nota no Problema 5.)

8. Uma unidade A é feita de duas unidades B e uma unidade C. B é feito de três unidades D e uma unidade F. C é composto por três unidades B, uma unidade D e quatro unidades E. D é feito de uma unidade E. O Item C tem um *lead time* de entrega de uma semana; os itens A, B, E e F têm *lead times* de entrega de duas semanas; e o Item D tem um *lead time* de entrega de três semanas. O cálculo de necessidades de lote por lote é usado para os itens C, E e F; os tamanhos de lote 20, 40 e 160 são usados para os Itens A, B e D, respectivamente; todos os outros itens têm estoques iniciais de zero. Segundo o cronograma, receberemos 10 unidades A na Semana 3, 20 unidades B na Semana 7, 40 unidades F na Semana 5 e 60 unidades E na Semana 2; não há outros recebimentos programados. Se são necessárias 20 unidades A na Semana 10, use a codificação do nível baixo da lista de materiais (árvore de estrutura do produto) para encontrar as liberações planejadas necessárias de pedidos para todos os componentes. (Consulte a nota no Problema 5.)

9. Uma unidade A é composta por duas unidades B e três unidades C. Cada B é composto de uma unidade F. C é feito de uma unidade D, uma unidade E e duas unidades F. Os Itens A, B, C e D tem 20, 50, 60 e 25 unidades de estoque disponível. Os Itens A, B e C usam o lote por lote como técnica de dimensionamento, enquanto D, E e F exigem que múltiplos de 50, 100 e 100, respectivamente, sejam comprados. B tem recebimentos programados de 30 unidades no Período 1. Não há outros recebimentos programados. Os *lead times* de entrega são de um período para os Itens A, B e D, e de dois períodos para os Itens C, E e F. As necessidades brutas para A são de 20 unidades no Período 1, 20 unidades no Período 2, 60 unidades no Período 6 e 50 unidades no Período 8. Encontre as liberações planejadas de pedido para todos os itens.

10. Cada unidade de A é composta de uma unidade B, duas unidades C, e uma unidade D. C é composto de duas unidades D e três unidades E. Os Itens A, C, D e E têm estoques disponíveis de 20, 10, 20 e 10, respectivamente. O Item B tem um recebimento programado para 10 unidades no Período 1 e C tem um recebimento programado de 50 unidades no Período 1. O cálculo de necessidades lote por lote é usado para os itens A e B. O Item C requer um mínimo de tamanho de lote de 50 unidades. D e E precisam ser comprados em múltiplos de 100 e 50, respectivamente. Os *lead times* de entrega são de um período para os itens A, B e C, e dois períodos para os itens D e E. As necessidades brutas para A são de 30 no Período 2, 30 no Período 5 e 40 no Período 8. Encontre as liberações planejadas de pedidos para todos os itens.

11. As necessidades brutas do MRP para o Item A são mostradas aqui para as próximas 10 semanas. O *lead time* de entrega para A é de três semanas e o custo de *setup* é de $10. Há um custo de manutenção de $0,01 por unidade por semana. O estoque inicial é de 90 unidades.

	Semana									
	1	2	3	4	5	6	7	8	9	10
Necessidades brutas	30	50	10	20	70	80	20	60	200	50

Utilize o método do menor custo total ou o do menor custo por unidade para determinar quando e por qual quantidade o primeiro pedido deveria ser liberado.

12. O Produto A é um item final e é feito com duas unidades B e quatro C. B é feito de três unidades D e duas E. C é feito de duas unidades F e duas E.

    A tem um *lead time* de entrega de uma semana. B, C e E têm *lead times* de entrega de duas semanas e D e F de três semanas.
    a. Mostre a lista de materiais (árvore de estrutura do produto).
    b. Se são necessárias 100 unidades de A na Semana 10, desenvolva a programação de planejamento do MRP, especificando quando os itens serão pedidos e recebidos. Atualmente não há unidades no estoque disponível.

13. O Produto A consiste em duas unidades da Submontagem B, três unidades C e uma unidade D. B é composto por quatro unidades E e três unidades F. C é feito de duas unidades H e três unidades D. H é feito de cinco unidades E e duas unidades G.
    a. Construa uma lista de materiais simples (árvore de estrutura do produto).
    b. Construa uma árvore de estrutura do produto usando a codificação de nível baixo.
    c. Construa uma lista escalonada de peças.
    d. Para produzir 100 unidades de A, determine os números de unidades necessárias de B, C, D, E, F, G e H.

14. As necessidades brutas para o MRP para o Item X são mostradas a seguir para as próximas 10 semanas. O *lead time* de entrega para A é de duas semanas, e o custo de *setup* é de $9. Há um custo de manutenção de $0,02 por unidade por semana. O estoque inicial é de 70 unidades.

	Semana									
	1	2	3	4	5	6	7	8	9	10
Necessidades brutas	20	10	15	45	10	30	100	20	40	150

Utilize o método do menor custo total ou o do menor custo por unidade para determinar quando e por qual quantidade o primeiro pedido deveria ser liberado.

15. A Audio Products, Inc., produz dois aparelhos de som AM/FM/CD para carros. As unidades de rádio/CD são idênticas, mas o hardware de instalação e o acabamento diferem. O modelo-padrão serve para os carros intermediários e de tamanho normal, e os modelos esportivos servem para os carros esportivos pequenos.

    A Audio Products lida com a produção da seguinte maneira. O chassi (a unidade de rádio/CD) é montada no México e tem um *lead time* de entrega para manufatura de duas semanas. O hardware de instalação é comprado de uma empresa metalúrgica e tem um *lead time* de entrega de três semanas. O remate para acabamento é comprado de uma empresa eletrônica em Taiwan, com escritórios em Los Angeles, como unidades pré-embaladas consistindo em botões e várias peças de remate. Os pacotes de remates têm um *lead time* de entrega de duas semanas. O tempo de montagem final pode ser desconsiderado porque a adição de um pacote de remate e a instalação são realizadas pelo cliente.

    A Audio Products fornece para os varejistas e atacadistas, que fazem pedidos específicos para ambos os modelos com até seis semanas de antecedência. Esses pedidos, juntamente com unidades adicionais suficientes para satisfazer o número pequeno de vendas individuais, são resumidos na seguinte programação de demanda:

				SEMANA				
MODELO	1	2	3	4	5	6	7	8
Modelo padrão				300				400
Modelo esportivo					200			100

Atualmente, há no estoque 50 unidades de rádio/CD disponíveis e nenhum pacote de remate ou hardware de instalação.

Prepare um plano de necessidades de materiais para satisfazer a programação da demanda de forma exata. Especifique as necessidades brutas e líquidas, as quantidades disponíveis e a liberação planejada do pedido e os períodos de recebimento para o chassi do rádio/CD, o remate-padrão e o remate do modelo esportivo e o hardware de instalação-padrão e o do modelo esportivo.

CASO Brunswick Motors, Inc. – caso de apresentação do MRP

Phil Harris, gerente de controle de produção na Brunswick, leu recentemente um artigo sobre o planejamento de necessidades defasadas no tempo. Ele tinha curiosidade de saber como essa técnica funcionaria para programar a produção de conjuntos de motores Brunswick e decidiu preparar um exemplo para ilustrar o uso do planejamento de necessidades defasadas no tempo.

Como primeira etapa, Phil preparou um programa mestre para um dos tipos de motores produzidos pela Brunswick: o motor Modelo 1000. Esse programa indicava o número de unidades do motor Modelo 1000 a ser montado toda semana durante as 12 últimas semanas, e é mostrada a seguir. Em seguida, Phil decidiu simplificar seu exemplo de planejamento de necessidades, considerando apenas dois dos diversos componentes necessários para finalizar a montagem desse motor Modelo 1000. Esses dois componentes, a caixa de engrenagens e o eixo de acionamento, constam no diagrama da estrutura do produto apresentado na página seguinte. Phil observou que a caixa de engrenagens é montada pelo Departamento de Subconjuntos e, em seguida, é enviada para a linha de montagem do motor principal. O eixo de acionamento é uma das várias peças componentes fabricadas pela Brunswick, necessárias para produzir um subconjunto de caixa de engrenagens. Portanto, os níveis 0, 1 e 2 estão contidos no diagrama da estrutura do produto para indicar os três estágios da produção de um motor: o Departamento de Montagem do Motor, o Departamento de Subconjuntos e a Oficina de Máquinas.

Os prazos de produção necessários para fabricar os componentes da caixa de engrenagens e do eixo de acionamento também constam no diagrama da estrutura do produto. São necessárias duas semanas para produzir um lote de caixas de engrenagens e todas elas devem ser liberadas para o almoxarifado de peças da linha de montagem antes da manhã de segunda-feira da semana em que deverão ser utilizadas. De modo semelhante, são necessárias três semanas para produzir diversos eixos de acionamento, e todos aqueles necessários à produção de caixas de engrenagem em determinada semana deverão ser entregues no almoxarifado do Departamento de Subconjuntos antes da manhã de segunda-feira dessa semana.

Ao preparar o exemplo de MRP, Phil pretendia usar as planilhas mostradas na página seguinte, e fez as seguintes suposições:

1. Existem 17 caixas de engrenagens disponíveis no início da Semana 1, e 5 caixas de engrenagens atualmente encomendadas para entrega no início da Semana 2.
2. Quarenta eixos de acionamento estão disponíveis no início da Semana 1, e 22 estão programados para entrega no início da Semana 2.

Atividade

1. Inicialmente, suponha que Phil queira minimizar suas necessidades de estoque. Suponha que em cada pedido constará somente o necessário para um único período. Usando os formulários a seguir, calcule as necessidades líquidas e as liberações de pedido planejadas para as caixas de engrenagens e eixos de acionamento. Pressuponha que o dimensionamento do lote seja feito lote-por-lote.

2. Phil gostaria de analisar os custos utilizados atualmente pela contabilidade para o transporte do estoque e para a preparação das caixas de engrenagens e eixos de acionamento. Esses custos são os seguintes:

PEÇA	CUSTO
Caixa de engrenagem	Preparação = $90/pedido
	Custo de transporte do estoque = $2/unidade/semana
Eixo de acionamento	Preparação = $45/pedido
	Custo de transporte do estoque = $1/unidade/semana

Dada a estrutura de custos, avalie o custo da programação de (1). Pressuponha que o estoque seja avaliado no fim de cada semana.

3. Calcule uma programação usando o dimensionamento de lote pelo menor custo total. O quanto se economiza com essa nova programação?

Programa mestre do Modelo 1000

Semana	1	2	3	4	5	6	7	8	9	10	11	12
Demanda	15	5	7	10		15	20	10		8	2	16

Estrutura do produto Modelo 1000

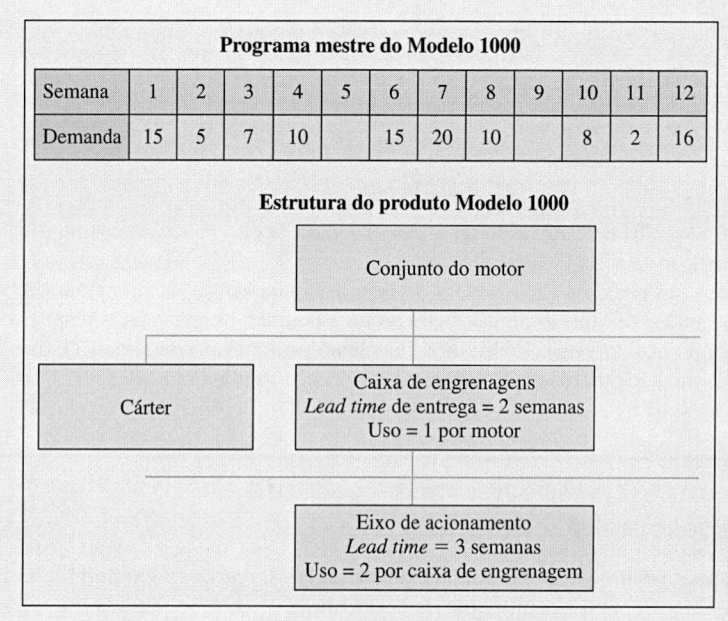

- Conjunto do motor
  - Cárter
  - Caixa de engrenagens
    - Lead time de entrega = 2 semanas
    - Uso = 1 por motor
    - Eixo de acionamento
      - Lead time = 3 semanas
      - Uso = 2 por caixa de engrenagem

Programa mestre do conjunto do motor

Semana	1	2	3	4	5	6	7	8	9	10	11	12
Quantidade												

Necessidades de caixa de engrenagens

Semana	1	2	3	4	5	6	7	8	9	10	11	12
Necessidades brutas												
Recebimentos programados												
Saldo disponível projetado												
Necessidades líquidas												
Liberação planejada do pedido												

Necessidades de eixo de acionamento

Semana	1	2	3	4	5	6	7	8	9	10	11	12
Necessidades brutas												
Recebimentos planejados												
Saldo disponível e projetado												
Necessidades líquidas												
Liberação planejada do pedido												

Bibliografia selecionada

Orlicky, J. *Materials Requirements Planning*. 2ª ed. New York: McGraw-Hill, 1994. (Este é o livro clássico do MRP.)

Vollmann, T. E.; W. L. Berry; D. C. Whybark; e F. R. Jacobs. *Manufacturing Planning and Control Systems for Supply Chain Management*. 5ª ed. Burr Ridge, IL: McGraw-Hill, 2004.

Sheikh, K. *Manufacturing Resource Planning (MRP II) with Introduction to ERP, SCM, and CRM*. New York: McGraw-Hill, 2002.

APÊNDICE A

RESPOSTAS PARA OS PROBLEMAS SELECIONADOS

Capítulo 2

3. b. A-C-F-G-I e A-D-F-G-I
   c. C: uma semana
      D: uma semana
      G: uma semana
   d. Dois caminhos: A-C-F-G-I e A-D-F-G-I; 16 semanas
5. a. O caminho crítico é A-E-G-C-D
   b. 26 semanas
   c. Não há diferença na data de conclusão
6. a. O caminho crítico é A-C-D-F-G
   b.

Dia	Custo	Atividade
Primeiro	$1.000	A
Segundo	1.200	C
Terceiro	1.500	D (ou F)
Quarto	1.500	F (ou D)
	$5.200	

Capítulo 3

3. Mão-de-obra LR, 80%
   Peças LR, 90%
   Mão-de-obra = 11.556 horas
   Peças = $330.876
7. 4.710 horas
12. Não. Deve considerar a demanda no quarto ano.
14. Valor Líquido Presente Esperado – Baixo
       $4,8 milhões
    Valor Líquido Presente Esperado – Alto
       $2,6 milhões

Capítulo 4

1. a. 20.000 livros
   b. superior
   c. inferior
9. a. 33,6 segundos
   b. 3,51; portanto, 4 estações de trabalho
   d. AB, DF, C, EG, H
   e. Eficiência = 70,2%
   f. Reduzir o tempo de ciclo para 32 segundos e trabalhar $6\frac{2}{3}$ minutos de horas extras
   g. 1,89 horas extras; pode ser melhor para reequilibrar

Capítulo 5

5. $W_s = 4,125$ minutos
   $L'_q = 4,05$ carros
   $L_s = 4,95$ carros
9. a. 2 pessoas
   b. 6 minutos
   c. 0,2964
   d. 67%
   e. 0,03375 hora
15. a. 0,833
    b. 5 documentos
    c. 0,2 hora
    d. 0,4822
    e. L_1 = tende ao infinito

Capítulo 6

2. a. Sem o custo de inspeção = $20/hr. Custo para inspecionar = $9/hr. Portanto, inspecione.
   b. $ 0,18 cada
   c. $0,22 por unidade
7. $\overline{\overline{X}} = 999,1$
   $UCL = 1014,965$
   $LCL = 983,235$
   $\overline{R} = 21,733$
   $UCL = 49,551$
   $LCL = 0$
   Processo está sob controle
10. a. $n = 31,3$ (arredonde o tamanho da amostra para 32)
    b. Amostra aleatória 32; recuse se houver mais de 8 com defeito
13. $\overline{\overline{X}} = 0,499$
    $UCL = 0,520$
    $LCL = 0,478$
    $R = 0,037$
    $UCL = 0,078$
    $LCL = 0,000$
    Processo está sob controle

Capítulo 7

1. 2 libras ($8.854,90), 3 lbs ($10.154,30)
   4 lbs ($11.402,60), 5 lbs ($12.738,50)
   6 lbs ($15.337,30), 7 lbs ($15.899,40)
   8 lbs ($16.563,70), 9 lbs ($17.147,70)

Capítulo 8

1. $C_x = 176,7$
   $C_y = 241,5$
2. $C_x = 374$
   $C_y = 357$

Capítulo 9

1. 5 conjuntos de cartões *kanban*

Capítulo 10

3. a. Fevereiro 84
   Março 86
   Abril 90
   Maio 88
   Junho 84
   b. MAD = 15
7. a. Abril a setembro = 130, 150, 160, 170, 160, 150
   b. Abril a setembro = 136, 146, 150, 159, 153, 146
   c. Suavização exponencial mais eficiente.
11. MAD = 104
    TS = 3,1
    O valor alto de TS indica que o modelo é inaceitável
14. a. MAD = 90
    TS = −1,67
    b. Modelo correto porque o acompanhamento é −1,67

Capítulo 11

2. Custo total = $413.600
5. Custo total = $413.750

Capítulo 12

5. $q = 713$
8. a. Q = 1.225
   R = 824
   b. $q = 390 -$ Estoque disponível
12. a. Q = 89
    b. $224,72
    c. $222,50
14. a. A (4, 13, 18);
    B (2, 5, 8, 10, 11, 14, 16);
    C (resto)
    b. Classificar como A.

17. $q = 691$
26. 729 hambúrgueres

Capítulo 13

4.

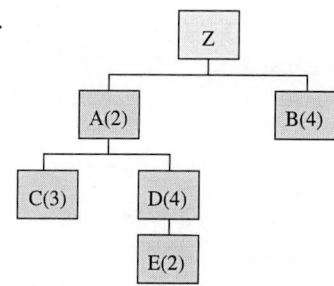

```
          Z
         / \
      A(2)  B(4)
      / \
   C(3)  D(4)
          |
         E(2)
```

11. Método do custo mínimo total: solicitar 250 unidades no Período 1 para os Períodos 1-8;
    Método do custo unitário mínimo: solicitar 450 unidades no Período 1 para os Períodos 1-9.
13. c.   .A
            .B(2)
                .E(4)
                .F(3)
          .C(3)
                .D(3)
                .H(2)
                    .E(5)
                    .G(2)
            .D(I)

    d. Nível 0   100 unidades de A
       Nível 1   200 unidades de B
                  300 unidades de C
       Nível 2   600 unidades de F
                  600 unidades de H
                  1.000 unidades de D
       Nível 3   3.800 unidades de E
                  1.200 unidades de G

APÊNDICE B

TABELAS DE CURVA DE APRENDIZAGEM

Curvas de aprendizagem: tabela de valores unitários

Tabela B.1

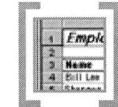

	Fator de Melhoria por Unidade							
Unidade	60%	65%	70%	75%	80%	85%	90%	95%
1	1,0000	1,0000	1,0000	1,0000	1,0000	1,0000	1,0000	1,0000
2	0,6000	0,6500	0,7000	0,7500	0,8000	0,8500	0,9000	0,9500
3	0,4450	0,5052	0,5682	0,6338	0,7021	0,7729	0,8462	0,9219
4	0,3600	0,4225	0,4900	0,5625	0,6400	0,7225	0,8100	0,9025
5	0,3054	0,3678	0,4368	0,5127	0,5956	0,6857	0,7830	0,8877
6	0,2670	0,3284	0,3977	0,4754	0,5617	0,6570	0,7616	0,8758
7	0,2383	0,2984	0,3674	0,4459	0,5345	0,6337	0,7439	0,8659
8	0,2160	0,2746	0,3430	0,4219	0,5120	0,6141	0,7290	0,8574
9	0,1980	0,2552	0,3228	0,4017	0,4930	0,5974	0,7161	0,8499
10	0,1832	0,2391	0,3058	0,3846	0,4765	0,5828	0,7047	0,8433
12	0,1602	0,2135	0,2784	0,3565	0,4493	0,5584	0,6854	0,8320
14	0,1430	0,1940	0,2572	0,3344	0,4276	0,5386	0,6696	0,8226
16	0,1290	0,1785	0,2401	0,3164	0,4096	0,5220	0,6561	0,8145
18	0,1188	0,1659	0,2260	0,3013	0,3944	0,5078	0,6445	0,8074
20	0,1099	0,1554	0,2141	0,2884	0,3812	0,4954	0,6342	0,8012
22	0,1025	0,1465	0,2038	0,2772	0,3697	0,4844	0,6251	0,7955
24	0,0961	0,1387	0,1949	0,2674	0,3595	0,4747	0,6169	0,7904
25	0,0933	0,1353	0,1908	0,2629	0,3548	0,4701	0,6131	0,7880
30	0,0815	0,1208	0,1737	0,2437	0,3346	0,4505	0,5963	0,7775
35	0,0728	0,1097	0,1605	0,2286	0,3184	0,4345	0,5825	0,7687
40	0,0660	0,1010	0,1498	0,2163	0,3050	0,4211	0,5708	0,7611
45	0,0605	0,0939	0,1410	0,2060	0,2936	0,4096	0,5607	0,7545
50	0,0560	0,0879	0,1336	0,1972	0,2838	0,3996	0,5518	0,7486
60	0,0489	0,0785	0,1216	0,1828	0,2676	0,3829	0,5367	0,7386
70	0,0437	0,0713	0,1123	0,1715	0,2547	0,3693	0,5243	0,7302
80	0,0396	0,0657	0,1049	0,1622	0,2440	0,3579	0,5137	0,7231
90	0,0363	0,0610	0,0987	0,1545	0,2349	0,3482	0,5046	0,7168
100	0,0336	0,0572	0,0935	0,1479	0,2271	0,3397	0,4966	0,7112
120	0,0294	0,0510	0,0851	0,1371	0,2141	0,3255	0,4830	0,7017
140	0,0262	0,0464	0,0786	0,1287	0,2038	0,3139	0,4718	0,6937
160	0,0237	0,0427	0,0734	0,1217	0,1952	0,3042	0,4623	0,6869
180	0,0218	0,0397	0,0691	0,1159	0,1879	0,2959	0,4541	0,6809
200	0,0201	0,0371	0,0655	0,1109	0,1816	0,2887	0,4469	0,6757
250	0,0171	0,0323	0,0584	0,1011	0,1691	0,2740	0,4320	0,6646
300	0,0149	0,0289	0,0531	0,0937	0,1594	0,2625	0,4202	0,6557
350	0,0133	0,0262	0,0491	0,0879	0,1517	0,2532	0,4105	0,6482
400	0,0121	0,0241	0,0458	0,0832	0,1453	0,2454	0,4022	0,6419
450	0,0111	0,0224	0,0431	0,0792	0,1399	0,2387	0,3951	0,6363
500	0,0103	0,0210	0,0408	0,0758	0,1352	0,2329	0,3888	0,6314
600	0,0090	0,0188	0,0372	0,0703	0,1275	0,2232	0,3782	0,6229
700	0,0080	0,0171	0,0344	0,0659	0,1214	0,2152	0,3694	0,6158
800	0,0073	0,0157	0,0321	0,0624	0,1163	0,2086	0,3620	0,6098
900	0,0067	0,0146	0,0302	0,0594	0,1119	0,2029	0,3556	0,6045
1.000	0,0062	0,0137	0,0286	0,0569	0,1082	0,1980	0,3499	0,5998
1.200	0,0054	0,0122	0,0260	0,0527	0,1020	0,1897	0,3404	0,5918
1.400	0,0048	0,0111	0,0240	0,0495	0,0971	0,1830	0,3325	0,5850
1.600	0,0044	0,0102	0,0225	0,0468	0,0930	0,1773	0,3258	0,5793
1.800	0,0040	0,0095	0,0211	0,0446	0,0895	0,1725	0,3200	0,5743
2.000	0,0037	0,0089	0,0200	0,0427	0,0866	0,1683	0,3149	0,5698
2.500	0,0031	0,0077	0,0178	0,0389	0,0806	0,1597	0,3044	0,5605
3.000	0,0027	0,0069	0,0162	0,0360	0,0760	0,1530	0,2961	0,5530

Excel:
Curvas de aprendizagem

Tabela B.2 — Curvas de aprendizagem: tabela de valores acumulados

	FATOR ACUMULADO DE MELHORIA							
UNIDADE	60%	65%	70%	75%	80%	85%	90%	95%
1	1,000	1,000	1,000	1,000	1,000	1,000	1,000	1,000
2	1,600	1,650	1,700	1,750	1,800	1,850	1,900	1,950
3	2,045	2,155	2,268	2,384	2,502	2,623	2,746	2,872
4	2,405	2,578	2,758	2,946	3,142	3,345	3,556	3,774
5	2,710	2,946	3,195	3,459	3,738	4,031	4,339	4,662
6	2,977	3,274	3,593	3,934	4,299	4,688	5,101	5,538
7	3,216	3,572	3,960	4,380	4,834	5,322	5,845	6,404
8	3,432	3,847	4,303	4,802	5,346	5,936	6,574	7,261
9	3,630	4,102	4,626	5,204	5,839	6,533	7,290	8,111
10	3,813	4,341	4,931	5,589	6,315	7,116	7,994	8,955
12	4,144	4,780	5,501	6,315	7,227	8,244	9,374	10,62
14	4,438	5,177	6,026	6,994	8,092	9,331	10,72	12,27
16	4,704	5,541	6,514	7,635	8,920	1,38	12,04	13,91
18	4,946	5,879	6,972	8,245	9,716	11,41	13,33	15,52
20	5,171	6,195	70,407	8,828	10,48	12,40	14,61	17,13
22	5,379	6,492	70,819	9,388	11,23	13,38	15,86	18,72
24	5,574	6,773	8,213	9,928	11,95	14,33	17,10	20,31
25	5,668	6,909	8,404	10,19	12,31	14,80	17,71	21,10
30	6,097	7,540	9,305	11,45	14,02	17,09	20,73	25,00
35	6,478	8,109	10,13	12,72	15,64	19,29	23,67	28,86
40	6,821	8,631	10,90	13,72	17,19	21,43	26,54	32,68
45	7,134	9,114	11,62	14,77	18,68	23,50	29,37	36,47
50	7,422	9,565	12,31	15,78	20,12	25,51	32,14	40,22
60	7,941	10,39	13,57	17,67	22,87	29,41	37,57	47,65
70	8,401	11,13	14,74	19,43	25,47	33,17	42,87	54,99
80	8,814	11,82	15,82	21,09	27,96	36,80	48,05	62,25
90	9,191	12,45	16,83	22,67	30,35	40,32	53,14	69,45
100	9,539	13,03	17,79	24,18	32,65	43,75	58,14	76,59
120	10,16	14,11	19,57	27,02	37,05	50,39	67,93	90,71
140	10,72	15,08	21,20	29,67	41,22	56,78	77,46	104,7
160	11,21	15,97	22,72	32,17	45,20	62,95	86,80	118,5
180	11,67	16,79	24,14	34,54	49,03	68,95	95,96	132,1
200	12,09	17,55	25,48	36,80	52,72	74,79	105,0	145,7
250	13,01	19,28	28,56	42,05	61,47	88,83	126,9	179,2
300	13,81	20,81	31,34	46,94	69,66	102,2	148,2	212,2
350	14,51	22,18	33,89	51,48	77,43	115,1	169,0	244,8
400	15,14	23,44	36,26	55,75	84,85	127,6	189,3	277,0
450	15,72	24,60	38,48	59,80	91,97	139,7	209,2	309,0
500	16,26	25,68	40,58	63,68	98,85	151,5	228,8	340,6
600	17,21	27,67	44,47	70,97	112,0	174,2	267,1	403,3
700	18,06	29,45	48,04	77,77	124,4	196,1	304,5	465,3
800	18,82	31,09	51,36	84,18	136,3	217,3	341,0	526,5
900	19,51	32,60	54,46	90,26	147,7	237,9	376,9	587,2
1.000	20,15	31,01	57,40	96,07	158,7	257,9	412,2	647,4
1.200	21,30	36,59	62,85	107,0	179,7	296,6	481,2	766,6
1.400	22,32	38,92	67,85	117,2	199,6	333,9	548,4	884,2
1.600	23,23	41,04	72,49	126,8	218,6	369,9	614,2	1001
1.800	24,06	43,00	76,85	135,9	236,8	404,9	678,8	1116
2.000	24,83	44,84	80,96	144,7	254,4	438,9	742,3	1230
2.500	26,53	48,97	90,39	165,0	296,1	520,8	897,0	1513
3.000	27,99	52,62	98,90	183,7	335,2	598,9	1047	1791

Excel: Curvas de aprendizagem

APÊNDICE C

TABELAS DE VALORES PRESENTES

Valor presente de $1

Tabela C.1

Ano	1%	2%	3%	4%	5%	6%	7%	8%	9%	10%	12%	14%	15%
1	0,990	0,980	0,971	0,962	0,952	0,943	0,935	0,926	0,917	0,909	0,893	0,877	0,870
2	0,980	0,961	0,943	0,925	0,907	0,890	0,873	0,857	0,842	0,826	0,797	0,769	0,756
3	0,971	0,942	0,915	0,889	0,864	0,840	0,816	0,794	0,772	0,751	0,712	0,675	0,658
4	0,961	0,924	0,889	0,855	0,823	0,792	0,763	0,735	0,708	0,683	0,636	0,592	0,572
5	0,951	0,906	0,863	0,822	0,784	0,747	0,713	0,681	0,650	0,621	0,567	0,519	0,497
6	0,942	0,888	0,838	0,790	0,746	0,705	0,666	0,630	0,596	0,564	0,507	0,456	0,432
7	0,933	0,871	0,813	0,760	0,711	0,665	0,623	0,583	0,547	0,513	0,452	0,400	0,376
8	0,923	0,853	0,789	0,731	0,677	0,627	0,582	0,540	0,502	0,467	0,404	0,351	0,327
9	0,914	0,837	0,766	0,703	0,645	0,592	0,544	0,500	0,460	0,424	0,361	0,308	0,284
10	0,905	0,820	0,744	0,676	0,614	0,558	0,508	0,463	0,422	0,386	0,322	0,270	0,247
11	0,896	0,804	0,722	0,650	0,585	0,527	0,475	0,429	0,388	0,350	0,287	0,237	0,215
12	0,887	0,788	0,701	0,625	0,557	0,497	0,444	0,397	0,356	0,319	0,257	0,208	0,187
13	0,879	0,773	0,681	0,601	0,530	0,469	0,415	0,368	0,326	0,290	0,229	0,182	0,163
14	0,870	0,758	0,661	0,577	0,505	0,442	0,388	0,340	0,299	0,263	0,205	0,160	0,141
15	0,861	0,743	0,642	0,555	0,481	0,417	0,362	0,315	0,275	0,239	0,183	0,140	0,123
16	0,853	0,728	0,623	0,534	0,458	0,394	0,339	0,292	0,252	0,218	0,163	0,123	0,107
17	0,844	0,714	0,605	0,513	0,436	0,371	0,317	0,270	0,231	0,198	0,146	0,108	0,093
18	0,836	0,700	0,587	0,494	0,416	0,350	0,296	0,250	0,212	0,180	0,130	0,095	0,081
19	0,828	0,686	0,570	0,475	0,396	0,331	0,276	0,232	0,194	0,164	0,116	0,083	0,070
20	0,820	0,673	0,554	0,456	0,377	0,312	0,258	0,215	0,178	0,149	0,104	0,073	0,061
25	0,780	0,610	0,478	0,375	0,295	0,233	0,184	0,146	0,116	0,092	0,059	0,038	0,030
30	0,742	0,552	0,412	0,308	0,231	0,174	0,131	0,099	0,075	0,057	0,033	0,020	0,015

Ano	16%	18%	20%	24%	28%	32%	36%	40%	50%	60%	70%	80%	90%
1	0,862	0,847	0,833	0,806	0,781	0,758	0,735	0,714	0,667	0,625	0,588	0,556	0,526
2	0,743	0,718	0,694	0,650	0,610	0,574	0,541	0,510	0,444	0,391	0,346	0,309	0,277
3	0,641	0,609	0,579	0,524	0,477	0,435	0,398	0,364	0,296	0,244	0,204	0,171	0,146
4	0,552	0,516	0,482	0,423	0,373	0,329	0,292	0,260	0,198	0,153	0,120	0,095	0,077
5	0,476	0,437	0,402	0,341	0,291	0,250	0,215	0,186	0,132	0,095	0,070	0,053	0,040
6	0,410	0,370	0,335	0,275	0,227	0,189	0,158	0,133	0,088	0,060	0,041	0,029	0,021
7	0,354	0,314	0,279	0,222	0,178	0,143	0,116	0,095	0,059	0,037	0,024	0,016	0,011
8	0,305	0,266	0,233	0,179	0,139	0,108	0,085	0,068	0,039	0,023	0,014	0,009	0,006
9	0,263	0,226	0,194	0,144	0,108	0,082	0,063	0,048	0,026	0,015	0,008	0,005	0,003
10	0,227	0,191	0,162	0,116	0,085	0,062	0,046	0,035	0,017	0,009	0,005	0,003	0,002
11	0,195	0,162	0,135	0,094	0,066	0,047	0,034	0,025	0,012	0,006	0,003	0,002	0,001
12	0,168	0,137	0,112	0,076	0,052	0,036	0,025	0,018	0,008	0,004	0,002	0,001	0,001
13	0,145	0,116	0,093	0,061	0,040	0,027	0,018	0,013	0,005	0,002	0,001	0,001	0,000
14	0,125	0,099	0,078	0,049	0,032	0,021	0,014	0,009	0,003	0,001	0,001	0,000	0,000
15	0,108	0,084	0,065	0,040	0,025	0,016	0,010	0,006	0,002	0,001	0,000	0,000	0,000
16	0,093	0,071	0,054	0,032	0,019	0,012	0,007	0,005	0,002	0,001	0,000	0,000	
17	0,080	0,060	0,045	0,026	0,015	0,009	0,005	0,003	0,001	0,000	0,000		
18	0,069	0,051	0,038	0,021	0,012	0,007	0,004	0,002	0,001	0,000	0,000		
19	0,060	0,043	0,031	0,017	0,009	0,005	0,003	0,002	0,000	0,000			
20	0,051	0,037	0,026	0,014	0,007	0,004	0,002	0,001	0,000	0,000			
25	0,024	0,016	0,010	0,005	0,002	0,001	0,000	0,000					
30	0,012	0,007	0,004	0,002	0,001	0,000	0,000						

Usando o Microsoft Excel®, esses valores são calculados com a equação: $(1 + juros)^{-anos}$.

APÊNDICE D

DISTRIBUIÇÃO EXPONENCIAL NEGATIVA: VALORES DE e^{-x}[1]

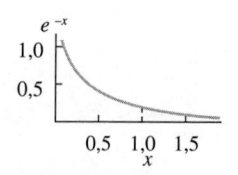

X	e^{-x} (VALOR)	X	e^{-x} (VALOR)	X	e^{-x} (VALOR)	X	e^{-x} (VALOR)
0,00	1,00000	0,50	0,60653	1,00	0,36788	1,50	0,22313
0,01	0,99005	0,51	0,60050	1,01	0,36422	1,51	0,22091
0,02	0,98020	0,52	0,59452	1,02	0,36060	1,52	0,21871
0,03	0,97045	0,53	0,58860	1,03	0,35701	1,53	0,21654
0,04	0,96079	0,54	0,58275	1,04	0,35345	1,54	0,21438
0,05	0,95123	0,55	0,57695	1,05	0,34994	1,55	0,21225
0,06	0,94176	0,56	0,57121	1,06	0,34646	1,56	0,21014
0,07	0,93239	0,57	0,56553	1,07	0,34301	1,57	0,20805
0,08	0,92312	0,58	0,55990	1,08	0,33960	1,58	0,20598
0,09	0,91393	0,59	0,55433	1,09	0,33622	1,59	0,20393
0,10	0,90484	0,60	0,54881	1,10	0,33287	1,60	0,20190
0,11	0,89583	0,61	0,54335	1,11	0,32956	1,61	0,19989
0,12	0,88692	0,62	0,53794	1,12	0,32628	1,62	0,19790
0,13	0,87809	0,63	0,53259	1,13	0,32303	1,63	0,19593
0,14	0,86936	0,64	0,52729	1,14	0,31982	1,64	0,19398
0,15	0,86071	0,65	0,52205	1,15	0,31664	1,65	0,19205
0,16	0,87514	0,66	0,51685	1,16	0,31349	1,66	0,19014
0,17	0,84366	0,67	0,51171	1,17	0,31037	1,67	0,18825
0,18	0,83527	0,68	0,50662	1,18	0,30728	1,68	0,18637
0,19	0,82696	0,69	0,50158	1,19	0,30422	1,69	0,18452
0,20	0,81873	0,70	0,49659	1,20	0,30119	1,70	0,18268
0,21	0,81058	0,71	0,49164	1,21	0,29820	1,71	0,18087
0,22	0,80252	0,72	0,48675	1,22	0,29523	1,72	0,17907
0,23	0,79453	0,73	0,48191	1,23	0,29229	1,73	0,17728
0,24	0,78663	0,74	0,47711	1,24	0,28938	1,74	0,17552
0,25	0,77880	0,75	0,47237	1,25	0,28650	1,75	0,17377
0,26	0,77105	0,76	0,46767	1,26	0,28365	1,76	0,17204
0,27	0,76338	0,77	0,46301	1,27	0,28083	1,77	0,17033
0,28	0,75578	0,78	0,45841	1,28	0,27804	1,78	0,16864
0,29	0,74826	0,79	0,45384	1,29	0,27527	1,79	0,16696
0,30	0,74082	0,80	0,44933	1,30	0,27253	1,80	0,16530
0,31	0,73345	0,81	0,44486	1,31	0,26982	1,81	0,16365
0,32	0,72615	0,82	0,44043	1,32	0,26714	1,82	0,16203
0,33	0,71892	0,83	0,43605	1,33	0,26448	1,83	0,16041
0,34	0,71177	0,84	0,43171	1,34	0,26185	1,84	0,15882
0,35	0,70469	0,85	0,42741	1,35	0,25924	1,85	0,15724
0,36	0,69768	0,86	0,42316	1,36	0,25666	1,86	0,15567
0,37	0,69073	0,87	0,41895	1,37	0,25411	1,87	0,15412
0,38	0,68386	0,88	0,41478	1,38	0,25158	1,88	0,15259
0,39	0,67706	0,89	0,41066	1,39	0,24908	1,89	0,15107
0,40	0,67032	0,90	0,40657	1,40	0,24660	1,90	0,14957
0,41	0,66365	0,91	0,40252	1,41	0,24414	1,91	0,14808
0,42	0,65705	0,92	0,39852	1,42	0,24171	1,92	0,14661
0,43	0,65051	0,93	0,39455	1,43	0,23931	1,93	0,14515
0,44	0,64404	0,94	0,39063	1,44	0,23693	1,94	0,14370
0,45	0,63763	0,95	0,38674	1,45	0,23457	1,95	0,14227
0,46	0,63128	0,96	0,38289	1,46	0,23224	1,96	0,14086
0,47	0,62500	0,97	0,37908	1,47	0,22993	1,97	0,13946
0,48	0,61878	0,98	0,37531	1,48	0,22764	1,98	0,13807
0,49	0,61263	0,99	0,37158	1,49	0,22537	1,99	0,13670
0,50	0,60653	1,00	0,36788	1,50	0,22313	2,00	0,13534

[1] Usando o Microsoft Excel®, esses valores são calculados com a equação: 1 − EXPONDIST(x, 1, TRUE).

APÊNDICE E

ÁREAS DA DISTRIBUIÇÃO NORMAL PADRÃO ACUMULADA[1]

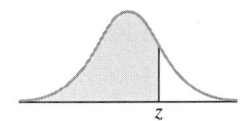

Uma entrada na tabela é a proporção sob a curva acumulada a partir da extremidade negativa.

z	G(z)	z	G(z)	z	G(z)
−4,00	0,00003	−1,30	0,09680	1,40	0,91924
−3,95	0,00004	−1,25	0,10565	1,45	0,92647
−3,90	0,00005	−1,20	0,11507	1,50	0,93319
−3,85	0,00006	−1,15	0,12507	1,55	0,93943
−3,80	0,00007	−1,10	0,13567	1,60	0,94520
−3,75	0,00009	−1,05	0,14686	1,65	0,95053
−3,70	0,00011	−1,00	0,15866	1,70	0,95543
−3,65	0,00013	−0,95	0,17106	1,75	0,95994
−3,60	0,00016	−0,90	0,18406	1,80	0,96407
−3,55	0,00019	−0,85	0,19766	1,85	0,96784
−3,50	0,00023	−0,80	0,21186	1,90	0,97128
−3,45	0,00028	−0,75	0,22663	1,95	0,97441
−3,40	0,00034	−0,70	0,24196	2,00	0,97725
−3,35	0,00040	−0,65	0,25785	2,05	0,97982
−3,30	0,00048	−0,60	0,27425	2,10	0,98214
−3,25	0,00058	−0,55	0,29116	2,15	0,98422
−3,20	0,00069	−0,50	0,30854	2,20	0,98610
−3,15	0,00082	−0,45	0,32636	2,25	0,98778
−3,10	0,00097	−0,40	0,34458	2,30	0,98928
−3,05	0,00114	−0,35	0,36317	2,35	0,99061
−3,00	0,00135	−0,30	0,38209	2,40	0,99180
−2,95	0,00159	−0,25	0,40129	2,45	0,99286
−2,90	0,00187	−0,20	0,42074	2,50	0,99379
−2,85	0,00219	−0,15	0,44038	2,55	0,99461
−2,80	0,00256	−0,10	0,46017	2,60	0,99534
−2,75	0,00298	−0,05	0,48006	2,65	0,99598
−2,70	0,00347	0,00	0,50000	2,70	0,99653
−2,65	0,00402	0,05	0,51994	2,75	0,99702
−2,60	0,00466	0,10	0,53983	2,80	0,99744
−2,55	0,00539	0,15	0,55962	2,85	0,99781
−2,50	0,00621	0,20	0,57926	2,90	0,99813
−2,45	0,00714	0,25	0,59871	2,95	0,99841
−2,40	0,00820	0,30	0,61791	3,00	0,99865
−2,35	0,00939	0,35	0,63683	3,05	0,99886
−2,30	0,01072	0,40	0,65542	3,10	0,99903
−2,25	0,01222	0,45	0,67364	3,15	0,99918
−2,20	0,01390	0,50	0,69146	3,20	0,99931
−2,15	0,01578	0,55	0,70884	3,25	0,99942
−2,10	0,01786	0,60	0,72575	3,30	0,99952
−2,05	0,02018	0,65	0,74215	3,35	0,99960
−2,00	0,02275	0,70	0,75804	3,40	0,99966
−1,95	0,02559	0,75	0,77337	3,45	0,99972
−1,90	0,02872	0,80	0,78814	3,50	0,99977
−1,85	0,03216	0,85	0,80234	3,55	0,99981
−1,80	0,03593	0,90	0,81594	3,60	0,99984
−1,75	0,04006	0,95	0,82894	3,65	0,99987
−1,70	0,04457	1,00	0,84134	3,70	0,99989
−1,65	0,04947	1,05	0,85314	3,75	0,99991
−1,60	0,05480	1,10	0,86433	3,80	0,99993
−1,55	0,06057	1,15	0,87493	3,85	0,99994
−1,50	0,06681	1,20	0,88493	3,90	0,99995
−1,45	0,07353	1,25	0,89435	3,95	0,99996
−1,40	0,08076	1,30	0,90320	4,00	0,99997
−1,35	0,08851	1,35	0,91149		

[1] Usando o Microsoft Excel®, essas probabilidades são geradas com a função NORMDIST(z).

APÊNDICE F

PROGRAMAÇÃO LINEAR COM O SOLVER DO MICROSOFT EXCEL

393 Apresentação

Definição de programação linear (PL)

394 Modelo de programação linear

395 Programação linear gráfica

Definição de programação linear gráfica

397 Programação linear usando o Microsoft Excel

O segredo das produções lucrativas é fazer o melhor uso dos recursos disponíveis: profissionais, materiais, fábrica e equipamentos, e dinheiro. O gerente moderno dispõe de uma ferramenta de modelagem matemática eficiente para essa finalidade por meio da programação linear. Neste apêndice, mostraremos como o uso do Solver do Microsoft Excel para solucionar problemas de programação linear abre um novo horizonte para o gerente inovador e traz uma inclusão importante para o conjunto de habilidades técnicas daqueles que buscam uma carreira profissional em consultoria. Apresentamos o uso dessa ferramenta, por meio de um problema de planejamento de produtos. Encontramos aqui o *mix* ideal de produtos que têm custos e necessidades de recursos diferentes. Certamente, esse problema é relevante para o mercado competitivo dos dias atuais. As empresas realmente bem-sucedidas oferecem um *mix* de produtos, desde os modelos padrão até modelos de luxo sofisticados. Todos esses produtos disputam o uso da produção limitada e de outras capacidades. Manter o *mix* correto desses produtos no decorrer do tempo pode aumentar consideravelmente os ganhos e o retorno sobre os ativos de uma empresa.

Começaremos com uma apresentação sucinta da programação linear e das condições sob as quais a técnica é aplicável. Em seguida, solucionaremos um problema simples de *mix* de produtos.

APRESENTAÇÃO

A programação linear (ou simplesmente, PL) está relacionada às várias técnicas matemáticas utilizadas para alocar os recursos limitados entre as demandas concorrentes de modo perfeito. A PL é a abordagem mais popular, pertencente ao tema geral das técnicas de otimização matemáticas e foi aplicada a muitos problemas de administração da produção. São comuns as seguintes aplicações:

Programação linear (PL)

Planejamento agregado de vendas e de produção: encontrar a programação da produção de custo mínimo. O problema está em desenvolver um plano de 3 a 6 meses para atender à demanda prevista, dadas as restrições impostas à capacidade da produção esperada e ao tamanho da equipe de trabalho. Os custos relevantes considerados no problema englobam as taxas de mão-de-obra normal e extra, custo de contratação e demissão, subcontratação e transporte de estoque.

Análise da produtividade do serviço/produção: comparar a eficiência com que os diversos postos de serviços e de produção utilizam seus recursos em relação à unidade de mais alto desempenho. Isso é feito através do uso de uma abordagem denominada análise de envelopamento dos dados.

Planejamento de produtos: encontrar o *mix* de produtos ideal, onde os diversos produtos têm custos e necessidades de recursos diferentes. Exemplos: descobrir a mistura perfeita de produtos químicos para gasolina, tintas, dietas para seres humanos e rações de animais. Este apêndice examinará exemplos desse problema.

Seqüenciamento de produtos: encontrar a maneira ideal de produzir um produto que deve ser processado em seqüência em vários centros de máquinas, mas cada máquina dos centros tem custos e características de produção próprios.

Programação de veículos / tripulação: encontrar a maneira ideal de usar os recursos, como aeronaves, ônibus ou caminhões e as respectivas tripulações profissionais para oferecer serviços de transporte aos clientes e aos materiais a serem deslocados entre os diversos locais.

Controle de processos: minimizar o volume de materiais refugados gerados ao cortar aço, couro ou tecidos de um rolo ou folha de material em estoque.

Controle de estoque: encontrar a combinação ideal de produtos para estocar em uma cadeia de depósitos ou locais de estocagem.

Programação da distribuição: encontrar a programação de expedição ideal para distribuir produtos entre fábricas e depósitos ou entre depósitos e varejistas.

Estudos de localização das fábricas: encontrar o local ideal de uma nova fábrica, avaliando os custos de transporte entre as localizações alternativas e as fontes de oferta e procura.

Manipulação de materiais: encontrar as rotas de custo mínimo dos equipamentos de manuseio de materiais (como empilhadeiras) entre departamentos em uma fábrica, ou transportar materiais de um pátio de abastecimento até os locais de trabalho, por caminhões, por exemplo. Cada caminhão deve ter capacidades físicas e de desempenho diferentes.

A programação linear está obtendo ampla aceitação em diversos setores, devido à disponibilidade de informações detalhadas e ao interesse na otimização dos processos para reduzir custos. Vários fornecedores de software oferecem opções de otimização a serem utilizadas com os sistemas de planejamento de recursos empresariais. Algumas empresas se referem a essas alternativas como *opção de planejamento avançado, planejamento sincronizado* e *otimização de processos*.

Existem cinco condições essenciais em um problema que podem pertencer à programação linear. Primeira, devem existir *recursos limitados* (como um número limitado de funcionários, equipamentos, finanças e materiais); caso contrário, não haveria problema. Segunda, deve haver um *objetivo explícito* (como maximizar o lucro ou minimizar o custo). Terceira, deve haver *linearidade* (dois é duas vezes mais que um; se forem necessárias três horas para fazer uma peça, então duas peças levarão seis horas, e três peças, nove horas). Quarta, deve haver *homogeneidade* (os produtos fabricados em uma máquina são idênticos, ou todas as horas disponíveis de um trabalhador são igualmente produtivas). Quinta é a *divisibilidade*: a programação linear normal presume que os produtos e os recursos podem ser subdivididos em frações. Se essa subdivisão não for possível (como voar meio avião ou empregar um quarto de uma pessoa), pode ser usada uma modificação da programação linear, chamada *programação inteira*.

Quando um único objetivo deve ser maximizado (como o lucro) ou minimizado (como os custos), é possível utilizar a programação linear. Quando existem diversos objetivos, é usada a *programação de metas*. Se um problema for mais bem resolvido em estágios ou períodos, será empregada a *programação dinâmica*. Outras restrições relacionadas à natureza do problema poderão exigir a sua solução por outras variações da técnica, como a *programação não-linear* ou a *programação quadrática*.

MODELO DE PROGRAMAÇÃO LINEAR

Apresentado formalmente, o problema de programação linear exige um processo de otimização no qual os valores não-negativos para um conjunto de variáveis de decisão, $X_1, X_2, \ldots, X_n$, são selecionados para maximizar (ou minimizar) uma função objetivo na forma

$$\text{Maximizar (minimizar)}\ Z = C_1X_1 + C_2X_2 + \ldots + C_nX_n$$

sujeitos às restrições de recursos, na forma

$$A_{11}X_1 + A_{12}X_2 + \cdots + A_{1n}X_n \leq B_1$$
$$A_{21}X_1 + A_{22}X_2 + \cdots + A_{2n}X_n \leq B_2$$
$$\vdots$$
$$A_{m1}X_1 + A_{m2}X_2 + \cdots + A_{mn}X_n \leq B_m$$

onde C_n, A_{mn} e B_m são constantes conhecidas.

Dependendo do problema, as restrições também podem ser determinadas com sinais de igualdade (=) ou sinais de maior-que ou igual a ($\geq$).

Exemplo F.1: Puck and Pawn Company

Descreveremos as etapas para a solução de um modelo simples de programação linear no contexto de um problema de amostra, o da Puck and Pawn Co., que fabrica bastões para hóquei e jogos de xadrez. Cada bastão rende um lucro incremental de $2, e cada jogo de xadrez, $4. Um bastão precisa de quatro horas de processamento no Centro de Máquinas A e duas horas no Centro de Máquinas B. Cada jogo de xadrez precisa de seis horas no Centro de Máquinas A, seis horas no Centro de Máquinas B e uma hora no Centro de Máquinas C. O Centro de Máquinas A tem um máximo de 120 horas de capacidade disponível por dia. O Centro de Máquinas B tem 72 horas e o Centro de Máquinas C tem 10 horas.

Se a empresa deseja maximizar o lucro, quantos bastões e quantos jogos de xadrez devem ser produzidos por dia?

SOLUÇÃO

Formule o problema em termos matemáticos. Se *H* é o número de bastões para hóquei e C é o número de jogos de xadrez, para maximizar o lucro, a função objetivo pode ser declarada como

$$\text{Maximizar}\ Z = \$2H + \$4C$$

A maximização estará sujeita às seguintes restrições:

$$4H + 6C \leq 120 \quad \text{(restrição do Centro de Máquinas A)}$$
$$2H + 6C \leq 72 \quad \text{(restrição do Centro de Máquinas B)}$$
$$1C \leq 10 \quad \text{(restrição do Centro de Máquinas C)}$$
$$H, C \geq 0 \; \bullet$$

Esta formulação satisfaz as cinco exigências para a PL padrão, que são mencionadas na primeira seção deste apêndice:

1. Existem recursos limitados (um número finito de horas disponíveis em cada centro de máquina).
2. Há uma função objetivo explícita (sabe-se quanto vale cada variável e qual é a meta a ser atingida para solucionar o problema).
3. As equações são lineares (não há expoentes ou produtos cruzados).
4. Os recursos são homogêneos (tudo está expresso em uma unidade de medida, horas-máquina).
5. As variáveis de decisão são divisíveis e não-negativas (pode-se fazer uma parte fracionada de um bastão ou jogo de xadrez; entretanto, se isso fosse considerado indesejável, teríamos que usar a programação inteira).

PROGRAMAÇÃO LINEAR GRÁFICA

Embora seja limitada na aplicação para os problemas envolvendo duas variáveis de decisão (ou três variáveis para um gráfico de três dimensões), a programação linear gráfica fornece um discernimento rápido sobre a natureza da programação linear. Descreveremos as etapas do método gráfico no contexto da Puck and Pawn Company. As etapas seguintes ilustram a abordagem gráfica:

Programação linear gráfica

1. **Formular o problema em termos matemáticos.** As equações para o problema foram especificadas anteriormente.
2. **Representar graficamente as equações de restrição.** As equações de restrição são representadas graficamente deixando uma variável igual a zero e resolvendo a interseção do eixo da outra. (As porções de desigualdade das restrições são descartadas para esta etapa.) Para a equação de restrição do Centro de Máquinas A, quando $H = 0$, $C = 20$, e quando $C = 0$, $H = 30$. Para a equação de restrição do Centro de Máquinas, quando $H = 0$, $C = 12$, e quando $C = 0$, $H = 36$. Para a equação de restrição do Centro de Máquinas C, $C = 10$ para todos os valores de H. Essas linhas estão representadas graficamente no Quadro F.1.
3. **Determinar a área de viabilidade.** A direção dos sinais de desigualdade em cada restrição determina a área em que se encontra uma solução viável. Neste caso, todas as desigualdades são da variedade menor do que ou igual a, o que significa que seria impossível produzir qualquer combinação de produtos que estariam à direita de qualquer linha de restrição no gráfico. A região das soluções viáveis não é sombreada no gráfico e forma um polígono convexo. Surge um polígono convexo quando uma linha traçada entre dois pontos quaisquer no polígono sempre fica dentro dos limites deste. Se esta condição de convexidade não existir, o problema está incorretamente montado ou não é candidato à programação linear.
4. **Representar graficamente a função objetivo.** A função objetivo pode ser representada graficamente presumindo-se um cenário arbitrário do lucro total e, em seguida, solucionando as coordenadas dos eixos, como foi feito pelas equações de restrições. Outros termos

Quadro F.1 — Gráfico do problema dos bastões de hóquei e dos jogos de xadrez

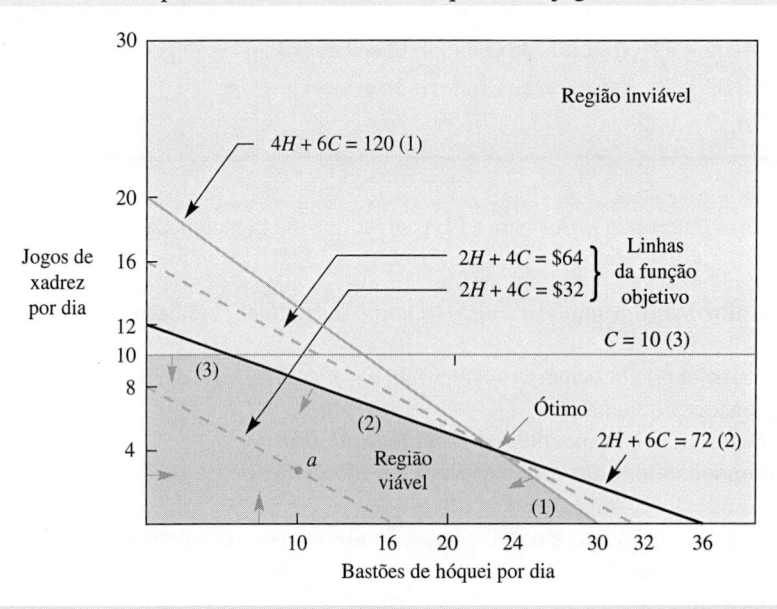

Eixo Y: Jogos de xadrez por dia (0, 4, 8, 10, 12, 16, 20, 30)
Eixo X: Bastões de hóquei por dia (10, 16, 20, 24, 30, 32, 36)

Linhas do gráfico:
- $4H + 6C = 120$ (1)
- $2H + 4C = \$64$
- $2H + 4C = \$32$ — Linhas da função objetivo
- $C = 10$ (3)
- $2H + 6C = 72$ (2)

Região inviável, Região viável, Ótimo, ponto a

---

para a função objetivo, quando usada neste contexto, são *iso-lucro* ou *linha de contribuição igual*, porque mostra todas as combinações possíveis de produção para qualquer cenário de lucro. Por exemplo, da linha pontilhada, que se encontra mais próxima da origem no gráfico, podem-se determinar todas as combinações possíveis de bastões de hóquei e jogos de xadrez que rendem $32, pegando um ponto na linha e lendo o número de cada produto que pode ser feito naquele ponto. A combinação rendendo $32 em um ponto a seria de 10 bastões de hóquei e três jogos de xadrez. Isso poderia ser verificado substituindo-se $H = 10$ e $C = 3$ na função objetivo:

$$\$2(10) + \$4(3) = \$20 + \$12 = \$32$$

H	C	Explicação
0	120/6 = 20	Interseção da Restrição (1) e eixo C
120/4 = 30	0	Interseção da Restrição (1) e eixo H
0	72/6 = 12	Interseção da Restrição (2) e eixo C
72/2 = 36	0	Interseção da Restrição (2) e eixo H
0	10	Interseção da Restrição (3) e eixo C
0	32/4 = 8	Interseção da linha do iso-lucro de $32 (função objetivo) e eixo C
32/2 = 16	0	Interseção da linha de iso-lucro de $32 e eixo H
0	64/4 = 16	Interseção da linha de iso-lucro de $64 e eixo C
64/2 = 32	0	Interseção da linha de iso-lucro de $64 e eixo H

5. **Encontrar o ponto ótimo.** Foi matematicamente demonstrado que a combinação ótima de variáveis de decisão é sempre encontrada em um ponto extremo (ponto angular) do polígono convexo. No Quadro F.1, existem quatro pontos angulares (excluindo a origem) e pode-se determinar qual deles é o ótimo usando qualquer uma das duas abordagens. A primeira abordagem é encontrar os valores das várias soluções de ângulos, algebricamente. Isso exige solucionar simultaneamente as equações de vários pares de linhas de interseção e a substituição das quantidades das variáveis resultantes na função

objetivo. Por exemplo, os cálculos para a interseção de $2H + 6C = 72$ e $C = 10$ são os seguintes:

Substituindo $C = 10$ em $2H + 6C = 72$ têm-se $2H + 6(10) = 72$, $2H = 12$, ou $H = 6$. Substituindo $H = 6$ e $C = 10$ na função objetivo, tem-se

$$\text{Lucro} = \$2H + \$4C = \$2(6) + \$4(10)$$
$$= \$12 + \$40 = \$52$$

Uma variação dessa abordagem é ler as quantidades de H e C diretamente do gráfico e substituir essas quantidades na função objetivo, como mostrado nos cálculos anteriores. A desvantagem dessa abordagem é que, nos problemas com um número grande de equações de restrições, existirão muitos pontos possíveis para avaliar, e o procedimento para testar cada um deles é matematicamente ineficiente.

A segunda abordagem, e geralmente a preferida, acarreta o uso da função objetivo e da linha do *iso-lucro* diretamente para encontrar o ponto ótimo. O procedimento envolve simplesmente traçar uma linha reta *paralela* a qualquer linha do *iso-lucro* inicial arbitrariamente selecionada para que a linha do *iso-lucro* seja mais distante da origem do gráfico. (Nos problemas de minimização de custo, o objetivo seria traçar uma linha que passa pelo ponto mais próximo da origem.) No Quadro F.1, a linha pontilhada rotulada de $\$2H + \$4C = \$64$ atravessa o ponto mais extremo. Observe que a linha *iso-lucro* inicial arbitrariamente selecionada é necessária para demonstrar a inclinação da função objetivo para o problema específico.[1] Isso é importante, uma vez que a função objetivo (tentativa de lucro = $3H + 3C$) poderá indicar que algum outro ponto é mais distante da origem. Sendo que $\$2H + \$4C = \$64$ é ótimo, a quantidade de cada produto a ser produzido pode ser lida do gráfico: 24 bastões de hóquei e quatro jogos de xadrez. Nenhuma outra combinação dos produtos resultará em um lucro maior.

PROGRAMAÇÃO LINEAR USANDO O MICROSOFT EXCEL

É possível usar planilhas para solucionar os problemas de programação linear. O Microsoft Excel tem uma ferramenta de otimização chamada *Solver*, que será demonstrada para resolver o problema dos bastões de hóquei e dos jogos de xadrez. O Solver é acessado no menu Ferramentas. A caixa de diálogo solicita as informações necessárias ao programa. O exemplo a seguir descreve como é possível solucionar o problema do nosso exemplo, no Excel.

Se a opção Solver não constar no menu Tools (Ferramentas) do seu sistema, clique em Add-Ins (Suplementos), selecione Solver Add-In (Solver) e clique em OK. A partir de então, o Solver deve ficar disponível no menu Ferramentas para uso futuro.

No exemplo a seguir, trabalharemos passo a passo, configurando uma planilha e solucionando o problema da Puck and Pawn Company. Nossa estratégia básica é definir primeiramente o problema dentro da planilha. Em seguida, carregaremos o Solver e inseriremos as informações necessárias. Por último, executaremos o Solver e interpretaremos os resultados dos relatórios fornecidos pelo programa.

Etapa 1: Definir as células variáveis Um ponto de partida prático é identificar as células a serem utilizadas para as variáveis de decisões no problema, que são as células H e C, o número de bastões de hóquei e o número de jogos de xadrez a serem produzidos. O Excel denomina essas células de células variáveis no Solver. Em relação à tela no Excel (Quadro F.2), indicamos B4 como local para inserir o número de bastões de hóquei a serem produzidos, e C4 para receber o número de jogos de xadrez. Lembre-se de que definimos essas células, inicialmente, com o valor 2. Poderíamos defini-las com um valor qualquer, mas convém usar um valor diferente de zero para ajudar a verificar se nossos cálculos estão corretos.

Quadro F.2 — Tela da Puck and Pawn Company no Microsoft Excel

	A	B	C	D	E	F
1						
2						
3		Hockey Sticks	Chess Sets	Total		
4	Changing Cells	2	2			
5	Profit	$2	$4	$12		
6						
7				Resources		
8		Hockey Sticks	Chess Sets	Used		Capacity
9	Machine A	4	6	20	<=	120
10	Machine B	2	6	16	<=	72
11	Machine C	0	1	2	<=	10

Célula D5: `=+B4*B5+C4*C5`

Etapa 2: Calcular o lucro (ou custo) total Essa é a nossa função objetivo, que é calculada multiplicando-se o lucro associado a cada produto pelo número de unidades produzidas. Inserimos os lucros nas células B5 e C5 ($2 e $4), de modo que o lucro é calculado com a seguinte equação: B4*B5 + C4*C5, cujo cálculo ocorre na célula D5. O Solver chama essa célula de Célula de Destino e ela corresponde à função objetivo de um problema.

Etapa 3: Configurar a utilização dos recursos Nossos recursos são os centros de máquina A, B e C, definidos no problema inicial. Configuramos três linhas (9, 10, 11) na planilha, uma para cada restrição de recurso. Para o centro de máquinas A, as horas do tempo de processamento são usadas para cada bastão de hóquei produzido (célula B9) e 6 horas para cada jogo de xadrez (célula C9). Para uma solução específica, a quantidade total de recurso do centro de máquinas A empregada é calculada em D9 (B9*B4 + C9*C4). Indicamos na célula E9 que esse valor deve ser menor que a capacidade de 120 horas do centro de máquinas A, que é inserido em F9. A utilização de recursos para os centros de máquinas B e C é configurada da mesma maneira, nas linhas 10 e 11.

Etapa 4: Configurar o Solver Entre no menu Tools (Ferramentas) e selecione a opção Solver.

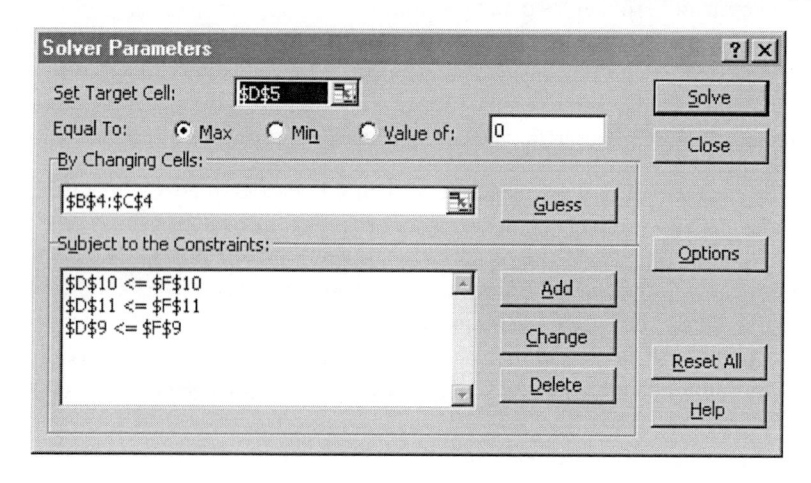

Solver Parameters

- Set Target Cell: $D$5
- Equal To: ● Max ○ Min ○ Value of: 0
- By Changing Cells: $B$4:$C$4
- Subject to the Constraints:
  - $D$10 <= $F$10
  - $D$11 <= $F$11
  - $D$9 <= $F$9

1. Set Target Cell: este campo é definido como o local onde será calculado o valor a ser otimizado. Trata-se do lucro calculado em D5 na nossa planilha.
2. Equal To: é definido com Max porque a meta é maximizar o lucro.
3. By Changing Cells: são as células que o Solver pode alterar para maximizar o lucro. As células B4 a C4 são as células variáveis em nosso problema.
4. Subject to the Constraints: corresponde à capacidade de nosso centro de máquinas. Aqui, clicamos em Add e indicamos que o total utilizado para um recurso é menor que ou igual à capacidade disponível. Veja a seguir um exemplo relacionado ao centro de máquinas A. Clique em OK depois de especificar cada restrição.

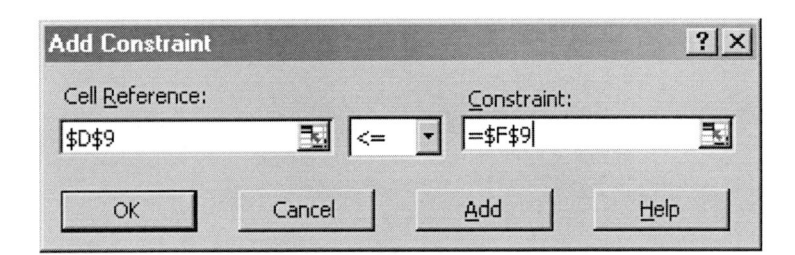

5. Clicar em Options permite informar ao Solver o tipo de problema que ele deverá solucionar e como solucioná-lo. O Solver tem várias opções, mas só precisaremos usar algumas. Veja a tela a seguir.

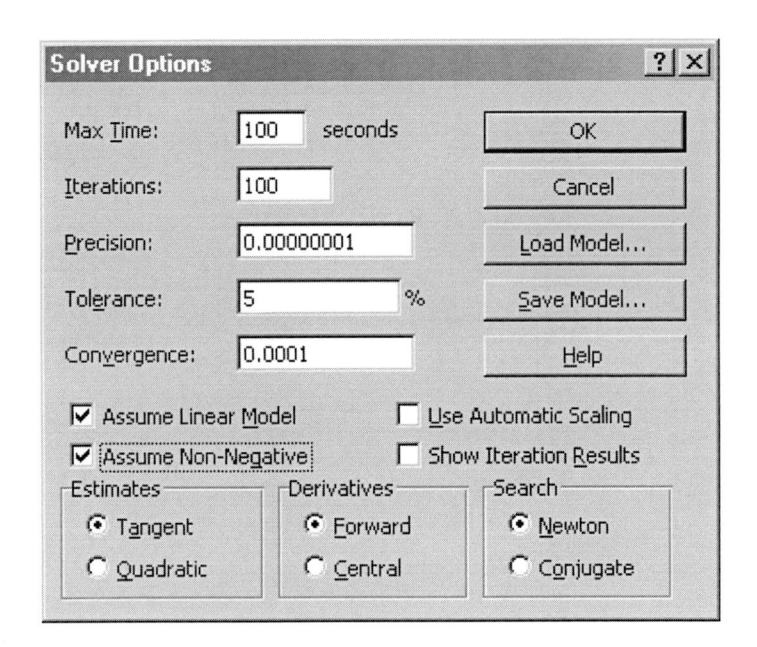

A maioria das opções está relacionada ao modo como o Solver tenta solucionar problemas não-lineares. Talvez seja muito difícil solucionar esses problemas e é complexo encontrar as soluções ideais. Felizmente, o problema em questão é linear. Sabemos disso porque as restrições e a função objetivo são calculadas por meio de equações lineares. Clique em Assume Linear Model para informar ao Solver que queremos usar a opção de programação linear para solucionar o problema. Além disso, sabemos que as células variáveis (variáveis de decisão) devem ser números maiores que ou iguais a zero, porque não faz sentido fabricar um número negativo de bastões para

Quadro F.3 — Relatórios de resposta e de sensibilidade do Solver do Microsoft Excel

Relatório de resposta

CÉLULA DE DESTINO (MAX.)

Célula	Nome	Valor original	Valor final
$D$5	Total do Lucro	$12	$64

CÉLULAS AJUSTÁVEIS

Célula	Nome	Valor original	Valor final
$B$4	Células Variáveis Bastões de Hóquei	2	24
$C$4	Células Variáveis Jogos de Xadrez	2	4

RESTRIÇÕES

Célula	Nome	Valor da célula	Fórmula	Status	Transigência
$D$11	Máquina C Usada	4	$D$11<=$F$11	Não obrigatório	6
$D$10	Máquina B Usada	72	$D$10<=$F$10	Obrigatório	0
$D$9	Máquina A Usada	120	$D$9<=$F$9	Obrigatório	0

Relatório da sensibilidade

CÉLULAS AJUSTÁVEIS

Célula	Nome	Valor final	Custo reduzido	Coeficiente de objetivo	Aumento permitido	Redução permitida
$B$4	Células variáveis Bastões	24	0	2	0,666666667	0,666666667
$C$4	Células variáveis J. Xadrez	4	0	4	2	1

RESTRIÇÕES

Célula	Nome	Valor final	Preço sombra*	Restrição lado direito	Aumento permitido	Redução permitida
$D$11	Máquina C Usada	4	0	10	1E + 30	6
$D$10	Máquina B Usada	72	0,333333333	72	18	12
$D$9	Máquina A Usada	120	0,333333333	120	24	36

*Preço Sombra: o valor monetário de mais uma unidade de capacidade.

hóquei ou jogos de xadrez. Para indicar esse aspecto, selecione a opção Assume Non-Negative. Agora, já estamos preparados para solucionar o problema. Clique em OK para voltar à caixa Solver Parameters.

Etapa 5: Solucionar o problema Clique em Solve. O sistema exibe imediatamente uma confirmação de resultados do Solver (Sover Results), como a tela a seguir.

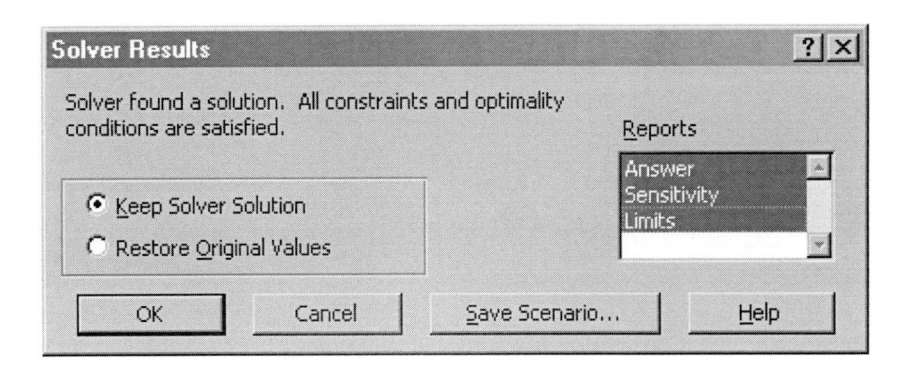

Apêndice F PROGRAMAÇÃO LINEAR COM O SOLVER DO MICROSOFT EXCEL

O Solver confirma que foi encontrada uma solução supostamente ótima. No lado direito dessa caixa, encontram-se três opções de relatórios: Answer Report (Relatório de Respostas), Sensitivity Report (Relatório de Sensibilidade) e Limits Report (Relatório de Limites). Marque cada relatório para que o Solve os disponibilize. Após selecioná-los, clique em OK para retornar à planilha. Foram criadas três novas planilhas para esses relatórios.

Os relatórios mais adequados ao nosso problema são o Answer Report e o Sensitivity Report, ambos mostrados no Quadro F.3. O Answer Report apresenta as respostas finais para o lucro total ($64) e as quantidades produzidas (24 bastões de hóquei e 4 jogos de xadrez). Na seção de restrições do Answer Report, é informado o *status* de cada recurso. Todas da máquina A e B são usadas, e há seis unidades sobressalentes para a máquina C.

O Sensitivity Report está dividido em duas partes. A primeira parte, intitulada "Adjustable Cell" (Células Ajustáveis), corresponde aos coeficientes da função objetivo. O lucro por unidade de bastão de hóquei pode ser acima ou abaixo de $0,67 (entre $2,67 e $1,33) sem afetar a solução. De modo semelhante, o lucro dos jogos de xadrez pode estar entre $6 e $3, sem alterar a solução. No caso da máquina A, o lado direito pode aumentar para 144 (120 + 24) ou diminuir para 84, com um aumento ou redução de $0,33 resultante por unidade na função objetivo. O lado direito da máquina B pode aumentar para 90 unidades ou cair para 60 unidades, com a mesma alteração de $0,33 para cada unidade na função objetivo. Para a máquina C, o lado direito pode aumentar para infinito (1E + 30 é uma notação científica para um número muito grande) ou cair para 4 unidades sem alteração na função objetivo.

Termos-chave

Programação linear (PL) Refere-se a várias técnicas matemáticas relacionadas, utilizadas para alocar recursos limitados entre demandas concorrentes de modo ótimo.

Programação linear gráfica Descrição sucinta da natureza da programação linear.

Problemas resolvidos

PROBLEMA RESOLVIDO 1

Um fabricante de móveis produz três produtos: mesas de canto, sofás e poltronas. Esses produtos são processados em cinco departamentos: Corte da madeira, Corte do tecido, Lixa, Pintura e Montagem.

As mesas de canto e as poltronas são fabricadas somente de madeira crua, e os sofás exigem madeira e tecido. Usa-se muita cola e linha, mas esses componentes representam um custo relativamente insignificante dentro das despesas operacionais. As necessidades específicas de cada produto são:

Recurso ou atividade (quantidade disponível por mês)	Necessidade por mesa de canto	Necessidade por sofá	Necessidade por poltrona
Madeira (chapa de 4.300 pés)	10 pés a $10/pé = $100/mesa	7,5 pés a $10/pé = $75	4 pés a $10/pé = $40
Tecido (2.500 jardas)	Nenhuma	10 jardas a $17,50/jarda = $175	Nenhuma
Serrar madeira (280 horas)	30 minutos	24 minutos	30 minutos
Cortar tecido (140 horas)	Nenhuma	24 minutos	Nenhuma
Lixar (280 horas)	30 minutos	6 minutos	30 minutos
Pintar (140 horas)	24 minutos	12 minutos	24 minutos
Montar (700 horas)	60 minutos	90 minutos	30 minutos

As despesas de mão-de-obra direta da empresa são de $75.000 por mês para as 1.540 horas de mão-de-obra, a $48,70 por hora. Com base na demanda atual, a empresa pode vender 300 mesas de canto, 180 sofás e 400 poltronas por mês. Os preços de venda são $400 para as mesas de canto, $750 para os sofás e $240 para as poltronas. Suponha que o custo de mão-de-obra seja fixo e que a empresa não pretende contratar nem demitir empregados no mês seguinte.

a. Qual é o recurso mais restritivo para o fabricante de móveis?
b. Determine o *mix* de produtos necessário para maximizar o lucro nessa empresa. Qual é o número ótimo de mesas de canto, sofás e poltronas para ser produzido mensalmente?

Solução

Defina X_1 como o número de mesas de canto, X_2 como o número de sofás e X_3 como o número de poltronas para produção mensal. O lucro é calculado como a receita de cada item menos o custo dos materiais (madeira e tecido), menos o custo da mão-de-obra. Como a mão-de-obra é fixa, nós a subtraímos de uma soma total. Matematicamente, temos $(400 - 100) + (750 - 75 - 175) + (240 - 40) - 75.000$. O lucro é calculado assim:

$$\text{Lucro} = 400X_1 + 750X_2 + 240X_3 - 75.000$$

As restrições são as seguintes:

Madeira: $\quad 10X_1 + 7,5X_2 + 4X_3 \leq 4.350$
Tecido: $\quad 10X_2 \leq 2.500$
Serrar: $\quad 0,5X_1 + 0,4X_2 + 0,5X_3 \leq 280$
Cortar: $\quad 0,4X_2 \leq 140$
Lixar: $\quad 0,5X_1 + 0,1X_2 + 0,5X_3 \leq 280$
Pintar: $\quad 0,4X_1 + 0,2X_2 + 0,4X_3 \leq 140$
Montar: $\quad 1X_1 + 1,5X_2 + 0,5X_3 \leq 700$
Demanda:
 Mesa: $\quad X_1 \leq 300$
 Sofá: $\quad X_2 \leq 180$
 Poltrona: $\quad X_3 \leq 400$

Etapa 1: Definir as células variáveis São as células B3, C3 e D3. Lembre-se de que essas células foram definidas como 0 (zero).

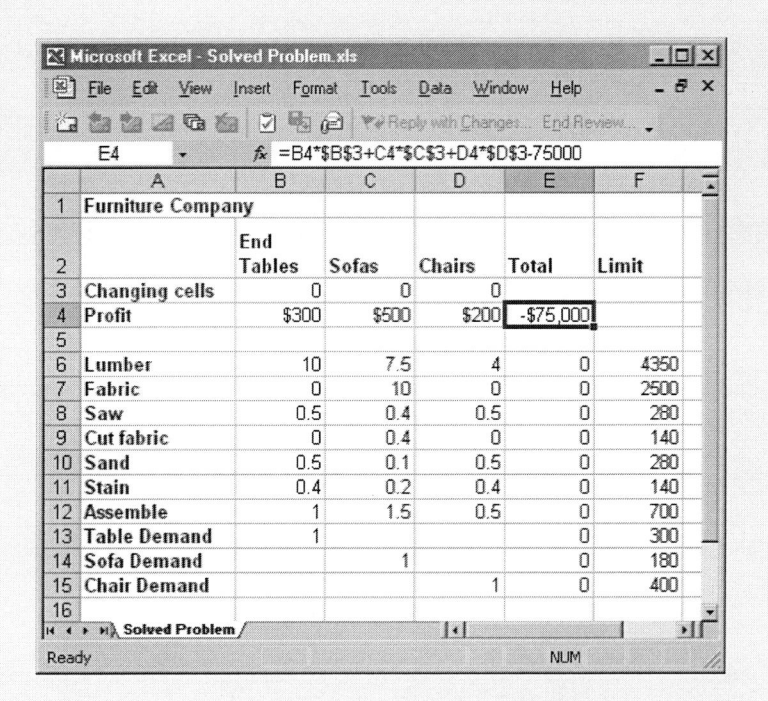

Apêndice F PROGRAMAÇÃO LINEAR COM O SOLVER DO MICROSOFT EXCEL

[Excel spreadsheet screenshot]

E4 = B4*$B$3+C4*$C$3+D4*$D$3-75000

	A	B	C	D	E	F
1	Furniture Company					
2		End Tables	Sofas	Chairs	Total	Limit
3	Changing cells	0	0	0		
4	Profit	$300	$500	$200	-$75,000	
5						
6	Lumber	10	7.5	4	0	4350
7	Fabric	0	10	0	0	2500
8	Saw	0.5	0.4	0.5	0	280
9	Cut fabric	0	0.4	0	0	140
10	Sand	0.5	0.1	0.5	0	280
11	Stain	0.4	0.2	0.4	0	140
12	Assemble	1	1.5	0.5	0	700
13	Table Demand	1			0	300
14	Sofa Demand		1		0	180
15	Chair Demand			1	0	400

Etapa 2: Calcular o lucro total Trata-se de E4 (é igual a B3 multiplicado pela receita de $300 associada a cada mesa de canto, mais C3 multiplicado pela receita de $500 de cada sofá mais D3 multiplicado pela receita de $200 associada a cada poltrona). Observe a despesa fixa de $75.000 subtraída da receita para calcular o lucro.

Etapa 3: Configurar a utilização de recursos Nas células E6 a E15, a utilização de cada recurso é calculada multiplicando-se B3, C3 e D3 pela quantidade necessária para cada item e acrescentando o produto (por exemplo, E6 = B3*B6 + C3*C6 + D3*D6). Os limites sobre essas restrições estão inseridos nas células F6 a F15.

Etapa 4: Configurar o Solver Entre em Tools (Ferramentas) e selecione a opção Solver.

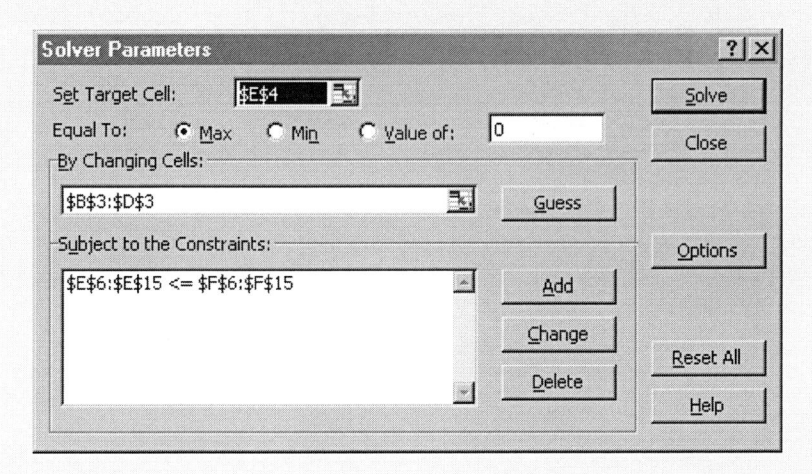

[Solver Parameters dialog box]

Set Target Cell: $E$4
Equal To: ● Max ○ Min ○ Value of: 0
By Changing Cells:
$B$3:$D$3
Subject to the Constraints:
$E$6:$E$15 <= $F$6:$F$15

a. Set Target Cell: este campo é definido como o local onde será calculado o valor a ser otimizado. Trata-se do lucro calculado em E4 nessa planilha.
b. Equal To: é definido como Max porque a meta é maximizar o lucro.
c. By Changing Cells: são as células que o Solver pode alterar para maximizar o lucro (células B3 a D3 nesse problema).

d. **Subject to the Constraints:** é o local em que o conjunto de restrições é adicionado; indicamos que o intervalo E6 a E15 deve ser menor que ou igual a F6 a F15.

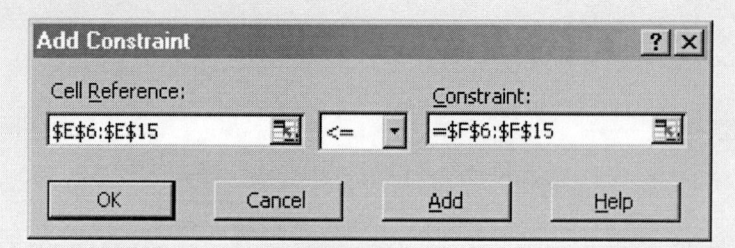

Etapa 5: Definir opções Há várias opções aqui, mas para atender aos nossos objetivos, precisamos apenas marcar Assume Linear Model e Assume Non-Negative. A primeira quer dizer que todas as nossas fórmulas são equações lineares simples. A segunda indica que as células variáveis devem ser maiores que ou iguais a zero. Clique em OK e estamos preparados para solucionar o problema.

Etapa 6: Solucionar o problema Clique em Solve. É possível ver a solução e dois relatórios especiais, destacando itens na confirmação de Solver Results, exibida depois que uma solução é encontrada. Observe que no relatório seguinte, o Solver indica que encontrou uma solução e que todas as restrições e condições ideais foram atendidas. Na caixa Reports, à direita, foram destacadas as opções Answer, Sensitivity e Limits, indicando que gostaríamos que esses itens fossem exibidos. Após marcar os relatórios, clique em OK para retornar à planilha.

Note que foram criadas três novas guias: Answer Report, Sensitivity Report e Limits Report. Answer Report indica na seção Target Cell que o lucro associado a essa solução é de $93.000 (iniciamos em −$75.000). Segundo a seção Target Cell, devemos fabricar 260 mesas de canto, 180 sofás e nenhuma poltrona. Segundo a seção Constraints, observe que as únicas restrições limitando o lucro são a capacidade de pintura e a demanda por sofás. É possível constatar esse aspecto na coluna indicando se uma restrição é obrigatória ou não. As restrições não obrigatórias têm folgas, como mostra a última coluna.

CÉLULA DE DESTINO (MAX)

CÉLULA	NOME	VALOR INICIAL	VALOR FINAL
$E$4	Lucro Total	−$75.000	$93.000

CÉLULAS AJUSTÁVEIS

CÉLULA	NOME	VALOR INICIAL	VALOR FINAL
$B$3	Células variáveis Mesas de canto	0	260
$C$3	Células variáveis Sofás	0	180
$D$3	Células variáveis Poltronas	0	0

RESTRIÇÕES

CÉLULA	NOME	VALOR DA CÉLULA	FÓRMULA	STATUS	FOLGA
$E$6	Total de madeira	3950	$E$6<=$F$6	Não obrigatório	400
$E$7	Total de tecido	1800	$E$7<=$F$7	Não obrigatório	700
$E$8	Total p/ serrar	202	$E$8<=$F$8	Não obrigatório	78
$E$9	Total de tecido p/ cortar	72	$E$9<=$F$9	Não obrigatório	68
$E$10	Total p/ lixar	148	$E$10<=$F$10	Não obrigatório	132
$E$11	Total p/ pintar	140	$E$11<=$F$11	Obrigatório	0
$E$12	Total montagem	530	$E$12<=$F$12	Não obrigatório	170
$E$13	Total demanda de mesa	260	$E$13<=$F$13	Não obrigatório	40
$E$14	Total demanda de sofá	180	$E$14<=$F$14	Obrigatório	0
$E$15	Total demanda de poltrona	0	$E$15<=$F$15	Não obrigatório	400

Talvez não fiquemos muito felizes com essa solução porque toda a demanda por mesas não será atendida, e talvez não seja inteligente descontinuar a fabricação de poltronas.

O Sensitivity Report (mostrado a seguir) explica melhor a solução. A seção Células Ajustáveis desse relatório indica o valor final de cada célula e o custo reduzido. O custo reduzido indica o quanto o valor da célula de destino mudaria se uma célula definida atualmente com zero entrasse na solução. Como as mesas de canto (B3) e os sofás (C3) estão presentes na solução atual, seu custo reduzido é zero. Para cada poltrona (D3) fabricada, a célula de destino sofreria uma redução de $100 (arredonde esses números para fins de interpretação). As três últimas colunas na seção de células ajustáveis do relatório são o Coeficiente de Objetivo da planilha original e as colunas Aumento Permitido e Redução Permitida. Essas duas últimas colunas mostram em quanto o valor do respectivo coeficiente poderia mudar para que não ocorresse uma mudança nos valores das células variáveis (evidentemente, o valor da célula de destino mudaria). Por exemplo, a receita de cada mesa de canto poderia ser tão alta quanto $1.000 ($300 + $700) ou tão baixa quanto $200 ($300 − $100), e ainda aprovaríamos uma produção de 260 mesas de canto. Lembre-se de que esses valores pressupõem que nada mais mudará no problema. No valor do aumento permitido para os sofás, observe o valor 1E+30. É um número muito grande, basicamente infinito, representado em notação científica.

CÉLULAS AJUSTÁVEIS

Célula	Nome	Valor Final	Custo Reduzido	Coeficiente Objetivo	Aumento Permitido	Redução Permitida
$B$3	Células variáveis Mesas de canto	260	0	299.9999997	700.0000012	100.0000004
$C$3	Células variáveis Sofás	180	0	500.0000005	1E+30	350.0000006
$D$3	Células variáveis Poltronas	0	−100.0000004	199.9999993	100.0000004	1E+30

RESTRIÇÕES

Célula	Nome	Valor Final	Preço Sombra	Restrição Lado Direito	Aumento Permitido	Redução Permitida
$E$6	Total Madeira	3950	0	4350	1E+30	400
$E$7	Total Tecido	1800	0	2500	1E+30	700
$E$8	Total Serrar	202	0	280	1E+30	78
$E$9	Total Corte Tecido	72	0	140	1E+30	68
$E$10	Total Lixar	148	0	280	1E+30	132
$E$11	Total Pintar	140	749.9999992	140	16	104
$E$12	Total Montar	530	0	700	1E+30	170
$E$13	Total Demanda Mesa	260	0	300	1E+30	40
$E$14	Total Demanda Sofá	180	350.0000006	180	70	80
$E$15	Total Demanda Poltrona	0	0	400	1E+30	400

Na seção Constraints (Restrições) do relatório, a utilização final real de cada recurso é dada em Valor Final. O Preço de Sombra é o valor para a célula de destino de cada aumento de unidade no recurso. Se pudéssemos aumentar a capacidade de pintura, valeria $750 por hora. O Lado Direito de Restrições é o limite atual imposto ao recurso. Aumento Permitido é o valor permitido para o aumento do recurso enquanto o preço sombra for válido. Seria possível acrescentar mais 16 horas de trabalho da capacidade de pintura, com o valor de $750 por hora. De modo semelhante, a coluna Redução Permitida indica o valor permitido para redução do recurso, sem alterar o preço de sombra. Existem informações importantes nesse relatório.

O Limits Report fornece outras informações sobre nossa solução.

Célula	Nome de destino	Valor
$E$4	Lucro Total	$93.000

Célula	Nome ajustável	Valor	Limite Mínimo	Resultado Alvo	Limite Máx	Result. Alvo
$B$3	Células variáveis Mesas de canto	260	0	15000	260.0000002	93000
$C$3	Células variáveis sofás	180	0	3000	180	93000
$D$3	Células variáveis Poltronas	0	0	93000	0	93000

O lucro total da solução atual é de $93.000. O valor atual de B3 (mesas de canto) é de 260 unidades. Se esse valor fosse reduzido para 0 unidade, o lucro cairia para $15.000. A um limite máximo de 260, o lucro é de $93.000 (a solução atual). De modo semelhante, para C3 (sofás), se fosse reduzido para 0, o lucro cairia para $3.000. A um limite máximo de 180, o lucro é de $93.000. Para D3 (poltronas), se fosse reduzido para 0, o lucro seria de $93.000 (solução atual) e, nesse caso, o limite máximo para poltronas também é de 0 unidade.

As respostas aceitáveis para as perguntas são:

a. Qual é o recurso mais restritivo para o fabricante de móveis?
   Em termos de recursos de produção, a capacidade de pintura está realmente prejudicando o lucro nesse momento. Poderíamos empregar mais 16 horas de capacidade.
b. Determine o *mix* de produtos necessário para maximizar o lucro no fabricante de móveis.
   O *mix* de produtos seria fabricar 260 mesas de canto, 180 sofás e nenhuma poltrona.

Evidentemente, apenas alinhavamos uma solução. Podíamos realmente tentar aumentar a capacidade de pintura. Isso nos daria uma idéia do próximo recurso mais restritivo. Também poderíamos criar cenários em que fôssemos obrigados a produzir um número mínimo de cada produto, o que provavelmente seria um cenário mais real. Isso poderia nos ajudar a determinar como realocar o uso da mão-de-obra na oficina.

PROBLEMA RESOLVIDO 2

São 2:00 da tarde de uma sexta-feira, e Joe Bob, chefe (setor de grelhados) no Bruce's Diner, está tentando decidir a melhor maneira de alocar a matéria-prima disponível nos quatro especiais das noites de sexta-feira. A decisão deve ser tomada no início da tarde porque três dos itens precisam ser iniciados imediatamente (Sloppy Joes, Tacos e Chili). A tabela a seguir traz as informações sobre o alimento em estoque e as quantidades necessárias para cada item.

ALIMENTO	CHEESEBURGER	SLOPPY JOES	TACO	CHILI	DISPONÍVEL
Carne moída (lbs.)	0,3	0,25	0,25	0,4	100 lbs.
Queijo (lbs.)	0,1	0	0,3	0,2	50 lbs.
Grãos (lbs.)	0	0	0,2	0,3	50 lbs.
Alface (lbs.)	0,1	0	0,2	0	15 lbs.
Tomate (lbs.)	0,1	0,3	0,2	0,2	50 lbs.
Pães	1	1	0	0	80 pães
Conchas de Taco	0	0	1	0	80 conchas

Outros aspectos foram importantes na decisão de Joe Bob: a demanda e o preço de venda previstos do mercado.

	CHEESEBURGER	SLOPPY JOES	TACO	CHILI
Demanda	75	60	100	55
Preço de venda	$2,25	$2,00	$1,75	$2,50

Joe Bob quer maximizar a receita porque ele já comprou todos os materiais existentes no refrigerador.

É necessário saber:

1. Qual é o melhor *mix* dos especiais das noites de sexta-feira para maximizar a receita de Joe Bob?
2. Se um fornecedor se oferecesse para atender a um pedido urgente de pães a $1,00 por unidade, isso compensaria em termos financeiros?

Solução

Defina X_1 como o número de Cheeseburgers, X_2 como o número de Sloppy Joes, X_3 como o número de Tacos e X_4 como o número de potes de chili preparados para os especiais das noites de sexta-feira.

$$\text{Receita} = \$2{,}25\, X_1 + \$2{,}00\, X_2 + \$1{,}75\, X_3 + \$2{,}50\, X_4$$

Carne moída: $0{,}30\,X_1 + 0{,}25\,X_2 + 0{,}25\,X_3 + 0{,}40\,X_4 \leq 100$
Queijo: $0{,}10\,X_1 + 0{,}30\,X_3 + 0{,}20\,X_4 \leq 50$
Grãos: $0{,}20\,X_3 + 0{,}30\,X_4 \leq 50$
Alface: $0{,}10\,X_1 + 0{,}20\,X_3 \leq 15$
Tomate: $0{,}10\,X_1 + 0{,}30\,X_2 + 0{,}20\,X_3 + 0{,}20\,X_4 \leq 50$
Pães: $X_1 + X_2 \leq 80$
Conchas de Taco: $X_3 \leq 80$
  Demanda
  Cheeseburger $X_1 \leq 75$
  Sloppy Joes $X_2 \leq 603$
  Taco $X_3 \leq 100$
  Chili $X_4 \leq 55$

Etapa 1: Definir as células variáveis –São B3, C3, D3 e E3. Os valores nessas células estão definidos como 10 cada um, de modo que as fórmulas podem ser verificadas.

Etapa 2: Calcular a receita total – Isso está na célula F7 (igual a B3 multiplicada por $2,25 para cada cheeseburger, mais C3 multiplicada por $2,00 para um Sloppy Joe, mais D3 multiplicada por $1,75 para cada taco, mais E3 multiplicada por $2,50 para cada pote de chili; a função SUMPRODUCT no Excel foi usada para efetuar esse cálculo de modo mais rápido). O valor atual é de $85, que é o resultado de vender 10 de cada item.

Etapa 3: Preparar a utilização do alimento – Nas células F11 a FI7, a utilização de cada alimento é calculada multiplicando-se a linha das células variáveis pelo uso do item na tabela e, depois, somando o resultado. Os limites de cada um desses tipos de alimento constam em H11 a H17.

Etapa 4: Configurar o Solver e selecionar a opção Solver.

a. Defina a célula de destino como local onde deve ser calculado o valor que desejamos otimizar. A receita é calculada em F7 nessa planilha.
b. Equal to: está definido como Max porque o objetivo é maximizar a receita.
c. Células variáveis: são as células que informam quanto de cada especial deve ser produzido.
d. Subject to the Constraints: acrescentamos aqui duas restrições separadas: uma para a demanda e outra para a utilização do alimento.

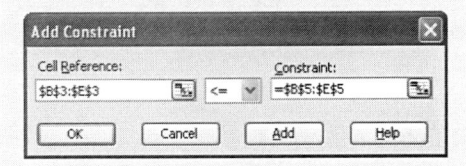

Etapa 5: Definir Options: ao clicar em "Options", todas as configurações ficarão com seus valores-padrão e basta verificar duas alterações: (1) se a opção Assume Linear Model está marcada e (2) devemos marcar a opção Assume Non-Negative. Essas duas opções informam ao Solver que este é um problema de programação linear e que todas as células variáveis devem ser não-negativas. Clique em OK para retornar à tela Solver Parameters.

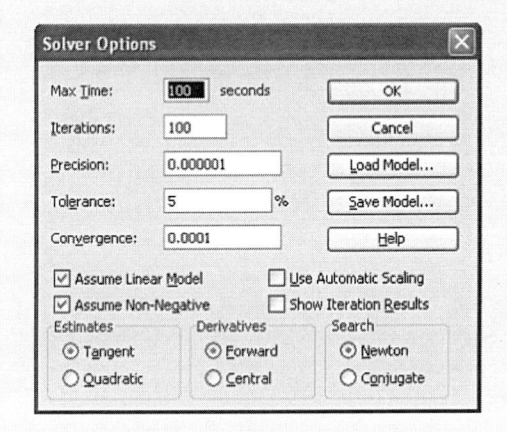

Etapa 6: Solucionar o problema: Clique em Solve. O sistema exibirá uma caixa de resultados do Solver. Veja se aparece a seguinte mensagem: "Solver found a solution. All constraints and optimality conditions are satisfied." (O Solver encontrou uma solução. Todas as restrições e condições ótimas foram atendidas.)

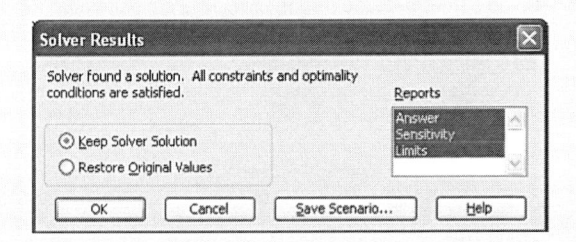

No lado direito da caixa, há três opções de relatórios: Answer, Sensitivity e Limit. Clique nos três relatórios, depois em OK, e você voltará para a planilha, mas encontrará três novas planilhas em sua pasta de trabalho.

O relatório de respostas (answer report) indica que a célula de destino tem uma solução final de $416,50 e que iniciou em $85. A partir da área das células ajustáveis, sabemos que devemos fabricar 20 cheeseburgers, 60 Sloppy Joes, 65 tacos e 55 potes de chili. Isso responde ao primeiro requisito do problema: o *mix* dos especiais das noites de sexta-feira.

Célula de destino (Max)

Célula	Nome	Valor inicial	Valor final
$F$7	Receita Total	$85,00	$416,25

Células ajustáveis

Célula	Nome	Valor inicial	Valor final
$B$3	Células variáveis Cheeseburger	10	20
$C$3	Células variáveis Sloppy Joes	10	60
$D$3	Células variáveis Taco	10	65
$E$3	Células variáveis Chili	10	55

Restrições

Célula	Nome	Valor da célula	Fórmula	Status	Folga
$F$11	Total de Carne moída (lbs.)	59,25	$F$11<=$H$11	Não obrigatório	40,75
$F$12	Total de Queijo (lbs.)	32,50	$F$12<=$H$12	Não obrigatório	17,5
$F$13	Total de Grãos (lbs.)	29,50	$F$13<=$H$13	Não obrigatório	20,5
$F$14	Total de Alface (lbs.)	15,00	$F$14<=$H$14	Obrigatório	0
$F$15	Total de Tomate (lbs.)	44,00	$F$15<=$H$15	Não obrigatório	6
$F$16	Total de Pães	80,00	$F$16<=$H$16	Obrigatório	0
$F$17	Total de conchas de Taco	65,00	$F$17<=$H$17	Não obrigatório	15
$B$3	Células variáveis Cheeseburger	20	$B$3<=$B$5	Não obrigatório	55
$C$3	Células variáveis Sloppy Joes	60	$C$3<=$C$5	Obrigatório	0
$D$3	Células variáveis Taco	65	$D$3<=$D$5	Não obrigatório	35
$E$3	Células variáveis Chili	55	$E$3<=$E$5	Obrigatório	0

A segunda resposta necessária era se compensaria pagar a um fornecedor de urgência $1 por pãozinho para obter mais pães. O relatório de respostas nos indica que a restrição Pães era Obrigatória. Isso significa que se tivéssemos mais Pães, poderíamos ter ganhado mais dinheiro. Entretanto, esse relatório não informa se um pedido urgente de Pães ao preço de $1 por unidade é compensador. Para responder a essa pergunta, precisamos do relatório de sensibilidade.

Células ajustáveis

Célula	Nome	Valor Final	Custo Reduzido	Coeficiente Objetivo	Aumento Permitido	Redução Permitida
$B$3	Células variáveis Cheeseburger	20	0	2,25	0,625	1,375
$C$3	Células variáveis Sloppy Joes	60	0,625	2	1E+30	0,625
$D$3	Células variáveis Taco	65	0	1,75	2,75	1,25
$E$3	Células variáveis Chili	55	2,5	2,5	1E+30	2,5

RESTRIÇÕES

CÉLULA	NOME	VALOR FINAL	PREÇO SOMBRA	LADO DIREITO DA RESTRIÇÃO	AUMENTO PERMITIDO	REDUÇÃO PERMITIDA
$F$11	Total de Carne moída (lbs.)	59,25	0,00	100	1E+30	40,75
$F$12	Total de Queijo (lbs.)	32,50	0,00	50	1E+30	17,5
$F$13	Total de Grãos (lbs.)	29,50	0,00	50	1E+30	20,5
$F$14	Total de Alface (lbs.)	15,00	8,75	15	3	13
$F$15	Total de Tomate (lbs.)	44,00	0,00	50	1E+30	6
$F$16	**Total de Pães**	80,00	1,38	80	55	20
$F$17	Total de Conchas de Taco	65,00	0,00	80	1E+30	15

Destacamos a linha dos Pães para responder à pergunta. É possível constatar que os Pães têm um preço sombra de $1,38. Esse preço sombra significa que cada pãozinho adicional gerará um lucro de $1,38. Podemos também observar que os outros alimentos, como carne moída, têm um preço sombra de $0. Os itens com preço sombra nada acrescentam ao lucro, porque nada utilizamos aí. Outro aspecto importante sobre os pães é que custam apenas mais $1,38 até os 55 pães seguintes, e é exatamente por isso que o aumento permitido é de 55. Também podemos perceber que uma libra de alface custa $8,75. Também seria conveniente procurar um fornecedor de urgência para alface, para permitir um aumento nos lucros nas noites de sexta-feira.

As respostas aceitáveis para as perguntas são:

1. *Qual é o melhor mix de especiais das noites de sexta-feira para maximizar a receita de Joe Bob?* 20 Cheeseburgers, 60 Sloppy Joes, 65 tacos e 55 potes de chili.
2. *Se um fornecedor se oferecesse para atender a um pedido urgente de Pães, cobrando $1,00/unidade, isso compensaria financeiramente?*
   Sim, cada pão adicional agrega $1,38, de modo que se custar $1, teremos um lucro líquido de $0,38 por pãozinho. Entretanto, isso só valeria até 55 pães adicionais.

Problemas

1. Resolva o seguinte problema com o Solver do Excel:

   $$\text{Maximizar } Z = 3X + Y.$$
   $$12X + 14Y \leq 85$$
   $$3X + 2Y \leq 18$$
   $$Y \leq 4$$

2. Resolva o seguinte problema com o Solver do Excel:

   $$\text{Minimizar } Z = 2A + 4B.$$
   $$4A + 6B \geq 120$$
   $$2A + 6B \geq 72$$
   $$B \geq 10$$

3. Um fabricante descontinuou a produção de certa linha de produtos não lucrativa. Como resultado, foi criada uma capacidade de produção em excesso considerável. A gerência está pensando em dedicar esta capacidade em excesso para um ou mais dos três produtos: X_1, X_2 e X_3.

	PRODUTO		
TIPO DE MÁQUINA	X_1	X_2	X_3
Centro de usinagem	8	2	3
Torno	4	3	0
Moedor	2	0	1

O tempo disponível em horas-máquina por semana é

	Horas-máquina por semana
Centros de usinagem	800
Tornos	480
Moedores	320

Os vendedores estimam que devam conseguir vender todas as unidades de X_1 e X_2 que puderem ser feitas. Mas o potencial de venda de X_3 é de 80 unidades por semana no máximo.

Os lucros por unidade para os três produtos são

	Lucros por unidade
X_1	$20
X_2	6
X_3	8

    a. Monte as equações que podem ser resolvidas para maximizar o lucro por semana.
    b. Resolva essas equações usando o Solver.
    c. Qual é a solução ótima? Quanto de cada produto deveria ser feito, e qual deveria ser o lucro resultante?
    d. Qual é esta situação com respeito aos grupos de máquinas? Elas funcionariam na capacidade, ou haveria tempo disponível não-usado? O X_3 estará no máximo da sua capacidade de vendas?
    e. Suponha que 200 horas adicionais por semana sejam obtidas dos centros de usinagem por ter trabalhado horas extras. O custo seria de $1,50 por hora. Você recomendaria isso? Explique como você chegou à sua resposta.
4. Uma dieta alimentar está sendo preparada para os dormitórios da Universidade de Arizona. O objetivo consiste em alimentar os estudantes com o custo mais baixo, mas a dieta precisa ter entre 1.800 e 3.600 calorias. Não mais do que 1.400 calorias poderão ser carboidratos, e não mais do que 400 podem ser proteínas. A dieta variada é para ser feita a partir de dois alimentos: A e B. O alimento A custa $0,75 por quilo e contém 600 calorias, sendo 400 de proteínas e 200 de carboidratos. Não mais do que dois quilos do alimento A podem ser usados por residente. O alimento B custa $0,15 por quilo e contém 900 calorias, das quais 700 são carboidratos, 100 são proteínas e 100 são gorduras.
    a. Escreva as equações representando essas informações.
    b. Resolva o problema graficamente para as quantidades de cada alimento que devem ser usadas.
5. Faça o Problema 4 com a nova restrição de que não mais do que 150 calorias deveriam ser gordura, e que o preço do alimento subiu para $1,75 por quilo para o Alimento A e $2,50 por quilo para o Alimento B.
6. A Logan Manufatura quer misturar dois combustíveis (A e B) para seus caminhões a fim de minimizar o custo. Ela não precisa mais do que 3.000 galões para operar os caminhões no próximo mês e há uma capacidade máxima de armazenamento de combustível de 4.000 galões. Estão disponíveis 2.000 galões do combustível A e 4.000 galões do combustível B. O combustível misto precisa ter uma classificação do octano de não menos do que 80.

    Quando os combustíveis são misturados, a quantidade de combustível obtida é a soma das quantidades adicionadas. A classificação do octano é a média ponderada dos octanos individuais, ponderado em proporção aos volumes respectivos.

    Sabemos que: o combustível A tem uma octanagem de 90 e custa $1,20 por galão. O combustível B tem uma octanagem de 75 e custa $0,90 por galão.
    a. Escreva as equações expressando essas informações.
    b. Resolva o problema usando o Solver do Excel, dando a quantidade de cada combustível a ser usada. Demonstre quaisquer suposições necessárias para resolver o problema.
7. Você está tentando criar um orçamento para otimizar o uso de uma parte da sua renda disponível. Você tem um máximo de $1.500 por mês para ser alocado para alimentação, moradia e entretenimento. A quantia gasta em alimentação e moradia combinadas não podem exceder $1.000. A quantia gasta apenas com a moradia não deve exceder $700. O entretenimento não pode exceder $300 por mês. Cada

dólar gasto em alimentação tem um valor de satisfação de 2, cada dólar gasto em moradia tem um valor de satisfação de 3 e cada dólar gasto com entretenimento tem um valor de satisfação de 5.

Presumindo um relacionamento linear, use o Solver para determinar a alocação ótima de seus fundos.

8. A Cervejaria C-town fabrica duas cervejas: Expansion Draft e Burning River. O barril da Expansion Draft é vendido por $20, enquanto o da Burning River custa $8. Para produzir um barril de Expansion Draft, são necessários 8 libras de milho e 4 libras de lúpulo. Para produzir um barril de Burning River, são necessários 2 libras de milho, 6 libras de arroz e 3 libras de lúpulo. A cervejaria dispõe de 500 libras de milho, 300 libras de arroz e 400 libras de lúpulo. Pressupondo uma relação linear, use o Solver do Excel para determinar o *mix* ótimo de Expansion Draft e Burning River que maximize a receita da C-town.

9. A BC Petrol fabrica três produtos químicos na fábrica localizada em Kentucky: BCP1, BCP2 e BCP3. Esses produtos químicos são produzidos em dois processos de produção conhecidos como *zone* e *man*. O processo *zone* custa $48/hora e resulta em três unidades de BCP1, uma unidade de BCP2 e uma unidade de BCP3. O processo *man* custa $24/hora e resulta em uma unidade de BCP1 e uma de BCP2. Para atender às demandas dos clientes, devem ser produzidas pelo menos 20 unidades de BCP1, 10 unidades de BCP2 e seis de BCP3, diariamente. Pressupondo uma relação linear, use o Solver do Excel para determinar o *mix* ótimo dos processos *zone* e *man* para minimizar os custos e atender às demandas diárias da BC Petrol.

10. Uma fazendeira em Wood County possui 900 acres de terra. Ela pretende cultivar em cada acre milho, feijão ou trigo. Cada acre plantado com milho dá um lucro de $2.000; cada acre plantado com feijão dá um lucro de $2.500; e cada acre plantado com trigo dá um lucro de $3.000. Ela dispõe de 100 operários e 150 toneladas de fertilizante. A tabela abaixo mostra a necessidade por acre de cada cultura. Pressupondo uma relação linear, use o Solver do Excel para determinar o *mix* ótimo de plantio de milho, feijão e trigo, para maximizar os lucros da fazendeira.

	Milho	Feijão	Trigo
Mão-de-obra (operários)	0,1	0,3	0,2
Fertilizante (toneladas)	0,2	0,1	0,4

Nota

1. A redução na função objetivo é de – 2. Se P = lucro, $P = \$2H + \$4C$; $\$2H = P - \$4C$; $H = P/2 - 2C$. Portanto, a queda é de –2.

Bibliografia selecionada

Anderson, D. R.; D. 1. Sweeney; e T. A. Williams. *An Introduction to Management Science*. 10ª ed. Cincinnati: South-Western, 2002.

Winston, W. L., e S. C. Albright. *Practical Management Science*. 3ª ed. Belmont, CA: Duxbury Press, 2002.

CRÉDITO DAS FOTOS

Capítulo 1 p. 17: © Dwayne Newton/PhotoEdit; p. 19: Cortesia da IKEA; p. 26: Cortesia da Dell Inc.

Capítulo 2 p. 35: © Ruaridh Stewart/ZUMA/Corbis; p. 38: © The McGraw-Hill Companies, Inc./Lars Niki, fotógrafo; p. 44: © Scott Haefner; p. 54: © Avila Gonzalez/San Francisco Chronicle

Capítulo 3 p. 66: Cortesia do Shouldice Hospital; p. 68: Cortesia da Jelly Belly Candy Company; p. 70: Cortesia da Xerox Corporation

Capítulo 4 p. 95: © The McGraw-Hill Companies, Inc./Jill Braaten, fotógrafo; p. 99: © Creatas/PunchStock; p. 100 parte superior: © David Parker/Photo Researchers, Inc.; parte inferior: © William Taufic/Corbis; p. 102 parte superior:©2003, John C. Hillery/Black Star; parte inferior:©James King-Holmes/ Photo Researchers, Inc.; p. 109: Cortesia da Honda Manufacturing do Alabama

Capítulo 5 p. 121: Cortesia da DHL; p. 122: © Keith Brofsky/Getty Images; p. 127: Cortesia da Virtual Queuing, Inc.

Capítulo 6 p. 149: Cortesia da General Electric; p. 150: Cortesia do National Institute of Standards & Technology, Office of Quality Programs, Gaithersburg MD, 20899. Photography Steuben; p. 165: Cortesia da FilmTec Corporation, uma subsidiária de propriedade exclusiva da Dow Chemical Company; p. 154: © Mark Joseph/Digital Vision/Getty Images; p. 174: Cortesia da Ford Motor Company; p. 179: Cortesia da Alcoa, Inc.

Capítulo 7 p. 193: Cortesia da Nokia, Inc.; p. 195: © China Photos/Getty Images; p. 207: Cortesia da Nike; p. 203: © The McGraw-Hill Companies, Inc./Jill Braaten, fotógrafo

Capítulo 8 p. 215: Cortesia da FedEx Identity; p. 218: © Royalty-Free/CORBIS; p. 217 parte superior esquerda: © Royalty-Free/CORBIS; parte superior direita: © F. Schussler/PhotoLink/Getty Images; parte inferior esquerda: © Ryan McVay/Getty Images; parte inferior direita: © Skip Nall/Getty Images; p. 219: Cortesia da Alcoa, Inc.; p. 220: Cortesia da Honda; p. 227: Cortesia da Mall of America

Capítulo 9 p. 236: Cortesia da Solectron, Inc.; p. 241: Cortesia da Kawasaki Motors Mfg., Corp., EUA, Maryville Plant; p. 243: © Hans Neleman/Stone/Getty Images

Capítulo 10 p. 262: Cortesia da Wal-Mart; p. 264: © Uli Nusko/Alamy; p. 266: Cortesia da Gilmore Research Group-Seattle/Portland; p. 293: Cortesia da Altadox

Capítulo 11 p. 296: © Keith Brofsky/Getty Images; p. 300 parte superior esquerda: © Scott T. Smith/CORBIS; parte superior direita: © Monty Rakusen/Getty Images; parte inferior esquerda:© Scott T. Smith/CORBIS; parte inferior direita:©MontyRakusen/Getty Images; p. 303: Cortesia da Advanced Optical Components, uma divisão da Finisar; p. 310: Cortesia da Singapore Airlines

Capítulo 12 p. 321: Cortesia da Cardinal Health; p. 323: Cortesia da Heineken; p. 326: © Christoph Morlinghaus; p. 342: © AP Photo/Netflix, Jack Dempsey

Capítulo 13 p. 361: Cortesia da SAP; p. 362 à esquerda: © Brownie Harris/CORBIS; à direita: © Canadian Press/Phototake; p. 365: Cortesia da Cyco Software

ÍNDICE DE NOMES

A
Albright, S. C., 147, 413
Allen, M., 259
Anderson, D. R., 413

B
Bailou, R. H., 233-234
Barone, J. E., 147
Berry, W. L., 212-213, 319, 359, 384
Billington, P. J., 319
Blabey, R. G., 147
Bowersox, D. J., 212-213
Bramley, D., 212-213
Brandimarte, P., 319
Brooks, R. B., 359
Bulfin, R. L., Jr., 359
Burt, D. N., 212-213

C
Cecere, J., 147
Cho, Fujio, 238
Chopra, S., 212-213
Closs, D. J., 212-213
Cooper, M. B., 212-213
Craumer, Martha, 212-213
Crosby, Philip, 151, 155

D
De Lurgio, S., 294
Deming, W. Edwards, 151
Diebold, F. X., 294
Dobler, D. W., 212-213
Dodge, H. F., 191
Drezner, Z., 233-234

E
Evans, James R., 191

F
Feitzinger, E., 212-213
Fisher, Marshall L., 196-198, 212-213, 294, 319
Fitzsimmons, J. A., 147
Fitzsimmons, M. J., 147
Fliedner, Gene, 294
Ford, Henry, 237
Frey, Ed, 202, 204-205
Friedman, Thomas L., 195

G
Gail, R., 147
Gantt, Henry L., 42
Garvin, D. A., 191
George, M. L., 259

Grant, E. L., 176, 191
Gray, C. F., 62-63
Greaver, M. F., 25, 212-213
Gross, D., 147
Gross, J. M., 259
Gryna, F. M., 178

H
Hall, R. H., 258
Hall, R. W., 108
Hamacher, H., 233-234
Hammond, J. H., 319
Hamper, Ben, 103
Hanke, J. E., 294
Harris, C. M., 147
Hayes, Robert, 33, 202, 212-213
Haywood-Farmer, J., 82-83
Heragu, S., 117, 119
Hill, Terry J., 27-28, 33
Hillier, F. S., 147
Hoenes, T., 259
Hyer, N., 117, 119
Hyndman, R. J., 294

I
Icenogel, M. L., 191

J
Jacobs, F. R., 212-213, 319, 359, 384
John, C., 212-213
Jones, D. T., 250, 258, 259
Juran, Joseph M., 151, 154-155, 178

K
Kaminski, P., 212-213
Karlsson, Christer, 246, 258
Kerzner, H., 62-63
Klamroth, K., 233-234
Kleinrock, L., 147
Kopczak, L., 359
Kurtz, Sanford R., 322

L
Larson, E. W., 62-63
Leader, C., 191
Leavenworth, R. S., 176, 191
Lee, Hau, 198-199, 212-213, 359
Leonard, Frank S., 191
Lewis, James P., 62-63
Lewis, M., 33
Linder, Jane, 202
Lindsay, William M., 191
Lovelle, J., 258

M
Makridakis, S., 294
McInnis, K. R., 259
McLeavey, D. W., 319
Meindl, P., 212-213
Monden, Yasuhiro, 109, 259
Motwani, Jaideep, 33

N
Nakamura, Toshihiro, 95, 117
Narasimhan, S., 319
Nollet, J., 82-83

O
Obermeyer, W. R., 319
O'Halloran, D., 191
Ohno, Tai-ichi, 237
Orlicky, J., 384

P
Pareto, Villefredo, 343
Peters, Tom, 36, 37
Peterson, R., 319, 359
Phelps, T., 259
Pisano, Gary, 33, 202, 212-213
Porter, M. E., 29, 233-234
Pyke, D. F., 319, 359

R
Raman, A., 319
Reitsch, A. G., 294
Rha, C. K., 147
Romig, H. G., 191
Roos, D., 258-259
Rowland, Christopher, 319

S
Savoie, Michael J., 33
Sheikh, K., 384
Sheu, C., 319
Shouldice, Edward Earle, 66
Silver, E. A., 319, 359
Simchi-Levi, D., 212-213
Simchi-Levi, E., 212-213
Sipper, D., 359
Slack, N., 33
Small, B. B., 191
Smith, M., 259
Sower, Victor E., 33
Starling, S. L., 212-213
Suzaki, K., 258
Sweeney, D. J., 413

T
Taguchi, Genichi, 164, 165
Tersine, R. j., 359
Tompkins, J. A., 117, 119
Tucker, J. B., 147

U
Upton, David, 202, 212-213

V
Villa, A., 319
Vollmann, T. E., 212-213, 319, 359, 384

W
Wacker, J. G., 319
Wallace, Thomas F., 296, 319
Walleck, S., 191
Wantuck, K. A., 258
Welch, Jack, 149-150
Wemmerlöv, U., 117, 119
Wheelwright, Steven C., 33, 202, 212-213, 294
While, J. A., 117, 119
Whybark, D. C., 212-213, 319, 359, 384
Wichem, D. W., 294
Wild, T., 359

Williams, T. A., 413
Wilson, L. W., 359
Winston, W. L., 147, 413
Womack, J. P., 250, 258, 259
Wright, T. P., 92-93

Y
Yu-Lee, R. T., 92-93

Z
Zimmerman, S. M., 191
Zipkin, P. H., 359

ÍNDICE

A
Abordagem aritmética para curvas de aprendizagem, 72-73
Abordagem da probabilidade, 335-336
Abordagem de tentativa e erro, 304-308
Acuracidade de controle de estoque, 345-346
Adaptação total ao cliente pelo contato face a face, 124
Adequação ao uso, 153
Adiamento de processo, 208, 210
Administração da produção de suprimentos e (APS)
  definição, 23-24, 32
  motivos para estudar, 23-24
  versus Pesquisa operacional e ciência de administração, 23-24
  visão geral de, 20
Advanced Optical Components, 303
Aéreo, como modal de transporte, 216-218
Água (navio), como modal de transporte, 216-218
Airbus, 22-23
Alcoa, 219
Alto grau de contato com o cliente, 122, 141
America West; 22-23
American Airlines, 311
Amostragem de aceitação, 178-181
Ampere, Inc., 368
Análise de séries temporais, 268-282
  definição, 264, 285
  média móvel ponderada, 270-271
  média móvel simples, 269-270, 285
  regressão linear, 277-282, 285
  selecionando um modelo, 268
  suavização exponencial, 271-275, 285
Análise de *trade-off*, 96-99
Análise logarítmica, 74
Análise SIPOC, 158-159
Análises do custo da qualidade (CDQ), 155, 182
Analogia histórica, 267
Apple, 35
Aprendizagem com o produto, 72-73
Aprendizagem da indústria, 72-73
AQL, 179
Arquivo da estrutura do produto, 365; *consulte também* Lista de materiais (BOM)
Arquivo de registros de estoque, 363, 366-367, 370-371
Árvore do produto, 365; *consulte também* Lista de materiais (BOM)
Árvores de decisões, 78-82
As melhores práticas, 155
Association for Operations Management, 216

Atividade mental, 37
Atividades, 41-42, 55
Atributos, 171, 182
Autocorrelação, 264
Avaliação de desempenho, 202, 204-207

B
Backflush, 249, 252-253
Baixo grau de contato com o cliente, 122, 141
Balanceamento da linha de montagem, 103-110
Balanceamento de linha de modelo misto, 107-109
Blaupunkt, 202, 204-205
Blocos comerciais, 221, 229-230
BMW, 69, 218
Boeing Co., 22-23
BOM, 363-367, 370, 377
Booz Allen Hamilton, 202, 204-205
British Airways, 251

C
Cadeia de Suprimentos
  ágeis, 200-201, 208
  avaliando a eficácia, 202, 204-207
  efeito chicote, 196, 210
  eficiente, 198-199
  estratégias, 198-201
  reabastecimento contínuo, 196-197
Cadeia de valor, 236-237
Cadeias de suprimento eficientes, 198-199
Caminho crítico, 44, 55
Campbell Soup, 196-197
Canais, 132-134
Canalizações, 218
Capabilidade do processo, 165-171
Capacidade compartilhada, 76-77
Casos
  Altavox Electronics, 293-294
  Applichem – O Problema do Transporte, 232-234
  Bradford Manufacturing – Planejando a produção da fábrica, 317-319
  Brunswick Motors, Inc. – Caso de apresentação do MRP, 382-384
  Hank Kolb, Diretor da Qualidade Assegurada, 189-191
  Hewlett-packard – Suprindo a demanda por impressoras Deskjet na Europa, 357-359
  Jeans Pepe, 211-213
  Projetando a linha de computadores *notebooks* da Toshiba, 117, 119
  Projeto de *design* de celulares, 62-63

Proposta de mapeamento da cadeia de valores, 257-258
Quality Parts Company, 254-257
Sala de cirurgia noturna em hospital de comunidade, 147
Seguro Progressivo, 21-23
Shouldice Hospital – Um corte acima, 91-93
Célula de produção, 96, 99-101, 110
Central America Free Trade Agreement (CAFTA), 221
Chegadas
  a uma fila, 126-127
  de lotes, 130-131
  de pacientes, 130-131
  distribuição de, 128-131
  impaciente, 130-131
  únicas, 129-131
Chrysler, 27-28
Ciclo de produção de modelo misto, 241-242
Ciclos de vida do produto, 196-198
Círculos da qualidade, 251
Classificação ABC, 343-345
Coca-Cola, 202, 204-205
Codificação de baixo nível, 366-367
Compensações, 27-28 (ver *Trade-offs*)
Competências essenciais, 30, 32, 202, 204-205
Compra antecipada, 196
Compras, 196; *consulte também* Terceirização estratégica
Confiabilidade, da entrega, 26
Congelar janela, 249, 252-253
Constante alfa de suavização (α), 272, 274-275, 285
Constante delta de suavização (δ), 272-273, 285
Contagem cíclica, 345-347
Contato com o cliente, 122-125, 141
Contato por correio, com os clientes, 123-124
Continental Airlines, 27-28
Controle de estoque, 320-359
  acuracidade, 345-346
  arquivo de registros de estoque, 363, 366-367, 370-371 MRP; *consulte* Planejamento de necessidade de materiais (MRP)
  benefícios de, 322-323
  classificação da ABC, 343-345
  contagem cíclica, 345-346, 347v
  custos de manutenção de estoques, 247, 302, 324-325
  custos de transporte, 302, 324-325

demanda independente *versus* dependente, 326-327
EOQ, 330, 334-335, 338-339, 374-376
estoque de segurança; *consulte* Estoque de segurança
medidas da eficácia, 205-207
modelo de período fixo, 324, 330-332, 339-341, 347
modelo de período único, 323, 326-330, 348
modelo de quantidade fixa do pedido, 324, 330-339, 347-348
objetivo do estoque, 324-325
rotatividade, 205-207, 210, 341-343
sistemas de vários períodos, 330-332
tipos de estoques, 323-324
Controle estatístico do processo (SPC – Statistical process control), 170-178
aplicações, 162
capabilidade do processo, 165-171
Controle estatístico da qualidade (SQC – Statistical quality control), 162-171
definição, 171, 182
índice de capabilidade (C_{pk}), 167-171, 182
limites superior e inferior da especificação, 162-163, 182
usando gráficos p, 171-173, 183
usando gráficos X e R, 173-178, 183
variação, 162-163
CPFR, 281-285
C_{pk}, 167-171, 182
Cross-docking, 218, 229-230
Curva de aprendizagem
abordagem aritmética, 72-73
análise logarítmica, 74
definição, 70, 84
efeitos sobre a produção, 71
premissas de, 71-73
representação gráfica de, 72-73
tabelas, 74-75, 387-388
Curvas características de operação (CO), 180-181
Curvas de progresso, 72-73
Custo da receita, 205
Custo de mercadorias vendidas, 205, 210
Custo normal (NC – Normal Cost), 49-50
Customização em massa, 207-210
Custos
adicionando capacidade, 75-76
de avaliação, 155-156
de cancelamento de pedidos, 302
de emissão de pedidos, 324-325
de falhas, 155-156
de manutenção, 247, 302, 324-325
de mudança na produção, 324-325
de prevenção, 155-156
de produção, 302-303
de setup, 247, 324-325
de transporte, 302, 324-325

diretos, 49
diretos de atividades, 49
indiretos, 49
indiretos do projeto, 49
o menor custo total, 219
pela falta de estoque, 326
qualidade, 154-156, 182
variabilidade, 162-164
versus preço, 25
Custos totais, 219

D

DaimlerChrysler, 27-28, 30-31
Defeitos, 157; *consulte também* Qualidade
Defeitos por milhões de oportunidades (DPMO), 157-158, 182
Definir, avaliar, analisar, melhorar e controlar (DMAIC – Define, measure, analyze, improve, and control), 157-158, 182
Dell Computer, 26, 95, 196, 206-207, 209, 215
Demanda; *consulte também* Previsão
componentes, 264-266
definição, 263
dependente, 263, 285, 326-327, 347, 362-363
enfrentando as mudanças efetuadas na, 26
independente, 263, 285, 326-327, 347
objetivo de, 263
previsão de, 298-299, 369
por produto, 196-201, 364
sazonal, 264, 304
volatilidade de, 81-83
Departamento de Defesa dos Estados Unidos, 42
Depósitos de consolidação, 218
Descontos, 196-197
Deseconomias de escala, 69
Desvio absoluto médio (MAD), 276, 285
Desvio-padrão, 162-163, 276
DHL, 121-122, 216
Diagrama de fluxos de oportunidades, 158-159, 161
Diagramas de causa e efeito, 158-159, 161
Diagramas em espinha de peixe, 158-159, 161
Diferenciação, 207-208
Dimensões da qualidade, 152-155, 182
Disciplina em fila, 130-132
Disney, 218
Distribuição de chegadas, 128-131
Distribuição de tempo de serviço, 132
Distribuição exponencial, 128-129, 141-142, 390
Distribuição exponencial negativa, 390
Distribuição normal padrão acumulada, 336, 391
Distribuição Poisson, 128-131, 141-142, 162-163
Divisão de tarefas, 107

DMAIC, 157-158, 182
DOE, 158-159
Dow Chemical Company, 165
DPMO, 157-158, 182
Du Pont, 42

E

Economias de escala, 69
Economias de escopo, 70, 84
EDI, 196-197
Efeito chicote, 196, 210
Eficácia, 22-24, 32
Eficiência, 22-24, 30-32
Eli Lilly, 196
Encontros de serviços, 123-125
Engenharia de Produção (IE), 23-24
Entrega, velocidade de, 26
EOQ, 330, 334-335, 338-339, 374-376
Equipes
autônomas, 37
de desenvolvimento de produtos, 35
ERP, 361
Erro padrão de estimativa, 276, 280-281, 286
Erros, em previsões, 275-277
Erros aleatórios, 275
Erros de tendência, 275
Especificações
de produto e serviço, 26
desenvolvimento de, 152-155
variação em, 162-163
Estoque, definição, 324, 347
Estoque de produção, 324
Estoque de segurança
abordagem da probabilidade, 335-336
definição, 335, 347
função no MRP, 370-371
modelo de período fixo e, 339-341
modelo de quantidade fixa do pedido e, 336-339
planejamento agregado e, 304-305
Estoque disponível, 298-299, 312
Estoque em processo, 324
Estoque pulmão, 304-305
Estoques zerados, 240-241, 244
Estratégia corporativa, 24
Estratégia de operações e de suprimentos
adequação das atividades à estratégia, 27-29
definição, 24-25, 32
dimensões competitivas, 25-27
estrutura para, 30-31
ganhadores/qualificadores de pedido, 27-28, 32
medidas de eficiência, 30-31
trade-offs, 27-28
Estratégia do adiamento, 208, 210
Estratégia do Chase, 301-302
Estratégia mista, *302, 312*
Estratégia nivelada, 302

Estratégia pura, 302, 312
Estrutura de divisão do trabalho (EDT), 40-42, 54
Evento acionado, 330
Evoluindo processos de abastecimento, 198-199

F

Fábrica focada, 69, 238
Fábricas dentro de fábricas (PWPs), 69
Face a face, com poucas especificações, 124
Fase, 132-134
Federal Express, 26, 201, 215-216, 251
Ferrovias (trens), como modal de transporte, 216-218
Fichas de verificação, 158-160
Fila de espera
  economia de, 125-127
  estrutura linear, 132-134
  extensão, 131
  número de filas, 131
  processos de serviços, 125-127
  simulação em computador, 141
  sistema de filas, 126-134
    Chegadas de clientes, 126-127
    definição, 141
    disciplina em fila, 131-132
    distribuição de chegadas, 128-131
    distribuição do tempo de serviço, 132
    distribuição exponencial, 128-129, 141-142, 390
    distribuição Poisson, 128-131, 141-142, 162-163
    estrutura linear, 132-134
    fatores a serem considerados, 131-134
    gerenciamento de, 126-127
    modelos, 134-140
    população finita, 127
    população infinita, 127-128
    saindo, 134
Finisar, 303
First Bank/Dallas, 251
Flexibilidade, 26, 70
Flexibilidade da fábrica, 70
Flextronics, 200-201
Fluxogramas, 158-160
Fluxos lineares, 247-248
FMEA, 158-159, 162
Foco na capacidade, 69, 84
Ford, 27-28, 30-31, 69
Fórmulas
  centróide, 226, 229-230
  curva de aprendizagem, 74
  curva logarítmica, 84
  de médias, 162-163, 182
  desvio absoluto médio, 276, 285
  desvio-padrão, 162-163, 182
  distribuição exponencial, 128, 142
  distribuição Poisson, 128-129, 142

DPMO, 157
erro padrão de estimativa, 280-281, 286
giro de estoque, 205, 210
gráficos p, 171-173, 183
gráficos R, 173-178, 183
gráficos X, 173-178, 183
índice de capabilidade, 168, 182
kanbans, 244, 253-254
média móvel ponderada, 270, 285
média móvel simples, 270, 285
modelo de período único, 328, 348
regressão dos mínimos quadrados, 279, 286
semanas de suprimento, 205, 210
sinal de acompanhamento, 277, 285
suavização exponencial incluindo tendência, 274, 285
suavização exponencial única, 272, 285
Fornecedores, trabalhando com, na produção enxuta, 250-251
Fornecimento estratégico, 194-213
  avaliando o desempenho, 202, 204-207
  definição, 196, 210
  demanda, 196-201
  efeito chicote, 196, 210
  globalmente, 206-208
Fornecimento global, 206-208, 221
Fujitsu, 202, 204-205
Função de *marketing*, 297-299

G

Gargalos, 75-76
General Agreement on Tariffs and Trade, 206-207
General Electric, 149-150, 157-158
General Motors, 27-28, 30-31, 103, 196, 298-299
Gerenciamento da oferta, 299-300, 309-312
Gerenciamento da qualidade total (TQM — Total quality management), 150-152, 182; *consulte também* Qualidade
Gerenciamento de centrais de chamada, 121
Gerenciamento de fluxos, 361; *consulte também* Planejamento da Necessidade de Materiais (MRP)
Gerenciamento de pedidos, 121
Gerenciamento de projetos, 34-63
  definição, 36, 54
  estrutura de divisão do trabalho, 40-42, 54
  gerenciando recursos, 53-54
  Gráficos de controle, 42-43
  modelos de planejamento de rede
    método do caminho crítico (CPM), 42, 44-48
    modelos de tempo-custo, 48-52, 55
  programação de custos mínimos, 49-52
  projetos derivativos, 36-37
  projetos em matriz, 39-40, 54

projetos funcionais, 38-39, 54
projetos inovadores, 36-37
projetos puros, 37-38, 54
rastreando o andamento, 54
técnica de avaliação e revisão de programas (PERT), 28, 30
tipos de projetos, 36-37
Gerenciamento por exceção, 54
Gilmore Research Group, 266
Giro de estoque, 205-207, 210, 341-343
Gráfico de barras, 42
Gráfico de marcos, 42-43
Gráficos de controle
  definição, 158-159
  de projeto, 42-43
  exemplos, 161, 171-173
Gráficos de Gantt, 42-44, 54-55
Gráficos de Pareto, 158-160
Gráficos *p*, 171-173, 183
Gráficos *R*, 173-178, 183
Gráficos *X*, 173-178, 183
Group technology (GT), 240, 252-253

H

Harley-Davidson, 16-17, 32, 33
Heijunka, 241-242, 252-253
Heineken, 322
Hewlett-packard, 179, 196, 201, 207-208
Histogramas, 158-159
Hitachi, 202, 204-205
Honda, 69, 109, 220
Honeywell, 251

I

i2 Technologies, 250, 361
IBM, 196
IKEA, 19, 27-29, 32
Incerteza, 198-199
Índice de capabilidade (C_{pk}), 167-171, 182
Índices combinados, 21-22
Inspeção, 178-181
Intel, 154-155, 202, 204-205
Intercâmbio eletrônico de dados (EDI), 196-197
International Organization for Standardization, 155
Internet, 123-124, 281-284
ISO 9000, 151, 155-157

J

J. D. Power e Associates, 153
Jaguar, 69
Jelly Belly Candy Company, 67-68
Job Shop, 96
Julgamento executivo, 267
Just-in-time (JIT); *consulte também* Controle de estoque;
  conceito de, 228-230
  definição, 240

evolução de, 225
gerenciamento de fluxos, 361
programação nivelada, 308-311

K
Kaizen, 236
Kanban, 241-246, 252-254
Kawasaki Motors, 240-241, 243

L
Layout de fábrica, 247
Layout de centro de trabalho, 96, 99-100, 110, 248-249
Layout de projeto, 96, 99, 110
Layouts em forma de "U", 107, 108
Layouts flexíveis, 107, 108
Lead time, 363, 368, 370-371
Liberação planejada de pedido, 370-371
Limite de controle inferior (LCI), 171
Limites de especificação, 162-163, 182
Limites de tolerância, máximo e mínimo, 162-163, 182
Limite de controle superior (LCS), 171
Linear Technologies, Inc., 35
Linha de contribuição igual, 396
Linhas de montagem; *consulte também*
 Processos de produção
    balanceamento de, 103-110
    definição, 96, 110
    elaboração de, 99-100, 102-109
Lista de materiais (BOM), 363-367, 370, 377
Lista de materiais modular, 366-367
Localização da fábrica
    critérios, 218-221
    método centróide, 225-227, 229-230
    PDV, ver ponto-de-venda
    método de transporte, 222-225, 229-230
    questões globais, 221
    sistemas de classificação de fatores, 221-222, 229-230
Localização da instalação
    fábricas
        critérios, 218-221
        método centróide, 225-227, 229-230
        método de transporte, 222-225, 229-230
        questões globais, 221
        sistemas de classificação de fatores, 221-222, 229-230
    instalações de serviço, 227-229
Logística, 214-234
    definição, 210, 216, 229-230
    fornecedores de terceiros, 201, 216, 229-230
    internacional, 216, 229-230
    localização da fábrica
        critérios, 218-221
        método centróide, 225-227, 229-230

método de transporte, 222-225, 229-230
    questões globais, 221
    sistemas de classificação de fatores, 221-222, 229-230
modais de transporte, 216-218
sistemas *hub-and-spoke*, 218, 229-230
terceirização de, 201-202
Logística global, 216, 229-230
Logística internacional, 216, 229-230
Lote por lote (L4L), 373-374

M
M&M Mars, 69
MAD, 276, 285
Malcolm Baldrige National Quality Award, 150-151, 182
Manutenção preventiva, 247, 252-253
Mapas de sistemas de atividades, 29, 32
Mapeamento da cadeia de valor, 238-239, 252-253
Marcos do projeto, 40, 54
Matriz de projeto de sistema de serviços, 123-125
Matriz produto-processo, 96-97, 110
McDonald's, 221, 251-253
Média, 182
Média do processo, 167-168
Média móvel
    ponderada, 270-271
    simples, 269-270, 285
Melhoria contínua, 236
Mercado alvo, 30
Merck, 32
Metas operacionais, 25
Método centróide, 225-227, 229-230
Método de transporte, 222-225, 229-230
Método Delphi, 267-268
Método do caminho crítico (CPM), 42, 44-48
Método do menor custo por unidade, 376-377
Método do menor custo total, 286, 375-377
Método dos mínimos quadrados, 279-282, 286
Microsoft, 53
Miller Brewing Company, 251
Mineração de dados (*Data mining*), 262
Modais de transporte, 216-218
Modelo de período fixo, 324, 330-332, 339-341, 347
Modelo de período único, 323, 326-330, 348
Modelo de quantidade fixa do pedido, 324, 330-339, 347-348
Modelo de regressão, 229
Modelo P, 330, 347-348
Modelo Q, 330, 333, 347-348

Modelos de planejamento de redes
    método do caminho crítico (CPM), 42, 44-48
    modelos de tempo-custo, 48-52, 55
    técnica de avaliação e revisão de programas (PERT – Program Evaluation and Review Technique), 42, 44
Modelos de tempo-custo, 48-52, 55
Modo de falha e análise de efeitos, 158-159, 162
Motorola, 38, 62, 157, 165, 196
MPS, 298-299, 363-364, 377
MRP, 360-384
    arquivo de registros de estoque, 363, 366-367, 370-371
    benefícios de, 362-363
    codificação de baixo nível, 366-367
    definição, 362-363, 377
    dimensionamento de lote
        efeitos de, 180-181
        EOQ, 374-376
        escolhendo o melhor tamanho do lote, 377
        lote por lote (L4L), 372-374
        método do menor custo por unidade, 376-377
        método do menor custo total (LTC), 286, 375-377
    estrutura do sistema, 363-368
    evolução de, 361
    exemplo usando, 368-374
    função do estoque de segurança, 370-371
    liberação planejada do pedido, 370-371
    lista de materiais (BOM), 363-367, 370, 377
    onde usar, 362-363
    previsão de demanda, 298-299, 369
    programa mestre de produção (MPS), 298-299, 363-364, 369, 377
    programas de computador para, 368
    recebimentos programados de pedidos, 368, 370-371
Multicanais
    estrutura linear de fase única, 133
    estrutura linear multifase, 133-134

N
NAFTA, 206-207, 221
NEC, 202, 204-205
Necessidades brutas, 368, 370-371
Necessidades de produção, 304-305
Necessidades líquidas, 368, 370-371
Netflix, 342
Nike, 206-207
Nissan, 69
Nível aceitável de qualidade (AQL – Acceptable Quality Level), 179
Nível da equipe de trabalho, 298-299, 312

Nokia, 24
North American Free Trade Agreement (NAFTA), 206-207, 221
Número da prioridade do risco (RPN – Risk priority number), 158-159

O

O mais baixo custo total, 219
O melhor nível operacional, 67-68, 84
Objetivos explícitos, 393
Ocasionados pelo tempo, 330
Offshoring, 195; consulte também Terceirização
Opção de planejamento avançado, 393
Oracle, 361
Orçamentos, 302-303
Otimização do processo, 393

P

Pacote de trabalho, 40
Padrões, ISO 9000, 151, 155-157
Panasonic, 202, 204-205
Paramount, 54
Parcerias, 202-202, 204-205, 282-283
Peoples' Express, 311
Perda, eliminação de, 238
PERT, 42, 44
Pesquisa da produção e Ciência do gerenciamento (OR/MS – Operations Research and Management Science), 23-24
Pesquisa de mercado, 266
Pfizer, 32
Planejamento agregado; *consulte também* Custos do planejamento de vendas e de produção, 302-303
    abordagem de tentativa e erro, 304-308
    definição, 312
    gerenciamento da oferta, 299-300, 309-312
    objetivo de, 298-299
    programação de nível, 249, 252-253, 308-311
    variáveis externas/internas, 299-302
Planejamento baseado na velocidade de produção, 250
Planejamento colaborativo, previsão e reposição (CPFR), 281-285
Planejamento da necessidade de materiais (MRP), 360-384
    arquivo de registros de estoque, 363, 366-367, 370-371
    benefícios de, 362-363
    codificação de baixo nível, 366-367
    definição, 362-363, 377
    dimensionamento de lote
        efeitos de, 180-181
        EOQ, 374-376
        escolhendo o melhor tamanho de lote, 377
        lote por lote (L4L), 372-374
        método do menor custo total, 286, 375-377
        método do menor custo por unidade, 376-377
    estrutura do sistema, 363-368
    evolução de, 361
    exemplo usando, 368-374
    função do estoque de segurança, 370-371
    liberação planejada do pedido, 370-371
    lista de materiais (BOM), 363-367, 370, 377
    onde usar, 362-363
    previsão de demanda, 298-299, 369
    Programa mestre de produção (MPS), 298-299, 363-364, 369, 377
    programas de computador para, 368
    recebimentos programados de pedidos, 368, 370-371
Planejamento da produção; *consulte também* Custos de planejamento de vendas e de produção, 302-303
    abordagem de tentativa e erro, 304-308
    definição, 312
    estratégias, 301-302, 312
    gerenciamento da oferta, 299-300, 309-312
    objetivo de, 298-299
    programação nivelada, 249, 252-253, 308-311
    variáveis externas/internas, 299-302
Planejamento de capacidades, 65-93
    adicionando capacidade, 74-77
    árvores de decisões, 78-82
    capacidade compartilhada, 76-77
    curto prazo, 67, 298-299, 312
    curva de aprendizagem, 70-75, 387-388
    de longo prazo, 67, 298-299, 312
    definição, 67-68, 84
    determinando necessidades, 76-79
    economias e deseconomias de escala, 69
    flexibilidade, 26, 70
    foco na capacidade, 69, 84
    gargalos, 75-76
    mantendo o equilíbrio do sistema, 74-76
    médio prazo, 67, 298-299, 312
    o melhor nível operacional, 67-68, 84
    objetivos de, 67-68
    reserva de capacidade, 76-79, 84
    serviço *versus* produção, 81-83
    serviços, 123
    tabela de valores presentes, 389
    taxa de utilização, 67-69, 84
    terceirização e, 75-77
    utilização excessiva, 249
    utilização insuficiente, 249
Planejamento de processos, 298
Planejamento de recursos da empresa, 361; *consulte também* Planejamento de necessidade de materiais (MRP)
Planejamento de rede de abastecimento, 298-299
Planejamento de vendas e de produção, 295-319
    definição, 297, 312
    planejamento de curto prazo, 67, 298-299, 312
    planejamento de longo prazo, 67, 298-299, 312
    planejamento de médio prazo, 67, 298-299, 312
    plano agregado, 298-303
        abordagem de tentativa e erro, 304-308
        custos, 302-303
        definição, 312
        gerenciamento da oferta, 299-300, 309-312
        objetivo de, 298-299
        programação nivelada, 308-311
        variáveis externas/internas, 299-302
    processo de, 297
    visão geral das atividades, 297-299
Planejamento sincronizado, 393
Planilhas eletrônicas, usadas na Programação linear, 397-401
Plano anual corporativo, 298-299
Plano de amostragem, 178-181
Plano de amostragem única, 178-179
Ponto de reposição, 334-335
Ponto-de-venda (PDV), 285
População finita, 127-128
População infinita, 127-128
Porcentagem de defeitos tolerados no lote (PDTL), 179
PortalPlayer, 35
Posição de estoque, 330-331, 347
Posicionamento competitivo de uma empresa, 25-27
Preço *versus* custo, 25
Preço baixo todo dia, 196-197
Predecessores imediatos, 44-45, 55
Prêmios, pela qualidade, 150-151, 182
Previsão, 264-294
    análise de séries temporais
        definição, 264, 285
        média móvel ponderada, 270-271
        média móvel simples, 269-270, 285
        regressão linear, 277-282, 285
        selecionando um modelo, 268
        suavização exponencial, 271-275, 285
    com base na web, 281-284
    componentes da demanda, 264-266
    erros, 275-277
    para planejar capacidade, 76-77
    planejamento colaborativo, previsão e reposição (CPFR – Collaborative planning, Forecasting, e replenishment), 281-285

relacionamento causal, 279
técnicas qualitativas
  analogia histórica, 267
  consenso do painel, 267
  Método Delphi, 267-268
  pesquisa de mercado, 266
Previsão incluindo tendência (FIT), 274, 285
Primeiro a chegar, primeiro a ser servido (FCFS), 130-132
Princípio de Pareto, 343
Processo contínuo, 96, 99-100, 102, 110
Processo de abastecimento estável, 198-199
Processo de explosão, 368
Processos de produção, 94-117, 119
  análise de *trade-off*, 96-99
  balanceamento de linha de modelo misto, 107-109
  célula de produção, 96, 99-101, 110
  divisão de tarefas, 107
  enxuta; *consulte* Produção enxuta
  layout de centro de trabalho, 96, 99-100, 110, 248-249
  layout de projeto, 96, 99, 110
  layouts de linha em formato de U, 107-108
  layouts flexíveis, 107-108
  linhas de montagem
    balanceamento, 103-110
    definição, 96, 110
    elaboração de, 99-100, 102-109
  localização da fábrica
    critérios, 218-221
    método centróide, 225-227, 229-230
    método de transporte, 222-225, 229-230
    questões globais, 221
    sistemas de classificação de fatores, 221-222, 229-230
  organização de, 96-97
  Processo contínuo, 96, 99-100, 102, 110
Processos de serviço, 120-147
  classificação de serviços, 122
  contato com o cliente, 122-125, 141
  encontros de serviços, 123-125
  fila de espera, economia de, 125-127
  matriz de projeto de sistema de serviços, 123-125
  planejamento de capacidades, 81-83, 123
  sistema de filas, 126-134
    chegadas de clientes, 126-127
    definição, 141
    disciplina em fila, 130-132
    distribuição de chegadas, 128-131
    distribuição de tempo de serviço, 132
    distribuição exponencial, 128-129, 141-142, 390
    distribuição Poisson, 128-131, 141-142, 162-163
    estrutura linear, 132-134

fatores a serem considerados, 130-134
gerenciamento de, 126-127
modelos, 133-140
população finita, 127-128
população infinita, 127-128
saindo, 133-134
Procter & Gamble, 196
Produção enxuta, 235-251; *consulte também* Processos de produção
  definição, 237-238
  JIT, 237, 240-242
  kanban, 242-246, 252-254
  mapeamento da cadeia de valor, 238-239, 252-253
  requisito para implementação, 246-251
  princípios do projeto, 238-246
  Sistema Toyota de Produção, 236, 238-246
  sistemas puxados, 237-238, 247-248
  trabalhando com fornecedores, 250-251
Produção repetitiva, 240
Produtos funcionais, 198-199, 210
Produtos inovadores, 198-199, 210
Produzir para estocar, 361
Program Evaluation and Review Technique (PERT), 42, 44
Programa mestre de produção (MPS), 298-299, 363-364, 369, 377
Programação
  de nível, 249, 252-253, 308-311
  início mais cedo, 46-48, 55
  início mais tarde, 46-48, 55
  método do caminho crítico, 42, 44-48
  modelos de tempo-custo, 48-52, 55
  MPS, 298-299, 363-364, 369, 377
  Programação de custos mínimos, 49-52
Programação de custos, 49-52
Programação de custos mínimos, 49-52
Programação de metas, 394
Programação dinâmica, 394
Programação gráfica linear, 395-397, 401
Programação inteira, 394
Programação linear
  abordagem gráfica, 395-397, 401
  aplicações, 393
  definição, 393, 401
  método de transporte, 222-225, 229-230
  modelo, 394-395
  usando o Microsoft Excel, 397-401
Programação não-linear, 394; *consulte também* Programação linear
Programação nivelada da fábrica, 241-242, 252-253
Programação quadrática, 394
Project management information systems (PIMS), 54
Projeto, 36, 54
Projeto de experimentos (DOE – Design of experiments), 158-159

Projeto em matriz, 39-40, 54
Projeto funcional, 38-39, 54
Projetos de plataforma, 36, 37
Projetos derivativos, 36-37
Projetos inovadores, 36-37
Projetos puros, 37-38, 54
Promoção de preços, 196
Provedores de logística de terceiros, 201, 216, 229-230
Puxar, 236

Q
Qualidade, 148-191
  amostragem da aceitação, 178-181
  características de, 25-26
  conformidade, 153, 182
  controle da qualidade da estatística, 162-171
    aplicações, 162
    capabilidade do processo, 165-171
    Índice de capabilidade (C_{pk}), 167-171, 182
    limites superior e inferior da especificação, 162-163, 182
    variação, 162-163, 182
  controle de processo estatístico, 170-178
    definição, 171, 182
    usando gráficos *p*, 171-173, 183
    usando gráficos X e R, 173-178, 183
  custos de, 154-156, 182
  de serviço, 82-83
  desenvolvimento de especificações, 152-155
  dimensões de, 152-155, 182
  DMAIC, 157-158, 182
  do *design*, 25, 152, 182
  ferramentas analíticas, 157-162
  gerenciamento da qualidade total (TQM), 150-152, 182
  gráficos de controle
    definição, 158-159
    exemplos de, 161, 171-173
    projeto, 42, 43
  gurus, 151
  inspeção, 178-181
  ISO 9000, 151, 155-157
  kaizen, 236
  kanban, 241-246, 252-254
  Malcolm Baldrige National Quality Award, 150-151, 182
  melhoria contínua, 236
  seis Sigma
    definição, 157, 182
    DPMO, 157-158, 182
    enxuta, 236, 249
    ferramentas para, 157-162
    metodologia, 157-158
    principais conceitos, 149-151
Qualidade de conformidade, 153, 182

Qualidade do processo, 25-26
Qualidade na origem, 153, 182, 240, 252-253
Qualificador do pedido, 27-28, 32
Quantidade econômica do pedido, 330, 334-335, 338-339, 374-376

R

Rand Corporation, 267
Recebimentos planejados de pedido, 368, 370-371
Recursos limitados, 393
Recusa, 130-131
Rede de abastecimento, 24
Redes de fornecedores, 252-253
Regras de decisão, 311
Regressão linear, 277-282, 285
Relacionamento de precedência, 44-45, 103, 110
Relatório de *Status* da Programação de Custos (CSSR – Cost schedule status report), 42
Reposição contínua, 196-197
Repositório de dados (*Data warehouse*), 262
Reserva de capacidade, 76-79, 84
Reserva de capacidade negativa, 76-77
Residuais, 275
Resposta precisa, 301
Risco do consumidor, 179
Risco do produtor, 179
Rodovia (caminhões), como modal de transporte, 216-218
Ryder, 201

S

Saldo disponível do projeto, 370-371
SAP, 361
Seis Sigma; *consulte também* Qualidade
  definição, 157, 182
  DPMO, 157-158, 182
  enxuta, 236, 249
  ferramentas para, 157-162
  metodologia, 157-158
  principais conceitos, 149-151
Seleção de processos, 96
Semanas de suprimento, 205-207, 210
Serviço exponencial, 134, 136
Serviços
  enxuto, 251-253
  localizando instalações, 227-229
  para aumentar as vendas, 27
  qualidade de, 82-83
Serviços de faturamento consolidado, 121
Setor de fabricação por pedido, 363
Setor de fabricação para estoque, 363
Setor de manufatura por pedido, 363
Setor de montagem para estoque, 363
Setor de montagem por pedido, 363
7-Eleven, 203

Sharp Electronics Corp., 35
Sinal de acompanhamento, 276-279, 285
Singapore Airlines, 309-311
Sistema de estoque, 324
Sistema de estoques de múltiplos períodos, 330-332
Sistema de filas, 126-134; *consulte também* Filas de espera
  chegadas de clientes, 126-127
  definição, 141
  disciplina em fila, 130-132
  distribuição de chegadas, 128-131
  distribuição de tempo de serviço, 132
  distribuição exponencial, 128-129, 141-142, 390
  distribuição Poisson, 128-131, 141-142, 162-163
  estrutura linear, 132-134
  fatores a serem considerados, 130-134
  gerenciamento de, 126-127
  modelos, 133-140
  população finita, 127-128
  população infinita, 127-128
  saindo, 133-134
Sistema de revisão periódica, 330
Sistema permeável, 123-124
Sistema perpétuo, 330-331
Sistema puxado *kanban*, 241-242, 252-253
Sistema reativo, 123-124
Sistemas de classificação de fatores, 221-222, 229-230
Sistemas de informações, gerenciamento de projetos e, 53-54
Sistemas de mudança líquida, 368, 377
Sistemas *hub-and-spoke*, 218, 229-230
Sistemas puxados, 237-238, 247-248
Sob encomenda, 361
Solectron, 200-201, 236
Sony, 35
Southwest Airlines, 22-23, 27
SOW, 40
SPC; *consulte* Controle estatístico do processo (SPC – Statistical process control)
Speedi-Lube, 251-252
SQC; *consulte* Controle estatístico da qualidade (SQC – Statistical quality control)
Standard Meat Company, 251
State Farm Insurance, 221
Statement of Work (SOW), 40
Straddling, 27, 32
Suavização
  exponencial, 271-275, 285
  da produção, 309
Subtarefa, 40
Superlista de materiais, 366-367; *consulte também* Lista de materiais (BOM)
Supermaids, 251-252
Suprimento, definição, 20

T

Tabela de valores acumulados, 388
Tabela de valores presentes, 389
Tabela de valores unitários, 387
Tamanho do lote
  efeitos de, 180-181
  EOQ, 374-376
  escolhendo o melhor tamanho do lote, 377
  lote por lote (L4L), 372-374
  método do menor custo por unidade, 376-377
  método do menor custo total (LTC), 286, 375-377
Tarefas
  como elementos do projeto, 40
  divisão de, 107
  em uma linha de montagem, 102
Taxa de serviço, 132, 141
Taxa de utilização, 67-69, 84
Técnicas de previsão qualitativa
  analogia histórica, 267
  consenso do painel, 267
  Método Delphi, 267-268
  pesquisa de mercado, 266
Tempo de ciclo da estação de trabalho, 102, 110
Tempo de preparação, 244-247
Tempo de transição, 70, 247
Tempo de transição zero, 70
Tempo médio acumulado, 72-73
Tempo normal, 49-50
Tempo ocioso, equilíbrio de fila e, 103
Tempo por unidade, 72-73
Tendência, 264-265
Terceirização
  benefícios, 200-201
  de logística, 201-202
  definição, 195, 200-201, 210
  desvantagens de, 202
  estratégias para, 203-202, 204-205
  estrutura para relacionamentos com os fornecedores, 202, 204-205
  localização de instalações de serviço, 227-229
  motivos para, 200-201
  offshoring, 195
  para tratar da capacidade adicional, 75-77
Terceirização de capacitações, 203
Terceirização de competências, 203
Terceirização estratégica, 194-213; *consulte também* Estratégia de operações e de suprimentos
  avaliando o desempenho, 202, 204-207
  definição, 196, 210
  demanda, 196-201
  efeito, *ver* efeito chicote, 196, 210
  globalmente, 206-208

Teste com diversas variáveis, 158-159
Texas Instruments, 35
Tokyo Electric Company, 95
Tokyo Shibaura Electric Co. Ltd., 95
Toshiba, 35, 95-96, 117, 119
Toyota Motor Corporation, 30-31, 69, 109, 237-238, 241-242, 244-246, 309, 321, 326
Toyota Production System, 236, 238-246
Toys "R" Us, 218
TQM, 150-152, 182
Trade-off entre tempo e custo, 49-52
3M, 218

U
Unidades de produção por período de tempo, 72-73

United Parcel Service (UPS), 216
Utilização excessiva da capacidade, 249
Utilização insuficiente da capacidade, 249

V
Valor, 23-24, 32, 236
Valor do estoque, 205, 210, 349
Valor médio de estoque, 205, 210, 349
Variação, 162-163, 182
Variação aleatória, 162-163, 264
Variação comum, 162-163, 182
Variação significativa, 162, 182
Variáveis, 173, 182
VCSEL, 303
Velocidade, da entrega, 26
Velocidade de chegada, 128, 141

Velocidade de produção, 298-299, 312
Vencedor do pedido, 27-28, 32
Volatilidade da demanda, 81-83
Volvo, 69
VPL, Valor Presente Líquido, 389

W
Wal-Mart, 196, 262, 321, 345
Wolfson Microelectronics Ltd., 35

X
Xerox, 70

Z
Zonas de comércio estrangeiro, 220
Zonas de livre comércio, 220, 229-230